Le droit à la santé au Cameroun

Christophe Foe Ndi

Le droit à la santé au Cameroun

Préface de Guylène Nicolas

Postface de Samuel-Jacques Priso-Essawe

L'Harmattan
Cameroun

5-7, rue de l'Ecole-Polytechnique, 75005 Paris

http://www.editions-harmattan.fr

ISBN : 978-2-343-19187-4
EAN : 9782343191874

DÉDICACE

Au Chef de l'État, Son Excellence, Monsieur Paul BIYA et Madame Chantal BIYA, son épouse, pour leur engagement institutionnel et personnel constant en faveur de l'amélioration de la qualité des services et soins de santé au Cameroun.

« Aucun Camerounais ne saurait être privé de soins. (…) Aussi longtemps qu'un Camerounais ne mangera pas à sa faim, qu'il n'aura pas accès à l'éducation, qu'il ne recevra pas les soins de santé auxquels il a droit, notre tâche ne sera pas terminée ».

S.E. Paul Biya
Président de la République du Cameroun

LISTE DES SIGLES & ABRÉVIATIONS

ADPIC : Accord sur les aspects des droits de propriété intellectuelle qui touchent au commerce

AMM : Autorisation de Mise sur le Marché

AMU : Assurance Maladie Universelle

APS : Pratique des activités sportives

ARS : Agence Régionale de Santé

ARV : Antirétroviraux

AVP : Accident de la voie Publique

BIP : Budget d'Investissement public

BIT : Bureau International du Travail

BM : Banque Mondiale

CADBEE : Charte Africaine des Droits et du Bien-être de l'Enfant

CADHP : Charte Africaine des Droits de l'Homme et des Peuples

CCN : Comité Consultatif National

CDE : Comité des Droits de l'Enfant

CDH : Comité des Droits de l'Homme

CDM : Code de déontologie des Médecins

CEDEF : Convention sur l'Élimination de toutes les formes de Discrimination à l'Égard des Femmes

CENAME : Centrale Nationale d'Approvisionnement en Médicaments et consommables Médicaux Essentiels

CERD : Convention internationale sur l'Élimination de toutes les formes de Discrimination Raciale

CHRACERH : Centre Hospitalier de Recherche et d'Application en Chirurgie Endoscopique et de Reproduction Humaine

CIB : Comité International de Bioéthique

CICR : Comité International de la Croix-Rouge

CIDE : Convention Internationale des Droits de l'Enfant

CIRCB : Centre International de Référence Chantal BIYA

CJUE : Cour de Justice de l'Union Européenne

CMA : Centre Médical d'Arrondissement

CMU : Couverture Maladie Universelle

CNAM : Caisse Nationale d'Assurance Maladie

CNAMGS : Caisse Nationale d'Assurance Maladie et de Garantie Sociale

CNDHL : Commission Nationale des Droits de l'Homme et des Libertés

CNLS : Comité National de Lutte contre le Sida

CNPS : Caisse Nationale de Prévoyance Sociale

CNSS : Caisse Nationale de Sécurité Sociale

CNTC : Conseil National des Tradipraticiens de santé du Cameroun

CoADHP : Commission Africaine des Droits de l'Homme et des Peuples

CODESC : Comité des Droits Economiques, Sociaux et Culturels

COGE : Comité de Gestion

COSA : Comité de Santé

CrADHP : Cour Africaine des Droits de l'Homme et des Peuples

CRUQPC : Commission des Relations avec les Usagers et de la Qualité et de la Prise en Charge

CS : Cour suprême

CSG : Contribution Sociale Généralisée

CSI : Centres de Santé Intégrés

CSU : Couverture Sanitaire Universelle

CVS : Conseil de la Vie Sociale

DGSN : Délégation Générale à la Sûreté Nationale

DROS : Division de la Recherche Opérationnelle en Santé

DPML : Direction de la Pharmacie, du Médicament et des Laboratoires

DSRP : Document Stratégique de Réduction de la Pauvreté

ECOSOC : Conseil Economique et Social des Nations Unies

FAO : Organisation des Nations Unies pour l'Agriculture et l'Alimentation

FBR : Financement Basé sur les Résultats

FCB : Fondation Chantal BIYA

FIDA : Fonds International du Développement Agricole

FMC : Formation Médicale Continue

FMI : Fonds Monétaire International

GAVI : Alliance Mondiale pour les Vaccins et l'Immunisation

GIZ : Gesellschaft für Internationale Zusammenarbeit

GTC/CNLS : Groupe Technique du Comité National de Lutte contre le Sida

GVAP : Plan d'action mondial pour les vaccins

HCDH : Haut-Commissariat des Nations Unies aux Droits de l'Homme

HD : Hôpital de District

HTA : Hypertension artérielle

HYSACAM : Hygiène et Salubrité du Cameroun

ICAP: International Center for Aids Care And Treatment Programs

CIF : Classification Internationale du Fonctionnement, du handicap et de la santé

IDEA : Initiative contre les maladies Diarrhéiques et Entériques en Afrique et Asie

IGAS : Inspection Générale des Affaires Sociales

IMPM : Institut de Recherches Médicales et d'Études des Plantes Médicinales

INS : Institut National de la Statistique

IST : Infection Sexuellement Transmissible

LANACOME : Laboratoire National de Contrôle de Qualité des Médicaments et d'Expertise

MAPE : Maladies à Potentiel Epidémique

MC : Médecine Complémentaire

MDP : Mécanisme pour un Développement Propre

MEG : Médicaments Essentiels Génériques

MILDA : Moustiquaires Imprégnées d'insecticide à Longue Durée d'Action

MINEPIA : Ministère de l'Elevage, des Pêches et des Industries Animales

MINRESI : Ministère de la Recherche Scientifique et de l'Innovation

MINSANTE : Ministère de la Santé Publique

MNT : Maladies Non Transmissibles

MTR : Médecine Traditionnelle

OCEAC : Organisation de Coordination pour la lutte contre les Endémies en Afrique Centrale

OGM : Organisme Génétiquement Modifié

OIT : Organisation Internationale du Travail

OMS : Organisation Mondiale de la Santé

ONCD : Ordre National des Chirurgiens-Dentistes

ONIAM : Office National d'Indemnisation des Accidents Médicaux

ONMC : Ordre National des Médecins du Cameroun

ONSP : Observatoire National de la Santé Publique

ONU : Organisation des Nations Unies

ONUDC : Office des Nations Unies contre la Drogue et le Crime

ONUSIDA : Programme commun des Nations Unies sur le VIH/Sida

PAM : Programme Alimentaire Mondial

PASaR II : Projet d'Appui à la Santé de la Reproduction II

PCA : Paquet Complémentaire d'Activités

PCIME : Prise en Charge Intégrée des Maladies de l'Enfant

PEV : Programme élargi de Vaccination

PEVG : Programme d'Eradication du Ver de Guinée

PIDESC : Pacte International relatif aux Droits Economiques et Sociaux

PLIA : Programme de Lutte contre les Infections Aigües

PLMD : Programme de Lutte contre les Maladies Diarrhéiques

PMA : Paquet Minimum d'Activités

PNDS : Plan National de Développement Sanitaire 2011-2015

PNLL : Programme National de Lutte contre la Lèpre

PNLO : Programme National de Lutte contre l'Onchocercose

PNLP : Programme National de Lutte contre le Paludisme

PNLT : Programme National de Lutte contre la Tuberculose

PNLTHA : Programme National de Lutte contre la Trypanosomiase Humaine Africaine

PNPAM : Programme National de l'Allaitement Maternel

C2D : Contrat de Désendettement et de Développement

PTME : Prévention de la Transmission de la Mère à l'Enfant

PVVS : Personnes Vivant avec le VIH/Sida

REDD : Réduction des Emissions dues à la Déforestation et à la Dégradation des forêts

RGPS : Recensement Général des Personnels de Santé

ROAM : Redevance Obligatoire à l'Assurance Maladie

RSI : Règlement Sanitaire International

RSSP : Réorientation des Soins de Santé Primaires

SAMU : Service d'Aide Médicale Urgente

SIDA : Syndrome d'Immunodéficience Acquise

SIDIIEF : Secrétariat International des Infirmières et Infirmiers de l'Espace Francophone

SMIG : Salaire Minimum Interprofessionnel Garanti

SNIS : Système National d'Information Sanitaire

SSD : Service de Santé de District

UA : Union Africaine

UNESCO : Organisation des Nations Unies pour l'Education, la Science et la Culture

UNFPA : Fonds des Nations Unies pour la Population

UNICEF : Fonds des Nations Unies pour l'Enfance

USAID: United States Agency for International Development

VIH : Virus de l'Immunodéficience Humaine

PRÉFACE

L'Organisation mondiale de la Santé a mis en place, dès le début des années 2000[1], une politique d'incitation à la valorisation des savoirs traditionnels. La déclaration de Beijing du 8 novembre 2008[2] rappelle tout le travail effectué par l'organisation internationale afin de valoriser la médecine traditionnelle à travers le monde : la conférence internationale d'Alma-Ata sur les soins de santé primaires de 1978, la résolution WHA56.31 sur la médecine traditionnelle de mai 2003 jusqu'au programme de stratégie de l'OMS pour la médecine traditionnelle 2002-2005, suivi par de nombreux pays dans le monde.

La Médecine traditionnelle (MTR) rassemble les médecines ancestrales telles que la médecine traditionnelle chinoise, la médecine ayurvédique, l'unani arabe ou encore la médecine dite « indigène ». Cette médecine ancestrale allie thérapies médicamenteuses (à base de plantes, de minéraux et de substances animales) à des thérapies spirituelles. Elles rappellent ainsi l'ancêtre commun de l'ensemble de ces pratiques qu'est le chamanisme[3]. La MTR est plus spécifiquement pratiquée en Afrique (où elle satisfait 80 % des besoins de soins de la population), en Amérique latine, en Asie du sud-Est et dans le Pacifique occidental. La colonisation a longtemps conduit à reléguer ces pratiques pour les supplanter par des thérapies occidentales, plus efficaces et plus radicales, depuis l'apparition de la pénicilline, mais aussi plus coûteuses et moins accessibles.

L'ouvrage de M. Christophe FOÉ NDI présente la surprenante qualité de se placer à la croisée de ces chemins. Entre médecine ancestrale et médecine occidentale se trouve le droit d'accès aux soins et à une prise en charge de qualité pour les malades. Objectif du Millénaire pour le développement des Nations unies[4] comme pour l'OMS[5], la protection de la santé est un droit

---

[1] Le point de départ peut être retenu comme étant la conférence de l'OMS sur les méthodologies de recherche et l'évaluation de la médecine traditionnelle (11–14 avril 2000) à laquelle ont participé des experts en médecine traditionnelle ainsi que le personnel du siège et des bureaux régionaux de l'OMS intervenant dans ce domaine.

[2] Adoptée par le Congrès de l'OMS sur la médecine traditionnelle, Beijing (Chine), 8 novembre 2008

[3] Sur ce point voir Claudine Brelet, *Médecines du monde, Histoire et pratiques des médecines traditionnelles*, Paris, Robert Laffont, Bouquins, pp. 63-125.

[4] https://www.un.org/fr/millenniumgoals/

[5] OMS, *La place de la santé dans le programme de développement après 2015*, octobre 2012

fondamental transcrit dans les obligations internationales des États comme dans leur constitution. Pourtant, au cœur des pays en développement, on constate encore crument les conséquences de son ineffectivité. Le Cameroun occupe ici une place particulière puisque le droit de la santé n'est pas expressément consacré dans sa constitution, pour autant, la protection de la santé s'impose par le droit à la vie et à la protection de l'intégrité physique et morale ou encore la protection des femmes, des jeunes, des personnes âgées et des personnes handicapées. Par ailleurs et surtout, le Cameroun affirme son attachement aux libertés fondamentales inscrites dans la Déclaration universelle des droits de l'homme et les conventions internationales, plus spécifiquement la Charte africaine des droits de l'homme et des peuples[6]. Partant de ce constat, M. Foé Ndi déjoue les mécanismes de dysfonctionnements de la protection de la santé pour les Camerounais.

L'intérêt majeur premier du travail de M. Foé Ndi est d'étudier avec exhaustivité l'ensemble des mécanismes normatifs, institutionnels et juridictionnels forgés par le pouvoir camerounais pour protéger la santé afin d'en analyser les limites et les failles d'effectivité. Il s'agit ainsi, dans un premier temps, d'une étude essentielle pour comprendre la construction du droit camerounais de la santé. Comme beaucoup d'États africains, le droit camerounais résulte d'un équilibre entre une construction nationale originale et l'influence de la protection des droits de l'homme aiguillée par la Commission africaine des droits de l'homme et des peuples. Cette dernière leur rappelle l'obligation d'œuvrer efficacement et rapidement pour atteindre l'objectif de protection de la santé[7] tout en donnant à cette dernière une acception large embrassant l'ensemble des conditions de vie (logement, nourriture, eau saine et potable)[8]. Dès lors, la protection de la santé tient à un fonctionnement étatique permettant à tous les individus non seulement d'avoir accès à des soins de qualité lorsqu'ils le nécessitent, mais aussi de pouvoir jouir de condition de vie assurant leurs besoins naturels essentiels et la préservation d'un environnement protégeant la santé. Ce constat induit, évidemment, au-delà du droit, les enjeux économiques, sociaux et culturels auxquels doit faire face l'État camerounais pour satisfaire à ses obligations. Or, M. Foé Ndi démontre, de façon construite et argumentée, combien la tâche est encore lourde avant d'assurer un plein contentement. Se fondant

---

[6] Son article 16 dispose que « toute personne a le droit de jouir du meilleur état de santé physique et mentale qu'elle soit capable d'atteindre ».

[7] Voir sur ce point les développements de l'ouvrage sur le contrôle non juridictionnel de l'effectivité du droit à la santé.

[8] « Le droit à la santé couvre non seulement des soins de santé en temps opportun et approprié, mais également les éléments sous-jacents de la santé tels que l'accès à une eau saine et potable un apport suffisant de nourriture saine, la nutrition et le logement », CoADHP, *Egyptian Initiative for Personnal Rights and Interights c/Égypte*, communication n° 334/06

sur les standards internationaux, il souligne les insuffisances des stratégies et des programmes susceptibles d'assurer la pleine jouissance de son droit à la santé par les Camerounais. Toutefois, au-delà des obligations étatiques, M. Foé Ndi interpelle aussi ses contemporains en dénonçant des pratiques culturelles ancestrales actuellement en complet décalage avec les droits des femmes. Il explique le rôle bénéfique des associations qui, par le témoignage des victimes, parviennent à faire évoluer les mentalités pour que disparaissent l'excision ou la technique du repassage des seins.

Si, l'ouvrage trouve un solide fondement dans l'étude de l'existant et de ses faiblesses, ce n'est que pour mieux les dépasser en soumettant des solutions. Son second intérêt majeur est en effet d'éviter de se complaindre dans un fatalisme de bon aloi pour être une force de propositions. Convaincu de la possibilité du Cameroun de trouver une voie vers une protection de la santé efficace pour l'avenir, M. Foé Ndi propose deux pistes majeures d'amélioration du système de santé. La première tient à la mise en œuvre du droit à la santé au regard du droit international. On retrouvera ici l'importance que doivent regagner la prévention et l'accès aux soins de santé primaire. Si la comparaison avec la France sur ce point peut sembler déplacée, on notera toutefois que, parmi les meilleurs systèmes de santé du monde, la recherche de l'efficacité est toujours en cours. Au milieu des grèves des urgentistes dénonçant des dysfonctionnements des urgences hospitalières vieux de vingt ans, le législateur propose un retour à des soins primaires assurés par des hôpitaux de proximité que l'on avait condamné pour partie il y a peu[9]. Dès lors, la convergence des systèmes de santé, quel que soit leur niveau de développement économique, vers les standards internationaux résulte d'une implication sans cesse renouvelée des États. Rappeler cet impératif, dans un État où le système de santé est en construction, était important.

Au-delà, le génie de M. Foé Ndi est d'avoir associé les standards internationaux avec les réalités économiques, sociales et culturelles du Cameroun. Il s'agit là de sa seconde piste. Son excellente connaissance du système sanitaire lui permet de faire des critiques fondées et constructives et de dénoncer l'impossibilité actuelle des autorités de s'appuyer sur les forces de la Nation pour parfaire l'efficacité du droit à la santé. La première de ses forces, tant au plan médical que pharmaceutique, repose sur les savoirs traditionnels. Le Cameroun est loin d'être le seul à devoir prendre

[9] Loi n° 2019-774 du 24 juillet 2019 relative à l'organisation et à la transformation du système de santé, *JO*, 26 juillet 2019 ; pour un commentaire complet voir Johanne Saison, Vincent Vioujas, Isabelle Poirot-Mazère, Cyril Clément, Catherine Keller, Anaëlle Cappellari, Benoit Apollis, Laora Tilman, « La loi du 24 juillet 2019 et le plan "ma santé 2022", une nouvelle réforme du système de santé », *RGDM*, dossier, n° 72, sept. 2019, pp. 15-131.

conscience de la richesse qui est la sienne dans ce domaine. Portés par l'évolution du droit international, ici aussi, mais également stimulés par les avancées des connaissances scientifiques, beaucoup d'États complètent depuis quelques années leurs dispositifs normatifs afin d'assurer une exploitation équitable des savoirs médicaux et pharmaceutiques traditionnels. La première dans ce domaine est la Chine et il peut sembler curieux qu'au Cameroun, comme dans beaucoup d'autres États, la médecine traditionnelle chinoise soit mieux connue et exploitée que la médecine traditionnelle locale. De plus, la multiplication des bio-prospections, sans contrôle des États, a conduit à de nombreuses appropriations illicites des savoirs tradimédicaux à des fins d'innovations thérapeutiques au profit des pays du nord, privant les populations locales des fruits de leurs savoirs ancestraux. Aussi, certains États, comme le Burkina Faso ou le Ghana[10] ont adopté des législations encadrant les pratiques traditionnelles de soins, ces dernières étant enseignées, en tant que telles, au sein des Facultés de médecine. La production et la mise sur le marché des médicaments traditionnels ou néo-traditionnels font aussi l'objet d'un encadrement normatif spécifique. Des mécanismes de contrôle de la licéité des accès aux ressources génétiques et savoirs traditionnels associés sont en construction sur le fondement du droit international, particulièrement le protocole de Nagoya sur l'accès et le partage des avantages (2014), mais aussi les travaux de l'OMPI, l'ARIPO et l'OAPI (WAO) sur la propriété intellectuelle, l'innovation et la valeur ajoutée pour la compétitivité des entreprises et le développement durable en Afrique[11]. M. Foé Ndi sollicite ces innovations normatives qui fleurissent en Afrique pour que le Cameroun soit le prochain État à pouvoir faire valoir la richesse de ses savoirs et de ses ressources. Au-delà de l'exploitation industrielle et commerciale, il entend surtout faire en sorte que se construise un accès aux soins primaires, sécurisé et accessible à tous, par une valorisation de ces savoirs millénaires. S'ils ne peuvent pas toujours remplacer la médecine moderne, ils présentent le bénéfice indéniable d'assurer de premiers secours efficaces en adéquation avec les croyances et pratiques locales.

Valoriser de la sorte la culture camerounaise avec ses savoir-faire, sert également à revenir au fondement de la démocratie sanitaire. Cette dernière est le dernier apport, et non des moindres, du travail de recherche de M. FOE

---

[10] Voir Wendkouni Adelphe Sabine Ouedraogo, *Étude comparée de l'intégration juridique de la tradimédecine dans les systèmes de santé publique en Afrique de l'Ouest, les cas du Ghana et du Burkina Faso*, PUAM, à paraître en 2020.

[11] Voir notamment la conférence sur l'innovation entre l'OMPI, l'ARIPO et l'OAPI (WAO) sur la propriété intellectuelle, l'innovation et la valeur ajoutée pour la compétitivité des entreprises et le développement durable en Afrique, du 5 novembre au 8 novembre 2019 (Harare, Zimbabwe), https://www.wipo.int/meetings/fr/details.jsp?meeting_id=54548

NDI. Il développe, en premier lieu, l'urgence de la construction d'une couverture sanitaire universelle sans laquelle le droit à la santé ne serait devenir effectif. Fondement de l'égalité d'accès aux soins, elle pourrait être assumée par le pays. De nombreux défis doivent encore être relevés pour y parvenir, tant dans l'organisation institutionnelle de l'assurance maladie que pour le financement de la couverture sanitaire universelle. M. Foé Ndi démontre que l'essentiel des dysfonctionnements actuels tient à la gouvernance qui doit être améliorée afin d'optimiser les résultats obtenus pour satisfaire les besoins de la population en santé. Cette gouvernance doit trouver des fondements démocratiques que sont la consécration des droits individuels des malades, mais aussi une concrétisation des droits collectifs. La place des associations de malades, par la reconnaissance d'un statut comme cela est fait en France depuis 2002, permettrait d'assurer la défense des intérêts collectifs. Notamment, la participation des usagers du système de santé à son fonctionnement et aux décisions qui sous-tendent les orientations de la politique sanitaire nationale est le gage d'une plus large effectivité de la protection de la santé pour tous. Ces fondements classiques de la démocratie doivent éclore au Cameroun dans le domaine sanitaire pour que le pays puisse se grandir en préservant le bien premier de ces citoyens qu'est la santé. À n'en pas douter, le long et sérieux travail de recherche mené par M. Christophe Foé Ndi pose déjà les jalons de cette construction. Il reste à forger l'espoir qu'il puisse être lu par ceux, nombreux, qui pourront s'en inspirer pour que le droit à la santé au Cameroun soit mis en œuvre.

Guylène NICOLAS

Maître de Conférences -HDR de droit public
U.M.R. ADES (Anthropologie bio-culturelle, Droit, Éthique et Santé)
Aix Marseille Université - CNRS - EFS

SOMMAIRE

INTRODUCTION GÉNÉRALE

Les Objectifs du Millénaire pour le développement des Nations Unies accordent une attention particulière à la santé avec six objectifs sur huit directement ou indirectement liés à la garantie d'un meilleur état de santé pour tous[12]. Cette emphase sur la santé, réaffirmée à l'occasion de l'adoption des Objectifs du développement durable, démontre qu'aucun développement ne peut être atteint sans des mesures pouvant assurer efficacement la protection de la santé des populations. Dès lors, la réalisation du droit à la santé devient la condition *sine qua non* à la réussite des politiques de développement au sein des États. En effet, *« la bonne santé, à la fois droit de l'homme et mesure du bien-être de l'être humain, est également un moteur de croissance, en raison des retombées économiques positives des investissements dans la santé »*[13]. En ce sens, les budgets des États doivent pouvoir traduire cette préoccupation pour l'amélioration de la santé des populations. Ceci suppose inéluctablement plus d'investissements dans le secteur de la santé, à travers notamment *« une augmentation des budgets de la santé, dont le financement est double : ressources nationales et sources extérieures »*[14].

Il découle de ce qui précède que les États en voie de développement doivent consacrer dorénavant une part substantielle de leur budget à la mise en œuvre des politiques de santé. Ceci fait désormais partie des conditionnalités qui sont imposées à ceux-ci dans le cadre de la rédaction de leur *Poverty Reduction Strategy Papers* (PRSP) ou *Document Stratégique de Réduction de la Pauvreté* (DSRP) par les institutions de Bretton Woods que sont la Banque mondiale et le Fonds monétaire international. Les DSRP sont devenus, après l'échec des plans d'ajustement structurels et les critiques qui ont été formulées à leur sujet, la *« condition préalable pour l'octroi aux pays en voie de développement les plus pauvres des prêts à taux réduits »*[15]. Ce

---

[12] Les objectifs 1, 4, 5, 6, 7 et 8 portent respectivement sur la réduction de l'extrême pauvreté et de la faim ; la réduction de la mortalité infantile ; l'amélioration de la santé maternelle ; la lutte contre le VIH/SIDA, le paludisme et les autres maladies ; la protection de l'environnement et la mise en place d'un partenariat mondial pour le développement.

[13] OMS, *La santé et les objectifs du Millénaire pour le développement*, OMS, 2005, p. 46.

[14] *Ibid.* p. 47.

[15] Antonis BREDIMAS, « Droit à la santé et extrême pauvreté : Problèmes et perspectives d'un droit d'une effectivité douteuse » *in* Emmanuel DECAUX et Alice YOTOPOULOS-

changement d'orientation dans la politique de ces institutions est à saluer tant il est vrai que la mise sur pied des plans d'ajustement structurel *« dans quinze pays de l'Afrique subsaharienne a conduit presque partout à une réduction de 20 % des dépenses publiques pour la santé »*[16].

On en déduit que la faible pénétration des politiques de santé dans la plupart des pays en voie de développement n'est pas seulement due à leur sous-développement ou au manque de volonté politique, mais aussi au retard qu'ils ont accusé dans la mise en œuvre du droit à la santé du fait des programmes d'ajustement structurel. Toutefois, loin de fournir une quelconque excuse aux pays en voie de développement, il n'en demeure pas moins que le droit à la santé, en tant que droit carrefour et condition d'exercice et de jouissance des autres droits de l'homme, doit être garanti. Il est opportun, près de deux décennies après le revirement des institutions de Bretton Woods, d'évaluer la capacité des États, notamment du Cameroun, à mettre en œuvre, dans un environnement international et national plus favorable, le droit à la santé. Si des difficultés persistent, alors il est temps de mener une véritable réflexion sur les nouveaux moyens et mécanismes à mobiliser pour garantir à toutes les populations le droit de jouir du meilleur état de santé qu'elles sont capables d'atteindre.

Ces nouveaux moyens et mécanismes doivent faire fi des sempiternelles excuses à la non-réalisation des droits économiques, sociaux et culturels, pour arriver à la formulation de solutions concrètes, réalistes et directement exécutables pouvant garantir à tous le droit à la santé. Par conséquent, la présente étude est une recherche d'efficacité dans la mise en œuvre du droit à la santé. Dès lors, après avoir fait le constat de l'insuffisance de la garantie du droit à la santé dans les pays en voie de développement pour les raisons susévoquées, l'on ne pourra se dispenser de se pencher sur les mesures administratives, législatives, juridictionnelles ou non juridictionnelles qui doivent être mobilisées pour garantir l'efficacité de la mise en œuvre du droit à la santé au Cameroun. Cette efficacité, bien au-delà de l'adoption et de la mise en place desdites mesures, a pour fin ultime la satisfaction des populations, à travers la pleine jouissance de leur droit à la santé.

MARANGOPOULOS (dir.), *La pauvreté, un défi pour les droits de l'homme*, Editions A. Pedone, Paris, 2009, p. 155.

[16] *Ibid.* p. 156. Voir aussi Antonis BREDIMAS, « Les organisations économiques internationales et les droits de l'homme » *in* Alice YOTOPOULOS-MARANGOPOULOS (dir.), *L'État actuel des droits de l'homme dans le monde*, Editions A. Pedone, Paris, 2006, p. 149.

I. L'insuffisance de la garantie du droit à la santé dans les pays en voie de développement

Les pays en voie de développement sont généralement réputés être des États dans lesquels les conditions économiques ne permettent pas aux États de remplir efficacement leurs obligations en matière de garantie du droit à la santé des populations. Cette insuffisance dans la garantie du droit à la santé ne dépend pas seulement des conditions économiques et financières précaires de ces États, mais davantage au manque de volonté politique, à la faiblesse et à la pauvreté de leur armature juridique et institutionnelle.

A. La notion de progressivité comme prétexte à l'insuffisante garantie du droit à la santé dans les pays en voie de développement

Elle semble désormais révolue, l'époque où les États, quel que soit leur niveau de développement, pouvaient présenter la notion de « progressivité » comme bouclier ou excuse à la non-réalisation des droits économiques, sociaux et culturels.

1. Fondement juridique de la notion de progressivité

Aux termes de l'article 2 (1) du Pacte international relatif aux droits économiques et sociaux (ci-après PIDESC), *« chacun des États-parties au Pacte s'engage à agir tant par son effort propre que par l'assistance et la coopération internationale, notamment sur les plans économique et technique, au maximum de ses ressources disponibles, en vue d'assurer progressivement le plein exercice des droits reconnus dans le Pacte par tous les moyens appropriés, y compris en particulier l'adoption de mesures législatives ».* La réalisation progressive des droits est souvent comprise à tort comme signifiant que les droits économiques, sociaux et culturels (ci-après DESC) ne peuvent être réalisés que lorsqu'un pays a atteint un certain niveau de développement économique. Cette idée ne correspond ni à l'intention de la disposition susmentionnée ni à son interprétation juridique[17]. La progressivité ne signifie nullement que les États ont le droit de reporter indéfiniment les efforts visant à garantir les droits énoncés dans le Pacte.

Bien au contraire, les États sont obligés quel que soit leur niveau de richesse d'avancer aussi rapidement que possible sur la voie de la réalisation des DESC en général et du droit à la santé en particulier. Si l'article 2 (1) écarte l'idée du tout ou rien, il introduit une réalisation progressive des

---

[17] Haut-commissariat des Nations Unies aux droits de l'homme, *Droits économiques, sociaux et culturels*, Manuel destiné aux institutions des droits de l'homme, New York et Genève, 2004, p. 11.

engagements des États *« au maximum des ressources disponibles »*. Cette exigence pèse d'abord sur l'État qui, dans ses priorités nationales, ne saurait sacrifier les droits de l'homme, mais qui doit également pouvoir mobiliser la coopération internationale « *sur les plans économiques et techniques* ». Ce qui signifie que les obligations de moyens pèsent sur l'État, aussi bien dans sa propre action que dans la recherche de l'assistance internationale. Ainsi, cette clause impose l'obligation d'œuvrer rapidement et efficacement pour atteindre cet objectif[18]. Selon le principe 21 des Principes de Limburg sur la mise en œuvre du PIDESC, *« l'obligation d'assurer progressivement le plein exercice des droits impose aux États-parties d'agir aussi rapidement que possible en vue du plein exercice des droits »*. La faiblesse des ressources n'exonère pas les États de certaines obligations minimales de mise en œuvre des DESC[19] en général et du droit à la santé en particulier.

Concernant l'obligation de recourir à l'assistance et à la coopération internationale, le Cameroun a une double exigence à ce niveau : en sa qualité d'État membre des Nations Unies, et en tant qu'État-partie au Pacte. En sa qualité d'État membre de l'Organisation des Nations Unies depuis le 20 septembre 1960, le Cameroun a un devoir de coopération avec les institutions des Nations Unies œuvrant dans la mise en œuvre du droit à la santé. Une telle coopération trouve son fondement dans plusieurs instruments internationaux, dont la Charte des Nations Unies qui en est le fondement majeur.

De même dans son observation n° 9 (1990), le Comité des droits économiques, sociaux et culturels (ci-après CODESC) affirmait que : « *avant qu'un État ne justifie l'échec de la réalisation de ses obligations minimum par le manque de ressources, il doit établir que tous les efforts ont été déployés et qu'il a utilisé toutes les ressources qui sont en sa disposition dans le but de satisfaire à titre prioritaire ces obligations minimum* ».[20]Au demeurant, si la mise en œuvre du droit à la santé de manière générale peut s'inscrire dans la progressivité, il n'en demeure pas moins que l'obligation fondamentale minimale de mise en œuvre du droit à la santé est d'application impérative.

---

[18] *Ibid.*

[19] Directives de Maastricht relatives aux violations des droits économiques, sociaux et culturels (directive 10).

[20] CODESC, *Observation générale n° 3 (1990) sur la nature des obligations des États parties*, para. 10. Le Comité est d'avis *« que chaque État partie a l'obligation fondamentale minimum d'assurer, au moins, la satisfaction de l'essentiel de chacun des droits. Ainsi, un État partie dans lequel, par exemple, nombreuses sont les personnes qui manquent de l'essentiel, qu'il s'agisse de nourriture, de soins de santé primaires, de logement ou d'enseignement, est un État qui, à première vue, néglige les obligations qui lui incombent en vertu du Pacte »*.

Avant de constater une violation d'un droit garanti par le Pacte, le Comité s'efforce de distinguer les cas de négligence ou de mauvaise foi, des cas où l'État se trouve objectivement dans l'incapacité de garantir les droits consacrés dans le Pacte[21]. Une incapacité objective à s'acquitter des obligations conformes au Pacte pourrait totalement exonérer l'État. Il s'agit notamment de :

- la pénurie des ressources : si l'État démontre qu'il n'a négligé aucun effort pour utiliser toutes les ressources dont il dispose en vue de respecter ses obligations. Il devrait apporter la preuve qu'il a de bonne foi fait tous les efforts raisonnables qu'on pouvait attendre de lui[22] ;
- la meilleure allocation possible des ressources budgétaires disponibles dont dispose l'État entre les fonctions régaliennes comme la défense et la sécurité et celles consacrées aux politiques sociales et éducatives de réalisation des droits sociaux ;
- le défaut de respecter les obligations dites fondamentales découlant du Pacte ne rend pas caduque la distinction entre l'incapacité d'agir de l'État et son manque de volonté[23]. La ratification du Pacte implique que les États mettent leurs législations nationales en conformité avec le Pacte ; ils doivent prendre des mesures à court, moyen et long termes au maximum de leurs ressources disponibles, y compris par la coopération et l'assistance internationales.

2. Contexte socio-économique du Cameroun

La réalité du Cameroun au plan social est peu reluisante. L'état de dénuement des populations et les dysfonctionnements du système de santé font de la garantie du droit à la santé un objectif difficilement réalisable.

En effet, la situation économique du Cameroun déteint grandement sur la réalisation des droits sociaux, et par conséquent, du droit à la santé. Historiquement, la période de 1960 à 1979 a été caractérisée par une croissance économique faible avec un taux moyen de 3 à 5 %. La période 1980-1986 est marquée par l'exploitation du pétrole avec un taux de croissance de 7 %. Cette période met en exergue un État interventionniste dans plusieurs secteurs sociaux. À partir de 1986-1987, le Cameroun connaît

---

21 CODESC, *Observation générale n° 14 sur le droit à la santé*, 11 mai 2000, para. 5.

22 *Ibid*. para. 47.

23 CODESC, *Observation générale n° 12 : le droit à une nourriture suffisante (article 11 du PIDESC)*, adoptée à la 20e session (199) (doc. ONU E/C. 12/1999/5, para. 17. Pour déterminer quelles actions ou omissions constituent une violation du droit à l'alimentation, il est important de distinguer si l'État-partie est dans l'incapacité de se conformer à cette obligation ou n'est pas enclin à le faire.

une crise économique qui affectera les conditions de vie des populations et de l'État. La période allant jusqu'à la dévaluation du franc CFA en 1994 est caractérisée par des taux de croissance négatifs de 3 à 4 %. Elle entraînera le désengagement de l'État et la réduction des dépenses affectées aux secteurs sociaux[24]. En revanche, le désengagement ou l'insuffisance de l'État marque l'émergence du secteur privé, complémentaire à l'action de l'État.

B. L'affirmation de la justiciabilité de l'ensemble des droits de l'homme

La garantie de la justiciabilité de l'ensemble des droits de l'homme est tributaire de l'affirmation de leur universalité et de leur interdépendance. Une fois qu'il est admis que tous les droits de l'homme sont interdépendants, la justiciabilité des DESC ne peut dès lors plus être remise en cause.

1. L'universalité et l'interdépendance des droits de l'homme

La Déclaration et le programme d'Action de Vienne (1993) affirment que : « *tous les droits humains sont universels*[25], *indivisibles*[26], *interdépendants* »[27]. Plusieurs auteurs ont soutenu le principe de

---

[24] *Ibid.* p.33.

[25] La « mondialisation » des droits de l'homme n'est pas à elle seule un gage d'universalité, encore faut-il que cette diffusion planétaire résulte d'une adhésion partagée. Les droits de l'homme ont été parfois dénoncés, dans une perspective tiers-mondiste, comme une invention de l'Occident, reflétant jusque dans leur prétention à se présenter comme universel, l'ethnocentrisme occidental, voire comme une forme de néocolonialisme idéologique. En dépit des controverses susmentionnées, de nos jours l'universalisation des droits de l'homme est devenue une réalité, non pas au sens où ils seraient désormais universellement reconnus et respectés, mais au sens où la revendication des droits de l'homme s'est diffusée à l'ensemble de la planète. L'internalisation des droits de l'homme est à la fois signe et vecteur de leur universalisation. Voir Danièle LOCHAK, *Les droits de l'homme*, Paris, La Découverte, 2005, pp. 55-56. Cependant, il ne faut pas confondre l'universalisme des droits de l'homme (ils s'adressent à tous les hommes, sans distinction) à l'universalité. Voir aussi Patrick WACHSMANN, *Les droits de l'homme* 5e édition, Dalloz, Paris, 2008, pp.46-49.

[26] Malgré le consensus régnant dans la communauté internationale au sujet de l'universalité et de l'interdépendance de tous les droits de l'homme, elle n'accorde pas encore aux DESC le même degré de priorité qu'aux droits civils et politiques, et elle a estimé que l'élaboration d'un protocole facultatif constituerait une avancée dans le sens d'un rééquilibrage. Voir Rapport du Groupe de travail chargé d'examiner les options en ce qui concerne l'élaboration d'un protocole facultatif se rapportant au PIDESC, Genève, 23 février – 5 mars 2004, para. 18.

[27] L'affaire du peuple "Ogonis" est une belle illustration du caractère, indivisibles et interdépendants des droits de l'homme. En effet, la Commission africaine des droits de l'homme et des peuples (ci-après CADH) a jugé que le gouvernement militaire nigérian n'avait pas respecté son obligation de protéger le droit à l'alimentation, le droit à un environnement sain et partant le droit à la santé, suite aux déchets pétroliers stockés par le consortium Shell. Voir CADH, *Social and Economic Rights Action Center and the Center for Economic and Social Rights C/ Nigéria*, communication n°155/96, 27 mai 2002.

l'indivisibilité des droits de l'homme. Pour Jean-Didier BOUKONGOU, « *les droits de l'homme sont indivisibles et doivent tous faire, autant que faire se peut, l'objet d'une protection appropriée* »[28]. Du caractère indivisible des droits de l'homme, il découle que tous les droits de l'homme, civils et politiques, économiques, sociaux et culturels doivent être promus et protégés « *avec la même détermination* »[29]. Selon l'auteur, « *la théorie des générations des droits de l'homme qui place les droits économiques, sociaux et culturels au second rang n'est qu'une simple construction intellectuelle qui ne fonde aucune primauté* »[30]. L'on comprend dès lors qu'il n'existe pas de priorité dans l'application des droits de l'homme, entre ceux qui seraient d'application « immédiate » et ceux qui seraient d'application « progressive »[31]. Tous les droits se valent et sont les uns et les autres essentiels à l'épanouissement de l'individu. Ainsi, le CODESC quant à lui rappelle que la santé est un droit fondamental de l'être humain indispensable à l'exercice des autres droits de l'homme.

Pour réaffirmer le caractère interdépendant des droits de l'homme, Alain Didier OLINGA insiste sur le caractère cardinal des DESC dans la Charte africaine des droits de l'homme et des Peuples (ci-après CADHP) dont l'interdépendance avec les droits civils et politiques (ci-après DCP) y est clairement affirmée. De plus, le préambule de la Charte africaine ajoute que la « satisfaction » des DESC garantit la jouissance des droits civils et politiques[32].

Pour mieux faire comprendre la complémentarité entre les DCP et les DESC, Frédéric SUDRE insiste quant à lui sur *« la satisfaction des besoins fondamentaux par laquelle les libertés prennent corps »*[33]. Autrement dit, les DESC « *donnent aux droits de l'homme les moyens matériels qui leur*

---

28 Jean-Didier BOUKONGOU (dir.), *Droits économiques et sociaux au Cameroun*, Cahier africain des droits de l'homme, n°10, Presses de l'UCAC, Avril 2004, p.7.

29 *Ibid.*

30 *Ibid.*

31 Le PIDESC consacre les droits visés, tout en faisant obligation aux États-parties de les appliquer, il crée cependant une faille dans cette obligation à travers la clause de « progressivité » que les États utilisent de plus en plus pour justifier leurs insuffisances en termes de mise en œuvre du Pacte. D'après Frédéric SUDRE, avec la clause de « progressivité », *« les dispositions du PIDESC apparaissent ainsi comme des ''dispositions-programmes''* où la mise en œuvre des droits est conçue très progressivement et laisse aux États une grande latitude ». Voir Frédéric SUDRE, *Droit international et européen des droits de l'homme*, 4e édition, PUF, Paris, 1999, p. 145.

32 Alain Didier OLINGA, « Droit à l'égalité et réalisation des droits économiques, sociaux et culturels dans le cadre de la Charte africaine des droits de l'homme et des peuples », in Jean-Didier BOUKONGOU (dir.), *Droits économiques et sociaux au Cameroun*, *op. cit.* pp. 14, 31-32.

33 Frédéric SUDRE, *op. cit.* p. 39.

permettent de s'exercer plus réellement »[34]. Il convient de dire poursuit-il que, les « *droits de l'homme concourent tous au respect de la dignité humaine et celle-ci n'est ni morcelable ni divisible* »[35]. À ce titre, « *il convient de rejeter la classification ternaire des droits de l'homme, en vogue dans les organisations universelles* »[36]. L'on en conclut que « nulle cloison étanche »[37] ne sépare la sphère des DESC de celle des DCP.

2. La justiciabilité des DESC

La justiciabilité des DESC a fait l'objet d'une longue controverse qui, à bien des égards, a empêché ces droits d'atteindre leur véritable dimension juridique[38]. Connue en *Common Law* sous le vocable *« justiciability »*, l'arrivée de cette notion dans un univers sémantique de droit civil déjà chargé exige une série de précisions. Elle est conçue comme une sous-espèce de l'exigibilité, cette dernière étant prise comme catégorie générale. Vue sous cet angle, la justiciabilité se réfère au domaine propre d'activité du juge, à ses techniques, tandis que l'opposabilité met l'accent sur les recours aux mains des particuliers[39]. La justiciabilité signifie de manière générale que les droits sociaux peuvent faire l'objet d'une procédure judiciaire ou juridictionnelle établissant leur validité (existence), entrainant ainsi un ensemble d'effets sur le plan de l'efficacité.

Dans son Observation générale n° 3, le CODESC affirme que *« parmi les mesures qui pourraient être considérées comme appropriées, figurent outre les mesures législatives, celles qui prévoient des recours judiciaires au sujet de droits, qui selon le système juridique national, sont considérés comme pouvant être invoqués devant les tribunaux* ». Bien plus, au paragraphe 3 de l'Observation générale n° 9, le Comité affirme que *« les questions relatives à l'application du Pacte au niveau national doivent être envisagées à la lumière de deux principes du droit international. Selon le premier, tel qu'il est énoncé à l'article 27 de la Convention de Vienne sur le droit des traités, une partie ne peut invoquer les dispositions de son droit interne comme justifiant la non-exécution d'un traité* ». En d'autres termes, les États doivent modifier, le cas échéant, leur ordre juridique afin de donner effet à leurs obligations conventionnelles. Le second principe est énoncé à l'article 8 de

---

[34] *Ibid.* pp. 39 et 49.

[35] *Ibid.*

[36] *Ibid.* pp. 167-168.

[37] *Ibid.* p. 95.

[38] Haut-commissariat des Nations Unies aux droits de l'homme, Droits économiques, sociaux et culturels, *op.cit.* p. 26.

[39] Carlos Miguel HERRERA, « La justiciabilité des droits sociaux : Concept juridique et évolution jurisprudentielle » *in* Diane Roman (dir.), *La Justiciabilité des droits sociaux : Vecteurs et Résistances, op. cit.* p. 103.

la Déclaration universelle des droits de l'homme : « *toute personne a droit à un recours effectif devant les juridictions nationales compétentes contre les actes violant les droits fondamentaux qui lui sont reconnus par la constitution ou par la loi* ».

Au Cameroun, la justiciabilité interne du droit à la santé demeure au stade embryonnaire et mériterait d'être construite comme c'est le cas en Afrique du Sud[40]. La justiciabilité du droit à la santé comme de la plupart des droits sociaux se heurte à de nombreuses difficultés[41], parmi lesquelles le problème des voies de recours disponibles, le problème d'accès à la justice et au juge, la formation du personnel judiciaire et l'information des victimes. Concernant la justiciabilité internationale du droit à la santé au Cameroun, la ratification du protocole facultatif au PIDESC appert comme un enjeu fondamental.

C. Définition du droit à la santé

1. Le contenu du droit à la santé

L'interprétation de l'article 12 du PIDESC par le CODESC permet de saisir le contenu du droit à la santé. Il s'agit d'un droit global dans le champ duquel rentrent non seulement les prestations des soins de santé appropriés, mais aussi les facteurs fondamentaux déterminants de la santé tels que l'accès à l'eau salubre et potable et à des moyens adéquats d'assainissement ; l'accès à une quantité suffisante d'aliments sains ; la nutrition et le logement ; l'hygiène du travail et du milieu ; l'accès à l'éducation et à l'information relative à la santé, notamment à la santé sexuelle et génésique. Un autre aspect important est la participation de la population à la prise de toutes les décisions en matière de santé au niveau communautaire, national et international.

---

[40] Cf. Affaire *« Le ministre de la santé c. Campagne d'action pour le traitement »*, encore appelée Affaire TAC, qui met en exergue la justiciabilité du droit à la santé. Dans cette affaire, la Cour a estimé que la Constitution sud-africaine imposait au Gouvernement l'obligation "*d'élaborer et de mettre en œuvre un programme global et coordonné afin de donner progressivement effet au droit des femmes enceintes et de leurs enfants nouveau-nés d'avoir accès à des services de santé pour combattre la transmission du VIH de la mère à l'enfant*". L'affaire SERAC (Social and Economic Rights Action Center, Center for Economic and Social Rights) C/Nigeria est aussi une belle illustration de l'exercice collectif du droit à la santé.

[41] Certaines sont illustrées à travers un certain nombre de cas, ainsi qu'il se dégage de l'affaire *M.C. MEHTA v Union of India et vellore Citizens Welfare Forum*. En effet, la Cour, en ordonnant la fermeture d'un établissement de tannerie pollué, s'est engagée dans un exercice de balance entre les dommages environnementaux et sanitaires, les pertes d'emplois et les dommages économiques causés par la fermeture de l'établissement.

Le droit à la santé suppose l'existence des éléments interdépendants et essentiels suivants :

- **Disponibilité** : Il doit exister dans l'État-partie en quantité suffisante des installations, des biens et des services ainsi que des programmes fonctionnels en matière de santé publique et de soins de santé. La nature des installations, des biens et services dépendra de nombreux facteurs notamment du niveau de développement de l'État (eau salubre et potable, des installations d'assainissement appropriés, des hôpitaux, des dispensaires, du personnel médical et professionnel qualifié, des médicaments essentiels au sens du programme d'action pour les médicaments essentiels de l'OMS)[42].

- **Accessibilité** : Les installations, biens et services en matière de santé doivent être accessibles, sans discrimination à toute personne relevant de la juridiction de l'État partie. L'accessibilité comprend quatre dimensions[43] : la non-discrimination[44], l'accessibilité physique[45], l'accessibilité économique (abordabilité)[46], l'accessibilité de l'information qui comprend le droit de rechercher, de recevoir et de répandre des informations et idées concernant les questions de santé. Toutefois l'accessibilité à l'information ne doit pas porter atteinte au droit à la confidentialité des données de santé à caractère personnel[47].

- **Acceptabilité** : Les installations, biens et services en matière de santé doivent être respectueux de l'éthique médicale et être appropriés sur le plan culturel, c'est-à-dire respectueux de la culture des individus, des minorités, des peuples et des communautés ; être conformes aux exigences spécifiques

---

[42] CODESC, *Observation générale n° 14*, *op. cit.* para. 12 (a).

[43] *Ibid.* para. 12(b).

[44] Les installations biens et services en matière de santé doivent être accessibles à tous en particulier aux groupes de populations les plus vulnérables ou marginalisées conformément à la loi et dans les faits sans discrimination.

[45] Les installations biens et services en matière de santé doivent physiquement être accessibles sans danger pour tous les groupes de la population, en particulier les groupes vulnérables ou marginalisés tels que les minorités ethniques et les populations autochtones, les femmes, les enfants, les adolescents, les personnes âgées ; les personnes handicapées et les personnes atteintes de VIH/SIDA. L'accessibilité physique signifie également que les services médicaux et les facteurs fondamentaux déterminants de la santé tels que l'eau salubre et potable et les installations d'assainissement appropriées, soient physiquement accessibles sans danger, y compris dans les zones rurales. Elle comprend en outre l'accès approprié aux bâtiments pour les personnes handicapées.

[46] Les installations biens et services en matière de santé doivent être d'un coût abordable pour tous. Le coût des services de soins de santé ainsi que les services relatifs aux facteurs fondamentaux déterminants de la santé doivent être établis sur la base du principe de l'équité (qui exige que les ménages les plus pauvres ne soient pas frappés de façon disproportionnée par les dépenses de santé par rapport aux ménages les plus aisés.

[47] CODESC, *Observation générale n° 14*, *op.cit.* para. 12 (iv).

liées au sexe et au stade de la vie et être conçus de façon à respecter la confidentialité et améliorer l'état de santé des intéressés[48].

- Qualité : Les installations, biens et services en matière de santé doivent être scientifiquement et médicalement appropriés et de bonne qualité. Ce qui suppose notamment du personnel qualifié, des médicaments et du matériel hospitalier approuvés par les instances scientifiques et non périmés[49].

Le paragraphe 2 de l'article 12 du PIDESC élargit la définition du droit à la santé en illustrant davantage son contenu tel qu'il découle des paragraphes suivants :

- Le droit à la santé maternelle, infantile et génésique[50] : Les mesures adoptées par l'État doivent viser la diminution de la mortinalité et de la mortalité infantile ainsi que le développement sain de l'enfant. Elles peuvent également s'entendre des mesures nécessaires pour améliorer les soins de santé maternelle et infantile, les services de santé en rapport avec la vie sexuelle et génésique, y compris la planification de la famille, les soins pré et postnatals.

- Le droit à un environnement naturel et professionnel sain[51] : Il s'agit des mesures visant l'amélioration de tous les aspects de l'hygiène du milieu et de l'hygiène industrielle comprenant notamment les mesures de prévention contre les accidents du travail et les maladies professionnelles. On y retrouve également les mesures visant à assurer un approvisionnement suffisant en eau salubre et potable et les mesures visant à empêcher et réduire l'exposition de la population à certains dangers tels que la radiation ou les produits chimiques toxiques et les autres facteurs environnementaux nocifs ayant une incidence directe sur la santé des individus. En outre, l'hygiène du travail consiste à réduire autant qu'il est possible les causes des risques pour la santé inhérente au milieu du travail. L'article 12 (2) (b) du PIDESC vise également les mesures permettant d'assurer un logement approprié et des conditions de travail salubre et hygiénique, un apport alimentaire suffisant et une nutrition appropriée.

Selon la Constitution de l'OMS, « *la possession du meilleur état de santé qu'il est capable d'atteindre constitue l'un des droits fondamentaux de tout être humain, quelles que soient sa race, sa religion, ses opinions politiques, sa condition économique ou sociale* »[52]. Cette constitution définit la santé comme *« un état de complet bien-être physique, mental et social, et ne*

---

[48] *Ibid.* para.12 (c).
[49] *Ibid.* para.12 (d).
[50] PIDESC, article 12 (2) (a).
[51] PIDESC, article 12 (2) (b).
[52] OMS, *Documents fondamentaux*, 39e édition, Genève, 31 octobre 1992, p. 10.

consiste pas seulement en une absence de maladie ou d'infirmité »[53]. La définition de l'OMS susmentionnée présente en outre l'intérêt de présenter la santé comme dépendante des possibilités biologiques et de l'intégration sociale. C'est dire qu'il est presque impossible de dissocier la santé des conditions de vie[54]. À l'analyse, deux principales dimensions de la santé découlent de la définition de l'OMS.

D'une part, la dimension physique du droit à la santé qui renvoie à un état de complet bien-être physique qui transcende l'absence de handicap. Elle englobe la protection de l'intégrité physique contre les actes de torture, la vente des organes humains, les mutilations génitales, le clonage humain[55] ainsi que l'interdiction de toutes sortes de violences sexuelles. En plus, la dimension physique du droit à la santé intègre l'environnement physique et humain, toute chose qui le met à l'abri des pollutions de diverses natures. Si la dimension physique nécessite une prévention du handicap, elle devrait tout logiquement intégrer la prise en charge des droits des personnes handicapées ou âgées, et de manière générale, des personnes vulnérables et des déficients mentaux.

D'autre part, la dimension psychologique du droit à la santé entend saisir l'épanouissement moral de l'individu, l'exercice d'un travail qui n'expose pas l'auteur aux maladies, ce qui implique des heures de repos, les congés, les loisirs, la culture et le divertissement. Elle suppose la prévention des maladies psychologiques et la prise en charge des déficients mentaux et de leurs droits, car ceux-ci ne sauraient être aliénés. La doctrine conçoit le droit à la santé comme un droit fondamental[56] de l'être humain. La notion de droit

---

[53] *Ibid.* p. 1. Voir aussi Marie-Christine DENOYER, *Grands thèmes sanitaires et sociaux*, 3e Masson, Paris, 2000, p. 5.

[54] Marie-Christine DENOYER, *op. cit.* p. 1.

[55] Jean Marie CROUZATIER, *Droit international de la santé*, Paris, AUF, Archives contemporaines, 2009, p. 92.

[56] D'une manière générale, trois conceptions permettent d'avoir un essai de définition des droits fondamentaux : une conception ordinaire qui conçoit les droits fondamentaux comme une sorte d'agrégat hétéroclite de droits et de libertés, dont le point commun réside en cela que le locuteur qui utilise la formule les tient simplement pour « importants », « essentiels » ou « déterminants ». La deuxième conception est la conception positiviste des droits fondamentaux. Il s'agit de la conception la plus élaborée et la plus séduisante, comme la plus facile à saisir. Mais elle apparaît aussi comme la plus intrinsèquement fausse. En effet, cette conception comporte deux tendances, l'une très pure et l'autre plus réaliste. La tendance pure tend à soutenir que les droits fondamentaux sont exclusivement les droits consacrés par la constitution. C'est la constitution et elle seule qui leur confère leur caractère fondamental. Dans cette logique, sont considérés comme droits fondamentaux, l'ensemble des droits et libertés qui sont mentionnés, proclamés et garantis par un texte constitutionnel et comme tels, protégés par la juridiction constitutionnelle. Cette tendance exclut le droit international, pourtant la norme *Pacta Sunt servanda* est une norme fondamentale du droit international qui

fondamental met en exergue deux caractéristiques essentielles : d'une part, leur nature fondatrice[57] et, d'autre part, leur nature universaliste[58].

Le droit à la santé ne saurait être confondu avec le droit de la santé qui est une discipline scientifique constituée par l'ensemble des règles qui régissent la santé des populations. Il se démarque également de la Santé publique qui est, selon Tatiana GRUNDER[59], définie comme l'action des pouvoirs publics en faveur de la santé des populations, c'est une fonction traditionnelle des États[60]. Le droit à la santé est un droit-créance, lequel implique non pas une abstention de l'État, mais une action positive destinée à le rendre effectif. Les droits-créances appellent une intervention des pouvoirs publics, que ce soit celle de l'État ou des collectivités territoriales décentralisées[61].

Il convient de préciser que le droit à la santé ne saurait se comprendre comme *le droit d'être en bonne santé*. La bonne santé ne peut être garantie exclusivement par un État, et les États ne peuvent pas davantage assurer une protection contre toutes les causes possibles de mauvaise santé de l'être humain. Ce qui suppose également une responsabilité personnelle des

---

s'impose aux États et à leur souveraineté. Enfin, la conception objectiviste des droits fondamentaux. Voir à ce propos Véronique CHAMPEIL-DESPLATS, *op. cit.* p. 548.

[57]S'agissant de la nature fondatrice des droits fondamentaux, le qualificatif « fondamental » fait référence à des valeurs fondatrices d'un système ou d'un ordre juridique qui explique et justifie qu'on se plie à son autorité. Dans une conception « structurelle » mise en avant par Véronique CHAMPEIL-DESPLATS, les droits fondamentaux exercent une fonction non pas seulement de protection des individus, mais aussi de structuration de l'ordre juridique. On pourrait les définir comme des « équilibres essentiels » sur lesquels l'ensemble des normes d'un système ou d'un ordre juridique repose. Les droits fondamentaux restent invariablement les paramètres communs permettant la définition de ces équilibres essentiels et fondateurs de l'expression de « valeur ». Voir Véronique CHAMPEIL-DESPLATS, « Les droits fondamentaux et l'identité des ordres juridiques : l'approche publiciste », *in* Edouard Dubout et Sébastien TOUZE (dir.), *Les droits fondamentaux : charnières entre ordres et systèmes juridiques*, Paris, A. Pedone, 2010, pp. 149-163.

[58] S'agissant de leur nature universaliste, les droits fondamentaux renvoient tout comme les droits de l'homme auxquels ils tendent à se substituer à un « universalisme » ; naturellement cette prétention à l'universalité offre une propension au franchissement des barrières juridiques et explique le dialogue des juges en la matière.

[59] Tatiana GRUNDER, « Effectivité, Efficacité, Efficience. L'Exemple du droit à la santé », *in* Véronique, CHAMPEIL-DESPLATS et Danièle LOCHAK (Dir.), *A La recherche de l'effectivité des droits de l'homme*, *op. cit.* p. 33.

[60] Elle met en œuvre le droit à la protection de la santé reconnu sous diverses formes par les textes constitutionnels mais aussi par les instruments internationaux. La Déclaration universelle des droits de l'homme de 1948 consacre dans son article 25 (1) « le droit à un niveau de vie suffisant pour assurer sa santé ». Le PIDESC de 1966 reconnait « le droit de toute personne de jouir d'un meilleur état de santé physique et mentale » à l'article 12 (1). La Convention sur les droits de l'enfant dispose en son article 24(1) que « l'enfant a le droit de jouir d'un meilleur état de santé (..) de bénéficier des services médicaux ».

[61] Sophie MONNIER et Elsa FOREY, *Droit de la culture*, Paris, Gualino, 2009, p. 17.

individus[62]. Ainsi, les facteurs génétiques, la propension individuelle à la maladie et l'adoption de modes de vie malsains ou à risque peuvent jouer un rôle important dans l'état de santé d'un individu.

Le droit à la santé suppose à la fois des libertés et des droits. Les libertés comprennent le droit de l'être humain de contrôler sa propre santé et son propre corps[63], y compris le droit à la liberté sexuelle et génésique, ainsi que le droit à l'intégrité, notamment le droit de ne pas être soumis à la torture et de ne pas être soumis sans son consentement à un traitement ou une expérience médicale. Par ailleurs, les droits comprennent le droit d'accès à un système de protection de santé qui garantisse à chacun, sur un pied d'égalité la possibilité de jouir du meilleur état de santé possible[64].

2. La nature du droit à la santé : un droit économique et social

Inscrit à juste titre dans le PIDESC, il est difficile de différencier la nature économique de la nature sociale du droit à la santé.

a. Le droit à la santé comme droit économique

Le terme droit économique constitue une appropriation de l'économie par le juridique c'est-à-dire, un droit qui entend prendre en considération les faits et plus précisément les mutations économiques des sociétés contemporaines dans le but de les organiser[65]. Un droit économique peut être ainsi compris comme un droit qui permet à tout être humain de transformer sa force physique ou intellectuelle en capital économique, d'accéder aux moyens de redistribution du capital ou de défendre ses intérêts, individuellement ou collectivement, dans le processus de transformation de sa force ou de redistribution du capital. La caractéristique du droit à la santé comme droit économique a pour implication sa prise en compte dans des exigences de santé publique et dans les politiques économiques et de développement. C'est notamment le cas des politiques budgétaire et fiscale en termes d'exonération de certaines taxes et la subvention de certains médicaments.

b. Le droit à la santé comme droit social

La finalité initiale des droits sociaux est essentiellement de protéger le travailleur et d'apporter aux plus démunis une protection sociale minimale

---

[62] Annick DORSNER-DOLIVET, *La responsabilité du médecin*, Paris, Economica, 2006, pp. 267-352.

[63] CODESC, *Observation générale n° 14*, *op. cit.* para. 3 et 8.

[64] *Ibid.* para. 8.

[65] Denis ALLAND et Stéphane RIALS (dir.), *Dictionnaire de la culture juridique*, PUF, Paris, 2003, p. 579. Voir aussi Jean-Yves BARREYRE et Brigitte BOUGUET, *Nouveau dictionnaire critique d'action sociale*, Paris, Bayard, p. 198.

par le jeu de la solidarité. Les droits sociaux prennent racine dans la révolution industrielle ou plus exactement dans la déshérence sociale que celle-ci a engendrée et sont avant tout une conquête du socialisme[66]. Georges BURDEAU présente les droits sociaux comme des prestations de l'État que certains citoyens, avant tout des travailleurs, peuvent obtenir[67]. Cette perception nous semble vague, imprécise et limitée. Les analyses de Georges BURDEAU interviennent dans un contexte d'industrialisation et de revendication des travailleurs. Il n'est dès lors pas étonnant que le travail soit mis en avant. Cependant, les droits sociaux ont un contenu bien précis et ne sauraient se confondre aux droits des travailleurs. L'implication du droit à la santé comme droit social est de garantir une protection sociale à l'individu par le mécanisme de solidarité qui est au cœur de la couverture sanitaire universelle.

D. La mise en œuvre du droit à la santé

Une discussion utile sur la mise en œuvre du droit à la santé n'est rendue possible qu'après la définition du concept de « mise en œuvre » et de ses notions connexes, ainsi que les éléments de la mise en œuvre du droit à la santé.

1. Définition de la mise en œuvre et des notions connexes

a. La mise en œuvre

Dans une approche sociologique, la mise en œuvre ou implémentation d'une politique publique constitue le processus d'application des décisions. Parler de mise en œuvre permet dès lors de caractériser un moment de l'action publique ou la décision se confronte à la réalité à travers l'application des directives gouvernementales[68]. L'étude de la mise en œuvre nécessite de ne pas rester figé sur les objectifs et les intentions légalement définis d'une politique, mais d'analyser les distorsions, mieux encore les écarts entre les objectifs et l'impact réel de ces politiques[69]. Bien que la notion d'application soit le point commun entre l'approche politique et l'approche juridique, la mise en œuvre dans le cadre de cette étude sera perçue au sens purement juridique.

---

[66] Joël ANDRIANSTSIMBAZOVINA et *al.* (dir.), *Dictionnaire des droits de l'Homme*, 1re édition, PUF, Paris, 2008, p. 322.

[67] Carlos Miguel HERRERA, *Les droits sociaux,* Collection *Que sais-je ?* Paris, PUF, 2009, p. 5.

[68] Laurie BOUSSAGUET, Sophie JACQUOT, Pauline RAVINET (dir.), *Dictionnaire des politiques publiques*, 3e édition, Paris, Presses de la Fondation nationale des Sciences politiques, 2010, p. 343.

[69] *Ibid.*

Dans une approche juridique, selon le CODESC[70], la mise en œuvre du droit à la santé est une obligation et comme telle, trouve sa signification dans les Observations générales n° 12 et 13. En effet, elle implique un faisceau d'obligations [71]qui comprend : l'obligation de faciliter (prêter assistance) et l'obligation de fournir (distribuer). Cette définition est complétée par l'Observation générale n° 16.

Conformément à l'Observation générale n° 16[72], la mise en œuvre est une obligation qui comprend, l'obligation de promouvoir l'élimination de toutes les formes de discriminations. Dans cette Observation générale, le Comité[73] estime que l'obligation de mettre en œuvre exige que les États-parties prennent des mesures pour s'assurer que les hommes et les femmes jouissent concrètement des mêmes droits sociaux. Ainsi, le contenu de la mise en œuvre révèle que l'État doit :

- veiller à l'existence de mesures appropriées telles que l'indemnisation, la réparation, la restitution, la réhabilitation, la protection contre la répétition d'une violation, les programmes éducatifs, les programmes de prévention et garantir l'accès à ces mesures ;
- créer des instances appropriées de recours telles que des juridictions ou des mécanismes administratifs indépendants accessibles à tous dans des conditions d'égalité, y compris aux pauvres et aux plus défavorisés et marginalisés ;
- mettre en place des mécanismes de surveillance pour s'assurer la mise en œuvre des lois et des politiques destinées à promouvoir l'égalité d'accès aux droits sociaux en l'occurrence le droit à la santé ;
- élaborer et appliquer des politiques et programmes en vue de garantir sur le long terme, l'exercice des droits sociaux. Organiser des programmes de sensibilisation et de formation en vue de la réalisation des droits sociaux.

Dans le cadre de la présente étude, l'on adoptera la définition de la mise en œuvre du droit à la santé que donne le CODESC dans son Observation générale n° 14. Selon le Comité, la mise en œuvre est une obligation, elle signifie que les États sont tenus entre autres d'assurer la fourniture des soins

---

[70] Le CODESC est un organe subsidiaire du Conseil économique et social. Il est investi d'une mission de contrôle et de surveillance de la mise en œuvre du PIDESC.

[71] La mise en œuvre fait partie des obligations inhérentes à la nature des DESC en l'occurrence : l'obligation de respecter, de protéger et de mettre en œuvre. Cette dernière comprend : l'obligation de fournir, de promouvoir et de faciliter.

[72] CODESC, *Observation générale n° 16 portant sur le droit égal de l'homme et des femmes au bénéfice de tous les DESC (article 3 du PIDESC),* 31e session, Genève 25 avril-13 mai 2005, para. 10.

[73] *Ibid.* para. 2.

de santé, dont la mise en place des programmes de vaccination contre les grandes maladies infectieuses, et de garantir l'égalité d'accès à tous les éléments déterminants de la santé, tels qu'une alimentation sûre et de l'eau potable, un assainissement minimum des conditions de logement et de vie convenable. Ils doivent par exemple *« instituer un système d'assurance santé (public, privé ou mixte) abordable pour tous »*[74].

b. Les notions connexes à la mise en œuvre du droit à la santé

Les notions connexes qui méritent d'être précisées dans le cadre du présent travail de recherche sont les suivantes : application, réalisation et exécution.

i. L'application

Selon Jean CARBONNIER, l'application du droit est un processus, une suite d'actions et de réalisations tendue vers un but. C'est un processus animé par des hommes, les acteurs de l'application que l'on pourrait dire coauteurs du droit, car le droit serait vain s'il n'était pas appliqué[75]. Selon l'auteur, il s'agit d'un processus qui consiste à assurer l'exécution d'une règle. Relevons que l'application vise la concrétisation, c'est une action qui consiste à passer du projet à sa matérialisation ou simplement à sa réalisation[76].

L'on distingue l'application directe de l'application immédiate[77]. Selon le CODESC, l'application immédiate consiste à « *identifier des obligations "immédiatement applicables" (self-executing) ou autrement dit "susceptibles d'être immédiatement appliquées par des organes de caractère judiciaires et autre dans le cadre de nombreux systèmes juridiques nationaux"* »[78]. L'application directe est un principe de droit international selon lequel une règle adoptée par une organisation internationale ou un traité international s'applique directement dans le droit interne des États sans qu'il soit besoin que cet État transpose préalablement cette règle dans son droit interne par

[74] CODESC, *Observation Générale n° 14, op. cit.* para. 43.

[75] Jean CARBONNIER, *Droit et passion du droit sous la Ve République*, Paris, Flammarion, 1996, p. 75.

[76] *Le Petit Larousse Illustré*, Paris, Larousse, 2004, p. 245.

[77] En droit civil l'application immédiate de la loi est la règle selon laquelle la loi nouvelle régit toutes les situations juridiques constituée après sa publication, mais aussi les effets futurs des situations en cours lors de cette publication. Voir Rémy CABRILLAC, *Dictionnaire du Vocabulaire juridique*, 3e édition, Paris, LexisNexis, 2008, p. 30.

[78] CODESC, *Observation générale n° 3 (1990), La nature des obligations des États parties (article 2(1) du Pacte)*, para. 5.

l'adoption d'une loi ou d'un acte réglementaire. L'application directe reste exceptionnelle dans le droit international public (acte *« self-executing »*)[79].

Le Pacte ne définit pas les modalités de son application dans l'ordre juridique national, mais les États parties doivent établir qu'ils s'acquittent de leurs obligations, sous le contrôle du Comité. À cet égard, le Comité a indiqué qu'un certain nombre d'articles du Pacte étaient susceptibles d'être mis en œuvre immédiatement, en particulier les articles suivants : article 3 (a) (i), article 8, article 10 (3), article 13 (2) (a), (3) et (4) et article 15 (3)[80].

ii. La réalisation

La réalisation des droits sociaux, et du droit à la santé, suppose selon le Conseil économique et social des Nations Unies (ci-après ECOSOC), la formulation des politiques visant à donner effet[81] à ces droits et l'adoption d'instruments juridiques spécifiques[82]. La réalisation des droits sociaux s'entend en outre comme la prise, par l'État, des mesures délibérées et concrètes visant à donner effet aux droits sociaux[83]. Les conditions suivantes sont nécessaires à la pleine réalisation des droits sociaux, notamment du droit à la santé : la disponibilité des moyens, l'accessibilité, l'acceptabilité, l'adaptabilité et l'adéquation[84].

L'idée de « réalisation progressive » n'est, par conséquent, qu'une façon de reconnaître le fait que le plein exercice de tous les droits économiques et sociaux, ne peut généralement pas être assuré dans un court laps de temps[85]. D'une part, cette clause permet de sauvegarder la souplesse nécessaire, compte tenu des réalités et des difficultés que rencontre tout pays qui s'efforce d'assurer le plein exercice de ces droits. D'autre part, elle doit être interprétée à la lumière de l'objectif global, et à vrai dire, de la raison d'être du Pacte qui est de fixer aux États-parties des obligations claires en ce qui concerne le plein exercice des droits en question. Ainsi, cette clause impose

[79] Serge GUINCHARD (dir.), *Lexique des termes juridiques*, 21e édition, Paris, Dalloz, 2014, p. 68.

[80] CODESC, *Observation générale n° 3, op. cit.*

[81] L'obligation de donner effet ou de faciliter l'exercice signifie que l'État doit prendre les devants de manière à renforcer l'accès de la population aux ressources et aux moyens d'assurer sa subsistance.

[82] CODESC, *Observation générale n° 14, Question de fond concernant la mise en œuvre du PIDESC,* 22esession, Genève, 25 avril – 12 mai 2000.

[83] CODESC, *Observation générale n° 13 sur le droit à l'éducation*, 21e session, 15 – 3 décembre 1999, para. 59.

[84] CODESC, *Observation générale n° 21 sur le droit de chacun de participer à la vie culturelle*, 43e session, Genève, 2 – 20 novembre 2009.

[85] *Ibid.* para. 9, p. 18.

l'obligation d'œuvrer aussi rapidement et aussi efficacement que possible pour atteindre cet objectif[86].

iii. L'exécution

La notion d'exécution désigne le droit de tout justiciable d'obtenir l'exécution des décisions de justice passées en force de chose jugée en particulier de la part de l'administration[87]. Le *Dictionnaire de la culture juridique* appréhende l'exécution comme la réalisation d'une obligation ou un devoir juridique, le processus qui permet de faire passer le droit dans les faits, de faire coïncider ce qui est et ce qui doit être. Elle résulte normalement du fait du débiteur[88].

2. Éléments de la mise en œuvre du droit à la santé

L'idée de la discussion sur les éléments de la mise en œuvre du droit à la santé est de présenter d'une part les objectifs de cette mise en œuvre et, d'autre part, les débiteurs et les créanciers du droit à la santé.

a. Objectifs de la mise en œuvre du droit à la santé

La mise en œuvre du droit à la santé vise trois objectifs, à savoir : l'effectivité, l'efficacité et le contrôle.

i. L'effectivité du droit à la santé

S'il est vrai que l'effectivité est un indicateur de la place du droit dans les rapports sociaux[89], il reste que cette notion « *ne bénéficie pas d'une définition claire et arrêtée* »[90]. L'effectivité des droits de l'homme en général est devenue un enjeu incontournable. Au-delà des proclamations officielles et des déclarations de bonnes intentions, l'observation de la réalité sociale montre que la satisfaction des droits fondamentaux reste une préoccupation pour chaque citoyen.

Selon Véronique CHAMPEIL-DESPLATS, quelques mécanismes visent à garantir l'effectivité d'un droit et ces mécanismes ne sont pas exclusifs les uns des autres. L'on distingue les mécanismes de type juridique des

---

[86] *Ibid.*

[87] Remy CABRILLAC (dir.), *Dictionnaire du vocabulaire juridique*, 2e édition, Paris, Juris-classeur, 2004, p. 179.

[88] Denis ALLAND et Stéphane RIALS (dir.), *Dictionnaire de la culture juridique*, Paris, PUF, 2003, p. 678.

[89] P. LASCOURNES, « Conclusion. L'effectivité, indicateur de la place du droit dans les rapports sociaux », *in* Véronique CHAMPEIL-DESPLATS et Danièle LOCHAK (dir.), *A la recherche de l'effectivité des droits de l'homme*, Presse universitaire de Paris 10, 2008, pp. 263-266.

[90] Véronique CHAMPEIL-DESPLATS, « Effectivité et droits de l'homme : approche théorique » *in* Véronique CHAMPEIL-DESPLATS et Danièle LOCHAK (dir.), *op. cit.* p. 11.

mécanismes de type extrajuridique. Parmi les mécanismes juridiques, on distingue : la force performative[91], la séparation des pouvoirs et la théorie des contraintes[92], le tiers impartial[93], les services publics et la *procéduralisation*[94]. Il convient de souligner que l'effectivité des droits exige souvent les conditions matérielles et humaines concrètes contrairement à la liberté qui exige, pour être effective, que l'État organise ses grands services publics, ses grandes institutions sociales qui sont les moyens de remplir ses obligations envers les individus.

S'agissant des mécanismes non juridiques, l'effectivité du droit peut par exemple dépendre des relations diplomatiques ou du niveau d'interdépendance et de la coopération des acteurs[95]. La volonté d'obtenir l'effectivité peut aussi prendre des formes plus tendues, notamment les manifestations, la désobéissance civile et la résistance à l'oppression.

Dans une approche strictement juridique, l'effectivité du droit à la santé suppose une consécration textuelle, le respect, la protection verticale et horizontale avec en prime des recours effectifs devant un tribunal indépendant et impartial[96]. Pour Eric MILLARD, « *à défaut d'être effectifs, les droits de l'homme ne sont pas des droits, mais de simples prétentions* »[97]. L'inscription d'un droit dans un texte ne suffit pas à en garantir l'effectivité. La consécration juridique met en place des garanties contre les autorités publiques. Le fait que l'effectivité des droits ne puisse être dans tous les cas assurée par le juge ne réduit ni la « juridicité » ou la « normativité » des droits ni la possibilité d'obtenir leur effectivité par d'autres moyens[98]. À l'encontre d'un point de vue dominant, il n'est pas certain que les recours juridictionnels soient dans tous les cas le mécanisme le plus apte à assurer

---

[91] L'idée est que la simple énonciation de normes contribuerait à produire des effets ou à permettre d'autres énoncés juridiques de produire de tels effets. Dans cette optique, l'énonciation d'une sanction suffirait pour assurer l'effectivité des normes auxquelles celles-ci se rapportent, que cette sanction soit négative ou positive.

[92] Cette théorie suppose que la séparation des pouvoirs est la condition *sine qua non* de la liberté.

[93] Il pose la problématique de l'indépendance et de l'impartialité des acteurs du système judiciaire.

[94] La procéduralisation du droit consiste en substance à rapprocher les autorités administratives des destinataires des normes, voire à assurer la participation de ces derniers à la détermination des normes auxquelles ils sont soumis.

[95] Véronique CHAMPEIL-DESPLATS, « Effectivité et droits de l'homme : approche théorique », *in* Véronique DESPLATS-CHAMPEIL et Danièle LOCHAK (dir), *op. cit.* p. 21.

[96] (J.) ANDRIANSTSIMBAZOVINA et *al.* (dir.), *op. cit.* p. 351.

[97] E. MILLARD, « Effectivité des droits de l'homme », in S. Rial et *al.* (dir.), *Dictionnaire des droits de l'homme*, Paris, Puf, 2008, pp. 349-352.

[98] APDHAC, École Doctorale régionale droits de l'homme et droit humanitaire, projet d'animation scientifique, UCAC, Yaoundé, 2016, p.6.

l'effectivité des droits de l'homme[99]. Une telle thèse contredit bien évidemment celle selon laquelle l'effectivité est liée à la mise en action de la sanction juridictionnelle[100], entendue comme une *« conséquence désavantageuse attachée à un comportement illicite »*[101].

Dans une approche sociologique, l'on doit à la sociologie du droit de Jean CARBONNIER des éléments pertinents pour l'approche de l'effectivité des règles de droit. Celui-ci met en garde contre toute idée d'effectivité ou d'ineffectivité pour souligner le fait qu'entre ces deux extrêmes, il y a en réalité toute une série d'états intermédiaires[102], des paliers et une échelle de l'effectivité. Pour Jean CARBONNIER, entre l'effectivité totale et l'ineffectivité totale, également exceptionnelle, c'est la grisaille de l'ineffectivité partielle qui domine. Elle est pour une large part naturelle à la règle de droit[103].

Selon Norberto BOBBIO, *« pour la réalisation des droits de l'homme, certaines conditions objectives sont nécessaires, il s'agit par exemple du niveau de développement de la société »*[104]. Dans cette optique, est effectif le droit consacré qui est observé et appliqué par ses destinataires, l'éventuel écart étant sanctionné selon les modalités procédurales prévues. S'interroger sur l'effectivité du droit à la santé revient à s'interroger sur sa mise en œuvre concrète[105]. L'effectivité du droit à la santé est mesurée à partir des écarts éventuels entre le droit et sa réalisation, entre les comportements prescrits par les normes y relatives et les comportements réels des acteurs. Savoir si un droit est effectif revient à déterminer si ce droit est respecté par ses destinataires, à repérer son utilité ou au contraire ses failles. L'effectivité ici se définit comme le degré de réalisation dans la pratique sociale des règles énoncées par le droit[106].

Dans la même optique, François RANGEON définit l'effectivité comme le caractère d'une règle de droit qui produit l'effet voulu et qui est appliquée réellement. Pour l'auteur, l'effectivité désigne un « fait » vérifiable, voire

---

[99] *Ibid.*

[100] Voir Alain Didier OLINGA, « L'effectivité de la Charte africaine des droits de l'homme et des peuples », *op. cit.* pp. 171-185.

[101] Hubert THIERRY, Serge SUR, Jean COMBACAU, Charles De VALLEE, *Droit international public*, Montchrestien, Paris, 1979, p. 15.

[102] Jean CARBONNIER cité par Alain Didier OLINGA, « Considérations sur l'effectivité du droit international humanitaire aujourd'hui », in *Juridis périodique* n° 79, p. 102.

[103] *Ibid.* pp. 16-17.

[104] Norberto BOBBIO cité Véronique CHAMPEIL-DESPLATS et Danièle LOCHAK (dir.), *op. cit.* p. 22.

[105] *Ibid.*

[106] Philippe CLARA-MAUD, « Entre effectivité et validité du droit : L'exemple du droit du Public à l'information », *in* Véronique CHAMPEIL-DESPLATS et Danièle LOCHAK (dir.), *op. cit.* p. 59.

mesurable, celui de l'application du droit, conformément à sa lettre et à l'intention de son auteur. De ce qui précède, la mise en œuvre du droit à la santé est liée à l'effectivité de ce droit, en ce sens que celle-ci vise celle-là.

Une autre distinction s'impose entre l'effectivité, l'efficacité et l'efficience. Selon le *Lexique des Sciences sociales*, l'efficacité est une notion plus quantitative, de nature plus économique que l'effectivité. Elle mesure un résultat en fonction d'un objectif et dans des conditions données. Quant à l'efficience, elle a longtemps été synonyme d'efficacité. Elle permet, en droit, de mesurer le résultat par rapport aux moyens employés pour l'atteindre, ce qui la distingue de l'efficacité qui met en exergue le résultat. Le rapport entre effectivité, efficacité et efficience varie suivant les domaines et les textes.

ii. L'Efficacité du droit à la santé

L'efficacité du droit à la santé suppose un questionnement dont le but est de savoir si les normes y relatives produisent des effets au bénéfice des personnes à qui elles sont destinées[107]. L'efficacité est évaluée en confrontant les objectifs assignés à la norme et les résultats obtenus[108]. Une norme est dite efficace lorsqu'elle produit l'effet recherché. Par contre, elle est efficiente si elle permet d'obtenir les résultats recherchés au coût optimal. La mise en œuvre du droit à la santé vise non seulement l'effectivité, mais aussi l'efficacité de ce droit. L'efficacité d'un droit est en principe perceptible à travers sa justiciabilité. L'efficacité de la mise en œuvre du droit à la santé nécessite un contrôle plus large que le seul contrôle juridictionnel.

iii. Contrôle

Le contrôle est le maillon essentiel permettant de garantir l'effectivité de la mise en œuvre du droit à la santé et son efficacité au Cameroun. Il doit s'entendre au sens large du terme et implique le contrôle juridictionnel et non juridictionnel. Il peut être mis en mouvement par le juge, les comités internationaux des droits de l'homme, l'administration, les ordres professionnels de santé, par les bénéficiaires des soins de santé ou par un tiers indépendant. En effet, dans l'Observation générale n° 14 du CODESC, l'obligation de mettre en œuvre le droit à la santé suppose que l'État adopte les mesures appropriées d'ordre législatif, administratif, budgétaire et judiciaire pour en assurer la pleine réalisation[109].

---

[107] Norberto BOBBIO, *Teoria generale del diritto*, G. Giappichelli, Turin,1993, p.2 3.

[108] *Ibid.*

[109] CODESC, *Observation Générale n° 14*, 22e session, Genève, E/C12/2000/4,25 Avril-12 mai 2000, para. 33.

Le contrôle judiciaire peut être garanti par la mise en place des voies de recours disponibles et accessibles permettant l'accès au juge en cas de violation du droit à la santé. C'est dire que toute victime d'une atteinte au droit à la santé doit avoir accès à des recours judiciaires effectifs. Ne pas en prévoir serait remettre en cause le droit d'accès au juge qui est *« le socle de tous les autres droits humains, le « bouclier des droits de l'homme », le « droit des droits » car seul un recours effectif permet à l'être humain d'exercer pleinement ses droits et de demander réparation en cas de violation desdits droits »*[110]. En outre, le contrôle quasi juridictionnel trouve son fondement dans les articles 40 et 41 du PIDESC et à l'article 1er du protocole facultatif au PIDESC en ce qui concerne respectivement le respect des obligations en matière de santé, grâce à un mécanisme de contrôle fondé sur l'examen des rapports présentés par les États, obligatoire pour toutes les parties, auquel s'ajoute un autre contrôle basé sur l'examen des plaintes interétatiques ou des plaintes individuelles[111]. Par ailleurs, les modalités de contrôle de la réalisation du droit à la santé par l'administration et les ordres professionnels de la santé sont déterminées par les textes internes.

b. Débiteurs et créanciers du droit à la santé

i. Les débiteurs du droit à la santé

L'État est le débiteur exclusif du droit à la santé. Cependant, il peut se faire accompagner dans cette ambitieuse mission par des acteurs privés et la communauté internationale. En effet, les compétences de base en matière sanitaire sont et restent étatiques. Alors, le préambule de la constitution de l'OMS indique que *« les gouvernements ont la responsabilité de la santé de leurs peuples. »*[112]. Au plan juridique, cette responsabilité se dégage clairement au regard des obligations qui incombent à l'État. De son étymologie latine *respondere*, la responsabilité est admise comme le fait de répondre de ses actes ou d'un manquement à une obligation. La responsabilité se trouve non seulement liée au fonctionnement efficace de l'ordre juridique, mais également à l'administration d'une sanction[113].

Au niveau national, bien que l'État soit le principal responsable de la mise en œuvre du droit à la santé, l'on assiste à une sorte de responsabilité collective du fait de l'implication d'autres acteurs non étatiques dans la gestion et le financement des activités de santé. En effet, la loi-cadre

---

[110] Frédéric FOKA, *Le contentieux africain des droits de l'homme et des peuples*, Editions 3ft, septembre 2008, p. 58.
[111] HENNEBEL (L.) *Jurisprudence du Comité des droits de l'homme des Nations Unies. Le pacte international relatif aux droits civils et politiques et son mécanisme de protection individuelle*, Collection Droit et justice, Bruxelles, 2007, p. 30.
[112] Préambule de la Constitution de l'OMS.
[113] Denis ALLAND et Stéphane RIALS, *op. cit.* p. 1342.

camerounaise sur la santé[114] fixe le cadre général de l'action de l'État dans le domaine de la santé, notamment à travers la politique nationale de santé. Cette politique s'appuie entre autres sur la collaboration entre le secteur public et le secteur privé afin d'assurer la production des soins et des médicaments de qualité. Dans le même sillage, l'article 3 (5) de la même loi précise que la politique nationale de la santé vise en particulier la promotion de la gestion décentralisée des services afin d'impliquer davantage les communautés et les professionnels de la santé au financement et à la gestion de ces services. De ce qui précède, les débiteurs du droit à la santé au plan national sont : l'État, les collectivités territoriales décentralisées, les communautés et le secteur privé.

Le secteur privé, principal soutien de l'État dans la réalisation du droit à la santé, est également responsable de la qualité de son offre en soins de santé. Il en va de même du personnel médical[115] et des infrastructures y afférentes. Dans le cadre de la collaboration avec le secteur privé, l'État joue un rôle de régulateur et de contrôleur de l'offre de soins.

ii. Les créanciers du droit à la santé

Aux termes de l'article 4 (3) de la loi-cadre sur la santé susmentionnée, le droit à la santé vise notamment *« la protection et la promotion de la santé des groupes vulnérables et défavorisés, notamment les femmes, les enfants, les adolescents, les personnes du troisième âge, les indigents et les handicapés »*. En plus des individus de manière générale, les femmes, les enfants, les personnes âgées et handicapées constituent des catégories de créanciers du droit à la santé. L'État du Cameroun est, par conséquent, tenu de promouvoir et de protéger leur droit à la santé.

Si l'article précédent met un accent particulier sur le droit à la santé des personnes vulnérables et demeure en cela conforme aux dispositions de l'article 12 (a) du PIDESC, il n'en demeure pas moins que l'article 2 de la même loi dispose que « *la politique nationale de santé a pour objectif l'amélioration de l'état de santé des populations* ».

Les droits camerounais et international reconnaissent comme bénéficiaires du droit à la santé l'ensemble de la population d'un État, notamment les catégories vulnérables que sont les femmes, les enfants, les personnes âgées et les personnes handicapées. La législation camerounaise ajoute à ces groupes vulnérables les communautés. Cependant, cette notion demeure vague et imprécise. Le législateur n'a simplement pas voulu utiliser le concept de peuple autochtone tout aussi ambigu. Cette adjonction des communautés permet de comprendre que le droit à la santé n'est pas

---

114 Loi n° 96/03 portant loi-cadre dans le domaine de la santé, article 1er.

115 Annick DORSNER-DOLIVET, *La responsabilité du médecin, op. cit.* pp. 265-412.

seulement un droit individuel, mais est également un droit dont la jouissance est collective.

II. L'efficacité de la mise en œuvre du droit à la santé : la satisfaction de la protection du droit à la santé des individus

De tout ce qui précède, il appert que le contexte de sous-développement ne peut désormais plus être présenté comme clause exonératoire à la réalisation des DESC, notamment le droit à la santé. Plus encore, la mise en œuvre du droit à la santé ne peut se limiter à la construction d'un cadre juridique, fût-il dense. Dès lors, la fin ultime de toute règle étant la jouissance par l'individu du droit qu'il consacre, la mise en œuvre du droit à la santé se doit de dépasser la recherche de l'effectivité des normes pour atteindre leur efficacité.

A. La mise en œuvre du droit à la santé au Cameroun : entre effectivité et efficacité ?

Le problème de la mise en œuvre du droit à la santé au Cameroun ne doit plus simplement se limiter à l'étude du cadre juridique consacrant ce droit, mais doit aller au-delà pour s'interroger sur les mécanismes garantissant la jouissance du droit à la santé par les populations camerounaises. Il n'est désormais plus question de lire la mise en œuvre du droit à la santé simplement sous le prisme de la consécration de ce droit à travers un cadre juridique suffisamment élaboré. Il faut en plus, rechercher la mise en œuvre du droit à la santé dans la satisfaction des individus, à travers la pleine jouissance de ce droit et les mécanismes de contrôle permettant la garantie de la jouissance dudit droit par les individus qui en sont les ultimes destinataires.

Le problème n'est plus posé uniquement sous l'angle de l'effectivité, mais aussi sous l'angle de l'efficacité. Cela offre dès lors l'occasion d'interroger non seulement le cadre juridique de garantie du droit à la santé au Cameroun, mais aussi d'examiner et d'évaluer les stratégies et les programmes que cet État met sur pied pour assurer à chaque personne *« le droit de jouir du meilleur état de santé physique et mentale qu'elle soit capable d'atteindre »*[116].

B. Les mécanismes de contrôle comme garants de l'efficacité dans la mise en œuvre du droit à la santé

L'hypothèse à vérifier dans le présent travail de recherche est la suivante : la mise en œuvre du droit à la santé au Cameroun est

---

[116] Charte africaine des droits de l'homme et des peuples, article 16 (1).

probablement tributaire du renforcement et de la mobilisation de l'ensemble des mécanismes capables de garantir l'efficacité de la réalisation de ce droit. En effet, conformément à l'article 16 (2) de la Charte africaine des droits de l'homme et des peuples, *« Les États-parties à la présente Charte s'engagent à prendre les mesures nécessaires en vue de protéger la santé de leurs populations et de leur assurer l'assistance médicale en cas de maladie »*. Les mesures nécessaires à la protection de la santé ne peuvent dès lors se limiter à des mesures législatives comme le suggère le PIDESC. Si les mesures législatives peuvent permettre d'atteindre l'effectivité de la mise en œuvre du droit à la santé, d'autres mesures semblent indispensables pour garantir la pleine jouissance de ce droit à tous.

Par conséquent, la recherche de l'efficacité dans la mise en œuvre du droit à la santé suppose inéluctablement la conjugaison des mesures législatives aux autres « mesures nécessaires », au sens de la CADHP, ou à tous « les moyens appropriés », au sens du PIDESC. À la lecture de ces instruments internationaux, il transparaît de manière non équivoque que la mise en œuvre du droit à la santé ne peut se limiter à la ratification des instruments conventionnels internationaux et en l'édiction des normes au plan national. L'objectif de ce système normatif étant la protection de la santé des populations et la garantie d'une assistance médicale en cas de maladie, la mise en œuvre ne peut atteindre son but ultime et produire des effets que si des mécanismes sont mis sur pied pour garantir cette protection et cette assistance médicale ; et qu'en dernier lieu, d'autres mécanismes sont institués pour contrôler l'efficacité de la garantie de ladite protection et de ladite assistance.

La présente étude s'articule autour de la recherche de l'efficacité dans la mise en œuvre du droit à la santé au Cameroun. Toutefois, bien qu'elle vise à démontrer le rôle majeur que doivent jouer les mécanismes de contrôle dans la garantie de la jouissance du droit à la santé par les populations créancières et destinataires de ce droit, l'on ne peut négliger la pertinence d'un cadre juridique adéquat consacrant et clarifiant les conditions de jouissance du droit à la santé. Autrement dit, si la question de la justiciabilité du droit à la santé ne peut plus être éludée dans toute ambition de mise en œuvre de ce droit au Cameroun, force est de constater qu'en amont, le cadre juridique doit être mis en adéquation avec les normes internationales afin d'assurer à chaque individu, la protection du meilleur état de santé qu'il soit capable d'atteindre. La mise en œuvre optimale du droit à la santé au Cameroun met en rapport l'effectivité et l'efficacité.

À partir de ces prémisses, nous pouvons organiser ce travail de recherche en deux grandes parties. La première partie porte sur le droit à la santé à l'épreuve de l'effectivité. L'effectivité dont il s'agit ici n'est pas seulement l'effectivité des normes adoptées au plan national, mais aussi et surtout l'effectivité de la mise en conformité des normes nationales aux standards internationaux tels qu'ils découlent des instruments internationaux pertinents opposables à l'État du Cameroun. À travers une évaluation du cadre normatif et institutionnel de protection du droit à la santé au Cameroun, il est question ici de mettre en exergue les failles et les limites intrinsèques à ce cadre qui ne permet ni l'effectivité de la mise en œuvre du droit à la santé au Cameroun, ni d'atteindre l'efficacité dans la garantie de ce droit. Une fois cette évaluation effectuée, il est alors question de s'interroger sur l'apport des mécanismes de contrôle à la réalisation du droit à la santé. Il ne fait aucun doute que des mécanismes de contrôle plus opérationnels peuvent largement contribuer à la réalisation effective et davantage, à l'efficacité de la protection du droit à la santé. Ces mécanismes existent pour la plupart au Cameroun, mais il est important de les rendre plus réactifs, proactifs ou d'en faciliter l'accès au plus grand nombre afin d'impliquer plus l'individu et la communauté dans la mise en œuvre du droit à la santé.

Cette première évaluation permet alors de déboucher aisément sur la seconde partie qui vise à évaluer non plus le cadre normatif et institutionnel, mais l'ensemble des politiques publiques adoptées pour protéger la santé des populations. L'objectif à ce niveau est d'évaluer les résultats obtenus après application des normes prévues, au regard des standards internationaux découlant soit des normes internationales, soit des directives fixées par les organes internationaux en charge de l'interprétation des textes visant à garantir le droit à la santé de tous. Cette évaluation se démarque alors d'une étude purement juridique en ce sens qu'elle offre l'occasion de procéder à l'identification non seulement des lacunes existantes dans les politiques publiques de santé, mais aussi révèle les écarts à combler une fois que l'onconfronte les standards internationaux aux résultats tels qu'ils découlent de la mise en œuvre des politiques publiques nationales de santé. Ce véritable audit juridique et stratégique de la mise en œuvre du droit à la santé au Cameroun nous oblige alors à suggérer un certain nombre de réformes qu'il faille impérativement de faire afin d'atteindre l'efficacité dans la mise en œuvre du droit à la santé au Cameroun. Ces réformes tiennent amplement compte à la fois des besoins spécifiques des populations et des standards internationaux insuffisamment pris en compte par les normes et les politiques publiques nationales.

PARTIE 1 –

LE DROIT À LA SANTÉ AU CAMEROUN À L'ÉPREUVE DE L'EFFECTIVITÉ

L'évaluation de l'efficacité de la mise en œuvre du droit à la santé au Cameroun passe immanquablement par une évaluation de son effectivité. En effet, l'efficacité d'une norme suppose nécessairement sa mise en œuvre effective. En ce qui concerne le droit à la santé, il ne fait aucun doute que le législateur a adopté une série de mesures visant à le rendre effectif. Ces mesures ont été traduites en un ensemble de stratégies qui doivent permettre à terme d'assurer à chaque individu le droit au meilleur état de santé qu'il lui est possible d'atteindre. Pour garantir la mise en œuvre effective de ces normes et la pleine réalisation de ces stratégies, l'État du Cameroun a mis sur pied un certain nombre d'institutions dont le rôle consiste non seulement à assurer la mise en œuvre effective des normes et stratégies adoptées, mais aussi à en assurer le contrôle. Par conséquent, évaluer l'effectivité de la mise en œuvre du droit à la santé au Cameroun revient d'une part à étudier l'ancrage normatif et institutionnel qui le consacre et en garantit la réalisation (Titre 1) ; et d'autre part à étudier les mécanismes de contrôle auxquels revient la charge d'organiser la correction ou la réparation des manquements ou des atteintes au droit à la santé des personnes vivant au Cameroun (Titre 2).

TITRE 1 –

L'ANCRAGE NORMATIF ET INSTITUTIONNEL AU SERVICE DE L'EFFECTIVITÉ DU DROIT À LA SANTÉ

Contrairement à l'impression que l'on peut avoir de prime abord, le paysage normatif et institutionnel visant à garantir le droit à la santé au Cameroun est extrêmement dense. En effet, le Cameroun a souscrit à de nombreuses conventions internationales qui protègent directement ou indirectement le droit à la santé. Par ailleurs, il a traduit tant bien que mal les normes tirées de ces conventions internationales en lois et règlements dont l'objectif est de faciliter l'accès de tous aux soins et aux médicaments (Chapitre 1). Toutefois, les normes ne pouvant se mettre en œuvre par elles-mêmes, l'État du Cameroun a créé de nombreuses institutions dont la tâche quotidienne est d'assurer la garantie ou la protection de la santé de toutes les personnes vivant au Cameroun. Ces institutions nationales sont, dans l'exercice de leurs attributions, renforcées par le concours des mécanismes internationaux qui accompagnent le Cameroun dans la réalisation effective du droit à la santé (Chapitre 2).

CHAPITRE 1 : LES NORMES RELATIVES AU DROIT À LA SANTÉ AU CAMEROUN

Le droit à la santé est reconnu et consacré par de nombreux instruments juridiques internationaux et nationaux. Au plan national, il a été reconnu au droit à la santé une valeur constitutionnelle. C'est ainsi que Didier TRUCHET affirme que « la protection de la santé est un objectif de valeur constitutionnelle, duquel on peut déduire que les individus ont un droit constitutionnel à la protection de la santé qui s'impose au législateur »[117]. D'après l'article 45 de la Constitution du Cameroun, *« les traités ou accords internationaux régulièrement approuvés ou ratifiés ont, dès leur publication, une autorité supérieure à celle des lois, sous réserve pour chaque accord ou traité, de son application par l'autre partie »*. Suivant cette disposition constitutionnelle, tout traité, dès sa ratification par l'État du Cameroun, s'insère dans l'ordre juridique camerounais. Qui plus est, le Préambule de la même Constitution incorpore dans celle-ci de nombreux textes internationaux tels que la Charte africaine des droits de l'homme et des peuples. Ceci suppose que de nombreux droits tels que le droit à la santé trouvent leur source non seulement dans les normes internationales dûment ratifiées par l'État du Cameroun (Section 1), mais aussi dans les normes régulièrement adoptées par cet État (Section 2).

Section 1 : Les sources internationales du droit à la santé au Cameroun

De nombreuses conventions internationales auxquelles l'État du Cameroun est partie consacrent le droit de toute personne de jouir du meilleur état de santé qu'elle est capable d'atteindre. Ce droit à la santé ne doit pas se comprendre de façon restrictive seulement comme une absence de maladie, mais doit se comprendre dans une approche ouverte et large comme le meilleur état de santé que chacun est capable d'atteindre compte tenu de sa composition physiologique, de son environnement, de son alimentation et de son travail. Le droit à la santé est intrinsèquement lié au droit à la vie, car la détérioration de la santé d'un individu peut accélérer la fin de sa vie. Aborder les sources internationales du droit à la santé ne revient dès lors pas simplement à convoquer les textes qui protègent directement le droit à la santé, mais surtout à aborder l'ensemble des

---

[117] Didier TRUCHET, *Droit de la santé publique*, 9e édition, Les mémentos, Dalloz, Paris, 2017, p. 12.

instruments qui, pris en conjonction, ont un impact sur le droit à la santé. Dès lors, convoquer les conventions internationales pertinentes du droit à la santé qui sont opposables au Cameroun, qu'elles soient universelles (Paragraphe 1) ou régionales (Paragraphe 2), suppose de voir dans quelles mesures les engagements internationaux pris par cet État dans différents secteurs concourent à la protection de la santé des personnes vivant au Cameroun.

Paragraphe 1 : Les sources universelles du droit à la santé

La Constitution de l'Organisation mondiale de la santé (OMS) de 1946 qui a une valeur juridique contraignante à l'égard du Cameroun, dans son préambule, présente *« la possession du meilleur état de santé qu'il est capable d'atteindre »* comme l'un des droits fondamentaux de tout être humain. Elle rappelle à l'occasion que *« la santé est un état de complet bien-être physique, mental et social, et ne consiste pas seulement en une absence de maladie ou d'infirmité »*. Sur ces prémisses, elle prescrit comme but à l'OMS *« d'amener tous les peuples au niveau de santé le plus élevé »*[118]. La Déclaration universelle des droits de l'homme – qui a une valeur juridique non contraignante, mais est intégrée dans le préambule de la Constitution du Cameroun – quant à elle reconnaît le droit de toute personne *« à un niveau de vie suffisant pour assurer sa santé, son bien-être et ceux de sa famille, notamment pour l'alimentation, l'habillement, le logement, les soins médicaux ainsi que pour les services sociaux nécessaires (...) »*[119]. Il ressort de ces deux textes que limiter le droit à la santé à l'accès aux soins serait complètement réducteur. Il convient d'évaluer le droit à la santé dans sa globalité, ce qui inclut de prendre en compte tous les facteurs qui influent la santé des individus, autrement dit, les déterminants de la santé. Par conséquent, l'action universelle de garantie du droit à la santé *« cherche principalement à soigner, à prévenir et à protéger la population, en réduisant les inégalités de santé, et ce à un coût soutenable pour la population et les finances publiques »*[120].

A. Les sources universelles portant spécifiquement sur le droit à la santé

D'après le Pacte international relatif aux droits économiques, sociaux et culturels, ratifié le 27 juin 1984 par le Cameroun, les États-parties *« reconnaissent le droit qu'a toute personne de jouir du meilleur état de*

---

[118] Constitution de l'OMS, 22 juillet 1946, article 1.
[119] DUDH, 10 décembre 1948, article 25.
[120] Pascal PENAUD, Pierre ABALLEA et *al.*, *Politiques sociales*, 4e édition revue et mise à jour, Presses de Sciences Po et Dalloz, Paris, 2016, 770.

santé physique et mentale qu'elle soit capable d'atteindre »[121]. La garantie de ce droit passe immanquablement par la capacité des États à créer des conditions propres à assurer à tous des services médicaux et une aide médicale en cas de maladie. Le Comité des droits économiques, sociaux et culturels, dans son Observation générale n° 14, interprète ce droit comme un *« droit global, dans le champ duquel entrent non seulement la prestation de soins de santé appropriés en temps opportun, mais aussi les facteurs déterminants de la santé (...) »*[122]. En tant que droit fondamental de l'être humain et socle de la réalisation de nombreux autres droits, l'obligation qui découle de l'article 12 (1) du PIDESC pour les États est celle d'adopter de nombreuses démarches, complémentaires les unes des autres, *« notamment la formulation de politiques en matière de santé ou la mise en œuvre de programmes de santé tels qu'ils sont élaborés par l'Organisation mondiale de la santé (OMS), ou l'adoption d'instruments juridiques spécifiques »*[123].

Avant d'aborder les programmes de santé de l'OMS, il est à noter qu'il existe d'autres instruments universels qui soit garantissent la protection des droits de l'homme pour des couches vulnérables, soit donnent des indications en vue d'atteindre des objectifs de santé dans certains secteurs. Ainsi, la Convention internationale sur l'élimination de toutes les formes de discrimination raciale pose l'obligation fondamentale de tous les États parties à garantir à tous les individus sans discrimination le droit à la santé et aux soins médicaux[124]. L'importance de cette disposition n'est plus à rappeler tant il est vrai que la discrimination, qu'elle soit raciale ou de toute autre forme, constitue l'une des principales entraves de nombreux individus à l'accès aux soins. Sur ce fondement, les États ont non seulement l'obligation d'interdire toutes les formes de discrimination, mais ils doivent prendre les mesures nécessaires pour les éliminer afin de garantir un égal accès de tous aux soins. À ce titre, « le refus de soins discriminatoires est interdit et sanctionné »[125].

En effet, de nombreuses études *« soulignent l'importance des discriminations rencontrées dans l'accès aux soins, notamment par les personnes âgées, les patients atteints de VIH »*[126] ou les femmes et les enfants. Ces discriminations subsistent alors que la Convention sur l'élimination de toutes les formes de discrimination à l'égard des femmes

---

121 PIDESC, article 12 (1).

122 CODESC, *Observation générale n° 14*, Conseil économique et social des Nations Unies, E/C.12/2000/4, 11 aout 2000, para. 11.

123 *Ibid.* para. 1.

124 CERD, ratifiée par le Cameroun le 24 juin 1971, article 5 (e) iv).

125 Voir Anne LAUDE et Didier TABUTEAU, *Les droits des malades*, PUF, Paris, 2016, p. 105.

126 *Ibid.* p. 106.

suggère aux États de prendre les mesures appropriées afin de protéger le droit à la santé des femmes, notamment la sauvegarde de la fonction de reproduction. Au rang des mesures à prendre, les États-parties se doivent d'éliminer *« la discrimination à l'égard des femmes dans le domaine des soins de santé en vue de leur assurer, sur la base de l'égalité de l'homme et de la femme, les moyens d'accéder aux services médicaux, y compris ceux qui concernent la planification de la famille »*[127]. En vue de donner effet à cette disposition, les États-parties peuvent par exemple prendre des mesures afin d'assurer aux femmes durant la grossesse, pendant et après l'accouchement, des services appropriés gratuits dans toute la mesure du possible, de même qu'une nutrition adéquate pendant la grossesse et l'allaitement[128].

En ce qui concerne les enfants, le PIDESC commande aux États de prendre des mesures nécessaires pour assurer « la diminution de la mortinatalité et de la mortalité infantile, ainsi que le développement sain de l'enfant »[129]. Par ailleurs, la Convention internationale des droits de l'enfant reconnaît *« le droit de l'enfant de jouir du meilleur état de santé possible et de bénéficier des services médicaux et de rééducation »*. Pour donner effet à ce droit, les États-parties s'efforcent de garantir qu'aucun enfant ne soit privé du droit d'accès à ces services. Les États ont notamment le devoir entre autres de réduire la mortalité néonatale et infantile ; d'assurer à tous les enfants l'assistance médicale et les soins de santé nécessaires, surtout le développement des soins de santé primaires ; de lutter contre la maladie et la malnutrition et d'assurer aux mères des soins prénatals et postnatals appropriés[130]. De nombreuses dispositions internationales du même type existent pour la prise en charge des migrants[131] ou des personnes handicapées. Il faut cependant noter que le Cameroun n'a pas encore adhéré à la Convention relative aux droits des personnes handicapées. Nonobstant ce déficit, il n'en demeure pas moins que toutes les personnes ont au moins droit à des soins de santé primaires.

Les soins de santé primaires sont *« des soins essentiels comme les soins curatifs, préventifs et promotionnels qui reposent sur des méthodes, des techniques et des pratiques scientifiquement valables et socialement acceptables. Elles sont rendues universellement accessibles à tous avec la*

---

[127] CEDEF, ratifiée par le Cameroun le 23 août 1994, articles 11 (1) f) et 12 (1).
[128] *Ibid.* article 12 (2).
[129] PIDESC, article 12 (2) a).
[130] CIDE, ratifiée par le Cameroun le 11 janvier 1993, article 24.
[131] Convention des Nations unies sur la protection des droits des travailleurs migrants et des membres de leur famille, ratifiée par le Cameroun le 15 décembre 2009, article 28.

pleine participation de la communauté et à coût supportable par le pays »[132]. En effet, l'offre hospitalière de soins s'organise suivant trois paliers : *« les hôpitaux de proximité sont centrés sur les diagnostics et soins de base ; les établissements de soins ''secondaires'' dispensent des traitements plus complexes ; un troisième niveau correspond à des établissements de soins au rayonnement territorial plus large, qui reçoivent des patients adressés par les autres hôpitaux et participent souvent à la formation des professionnels de santé »*[133]. Dans cette organisation, ce sont les soins de base qui correspondent aux soins de santé primaires.

Le CODESC interprète le droit à la santé comme le droit de jouir d'une diversité d'installations, de biens, de services et de conditions nécessaires à la réalisation du meilleur état de santé[134]. Toutefois, la situation dramatique des pays les plus pauvres rappelle crûment que *« l'existence même d'un système de santé est la condition première du droit d'accéder à la prévention médicalisée et aux soins »*[135]. Dans ce type de cas, l'exigence internationale ne peut être la même pour les pays riches et les pays les plus pauvres. Toutefois, il est au moins attendu des pays pauvres qu'ils mettent en œuvre des politiques de santé pouvant garantir au moins l'accès aux soins de santé primaires. Tel est l'objet de la Déclaration d'Alma Ata dont l'objectif principal est de lutter contre les inégalités sociales de santé non seulement entre les pays riches et les pays pauvres, mais aussi entre les individus au sein même de ces différents pays[136]. D'après cette Déclaration, l'atteinte d'un niveau de santé permettant à tous les individus de mener une vie socialement et économiquement productive est conditionnée par la garantie à ces individus au moins d'un système de santé de soins primaires. Ces soins sont *« le premier niveau de contact des individus, de la famille et de la communauté avec le système national de santé, rapprochant le plus possible les soins de santé des lieux où les gens vivent et travaillent, et ils constituent le premier élément d'un processus ininterrompu de protection sanitaire »*[137].

Bien que la Déclaration d'Alma Ata ait une valeur non contraignante, il n'en demeure pas moins qu'il s'en dégage pour les États une obligation au moins morale d'établir un dispositif incitatif de soins *« afin de permettre à toute la population d'accéder à ceux dont elle a besoin, dans de bonnes*

---

132 Caroline BINET, *200 questions d'actualité sanitaire et sociale*, édition 2017 revue et augmentée, Studyrama, Paris, 2017, p. 28.
133 Pascal PENAUD, Pierre ABALLEA et *al.*, *op. cit.* pp. 873-874.
134 CODESC, *Observation générale n° 14*, *op. cit.* para. 9.
135 Anne LAUDE et Didier TABUTEAU, *op. cit.* p. 55.
136 OMS, Déclaration d'Alma Ata, 12 septembre 1978, para. 2.
137 *Ibid.* para. 6.

conditions de qualité et de proximité »[138]. Ces soins sont dispensés par les centres de santé, les districts de santé ou par toute autre organisation hospitalière proche des populations. La principale caractéristique des soins de santé primaires est leur accessibilité aussi bien géographique qu'économique. Bien plus, ils offrent la possibilité aux usagers du service hospitalier d'exercer leur droit à la démocratie sanitaire, notamment en intervenant dans l'offre et l'organisation du système de soins. Le CODESC rappelle fort à propos que la participation de la population à la prise de toutes les décisions en matière de santé aux niveaux communautaire, national et international est un « aspect important » du droit à la santé[139].

En accord avec l'Observation générale du CODESC, les sources universelles du droit à la santé sont également constituées de programmes de santé tels qu'ils sont élaborés par l'OMS. Ces programmes de santé sont par nature non contraignants à l'égard des États. Cependant, ils constituent d'importants outils stratégiques de promotion, de respect et de protection du droit à la santé lorsqu'ils sont bien conçus et mis en œuvre. L'OMS *« mène actuellement des actions prioritaires contre des maux qui affectent particulièrement les pays défavorisés : paludisme, tuberculose, poliomyélite, diabète, infections sexuellement transmissibles et notamment Sida... »*[140] D'autres programmes internationaux interviennent concurremment dans ces domaines. Toutefois, l'on ne va pas s'y appesantir. Ce qui nous intéresse dans les normes secrétées par l'OMS c'est le Règlement sanitaire international. Adopté le 23 mai 2005, le RSI vise *« à prévenir la propagation internationale des maladies, à s'en protéger, à la maîtriser et à y réagir par une action de santé publique proportionnée et limitée aux risques qu'elle présente pour la santé publique, en évitant de créer des entraves inutiles au trafic et au commerce internationaux »*[141]. Par sa portée et son objet, le RSI offre aux États un cadre de concertation et d'échange sur les maladies potentiellement épidémiologiques qui se déclarent dans un État et qui sont susceptibles de se répandre à d'autres États. Ce faisant, *« chaque État s'engage à développer ses capacités de surveillance et de gestion des crises, et à signaler les évènements susceptibles de donner lieu à des crises au niveau international »*[142].

Il est important de noter que contrairement aux anciens RSI qui ne s'appliquaient qu'à des listes de maladies fermées, *« le RSI (2005) ne*

---

[138] Didier TRUCHET, *op. cit.* p. 87.

[139] CODESC, *Observation générale n° 14, op. cit.* para. 11.

[140] Didier TRUCHET, *op. cit.* p. 30.

[141] OMS, *Règlement sanitaire international (2005)*, 2e édition, OMS, Genève, 2008, article 2, p. 11.

[142] Pascal PENAUD, Pierre ABALLEA et *al.*, *op. cit.* p. 792. Voir aussi Didier TRUCHET, *op. cit.* p. 31.

s'applique pas à une liste fermée de maladies », ce qui en fait ainsi un outil durable capable de s'adapter *« à des maladies infectieuses qui n'ont pas encore émergé »*[143]. On peut cependant craindre que les obligations qu'elles imposent aux États soient très lourdes pour les États à faibles revenus ou à revenus intermédiaires, comme le Cameroun, qui sont précisément les États susceptibles d'être touchés en priorité par une urgence sanitaire[144]. Quoi qu'il en soit, le RSI se veut être un instrument universel de protection de la santé collective à l'échelle mondiale, car comme le relevaient les représentants de la délégation australienne aux négociations du RSI (2005), *« la sécurité sanitaire est un tout et seule une application universelle du Règlement révisé assurerait la protection de tous »*[145]. Le principe de l'universalité du RSI constitue le gage même de la réussite de cet instrument contraignant qui est entré en vigueur le 15 juin 2007 à l'égard de l'État du Cameroun. Par conséquent, il doit être *« universellement appliqué, sans disparités qui pourraient compromettre son efficacité, afin que chaque individu dans le monde jouisse du meilleur état de santé possible sans discrimination d'aucune sorte »*[146].

B. Les sources universelles relatives aux déterminants de la santé

D'après l'OMS, *« 24 % de la charge mondiale de morbidité et 23 % des décès peuvent être attribués à des facteurs environnementaux »*[147]. Les facteurs de risques dont il s'agit ici sont entre autres la pollution atmosphérique, les substances chimiques, l'eau présentant des risques sanitaires, le manque d'assainissement, les rayonnements ionisants et non ionisants[148]. Les chiffres ci-dessus montrent clairement qu'il y a un lien étroit entre santé et environnement, comme établi par la Cour internationale de justice dans l'*Avis consultatif sur la licéité de la menace ou de l'utilisation des armes nucléaires.* La Cour y définit l'environnement comme *« l'espace où vivent les êtres humains et dont dépend la qualité de leur vie et de leur santé, y compris pour les générations à venir »*[149]. On en déduit ainsi que la garantie du droit à la santé ne peut être satisfaisante en mettant

---

[143] Hélène DE POOTER, *Le droit international face aux pandémies : vers un système de sécurité collective ?* A. Pedone, Paris, 2015, p. 61.

[144] *Ibid.* p. 63.

[145] *Ibid.* p. 51. Voir aussi les procès-verbaux et rapports des commissions, WHA58/2005/REC/3.

[146] *Ibid.*

[147] Département OMS Santé publique et environnement, *Santé publique, environnement et déterminants sociaux de la santé*, disponible sur www.who.int/phe/about_us/fr/ [Consulté le 20 juin 2017].

[148] *Ibid.*

[149] C.I.J. *Licéité de la menace ou de l'emploi d'armes nucléaires, Avis consultatif*, C.I.J. Recueil 1996, p. 226, para. 29.

l'emphase uniquement sur l'accès aux soins. La prise en compte des déterminants de la santé est indispensable si l'on veut assurer à tous le meilleur état de santé physique et mentale qu'ils sont capables d'atteindre. L'article 12 (2) du PIDESC fait clairement ressortir cette nécessité en indiquant que les mesures que les États-parties au PIDESC doivent prendre en vue d'assurer le plein exercice du droit à la santé doivent comprendre entre autres les mesures nécessaires pour assurer *« l'amélioration de tous les aspects de l'hygiène du milieu et de l'hygiène industrielle [et] la prophylaxie et le traitement des maladies épidémiques, endémiques, professionnelles et autres, ainsi que la lutte contre ces maladies »*.

Le CODESC reconnaît que pour des millions de personnes, la pauvreté rend de plus en plus inaccessible la jouissance du droit à la santé. Sur cette prémisse, il affirme sans équivoque que le droit à la santé tel que consacré à l'article 12 (1) du PIDESC « ne se limite pas au droit aux soins de santé ». En réalité, *« le droit à la santé englobe une grande diversité de facteurs socioéconomiques de nature à promouvoir des conditions dans lesquelles les êtres humains peuvent mener une vie saine et s'étend aux facteurs fondamentaux déterminants de la santé tels que l'alimentation et la nutrition, le logement, l'accès à l'eau salubre et potable et à un système adéquat d'assainissement, des conditions de travail sûres et hygiéniques et un environnement sain »*[150]. Il découle ainsi de ce qui précède que le droit à la santé est un droit carrefour qui ne s'exerce pas seulement à travers la construction et l'équipement des hôpitaux, mais qui se réalise par la combinaison d'une conjonction plurielle et hétérogène de facteurs.

Compris ainsi, le droit à la santé ne peut plus être cloisonné à sa nature fondamentale de droit économique et social vu qu'il touche également des aspects importants des droits civils et politiques. C'est ainsi que le CODESC souligne que *« le droit à la santé est étroitement lié à d'autres droits de l'homme et dépend de leur réalisation : il s'agit des droits énoncés dans la Charte internationale des droits de l'homme, à savoir les droits (...) à la dignité humaine, à la vie, à la non-discrimination et à l'égalité, le droit de ne pas être soumis à la torture, le droit au respect de la vie privée, le droit d'accès à l'information et les droits à la liberté d'association, de réunion et de mouvement. Ces droits et libertés, notamment, sont des composantes intrinsèques du droit à la santé »*[151]. Le droit à la santé n'est plus la seule affaire des autorités sanitaires, mais sa mise en œuvre incombe à toutes les composantes de la société, quelles qu'elles soient. En outre, les autorités publiques, dans la définition de la politique de santé publique de leurs États,

---

[150] CODESC, *Observation générale n° 14*, *op. cit.* para. 4 et 5.
[151] *Ibid.* para. 3.

doivent garder l'esprit suffisamment ouvert pour ne pas s'enfermer dans une approche très limitée du droit à la santé. Bien au contraire, garantir à tous le meilleur état de santé physique et mentale revient à créer les conditions de l'épanouissement, de la liberté et la sécurité de chaque individu.

L'impératif de prendre en compte les déterminants de santé est rappelé à l'occasion de nombreuses conventions internationales touchant à des domaines aussi divers que variés. La CIDE, dans l'optique de la réalisation du droit à la santé demande aux États, dans le cadre de la lutte contre la maladie et la malnutrition, y compris dans le cadre de soins de santé primaires, de prendre des mesures pour faciliter la fourniture d'aliments nutritifs et d'eau potable, compte tenu des dangers et des risques de pollution du milieu naturel. Par ailleurs, les États doivent faire en sorte que tous les groupes de la société, en particulier les parents et les enfants, reçoivent une information sur la santé et la nutrition de l'enfant, les avantages de l'allaitement au sein, l'hygiène et la salubrité de l'environnement et la prévention des accidents, et bénéficient d'une aide leur permettant de mettre à profit cette information. Enfin, la CIDE met un accent particulier sur le développement des soins préventifs et sur l'obligation pour les États d'abolir toutes les pratiques traditionnelles préjudiciables à la santé de l'enfant[152]. Le droit à l'information semble ainsi s'inscrire au cœur même des préoccupations de santé.

Tout comme le CODESC, la doctrine souligne l'importance accordée au droit à l'information en matière de santé. L'information est à la fois un droit individuel et un droit collectif et doit permettre « la diffusion gratuite et la plus large des informations relatives à la santé et aux produits de santé ». Ces informations doivent être adaptées et rendues accessibles à tous, notamment aux personnes les plus défavorisées à l'exemple des personnes handicapées[153]. Le droit à l'information est garanti par la Convention des Nations unies sur l'accès à l'information, la participation du public au processus décisionnel et l'accès à la justice en matière d'environnement du 25 juin 1998 dont l'objet se décline comme suit : *« afin de contribuer à protéger le droit de chacun, dans les générations présentes et futures, de vivre dans un environnement propre à assurer sa santé et son bien-être, chaque partie garantit les droits d'accès à l'information sur l'environnement (...) »*.

Bien que le Cameroun ne soit pas partie à cette convention, l'on peut tout de même en retenir que « l'environnement est la clé d'une meilleure

---

152 CIDE, article 24.
153 Anne LAUDE et Didier TABUTEAU, *op. cit.* pp. 32-33.

santé »[154]. L'impact des problèmes environnementaux sur la santé et la nécessité de tenir compte des déterminants de santé a été rappelé à plusieurs occasions à travers la Déclaration de Stockholm de 1972 sur l'environnement[155], la Déclaration de Rio de 1992 sur l'environnement et le développement et la Déclaration de Johannesburg de 2002 sur le développement durable. Dans cette dernière Déclaration, les États reconnaissent l'indivisibilité de la dignité humaine qui touche des aspects aussi divers que variés tels que la salubrité de l'eau, les systèmes d'assainissement, le logement convenable, l'accès à l'énergie ou aux soins de santé, la sécurité alimentaire et la protection de la biodiversité[156]. À ce titre, il ne fait plus aucun doute que le droit à la protection de la santé est un droit socle des autres droits fondamentaux et peut à certains égards se confondre au droit à la protection de la dignité de la personne humaine. En effet, *« le droit à la dignité est, dans une certaine mesure, le fondement de l'effectivité des droits des malades (...). La dignité de la personne doit être garantie à toutes les étapes de la vie, de son commencement jusqu'à la fin, et y compris dans les périodes de souffrance et de maladie. Le droit à la dignité innerve tous les droits généraux du patient »*[157].

Outre les déterminants de santé, d'autres déterminants sociaux, économiques et individuels ont un impact sur la santé individuelle et collective des individus et doivent être pris en compte dans les politiques publiques de santé. Selon Marguerite MOLEUX, Françoise SCHAETZEL et Claire SCOTTON, *« le concept des déterminants sociaux vise à expliquer comment les inégalités sociales se ''transforment'' en inégalités de santé. À côté de l'âge, du sexe et des facteurs héréditaires, les comportements individuels (consommation de tabac et d'alcool, alimentation, exercice physique...), les communautés dans lesquelles s'inscrivent les individus, les conditions de vie et de travail (emploi, logement, transports, accès aux services publics essentiels), et enfin les conditions économiques, culturelles et environnementales sont les grandes catégories de déterminants les plus souvent identifiées »*[158]. Par conséquent, toute politique de santé qui ne tient pas compte des déterminants de santé est fortement susceptible d'exacerber les inégalités sociales qui constituent un *« obstacle majeur à l'effectivité du*

---

[154] Déclaration de l'OMS à l'occasion de la troisième Conférence ministérielle « Santé et environnement », Londres, 16-18 juin 1999.

[155] Adoptée par les Nations unies le 16 juin 1972. Son principe 7 stipule que « *les États devront prendre toutes les mesures possibles pour empêcher la pollution des mers par des substances qui risquent de mettre en danger la santé de l'homme, etc.* »

[156] Déclaration de Johannesburg sur le développement durable du 4 septembre 2002, para. 18.

[157] Anne LAUDE et Didier TABUTEAU, *op. cit.* p. 28.

[158] Marguerite MOLEUX, Françoise SCHAETZEL et Claire SCOTTON, *Les inégalités sociales de santé : Déterminants sociaux et modèles d'action*, IGAS, Rapport n° RM2011-061P, mai 2011, p. 3.

droit à la protection de la santé »[159]. S'agissant des déterminants sociaux, le PIDESC demande aux États-parties de garantir le droit à une alimentation, à des vêtements et à un logement suffisant[160].

Le logement dont il est question ici est un *« local aménagé aux fins d'habitation, d'une surface et d'une hauteur minimales et comportant un minimum d'équipements le rendant propre à l'habitation »*. Ceci nous permet de comprendre que tout local n'est pas un logement et que certains locaux peuvent, pour des raisons d'hygiène, être impropres à l'habitation et partant, contrevenir au droit à la santé[161]. Concernant le droit à l'alimentation, celui-ci a deux composantes essentielles, à savoir la disponibilité de l'alimentation et l'accès à l'alimentation[162]. Les États doivent en plus garantir l'accès à une nourriture de qualité et assurer l'accès des populations à une eau potable. Il faut marteler que le droit à l'eau potable est « une composante essentielle pour la mise en œuvre de plusieurs autres droits de l'homme » tels que les droits à la vie, à l'alimentation, à la santé et au logement[163]. De nombreuses autres conventions internationales portent également sur les déterminants sociaux, à l'exemple de la Convention-cadre de l'OMS pour la lutte antitabac qui est la première convention internationale négociée sous les auspices de l'OMS et dont l'objectif est de *« protéger les générations présentes et futures des effets sanitaires, sociaux, environnementaux et économiques dévastateurs de la consommation de tabac et de l'exposition à la fumée de tabac »*[164].

Le PIDCP quant à lui garantit aussi le droit à la santé à travers la protection de la vie, de l'intégrité physique et de la dignité humaine[165] ainsi que les droits à la protection de la vie privée, à la non-discrimination et à la protection de la loi[166]. Ces droits sont essentiels à la sauvegarde d'une bonne santé physique et/ou mentale. En effet, les effets de la torture, des traitements inhumains et dégradants ou de toute autre forme d'atteinte à la vie ou à l'intégrité physique d'un individu ne sont plus à démontrer. Par conséquent, en consacrant le droit à la protection de la vie et de l'intégrité physique de même que de nombreux autres droits tels que le droit à la non-

---

159 Anne LAUDE et Didier TABUTEAU, *op. cit.* p. 92.

160 PIDESC, article 11.

161 Conseil d'État français, *Droit au logement, droit du logement*, Rapport public 2009, La Documentation française, Paris, 2009, p. 34.

162 Christophe GOLAY et Melik ÖZDEN, *Le droit à l'alimentation. Un droit fondamental stipulé par l'ONU et reconnu par des traités régionaux et de nombreuses constitutions nationales*, Programme Droits Humains du Centre Europe – Tiers Monde (CETIM), disponible sur www.eoi.at [consulté le 11 juillet 2017], p. 7.

163 *Ibid.* p. 8.

164 Convention-cadre de l'OMS pour la lutte antitabac, 21 mai 2003, article 3.

165 PIDCP, articles 6-10

166 *Ibid.* articles 2, 3 et 17.

discrimination, le PIDCP contribue indirectement à la protection du droit à la santé ou du droit qu'a toute personne de ne pas voir sa santé être menacée ou qu'il n'y soit pas porté atteinte du fait de l'action des agents de l'État ou de toute autre personne. L'OMS revendique cette approche tant elle estime que le droit à la santé suppose à la fois des libertés et des droits[167]. Les libertés comprennent le droit de l'être humain de contrôler sa propre santé et son propre corps ainsi que le droit à l'intégrité, notamment le droit de ne pas être soumis à la torture. Les droits quant à eux comprennent le droit d'accès à un système de protection de la santé qui garantisse à chacun, sur un pied d'égalité, la possibilité de jouir du meilleur état de santé possible.

S'agissant des déterminants économiques, les conventions de l'Organisation internationale du Travail garantissent à tous un travail et des conditions de travail décent. On peut notamment convoquer ici entre autres les conventions n° 29 sur le travail forcé et n° 105 sur l'abolition du travail forcé qui ont été ratifiées par le Cameroun d'une part, et les conventions n° 155 sur la sécurité et la santé des travailleurs, n° 161 sur les services de santé au travail, n° 182 sur les pires formes de travail des enfants et n° 187 sur le cadre promotionnel pour la sécurité et la santé au travail qui sont toujours en attente de ratification. En réalité, la précarité des conditions de travail ou le caractère indécent des revenus ont sans aucun doute un impact sur le droit à la santé des travailleurs et de leurs familles. En effet, du fait de l'absence des revenus suffisants chez certains ménages, le reste à charge à payer même lorsqu'ils bénéficient d'une couverture sanitaire est trop lourd et s'érige en obstacle à l'accès aux soins. Il ne fait aucun doute que *« la paupérisation et la dégradation des économies nationales, même si elles ne sont pas les seuls facteurs, conduisent à une précarisation de la santé des populations »*[168]. Il ressort clairement de tout ce qui précède que *« le soin n'est qu'un déterminant de santé relativement faible. Le Livre blanc de Soubie [sur le système de santé et d'assurance] évaluait les soins à 15-20 % des déterminants de santé, plus faible que les prédispositions génétiques sans doute, mais surtout que les conditions de vie, l'alimentation, les conditions de logement et surtout les conditions de travail »*[169].

---

[167] OMS, « Santé et droits de l'homme », disponible sur www.who.int [consulté le 27 octobre 2018].

[168]Baimanai Angelain PODA, *La mise sur le marché et la distribution du médicament en Afrique noire francophone. Réflexions à partir des exemples du Burkina Faso et du Sénégal*, Série Droit et Santé, L'Harmattan, Paris, 2015, p. 25.

[169] Hélène STROHL, « La lutte contre les inégalités de santé, un leurre social ? » *in* Christian HERVE, Michèle STANTON-JEAN et *al. (dir.)*, *Les inégalités sociales et la santé. Enjeux juridiques, médicaux et éthiques*, Dalloz, Paris, 2015, p. 37.

Paragraphe 2 : Les sources régionales du droit à la santé

Aborder les sources régionales du droit à la santé en Afrique peut sembler redondant au plan substantiel de ce qui est fait au plan universel. En réalité, *« le droit africain de la santé est marqué par un phénomène de mimétisme juridique global »*[170]. Par conséquent, analyser les obligations des États découlant des sources régionales du droit à la santé revient comme dans le paragraphe précédent à distinguer les mesures portant sur l'accès aux soins des mesures axées sur les déterminants de santé.

A. Les mesures régionales garantissant l'accès aux soins

Le point de départ de toute discussion sur les normes régionales protégeant le droit à la santé est obligatoirement l'article 16 de la Charte africaine des droits de l'homme et des peuples, ratifiée le 20 juin 1989, qui dispose que : *« toute personne a le droit de jouir du meilleur état de santé physique et mentale qu'elle soit capable d'atteindre »*. Pour donner effet à cette disposition, la Charte met à la charge des États-parties de prendre toutes les mesures nécessaires en vue de protéger la santé de leurs populations et de leur assurer une assistance médicale en cas de maladie. À la lecture de cet article, l'on comprend bien que la Charte africaine fait clairement le choix, réducteur certes, de limiter le droit à la santé compris comme droit individuel à l'accès aux soins. La dimension intégrant les déterminants de santé, notamment le droit à un environnement sain, est évoquée plus tard dans la Charte en tant que droit collectif[171]. Il n'est point nécessaire de s'attarder à rediscuter le sens et la portée de l'obligation des États découlant du droit à la santé ; ce d'autant plus que la Commission africaine des droits de l'homme et des peuples, « réaffirme le contenu normatif du droit à la santé consacré par l'Observation générale N° 14 »[172] du CODESC tel que nous l'avons présenté plus haut.

La véritable spécificité du droit international africain de la santé découle de la protection catégorielle offerte aux enfants et aux femmes. Cette protection se veut, en de nombreux points, innovante et avant-gardiste. L'article 14 de la Charte africaine des droits et du bien-être de l'enfant (ci-après CADBEE), ratifiée le 5 septembre 1997, loin de disposer de façon générale sur le droit à la santé de l'enfant, poursuit pour donner des

---

170 Michel BÉLANGER, « Existe-t-il un droit africain de la santé ? » *in* Dominique DARBON et Jean du Bois de GAUDUSSON (dir.), *La création du droit en Afrique*, Paris, Khartala, p. 362.

171 CADHP, article 24.

172 CADH, *Observations générales N° 2 sur l'article 14.1 (a), (b), (c) et (f) et article 14.2 (a) et (c) du Protocole à la Charte africaine des droits de l'homme et des peuples relatif aux droits des femmes en Afrique*, para. 6.

indications claires sur les mesures à prendre afin de garantir le « meilleur état de santé physique, mentale et spirituelle possible » à chaque enfant. Pour assurer le plein exercice de ce droit, les États s'engagent entre autres à réduire la mortalité prénatale et infantile. Cet objectif peut être atteint en dispensant des soins appropriés aux femmes enceintes et aux mères en phase d'allaitement, en assurant la fourniture de l'assistance médicale et des soins de santé nécessaires à tous les enfants, notamment en mettant l'accent sur le développement des soins de santé primaires et en luttant contre la maladie et la malnutrition dans le cadre des soins de santé primaires.

En outre, la protection de la santé des enfants passe par des mesures étatiques visant à intégrer les programmes de services de santé de base dans les plans de développement national ; à associer activement les organisations non gouvernementales, les communautés locales et les populations bénéficiaires à la planification et à la gestion des programmes de services de santé de base pour les enfants, et à soutenir, par des moyens techniques et financiers, la mobilisation des ressources des communautés locales en faveur du développement des soins de santé primaires pour les enfants. La CADBEE donne ainsi des axes clairs dans lesquels les différentes politiques publiques de santé au profit des enfants doivent s'inscrire. Cette énumération de mesures permet d'avoir des indicateurs concrets qui serviront à l'évaluation des actions entreprises au niveau national par les différents États.

Nous remarquons qu'en la matière un accent particulier est mis sur l'accessibilité des populations aux soins de santé primaires. L'emphase mise sur ce type de soins s'accorde parfaitement avec la situation économique des États africains et fait écho à l'Initiative de Bamako. Cette Initiative *« est née de la constatation selon laquelle, bien qu'ils aient en principe accepté la conception générale des soins de santé primaires, de nombreux pays – notamment en Afrique subsaharienne – n'avaient, à la fin des années 1980, ni les ressources ni les moyens pratiques nécessaires pour les mettre en œuvre »*[173]. L'Initiative de Bamako a été lancée en 1987 à la suite de la Déclaration d'Alma Ata de 1978 afin de relancer la stratégie des soins de santé primaires[174]. Elle visait à élargir l'accès aux soins de santé primaires en améliorant la qualité, l'efficacité, la viabilité financière et l'équité des services de santé[175]. Il faut toutefois relever que « l'implantation de cette politique publique de santé, d'origine essentiellement exogène, n'a pas non

---

[173] UNICEF, *Fiche d'information*, disponible sur www.unicef.org [consulté le 13 juillet 2017].

[174] Valéry RIDDE, *L'initiative de Bamako 15 ans après. Un agenda inachevé*, HNP Discussion Paper, The World Bank, octobre 2004, p. iii. Voir aussi la Déclaration de Ouagadougou sur les soins de santé primaires et les systèmes de santé (2008).

[175] UNICEF, *Fiche d'information*, *op. cit.*

plus produit tous les effets escomptés » et aujourd'hui pour assurer la pénétrabilité et l'accessibilité des soins de santé primaires, il est au plus haut point important que les États africains organisent des mesures incitatives, notamment en ce qui concerne les exemptions de paiement des soins pour les indigents[176].

En ce qui concerne la santé des femmes, le Protocole à la Charte africaine des droits de l'homme et des peuples relatif aux droits des femmes en Afrique (ci-après Protocole de Maputo), ratifiée le 13 septembre 2012, est assez prolixe sur le droit à la santé des femmes, notamment la santé sexuelle et reproductive[177]. Cet instrument met à la charge des États l'obligation d'assurer le respect et la promotion des droits des femmes à la santé. Ces droits comprennent entre autres le droit de se protéger et d'être protégées contre les infections sexuellement transmissibles (IST), y compris le VIH/Sida et le droit d'être informées de leur état de santé et de l'état de santé de leur partenaire, en particulier dans le cas des IST. Pour remplir leurs obligations découlant de ce texte, les États doivent prendre toutes les mesures appropriées entre autres pour assurer l'accès des femmes aux services de santé adéquats, à des coûts abordables et à des distances raisonnables et fournir aux femmes des services pré et postnatals pendant la grossesse et la période de l'allaitement. En clair, les États doivent prendre des mesures pour préserver la santé des femmes et garantir l'accessibilité économique et géographique des femmes aux soins de santé, y compris pour les femmes vivant en milieu rural.

La CADH, interprétant l'article 14 du Protocole de Maputo, *« se félicite de l'engagement des États africains à redoubler d'efforts en vue de garantir le principe d'égalité en matière de santé, ainsi que de promouvoir et protéger les droits sexuels et reproductifs de la femme »*[178]. Pour la Commission, la question fondamentale à résoudre en matière d'accès aux soins est celle de l'égalité entre hommes et femmes. Pour cela, elle rappelle aux États que *« le droit aux soins sans discrimination exige des États parties qu'ils suppriment les obstacles aux services de santé réservés aux femmes, notamment les barrières fondées sur des idéologies ou croyances »*[179]. Dès lors, l'action de l'État dans la garantie de l'accès aux soins ne se limite plus seulement à l'accessibilité économique et géographique des formations sanitaires pour les femmes, mais elle va au-delà pour exercer une activité de

---

[176] Valéry RIDDE, *op. cit.*

[177] Protocole à la Charte africaine des droits de l'homme et des peuples relatif aux droits des femmes en Afrique adopté à Maputo au Mozambique le 11 juillet 2003, article 14.

[178] CADH, *Observations générales N° 2 sur l'article 14.1 (a), (b), (c) et (f) et article 14.2 (a) et (c) du Protocole à la Charte africaine des droits de l'homme et des peuples relatif aux droits des femmes en Afrique*, para. 4.

[179] *Ibid.* para. 25.

contrôle et de sanction sur toutes les pratiques ou croyances traditionnelles ou autres qui pourraient constituer des obstacles à l'accès aux soins des femmes.

En somme, selon la Commission, pour les États, *« il est crucial d'assurer la disponibilité, l'accessibilité financière et géographique ainsi que la qualité des services de soins de santé sexuelle et reproductive pour les femmes, sans aucune discrimination tenant à l'âge, à l'état de santé, au handicap, au statut matrimonial ou au lieu de résidence »*[180]. La mise en œuvre effective et efficace de ces droits dépend aussi largement de la capacité des États à adopter des lois suffisamment élaborées sur chacun des points ci-dessus listés et à mettre sur pied des institutions et des procédures de contrôle suffisamment indépendantes. Par conséquent, *« les États parties ont l'obligation d'assurer des services complets, intégrés et basés sur les droits. Ils doivent élaborer des lois, assortis de mécanismes de recours administratifs et de réclamation qui permettent aux femmes d'exercer dûment leurs droits »*[181]. L'ensemble de ces actions ne peut se réaliser que dans le cadre d'un plan national de santé publique comportant des services complets de santé sexuelle et reproductive, des protocoles, directives et normes conformes aux normes probantes actuelles établies par l'OMS et les Comités chargés de veiller au respect de l'ensemble des instruments internationaux ci-dessus mentionnés[182].

Bien entendu, ce plan national de santé ne peut faire fi du caractère transversal du droit à la santé et du fait que seuls des recours effectifs en cas de violations du droit à la santé peuvent permettre une mise en œuvre efficace de ce droit. En réalité, *« le droit à la santé est profondément lié à des droits ou principes inhérents à l'homme : la dignité, l'égalité et la liberté. Par ailleurs, il entretient un rapport étroit avec le principe de responsabilité. En ce sens, le droit à la santé pourrait se traduire par un droit à la sécurité sanitaire dont le non-respect, fautif ou non, serait susceptible d'engendrer un droit à réparation »*[183].

B. Les mesures régionales portant sur les déterminants de la santé

Bien que la Charte africaine en son article 16 ne dispose pas sur les déterminants de santé, elle se rattrape en consacrant le droit à un environnement sain. L'article 24 de la Charte africaine dispose que : « Tous

---

[180] *Ibid.* para.29.
[181] *Ibid.*
[182] *Ibid.* para. 30.
[183] Rachel SAINHOUNDE KOUKPO, « Le droit de la santé au Bénin : état des lieux » *in* Réseaux des chercheurs de l'AUF « Droit de la santé », *La santé et le droit en Afrique*, Actes du Colloque international de Dakar, 29 mars au 1er avril 2005, AUF et *al.* Dakar, 2008, p. 14.

les peuples ont droit à un environnement satisfaisant et global, propice à leur développement ». Cette norme a été interprétée par la Commission africaine des droits de l'homme et des peuples dans l'affaire *SERAC c. Nigeria*[184], affaire dans laquelle la CADH démontre qu'il y a un lien inaltérable entre santé et environnement. Ce lien intangible a été rappelé à l'occasion de la Déclaration de Libreville sur la santé et l'environnement en Afrique dans laquelle les États se sont engagés à « établir une alliance stratégique entre la santé et l'environnement »[185]. Cet engagement part du constat suivant lequel *« plus de 23 pour cent des décès en Afrique, soit plus de 2,4 millions de décès par an, sont imputables à des facteurs de risques liés à l'environnement avec des effets particuliers sur les couches les plus pauvres et les plus vulnérables (enfants, femmes, populations rurales pauvres, les personnes vivant avec des incapacités, les réfugiés ou déplacées et les personnes âgées »*[186].

Ces chiffres démontrent à suffisance la vulnérabilité des êtres humains face aux facteurs environnementaux et les menaces que l'émergence de nouveaux risques environnementaux font peser sur la santé des populations en Afrique. Ces menaces sont particulièrement l'alimentation en eau, l'assainissement, la qualité de l'air, les vecteurs de maladies, la gestion des produits chimiques et les déchets y compris les nouvelles substances toxiques, la désertification, les risques industriels et domestiques et les autres catastrophes naturelles[187]. Le respect de l'obligation de protéger la santé des populations en Afrique dépend largement de la capacité des États à se saisir de ces préoccupations liées à la protection d'un environnement sain. Ce droit impose des obligations claires aux États. D'après la CADH, faisant une lecture conjointe des articles 16 et 24 de la Charte africaine, le respect par les États de ces dispositions inclut *« le fait d'ordonner ou au moins de permettre la surveillance scientifique indépendante des environnements menacés, d'exiger et de publier des études sur l'impact social et environnemental avant tout développement industriel majeur ; d'entreprendre la surveillance appropriée et d'informer les communautés exposées aux activités et produits dangereux et d'offrir aux individus la possibilité d'être entendus et de participer aux décisions relatives au développement affectant leurs communautés »*[188].

---

[184]CADH, *Affaire Social and Economic Rights Action Center (SERAC) and Center for Economic and Social Rights (CESR) c/ Nigeria*, communication n° 155/96.

[185] Déclaration de Libreville sur la santé et l'environnement en Afrique, adoptée le 29 août 2008, para. 1.

[186]*Ibid.* préambule.

[187]*Ibid.*

[188] CADH, *affaire SERAC*, *op. cit.* para. 53.

En d'autres termes, la protection de la santé des populations requiert des États de prendre des mesures raisonnables et d'autres mesures pour prévenir la pollution et la dégradation écologique, favoriser la préservation de l'environnement et garantir un développement écologiquement durable et l'utilisation des ressources naturelles[189]. Au plan régional, les mesures prises pour la sauvegarde de l'environnement et la protection du droit à un environnement sain sont constituées entre autres de la Convention de Bamako sur les déchets dangereux[190] et de la Convention africaine sur la conservation de la nature et des ressources naturelles dont l'un des principes fondamentaux est le droit de tous les peuples à un environnement sain. D'après cette dernière Convention, les États, individuellement ou collectivement et en collaboration avec les organisations internationales compétentes concernées, s'engagent à prendre toutes les mesures appropriées pour prévenir, atténuer et éliminer, le plus possible, les effets nuisibles sur l'environnement, notamment ceux causés par les substances radioactives, toxiques et autres substances et déchets dangereux[191]. On peut également citer la Déclaration d'Ethekwini sur l'hygiène et l'assainissement adopté en 2008 à Durban en Afrique du Sud. Cette Déclaration encourage les États à insérer des programmes d'hygiène et d'assainissement dans leurs Documents de stratégie pour la croissance et l'emploi[192].

L'affaire SERAC est également très instructive en ce qu'elle donne au droit à la santé la nature de droit carrefour ou droit socle indispensable à la réalisation des autres droits ou dont la protection suppose la réalisation d'autres droits. C'est ainsi qu'elle introduit la question des déterminants sociaux de la santé et rappelle ainsi que la satisfaction du droit à la santé est intimement liée à la satisfaction d'autres droits tels que le droit au logement, à une alimentation saine et à la protection de la dignité humaine. Au sujet du droit au logement, la Commission indique sans équivoque qu'il est un corollaire du droit de jouir du meilleur état de santé physique et mentale qu'une personne soit capable d'atteindre. Par conséquent, la santé est négativement affectée lorsque le droit au logement est violé[193], soit par l'expulsion des personnes sans leur offrir un nouvel abri[194], soit en cas

[189] *Ibid.* para. 52.

[190] Convention de Bamako sur l'interdiction d'importer en Afrique des déchets dangereux, adoptée le 31 juillet 1991 et ratifiée par le Cameroun le 11 juillet 1994.

[191] Convention africaine sur la conservation de la nature et des ressources naturelles, adoptée le 11 juillet 2003 à Maputo, article 13.

[192] La Déclaration d'Ethekwini adopté le 20 février 2008 à Durban en Afrique du Sud, para. 4.

[193] CADH, *affaire SERAC*, *op. cit.* para. 60.

[194] Résolution 231 de la CADH sur le droit à un logement décent et la protection contre les expulsions forcées, 52e session ordinaire, Yamoussoukro, 22 octobre 2012.

d'insalubrité des logements[195]. Par conséquent, *« un logement ne doit pas laisser apparaître de ''risques manifestes pouvant porter atteinte à la sécurité physique ou à la santé''. Il doit être ''adapté à l'usage d'habitation et doté d'éléments de confort permettant notamment l'intimité et le repos'' »*[196].

Par rapport au droit à l'alimentation, la CADH estime qu'il est lui aussi à l'image du droit au logement implicite dans la Charte africaine, notamment à travers le droit à la santé et le droit à la vie. D'après la Commission, « *le droit à l'alimentation est inextricablement lié à la dignité des êtres humains et il est par conséquent essentiel à la jouissance et à la réalisation des autres droits tels que le droit à la santé* »[197]. Il en découle que le droit régional de la santé exige des États de protéger et d'améliorer les sources alimentaires existantes et de garantir l'accès à une alimentation adéquate pour tous les citoyens. Ils sont également tenus d'améliorer la production alimentaire et de garantir son accès[198]. L'accès à une alimentation saine et adéquate passe aussi par la mise sur pied d'une politique permettant à tous d'avoir accès à l'eau potable en Afrique. En effet, *« lorsqu'elle n'existe pas en quantité et qualité adéquates, l'eau devient un handicap à la réduction de la pauvreté et à la relance économique, nuisant ainsi à la santé et à la productivité, provoquant l'insécurité alimentaire et limitant le développement économique »*[199].

Enfin, la protection de la santé des individus est intrinsèquement liée à la protection de la dignité humaine et du droit à la vie. Les États ont ainsi l'obligation de garantir *« l'inviolabilité des êtres humains et du droit de tout individu à la vie et à l'intégrité de sa personne »*[200]. La protection de la dignité humaine suppose ainsi de prendre toutes les mesures nécessaires contre les atteintes à l'intégrité physique au travail, en détention, dans le cadre familial ou dans tout autre cadre. Concernant le droit à la santé des enfants, les États-parties ont l'obligation de prendre toutes les mesures appropriées pour abolir les coutumes et les pratiques négatives, culturelles et sociales, notamment les coutumes et pratiques préjudiciables à la santé, voire à la vie de l'enfant. Pareillement, des mesures législatives, administratives, sociales et éducatives spécifiques doivent être prises pour protéger l'enfant

---

[195] Paule QUILICHINI, *La politique locale de l'habitat*, 2e édition revue et augmentée, Éditions du Moniteur, Paris, 2006, p. 274.
[196] *Ibid.* p. 300.
[197] CADH, *affaire SERAC*, *op. cit.* para. 64 et 65.
[198] *Ibid.*
[199] *Vision africaine de l'eau pour 2025 : exploitation équitable et durable de l'eau aux fins de développement socio-économique*, disponible sur www.ac-grenoble.fr [consulté le 18 juillet 2017], p. 35.
[200] CADH, *affaire SERAC*, *op. cit.* para. 67.

contre toutes formes de tortures, de traitements inhumains ou dégradants, et en particulier toutes formes d'atteintes ou d'abus physiques et mentaux, de négligence ou de mauvais traitements, y compris les sévices sexuels. La protection de la santé des enfants suppose également leur protection contre toutes formes d'exploitations économiques et de l'exercice d'un travail qui comporte des dangers ou qui risque de compromettre leur santé et leur développement physique, mental, spirituel, moral et social[201].

Il ressort de ce qui précède qu'au plan régional, il existe un droit africain de la santé qui porte aussi bien sur l'accès aux soins que sur les déterminants de la santé. Comme au plan universel, les États-parties, notamment le Cameroun, ont l'obligation de prendre et de mettre en œuvre des mesures visant à garantir non seulement l'accès aux soins de santé, en particulier les soins de santé primaires, mais aussi et surtout de prendre en compte les déterminants de santé. Partant de ces obligations telles qu'elles découlent des conventions internationales, il est important de voir comment le Cameroun les a intégrés dans son corpus juridique interne.

Section 2 : Les sources nationales du droit à la santé

Les sources nationales du droit à la santé sont constituées d'un ensemble de textes épars qui se rapportent directement ou indirectement à la protection de la santé des populations. Ces normes obéissent à la catégorisation binaire comme le prévoient les conventions universelles et régionales relatives au droit à la santé, à savoir : l'accès aux soins et l'action sur les déterminants de santé. L'analyse des sources nationales se fera à l'aune de cette distinction conceptuelle en se rappelant qu'*« une approche large de la politique de santé doit avoir pour objet non seulement les questions relatives à l'organisation et au financement du système des soins, mais aussi les actions sur l'ensemble des déterminants de santé »*[202]. En conséquence, l'examen des sources internes portant spécifiquement sur l'accès aux soins (Paragraphe 1) est le prélude à une discussion des sources internes portant sur les déterminants de la santé (Paragraphe 2).

Paragraphe 1 : Les sources internes portant spécifiquement sur le droit à la santé

Les normes internes portant spécifiquement sur le droit à la santé sont celles qui garantissent l'accès aux soins et aux médicaments de façon générale (A) et celles qui protègent le droit à la santé des groupes vulnérables (B).

---

[201] Charte africaine des droits et du bien-être de l'enfant, articles 15, 16 et 21.
[202] Pascal PENAUD, Pierre ABALLEA et *al.*, *op cit.* p. 770.

A. Les normes générales du droit à la santé

Le droit à la santé n'est pas expressément consacré dans la Constitution du Cameroun alors que le droit à un environnement sain y est consacré. Toutefois, la Constitution consacre de nombreux droits dont la réalisation participe à la protection de la santé des individus, notamment le droit à la vie et à la protection de l'intégrité physique et morale ou le droit à la protection des femmes, des jeunes, des personnes âgées et des personnes handicapées. Par ailleurs, la Constitution affirme l'attachement du Cameroun aux libertés fondamentales inscrites dans la déclaration universelle des droits de l'homme et les conventions internationales. Ce faisant, le préambule de la Constitution procède à « l'érection d'un bloc de constitutionnalité »[203], pendant de ce qui est considéré en France après la construction juridictionnelle comme la « sphère de constitutionnalité »[204]. Par conséquent, même si l'on admet que le droit à la santé n'est pas expressément consacré dans le préambule de la Constitution du Cameroun, la protection de la santé y est implicite.

Avant de poursuivre cette analyse, il est impératif de préciser que suivant l'article 65 de la Constitution, « le préambule fait partie intégrante de la Constitution ». Par cet acte de « constitutionnalisation du préambule »[205], la protection des droits et libertés fondamentaux consacrés dans le préambule est un « objectif de valeur constitutionnelle »[206]. Sur le fondement de la protection du droit à la vie et à l'intégrité physique et morale dont bénéficie chaque personne et qui est garantie par la Constitution, on peut dire que *« la primauté de la personne humaine, le respect de l'être humain dès le commencement de sa vie, l'inviolabilité (...) ainsi que l'intégrité de l'espèce humaine sont des principes (...) qui tendent à assurer le respect du principe constitutionnel de sauvegarde de la dignité de la personne humaine »*[207]. Il découle ainsi de ce qui précède, comme l'a établi le Conseil constitutionnel français, que la protection de la santé est une « exigence constitutionnelle » et l'État a l'obligation d'adopter des politiques publiques visant à « protéger la santé individuelle et collective »[208]. Par conséquent, on peut dire que « les

[203]Zbigniew Paul DIME LI NLEP, *La garantie des droits fondamentaux au Cameroun*, Mémoire de DEA, Université Abomey-Calavi, Bénin, disponible sur www.memoireonline.com [consulté le 20 juillet 2017].
[204] Didier TRUCHET, *op. cit.* p. 10.
[205] Joseph OWONA cité par Alain-Didier OLINGA, « L'aménagement de droits et libertés dans la Constitution camerounaise révisée » *in* Revue Universelle des Droits de l'Homme, vol. 8, n° 4-7, 1996, p. 117.
[206] Didier TRUCHET, *op. cit.* p. 12.
[207]*Ibid.* pp. 11-12.
[208] Anne LAUDE et Didier TABUTEAU, *op. cit.* p. 55.

individus ont un droit constitutionnel à la protection de la santé qui s'impose au législateur »[209].

L'État doit veiller à la santé des individus en adoptant notamment des normes législatives ou autres afin de donner effet à ce droit dont l'objectif ultime est la mise sur pied d'un système de santé de qualité. Au Cameroun, le système de santé est organisé par la loi-cadre sur la santé dont l'objectif est *« l'amélioration de l'état de santé des populations grâce à l'accroissement de l'accessibilité aux soins intégrés et de qualité pour l'ensemble de la population »*[210]. La politique nationale de santé qui en découle vise en particulier la mise sur pied d'une politique pharmaceutique rendant le médicament essentiel accessible en permanence à toutes les couches ; et la contribution à la mise en place d'un système de solidarité nationale pour la santé[211]. Cette politique nationale de santé s'appuie sur de grands principes, à savoir : l'accessibilité universelle aux soins essentiels et de qualité à travers le développement des Districts de santé ainsi que d'un système de « santé de référence contre référence » ; la protection et la promotion de la santé des groupes vulnérables et défavorisés, notamment les femmes, les enfants, les adolescents, les personnes du troisième âge, les indigents et les handicapés ; la mise en œuvre d'une politique de médecine préventive par la promotion de l'hygiène, l'assainissement de l'environnement, l'éducation sanitaire et la vaccination ; la gratuité et la continuité des services de santé ; et la promotion de la collaboration entre les secteurs public, privé et traditionnel afin d'assurer la production des soins et des médicaments de qualité[212].

De nombreuses normes ont été adoptées par le législateur camerounais en vue de réaliser les objectifs et de se conformer aux grands principes de la politique nationale de santé tels que posés par la loi-cadre sur la santé. S'agissant de l'accès aux soins de santé pour les populations, de nombreuses mesures sectorielles et générales ont été prises afin de garantir à tous le meilleur état de santé qu'ils sont capables d'atteindre. En effet, *« depuis 1992, la nouvelle politique de réorientation des soins de santé primaires au Cameroun, consiste à réorganiser les services de santé de manière à les rendre plus accessibles aux populations en général, à la mère et à l'enfant en particulier, d'où la notion de District de santé qui est l'unité opérationnelle de la mise en œuvre de la Réorientation des Soins de Santé Primaires (REOSSP) »*[213]. Il en découle que les autorités camerounaises ont

---

209 Didier TRUCHET, *op. cit.* p. 12.

210 Loi n° 96/03 du 4 janvier 1996 portant loi-cadre dans le domaine de la santé, article 2.

211 *Ibid.* article 3.

212 *Ibid.* article 4.

213 Annick MAHTAM ENDALE NJOH-LEA, *L'effectivité en droit privé camerounais des droits proclamés en faveur de l'enfant par la convention relative aux droits de l'enfant,*

pris un certain nombre de mesures afin de rendre effectifs les soins de santé primaires pour tous. L'accessibilité à de tels soins a été rendue possible grâce notamment à la création des districts de santé[214].

Ces districts de santé jouent un rôle important pour ce qui est de la surveillance épidémiologique. En effet, *« certaines maladies au Cameroun font l'objet d'une surveillance sentinelle : le VIH/Sida, la syphilis, les diarrhées à rotavirus chez les enfants de moins de 5 ans, les méningites à hémophiles influenzae B (HiB) et à pneumocoque et les grippes humaines »*[215]. Toutefois, d'après le ministère en charge de la Santé publique, les maladies les plus répandues au Cameroun se regroupent sous différents vocables, à savoir : les maladies transmissibles (VIH/Sida, IST, tuberculose, paludisme et hépatites virales) ; les maladies tropicales négligées (onchocercose, lèpre, ulcère de Buruli, rage, etc.) ; les maladies à potentiel épidémique (choléra, méningite, rougeole, fièvre jaune, etc.) ; et les maladies non transmissibles (hypertension et affections cardiovasculaires, diabète, cancers, etc.). Concernant les maladies transmissibles qui ont un fort taux de morbidité, le Cameroun a entrepris un certain nombre d'actions en élaborant au plan national des mesures permettant de faciliter l'accès des populations aux soins et à la prévention desdites maladies.

S'agissant du paludisme par exemple, des centres provinciaux d'imprégnation et des unités d'imprégnation communautaires des moustiquaires ont été créés afin de contribuer à la prévention de cette maladie[216]. Dans le cadre de l'accès aux soins des malades souffrant du paludisme, l'État du Cameroun a procédé au subventionnement de nombreux médicaments utilisés dans la prise en charge du paludisme non compliqué. Ces prix sont en constante baisse[217]. Ces efforts normatifs vers la gratuité des soins s'observent également dans le cadre de la lutte contre le VIH/Sida.

Mémoire de Master, Université de Douala, 2006, disponible sur www.memoireonline.com [consulté le 27 juillet 2017].

214 Décret n° 95/013 du 17 février 1995 portant organisation des services de santé de base. Voir aussi Ministère de la Santé publique du Cameroun, *Stratégie sectorielle de santé 2016-2027,op. cit.* p. 34.

215 Plan national de développement sanitaire (PNDS) 2011-2015 disponible sur www.internationalhealthpartnership.net [consulté le 24 juillet 2017], pp. 42-43.

216 Décision n° 0096/D/MSP/CAB du 16 avril 2004 portant tarification des moustiquaires imprégnées et des imprégnations dans les centres provinciaux d'imprégnation et les unités d'imprégnation communautaires.

217 Décision n° 0540/D/MINSANTE/CAB du 12 juin 2009 fixant dans le secteur public les prix des différentes présentations de la combinaison fixe d'artesunate-amodiaquine utilisée dans la prise en charge du paludisme non compliqué. Voir également la Décision n° 0606/D/MINSANTE/CAB du 29 juin 2010 fixant dans la sous-secteur privéles prix des différentes présentations de la combinaison fixe d'artesunate-amodiaquine utilisée dans la prise en charge du paludisme non compliqué.

Ainsi, la réglementation porte sur le contrôle de la tarification des antirétroviraux, sur le subventionnement des examens biologiques de suivi des personnes infectées par le VIH/Sida[218] ou par un contrôle accru des activités de transfusion sanguine. En effet, la loi régissant la transfusion sanguine dispose que *« le sang à transfuser doit être soumis à toutes les opérations de contrôle et de vérification nécessaires pour lui conférer les caractéristiques de sécurité optimales d'emploi »*[219]. La sécurité optimale dont il s'agit ici vise à éviter des accidents médicaux sériels[220] comme la contamination de nouveaux patients par le VIH/Sida ou d'autres virus tels que ceux des différentes formes d'hépatites. Bien qu'en ce qui concerne les hépatites, l'action de l'État demeure timide, il est à mentionner que l'ensemble des efforts entrepris dans le cadre de la lutte contre le VIH/Sida a conduit, depuis le 1er mai 2007, à la gratuité de la prise en charge par ARV des malades du Sida dans toutes les Unités de Prise en Charge et les Centres de Traitement Agréés mis sur pied à cet effet[221].

Pour les autres maladies, il faut noter que s'agissant des maladies tropicales négligées, la prise en charge de la lèpre et de l'ulcère de Buruli est gratuite même si les coûts indirects liés à ces maladies constituent toujours un fardeau important pour les malades et leurs familles. Hormis ces cas, la prise en charge des autres maladies semble être bien organisée et produit des effets satisfaisants. En ce qui concerne les maladies non transmissibles, l'action de l'État est davantage portée vers des activités de promotion et de prévention, notamment la promotion de l'activité sportive à travers notamment la construction des infrastructures sportives et la mise à disposition d'une cinquantaine d'hôpitaux de districts abritant des cliniques spécialisées et menant des activités d'éducation à la prévention de l'hypertension, du diabète et d'autres affections cardiovasculaires[222]. De façon plus globale, l'État du Cameroun a pris un certain nombre de mesures portant sur des domaines très variés, mais toutes concourent à la protection de la santé des populations.

Ces autres mesures comprennent : l'interdiction de la vente illicite de médicaments, notamment la vente de médicaments falsifiés, altérés ou

---

[218] Décision n° 0009/C/MSP/CAB du 14 avril 2005 complétant les dispositions de la décision n° 468 BIS/MSP/CAB du 24 septembre 2004 fixant la nouvelle tarification des protocoles de première ligne de prise en charge des personnes vivant avec le VIH/Sida (PVVS) par les antirétroviraux (ARV) et des examens de suivi biologique au Cameroun.

[219] Loi n° 2003/2006 du 22 décembre 2003 régissant la transfusion sanguine, article 9.

[220] Claudine BERGOIGNAN-ESPER et Pierre SARGOS, Les grands arrêts du droit de la santé, 2e édition, Dalloz, Paris, 2016, p. 469.

[221] Ministère de la Santé publique du Cameroun, *Stratégie sectorielle de santé 2016-2027*, *op. cit.* p. 53.

[222] *Ibid.*

nuisibles à la santé humaine ; l'interdiction de délivrer de faux certificats médicaux en vue notamment de dissimuler l'existence d'une maladie ou la cause d'un décès ; et l'interdiction de faciliter la dissémination d'une maladie contagieuse[223]. À côté de ces mesures, le Cameroun a adopté des mesures de protection du droit à la santé des fonctionnaires[224], des mesures de prise en charge des victimes d'accidents du travail ou des maladies professionnelles[225]. Les mesures de protection de la santé des populations portent également sur la lutte contre les épidémies. Ont ainsi été créés des centres régionaux de prévention et de lutte contre les épidémies[226]. Toutefois, pour se conformer aux normes du RSI et éviter la propagation internationale des maladies, de nombreux règlements ont été adoptés afin d'organiser les postes de santé aux frontières du Cameroun[227]. Ces postes assurent entre autres la surveillance épidémiologique, la vaccination internationale, l'hygiène et l'assainissement et les soins médicaux.

B. Les normes protégeant le droit à la santé des groupes vulnérables

D'après la Déclaration de Lilongwe, *« une attention particulière devrait être prodiguée aux femmes et aux autres populations vulnérables, tels que les enfants, les jeunes, les personnes âgées, les personnes handicapées, les personnes vivant avec le VIH/SIDA, les malades mentaux et ceux qui se trouvent dans un état grave, les réfugiés, les personnes déplacées et les ressortissants étrangers »*[228]. Ce texte donne un aperçu général de ce que l'on peut qualifier de personne vulnérable au sein d'un État. Toutefois, dans ce travail, un intérêt particulier sera porté à la protection de la santé des personnes indigentes, de la femme enceinte, des enfants, des personnes handicapées, des malades mentaux et des prisonniers. D'après la Constitution camerounaise, *« la nation protège (...) la femme, les jeunes, les*

[223] Loi n° 2016/007 du 12 juillet 2016 portant code pénal, articles 258.1, 259 et 260.

[224] Décret n° 2000/692/PM du 13 septembre 2000 portant sur les modalités d'exercice du droit à la santé du fonctionnaire. Voir aussi le Décret n° 91-329 du 9 juillet 1991 fixant les modalités de prise en charge par l'État de la couverture sanitaire de certains personnels civils et militaires.

[225] Décret n° 78-547 du 28 décembre 1978 fixant les modalités de prise en charge des prestations en nature aux victimes d'accidents du travail ou de maladies professionnelles.

[226] Décision n° 0817/MINSANTE/CAB/S/DLM/DAJC du 11 juin 2012 portant création, organisation et fonctionnement des centres régionaux de prévention et de lutte contre les épidémies.

[227] Arrêté n° 5992/A/MINSANTE du 28 décembre 2010 portant définition des prestations et des actes effectués par les postes de santé aux frontières du Cameroun. Voir aussi l'Arrêté n° 158-CAB-PM du 25 mai 1999 fixant la règlementation applicable au contrôle sanitaire aux frontières en matière de certificats de vaccination internationaux.

[228] Déclaration de Lilongwe sur l'accès à l'assistance juridique dans le système pénal en Afrique, 24 novembre 2004, recommandation 3.

personnes âgées et les personnes handicapées »[229]. Cette protection inclut la protection de la santé de ces personnes vulnérables. Ainsi, la Nation doit pouvoir *« garanti[r] à tous, notamment à l'enfant, à la mère et aux vieux travailleurs, la protection de la santé »*[230]. Il en découle que la protection de la santé de tous les citoyens, et plus encore celles des personnes vulnérables, est avant tout une exigence constitutionnelle. C'est à cette même conclusion qu'est parvenu le Conseil constitutionnel français dans sa décision du 20 mars 2015 relative à l'obligation vaccinale[231].

Au Cameroun, la protection de la santé des couches vulnérables s'organise dans un premier temps autour du concept de « secours de l'État aux indigents et aux nécessiteux »[232]. Bien que cette protection s'adresse en premier lieu aux personnes handicapées physiques ou mentales, elle peut s'étendre à d'autres couches vulnérables de la société. L'article 2 de la loi n° 2010/002 du 13 avril 2010 portant protection et promotion des personnes handicapées définit la personne handicapée comme « *toute personne dans l'incapacité d'assurer par elle-même tout ou partie des nécessités d'une vie individuelle ou sociale normale, du fait d'une déficience physique ou mentale, congénitale ou non* ». Cette définition est conforme à celle donnée par l'Organisation mondiale de la santé (OMS)[233]. La loi française de 2005[234] à travers sa définition du handicap permet de comprendre l'utilité et la nécessité d'une protection spécifique de la santé des personnes handicapées. D'après cette loi, *« constitue un handicap, toute limitation d'activité ou restriction de participation à la vie en société subie dans son environnement par une personne en raison d'une altération substantielle, durable ou définitive d'une ou plusieurs fonctions sensorielles, mentales, cognitives ou psychiques, d'un polyhandicap ou d'un trouble de santé invalidant »*[235].

---

[229] Constitution du Cameroun du 18 janvier 1996, préambule, paragraphe 2.

[230] Constitution de la République française de 1946, préambule, alinéa 11. Voir aussi Anne LAUDE et Didier TABUTEAU, *Les droits des malades*, PUF, Paris, 2016, p. 54.

[231] Anne LAUDE et Didier TABUTEAU, *op. cit.* p. 54.

[232] Décret n° 82//412 du 9 septembre 1982 fixant les modalités d'octroi des secours de l'État aux indigents et aux nécessiteux.

[233] OMS, *Classification internationale du fonctionnement, du handicap et de la santé*, OMS, Genève, 2001.

[234] Loi française n° 2005-102 du 11 février 2005 pour l'égalité des droits et des chances, la participation et la citoyenneté des personnes handicapées.

[235] Gérard ZRIBI, « Handicap(s) psychique(s). Un dispositif à améliorer des réponses à promouvoir », *in* Gérard ZRIBI et Raymond CECOTTO (dirs.), *Le droit à la santé des personnes handicapées mentales et psychiques*, 2e édition, Presses de l'EHESP, Rennes, 2016, p. 179.

Au Cameroun, *« plus de 5 % de la population souffre d'au moins un handicap sensoriel et/ou moteur »*[236]. Cependant, jusqu'à ce jour *« seul le département ministériel en charge des affaires sociales dispose d'une formation sanitaire spécialisée dans la réhabilitation des handicapés moteurs »*[237]. Quoique ce chiffre apparaît alarmant, il n'en demeure pas moins que l'on retrouve dans certaines formations sanitaires des services de kinésithérapie et de rééducation fonctionnelle. Nonobstant cette situation de précarité, le Cameroun a adopté, à travers une loi de 2010[238], une double approche de prévention et de prise en charge du handicap. L'approche préventive est construite autour de quatre piliers, à savoir : les mesures de lutte contre les maladies endémiques ; les visites médicales prénuptiales, prénatales et postnatales ; les visites médicales dans les établissements scolaires et universitaires ; et les visites médicales en milieu professionnel. À cette prévention médicale se greffe la prévention sociale articulée autour des mesures de sécurité ayant pour objet d'éviter des accidents dans les différents milieux, et la prévention des déficiences résultant de la pollution de l'environnement et des conflits armés. Les aspects de la prise en charge touchent quant à eux à l'accompagnement psychosocial de la personne handicapée ; la réadaptation médicale et la rééducation fonctionnelle de la personne handicapée.

La situation des handicapés mentaux est encore plus précaire. En effet, en dépit du Plan d'action global pour la santé mentale 2013-2020 de l'OMS[239], il n'existe aucun plan stratégique national de prise en charge des maladies mentales. Suivant le Plan d'action global de l'OMS, *« les systèmes de santé n'ont pas encore apporté de réponse adéquate au problème des troubles mentaux, d'où l'existence partout dans le monde d'un large écart entre l'offre et les besoins de traitement. Entre 76 % et 85 % des personnes atteintes de troubles mentaux sévères ne reçoivent aucun traitement dans les pays à revenu faible ou intermédiaire (...). Un facteur aggravant est la mauvaise qualité des soins dispensés à ceux qui reçoivent un traitement »*[240]. Cette situation se vérifie amplement au Cameroun où à l'échelle nationale l'on ne compte que deux centres de santé spécialisés avec des plateaux techniques adéquats pour la prise en charge des maladies mentales et

---

236 Ministère de la Santé publique du Cameroun, *Stratégie sectorielle de santé 2016-2027*, ministère de la Santé publique, Yaoundé, 2016, p. 60.

237 *Ibid.* p. 61.

238 Loi n° 2010/002 du 13 avril 2010 portant protection et promotion des personnes handicapées.

239 Plan d'action global pour la santé mentale 2013-2020, adopté par l'Assemblée mondiale de la santé le 27 mai 2013.

240 *Ibid.* para. 14.

seulement dix psychiatres et professionnels de la santé mentale[241]. Pis encore, les populations, *« pour des raisons socioculturelles et économiques, [ont] recours aux services de la médecine traditionnelle ou à d'autres types de soins »*[242]. Il n'est dès lors pas étonnant que l'on retrouve dans les rues des grandes villes de nombreux malades mentaux errants et sans aucune prise en charge médicale ou sociale.

En milieu carcéral, parler du droit à la santé apparaît étrange. Alors que les normes minima pour le traitement des détenus[243] ainsi que les principes de Robben Island[244] prévoient expressément l'obligation de l'État de garantir le droit à la santé des détenus, notamment en leur accordant des soins médicaux appropriés à leur condition, le droit à la santé dans les prisons du Cameroun reste très précaire. Tout d'abord, les conditions carcérales sont en elles-mêmes un problème avec une population carcérale d'environ 27 000 détenus pour une capacité globale de 16 000 places. Ces conditions couplées à la sédentarité des prisonniers, la promiscuité et l'aération insuffisante des cellules contribuent à accroître le risque sanitaire en milieu carcéral. S'ajoute à ces éléments l'insuffisance des personnels médicaux affectés dans les prisons. Toutes ces insuffisances favorisent la survenue et la propagation des maladies telles que le VIH/Sida, la tuberculose, le paludisme et les dermatoses[245].

C'est dans la prise en charge de la santé de la mère et de l'enfant que l'on note de réels efforts, nonobstant le fait que la mortalité maternelle semble avoir presque doublé entre 2004 et 2011. Ce taux élevé de mortalité peut s'expliquer par une diversité de facteurs qui ne sont pas tous imputables à une faiblesse de l'action étatique[246]. Toutefois, bien que des normes relatives aux équipements des formations sanitaires aient été élaborées en 2009, la plupart d'entre elles ne sont pas respectées. On relève encore dans certaines formations sanitaires une absence de boîte d'accouchement, de système de stérilisation et de boîte de césarienne[247]. Le taux de mortalité néonatale a quant à lui baissé de même que le taux de mortalité infantile. Des efforts

---

241 Ministère de la Santé publique du Cameroun, *Stratégie sectorielle de santé 2016-2027, op. cit.* p. 59.

242 *Ibid.*

243 ONUDC, *Ensemble de règles minima des Nations Unies pour le traitement des détenus*, Résolution 70/175 de l'Assemblée générale des Nations Unies, 17 décembre 2015, règles 24-35.

244 CADHP, APT, HCDH, *Résolution sur les Lignes directrices et mesures d'interdiction et de prévention de la torture et des peines ou traitements cruels, inhumains ou dégradants en Afrique*, 2e édition, Addis-Abeba, avril 2008, para. 50.

245 Ministère de la Santé publique du Cameroun, *Stratégie sectorielle de santé 2016-2027, op. cit.* p. 37.

246 *Ibid.* p. 55.

247 *Ibid.* pp. 55 et 72.

contrastés ont été faits dans le domaine des pathologies à transmission verticale. Aucune information n'est disponible sur la transmission de l'hépatite B de la mère à l'enfant et la vaccination des nouveau-nés exposés à cette maladie à la naissance n'est pas systématique. Cependant, en ce qui concerne la transmission du VIH de la mère à l'enfant, de nombreux efforts sont faits dans l'accessibilité des antirétroviraux (ARV) aussi bien des enfants exposés que des femmes enceintes dépistées séropositives[248]. Ces efforts restent cependant en deçà des attentes de ces couches vulnérables.

L'espoir d'une amélioration significative de la protection de la santé de la mère et de l'enfant est permis depuis qu'a été mis sur pied un Programme national multisectoriel de lutte contre la mortalité maternelle néonatale et infanto-juvénile[249] avec pour mission principale la mise en œuvre de la politique gouvernementale de réduction de la mortalité maternelle, néonatale et infanto-juvénile. Cette politique s'articule autour d'un ensemble de normes aussi diverses que variées portant entre autres sur la réglementation de la commercialisation et le contrôle de la qualité des substituts du lait maternel[250] ; le subventionnement des antipaludiques pour tous et leur gratuité pour les enfants de moins de cinq ans et la gratuité chez la femme enceinte du traitement préventif intermittent du paludisme [251]; la distribution gratuite des moustiquaires imprégnées aux femmes enceintes ; et la gratuité des programmes élargis de vaccination pour les enfants de moins d'un an[252]. L'ensemble de ces mesures a permis de réduire presque de moitié le taux de morbidité du paludisme chez les enfants de moins de cinq ans[253]. Par ailleurs, *« la survie de l'enfant est soutenue par les quatre programmes prioritaires ci-après : le Programme élargi de Vaccination (PEV) ; le Programme National de l'Allaitement Maternel (PNPAM), le Programme de Lutte contre les Maladies Diarrhéiques (PLMD), le Programme de Lutte contre les Infections Aigües (PLIA) »*[254].

Il ressort de ce qui précède qu'un corpus normatif assez dense a été adopté au Cameroun en vue de garantir l'accès de toutes les populations aux soins et aux médicaments. Toutefois, ces mesures ne peuvent suffire à atteindre les projections envisagées dans la politique nationale de santé, car la santé ne peut plus se concevoir seulement sous l'angle curatif. Dès lors, la

---

[248]*Ibid.* pp. 47 et 55.

[249] Arrêté n° 095/CAB/PM du 11 novembre 2013.

[250] Décret n° 2005/168/PM du 01er décembre 2005.

[251] Ministère de la Santé publique du Cameroun, *Profil pharmaceutique du pays*, Minsanté/OMS, Yaoundé, 2011, p. 21.

[252]*Ibid.* p. 22.

[253] Ministère de la Santé publique du Cameroun, *Stratégie sectorielle de santé 2016-2027,op. cit.* p. 42.

[254]Annick MAHTAM ENDALE NJOH-LEA, *op. cit.*

prise en compte des aspects préventifs essentiels à la préservation d'une bonne santé commande que soient aussi adoptées des normes portant sur les déterminants de la santé.

Paragraphe 2 : Les sources internes portant sur les déterminants de la santé

Les déterminants de santé sont *« l'ensemble des facteurs influant sur l'état de santé des personnes : modes de vie et comportements individuels, contexte socio-économique, hérédité et biologie humaines, environnement, système de santé »*[255]. Compte tenu de l'impact de ces déterminants sur la santé des populations, aucun système de santé ne peut être crédible et efficace s'il ne prend pas en compte ces déterminants et agit sur eux pour prévenir ou limiter leur impact sur la santé humaine. Les sources internes portant sur les déterminants de santé sont celles qui visent à protéger le droit à un environnement sain (A) ainsi que celles qui prennent en compte les autres déterminants sociaux, culturels et économiques de la santé (B).

A. Les déterminants environnementaux

La Constitution du Cameroun consacre le droit qu'a toute personne de vivre dans un environnement sain. Il en découle que *« la constitutionnalité de mesures de protection de l'environnement peut ainsi être appréciée au regard du principe de protection de la santé, par exemple en matière de risques liés à l'utilisation de matières nucléaires ou de lutte contre le bruit »*[256]. Il ressort de ce qui précède que le droit à un environnement sain touche des domaines aussi divers que variés. Dans la loi-cadre sur la santé, la protection du droit à un environnement sain constitue l'un des grands principes de la politique nationale de santé, notamment à travers la mise en œuvre d'une politique de médecine préventive par la promotion de l'hygiène et l'assainissement de l'environnement[257]. Au Cameroun, il n'existe pas un code de la santé publique dans lequel les normes portant sur les déterminants de santé peuvent être retrouvées. De même, les législations sur ces déterminants émanent souvent des départements ministériels autres que le ministère de la Santé. Nonobstant ces faiblesses au niveau organisationnel, de nombreuses normes encadrent des domaines très variés et permettent de garantir à tous le droit à un environnement sain.

La protection du droit à un environnement sain et l'action du Gouvernement camerounais en vue de limiter l'impact des déterminants environnementaux sur la santé des populations au Cameroun trouvent

---

[255] Anne LAUDE et Didier TABUTEAU, *op. cit.* p. 55.

[256] *Ibid.*

[257] Loi n° 96/03 du 4 janvier 1996 portant loi-cadre dans le domaine de la santé, article 4.

expression la plus globale en la loi n° 96/12 du 5 août 1996 portant loi-cadre relative à la gestion de l'environnement. Cette loi réaffirme le caractère inaliénable du droit dont bénéficie toute personne à vivre dans un environnement sain et le devoir de l'État d'assurer ce droit. En conséquence, le Gouvernement a la mission d'élaborer les politiques de l'environnement et d'en coordonner la mise en œuvre. Pour ce faire, il établit des normes de qualité pour l'air, l'eau, le sol et toutes normes nécessaires à la sauvegarde de la santé humaine et de l'environnement[258]. Il ressort de manière non équivoque de ces dispositions que la fin ultime de la protection de l'environnement est la protection de la santé humaine. Cette fin s'inscrit harmonieusement dans le concept « Environmental health » développé par l'OMS et qui peut être défini comme suit : *« la santé environnementale comporte les aspects de la santé humaine et des maladies qui sont déterminées par l'environnement »*[259].

Pour garantir le droit à un environnement sain aux populations camerounaises, le législateur camerounais a adopté un arsenal de normes qui visent à préserver l'environnement de toutes formes de pollution susceptible de nuire à la santé humaine. S'agissant par exemple de la qualité de l'air, la loi-cadre sur l'environnement interdit de porter atteinte à la qualité de l'air ou de provoquer toutes formes de modification de ses caractéristiques susceptibles d'entraîner un effet nuisible à la santé publique. De même, sont également interdites les émissions de bruit et d'odeurs susceptibles de nuire à la santé de l'homme[260]. Ces interdictions sont reprises par le Code pénal qui punit toute personne qui pollue l'atmosphère au point de la rendre nuisible à la santé publique[261]. Cette pollution peut se faire à l'occasion d'un traitement phytosanitaire, notamment à travers le rejet dans l'atmosphère d'un agent polluant[262] ou de nuisances sonores et olfactives[263].

Concernant la qualité de l'eau, des sols et des sous-sols, le législateur camerounais attache du prix à une gestion saine et écologiquement rationnelle des déchets. Il exige que les déchets soient traités de manière écologiquement rationnelle afin d'éliminer ou de réduire leurs effets nocifs

---

[258] Loi n° 96/12 du 5 août 1996 portant loi-cadre relative à la gestion de l'environnement, articles 5 et 10 (1).

[259] Caroline LEMERCIER, *La santé environnement. Concept, enjeux et appropriation par les acteurs*, Mémoire de Master, Université de Montpellier III - Paul Valery, septembre 2013, p. 42.

[260] Loi n° 96/12 du 5 août 1996 portant loi-cadre relative à la gestion de l'environnement, articles 21 et 60 (1).

[261] Loi N° 2016/007 du 12 juillet 2016 portant Code pénal, article 261 (b).

[262] Loi N° 2003/003 du 21 avril 2003 portant protection phytosanitaire, article 36 et loi N° 96/12 du 5 août 1996 portant loi-cadre relative à la gestion de l'environnement, article 53.

[263] Loi N° 96/12 du 5 août 1996 portant loi-cadre relative à la gestion de l'environnement, article 82.

sur la santé de l'homme. Par conséquent, le déversement, l'immersion et l'incinération dans les eaux maritimes de substances de toute nature susceptible de porter atteinte à la santé de l'homme sont interdits[264]. Ces dispositions s'appliquent à toutes les catégories de déchets toxiques et dangereux[265], y compris les déchets résultant de la conservation et du traitement des corps[266], et visent en particulier à protéger la qualité des eaux[267] avec pour fin ultime de protéger la santé publique[268]. La protection de la qualité des eaux et la répression de toute pollution de cette ressource précieuse sont réaffirmées par la loi portant régime des forêts, de la faune et de la pêche[269]. S'agissant de la protection des sols et des sous-sols, la loi sur la protection phytosanitaire recommande l'utilisation des engrais sans danger pour la santé humaine[270].

La loi-cadre prévoit en effet que les substances chimiques nocives et/ou dangereuses qui, en raison de leur toxicité, ou de leur concentration dans les chaînes biologiques, présentent ou sont susceptibles de présenter un danger pour la santé humaine sont soumises au contrôle et à la surveillance des administrations techniques compétentes, en relation avec l'Administration chargée de l'environnement[271].

Au-delà de ces mesures dont l'objet est de protéger le droit à un environnement sain, le Cameroun a également pris d'autres mesures afin d'éviter des maladies issues de l'interaction des individus avec leur environnement. On peut à ce titre citer la loi portant régime de sécurité en matière de biotechnologie moderne au Cameroun. Cette loi porte sur les organismes génétiquement modifiés (ci-après OGM) susceptibles d'avoir des effets défavorables sur la santé humaine et animale ainsi que sur l'environnement. Ainsi, elle soumet l'utilisation ou la manipulation des OGM aux mesures de sécurité sanitaire et phytosanitaire arrêtées par les

---

[264] *Ibid.* articles 31 et 42.

[265] Loi n° 89-27 du 29 décembre 1989 portant sur les déchets toxiques et dangereux. Voir aussi la loi n° 95/08 du 30 janvier 1995 portant sur la radioprotection.

[266] Décret n° 2011/3252/PM du 22 septembre 2011 portant création et fonctionnement des morgues privées au Cameroun, article 28.

[267] Loi N° 98-005 du 14 avril 1998 portant régime de l'eau, article 6 et 5. Voir aussi la loi N° 2016/007 du 12 juillet 2016 portant Code pénal, article 261 (a).

[268] Loi N° 98-005 du 14 avril 1998 portant régime de l'eau, article 4. Voir aussi la loi N° 96/12 du 5 août 1996 portant loi-cadre relative à la gestion de l'environnement, articles 29 et 53. Voir également la loi N° 2003/003 du 21 avril 2003 portant protection phytosanitaire, article 36.

[269] Loi N° 94/01 du 20 janvier 1994 portant régime des forêts, de la faune et de la pêche, article 161 (2).

[270] Loi N° 2003/003 du 21 avril 2003 portant protection phytosanitaire, article 2.

[271] Loi N° 96/12 du 5 août 1996 portant loi-cadre relative à la gestion de l'environnement, article 57 (1).

institutions internationales avec un accent particulier sur la sécurité alimentaire[272]. En outre, afin de garantir la sécurité humaine, animale et végétale, ainsi que la protection de l'environnement, l'évaluation des risques dans toute activité en rapport avec les OGM doit tenir compte du principe de précaution[273]. Cette disposition consacre l'entrée triomphale du principe de précaution dans le droit camerounais de la santé. Ce principe mérite de s'étendre à de nombreux autres domaines où la législation semble encore fragile et insuffisante afin de protéger la santé des individus.

Les maladies issues de l'environnement direct de l'homme sont également celles qui peuvent lui être transmises par les animaux avec qui il rentre en contact ou par les restes humains si ceux-ci sont improprement disposés. Le législateur camerounais, dans ces domaines, opte davantage pour une approche préventive. Ainsi, en ce qui concerne le transport des corps en cas de transfert, le législateur soumet tout mouvement de corps à l'intérieur du pays, de ou vers l'extérieur du pays à une attestation d'un médecin ou d'un infirmier qualifié certifiant que le décès n'est pas consécutif à une maladie contagieuse ou tout autre cas jugé dangereux par le médecin[274]. Les maladies visées ici sont notamment le choléra, la variole, la typhoïde, la méningite, la peste et la diphtérie[275]. Des mesures spéciales de protection de la santé publique encadrent aussi les cas d'autopsie et de prélèvement sur les corps et les cas d'exhumation des corps. Ainsi par exemple, « l'exhumation des corps des personnes mortes d'une des maladies suivantes : choléra, charbon, peste, variole, n'est autorisée qu'après un délai de trois ans à compter de la date de décès, quelles que soient les précautions prises au moment de l'inhumation »[276].

Dans le même sillage, le législateur a également adopté une loi portant règlement zoosanitaire des maladies du bétail réputées contagieuses. Il fait ainsi peser sur les propriétaires des animaux l'obligation de déclarer à l'autorité administrative et de procéder à l'isolement de tout animal atteint d'une maladie réputée légalement contagieuse. Cette obligation de déclaration pèse également sur les propriétaires en ce qui concerne tout animal mort dont la carcasse à l'autopsie est porteuse de légions caractéristiques des maladies du bétail répertoriées dans la loi[277]. Cette loi

---

[272] Loi n° 2003/2006 du 21 avril 2003 portant régime de sécurité en matière de biotechnologie moderne au Cameroun, article 9.

[273] *Ibid.* article 18 (1).

[274] Décret n° 74/199 du 14 mars 1974 portant réglementation des opérations d'inhumation, d'exhumation et de transfert de corps, article 8.

[275] *Ibid.* article 9

[276] *Ibid.* article 15.

[277] Loi n° 2001-6 en date du 16 avril 2001 portant nomenclature et règlement zoosanitaire des maladies du bétail réputées légalement contagieuses et à déclaration obligatoire, article 4.

prévoit des mesures spéciales pour éviter toute propagation et toute contamination humaine d'un certain nombre de maladies telles que la rage, la peste bovine, la péripneumonie contagieuse bovine, la tuberculose, le charbon, la lymphangite épizootique, la fièvre aphteuse et l'encéphalopathie spongiforme bovine. Le contrôle de ces maladies est placé sous l'autorité du ministère en charge de la Santé publique. Ceci n'est pas le cas pour tous les déterminants de santé.

B. Les autres déterminants de la santé

Reprenant la définition donnée par l'OMS, *« les déterminants sociaux de la santé sont les circonstances dans lesquelles les individus naissent, grandissent, vivent, travaillent et vieillissent ainsi que les systèmes mis en place pour faire face à la maladie. Ces circonstances reflètent des choix politiques, dépendent de la répartition du pouvoir, de l'argent et des ressources à tous les niveaux, mondial, national et local. Les déterminants sociaux de la santé sont l'une des principales causes des inégalités en santé, c'est-à-dire des écarts injustes et importants que l'on enregistre au sein d'un même pays ou entre les différents pays du monde »*[278]. L'action sur ces déterminants est premièrement une action de promotion et de prévention afin de s'assurer que les individus adoptent des modes de vie sains ne les exposant pas à des dangers du point de vue sanitaire. En outre, l'action sur ces déterminants est également une action de protection parce que l'État ne peut rester indifférent aux structures et à la conjoncture sociale et économique qui influent sur la santé des individus. Il a un devoir d'action, car la protection des populations, notamment de leur santé, lui incombe au premier chef et il ne saurait s'en défaire au seul motif que cette santé est précarisée du fait des conditions dans lesquelles vivent ces populations. L'État a, par conséquent, un devoir d'action afin d'améliorer les conditions de vie de ses populations.

Le devoir de l'État ne s'arrête pas seulement à l'amélioration des conditions de vie susceptible d'impacter positivement la santé des populations. L'État a, au surplus, une obligation d'agir pour prévenir ou réprimer les comportements individuels, culturels et autres qui impactent négativement la santé des individus. En effet, *« la vie de chacun se déploie dans le temps, intégrant les dimensions biologiques, sociales, culturelles et économiques, en lien avec d'autres individus significatifs dans les familles, groupes d'appartenance et communautés »*[279]. L'action de l'État sur les déterminants sociaux doit viser à réduire les risques sanitaires liés à l'habitat,

---

[278] Marie-France RAYNAULT et Michèle STANTON-JEAN *in* Christian HERVE, Michèle STANTON-JEAN et *al. (dir.)*, *op. cit.* p. 6.
[279] *Ibid.* p. 8.

à l'alimentation et à l'eau, au cadre et aux conditions de travail et à prévenir les risques inhérents aux comportements individuels ou collectifs, notamment les addictions, la nutrition[280] et les pratiques culturelles néfastes à la santé. S'agissant de ce dernier point, il est à noter que les inégalités de santé sont créées dans certaines régions du Cameroun par le fait que les femmes n'ont pas, culturellement ou financièrement, la possibilité d'accéder à des formations sanitaires. Or, *« la mise à l'écart sociale des femmes est déjà en elle-même fort regrettable. Plus regrettables encore sont des pratiques socioculturelles qui, imposées au sexe féminin, ont pour principale conséquence d'entamer leur santé, voire leur vie »*[281].

Au rang de ces pratiques culturelles qui portent atteinte au droit à la santé de la femme et de l'enfant, on peut citer *« les mutilations génitales féminines ; l'alimentation forcée des femmes ; mariage précoce ; les divers tabous ou pratiques qui empêchent les femmes de contrôler leur fécondité ; les tabous nutritionnels et pratiques traditionnelles relatives à la naissance ; la préférence pédo-masculine et ses implications quant au statut de la fille ; l'infanticide féminin ; les grossesses précoces ; les dots-sanctions »*[282]. À ces pratiques, il faut ajouter l'esclavage ou la traite des enfants et les « rites de veuvage »[283]. Le législateur camerounais a abondamment légiféré contre ces pratiques traditionnelles en protégeant l'intégrité physique et morale des individus, notamment les femmes et enfants. En effet, le Code pénal punit les mutilations génitales et les atteintes à la croissance d'un organe à l'instar de la pratique de « repassage des seins »[284]. Le même Code punit également d'autres types de pratiques telles que le travail forcé, l'esclavage, les violences sur femmes enceintes, l'infanticide, le trafic et la traite des personnes, les mariages forcés, l'inceste ou l'exigence abusive de la dot[285].

Au-delà de ces pratiques culturelles, le législateur camerounais a également largement disposé pour prévenir les comportements individuels susceptibles de porter atteinte au droit à la santé. Concernant les addictions, un Comité national de lutte contre drogue a été mis sur pied. Sa mission est de lutter contre *« toute forme de consommation abusive et illicite de substances toxiques, naturelles ou synthétiques qui ont en commun d'être*

---

280 Pascal PENAUD, Pierre ABALLEA et *al., op. cit.* p. 770.

281 Samuel-Jacques PRISO-ESSAWE, « Pratiques traditionnelles et intégrité physique en Afrique subsaharienne. Droit international, Législations nationales et protection des femmes et enfants » *in* Cahiers de l'IDEDH, n° 7, Université de Montpellier I, AUF, 1999, p. 78.

282 ONU, *Harmful traditional practices affecting the health of women and children,* Fiche d'information n° 23, pp. 3-4. Voir aussi Samuel-Jacques PRISO-ESSAWE, *op. cit.* p. 80.

283 Samuel-Jacques PRISO-ESSAWE, *op. cit.* p. 80.

284 Loi N° 2016/007 du 12 juillet 2016 portant Code pénal, articles 277.1 et 277.2.

285 *Ibid.* articles 292, 293, 338, 340, 342.1, 356, 357 et 360. Voir aussi la loi n° 2011/024 du 14 décembre 2011 relative à la lutte contre le trafic des personnes et la loi n° 2005/015 du 29 décembre 2005 relative à la lutte contre le trafic et la traite des enfants.

substances psychotropes, engendrant un état d'intoxication périodique ou chronique, nuisible pour l'individu et pour la société »[286]. Ce comité s'appuie dans l'exercice de ses missions sur la loi relative au contrôle des stupéfiants, des substances psychotropes et des précurseurs qui interdit la culture, la production, la fabrication ou la commercialisation de certaines plantes telles que le pavot à opium, le cocaïer et la plante de cannabis[287]. Bien que la lutte contre les drogues semble juridiquement bien articulée, il reste tout de même que la lutte contre le tabagisme et l'alcoolisme est très faiblement encadrée alors même que « la prévention et le traitement de l'alcoolisme relèvent de l'État »[288]. Par conséquent, de nombreuses personnes continuent de sombrer dans ces deux fléaux avec les risques qui peuvent en découler en termes de santé publique.

En matière de tabagisme, seul un arrêté oblige timidement les fabricants à marquer les emballages des produits à base de tabac[289]. Rien n'est dit sur le tabagisme dans les lieux publics et de nombreux fumeurs mettent en danger leur santé et celle de leur entourage que ce soit sur le lieu de travail[290] ou dans les cellules communes de prison[291]. S'agissant de l'alcoolisme, seules quelques dispositions du Code pénal semblent évoquer ce problème alors que « la consommation d'alcool est estimée à 8,4 litres pur par personne et par an chez les plus de 15 ans »[292]. Toutefois, ces dispositions vont non pas dans le sens de la prévention de l'alcoolisme, mais plutôt dans le sens de l'interdiction et de la répression de l'ivresse, de l'ivresse publique ou de la vente illicite de boissons alcoolisées aux mineurs et de l'encouragement et la participation à l'ivresse d'un mineur[293]. L'article 290 du Code pénal punit toute personne qui s'engage sur la voie publique en état d'ivresse. Il est à noter que l'alcoolisme est l'une des raisons qui conduisent aux nombreux accidents de la voie publique[294]. Pour pallier ce problème, le Gouvernement

---

[286] Décret n° 92/456/PM du 24 novembre 1992 portant création et organisation du comité national de lutte contre la drogue, article 2.

[287] Loi n° 97-19 du 7 août 1997 relative au contrôle des stupéfiants, des substances psychotropes et des précurseurs et à l'extradition et à l'entraide judiciaire en matière de trafic des stupéfiants, des substances psychotropes et des précurseurs, article 8.

[288] Didier TRUCHET, *op. cit.* p. 110.

[289] Arrêté n° 967/Minsanté/Mincommerce du 25 juin 2007 portant marquage sanitaire des emballages des produits à base de tabac.

[290] Didier TRUCHET, *op. cit.* p. 113. Voir aussi l'Arrêt « tabagisme » devant la Cour de Cassation française, 29 juin 2005.

[291] CEDH, *affaire Floréa c/ Roumanie,* requête n° 37186/03, 14 septembre 2010.

[292] Ministère de la Santé publique du Cameroun, *Stratégie sectorielle de santé 2016-2027, op. cit.* p. 39.

[293] Loi N° 2016/007 du 12 juillet 2016 portant Code pénal, articles 243, 290 et 343.

[294] Entre 3.552 et 3.071 blessés entre 2011 et 2013 et 1.558 et 1.170 décès au cours de la même période. Voir Ministère de la Santé publique du Cameroun, *Stratégie sectorielle de santé 2016-2027, op. cit.* p. 39.

camerounais a entrepris des actions conjointes entre le ministère des Transports et le ministère de la Défense sous la coordination du Comité national de la route. Il a également mis sur pied un Service d'assistance médicale d'urgence pour secourir entre autres les victimes des accidents de la voie publique[295].

À ces addictions s'ajoute le phénomène de la dépigmentation de la peau qui sans aucun doute pose ou va poser dans les années futures un réel problème de santé publique au Cameroun. Les principaux produits responsables de la dépigmentation de la peau font pourtant l'objet d'un encadrement strict avec le Décret réglementant les substances vénéneuses[296]. Ces substances sont entre autres les teintures et lotions pour cheveux, les fards cosmétiques, les dépilatoires et les produits de toilette. S'agissant des produits pour friser ou onduler les cheveux, il est interdit d'utiliser les produits de mercure sous quelque forme que ce soit et les produits renfermant l'acide thioglycolique ou ses sels[297]. Pour prévenir les atteintes à la santé des utilisateurs, tout produit contenant des substances vénéneuses est tenu d'être marqué comme suit : « l'usage des teintures et lotions capillaires renfermant les substances vénéneuses peut, chez certains sujets, donner lieu à des accidents graves ». Dans la même veine, tout fabricant, importateur, ou tout vendeur de produits d'hygiène corporelle et de beauté contenant des substances vénéneuses doit, dès qu'il a eu connaissance d'un accident attribué à leur application, en informer le ministre chargé de la Santé publique[298].

En ce qui concerne les habitudes alimentaires ou les autres habitudes domestiques, de nombreuses normes encadrent ou interdisent l'usage de certains produits. C'est le cas de certaines huiles végétales[299] ou de certains insecticides[300]. En plus de ces textes à caractère spécifique, le Cameroun a adopté le 11 décembre 2018 la loi n° 2018/020 portant loi-cadre sur la sécurité sanitaire des aliments. Cette loi est une véritable révolution dans un pays où les aliments sont souvent produits, conservés, distribués ou commercialisés dans le total irrespect des règles minimales de santé publique. Elle fixe les principes et les bases réglementaires relatives aux denrées alimentaires, aux aliments pour animaux destinés à la consommation

---

[295] Décision n° 0004/MSP/CAB du 15 janvier 2004 portant création et mise en œuvre du SAMU-Cameroun.

[296] Décret n° 83-661 du 27 décembre 1983 réglementant les substances vénéneuses, article 3.

[297] *Ibid.* articles 57 et 58.

[298] *Ibid.* articles 60 et 66.

[299] Arrêté n° 118-I-A-MSP-SG-DMPHP-SHPA du 13 janvier 1988 interdisant la consommation de l'huile végétale décolorée et désodorisée.

[300] Arrêté n° 234-A-MSP-SG-DMPHP portant interdiction de l'utilisation de l'insecticide fumigène dénommée « Cock Brand ».

humaine et aux additifs et compléments alimentaires, en vue d'assurer un niveau élevé de protection de la vie et de la santé des consommateurs et de respect de l'environnement. De façon plus précise, la loi du 11 décembre 2018 vise à garantir aux consommateurs l'innocuité des aliments ; à prévenir et à maîtriser les maladies d'origine alimentaire ; à rendre obligatoire la déclaration des toxi-infections alimentaires ; à contribuer à l'établissement de standards spécifiques pour les aliments consommés et commercialisés au Cameroun et à veiller à leur application à partir des plans de contrôle et de surveillance.

Elle vise également à améliorer la qualité des aliments produits au Cameroun, à travers la mise en œuvre de bonnes pratiques de production, de fabrication et d'hygiène, d'un système de maîtrise des risques sanitaires et phytosanitaires et faciliter la gestion intégrée de l'innocuité des aliments, aux différentes étapes de la chaîne alimentaire. Elle vise par ailleurs à promouvoir des mécanismes de coordination entre les différentes autorités compétentes dans le domaine alimentaire et les préparer graduellement à l'intégration de leurs activités dans les organismes régionaux ou internationaux notamment le Codex Alimentarius (CODEX), l'Organisation mondiale de la santé animale, la Convention internationale pour la protection des végétaux et l'International Food Safety Authorities Network. Elle a enfin pour but de développer un système officiel d'inspection et de contrôle efficace, fondé sur les normes, les règlements techniques et les cas échéants, les données scientifiques ; assurer la communication sur les risques, en liaison avec les réseaux de surveillance épidémiologique et les systèmes d'alerte rapide ou de veille sanitaire ; et de mettre en place un système national des autorisations de mise en consommation des denrées alimentaires, des aliments pour animaux, des additifs et des compléments alimentaires[301].

Cette loi tombe à pic dans un pays où il y a de plus en plus de doutes sur la qualité et l'innocuité aussi bien des produits alimentaires importés[302] que de ceux qui sont produits localement. Par ailleurs, il faut dire que l'application efficace de cette loi et la mise sur pied de l'ensemble des normes et mécanismes de contrôle qu'elle prévoit permettra à coup sûr de réduire de manière considérable les maladies, les épidémies ou les crises sanitaires liées à la consommation des aliments. Elle permet également de réglementer le secteur des compléments alimentaires qui est en plein essor

---

[301] Loi n° 2018/020 du 11 décembre 2018 portant loi-cadre sur la sécurité sanitaire des aliments, articles 1 et 3.

[302] Emmanuel Jules NTAP, « Affaire du riz en plastique : le gouvernement clarifie la polémique », publié le 7 janvier 2019, disponible sur www.voaafrique.com [consulté le 28 janvier 2019].

au Cameroun avec des produits dont la consommation n'est pas toujours sans risque pour la santé[303].

L'ensemble de ces mesures démontre à suffisance que l'État du Cameroun a pris de nombreuses mesures pour protéger dans sa globalité la santé des populations vivant au Cameroun. Toutefois, il y a une distance entre l'adoption des mesures et leur effectivité. L'application desdites mesures peut efficacement contribuer à améliorer la santé des populations. Cependant, il est important que les institutions et les mécanismes mis sur pied pour appliquer ces mesures soient suffisamment outillés dans ce sens.

303 Lucie De La HERONNIERE, « Complément alimentaire : ce qu'il faut savoir avant d'en prendre », publié le 8 janvier 2016, disponible sur www.lexpress.fr [consulté le 28 janvier 2019].

CHAPITRE 2 : LES INSTITUTIONS CHARGÉES DE LA MISE EN ŒUVRE DU DROIT À LA SANTÉ AU CAMEROUN

La mise en œuvre du droit à la santé au Cameroun fait intervenir de nombreuses institutions dont le champ d'action s'inscrit, aussi bien dans l'organisation du système de santé que dans l'offre de soins et de médicaments ou encore dans d'autres aspects tels que le financement de la santé ou la prévention des atteintes à la santé des populations. Loin d'aborder une approche descriptive de ces institutions, il serait plus intéressant d'évaluer l'effectivité de leurs actions dans le domaine de compétence qui est le leur et d'apprécier la combinaison de leurs actions dans la concrétisation de la protection de la santé des populations. Le ministère de la Santé publique (ci-après MINSANTE) assume ce rôle de coordonnateur et régulateur aussi bien des acteurs nationaux (Section 1) que des acteurs internationaux (Section 2) intervenant dans la mise en œuvre du droit à la santé au Cameroun.

Section 1 : Les acteurs nationaux chargés de la mise en œuvre du droit à la santé au Cameroun

De prime abord, la simple évocation de la mise en œuvre du droit à la santé des populations fait intuitivement penser au MINSANTE qui détient en effet le premier rôle dans la promotion, la prévention et la protection de la santé publique que ce soit directement ou à travers les institutions spécialisées dont il assure la tutelle (Paragraphe 1). Toutefois, cette perception des choses est complètement réductrice tant il est avéré que de nombreux autres ministères ont un rôle tout aussi prépondérant dans la garantie de la santé des populations, quoi que ce rôle ne ressorte pas clairement de leurs missions fondamentales. Mis à part ces autres ministères, nul ne peut nier l'apport inestimable des acteurs privés et des associations à la réalisation effective du droit à la santé pour tous (Paragraphe 2).

Paragraphe 1 : Le rôle central du ministère de la Santé publique et de ses institutions spécialisées

Que ce soit dans l'organisation du système de santé ou dans l'organisation et la régulation de l'offre de soins et de médicaments, le MINSANTE assume un rôle de pivot. Il en est de même dans de nombreux autres secteurs tels que le contrôle de la mise en œuvre du droit à la santé, la lutte contre les déserts médicaux et les inégalités régionales de santé et bien entendu, les domaines relatifs à la promotion, à la prévention et à la protection de la santé. En tant qu'organe central du système de santé au Cameroun, le MINSANTE en assume la coordination et la supervision (A) tandis que ses institutions spécialisées interviennent dans la régulation, le contrôle ou la mise en œuvre (B).

A. Le rôle de coordination du ministère de la Santé publique

Le décret n° 2013/093 du 3 avril 2013 portant organisation du ministère de la Santé publique place ce département ministériel au cœur « *de l'élaboration et de la mise en œuvre de la politique du Gouvernement en matière de santé publique* »[304]. Il ressort clairement de ce texte que ce ministère assure la coordination et la cohérence de toutes les activités entreprises en faveur de la réalisation du droit à la santé par l'ensemble des autres départements ministériels, des institutions de nature diverses, des associations, du secteur privé et des acteurs internationaux. Ainsi, le MINSANTE intervient dans la garantie de la qualité et de la disponibilité des soins et des médicaments de qualité. À ce titre, il est chargé d'assurer l'organisation, la gestion et le développement des formations sanitaires publiques ; d'assurer le contrôle technique des formations sanitaires privées ; de veiller à l'extension de la couverture sanitaire sur l'ensemble du territoire camerounais ; de veiller à la qualité des soins et à l'amélioration du plateau technique des formations sanitaires publiques et privées ; et du suivi des activités des organismes et comités techniques spécialisés relevant de son secteur de compétence. Le MINSANTE intervient également dans la prévention des atteintes à la santé. À cet effet, il est chargé de veiller au développement des actions de prévention et de lutte contre les épidémies, les pandémies et de la médecine préventive.

La protection de la santé n'incombant pas seulement au MINSANTE, il est aussi chargé d'organiser la stratégie collective de prévention, de réponse ou de prise en charge de la maladie lorsque survient celle-ci. Cette stratégie collective est définie et mise en œuvre de concert avec les différents départements ministériels compétents chacun en son domaine ainsi qu'avec le concours des mécanismes internationaux, bilatéraux ou multilatéraux de coopération. En ce sens, le ministère de la Santé est chargé d'assurer la promotion des infrastructures sanitaires en liaison avec les administrations concernées. Il est par ailleurs chargé du suivi de la médecine sportive et de la médecine du travail, en liaison avec les administrations concernées, notamment les départements ministériels en charge du sport et du travail ; d'assurer le développement de la médecine traditionnelle, en liaison avec le ministère de la Recherche scientifique et de l'Innovation ; de concourir à la

[304] Décret n° 2013/093 du 3 avril 2013 portant organisation du Ministère de la Santé, article 1er.

formation des médecins, pharmaciens et personnels paramédicaux, ainsi qu'à leur recyclage permanent ; et du suivi des activités relevant de son domaine de compétence du Centre national de réhabilitation des personnes handicapées Cardinal Paul Emile Léger, en liaison avec le ministère des Affaires sociales. Dans le cadre de la coopération internationale, le MINSANTE assure la liaison entre le Gouvernement et l'Organisation mondiale de la Santé ainsi qu'avec les organismes internationaux relevant de son domaine de compétence, en liaison avec le ministère des Relations extérieures.

Au-delà de ces aspects de promotion, de prévention et de protection de la santé, le MINSANTE a en outre en charge le contrôle de l'exercice des professions de médecin, chirurgien-dentiste, pharmacien et médico-sanitaire et assure la tutelle des ordres professionnels correspondants. C'est une lourde charge qui incombe au MINSANTE qui, en tant qu'organe pivot de la mise en œuvre du droit à la santé au Cameroun, doit établir des cadres de concertation réguliers avec l'ensemble de ces acteurs intervenant dans le secteur de la santé afin de réduire les doublons, d'améliorer le contrôle et de rechercher l'efficacité dans la réalisation du droit à la santé. Pour ce faire, il s'appuie sur une armature institutionnelle interne assez dense.

Afin de réaliser l'ensemble de ses missions, le ministre de la Santé publique est assisté d'un Secrétaire d'État, chargé de la lutte contre les épidémies et les pandémies. La création le 19 septembre 1996 d'un Secrétariat d'État à cet effet montre que le Gouvernement du Cameroun a pris la pleine mesure des épidémies et des pandémies qui menacent gravement la santé des populations au Cameroun. Dans la réalisation de ses missions, le ministre s'appuie également entre autres sur des conseillers techniques, des inspections générales, une administration centrale, des services déconcentrés, des formations sanitaires publiques et des organismes et comités techniques spécialisés[305]. Les Inspections générales sont au nombre de trois et se rapportent aux services administratifs, aux services médicaux et paramédicaux et aux services pharmaceutiques et des laboratoires. Les missions de l'Inspection générale des services administratifs sont entre autres l'évaluation des performances des services par rapport aux objectifs fixés ; le contrôle interne et l'évaluation du fonctionnement des services centraux et déconcentrés, des organismes sous-tutelle, ainsi que des organismes et projets rattachés au MINSANTE ; l'information du ministre sur la qualité du fonctionnement et du rendement des services ; l'évaluation de l'application des techniques et méthodes d'organisation ; et la mise en œuvre de la stratégie de lutte contre la

[305] *Ibid.* article 2.

corruption au sein du ministère qu'elle partage avec les autres inspections générales[306].

L'Inspection générale des services médicaux et paramédicaux quant à elle est chargée du contrôle des formations sanitaires publiques, privées et des autres administrations publiques ; de l'inspection sanitaire sur la base des normes ; du suivi de l'application des protocoles de soins ; de l'évaluation permanente du système de santé ; du contrôle des performances des projets et programmes de santé ; et du contrôle du respect de l'éthique, de la déontologie et de la réglementation dans l'exercice des professions de santé[307]. Enfin, l'Inspection générale des services pharmaceutiques et des laboratoires est chargée du contrôle des établissements de fabrication, de stockage et de vente des produits pharmaceutiques ainsi que des laboratoires d'analyses médicales ; de la recherche et de la constatation des infractions aux règles professionnelles relevées dans l'exercice de la pharmacie et de la biologie médicale et des infractions à la législation sur l'exercice de la pharmacie, à l'exclusion de celles relevant du domaine des prix ; de la conduite des enquêtes prescrites par l'autorité sanitaire ; du contrôle de la disponibilité et de l'accessibilité du médicament auprès du consommateur ; de la lutte contre les médicaments contrefaits et le trafic illicite de médicaments ; et du contrôle et de la conformité aux normes et aux conventions internationales en matière de pharmacie et d'analyse médicale[308].

En plus de ces fonctions de contrôle, d'évaluation et de suivi, le MINSANTE garantit la mise en œuvre du droit à la santé à travers de nombreux autres organes opérationnels tels que la direction de la recherche opérationnelle ; la direction de l'organisation des soins et de la technologie sanitaire ; la direction de la lutte contre la maladie, les épidémies et les pandémies ; la direction de la santé familiale ; la direction de la promotion de la santé ; la direction de la pharmacie, du médicament et des laboratoires ; la division des études et des projets ; la division de la coopération ; la direction des ressources humaines ; et la direction des ressources financières et du patrimoine[309]. Cette architecture de l'organisation des soins, de la promotion, de la prévention et de la protection de la santé permet de cibler les domaines prioritaires de l'action de l'État en matière d'accès aux soins et aux médicaments, de répartition équitable des personnels de santé sur l'ensemble du territoire et d'accès des personnes vulnérables aux services de santé. Cependant, plusieurs aspects semblent être insuffisamment pris en

306 *Ibid.* article 6.
307 *Ibid.* article 7.
308 *Ibid.* article 8.
309 *Ibid.* article 10.

compte. C'est le cas notamment de la médecine traditionnelle qui est sans conteste aujourd'hui une priorité dans les stratégies de l'OMS[310].

Malgré le fort recours des populations à cette forme de médecine, soit environ 80 % des populations selon l'Union africaine[311], l'architecture normative du MINSANTE n'accorde que peu de place à la médecine traditionnelle. Alors que la médecine traditionnelle est aujourd'hui au cœur des stratégies de grandes organisations internationales et régionales de santé pour l'amélioration de l'accessibilité des populations aux soins de santé, le MINSANTE n'y accorde que peu de place dans son organigramme compte tenu du fait que le développement de la médecine traditionnelle est confié simplement à un service placé sous l'autorité d'un chef de service[312]. Paradoxalement également, alors que la médecine traditionnelle s'insère dans la dimension de l'adaptabilité des soins de santé en Afrique et mérite à ce titre d'être intégrée au système de santé, le MINSANTE semble avoir laissé le développement de cette forme de médecine au ministère de la Recherche scientifique et de l'Innovation (MINRESI). Cette approche paraît assez incohérente tant la médecine traditionnelle participe au renforcement de l'offre de soins et de médicaments et facilite l'accès pour de nombreuses populations aux soins de santé primaires[313].

Au-delà de cette incohérence organisationnelle, le MINSANTE et ses organes peinent à avoir des résultats notables dans certains domaines. Ainsi, malgré la multiplicité des organes de contrôle, la redevabilité demeure l'un des points faibles du système de santé actuel. De l'aveu du MINSANTE, *« peu de mécanismes de redevabilité des acteurs étaient mis en œuvre ou étaient fonctionnels compromettant ainsi l'efficience et l'efficacité »*[314]. Par ailleurs, on peut aussi noter la faiblesse du dispositif de suivi et évaluation et les insuffisances relevées au niveau de la coordination des interventions qui ont pour conséquences, le double emploi des ressources, ayant entrainé subséquemment le manque d'efficience observé dans le secteur de la santé dans certains cas[315]. Au surplus, alors qu'il existe au sein du MINSANTE toute une division des affaires juridiques et du contentieux, on remarque que *« très souvent, les pratiques précèdent l'encadrement juridique et les vides*

---

310 OMS, *Stratégie de l'OMS pour la médecine traditionnelle pour 2014-2023*, OMS, Hong Kong, 2013.

311 UA, *Plan d'action de la décennie de la médecine traditionnelle (2001-2010)*, disponible sur www.africa-union.org [consulté le 4 mai 2018].

312 Décret n° 2013/093 du 3 avril 2013 portant organisation du Ministère de la Santé, article 42.

313 Cf. 2e partie, titre 2, chapitre 1.

314 Ministère de la Santé publique du Cameroun, *Stratégie sectorielle de santé 2016-2027*, *op. cit.* p. 91.

315 *Ibid.* p. 92.

juridiques persistent dans plusieurs domaines »[316], à l'instar du secteur de la médecine traditionnelle. D'autres domaines tels que la transfusion sanguine restent, malgré l'existence d'un encadrement juridique important, dans une sorte de précarité institutionnelle avec des pratiques qui participent à la fragilisation du bien-être physique et mental des populations. Sur le plan de la coordination, on note une certaine incohérence gouvernementale en ce que certains départements ministériels semblent ne pas savoir quelles sont leurs missions et leurs responsabilités dans la promotion, la prévention et la protection de la santé des populations[317].

Nonobstant ces lacunes, il n'en demeure pas moins que le MINSANTE reste au cœur de l'armature en charge de la garantie du droit à la santé au Cameroun et que de nombreuses réformes et stratégies sont à mettre à son crédit. Au rang de ces réformes et stratégies, on peut citer l'élaboration au cours de l'année 2000 d'un document de stratégie sectorielle pour la santé dont l'objectif était de prendre en compte les orientations de la politique nationale de santé, exprimées dans le Plan national de développement sanitaire (PNDS) 1999-2008. Les trois principaux objectifs de ce plan sont : rendre les districts de santé fonctionnels et performants ; maîtriser la progression de l'infection du VIH/Sida à travers un programme de lutte centré sur le district de santé ; développer et mettre en place au niveau des districts des mécanismes décentralisés de financement des soins de santé ainsi qu'un système performant de mutualisation du risque maladie[318]. Cette réforme elle-même fait suite à des réformes successives entreprises au début des années 1980 et qui se sont poursuivies dans les années 1990 en débouchant sur la réorientation des soins de santé primaires (RSSP), le PNDS ou la Déclaration nationale de la politique des soins de santé primaires. Il s'agissait, à travers ces différents instruments, d'améliorer la politique nationale de santé à partir des résolutions internationales (conférences internationales d'Alma Ata, de Bamako ou de Harare) et des expériences nationales[319].

B. Le rôle des institutions spécialisées

Comme il a été relevé ci-haut, le MINSANTE dans l'accomplissement de ses missions s'appuie sur de nombreux organismes et comités techniques spécialisés, sur les formations sanitaires publiques et sur des projets et

---

316 *Ibid.* p. 90.
317 *Ibid.* p. 91.
318 Raphaël OKALLA et Alain Le VIGOUROUX, « Cameroun : de la réorientation des soins de santé primaires au plan national de développement sanitaire » *in Bulletin de l'APAD, Un système de santé en mutation : le cas du Cameroun,* n° 21, 2001, p. 9, disponible sur www.apad.revue.org [consulté le 17 octobre 2018].
319 *Ibid.*

programmes dont l'objectif est de traduire en faits concrets la protection de la santé des populations. Le décret portant organisation du MINSANTE énumère un certain nombre d'institutions sur lesquelles ce département ministériel exerce la tutelle[320]. Il s'agit notamment du Centre hospitalier de recherche et d'application en chirurgie endoscopique et de reproduction humaine (CHRACERH) basé à Yaoundé. Créé par décret présidentiel n° 2011/336 du 13 octobre 2011, le CHRACERH est un établissement public administratif de type particulier à vocation nationale et internationale dotée de la personnalité juridique et de l'autonomie financière. Il a pour principales missions de garantir à la femme les meilleures conditions de procréation ; de mener des activités de recherche en matière d'endoscopie et de reproduction humaine ; et de dispenser des soins de haut niveau en gynécologie et obstétrique[321]. Cette institution représente une véritable innovation dans le secteur de la procréation médicalement assistée au Cameroun et en Afrique centrale et constitue un rempart pour de nombreuses familles victimes des problèmes d'infertilité. Toutefois, on ne peut manquer de relever son côté élitiste au regard des coûts pratiqués et de son inaccessibilité aux personnes à faible revenu. Pareillement, on ne peut manquer de relever qu'une fois de plus dans le cadre camerounais la pratique précède le droit d'autant plus que le droit n'a pas encore réglé toutes les questions éthiques que ce type de procédure médicale peut exiger, au regard notamment de la manipulation des embryons et du statut de l'embryon.

Le MINSANTE exerce également sa tutelle sur des établissements tels que le Centre Pasteur du Cameroun. Cet établissement créé en 1959 est un établissement public administratif doté de l'autonomie financière. Le Centre Pasteur contribue à la lutte contre la maladie et à la promotion de la santé à travers la prise en charge des patients camerounais et la prévention du risque sanitaire international par la surveillance des maladies endémiques et épidémiques, la recherche scientifique et la formation des personnels de santé[322]. Il est appuyé dans la prévention du risque sanitaire international par l'Observatoire national de la santé publique (ONSP). Créé sur les cendres du Comité national d'épidémiologie[323], l'ONSP a été créé dans le cadre du renforcement du Système national d'information sanitaire (SNIS). Ses missions principales sont : l'alerte et la veille sanitaire, la centralisation, l'analyse et la mise en place des informations socio-sanitaires des bases et

---

320 Décret n° 2013/093 du 3 avril 2013 portant organisation du Ministère de la santé, article 1(2).

321 ministère de la Santé publique, « CHRACERH : La fécondité in vitro (FIV) : une possibilité effective au Cameroun », disponible sur www.minsante.cm [consulté le 12 juin 2018].

322 Informations disponibles sur www.pasteur-yaounde.org [consulté le 12 juin 2018].

323 Organe consultatif créé avec le concours financier de la Rock Feller Foundation par décret n° 90/1347 du 17 septembre 1990.

banques de données sur les problèmes de santé publique[324]. L'ONSP a en plus en charge, de repérer, collecter, rassembler, analyser, confronter et synthétiser les données sur l'état de santé de la population ; assurer la surveillance épidémiologique transfrontalière ; réaliser des études et enquêtes épidémiologiques ; participer à la mise en place des mécanismes de prévention des épidémies et contribuer à la préparation de la réponse ou riposte d'un ou des évènements pouvant constituer une urgence sanitaire[325].

L'ONSP, créé par le décret n° 2010/2952 du 1er novembre 2010, partage avec le Laboratoire national de contrôle de qualité des médicaments et d'expertise (LANACOME) et la Centrale nationale d'approvisionnement en médicaments et consommables médicaux essentiels (CENAME) des missions conjointes. Ainsi, l'ONSP a également pour mission de consolider les informations relatives à la fabrication du médicament, à la disponibilité ou l'accessibilité et au contrôle de la qualité du médicament. Il assure par ailleurs en relation avec ces structures et d'autres structures concernées la disponibilité des indicateurs de suivi des tarifs des prestations de soins et des prix des médicaments et consommables médicaux[326]. Malgré la densité de ses missions, l'ONSP est le parfait exemple des doublons qui peuvent exister dans la répartition des missions entre les établissements publics. Il est le parfait exemple d'une structure qui, certes est créée, mais dont l'efficacité, ou à défaut l'effectivité, de ses actions peine à être visible sur le terrain. De l'aveu du MINSANTE, *« ses missions ne sont pas efficacement mises en œuvre du fait de l'insuffisance des ressources financières et technologiques »*[327]. Ce type d'institution est pour le moment source de gaspillage des maigres ressources affectées par l'État à la santé des populations. Il vaudrait mieux la dissoudre et répartir ses ressources, pour plus d'efficacité, à des institutions telles que le Centre Pasteur, le LANACOME ou encore la CENAME dont on a vu qu'elle partageait l'essentiel des missions.

Le MINSANTE exerce enfin sa tutelle sur le Centre international de référence Chantal BIYA pour la recherche et la prise en charge du VIH/Sida (CIRCB) qui est un établissement public administratif de type particulier à vocation nationale et internationale créé par arrêté du ministre de la Santé publique en date du 17 février 2006. Sa mission est l'amélioration des

---

324 Décret n° 2010/2952 du 1er novembre 2010 portant création, organisation et fonctionnement de l'ONSP, article 2.

325 FIFEN ALASSA, *L'observatoire national de santé publique (ONSP) du Cameroun*, Brazzaville, 28-30 avril 2014, disponible sur www.aho.afro.who.int [consulté le 12 juin 2018].

326 *Ibid.*

327 Ministère de la Santé publique du Cameroun, *Stratégie sectorielle de santé 2016-2027*, *op. cit.* p. 86.

connaissances et de la qualité des soins destinés aux personnes infectées par le VIH/Sida[328]. Le rôle de cet établissement est indéniable dans l'accessibilité aux soins de nombreuses personnes vivant avec le VIH/Sida. Toutefois, ce qu'on peut regretter ici est sa localisation à Yaoundé qui ne permet pas l'accessibilité géographique des personnes se trouvant dans les autres villes ou localités du Cameroun. Toutefois, cette insuffisance est palliée par le Comité national de lutte contre le Sida (CNLS), organe placé aussi sous la tutelle du MINSANTE, et dont la mission est de mettre en œuvre le plan d'action gouvernemental de lutte contre la pandémie du Sida. Le CNLS a en charge de réaliser le plan stratégique national de lutte contre le VIH/Sida et les infections sexuellement transmissibles dont les axes majeurs sont le conseil et le dépistage volontaire, la prévention et la prise en charge des IST, la promotion du préservatif, la sécurité sanguine, le renforcement de la prévention du VIH chez les jeunes et de nouvelles infections chez les femmes et la prévention de la transmission du VIH de la mère à l'enfant[329].

L'action du CNLS en matière de sécurité sanguine rejoint celle du Programme national de transfusion sanguine qui a pour mission de mettre en œuvre la politique nationale de transfusion sanguine, notamment la collecte d'un sang de qualité et offrant toutes les garanties de sécurité. Il faut cependant relever que malgré la multiplicité des acteurs dans le secteur de la transfusion sanguine, la collecte du sang reste difficile avec seulement 10 % de donneurs bénévoles et 90 % de donneurs familiaux[330]. Pis encore, la sécurité du sang collecté n'est pas garantie, ce qui est à l'origine de nombreuses infections virales[331]. En dehors du CNLS qui intervient spécifiquement dans le domaine du VIH/Sida, de nombreux autres programmes ou comités ont été mis sur pied afin de prévenir ou combattre des maladies endémiques ou épidémiques. C'est le cas notamment du Programme élargi de vaccination ; du Programme national de lutte contre le paludisme (PNLP) ; du Programme national de lutte contre l'onchocercose (PNLO) ; du Programme d'éradication du ver de Guinée (PEVG) ; du Programme national de lutte contre la lèpre (PNLL) ; du Programme national de lutte contre la tuberculose (PNLT) ; du Programme national de lutte contre la trypanosomiase humaine africaine (PNLTHA) ; du Programme

328 Informations disponibles sur www.circb.cm [consulté le 12 juin 2018].

329 CNLS, *Plan stratégique national de lutte contre le VIH/Sida 2006-2010*, disponible sur www.ilo.org [consulté le 12 juin 2018]. Voir aussi CNLS, *Plan stratégique national de lutte contre le VIH, le SIDA et les IST 2014-2017*, disponible sur www.childrenandaids.org [consulté le 12 juin 2018].

330 OMS, « Programme national de transfusion sanguine », disponible sur www.afro.who.int [consulté le 12 juin 2018].

331 Ministère de la Santé publique du Cameroun, *Stratégie sectorielle de santé 2016-2027*, *op. cit.* p. 42.

national de lutte contre la cécité ; du Programme national de lutte contre le cancer ; du Programme national de lutte contre le diabète et l'hypertension artérielle ; du Comité national de lutte contre la drogue ; du Programme national de lutte contre la schistosomiase et les vers intestinaux et du Programme de lutte intégrée contre les maladies de l'enfant (PECIME)[332].

En plus de ces institutions et programmes qui interviennent dans la prévention et la lutte contre la maladie, le MINSANTE garantit la mise en œuvre de la santé à travers des services déconcentrés et diverses formations sanitaires publiques. D'après le *Plan national de développement sanitaire (PNDS) 2011-2015*, il existe dix délégations régionales réparties en 180 districts de santé dont 178 sont fonctionnels. Pour ce qui est des formations sanitaires, il y en a 3214 dont 04 hôpitaux de première catégorie (hôpitaux généraux), 04 hôpitaux de deuxième catégorie (hôpitaux centraux), 12 hôpitaux de troisième catégorie (hôpitaux régionaux), 156 hôpitaux de quatrième catégorie (hôpitaux de districts), 181 Centres médicaux d'arrondissement (CMA) et 1801 Centres de santé intégrés (CSI) de cinquième catégorie parmi lesquels 1600 sont fonctionnels. Il y a lieu de noter que certains hôpitaux de districts ont été rénovés et leurs plateaux techniques améliorés pour en faire des hôpitaux régionaux annexes, notamment à Nkongsamba, Buea et Sangmélima[333]. C'est au moyen de cette armature que le MINSANTE et ses organes spécialisés garantissent la mise en œuvre effective du droit à la santé en faveur des populations.

Cependant, bien que ces chiffres soient globalement meilleurs que ceux des États voisins du Cameroun, ils masquent cependant de graves disparités géographiques. En effet, comparativement aux normes de l'OMS, la couverture de la population en personnel médical ne cesse de se dégrader. Par conséquent, le ratio professionnel de santé/population dans les années 2000 était de 0,63 pour 1000 habitants au Cameroun contre 2,3 pour 1000 qui est la norme OMS[334]. En 2011, à l'occasion du Recensement général des personnels de santé (RGPS), il a été constaté une légère amélioration de ce ratio qui est passé de 0,63 à 1,07,[335] mais demeure toujours largement en deçà de la norme OMS en la matière. Il ressort de cette analyse que ce n'est pas le nombre des centres de santé ou hôpitaux

---

[332] ministère de la Santé publique, *Plan stratégique national de lutte contre le paludisme au Cameroun 2007-2010*, disponible sur www.africanchildforum.org [consulté le 12 juin 2018], pp. 13-14.

[333] ministère de la Santé publique, *Plan national de développement sanitaire (PNDS) 2011-2015*, disponible sur www.uhc2030.org [consulté le 12 juin 2018], p. 9.

[334] Institut national de la statistique, *Annuaire statistique du Cameroun 2010*, p. 3, disponible sur www.statistics-cameroon.org [consulté le 17 octobre 2018].

[335] Ministère de la Santé publique du Cameroun, *Stratégie sectorielle de santé 2016-2027*, *op. cit.* pp. 78 et 80.

existants qui est important, mais le nombre de personnels de santé qui les anime.

Par ailleurs, l'examen de ces institutions montre bien que le MINSANTE n'accorde pas une place accrue aux déterminants de santé qu'il semble laisser à la charge des autres départements ministériels. Or, en tant qu'organe de conception, de mise en œuvre et de surveillance, le MINSANTE se doit d'avoir la primauté sur toutes les actions tendant à prévenir les atteintes au droit à la santé. Il ne serait pas malvenu que le dispositif camerounais de protection de la santé s'étoffe avec des institutions telles que l'Agence nationale de sécurité sanitaire de l'alimentation, de l'environnement et du travail ou l'Agence de la biomédecine, notamment en rapport avec des questions telles que la procréation médicalement assistée[336]. Mieux encore, afin de garantir l'efficacité de l'action des institutions déjà existantes, il serait intéressant d'accorder une indépendance statutaire à la plupart des organes suscités, notamment aux organes de contrôle qui devraient sortir du giron du ministère de la Santé publique.

La conclusion qui jaillit de l'ensemble des analyses qui précèdent est que l'efficacité dans la mise en œuvre du droit à la santé passe par une meilleure coordination des actions posées dans le domaine de la santé par les autres départements ministériels et les acteurs non étatiques. Par conséquent, leur rôle complémentaire en matière de protection du droit à la santé ne doit pas être minoré bien que leurs actions doivent s'inscrire dans le cadre général des actions définies par le MINSANTE.

Paragraphe 2 : Le rôle complémentaire des autres ministères et des acteurs non étatiques

De nombreux autres acteurs ont un rôle certes complémentaire, mais tout aussi important, à jouer dans la mise en œuvre du droit à la santé au Cameroun. Ces acteurs sont constitués d'administrations opérant à différents niveaux (A) et de structures privées, associatives ou autres intervenant aussi bien dans l'offre de soins et de médicaments, que dans les actions de promotion, de prévention et de protection de la santé (B).

A. L'action complémentaire des autres ministères et structures administratives

De nombreuses autres structures étatiques interviennent dans la protection de la santé des populations à différents niveaux, qu'il s'agisse de l'offre de soins, de la formation, de la recherche ou des actions de promotion et de prévention des atteintes à la santé, à travers notamment la prise en

[336] Didier TRUCHET, *op. cit.* pp. 47-48.

compte des déterminants de santé. En effet, dans leurs missions, de nombreux départements ministériels ont un rôle immédiat à jouer dans le cadre de la promotion, de la prévention ou de la protection de la santé des populations. C'est le cas notamment du ministère de l'Élevage, des Pêches et des Industries animales (MINEPIA) dont les missions sont les suivantes : il est chargé de l'élaboration de la réglementation et du suivi des normes, ainsi que de leur application en matière d'élevage, de pêche, d'industries animales et halieutiques ; de l'amélioration du contrôle sanitaire en matière de pêche maritime, fluviale et piscicole ; et de la salubrité des denrées d'origine animale, halieutique et piscicole[337]. Dans ce sens, l'intervention de ce département ministériel dans la surveillance et l'alerte en cas d'épizooties est déterminante pour la santé des populations. Il en est de même du contrôle de la qualité et de la sécurité des produits issus de l'élevage et de la pêche. Le MINEPIA a également un rôle important à jouer dans la sécurité alimentaire au Cameroun d'autant plus qu'au titre de ses missions, il est chargé de veiller à l'amélioration quantitative et qualitative de la production et des rendements dans les secteurs de l'élevage et des pêches.

Le ministère de l'Agriculture et du Développement rural intervient aussi dans le domaine de la sécurité alimentaire et à ce titre, assure la liaison entre le Gouvernement et l'Organisation des Nations Unies pour l'agriculture et l'alimentation (FAO), le Fonds international du développement agricole (FIDA) et le Programme alimentaire mondial (PAM). Il est chargé entre autres de la conception des stratégies et des modalités pour garantir la sécurité et l'autosuffisance alimentaire ainsi que du suivi de leur mise en œuvre et de l'amélioration qualitative et quantitative de la production et des rendements dans le secteur agricole[338]. Compte tenu du fait que la sécurité alimentaire renvoie à la disponibilité et à l'accès des populations aux aliments dont elles ont besoin pour se nourrir, cette tâche est dévolue au ministère du Commerce qui élabore la réglementation en matière de prix et du suivi de son application ; régule les approvisionnements des produits de grande consommation ; se charge du suivi de l'élaboration et de l'application des normes des instruments de mesure et de contrôle de qualité de même que de l'élaboration ou de l'homologation des normes de conservation et de distribution des produits de grande consommation[339]. Le dernier ministère à intervenir dans le domaine de la sécurité alimentaire est le ministère de

---

[337] Décret n° 2012/382 du 14 septembre 2012 portant organisation du MINEPIA, article 1er.

[338] Décret n° 2011/408 du 9 décembre 2011 portant organisation du Gouvernement, article 8(7).

[339] *Ibid.* article 8(9).

l'Énergie et de l'Eau dont la mission porte sur l'amélioration quantitative et qualitative de la production d'eau et d'énergie[340].

L'action du ministère des Sports et de l'Éducation physique s'inscrit davantage dans le champ de la promotion de la santé. À ce titre, il a pour mission d'élaborer les stratégies et les plans de développement relatifs aux sports et aux activités physiques et de développer la formation et de contribuer à la recherche en sciences et médecine du sport[341]. Dans les domaines de la recherche et de la formation, on retrouve également le MINRESI qui a la charge du suivi de la recherche dans le domaine des pharmacopées traditionnelles et assure à ce titre la tutelle de l'Institut de recherches médicales et d'étude des plantes médicinales et l'Agence nationale de la radio protection[342]. On y retrouve en outre le ministère de l'Enseignement supérieur (MINESUP) qui exerce la tutelle sur les universités d'État, suit et assure le contrôle des activités desdites universités ainsi que des établissements universitaires privés. À ce titre, le MINESUP définit les programmes et assure, à travers ces universités, la formation de l'essentiel des professionnels de santé dans diverses facultés de médecine telles que la Faculté de médecine et des sciences biomédicales de l'Université de Yaoundé I ou celles des universités de Douala, Buea, Dschang ou Garoua[343].

Dans le domaine de la protection de la santé et de la prise en charge des personnes, on retrouve des départements ministériels tels que le ministère de l'Administration territoriale (MINAT) qui est en charge de la protection civile et qui, par conséquent, intervient dans l'élaboration, la mise en œuvre et le suivi de la réglementation et des normes en matière de prévention et de gestion des risques et des calamités naturelles ; et la coordination des actions nationales et internationales en cas de catastrophe naturelle[344]. Bien que la première mission semble être légitimement confiée au MINAT, l'on peut tout de même s'étonner du fait que la coordination des actions en cas de catastrophe naturelle lui revienne. Il en est notamment ainsi des catastrophes naturelles qui ont un impact sur la santé des populations. Certes, l'action du MINAT reste décisive, mais la coordination de toute réponse à une situation menaçant la santé des populations devrait revenir au MINSANTE. Qu'à cela ne tienne, le MINAT est accompagné dans la prévention des atteintes à la santé par le ministère des Transports et le ministère de la Défense (MINDEF) qui sont conjointement chargés d'étudier et de participer à

---

340 *Ibid.* article 8(12).
341 *Ibid.* article 8(33).
342 *Ibid.* article 8(30).
343 *Ibid.* article 8(18). Voir également ministère de la Santé publique, *Plan stratégique national de lutte contre le paludisme au Cameroun 2007-2010*, *op. cit.* p. 14.
344 *Ibid.* article 8(5b).

l'élaboration et à la mise en œuvre des mesures législatives ou réglementaires relatives à la sécurité et à la prévention routière, notamment la prévention des accidents de la voie publique[345]. La Délégation générale à la sûreté nationale (DGSN) joue également un rôle important dans la prévention des accidents de la voie publique.

Ces deux dernières administrations, à savoir le MINDEF et la DGSN, ont en outre créé des formations sanitaires qu'elles gèrent, notamment dans les villes de Yaoundé et Douala où on retrouve l'hôpital de la garnison militaire et l'hôpital de la police de Yaoundé. Ces hôpitaux offrent des services de santé aussi bien aux personnels militaires et policiers qu'au grand public. Ils sont en plus chargés de la prise en charge de grandes endémies (VIH/Sida, IST, etc.) et des maladies émergentes et ré-émergentes[346]. Le ministère des Affaires sociales assure également la tutelle d'un établissement de soins, à savoir : le Centre national de réhabilitation des personnes handicapées Cardinal Paul Emile Léger. Par ailleurs, ce département ministériel est responsable de l'élaboration et de la mise en œuvre de la politique du Gouvernement en matière de prévention, d'assistance et de protection des personnes socialement vulnérables[347]. Intervient également dans le secteur de la prise en charge spécifique le ministère du Travail et de la Prévoyance sociale qui est chargé de l'élaboration et de la mise en œuvre de la politique de prévoyance et de sécurité sociales[348]. Il exerce la tutelle sur la Caisse nationale de prévoyance sociale qui dispose d'une formation sanitaire, le Centre hospitalier d'Essos.

Dans le cadre du processus de décentralisation prévue par la Constitution de 1996, les collectivités territoriales décentralisées bénéficient de compétences dans la gestion et le fonctionnement des services de santé[349]. Ainsi, la loi portant orientation de la décentralisation dispose que les conseils des collectivités territoriales (régions et communes) ont pour mission le développement sanitaire et sportif de ces collectivités[350]. Dans ce sens, les régions ont pour compétences la création, conformément à la carte sanitaire, l'équipement, la gestion et l'entretien des formations sanitaires de la région ; l'appui aux formations sanitaires et établissements sociaux ; la mise en

---

[345] *Ibid.* article 8(35).

[346] Décret n° 2012/543 portant organisation et fonctionnement de l'hôpital de la police de Yaoundé, article 3.

[347] Décret n° 2011/408 du 9 décembre 2011 portant organisation du Gouvernement, article 8(6).

[348] *Ibid.* article 8(36).

[349] Jean-François MEDARD, « Décentralisation du système de santé publique et ressources humaines au Cameroun » *in Bulletin de l'APAD,* n° 21, 2001, disponible sur www.apad.revues.org [consulté le 13 juin 2018], p. 10.

[350] Loi n° 2004/017 du 22 juillet 2004 portant orientation de la décentralisation, articles 4 et 15.

œuvre des mesures de prévention et d'hygiène ; la participation à l'élaboration de la tranche régionale de la carte sanitaire ; et la participation à l'organisation et à la gestion de l'approvisionnement en médicaments, réactifs et dispositifs essentiels en conformité avec la politique nationale de santé[351]. S'agissant des communes, elles ont pour mission générale le développement local et l'amélioration du cadre et des conditions de vie de leurs habitants[352].

Au surplus, elles ont des compétences en matière d'alimentation des populations en eau potable ; de nettoyage des rues, chemins et espaces publics communaux ; de suivi et de contrôle de la gestion des déchets industriels ; de lutte contre l'insalubrité, les pollutions et les nuisances[353]. Les communes ont en outre des compétences en matière de création, d'équipement, de gestion et d'entretien des centres de santé à intérêt communal, conformément à la carte sanitaire ; d'assistance aux formations sanitaires et établissements sociaux ; de contrôle sanitaire dans les établissements de fabrication, de conditionnement, de stockage, ou de distribution des produits alimentaires, ainsi que des installations de traitement des déchets solides et liquides produits par des particuliers ou des entreprises[354]. Ces actions gouvernementales et locales restent insuffisantes dans l'optique de la mise en œuvre effective et efficace du droit à la santé et requièrent immanquablement l'action complémentaire des acteurs privés et groupements associatifs.

B. L'action complémentaire des acteurs privés et des groupements associatifs

Au cours des années 2017 et 2018, deux évènements médiatiques ont marqué la vie sociale au Cameroun, notamment dans le domaine de la santé avec l'arrivée au Cameroun de deux structures médicalisées itinérantes, à savoir : l'avion-hôpital *Orbis* et le navire-hôpital *Africa Mercy.* Tandis que le premier était spécialisé dans le domaine de la santé oculaire, le second avait un champ d'action beaucoup plus étendu avec des interventions dans les domaines de la chirurgie plastique et reconstructive, ophtalmique, orthopédique, maxillo-faciale et en santé des femmes[355]. Ces deux exemples

---

[351] Loi n° 2004/019 du 22 juillet 2004 fixant les règles applicables aux régions, article 21.

[352] Loi n° 2004/018 du 22 juillet 2004 fixant les règles applicables aux communes, article 3.

[353] *Ibid.* article 16.

[354] *Ibid.* article 19. Voir aussi Roger Rostand OYONO, *Communes et régions du Cameroun. Décentralisation – Géographie – Économie*, éditions SOPECAM, 2015, pp. 112-113.

[355] Voir Otric NGON, « Cameroun – Santé oculaire : l'avion-hôpital *Orbis* a déjà opéré 113 malades », 26 octobre 2017, disponible sur www.cameroon-info.net [consulté le 14 juin 2018]. Voir également, Rita DIBA, « Cameroun – Mission humanitaire Mercy Ships : le

démontrent à suffisance l'action complémentaire des acteurs privés, notamment du secteur privé non lucratif encore connu sous le nom d'associations, d'organisations non gouvernementales ou de confessions religieuses. En effet, les deux initiatives ci-dessus présentées sont le fruit d'un partenariat entre ces ONG et le gouvernement camerounais, à travers le ministère de la Santé publique. Dans le cas du bateau-hôpital *Africa Mercy*, il a débuté sa mission au mois d'août 2017 pour une durée de dix mois avec pour objectif d'apporter des soins gratuits à de nombreux Camerounais atteints de maladies rares et difficiles à traiter au regard du plateau technique des formations sanitaires du Cameroun. Dans le cadre de cette opération, près de 2 500 patients originaires de différentes régions du Cameroun ont pu bénéficier des interventions chirurgicales des équipes de médecins présents à bord de ce navire-hôpital[356].

C'est la même mission que poursuivait l'avion-hôpital *Orbis* dont la durée du séjour en territoire camerounais a été plus courte, du 5 octobre au 7 novembre 2017, et qui apportait ainsi des actes de soins gratuits pour la troisième fois au Cameroun. Dans ce cas, ce sont 235 patients qui ont pu bénéficier de soins en santé oculaire[357]. La coopération entre le Gouvernement camerounais et ces deux ONG n'a pas seulement porté sur l'accès aux soins des patients, mais aussi et surtout sur le renforcement des capacités des médecins camerounais et la fourniture en équipements de quelques formations sanitaires publiques[358]. C'est ainsi que 78 médecins camerounais ont pu perfectionner leurs connaissances à bord de l'avion-hôpital *Orbis* tandis que des dizaines d'autres ont pu renforcer leurs capacités dans divers domaines de la chirurgie[359]. Comme l'a expliqué Corne BLOM, le directeur du navire-hôpital, *« nous avons aussi une mission de long terme, car nous investissons beaucoup dans l'éducation, la formation et le contrôle du personnel médical local »*[360]. En plus, l'ONG finance également la construction et la rénovation d'établissements médicaux. Le Gouvernement camerounais pour sa part, dans le cadre de ce partenariat, a

---

Gouvernement dit « Merci » ! », *Cameroon Tribune*, 20 avril 2018, disponible sur www.camer.be [consulté le 14 juin 2018].

[356] Rita DIBA, *op. cit.* Voir aussi France24, « Africa Mercy : le « navire de l'espoir » en mission au Cameroun », 15 décembre 2017, disponible sur www.france24.com [consulté le 14 juin 2018].

[357] Otric NGON, *op. cit.* Voir aussi Josiane Rose NDANGUE, « Cameroun – Santé oculaire : 78 médecins camerounais vont se perfectionner à bord de l'hôpital Flying Eye Hospital, attendu ce jour à l'aéroport de Yaoundé-Nsimalen », 5 octobre 2017, disponible sur www.cameroon-info.net [consulté le 14 juin 2018].

[358] Rita DIBA, *op. cit.* Voir également Josiane Rose NDANGUE, *op. cit.*

[359] *Ibid.*

[360] France24, *op. cit.*

financé le carburant du navire, le transport des patients de leurs lieux de résidence jusqu'au bateau-hôpital et la communication autour du projet[361].

Ces deux exemples illustrent la nécessité d'un réel partenariat public-privé dans la garantie du droit à la santé des populations au Cameroun. L'action gouvernementale seule ne peut suffire à protéger la santé des populations, elle mérite à ce titre d'être complétée par des initiatives privées. Au Cameroun, les acteurs privés sont généralement scindés en deux avec d'une part, le secteur privé lucratif et, d'autre part, le secteur privé non lucratif. Le secteur à but non lucratif est dominé par les confessions religieuses et les ONG, les réseaux d'ONG, les fondations et associations qui constituent le second réseau de formations sanitaires après le secteur public avec 45 % de consultations et dispensent des soins généralement réputés de bonne qualité[362]. On retrouve dans ce secteur, de prestigieuses institutions telles que la Fondation *Ad Lucem* qui, dans de nombreuses zones rurales, a été pendant longtemps la seule à disposer d'une formation sanitaire pouvant offrir au moins des soins de santé primaires aux populations. Cette fondation dispose d'un important réseau de formations sanitaires réparties aussi bien en milieu urbain qu'en milieu rural offrant aussi bien des soins de santé primaires que des soins de second recours[363].

D'autres fondations relativement plus jeunes opèrent également dans le secteur de la santé, mais avec une spécialisation dans des domaines bien précis. C'est le cas notamment de la Fondation camerounaise du cœur qui mène de nombreuses actions dans la prévention, la sensibilisation et la réduction des facteurs de risques cardiovasculaires évitables[364]. On peut également citer dans ce registre la Fondation Chantal BIYA qui intervient dans le secteur humanitaire en offrant des soins aux plus démunis. Ses missions sont notamment la prévention et le soulagement des souffrances humaines ; la protection, l'éducation et les actions sociales et sanitaires en faveur de la mère et de l'enfant ; l'assistance aux malades démunis et aux personnes âgées ; et l'assistance en matériels et en médicaments aux hôpitaux et centres de santé nécessiteux[365]. Mis à part ces quelques exemples, on note également de nombreux réseaux d'associations ou d'ONG qui interviennent dans le secteur du planning familial, de l'accès aux soins de santé primaires, de la prise en charge de la femme enceinte et de l'enfant.

---

[361] *Ibid.*

[362] Ministère de la Santé publique, *Plan stratégique national de lutte contre le paludisme au Cameroun 2007-2010*, *op. cit.* pp. 35-36.

[363] Informations disponibles sur www.fondationadlucem-cm.org [consulté le 14 juin 2018].

[364] Jean Vincent TCHIENEHOM, « Présentation de la Fondation camerounaise du cœur et de ses membres », disponible sur www.camerhf.skyrock.com [consulté le 14 juin 2018].

[365] « La Fondation Chantal BIYA (FCB) », disponible sur www.prc.cm [consulté le 14 juin 2018].

On note également la présence d'autres formations sanitaires confessionnelles tels que l'Organisation catholique pour la santé au Cameroun, le Conseil évangélique et protestant du Cameroun et les associations islamiques qui disposent aussi de réseaux de formations sanitaires très étendus[366].

À côté de ce secteur privé non lucratif cohabite le secteur privé lucratif composé essentiellement de professionnels généralement installés individuellement, et dans très peu de cas en groupe, et fournissant des soins dans des cliniques, polycliniques et cabinets médicaux de soins[367]. Il est difficile d'estimer le nombre de cliniques privées et autres formations sanitaires privées existantes au Cameroun. Cependant, il y a lieu de noter qu'en 2014, elles représentaient 27,9 % des 4 034 formations sanitaires répertoriées[368]. Quel qu'en soit le cas, le secteur privé lucratif intervient également considérablement dans le secteur de la production, de l'importation ou de la distribution des médicaments. Il représente à ce titre un peu plus de 70 % du marché du médicament avec huit établissements de fabrication locale, 23 grossistes répartiteurs dont 12 fonctionnels 388 officines ouvertes[369]. Bien que l'apport du secteur privé lucratif soit considérable en termes d'accès aux soins et aux médicaments, il n'en demeure pas moins vrai qu'il fonctionne à partir d'objectifs financiers qui priment sur l'intérêt du malade[370]. Par conséquent, on note une surconcentration des établissements de soins et des pharmacies dans les grandes villes et une désertification équivalente dans les zones rurales où l'activité économique est beaucoup moins attrayante. À titre d'exemple, sur les 331 officines de pharmacie qui existaient en 2010, 181 étaient équitablement réparties entre Yaoundé et Douala[371], les 212 restantes étant réparties sur l'ensemble du territoire national.

Pour résorber ce problème, il est indispensable pour l'État de mettre en place des mesures incitatives sous forme de réduction de taxes ou d'autres avantages afin d'attirer les professionnels de santé qui officient en clientèle

---

366 Ministère de la Santé publique, *Plan stratégique national de lutte contre le paludisme au Cameroun 2007-2010*, *op. cit.* p. 23.

367 *Ibid.* p. 36.

368 Ministère de la Santé publique du Cameroun, *Stratégie sectorielle de santé 2016-2027*, *op. cit.* p. 71.

369 Ministère de la Santé publique, *Politique pharmaceutique nationale du Cameroun*, disponible sur www.apps.who.int [consulté le 14 juin 2018], p. 17. Voir également ministère de la Santé publique/Direction de la pharmacie et du médicament, *Rapport d'étude d'évaluation du secteur pharmaceutique national du Cameroun*, disponible sur www.who.int [consulté le 14 juin 2018], pp. 12-13.

370 Jean François MEDARD, *op. cit.* p. 9.

371 Ministère de la Santé publique, *Plan national de développement sanitaire (PNDS) 2011-2015*, *op. cit.* p. 9.

privée ou en officine à s'installer dans des zones rurales afin de lutter contre les déserts médicaux. De façon globale, le secteur privé dans son ensemble contribue de façon significative à l'offre de soins et de médicaments au Cameroun. On dénombre ainsi 93 hôpitaux privés, 193 centres de santé privés à but non lucratif, 798 formations sanitaires privées à but lucratif dont 384 cliniques/polycliniques et 414 cabinets de soins[372]. Ces formations sanitaires et officines privées coexistent avec le secteur informel ou illégal de fourniture de soins ou de vente de médicaments. En effet, on note une prolifération anarchique des formations privées sanitaires dans les districts urbains de certaines régions, notamment le Centre, l'Ouest et le Littoral. Plusieurs de ces formations sanitaires ne disposent pas d'agrément du MINSANTE et échappent ainsi à son contrôle[373]. Hormis ces griefs, il est important de relever que le secteur privé intervient par ailleurs dans la formation. On dénombre ainsi près de 39 écoles de formation privées[374], dont la plus connue est sans aucun doute l'Université des Montagnes qui forment des professionnels de santé dans quasiment tous les secteurs de la médecine.

Au secteur privé, on peut également adjoindre le sous-secteur de la médecine traditionnelle qui bien que ne bénéficiant pas d'une organisation juridique, est tout au moins toléré par les autorités sanitaires publiques. Ce sous-secteur s'est pour le moment constitué en associations et on y retrouve de nombreux tradipraticiens qui posent des actes de soins sur les personnes malades et leur donnent à boire des médicaments de fabrication artisanale. Pour plus de sécurité des patients, l'État devrait encadrer ce secteur afin de clarifier les statuts des personnes qui y exercent et des médicaments ou produits de santé qui y sont utilisés. Tous ces acteurs nationaux participent avec l'État à la mise en œuvre du droit à la santé au Cameroun. Toutefois, malgré les synergies de leurs actions, celles-ci restent insuffisantes. Pour pallier les insuffisances observées, le concours des acteurs internationaux ou des partenaires bilatéraux et multilatéraux de l'État s'avère décisif dans l'optique de la mise en œuvre effective et efficace du droit à la santé au profit des populations.

---

[372] *Ibid.*

[373] Ministère de la Santé publique du Cameroun, *Stratégie sectorielle de santé 2016-2027*, *op. cit.* p. 72.

[374] Ministère de la Santé publique, *Plan national de développement sanitaire (PNDS) 2011-2015*, *op. cit.* p. 9.

Section 2 : Les acteurs internationaux agissant en matière de protection de la santé

De nombreux acteurs internationaux interviennent au côté de l'État du Cameroun en vue de réaliser le droit à la santé au Cameroun. Cette assistance internationale peut revêtir plusieurs aspects et se décliner sous forme d'assistance technique, juridique ou financière. Elle peut également provenir de différents acteurs dans le cadre d'accords multilatéraux ou bilatéraux. Au regard des ressources humaines, financières, matérielles… limitées du système de santé camerounais, l'assistance internationale est un complément non négligeable dans l'optique de la recherche de l'efficacité dans les réponses à apporter aux problèmes sanitaires des populations au Cameroun. Dans cette optique, alors que des mécanismes tels que l'OMS ou l'UA assument, sans s'y limiter, un rôle de coordination, notamment dans les domaines techniques et juridiques (Paragraphe 1), d'autres acteurs internationaux contribuent au financement de la santé ou apportent un appui sectoriel dans la prise en charge des pandémies au Cameroun (Paragraphe 2).

Paragraphe 1 : L'assistance juridique et technique internationale dans la mise en œuvre du droit à la santé

La production normative, notamment en termes d'érection des standards à atteindre dans la protection de la santé est un impératif lorsque l'on conçoit la santé dans sa dimension de sécurité collective. On quitte alors le champ de la santé comme droit individuel pour envisager des risques ou des menaces plus globales à la santé des communautés. Entendu ainsi, il est impératif d'organiser tant au plan juridique qu'au plan technique la prévention, la réponse et la prise en charge des menaces sanitaires. Dans ce secteur, l'OMS assume un rôle d'organisateur et de coordinateur (A) de l'assistance juridique et technique des organisations internationales (B).

A. Le rôle de coordinateur de l'OMS

L'OMS est une institution spécialisée du système des Nations unies dont le but est *« d'amener tous les peuples au niveau de santé le plus élevé possible »*[375]. Ses fonctions sont entre autres d'agir en tant qu'autorité directrice et coordonnatrice, dans le domaine de la santé, des travaux ayant un caractère international ; d'aider les gouvernements, sur leur demande, à renforcer leurs services de santé ; de fournir l'assistance technique appropriée et, dans les cas d'urgence, l'aide nécessaire, à la requête des gouvernements ou sur leur acceptation ; de stimuler et faire progresser l'action tendant à la suppression des maladies épidémiques, endémiques et

[375] Constitution de l'OMS, article 1er.

autres ; de proposer des conventions, accords et règlements, faire des recommandations concernant les questions internationales de santé ; et de développer, établir et encourager l'adoption des normes internationales en ce qui concerne les aliments, les produits biologiques, pharmaceutiques et similaires[376]. Il découle de ces missions de l'OMS qu'elle *« exerce de nombreux* ''services d'intérêt mondial'' *et accorde une assistance technique importante aux pays qui la sollicitent »*[377]. Le Cameroun fait partie des pays qui sollicitent l'appui de l'OMS pour structurer et solidifier son système de santé. C'est d'ailleurs dans ce cadre que l'OMS a ouvert un bureau pays à Yaoundé au Cameroun.

De façon globale, l'action de l'OMS consiste en la définition des politiques, programmes et standards à atteindre par les pays en matière d'accès aux soins de santé pour tous. C'est dans ce cadre par exemple que l'Organisation a défini les soins de santé primaires comme objectif minimal à atteindre pour toutes les nations dans la Déclaration d'Alma-Ata. Elle a par ailleurs défini de nombreux programmes d'action visant à éradiquer des maladies telles que la variole, ou à mettre en place des protocoles spéciaux de prise en charge pour des maladies endémiques telles que le paludisme, la tuberculose, la poliomyélite, le diabète ou le VIH/Sida et les infections sexuellement transmissibles[378]. L'action de l'OMS vise également à définir des standards ou normes internationales dans divers domaines tels que la médecine traditionnelle qui est d'un intérêt certain pour le Cameroun. Elle assure par ailleurs la surveillance épidémiologique avec le concours des États membres dans le cadre du Règlement sanitaire international, dont le dernier date du 23 mai 2005. D'après l'article 2 de ce RSI, son objet et sa portée consistent à « prévenir la propagation internationale des maladies, à s'en protéger, à la maîtriser et à y réagir par une action de santé publique proportionnée et limitée aux risques qu'elle présente pour la santé publique, en évitant de créer des entraves inutiles au trafic et au commerce internationaux ».

Toujours en tant que coordonnateur de l'assistance juridique aux États, l'OMS a adopté la Convention-cadre pour la lutte antitabac qui réaffirme le droit de tous les peuples au niveau de santé le plus élevé possible. Cette convention contient un ensemble de mesures financières, fiscales et autres nécessaires pour réduire la demande de tabac et par le fait même, freiner l'expansion des maladies non transmissibles liées au tabac. L'OMS a également adopté deux codes, l'un en 1981 sur la commercialisation des substituts du lait maternel dont le but était d'amener les États à prendre une

---

376 *Ibid.* article 2.

377 Didier TRUCHET, *op. cit.* p. 30.

378 *Ibid.*

série de mesures sanitaires, nutritionnelles et sociales pour promouvoir la croissance et le développement sains du nourrisson et du jeune enfant[379] ; et l'autre en 2010 sur les pratiques pour le recrutement international des personnels de santé dont l'un des objectifs est de définir et de promouvoir des principes et des pratiques non contraignants pour le recrutement international éthique des personnels de santé en tenant compte des droits, des obligations et des attentes des pays d'origine, des pays de destination et des personnels de santé migrants. Ce code non contraignant peut être un outil efficace de lutte contre la fuite des personnels de santé sous-payés dans leur pays d'origine et dont le départ accélère la désertification médicale de certaines zones des pays en développement comme le Cameroun.

Le dernier standard à atteindre pour tous les pays afin d'atteindre le niveau le plus élevé possible pour leurs populations est la couverture sanitaire universelle. C'est à ce propos que l'actuel Directeur général de l'OMS, Tedros ADHANOM GHEBREYESUS, en faisant de la couverture santé universelle une priorité, a déclaré que : *« Je veux un monde où chacun peut mener une vie saine et productive, quel que soit son identité ou son lieu de vie »*[380]. Lors du sommet mondial de la santé à Berlin en 2017, la Directrice régionale de l'OMS pour l'Afrique a donné de l'écho aux propos du Directeur général de l'OMS en réaffirmant que : *« the pursuit of UHC [universal health coverage] is one of the key health targets in the SDGs [sustainable development goals] and has featured highly on health policy agendas »*[381]. Une fois ce standard fixé en matière de mise en œuvre efficace du droit à la santé par l'OMS, le Chef de l'État du Cameroun a instruit le Gouvernement de prendre les mesures nécessaires en vue de la mise en place de la couverture sanitaire universelle[382].

Tout ce qui précède montre le rôle de l'OMS en termes d'impulsion des réformes juridiques dans le domaine de la santé. Il démontre également la capacité du Cameroun à coopérer avec l'OMS dans l'atteinte du niveau de santé le plus élevé possible des populations vivant au Cameroun. Afin d'optimiser cette coopération, un cadre stratégique de coopération est régulièrement adopté d'accord parties entre le Cameroun et l'OMS. Le dernier en date est la stratégie de coopération entre le Cameroun et l'OMS

---

[379] Code international de commercialisation des substituts du lait maternel, préambule, para. 14.
[380] OMS-Cameroun, *Rapport annuel 2017,* disponible sur www.afro.who.int [consulté le 25 juin 2018], p. 5.
[381] *Ibid.*
[382] *Ibid.*

pour la période 2017-2020[383]. Avant cette date, le cadre stratégique de coopération entre l'OMS et le Cameroun était défini dans la *Stratégie de coopération de l'OMS avec les pays 2010-2015 – Cameroun.* Il s'agit en effet d'un *« outil de planification à moyen terme de l'OMS au niveau des pays, [qui] (...) vise plus de pertinence et de focalisation dans l'établissement des priorités, plus d'efficacité dans la réalisation des objectifs et une plus grande efficience dans l'utilisation des ressources affectées à l'action de l'OMS dans les pays »*[384]. De façon spécifique, ce document, aligné à la Stratégie sectorielle de santé et au document de stratégie pour la croissance et l'emploi, « est le cadre stratégique à moyen terme, pour la coopération de l'OMS avec la République du Cameroun »[385].

Dans la période 2010-2015, l'action de l'OMS au Cameroun a porté essentiellement sur cinq axes stratégiques que sont : la lutte contre la maladie ; l'amélioration de la santé de la mère et du nouveau-né, de l'adolescent et la survie de l'enfant ; la préparation et la réponse aux situations d'urgence et de catastrophes ; la promotion de la santé ; et le renforcement du système de santé[386]. Dans le cadre de la stratégie de coopération pour la période 2017-2020, l'OMS a axé son intervention sur la lutte contre les maladies transmissibles, l'amélioration de l'accès aux interventions visant à prévenir et à prendre en charge les maladies non transmissibles et leurs facteurs de risques, la promotion de la santé à toutes les étapes de la vie, le renforcement du système de santé, et l'intensification des capacités d'alerte et de réponses aux urgences, notamment les catastrophes naturelles et celles provoquées par l'homme[387].

Au plan opérationnel, de nombreuses actions ont été menées, notamment au cours de l'année. Ainsi, le Bureau pays OMS du Cameroun a orienté son assistance technique et financière dans la mise en œuvre des interventions prioritaires du secteur de la santé. Au rang des avancées, on peut citer l'adoption de la *Stratégie sectorielle de santé 2016-2027* et du *Plan de développement sanitaire 2016-2020.* Par ailleurs, la réponse à la pandémie du VIH a consisté à soutenir les interventions visant l'élimination de la transmission du VIH de la mère à l'enfant, l'élargissement de l'accès aux services de conseils et de dépistage du VIH, l'optimisation de l'accès aux

---

[383] OMS, « Le Cameroun et l'Organisation mondiale de la santé ont validé le vendredi 2 juin 2017 la stratégie de coopération 2017-2020 », disponible sur www.afro.who.int [consulté le 25 juin 2018].
[384] OMS-Bureau régional de l'Afrique et ministère de la Santé publique du Cameroun, *Stratégie de coopération de l'OMS avec les pays 2010-2015 – Cameroun »*, disponible sur www.afro.who.int [consulté le 25 juin 2018], p. ix.
[385] *Ibid.* p. xi.
[386] *Ibid.* p. 2.
[387] OMS-Cameroun, *Rapport annuel 2017, op.cit.* p. 8.

soins et traitements ARV pour les adultes et les enfants infectés dans le cadre du « Traitement pour Tous », le renforcement de la coordination des acteurs ainsi que le développement des capacités des responsables nationaux à mettre en œuvre les interventions prioritaires retenues[388]. Des actions significatives ont également été prises contre la tuberculose, le paludisme, les maladies tropicales négligées et les maladies non transmissibles. On peut aussi évoquer les actions en faveur de l'amélioration de la santé de la mère et de l'enfant, notamment à travers le renforcement du système de santé et le plaidoyer pour plus d'actions dans la lutte contre la mortalité maternelle et néonatale. L'OMS a soutenu le Cameroun dans la réponse aux catastrophes et aux épidémies, notamment en intensifiant la riposte à la poliomyélite dont des cas avaient été découverts au Nigeria dans les localités frontalières du Cameroun. Elle a par ailleurs contribué au renforcement de la vaccination de routine[389].

Au surplus, l'OMS a mené de nombreuses autres actions, à l'instar des travaux de rénovation de l'hôpital régional de Garoua et de construction d'une unité de néonatologie à l'hôpital de district de Bafia, de même que la remise de matériel roulant, médical et de laboratoire dans d'autres structures de santé[390]. En ce qui concerne la surveillance épidémiologique, l'OMS a contribué à la mise en place du projet de renforcement de la surveillance épidémiologique en Afrique centrale dont l'objectif est de former en longue durée 60 épidémiologistes et spécialistes en gestion de laboratoire et 300 professionnels de santé en formation courte dans les trois pays que sont le Cameroun, la République centrafricaine et la République démocratique du Congo[391]. Les actions de l'OMS touchent de nombreux secteurs dans lesquelles on retrouve également d'autres acteurs internationaux.

B. L'assistance technique et juridique des organisations intergouvernementales

De nombreuses autres organisations intergouvernementales, notamment africaines, apportent leur concours à la protection du droit à la santé au Cameroun sous diverses formes. Il peut s'agir de la définition de normes juridiques de protection du droit à la santé et de standards à atteindre en la matière, ou d'une assistance technique au pays qui en font la demande. L'Union africaine joue un rôle important en la matière à travers l'élaboration de normes générales de protection du droit à la santé aussi bien au profit des

388 OMS-Cameroun, *Rapport annuel sur le Cameroun 2016,* disponible sur www.afro.who.int [consulté le 25 juin 2018], p. 10.
389 *Ibid.*
390 *Ibid.* p. 5.
391 OMS, « Projet de renforcement de la surveillance épidémiologique en Afrique centrale », disponible sur www.afro.who.int [consulté le 25 juin 2018].

femmes que des enfants ou d'autres types de personnes vulnérables. On peut alors ici faire référence à des textes tels que le Protocole à la Charte africaine des droits de l'homme et des peuples relatif aux droits des femmes, la Charte africaine des droits et du bien-être de l'enfant et la Convention de l'Union africaine sur la protection et l'assistance aux personnes déplacées en Afrique[392]. Mieux encore, l'UA s'est donnée comme objectif majeur d'*« œuvrer de concert avec les partenaires internationaux pertinents en vue de l'éradication des maladies évitables et [promouvoir] la santé sur le continent africain »*[393]. C'est dans ce sens qu'au rang des attributions de son Conseil exécutif figure la santé comme domaine prioritaire et qu'au surplus, un Comité technique spécialisé chargé de la santé, du travail et des affaires sociales a été créé[394].

Au-delà de tout ce qui précède, les questions de santé sont un point essentiel de l'Agenda 2063 de la Commission de l'Union africaine. Dans ce document qui donne la vision et les objectifs à atteindre par l'UA et les pays africains en 2063, la première aspiration est qu'à cette date, les populations africaines aient atteint un niveau et une qualité de vie élevés, une bonne santé et un bien-être acceptable. Il y est également question de l'autonomisation des jeunes à travers la fourniture des services de base tels que la santé, la nutrition, l'éducation, le logement, l'eau et l'assainissement. Pareillement, la protection des femmes et des jeunes filles suppose la lutte contre toutes les formes de violences et de discrimination basées sur le genre et l'élimination de toutes les pratiques sociales néfastes et des obstacles à la santé et à une éducation de qualité pour les femmes et les jeunes filles[395]. C'est pour donner effet à cette vision que l'Union africaine avait déjà prescrit aux Chefs d'État et de gouvernement, lors de la conférence d'Abuja en avril 2001, de consacrer au moins 15 % de leurs budgets aux services de santé[396]. Plus récemment, tirant les leçons des différents conflits armés qui déchirent le continent africain, la Commission de l'UA en partenariat avec le Comité international de la Croix-Rouge (CICR) a organisé un séminaire sur la protection des services de santé dans les situations de conflit armé et autres situations d'urgence[397].

---

392 Tous ces textes ont été ratifiés par l'État du Cameroun.

393 Acte constitutif de l'Union africaine, article 3(n).

394 *Ibid.* articles 13(h) et 14(f).

395 Commission de l'Union africaine, *Agenda 2063. L'Afrique que nous voulons*, avril 2015, disponible sur www.au.int [consulté le 26 juin 2018], para. 10, 11 et 51.

396 Ministère de la Santé publique du Cameroun, *Stratégie sectorielle de santé 2016-2027*, *op. cit.* p. 62.

397 CICR, « Union africaine : un séminaire sur la protection des services de santé », 23 octobre 2014, disponible sur www.icrc.org [consulté le 26 juin 2018].

Les conclusions de ce séminaire valent bien pour l'État du Cameroun dont les forces de défense et de sécurité font face à la secte islamiste Boko Haram dans l'Extrême-Nord du pays, et à des groupes armés séparatistes dans les régions du Nord-Ouest et du Sud-Ouest. Rajoutons que ce pays doit également gérer les crises humanitaires résultant, par exemple, de l'afflux des réfugiés en provenance de la République centrafricaine et du Nigeria. Ce séminaire a bel et bien montré que *« l'Union africaine a reconnu l'accès aux soins de santé comme un droit humain fondamental et est résolue à jouer un rôle moteur à cet égard, comme l'exprime son engagement au titre de l'Agenda 2063 et de la Position africaine commune sur le programme de développement pour l'après-2015 »*[398]. Il visait également, compte tenu des obstacles à surmonter, à faire en sorte que l'accès aux soins de santé et la fourniture des soins soient sans risque sur le continent africain, en particulier dans les pays touchés par Ebola[399]. Avec la résurgence de la maladie à virus Ebola (MVE) en République démocratique du Congo, déclarée par les autorités sanitaires de ce pays le 8 mai 2018, il s'avère particulièrement important pour le Cameroun que les mécanismes régionaux d'alerte et de protection de la santé collective soient mis en mouvement.

Au rang de ces mécanismes, on peut compter le Centre africain de prévention et de lutte contre les maladies, opérationnel depuis janvier 2017, et dont les objectifs sont entre autres de mettre en place des systèmes d'alerte précoce afin de faire face, plus efficacement, et en temps opportun, aux menaces à la santé, notamment les maladies infectieuses, les maladies chroniques et les catastrophes naturelles ; de renforcer la sécurité sanitaire en Afrique, en apportant son soutien aux États membres afin de se conformer au RSI ; d'identifier les dangers et évaluer les risques et autres menaces à la santé pour les États membres et de les soutenir dans leur réponse aux épidémies et autres urgences sanitaires ; et de promouvoir la santé et lutter contre les maladies, grâce au renforcement des systèmes de santé contre les maladies infectieuses, les maladies chroniques, et améliorer l'hygiène et l'environnement[400]. La gestion de l'épidémie de la MVE peut également interpeller, sur le plan sous régional, l'Organisation de coordination pour la lutte contre les endémies en Afrique centrale (OCEAC) qui a déjà mis sur pied un plan d'urgence sous régional de prévention et de riposte face à la potentielle propagation de l'épidémie de MVE. Les axes prioritaires de ce

[398] *Ibid.*
[399] *Ibid.*
[400] Feuillet d'information sur le Centre africain de prévention et de lutte contre les maladies, disponible sur www.africacdc.org [consulté le 26 juin 2018]. Voir également Mutoy MUBIALA, « Le rôle des organisations régionales africaines dans la lutte contre les pandémies », *in Bulletin d'information A Posteriori*, n° 6, mai 2018, disponible sur www.centrederechercheapriori.com [consulté le 26 juin 2018], p. 26.

plan d'urgence portent sur la coordination, la surveillance épidémiologique, la communication et la mobilisation sociale, la préparation à la prise en charge des cas/prévention et contrôle de l'infection, et la collaboration transfrontalière[401].

L'OCEAC n'intervient pas dans ses États membres (Cameroun, Congo, RCA, Tchad, Guinée Équatoriale et Gabon) que dans la prévention et la riposte aux épidémies. Sa mission fondamentale est la lutte contre les grandes endémies. Pour ce faire, elle a développé des programmes de lutte contre le VIH/Sida, le paludisme, l'épilepsie et la trypanosomiase humaine africaine. Dans le cadre de la lutte contre le VIH/Sida par exemple, l'OCEAC s'est donnée pour objectif de renforcer les réponses nationales par l'augmentation du taux d'utilisation du préservatif. Elle se donne également pour but d'améliorer les connaissances des populations sur le fléau pour une meilleure prise de conscience. Elle a à cet effet mis sur pied le réseau de surveillance et de suivi de la résistance du VIH aux antirétroviraux en Afrique centrale (RESNET), dont l'objectif est de permettre aux pays de disposer des données permettant d'assurer l'efficacité des traitements contre le SIDA. En outre, l'OCEAC a également mis en place un programme d'harmonisation des politiques pharmaceutiques nationales de ses États membres, étendu aux pays de la CEEAC non-membres de la CEMAC. Ce programme vise entre autres l'adoption des procédures d'homologation communes des médicaments, l'amélioration des procédures d'achat du médicament, la mise en place d'une politique commune sur le prix du médicament, et le développement des ressources humaines dans le domaine de la pharmacie et du médicament[402].

À côté de ces organismes qui apportent une assistance au Cameroun dans la lutte contre la maladie, on peut citer d'autres initiatives à l'exemple de l'Initiative contre les maladies diarrhéiques et entériques en Afrique et Asie (IDEA). Il s'agit ici d'un réseau indépendant et multinational d'experts scientifiques et médicaux sur les maladies entériques qui a été créé en 2011 et qui agit prioritairement en Afrique et en Asie. Cette Initiative focalise son action sur la surveillance, la lutte et la prévention, de même qu'elle aide à mettre en œuvre des mesures efficaces pour combattre le choléra et les autres maladies entériques[403]. On peut aussi évoquer ici le rôle important de l'Alliance mondiale pour les vaccins et l'immunisation (GAVI) qui est un partenariat public-privé en faveur de la santé mondiale, déterminé à protéger la santé des enfants en élargissant l'accès à la vaccination et en renforçant les

[401] OCEAC, Lettre d'information « Point de l'OCEAC sur l'épidémie de la maladie à virus Ebola », n° 17, 15 mai 2018, disponible sur www.oceac.org [consulté le 26 juin 2018].
[402] Informations disponibles sur www.oceac.org [consulté le 26 juin 2018].
[403] Informations disponibles sur www.cholera-network.org [consulté le 26 juin 2018].

systèmes de santé dans les pays à faible revenu[404]. La GAVI aide à introduire de nouveaux vaccins qui sauvent des vies, comme les vaccins antirotavirus et anti-pneumococciques dans de nombreux pays, à l'instar du Cameroun. Elle a largement contribué à la réussite du programme élargi de vaccination. Toutefois, en tant qu'organisme de financement de l'accès aux vaccins dans les pays à faible revenu, la GAVI pourrait stopper ses financements au profit du Cameroun en 2020, lorsque le PIB du Cameroun aura dépassé 1 580 USD par habitant[405]. Cette situation contraindra le Cameroun à l'autofinancement ou à se tourner vers de nouveaux partenaires internationaux afin de financer en partie le système de santé.

Paragraphe 2 : L'indispensable rôle des programmes spécialisés et des bailleurs de fonds internationaux

La *stratégie sectorielle de santé 2016-2027* présente le financement de la santé comme l'un de ses points faibles. Il ne fait aucun doute que le financement étatique du système de santé reste très faible et ne permet pas la réalisation efficace du droit à la santé des populations. Dans l'optique de la mise en œuvre de la couverture santé universelle, la part des ménages dans le financement de la santé s'amenuisera et réduira les ressources financières allouées à la santé si l'État ne procède pas à des compensations. Dans ce contexte, même si certaines maladies sont prises en charge dans le cadre des programmes mondiaux de lutte contre les endémies et les pandémies (A), il n'en demeure pas moins que les financements extérieurs, bilatéraux ou multilatéraux s'avèrent être d'un secours particulier (B).

A. Les programmes mondiaux de lutte contre les pandémies

De nombreux programmes mondiaux de lutte contre les pandémies ou les endémies existent et apportent un soutien précieux dans la lutte contre les maladies à fort taux de mortalité au Cameroun, telles que le VIH/Sida, le paludisme et la tuberculose. Dans le cadre de la lutte contre le VIH/Sida, le Programme commun des Nations unies sur le VIH/Sida (ONUSIDA) est installé au Cameroun depuis janvier 2000. Sa vision est de parvenir au Cameroun, comme partout ailleurs, à atteindre le seuil de zéro nouvelle infection à VIH, zéro discrimination et zéro décès lié au SIDA[406]. La présence de l'ONUSIDA au Cameroun peut être considérée comme *« un*

---

404 GAVI Alliance, *Protéger la santé des enfants par la vaccination dans les pays d'Afrique, des caraïbes et du Pacifique*, disponible sur www.gavialliance.org [consulté le 26 juin 2018], p. 3.

405 Ministère de la Santé publique du Cameroun, *Stratégie sectorielle de santé 2016-2027*, *op. cit.* p. 45.

406 ONU, « ONUSIDA : Programme commun des Nations unies sur le VIH/Sida », disponible sur www.cm.one.un.org [consulté le 26 juin 2018].

partenariat innovant des Nations Unies qui guide et mobilise les acteurs de la lutte contre le SIDA tant du système des Nations Unies, des bilatéraux que du gouvernement et de la société civile au Cameroun en vue d'un accès universel à la prévention, au traitement, aux soins et à l'appui en matière de VIH »[407]. L'ONUSIDA intervient dans toutes les dix régions que composent le pays et situe son action dans cinq domaines thématiques avec pour but d'améliorer la riposte mondiale au Sida. Il s'agit notamment de la mobilisation du leadership et du plaidoyer pour une action efficace contre l'épidémie ; de la fourniture d'informations et de politiques stratégiques destinées à guider les actions de la riposte au SIDA partout dans le monde ; du contrôle, du suivi et de l'évaluation de l'épidémie étant entendu que ONUSIDA est la principale référence pour les données épidémiologiques concernant le Sida et leur analyse ; de l'engagement de la société civile et de la constitution de partenariats ; et de la mobilisation des ressources financières, humaines et techniques à l'appui d'une riposte efficace[408].

Au Cameroun, ONUSIDA a, dans le cadre de son action, établi de nombreux partenariats afin de *« porter au plus haut niveau possible l'efficacité et l'impact de l'action des Nations Unies dans la lutte contre le VIH/SIDA »*[409]. Ce programme a ainsi noué des partenariats avec des organisations locales, à l'instar des Synergies africaines avec qui un Protocole d'Accord de coopération a été signé le 22 novembre 2011. Cet Accord porte sur le renforcement du plaidoyer national et international en matière de lutte contre le VIH/Sida ; le renforcement de la prévention du VIH à travers des activités d'information, d'éducation et de communication au bénéfice des populations du Cameroun ; et la mobilisation sociale et le renforcement des capacités des leaders communautaires[410]. Par ailleurs, ces actions, *« grâce au soutien de l'ONUSIDA, le Cameroun a mis en place un programme sur mesure pour la chaîne d'approvisionnement des produits pour le VIH/sida, tout en améliorant la situation au niveau des droits de l'homme »*[411]. La mise en œuvre du programme ONUSIDA au Cameroun a coûté pour la période 2012-2013 près de 16 millions de dollars américains (USD) et avait pour point d'orgue l'année 2015. 75 % de cette somme a été affecté à trois principaux secteurs, à savoir : l'élimination de nouvelles infections à VIH chez les enfants ; la réduction de la transmission sexuelle du VIH ; la gouvernance et la responsabilisation dans la lutte contre le VIH. Le reste de cette somme a été affecté à d'autres secteurs tels qu'entre autres

---

[407] *Ibid.*
[408] *Ibid.*
[409] Informations disponibles sur www.synergiesafricaines.org [consulté le 26 juin 2018].
[410] *Ibid.*
[411] ONUSIDA, *Conseil de coordination du Programme de l'ONUSIDA*, 34e réunion, Genève, 2014, disponible sur www.unaids.org [consulté le 26 juin 2018], p. 5.

la fourniture d'un traitement antirétroviral salvateur aux personnes vivant avec le VIH et l'élimination de la stigmatisation et de la discrimination à l'encontre de ces personnes[412].

De façon beaucoup plus concrète, le gouvernement et ses partenaires sont parvenus, avec le soutien des Nations unies, à développer et à mettre en œuvre le Plan mondial de lutte contre le VIH/Sida de manière effective. Sous la direction de l'UNICEF, le Secrétariat de l'ONUSIDA s'est joint à l'OMS et à l'ICAP pour apporter son soutien au Cameroun afin que le pays élabore de nouvelles directives et outils pratiques permettant d'assurer la surveillance intégrée des services de santé maternelle et infantile, comprenant des services de pédiatrie et de prévention de la transmission de la mère à l'enfant (PTME). Le renforcement des services de PTME s'est concentré sur 15 districts prioritaires, au sein desquels ont été formés 679 prestataires de services pour intégrer le dépistage et la prise en charge du VIH au sein des services de santé maternelle et infantile. Ces services ont bénéficié de 15 équipements de numérotation visant à améliorer les capacités de dépistage des laboratoires[413]. Plus encore, à travers l'OMS, l'ONUSIDA a apporté son soutien à la formation de 274 membres du personnel et supérieurs hiérarchiques hospitaliers dans 27 districts situés au nord du Cameroun, notamment sur les moyens de procéder au diagnostic précoce du VIH chez les nourrissons. L'OMS et l'UNICEF ont également fourni des tests de dépistage du VIH et autres produits associés aux centres de nutrition afin de les aider à faire des dépistages du VIH parmi les enfants souffrant de malnutrition[414].

En dehors de la lutte contre le Sida, l'ONU a également mis sur pied un Programme mondial de lutte antipaludique qui est chargé de coordonner les activités menées par l'OMS au niveau mondial pour lutter contre le paludisme et l'éliminer. Ses activités s'appuient sur la *Stratégie technique mondiale de lutte contre le paludisme 2016-2030* adoptée par l'Assemblée mondiale de la santé en mai 2015[415]. Cette Stratégie fournit un cadre technique complet à tous les pays d'endémie s'efforçant de lutter contre le paludisme et de parvenir à son élimination, avec des buts à atteindre avant 2030, à savoir : réduire le nombre des cas de paludisme d'au moins 90 %, réduire la mortalité due au paludisme d'au moins 90 %, éliminer le paludisme dans au moins 35 pays, et empêcher la réapparition de la maladie dans tous les pays qui en sont exempts. Dans le cadre de la lutte contre les

---

412 *Ibid.* p. 6.
413 *Ibid.* p. 7.
414 *Ibid.*
415 ONU, « Programme mondial de lutte antipaludique », disponible sur www.who.int [consulté le 26 juin 2018].

principales endémies que sont le paludisme, la tuberculose et le VIH/Sida, le MINSANTE et le Fonds mondial contre le VIH/Sida, le paludisme et la tuberculose ont signé en 2017 un nouvel accord de financement à hauteur de 252 millions de dollars pour la prise en charge des personnes atteintes de ces trois maladies ainsi que leur prévention. Ce financement qui couvre la période 2018-2020 permettra de lutter contre ces trois fléaux ; de relancer la campagne de distribution gratuite des moustiquaires imprégnées afin de prévenir le paludisme ; et d'assurer la gratuité et la disponibilité des vaccins contre la tuberculose et la disponibilité des antirétroviraux à des coûts accessibles aux malades démunis[416].

Ces différents programmes interviennent de façon multiforme au Cameroun en apportant un appui non seulement technique, mais aussi financier au gouvernement. Il faut dire que compte tenu des insuffisances dans l'expertise technique et de la faiblesse des ressources budgétaires allouées au financement de la santé, le Cameroun est fortement dépendant de ces partenaires techniques et financiers. L'apport de ces différents mécanismes permet au Cameroun d'accroître ses performances en termes de prévention et surtout de prise en charge de la maladie. Pour preuve, grâce au financement du Fonds mondial de lutte contre les trois endémies citées ci-dessus, le Cameroun a pu améliorer la prise en charge des personnes malades. Il est certes vrai que des insuffisances demeurent, mais on peut dire sans risque de se tromper que n'eut été le concours de ces programmes mondiaux, la situation de la prise en charge et de la prévention des endémies au Cameroun serait beaucoup plus précaire. Cependant, nul ne peut nier le fait que la promotion, la prévention et la prise en charge de la maladie au Cameroun dépendent aussi des autres acteurs impliqués dans le financement du système de santé.

B. La place primordiale du financement de la santé par les bailleurs de fonds

La question du financement des services de santé est une question primordiale et incontournable dans tous les pays et à toutes les époques. En effet, les coûts de santé sont extrêmement lourds et ne peuvent être supportés par l'État tout seul. Les faire supporter par les populations ne peut qu'exacerber les inégalités sociales de santé et ne contribuer davantage qu'à limiter l'accès de certaines d'entre elles aux services de santé de base. Dans ce contexte, le concours des acteurs internationaux, qu'ils soient multilatéraux, bilatéraux ou des acteurs privés, peut être d'un grand secours

416 Médiaterre, « Nouveau programme triennal de lutte contre le sida, le paludisme et la tuberculose au Cameroun », disponible sur www.mediaterre.org [consulté le 26 juin 2018].

à la soutenabilité des programmes mis en place pour protéger la santé des populations. Par exemple, pour le compte de l'année 2015, les financements extérieurs mobilisés par le MINSANTE en termes de prêts ou de dons étaient de l'ordre de 65 milliards de FCFA. Ces financements ont été prioritairement affectés aux trois secteurs que sont la lutte contre la maladie et la promotion de la santé ; la santé de la mère, de l'enfant et de l'adolescent ; et la viabilisation du district de santé[417]. Concernant la viabilisation du district de santé, le gouvernement a lancé depuis 2006 et 2011 une nouvelle approche visant à améliorer l'accessibilité aux services et soins de qualité dans les districts de santé, avec pour résultats l'efficience et l'équité du système. Cette approche dénommée « Financement basé sur les résultats (FBR) », a bénéficié dans sa phase pilote, d'un financement de la Banque mondiale de 20 milliards de FCFA sous forme de dons et de prêts, ce qui a permis d'étendre la phase pilote dudit projet à partir de 2017 aux régions septentrionales du pays. Un autre financement de la Banque mondiale permettra d'étendre d'ici à 2020, le FBR à l'échelle nationale[418].

La Banque mondiale finance également la santé maternelle et infantile. Par exemple, en 2016, elle a injecté sous forme de prêt et de don, un montant de 73 milliards de FCFA devant servir au financement du Projet de renforcement de la performance du système de santé, dont l'objectif était d'améliorer substantiellement la santé maternelle et infantile en faisant baisser le taux de mortalité durant l'accouchement et en augmentant le taux de vaccination des enfants à plus de 90 % dans les formations sanitaires[419]. La Banque mondiale finance aussi la lutte contre la maladie, notamment les maladies tropicales négligées. À ce titre, elle s'investit avec d'autres partenaires dans de nombreux États africains, y compris le Cameroun, à faire reculer, à travers des traitements préventifs, l'ensemble des sept grandes maladies tropicales négligées que sont entre autres l'éléphantiasis, la cécité des rivières, le trachome, les parasites intestinaux et la bilharziose[420]. Dans le cadre du programme PPTE (pays pauvres très endettés), la Banque mondiale a également soutenu la lutte contre le Sida, le paludisme et la tuberculose[421]. L'ensemble de ces diverses interventions montre que la Banque mondiale est

---

[417] Ministère de la Santé publique du Cameroun, *Stratégie sectorielle de santé 2016-2027*, *op. cit.* p. 63.

[418] *Ibid.* p. 66.

[419] Investir au Cameroun, « La Banque mondiale injecte 73 milliards de F CFA dans le système de santé camerounais », 27 septembre 2016, disponible sur www.investiraucameroun.com [consulté le 27 juin 2018].

[420] Banque mondiale, « Faire reculer les maladies tropicales négligées en Afrique », 17 novembre 2012, disponible sur www.banquemondiale.org [consulté le 27 juin 2018].

[421] ministère de la Santé publique, *Plan stratégique national de lutte contre le paludisme au Cameroun 2007-2010*, *op. cit.* p. 39.

un des principaux bailleurs de fonds internationaux qui soutient l'efficacité du système de santé camerounais.

D'autres acteurs y interviennent aussi. C'est le cas notamment au plan bilatéral de la République populaire de Chine dont les investissements dans le secteur médical constituent l'un des plus visibles. En effet, dans le cadre de la coopération sino-camerounaise, la Chine a construit ou contribué à la construction de nombreuses formations sanitaires dans diverses régions du Cameroun. On peut ici citer à titre d'illustration les hôpitaux de Guider et de Mbalmayo qui ont été construits, réhabilités et équipés grâce à l'assistance financière et technique de la Chine. On peut également citer les deux hôpitaux gynéco-obstétrique et pédiatrique de Yaoundé et Douala, de même que l'hôpital régional de Buea qui a été rénové grâce à cette coopération. Au-delà de construire ou d'aider à la construction, la Chine a participé à l'équipement de ces hôpitaux à travers des dons d'équipements et en médicaments. Elle a en outre participé à rendre accessibles les coûts dans certains de ces hôpitaux à travers notamment la diversification de l'offre de soins dans le cadre d'une médecine mixte qui mêle la médecine conventionnelle à la médecine traditionnelle chinoise[422].

Ces formations sanitaires de référence permettent d'évaluer l'ampleur des financements accordés par la Chine au Cameroun. À titre d'exemple, l'hôpital gynéco-obstétrique et pédiatrique de Douala-Yassa est un ensemble de 11 bâtiments, et une offre de 300 lits, soit 100 de plus que son éponyme de Yaoundé. Il dispose de services de pointe en imagerie médicale, gynécologie obstétrique, ORL, pédiatrie, stomatologie et médecine traditionnelle chinoise[423]. Il est à noter ici que bien que la médecine traditionnelle chinoise soit pratiquée dans ces formations sanitaires camerounaises, la médecine traditionnelle locale en est toujours exclue. Cette situation peut paraître assez paradoxale tant il est vrai que les malades camerounais recourent fortement à la médecine traditionnelle locale pour se soigner. Par ailleurs, la reconnaissance et la valorisation de la médecine traditionnelle locale permettraient d'élargir l'offre de soins accessibles aux malades camerounais.

La République fédérale d'Allemagne est elle aussi très engagée aux côtés du Cameroun dans la protection de la santé des populations à travers ses différents mécanismes de coopération. De nombreux projets ont ainsi été soutenus par l'un de ces mécanismes, notamment la GIZ, dans diverses parties du territoire camerounais. Tout récemment, soit en février 2018,

422 Hilaire De Prince POKAM, « La médecine chinoise au Cameroun » *in Perspectives chinoises*, n° 2011/3, 2011, disponible sur www.openedition.org [consulté le 27 juin 2018], p. 55.
423 *Ibid.*

l'Allemagne a débloqué au profit du Cameroun un nouveau financement de 15 millions d'euros dans la lutte contre la malnutrition. Cette somme est destinée au financement du projet « S'attaquer à la malnutrition chez les enfants de moins de cinq ans dans les régions de l'Extrême-Nord, du Nord, de l'Adamaoua et de l'Est »[424]. Ce projet a débuté en 2016 et doit se poursuivre jusqu'en 2020 et *« permettra d'étendre les activités à un total de 68 districts de santé, soit 31 de plus que durant la première phase, afin de couvrir la totalité des régions ciblées par le projet »*[425]. D'autres initiatives ont été soutenues soit au plan technique, soit au plan financier par la République fédérale d'Allemagne.

On peut ici évoquer le Projet d'appui à la santé de la reproduction dans ses différentes phases financé par la GIZ. Ce projet vise l'amélioration de la qualité et de l'accessibilité des populations aux services de planning familial et a ainsi permis l'approvisionnement d'environ 500 formations sanitaires en équipements de planning familial de même que la formation du personnel à cet effet[426]. La GIZ a en outre soutenu l'élaboration et la publication de la *Politique nationale de la technologie sanitaire* en partenariat avec la Banque africaine de développement. Cette institution régionale de financement est, elle aussi, un acteur de premier plan qui a largement contribué au financement du système de santé au Cameroun. Cette politique vise à renforcer le système de santé en donnant aux formations sanitaires les moyens humains, matériels (médicaments et outils nécessaires) afin de mieux répondre aux besoins réels de la population[427]. Il s'agit à travers cette politique de chercher les voies et moyens d'optimiser et d'atteindre l'efficacité dans l'utilisation des ressources affectées à la santé des populations. L'atteinte de cet objectif passe nécessairement par la maîtrise de la planification des investissements, la rationalisation des coûts d'acquisition et d'exploitation de la technologie sanitaire, l'utilisation rationnelle des ressources, la maintenance efficace de la technologie sanitaire, de la garantie de la sécurité de la technologie sanitaire, des malades, des utilisateurs et de l'environnement, etc[428].

Comme autre partenaire qui accompagne le Cameroun au titre de la coopération bilatérale dans la réalisation efficace du droit à la santé, on peut

---

[424] Investir au Cameroun, « L'Allemagne débloque un nouveau financement de 15 millions d'euros dans la lutte contre la malnutrition au Cameroun », 28 février 2018, disponible sur www.investiraucameroun.com [consulté le 27 juin 2018].
[425] *Ibid.*
[426] GIZ, feuillet de présentation du Projet d'appui à la santé de la reproduction II (PASaR II), disponible sur www.health.bmz.de [consulté le 27 juin 2018].
[427] Ministère de la Santé publique, *Politique nationale de la technologie sanitaire*, GIZ et BAD, Yaoundé, mars 2009.
[428] *Ibid.* p. 4.

citer la France. À travers son programme C2D, la France appuie la mise en œuvre de la *Stratégie sectorielle de santé*. En 2012, la France a accordé au Cameroun un appui de 59 milliards de FCFA pour financer la santé dans l'Extrême-Nord et le Nord. Les objectifs du C2D santé sont la réduction de la morbidité chez les populations vulnérables et de la mortalité maternelle et infantile ; le renforcement des districts de santé et des capacités de pilotage des structures centrales et régionales ; l'amélioration de la gouvernance du système de santé ainsi que l'accessibilité et la qualité de l'offre de soins[429]. Dans sa phase opérationnelle, ce programme a permis le financement de l'assistance technique des trois délégations régionales de la santé des régions septentrionales du Cameroun. Il a également permis la construction d'un bâtiment et l'équipement de l'École privée d'infirmiers et de sages-femmes de Garoua et de l'hôpital catholique de Tokombéré. Il a aussi permis le financement de la formation à large échelle de 360 personnels de santé, 30 médecins et 30 infirmiers en soins obstétricaux et néonataux essentiels et d'urgence, en prévention de la transmission de la mère à l'enfant du VIH, de même que la mise à disposition des kits d'accouchement et de césarienne dans les formations sanitaires du Nord et de l'Extrême-Nord[430].

En plus de ces différents partenaires, de nombreux autres acteurs interviennent dans le financement de la santé au Cameroun, à l'exemple de la Fondation Rock Feller, la Fondation Bill et Melinda Gates, l'UNICEF, l'Agence française de développement, l'UNFPA, le GAVI, ou les coopérations belge, italienne, japonaise, américaine, etc[431]. Dans ce champ où de nombreux acteurs se côtoient sans nécessairement harmoniser leurs aides et leurs interventions, le rôle de coordinateur de l'aide internationale revient à l'État du Cameroun, et plus spécifiquement au MINSANTE, afin d'éviter les doublons et permettre une meilleure répartition des financements vers l'ensemble des districts de santé présents au Cameroun. Or, selon le document de *Stratégie sectorielle de la santé 2016-2027, « la multiplicité des procédures et des instances de coordination, la fragmentation du financement de la santé et la faible mise en commun des [financements extérieurs] entraînent une perte d'efficacité et d'efficience lors de leur utilisation. En conséquence, ils contribuent peu au renforcement du système de santé »*[432].

---

429 AFD, « Le C2D Santé dans l'Extrême-Nord et le Nord », 2012, disponible sur www.ambafrance.org [consulté le 27 juin 2018].

430 *Ibid.*

431 Ministère de la Santé publique, *Plan stratégique national de lutte contre le paludisme au Cameroun 2007-2010*, *op. cit.* p. 38.

432 Ministère de la Santé publique du Cameroun, *Stratégie sectorielle de santé 2016-2027*, *op. cit.* p. 64.

À titre d'exemple, si l'on se fie aux chiffres de l'année 2014, on se rend compte que 63 % des financements extérieurs étaient affectés à la lutte contre les maladies transmissibles, notamment le paludisme, le VIH/Sida et la tuberculose, 27 % étaient alloués aux interventions relatives à la santé de la mère et de l'enfant, tandis que seulement 5 % étaient destinés au renforcement du système de santé[433]. Tout ceci tend à laisser penser que les financements extérieurs sont certes importants, mais il faudrait nécessairement que le MINSANTE assume leur coordination. Il faudrait surtout que cette coordination réponde à la planification telle que faite par le MINSANTE et pas seulement aux besoins tels que définis par les partenaires internationaux. Nonobstant tout ce qui précède, il y a aussi lieu ici de penser de nouvelles formes de financements pour non seulement pallier les conditionnalités appliquées à l'aide, mais aussi anticiper sur la réduction de l'aide qui va immanquablement survenir dans les prochaines années au regard du contexte financier international extrêmement tendu qui fragilise les principaux bailleurs de fonds et les contraint à réduire leur aide publique au développement.

Au regard de ce qui précède, il appert que le cadre juridique et institutionnel de mise en œuvre du droit à la santé est suffisamment étoffé au Cameroun, malgré quelques insuffisances qui méritent d'être corrigées. Ces insuffisances peuvent à plus d'un titre justifier le fait qu'il subsiste de nombreux manquements dans la protection du droit à la santé au Cameroun. Toutefois, il y a également lieu de reconnaître que ces manquements peuvent être imputés à une pratique encore peu consciencieuse non seulement de la médecine par les professionnels de santé, mais aussi de la protection générale de la santé publique par les institutions en charge en la matière. Pour pallier ces manquements afin de garantir le droit à la santé des populations, il est indispensable que soient mis en place des mécanismes de contrôle de l'effectivité de la mise en œuvre du droit.

---

433 *Ibid.*

TITRE 2 -

L'AMÉNAGEMENT DE MÉCANISMES DE CONTRÔLE AU SERVICE DE L'EFFECTIVITÉ DU DROIT A LA SANTÉ

L'effectivité du droit à la santé ne peut pas être envisagée s'il n'existe pas de mécanismes de contrôle capables de corriger les manquements des autorités en charge de sa mise en œuvre, ou d'assurer une réparation adéquate aux victimes de violations ou d'atteintes aux droits. C'est dans ce sens que l'État du Cameroun a mis sur pied ou accepté la compétence d'une série d'organismes ou d'institutions dont la mission est d'assurer le contrôle de la mise en œuvre effective du droit à la santé. Ces mécanismes pour l'essentiel nationaux, mais aussi internationaux, ont en charge le contrôle soit juridictionnel (Chapitre 1) soit non juridictionnel (Chapitre 2) de la mise en œuvre du droit à la santé.

CHAPITRE 1 : LE CONTRÔLE JURIDICTIONNEL DE LA MISE EN ŒUVRE DU DROIT À LA SANTÉ

La mise en œuvre du droit à la santé ne peut s'organiser et s'implémenter efficacement, si elle ne s'accompagne de l'action du juge, pour contrôler et sanctionner les manquements aux obligations des différents acteurs impliqués dans l'organisation et le bon fonctionnement du système de santé. Ce contrôle juridictionnel devient même un impératif alors que le débat sur la justiciabilité des droits économiques et sociaux, dont fait partie le droit à la santé, devient caduc. L'intervention du juge dans la garantie du droit à la santé est consécutive à l'existence préalable d'une faute qui trahit un manquement à l'obligation contractuelle, légale ou constitutionnelle qui pèse sur les professionnels de santé ou l'État (Section 1). Cette faute fondera le juge à établir la responsabilité délictuelle, contractuelle ou administrative de l'entité sur qui pèse l'obligation avec pour but de réparer la violation du droit à la santé (Section 2).

Section 1 : L'existence d'une faute comme fondement du contrôle juridictionnel des atteintes au droit à la santé

Les articles 1382 et 1383 du Code civil camerounais posent de façon non équivoque le principe de la responsabilité pour faute. Le premier article dispose que : *« tout fait quelconque de l'homme, qui cause à autrui un dommage, oblige celui par la faute duquel il est arrivé, à le réparer »*. Le second article vient renforcer le premier en soulignant que : *« chacun est responsable du dommage qu'il a causé non seulement par son fait, mais encore par sa négligence ou par son imprudence »*. De ces deux articles, on en déduit que le contrôle juridictionnel opéré par le juge, sur la violation ou les manquements dans la garantie du droit à la santé, ne peut avoir lieu que s'il est établi que cette violation ou ces manquements constituent d'une faute. C'est dire que la faute va résulter de l'insatisfaction d'une obligation mise au passif du débiteur du droit à la santé, en d'autres termes, l'institution ou le professionnel de santé à qui il incombe de protéger la santé des populations (Paragraphe 1).

Le second principe qui se dégage de ces deux articles est celui suivant lequel la faute, pour être réparée, doit avoir causé un dommage à autrui. Bien qu'il ne soit pas difficile de déterminer le ou les moyens adéquats de réparation une fois que la faute est consommée, il n'en demeure pas moins qu'en matière de santé, de nombreuses situations peuvent résulter en un dommage à autrui alors qu'il est extrêmement difficile de démontrer la faute ou alors de l'imputer à un débiteur. Dans ce cas, il pèse ou devrait peser toujours sur l'État l'obligation de réparer compte dûment tenu du fait qu'il a la responsabilité première et ultime de garantir la protection de la santé de chaque individu sur son territoire. Par conséquent, l'État, soucieux de remplir sa mission de protection de la santé de tous et de chacun, devrait pouvoir mettre en place un dispositif visant à réparer aussi les dommages causés à autrui même en l'absence de faute (Paragraphe 2).

Paragraphe 1 : La faute comme manquement à une obligation de moyens ou de résultats

La notion de faute peut se comprendre comme une défaillance de conduite ou, d'un « manquement à une obligation préexistante »[434]. En droit de la santé, deux obligations peuvent être répertoriées comme étant mises au passif de l'État ou des professionnels de santé. Il s'agit d'une part de l'obligation de moyens et, d'autre part, de l'obligation de résultat. Il faut noter que de nombreux textes adjoignent à cette obligation de résultat une obligation de sécurité dans certains cas particuliers. Il en résulte que pour établir la faute en matière de santé, la première question est celle de savoir à quel type d'obligation était soumis le débiteur du droit à la santé. Suivant cette détermination, l'on pourra aisément envisager la faute comme un manquement à l'obligation de moyens (A) ou la faute comme manquement à l'obligation de résultat ou de sécurité, suivant les cas (B).

A. La faute comme manquement à l'obligation de moyens

Il est aujourd'hui clairement admis que *« la responsabilité pour faute constitue le paradigme de toute responsabilité civile et notamment de la responsabilité médicale »*[435]. Ce paradigme a été clairement été établi dans l'arrêt *Mercier* du 20 mai 1936 applicable au Cameroun. En effet, avant les indépendances des parties orientale et occidentale du Cameroun respectivement en 1960 et 1961, le droit civil et la *Common Law* hérités des systèmes coloniaux français et britanniques, applicables dans ces deux parties du Cameroun pendant la période coloniale, restent en application jusqu'à ce qu'ils soient modifiés par des lois adoptées par les autorités camerounaises compétentes. C'est ainsi du cas de l'*arrêt Mercier* dans lequel la Cour de cassation française indique *« qu'il se forme entre le*

---

[434] Claire DEBOURG, *La faute contractuelle*, Fiche de niveau 3, Droit des contrats/ Responsabilité contractuelle, 13 novembre 2007, disponible sur www.france-jus.ru [consulté le 2 novembre 2017].

[435] Clotilde ROUGE-MAILLART, « L'évolution de la faute chirurgicale en France » *in* Anne-Marie DUGUET (dir.), *Évolution récente des actions en responsabilité médicale en France. Comparaison avec l'étranger*, éditions Les Etudes Hospitalières, Bordeaux, 2008, p. 17.

médecin et son client un véritable contrat (...) dont la violation est sanctionnée par une responsabilité de même nature, également contractuelle »[436]. Ainsi, dans l'exécution de ce contrat, le médecin s'engage auprès du malade, comme le commande le Code de déontologie médical camerounais, à le soigner consciencieusement, à ne pas exercer sa profession dans les conditions qui puissent compromettre la qualité des soins et de ses actes, à lui assurer tous les soins médicaux en son pouvoir et désirables en la circonstance, personnellement ou avec des tiers qualifiés, à élaborer son diagnostic avec le plus grand soin, sans compter le temps que lui coûte ce travail et enfin, lorsqu'il a prescrit un traitement, à s'efforcer d'en obtenir l'exécution, particulièrement si la vie du malade est en danger[437]. Les tiers qualifiés dont il s'agit ici sont les infirmiers, les sages-femmes et les techniciens médico-sanitaires sur qui pèsent des obligations similaires[438].

La faute du médecin ou des autres professionnels de santé naît de l'inexécution de l'une des obligations décrites ci-dessus, car comme il a été relevé plus haut, la faute s'entend d'un manquement à une obligation préexistante. D'après l'arrêt *Mercier,* serait considéré comme fautif le médecin qui aurait manqué à son obligation *« de donner des soins non pas quelconques... mais consciencieux, attentifs et réservés, faites de circonstances exceptionnelles, conformes aux données actuelles de la science »*[439]. Il découle ainsi de cette affaire que l'obligation mise au passif du médecin est une obligation de moyen d'après laquelle il doit tout mettre en œuvre, y compris son temps, ses connaissances et les conditions nécessaires, pour garantir des soins de qualité et conformes aux données actuelles de la science aux malades. Ce même arrêt poursuit, pour affirmer que *« l'obligation de soins découlant du contrat médical et mise à la charge du médecin est une obligation de moyens ; le médecin ne peut s'engager à guérir, il s'engage seulement à donner des soins non pas quelconques, mais consciencieux, attentifs et conformes aux données acquises de la science »*[440].

Cet arrêt qui irrigue le droit de la responsabilité médicale pose clairement le principe suivant lequel la responsabilité du médecin ne peut être établie qu'en cas de faute, c'est-à-dire de manquement à son obligation de moyens.

---

436 Cour de cassation, civ., 20 mai 1936, *Nicolas c/ Mme Mercier (1).* Voir aussi Claudine BERGOIGNAN-ESPER et Pierre SARGOS, *op. cit.* p. 201.

437 Décret n° 83-166 du 12 avril 1983 portant Code de déontologie des médecins, art. 2, 22 et 23.

438 Décret n° 89-354 du 3 mars 1989 portant Code de déontologie des professions d'infirmier, de sage-femme et de technicien médico-sanitaire, art. 2 et 3.

439 Voir Clotilde ROUGE-MAILLART, *op. cit.* p. 17.

440 Ibrahima FAYE, *La notion de faute médicale en droit de la responsabilité,* Mémoire de Master 2 en Droit de la santé, Université Cheikh Anta Diop de Dakar, 2011, disponible sur www.memoireonline.com [consulté le 29 octobre 2017].

D'après Clotilde ROUGE-MAILLART, *« il a été admis que cette obligation du médecin ne pouvait être qu'une obligation de moyen puisque le contrat qui régit les rapports entre le médecin et son patient est soumis à un aléa »*[441]. L'aléa (thérapeutique) s'entend comme tout risque d'effets indésirables inhérent à un traitement, même en l'absence de faute de la part du médecin. Par conséquent, la survenue d'un aléa ne peut être imputée au médecin dès lors qu'il a utilisé tous les moyens à sa disposition et s'est conformé aux avancées technologiques et scientifiques afin de guérir son patient. En effet, dans l'acte de soins, il ne peut être attendu du médecin qu'il garantisse la guérison du patient, mais seulement qu'il engage tous les moyens nécessaires à l'atteinte de ce but. Ainsi, l'obligation étant une obligation de moyens, la responsabilité est subordonnée à la démonstration d'une faute. C'est pourquoi, bien que la jurisprudence française, pourtant avant-gardiste sur les questions de responsabilité médicale, *« ait, dans un souci d'indemnisation des victimes, élargi le domaine de la faute par le recours à la présomption, elle a toujours refusé de faire supporter au médecin le poids de l'indemnisation de l'accident non fautif »*[442].

Le principe de la responsabilité pour faute est solidement cristallisé dans la jurisprudence civile au Cameroun. Par exemple, dans l'affaire *Takam Albert et autres contre CCAR et Fonkou Pascal*, la Cour suprême du Cameroun affirme que « la réparation du préjudice incombe à l'auteur de la faute, de la négligence ou de l'imprudence »[443]. Ceci suppose clairement que, pour que le médecin soit déclaré responsable, il faut que la victime puisse démontrer l'existence d'une faute, d'une négligence ou d'une imprudence de la part du médecin. Le Code français de la santé publique dispose pareillement en soulignant que les professionnels de santé, ainsi que tout établissement, service ou organisme ne sont responsables des conséquences dommageables d'actes de prévention, de diagnostic ou de soins qu'en cas de faute[444]. Il découle de ceci que l'obligation de moyens ne s'applique pas seulement aux médecins, mais à tous les professionnels de santé[445] qui ne s'engagent pas à guérir le malade, mais à lui fournir des soins consciencieux conformes aux données actuelles ou acquises de la science[446].

Dans le contexte particulier du Cameroun, une question mérite de se poser, celle de savoir si le médecin peut être exonéré de sa responsabilité s'il

---

441 Clotilde ROUGE-MAILLART, *op. cit.* p. 17.

442 *Ibid.*

443 Cour suprême du Cameroun, arrêt n° 134/CC du 22 août 1996.

444 Code français de la santé publique, art. L. 1142-1. Voir aussi Sophie GROMB, « La formation des experts en responsabilité médicale » *in* Anne-Marie DUGUET (dir.), *op. cit.* p. 42.

445 Voir le décret n° 89-354 du 3 mars 1989 portant Code de déontologie des professions d'infirmier, de sage-femme et de technicien médico-sanitaire, art. 2 et 3.

446 Didier TRUCHET, *op. cit.* p. 268.

a donné des soins consciencieux certes, mais inappropriés « aux données actuelles » de la science. À cette question se greffe celle de savoir si de même il peut être exonéré du fait qu'il n'a pas mobilisé tous les moyens technologiques actuels du fait de leur indisponibilité. Ces deux questions permettent de poser le problème de la responsabilité de l'État et notamment celle de l'obligation de moyens qui doit aussi peser sur l'État. En ce qui concerne la première question, il est à noter que le document de Stratégie sectorielle de la santé 2016-2027 indique clairement que *« dans l'ensemble, la formation continue est insuffisante pour toutes les catégories de personnels. Elle est en inadéquation avec les besoins du secteur faute d'une planification pluriannuelle précise et de ressources financières »*[447]. Dans un pareil contexte, il serait inéquitable de faire peser sur le professionnel de santé qui aurait commis une faute dans son diagnostic ou son acte de soin du fait d'un manque de connaissances actualisées.

En effet, il revient à l'État d'organiser la formation continue des professionnels de santé, de même qu'il revient aux acteurs privés de le faire en ce qui les concerne. Par conséquent, il est juste de penser qu'une erreur médicale imputable à un défaut de connaissances actuelles d'un professionnel de santé devrait être, au moins en partie, imputée à l'État qui a la charge d'organiser la formation continue de ses personnels, mais ne le fait pas. C'est le cas notamment en France où le législateur a organisé la réalisation de la formation médicale continue (FMC) à travers l'ordonnance du 24 avril 1996 complétée par un arrêté du 6 mai 1997 et confirmée par la loi du 4 mars 2002. La FMC comprend un plan de formation arrêté dans chaque établissement par le directeur sur proposition de la commission médicale d'établissement ; un droit au congé de formation d'une durée de 15 jours ouvrables par an, cumulable sur deux ans et rémunéré par l'établissement hospitalier ; un financement de la formation continue à hauteur de 0,5 % ou 0,75 % de la masse salariale brute[448].

S'agissant de la seconde question sur les moyens technologiques, l'argumentaire et la réponse sont les mêmes. En effet, si l'État faillit dans la mise à disposition de plateaux techniques adéquats, l'on ne peut imputer la faute d'un diagnostic ou d'un acte thérapeutique erroné au seul professionnel de santé. En matière de santé, la question de l'obligation de moyen pesant sur l'État doit aussi se poser afin que les populations puissent rendre l'État responsable de ses manquements dans les actes de prévention et dans la mise

[447] Ministère de la Santé publique du Cameroun, *Stratégie sectorielle de santé 2016-2027*, *op. cit.* p. 81.

[448] Conseil national de la FMC des praticiens hospitaliers, *L'obligation de formation médicale continue (FMC). Historique, états des lieux et perspectives*, juin 2005, disponible sur www.solidarites-sante.gouv.fr [consulté le 16 octobre 2018].

à disposition des services de soins adéquats. À l'occasion du sommet d'Abuja en avril 2001, les Chefs d'État africains avaient pris l'engagement d'allouer 15 % du budget national à la structuration et au financement de la santé. Toutefois, à l'observation, entre 2008 et 2015, la part du budget national alloué au système de santé oscille entre 3,8 et 5,5 %[449]. On peut alors s'interroger sur le niveau d'engagement des États dans la mise en œuvre du droit à la santé en faveur de leurs populations. Il ne fait aucun doute que l'État du Cameroun reste bien loin de son engagement et il appert indubitablement qu'il ne mobilise pas tous les moyens disponibles en vue de la mise en œuvre effective du droit à la santé comme le requiert d'ailleurs l'article 2.1 du PIDESC.

Il découle de ce qui précède qu'à l'image des professionnels de santé, l'État ne peut s'engager à garantir le bon état de santé de chaque individu, mais il doit pouvoir, dans la mesure des moyens disponibles, mettre tous les moyens techniques, financiers et humains à disposition en vue de protéger la bonne santé de tous. En ne le faisant pas, il viole son obligation conventionnelle et constitutionnelle de moyens et, par conséquent, sa responsabilité est susceptible d'être engagée, certes pas devant les mêmes instances que celle des professionnels de santé. Comme, on le verra dans la deuxième partie de ce travail, le déficit d'investissement de l'État dans le financement du système de santé impacte négativement la réalisation du droit de chaque individu à la protection de sa santé. Dans tous les cas, il est important de rappeler que le juge *« considère qu'il y a faute lorsque l'auteur du dommage a manqué à l'une des obligations qui pesaient sur lui, obligations de moyens en principe ou obligation de résultats »*[450]. Il y a lieu à chaque étape, aux fins de détermination de la faute, de rechercher la nature de l'obligation qui pesait sur le professionnel de santé ou sur l'État.

B. La faute comme manquement à l'obligation de résultat

L'obligation de résultat diffère de l'obligation de moyens en ce que, contrairement à la seconde qui suppose seulement la mobilisation par le professionnel de santé ou l'État de tous les moyens nécessaires en vue de l'atteinte d'un but qu'il ne peut garantir, la première obligation consiste justement à garantir l'atteinte de cet objectif. On peut lire des traces de cette obligation dans l'article 1147 du Code civil camerounais d'après lequel : *« le débiteur est condamné, s'il y a lieu, au paiement de dommages et intérêts, soit à raison de l'inexécution de l'obligation, soit à raison du retard dans l'exécution, toutes les fois qu'il ne justifie pas que l'inexécution provient*

---

449 Ministère de la Santé publique du Cameroun, *Stratégie sectorielle de santé 2016-2027*, *op. cit.* p. 62.
450 Didier TRUCHET, *op. cit.* p. 282.

d'une cause étrangère qui ne peut lui être imputée, encore qu'il n'y ait aucune mauvaise foi de sa part ». Cet article consacre ce que la jurisprudence de la Cour suprême camerounaise qualifie de « présomption de faute »[451]. Bien que cette notion de présomption de faute pénètre nouvellement et timidement le droit de la santé au Cameroun, il n'en demeure pas moins qu'il irrigue quelques rares aspects de ce droit, qui peuvent être étendus aux autres, dans un souci d'indemnisation des victimes, dans les circonstances où il peut paraître pour elles extrêmement difficile d'établir la faute des professionnels de santé ou de l'État.

Au Cameroun, l'obligation de résultat sur laquelle s'adosse et s'imbrique l'obligation de sécurité est clairement posée en ce qui concerne les transfusions sanguines. Ainsi, la loi régissant la transfusion sanguine dispose en son article 9 que : *« le sang à transfuser doit être soumis à toutes les opérations de contrôle et de vérifications nécessaires pour lui conférer les caractéristiques de sécurité optimales »*. Il en découle une obligation de sécurité qui est mise à la charge de tous les professionnels de santé et de l'État à travers le Centre national de transfusion sanguine et les autres structures spécialisées dans la transfusion sanguine. De façon concrète, l'obligation de sécurité qui pèse sur les professionnels de santé est celle qui porte sur la surveillance des suites immédiates et lointaines de la transfusion sanguine. Il en est de même en ce qui concerne l'identification correcte du malade, des poches de sang à transfuser, des groupes sanguins du donneur et du receveur, l'épreuve de compatibilité au lit des malades et la surveillance de la transfusion[452].

L'obligation de résultat et de sécurité qui pèse sur l'État à travers ses démembrements est celle qui se rapporte au choix des donneurs à moindre risque, au groupage, au dépistage des agents infectieux, à la bonne conservation du sang et de ses dérivés, aux épreuves de compatibilité croisées au laboratoire, à la recherche d'agglutines irrégulières et à l'assurance de la qualité du sang et de ses dérivés. Par ailleurs, il incombe à la structure de transfusion sanguine d'indiquer au prescripteur la composition de l'unité thérapeutique et les règles impératives d'emploi[453]. L'inobservation de cette obligation de sécurité et de résultat est passible d'une sanction pénale pour tout contrevenant individuel[454]. L'imposition de cette obligation de sécurité de résultat se comprend dans un contexte où il est

---

[451] CS, affaire *Osse Banga Robert contre Bikoy Pierre*, arrêt n° 134/CC du 9 juin 1983 et affaire *Tchabe Alexis, Mission Catholique de Poango et Chanas Privat contre Nguatta René*, arrêt n° 80/CC du 2 mai 1991.

[452] Loi n° 2003/2006 du 22 décembre 2003 régissant la transfusion sanguine, art. 11.

[453] *Ibid.* art. 12.

[454] *Ibid.* art. 13-16.

clairement établi qu'« une grande proportion des hépatites virales est due aux actes de transfusion sanguine »[455].

Ce contexte est propice à des scandales comme celui du sang contaminé en France et l'État *« ne peut s'exonérer de la responsabilité ainsi encourue en invoquant des fautes commises dans la prescription et la délivrance des produits sanguins contaminés dans les établissements de transfusion sanguine »*[456]. En effet, dans l'affaire dite du sang contaminé en France en 1991, les investigations menées par une journaliste avaient alors révélé que des lots de sang contaminé par le virus du Sida ont été sciemment distribués à des malades hémophiles lors des transfusions sanguines au cours des années 1980. Les conséquences de ces pratiques sont si graves qu'il est estimé que la moitié de la population hémophile, soit plusieurs milliers de personnes, a été infectée par des maladies, des centaines par le virus du Sida.

En réponse à l'affaire du sang contaminé, le Conseil d'État français avait décidé sans équivoque que *« l'organisation générale du service public de la transfusion sanguine, le contrôle des établissements qui sont chargés de son exécution et l'édiction des règles propres à assurer la qualité du sang humain, de son plasma et de ses dérivés »* incombent à l'État et sa responsabilité *« peut être engagée par toute faute commise dans l'exercice desdites attributions »*[457]. Il en découle une obligation de sécurité de résultat sur tous les biens et produits de santé fournis aux malades. Ainsi, dans l'affaire *Morisot c/ Delsart*, la Cour de cassation française a conclu qu'*« un médecin est tenu, sans préjudice de son recours en garantie, d'une obligation de sécurité de résultat en ce qui concerne les matériels qu'il utilise pour l'exécution d'un acte médical d'investigation ou de soins, mais il appartient au patient de démontrer qu'ils sont à l'origine de son dommage »*[458]. Le Conseil d'État a suivi le même raisonnement en affirmant que *« le service public hospitalier est responsable, même en l'absence de faute, et sans préjudice d'éventuels recours en garantie, des conséquences dommageables pour les usagers de la défaillance des produits et appareils de santé qu'il utilise »*[459].

Au Cameroun, la loi sur la protection du consommateur rappelle cette obligation de sécurité de résultat à travers le principe de protection selon

---

[455] Ministère de la Santé publique du Cameroun, *Stratégie sectorielle de santé 2016-2027*, *op. cit.* p. 42.
[456] CE Ass., 9 avril 1993, n° 138653, *M. D.* Voir aussi Claudine BERGOIGNAN-ESPER et Pierre SARGOS, *op. cit.* p. 469.
[457] *Ibid.*
[458] Cour de cassation, civ. 1re, 9 novembre 1999, n° 98-10.010, *Morisot c/ Delsart*. Voir aussi Claudine BERGOIGNAN-ESPER et Pierre SARGOS, *op. cit.* p. 306.
[459] Conseil d'État, 9 juillet 2003, n° 220437, *AP-HP c/ Marzouk*. Voir aussi Claudine BERGOIGNAN-ESPER et Pierre SARGOS, *op. cit.* p. 306.

lequel les consommateurs ont droit à la protection de la vie, de la santé et de la sécurité dans la consommation des technologies, biens et services. Il en découle que le vendeur, le fournisseur ou prestataire d'une technologie doit fournir ou livrer au consommateur un produit, une technologie, un bien ou un service qui satisfait les exigences minimales de sécurité, de durabilité, d'utilisation et de fiabilité et qui assure sa satisfaction légitime[460]. Cette disposition s'harmonise parfaitement avec l'article 206 de l'avant-projet de Code civil camerounais suivant lequel *« le producteur est responsable de plein droit du dommage causé par un défaut de son produit qu'il soit lié ou non par un contrat »*. Cette disposition rappelle fortement la responsabilité de plein droit issue de l'article 1147 du Code civil actuel. Ainsi, dans l'affaire *Sonel contre dame veuve Ndjilo, née Kwisse Denise*, la Cour suprême du Cameroun a retenu la responsabilité de plein droit de l'ex-société de distribution d'électricité au Cameroun après qu'elle ait fourni à sieur Ndjilo un matériel défectueux et dangereux qui a causé la mort de ce dernier[461].

Dans cette affaire, la Cour suprême du Cameroun a relevé que *« le fondement juridique de la responsabilité de la Sonel découle en droite ligne de l'article 1147 du Code civil, la Sonel s'étant rendue coupable d'une faute contractuelle en fournissant à Ndjilo un matériel qui s'est révélé à la fois défectueux et dangereux au point où il a causé la mort du contractant (...) Il devient dès lors évident que les dispositions des articles 1382 et suivants du Code civil, étrangères aux rapports existants entre les parties contractantes, sont inapplicables dans le cas d'espèce, s'agissant d'une faute commise dans l'exécution d'une convention dont on ne saurait faire abstraction pour l'appréciation de la responsabilité engagée »*[462]. Tirant toutes les conséquences de cette affaire et de la loi sur la protection du consommateur au Cameroun, il en ressort que le malade, consommateur des biens et produits de santé, doit recevoir du médecin ou de tout autre professionnel de santé, des fournisseurs ou de l'État des produits de santé qui répondent à des exigences minimales de sécurité et de qualité. Par conséquent, une obligation de sécurité de résultat est mise à la charge de ces acteurs du système de santé au Cameroun, en vue de garantir que les biens et produits de santé qu'ils fournissent ou qu'ils utilisent permettent d'obtenir effectivement le résultat pour lequel ils sont utilisés, dans les conditions de sécurité nécessaires à la préservation de la santé des malades.

---

[460] Loi-cadre n° 2011/012 du 6 mai 2011 portant protection du consommateur au Cameroun, art. 3(a) et 10.

[461] CS, arrêt n° 50/CC du 18 juin 1987.

[462] Voir également Alexis DIPANDA MOUELLE, *Répertoire chronologique de la jurisprudence de la Cour suprême du Cameroun*, 2e partie, année 1980-2000, Tome IV, Droit civil et commercial, Yaoundé, avril 2007, p. 702.

Cette obligation s'applique notamment à tous les médicaments qui requièrent une AMM avant leur mise sur le marché. Par conséquent, aussi bien le professionnel de santé que le fournisseur ont l'obligation de mettre à la disposition des malades des médicaments qui garantissent la sécurité du malade. À cet effet, la responsabilité du professionnel de santé et du fournisseur n'est pas dégagée par le seul fait que le médicament en question bénéficiait d'une autorisation de mise sur le marché. Plus encore, l'État est responsable de tous les effets induits par les médicaments dont il a autorisé la mise sur le marché, ou qu'il a laissé en circulation sur le marché du fait des lacunes dans son système de pharmacovigilance. Dans l'affaire du *Mediator* en France, la responsabilité de l'État a été engagée pour avoir laissé en circulation ce médicament. Dans cette affaire, il est reproché aux autorités sanitaires françaises d'avoir maintenu sur le marché un médicament dont le bénéfice médical était devenu hypothétique et qui faisait par ailleurs l'objet d'une large prescription comme anorexigène, sans motif légitime, et hors autorisation de mise sur le marché. Ce médicament, commercialisé pendant près de trente ans a causé chez des millions de victimes un déficit fonctionnel.

Le Conseil d'État français dans cette affaire a estimé que « la faute simple de l'État suffit pour le rendre responsable »[463]. Cette responsabilité est dérivée de l'absence de mesures prises lorsqu'elles s'imposaient ou à titre précautionneux afin d'éviter des dommages aux personnes. L'État a un devoir de veille en ce qui concerne la sécurité de ses populations. C'est ce qui constitue d'ailleurs l'objet de la pharmacovigilance de telle sorte que la faillite dans cette mission est un manquement à son obligation de sécurité de résultat. Dans cette affaire, le Conseil d'État français l'a clairement réaffirmé, *« l'abstention de prendre les mesures adaptées doit être regardée comme une faute de nature à engager la responsabilité de l'État, au nom duquel les agences [sanitaires] ont exercé successivement leur mission de police sanitaire en cause »*[464]. Dans le cas où le produit est d'origine douteuse et, par conséquent, ne bénéficie pas d'une AMM, il ne fait aucun doute que le professionnel de santé qui l'utilise est automatiquement responsable des conséquences qui peuvent se produire du fait de l'utilisation dudit produit. Ainsi, Dans l'affaire *Njionhou Elie c/ MP et Ndoungtio Kitio Vincent et Petrella Laura*[465], le juge a logiquement conclu à la faute, notamment une imprudence grave lorsque le prévenu a utilisé un produit qui n'était pas en vente au Cameroun. Le prévenu a ainsi manqué à l'obligation qui pesait sur lui lorsqu'il *« n'a pas observé les règlements en matière de vente et de mise en circulation des produits pharmaceutiques au*

---

463 Claudine BERGOIGNAN-ESPER et Pierre SARGOS, *op. cit.* p. 476.
464 *Ibid.*
465 Cour d'appel de l'Ouest, arrêt n° 687/COR du 23 avril 2002.

Cameroun ». De l'avis de la Cour, *« professionnel de santé de son état, le Docteur Njionhou se devait d'être au courant de cette interdiction »*.

Il se dégage de cette obligation de résultat ou de sécurité de résultat comme une sorte de présomption de faute de la part de l'État fondant ainsi les victimes à réclamer réparation des préjudices subis. Cette présomption de faute irrigue certains autres aspects du droit de la santé en France, mais pas au Cameroun. Elle repose essentiellement sur l'obligation qui pèse sur l'État de protéger la santé de toutes ses populations. Il devient alors impérieux pour l'État camerounais d'organiser un système de responsabilité sans faute dans lequel l'intérêt de la protection de la santé des populations est l'intérêt supérieur.

Paragraphe 2 : La nécessaire prise en compte de la responsabilité sans faute

En matière médicale, de nombreuses atteintes à la santé des personnes peuvent être causées alors même qu'il est difficile pour la victime d'établir une quelconque faute de la part du professionnel de santé, que cette faute existe ou non. Dans tous les cas, l'État à qui incombe au premier chef la charge de protéger la santé de ses populations se doit d'organiser, soit dans son droit de la responsabilité, soit à titre de solidarité nationale, un régime de réparation qui permet la protection efficace du droit de tous d'atteindre le meilleur état de santé susceptible d'être atteint. Ce régime vaut particulièrement dans les cas d'infections nosocomiales et des accidents médicaux sériels (A). Qui plus est, la protection de la santé étant une question d'une importance capitale, il est nécessaire de prévoir des procédures particulières qui permettent d'anticiper la survenue d'un dommage individuel ou collectif et de le réparer avant sa survenance (B).

A. La mobilisation de la responsabilité sans faute en cas d'infections nosocomiales et d'accidents médicaux sériels

Une infection est dite nosocomiale si elle apparaît au cours ou à la suite d'une hospitalisation et si elle n'était ni présente, ni en incubation à l'admission à l'hôpital. Ce critère est applicable à toute infection. Cette définition inclut les infections des patients comme celles des soignants. Elle ne préjuge ni de l'origine endogène ou exogène du micro-organisme responsable, ni du caractère évitable de cette infection[466]. Dans le cas des infections nosocomiales, la responsabilité sans faute apparaît immanquablement comme un régime dérogatoire au droit de la responsabilité tel que contenu à l'article 1382 du Code civil. Il s'agit en

---

[466] Guide Technique d'Hygiène Hospitalière, *Fiche n° 2.01*, 2004, disponible sur www.cclin-arlin.fr [consulté le 2 octobre 2018].

réalité dans ce cas de procéder à la réparation d'un préjudice subi par le patient même en l'absence de faute de la part de la formation sanitaire qu'elle soit publique ou privée. Dans le souci d'une protection efficace des droits de tous à la santé, ce régime peut être au Cameroun étendu aux cas d'infections nosocomiales qui restent encore sous le coup de la responsabilité pour faute. Un tel régime de responsabilité, dans les cas sus-indiqués, contraindrait les formations sanitaires à plus de vigilance et de rigueur dans l'hygiène et la salubrité de même que dans les interventions et les actes de soins qu'ils sont appelés à poser. Ce type de responsabilité favorable au patient lui permet, en dehors de tout acte fautif de sa part ou en dehors d'une infection antérieure non imputable à l'établissement hospitalier, de réclamer et obtenir réparation.

La responsabilité sans faute est un mode suffisamment protecteur du patient qui pourrait conduire à une meilleure garantie de ses droits lorsqu'il rentre en contact avec le système de santé. Elle vaut spécialement dans les cas des infections nosocomiales qui sont entendues comme toute *« infection acquise à l'hôpital par un patient admis pour une raison autre que cette infection [ou toute] infection survenant chez un patient à l'hôpital ou dans un autre établissement de santé et chez qui cette infection n'était ni présente ni en incubation au moment de l'admission. Cette définition inclut les infections contractées à l'hôpital, mais qui se déclarent après la sortie, et également les infections professionnelles parmi le personnel de l'établissement »*[467]. Le caractère insalubre de certaines formations sanitaires au Cameroun, de même que la négligence de certains personnels de santé qui omettent très souvent de porter des gants pour le traitement de divers malades peuvent occasionner la dissémination de nombreuses maladies. Il serait dans ce cas extrêmement dommageable et inéquitable pour le malade d'exiger de lui qu'il démontre la faute de l'hôpital ou de la formation sanitaire privée dans l'infection contractée du fait de son séjour dans ladite formation sanitaire.

Le caractère extrêmement inéquitable d'une telle exigence naît du fait que le malade est généralement très démuni et dépouillé de toute connaissance technique lui permettant d'établir avec exactitude que la nouvelle infection dont il souffre a été acquise à l'hôpital. Par ailleurs, quand bien même il le ferait, il lui serait encore extrêmement difficile d'établir la faute de l'établissement hospitalier. Or, quel qu'en soit le cas, le malade peut se retrouver dans une situation d'« aggravation de son état de santé sans rapport direct avec la pathologie pour laquelle il est soigné » et qui peut aller

---

[467] OMS, *Prévention des infections nosocomiales,* Guide pratique, 2e édition, OMS, Genève, 2008, p. 1.

jusqu'au décès du malade[468]. Pour pallier ces limites du malade et l'injustice qui pourrait en résulter, il est nécessaire de rompre avec l'exigence traditionnelle de la faute et du lien de causalité entre la faute et le préjudice qui en résulte pour le malade. En réalité, une fois que le malade peut démontrer qu'il souffre d'une nouvelle infection ou que son état de santé a été aggravé du fait d'une infection dont il ne souffrait pas avant son admission à l'hôpital, la charge de la preuve devrait être renversée. Par conséquent, il devrait se former devant le juge administratif une présomption de faute à la charge des établissements hospitaliers publics, ou une faute par manquement à une obligation de sécurité de résultat devant le juge judiciaire en ce qui concerne les formations sanitaires privées[469].

Ce régime de responsabilité sans faute est parfaitement connu du droit administratif camerounais et « apparaît comme un renforcement de protection juridique de l'usager »[470] des services de santé. Le juge administratif l'a clairement établi dans l'affaire *Société industrielle et commerciale africaine (SINCOA) c/ État du Cameroun* en fondant ce régime de responsabilité sur la notion de risque social, *« notion qui a pour fondement l'obligation de l'État de garantir à tous ceux qui vivent sur son territoire la sécurité de leur personne et de leurs biens, et le cas échéant, de les indemniser du dommage qu'ils subissent lorsque celui-ci présente un caractère spécial et anormal »*[471]. Cette affaire fait clairement ressortir qu'il existe une obligation de sécurité à la charge de l'État et des services publics dans leur rapport avec les usagers des services de santé. Cette obligation de sécurité est consacrée dans la loi-cadre sur la protection du consommateur qui l'érige d'ailleurs en principe cardinal de la protection du consommateur des biens et services de santé. La loi-cadre consacre en effet *« le principe de protection selon lequel les consommateurs ont droit à la protection de la vie, de la santé, de la sécurité et de l'environnement dans la consommation des technologies, biens ou services »*[472].

Il en découle qu'en tant que consommateur des technologies, biens ou services de santé, le patient a droit à la protection de sa vie, de sa santé, de sa sécurité et de son environnement. Par conséquent, toute atteinte à son droit à la santé découlant d'une infection qui pourrait résulter de l'irrespect de ce principe par les professionnels de santé doit être réparée nonobstant l'existence ou non d'une faute de la part desdits professionnels. La seule

[468] Didier TRUCHET, *op. cit.* pp. 287-288.
[469] *Ibid.* p. 288.
[470] Alexandre ANABA MBO, « La responsabilité sans faute de la puissance publique », disponible sur www.barreaucameroun.org [consulté le 28 juin 2018], p. 15.
[471] *Ibid.* p. 4. CFE/AP n° 14 du 4/11/1965.
[472] Loi-cadre n° 2011/012 du 6 mai 2011 portant protection du consommateur au Cameroun, article 3(a).

limite à cette forme de responsabilité absolue en cas d'infections nosocomiales est la démonstration par l'établissement hospitalier soit du fait que l'infection ne saurait lui être imputable, soit de ce que l'infection résulte d'un aléa. Cette lecture s'harmonise avec la position prise par le législateur français. Dans ce contexte, lorsqu'une infection nosocomiale survient dans un établissement public ou privé, un service ou un organisme de santé, *« celui-ci ne peut dégager sa responsabilité qu'en rapportant la preuve d'une cause étrangère (...). Autrement dit, la responsabilité du professionnel suppose la preuve de la faute et du lien de causalité, alors qu'une présomption de responsabilité pèse sur les établissements, qui ne peuvent la combattre qu'en rapportant la preuve (difficile, en pratique) d'une cause étrangère »*[473].

Ce mode de responsabilité sans faute s'appuie sur le risque que l'établissement public (ou privé) fait courir aux patients en ne leur garantissant pas un niveau de sécurité maximale requis pour leur permettre de recouvrer rapidement le meilleur état de santé qu'ils sont susceptibles d'atteindre. En droit administratif notamment, l'un des cas de figure dans lesquels la responsabilité de l'État ou de ses services peut être engagée pour risque est précisément l'usage de produits dangereux parmi lesquels on peut ranger la majeure partie des médicaments, produits de santé ou outils utilisés par les professionnels de santé. Dans la jurisprudence française par exemple, il est admis que *« dans le cas tragique de la contamination par le virus du sida, les centres publics de transfusion sanguine qui distribuent les produits contaminés sont généralement reconnus responsables en l'absence de toute faute vis-à-vis des usagers »*[474]. Au Cameroun, il ne fait aucun doute que les textes qui régissent l'exercice de la biologie médicale et la pratique de la transfusion sanguine sont insuffisants et pour la plupart obsolètes. Par ailleurs, *« le circuit de distribution des intrants de laboratoires et de transfusion sanguine n'est pas assez maîtrisé et très peu de réactifs de laboratoires utilisés sont homologués »*[475].

Par conséquent, de nombreux scandales éclatent aux termes des actes de transfusion sanguine avec des cas de contamination par le virus du sida ou les hépatites virales. Le MINSANTE reconnaît d'ailleurs que les actes de transfusion sanguine comptent parmi les déterminants les plus importants qui entretiennent l'épidémie de VIH/Sida au Cameroun, de même qu'*« une grande proportion des hépatites virales est due aux actes de transfusion*

---

[473] Didier TRUCHET, *op. cit.* p. 288.
[474] Conseil d'État, 26 mai 1995. Voir aussi Alexandre ANABA MBO, *op. cit.* p. 5.
[475] Ministère de la Santé publique du Cameroun, *Stratégie sectorielle de santé 2016-2027*, *op. cit.* p. 77.

sanguine »[476]. Dans ce type de cas, il convient alors de parler d'accidents médicaux sériels. L'accident médical se définit comme *« un évènement imprévu ayant entraîné un dommage anormal au regard de l'évolution prévisible de l'état de santé du patient au cours d'un acte de soins, de prévention ou de diagnostic. Il peut être consécutif à une faute de technique médicale ou à un aléa thérapeutique, entendu comme la réalisation, en dehors de toute faute du praticien ou de l'établissement de santé, d'un risque accidentel dont l'occurrence est faible. Il peut résulter également d'une infection nosocomiale, c'est-à-dire contractée au cours d'un séjour dans un établissement, ou d'une affection dite iatrogène, occasionnée par le traitement médical et en particulier la prescription d'un médicament »*[477].

Dans ces différents cas de figure se rapportant à l'accident médical, il serait totalement absurde de demander à la victime de rapporter la preuve de la faute de l'administration hospitalière ou de l'établissement de santé privé. Il revient alors à l'État d'organiser un mécanisme d'indemnisation automatique, juste et équitable, sans aucune autre forme de procédure, afin de protéger la santé de ses populations. Cette responsabilité sans faute peut aussi s'étendre à l'aléa thérapeutique aussi bien devant le juge administratif que devant le juge judiciaire. Elle peut aussi s'organiser au titre de la solidarité nationale en prévoyant un mécanisme de compensation non judiciaire à l'image de l'Office national d'indemnisation des accidents médicaux (ONIAM) en France. Cet organisme dispose d'un collège d'experts indépendants chargés d'examiner les demandes d'indemnisation des victimes d'accidents médicaux non fautifs au titre de la solidarité nationale. Cet organisme offre des avantages certains pour les victimes en termes de légèreté de la procédure de demande d'indemnisation et de rapidité dans la solution apportée comparativement à des procédures judiciaires classiques. En effet, dans les cas d'accidents médicaux, *« la dernière des victimes qui aura saisi le collège sera indemnisée avant que ne le soit la première de celles dont les actions sont pendantes devant les juridictions de Nanterre et Paris »*[478].

Ce type de mécanisme de même que le régime de la responsabilité sans faute contribueraient largement, à n'en point douter, à atteindre l'efficacité dans la garantie du droit à la santé de nombreuses personnes vivant au Cameroun. Cette recherche de l'efficacité serait tout de même renforcée par

---

[476] *Ibid.* p. 42.

[477] Cour des comptes françaises, « L'indemnisation amiable des victimes d'accidents médicaux : une mise en œuvre dévoyée, une remise en ordre impérative », *in Rapport public annuel 2017*, février 2017, disponible sur www.ccomptes.fr [consulté le 28 juin 2018], p. 67.

[478] Alain LEGOUX, « Indemnisation des accidents sériels de santé publique : l'exemple du *Médiator* », *in Gazette du Palais,* n° 29, 30 août 2016, disponible sur www.gazette-du-palais.fr [consulté le 28 juin 2018], p. 13.

la mobilisation d'outils procéduraux nouveaux en vue de protéger de façon optimale le droit à la santé des populations.

B. La mobilisation des actions de groupe et des actions préventives dans la protection du droit à la santé

Les actions de groupe et les actions préventives sont deux procédures innovantes dans le droit camerounais qui contribueront à coup sûr à une meilleure garantie du droit à la santé des personnes vivant au Cameroun. Ces deux procédures ont été introduites dans le droit camerounais à la faveur de l'adoption de la loi-cadre sur la protection du consommateur. En effet, tout malade ou toute personne peut valablement être présenté comme un consommateur des technologies, des biens et services de la santé. La loi-cadre définit le consommateur comme *« toute personne qui utilise des produits pour satisfaire ses propres besoins et ceux des personnes à sa charge et non pour les revendre, transformer ou les utiliser dans le cadre de sa profession, ou toute personne qui bénéficie des prestations de service »*[479]. Il ressort indiscutablement de cette définition que le malade ou toute personne interagissant ou susceptible d'interagir avec le système de santé est un consommateur des biens ou services de santé, en ce sens qu'il utilise ou utilisera immanquablement des produits de santé ou bénéficiera des services ou soins de santé pour satisfaire ses propres besoins, à savoir : recouvrer sa santé ou permettre aux personnes à sa charge de recouvrer la leur.

Cette interprétation est soutenue par le fait que la loi-cadre précise bien qu'elle s'applique à toutes les transactions relatives à la fourniture, la distribution, la vente, l'échange de technologies, de biens et de services portant sur la protection du consommateur[480]. Ce type de transactions s'harmonisent bien avec les services de santé d'autant plus que la loi-cadre relève elle-même qu'elles concernent les secteurs de la santé, la pharmacie, l'alimentation, l'eau, l'habitat, l'éducation, le transport, l'énergie, etc.[481] En clair, la loi-cadre protège les consommateurs des technologies, biens et services de santé, soit directement, soit indirectement à travers les déterminants de santé. Mieux encore, elle mentionne de façon non équivoque que *« toute technologie ou tout bien produit localement ou importé, doit être inspecté, testé et mesuré par les administrations compétentes, afin de s'assurer qu'il est propre à la consommation et qu'il respecte les normes nationales et internationales sur l'environnement, la santé et la sécurité »*[482]. Plus encore, *« les normes relatives aux produits*

[479] Loi-cadre n° 2011/012 du 6 mai 2011 portant protection du consommateur au Cameroun, article 2.
[480] *Ibid.* article 1(2).
[481] *Ibid.* article 1(3).
[482] *Ibid.* article 16.

alimentaires, pharmaceutiques et aux médicaments doivent être obligatoires et conformes à celles fixées par les organisations internationales compétentes et couvrir la sécurité chimique et biologique »[483].

Il ne fait aucun doute qu'au sens de la loi-cadre sur la protection du consommateur, ce dernier fait aussi référence à toute personne malade ou toute personne dont la santé est susceptible d'être fragilisée du fait de la consommation d'un produit pharmaceutique, médicamenteux ou du recours à des actes de soins. Une fois que cette prémisse est clairement établie, il s'en suit que le consommateur des services de santé, pour se prémunir de toute atteinte à l'un de ses droits, se voir offrir deux procédures nouvelles et innovantes afin de les protéger. Il s'agit de l'action préventive et de l'action collective. L'action préventive s'oppose à l'action réparatrice qui intervient généralement après que la violation ait été commise. Cette action réparatrice est mise en mouvement devant le juge judiciaire civil ou pénal ou devant le juge administratif. L'action préventive quant à elle *« est celle qui tend à faire cesser la menace d'une atteinte aux droits du consommateur »*[484]. Cette action est d'une importance capitale en matière de santé du fait que contrairement à l'action réparatrice qui intervient après la survenance du dommage et dont la seule vocation est de permettre l'indemnisation de la victime compte tenu du fait que son état de santé avant la violation ne peut lui être restitué, elle permet d'anticiper et d'éviter toute atteinte à l'intégrité physique ou psychologique des personnes.

Ainsi perçue, l'action préventive est correctrice des failles juridiques, institutionnelles ou procédurales qui pourraient conduire à la survenance certaine ou potentielle d'un dommage à la santé des populations. Cette action préventive peut être mobilisée par exemple pour faire corriger une loi ou une mesure sanitaire qui, dans sa formulation, pourrait conduire à la survenance d'un dommage à la santé individuelle ou collective des populations. *« Il s'agit d'une action qui vise à mettre un terme à une menace avérée ou probable contre les intérêts des consommateurs. [Elle] procède d'une logique d'anticipation qui vise à éviter l'inertie des victimes d'une part, et prévenir la survenance effective du dommage, d'autre part. [Elle] peut aboutir à la prise de mesures préventives ou conservatoires par le juge »*[485]. Ainsi présentées, les actions préventives peuvent être mobilisées pour demander par exemple le retrait du marché d'un médicament dont il est établi qu'il est dangereux pour la santé humaine. Elles peuvent être

---

483 *Ibid.* article 17. Voir aussi l'article 18.

484 *Ibid.* article 27(3).

485 André AKAM AKAM, « L'émergence de l'action collective en droit camerounais », *in Bulletin de droit économique*, n° 2/2017, Université de Laval, disponible sur www.droit-economique.org [consulté le 28 juin 2018], p. 7.

également mobilisées pour amener le juge à suspendre la commercialisation de produits dangereux pour la santé humaine ou suspendre l'exercice d'une pratique médicale ou médicinale dangereuse ; ou encore pour suspendre l'application d'une mesure administrative dont l'application conduirait à une atteinte à la santé ou à la sécurité des personnes.

Dans ses modalités, il est important de souligner que contrairement à l'action réparatrice, l'action préventive ne peut être menée individuellement, mais doit être conduite exclusivement par une association de consommateurs ou par une organisation non gouvernementale. Ceci peut se comprendre dans la mesure où elle n'implique pas la réalisation d'un dommage à un individu, mais plutôt la prévention de la survenance d'un tel dommage à une collectivité de personnes. Cette disposition interpelle au plus haut point les milieux associatifs camerounais à se mobiliser véritablement dans la défense des intérêts communs. Elle constitue également un appel clair du législatif à créer des associations de défense des intérêts des malades ou des personnes interagissant avec le système de santé. Nul ne peut nier l'apport décisif de telles associations dans la structuration des systèmes de santé de nombreux pays. À titre d'exemple, l'Alliance des maladies rares est un collectif qui regroupe en France plus de 76 associations. Son objectif est de porter une action en faveur d'une politique européenne sur les médicaments orphelins. Elle a contribué au volet droits des malades du projet de loi « droits des malades et la qualité du système de santé ». Ses activités sont essentiellement centrées sur la promotion de nouveaux droits en faveur des malades et le respect des droits existants[486].

Le législateur par la loi-cadre a également fait rentrer dans le droit camerounais les actions collectives en réparation. D'après cette loi-cadre, *« l'action réparatrice est celle qui résulte d'une atteinte aux droits d'un consommateur ou d'un groupe de consommateurs »*[487]. L'innovation à ce niveau tient au fait que l'action réparatrice ne peut plus s'exercer exclusivement dans un cadre individuel, mais peut aussi être exercée collectivement. Comme le dispose la loi-cadre, « la défense en justice ou devant toute instance d'arbitrage des intérêts d'un consommateur ou d'un groupe de consommateurs peut être individuelle ou collective »[488]. À l'image de l'action préventive, elle ne peut être exercée que par une association de consommateurs ou une organisation non gouvernementale œuvrant pour la protection des consommateurs[489]. L'action collective réparatrice est une

---

[486] Yves Le CAM, « Le rôle des associations dans le respect et l'observation des droits individuels et collectifs », disponible sur www.hcsp.fr [consulté le 27 octobre 2018].
[487] Loi-cadre n° 2011/012 du 6 mai 2011 portant protection du consommateur au Cameroun, article 27(4).
[488] *Ibid.* article 26(1).
[489] *Ibid.* article 26(3).

véritable innovation dans le droit camerounais et elle contribuera certainement à faciliter l'accès à la réparation de nombreuses populations. En réalité, le principe « pas d'intérêt pas d'action » protège l'administration judiciaire d'un certain nombre de demandes fantaisistes et non fondées. Toutefois, il n'est pas efficace en matière de santé au regard de la pauvreté des personnes dont les droits à la prévention, à la prise en charge ou les droits des malades sont régulièrement violés, mais qui ne peuvent intenter aucune action judiciaire soit à cause de l'ignorance de leurs droits et de telles procédures, soit à cause des frais de justice trop élevés au regard de leurs maigres ressources financières ou encore de leur déficience technologique ou intellectuelle dans la recherche et la preuve de la faute par le professionnel ou l'établissement de santé.

Les actions collectives réparatrices apparaissent ainsi comme une planche de salut inespérée pour toutes ces populations qui peuvent dès lors être non seulement informées et formées par les associations de défense des droits des consommateurs des biens et services de santé, mais aussi voir leur action être portée devant la justice afin d'obtenir réparation. En prévoyant les actions collectives réparatrices, le législateur camerounais, reconnaissant les faiblesses et les contraintes des consommateurs et usagers du système de santé, consacre à leur profit une *actio popularis*. *In casu,* l'*actio popularis* signifie que la saisine des organes judiciaires est ouverte à tous[490], en dérogation au principe *pas d'intérêt, pas d'action*, lorsque survient un dommage. La seule condition qui est admise dans ces cas est que ceux qui l'exercent soit « association de consommateurs ou une organisation non gouvernementale œuvrant pour la protection des consommateurs » des biens et services de santé ou de défense des intérêts des malades. Cette procédure apparaît comme extrêmement efficace dans la garantie du droit à la santé. Cependant, il serait tout de même important de bien l'encadrer et de définir les conditions objectives que doivent remplir les associations de protection des patients avant de pouvoir la mobiliser.

La Commission africaine des droits de l'homme et des peuples exige par exemple que les associations qui souhaitent la saisir dans le cadre de l'*action popularis* aient préalablement obtenu d'elle le statut d'observateur[491]. Dans le cadre camerounais, il peut être demandé que les associations justifient d'au moins deux années d'existence légale et aient mené les actions d'éducation et d'information des consommateurs prévues à l'article 24 de la loi-cadre. Ces exigences permettront à coup sûr de renforcer le système de santé camerounais, car *« le patient informé devient un acteur de sa santé et*

[490] Frédéric FOKA, *Le contentieux africain des droits de l'homme et des peuples*, éditions 3ft, Yaoundé, 2008, p. 30.
[491] *Ibid.*

de ses soins. Les patients organisés deviennent des acteurs du système de santé »[492]. En France par exemple, *« la contribution des associations de patients a été significative dans l'évolution des rapports entre malades et médecins, dans la prise de conscience d'un système de santé où le malade devrait être le centre, dans l'initiative d'approches innovantes et collectives pour réformer l'organisation des soins »*[493]. Mieux encore, des associations de défense des droits des malades ont été créées et ont introduit avec succès en justice des demandes de réparation de préjudices survenues à l'occasion de la transfusion sanguine, de l'exposition à l'amiante, ou *« sur une approche plus transversale, non spécifique à une pathologie, sur les problèmes d'accès et de qualité dans le système de santé (infections nosocomiales, usagers d'hôpitaux, migrants) »*[494].

Section 2 : Le contrôle des atteintes au droit à la santé par le juge

L'action du juge dans la protection du droit à la santé des populations peut se décliner de diverses manières. Elle peut, d'une part, porter sur la répression des différentes atteintes aux droits des malades, notamment leurs droits à la vie et à la protection de leur intégrité physique, de même que la répression de toutes les pratiques néfastes au droit à la santé. Elle peut d'autre part viser la réparation du préjudice subi par les victimes que ce soit dans leur contact avec des formations sanitaires et des professionnels de santé opérant pour le compte de l'État ou pour le compte des cliniques et autres formations sanitaires privées. Suivant ces différents cas, peuvent intervenir pour contrôler les atteintes au droit à la santé, soit le juge pénal lorsqu'un comportement contraire au droit à la santé est constitutif d'une infraction (Paragraphe 1), ou le juge civil ou administratif lorsqu'il s'agit de réparer une faute commise dans le cadre d'une formation sanitaire publique ou privée et qui a résulté en un préjudice à un ou plusieurs individus, notamment en ce qui concerne leur santé (Paragraphe 2).

Paragraphe 1 : Le contrôle des atteintes au droit à la santé par le juge pénal

L'intervention du juge pénal est précieuse dans la mise en œuvre du droit à la santé plus qu'il ne peut sembler apparaître de prime abord. En effet, de nombreuses situations sont constitutives des atteintes à l'intégrité physique

---

492 Yann Le CAM, « Le rôle des associations dans le respect et l'observation des droits individuels et collectifs » *in Revue Actualité et dossier en santé publique*, n° 36, septembre 2001, p. 30.
493 *Ibid.*
494 *Ibid.*

ou psychologique des malades notamment lorsqu'ils rentrent en transaction avec les professionnels de santé ou les établissements hospitaliers. Par conséquent, *« le patient dispose également de la faculté d'engager la responsabilité pénale des professionnels de santé ou des établissements de santé. La procédure pénale présente l'avantage d'être en règle générale plus rapide que la voie civile, de permettre à la victime de bénéficier des pouvoirs d'investigation du juge pénal, et d'assouvir le besoin de voir reconnaître la responsabilité de l'auteur de l'acte »*[495]. Cette procédure permet ainsi au juge pénal de sanctionner les atteintes aux droits du malade lorsqu'ils sont violés en milieu hospitalier (A). Cependant, d'autres atteintes au droit à la santé peuvent avoir lieu hors du cadre hospitalier, sans lien direct avec un acte diagnostique ou thérapeutique, et sans nécessairement impliquer un professionnel de santé. Ces atteintes méritent aussi une attention particulière du juge pénal afin de les réprimer, d'en garantir par ce faire la non-répétition et, *in fine*, de garantir le droit à la santé (B).

A. La sanction des atteintes à l'intégrité physique et à la dignité humaine des malades

De l'avis de la Cour d'appel de l'Ouest dans l'affaire *Njionhou Elie c/ Dongtio Kitio Vincent et Petrella Laura, « la responsabilité pénale du médecin ne peut être retenue que s'il a commis une maladresse, négligence, imprudence ou inobservation des règlements constitutifs de l'infraction d'homicide ou blessures involontaires »*[496]. En procédant par abduction, on peut dire qu'il ressort clairement de cette affaire que l'erreur non fautive ou l'aléa médical ayant entraîné la mort ou des blessures graves à un patient ne peuvent donner lieu à une quelconque poursuite du médecin devant le juge pénal. C'est d'ailleurs la même approche que prend le Conseil d'État français lorsqu'il relève que : *« l'erreur de diagnostic n'est pas en principe une faute pénale, les praticiens ne pouvant être tenus de poser le bon diagnostic. Elle ne peut leur être reprochée, que s'ils n'ont pas été suffisamment diligents dans l'établissement de leur diagnostic »*[497]. On en retient que la base de la responsabilité médicale reste la faute du médecin. Celle-ci peut se traduire par sa maladresse, sa négligence, son imprudence ou l'inobservation des règlements.

Sur le fondement de ce qui précède, on remarque en examinant la jurisprudence que *« les principaux chefs d'accusation à l'encontre des*

---

[495] Anne LAUDE et Didier TABUTEAU, *op. cit.* p. 114.

[496] Arrêt n° 687/COR du 23 avril 2002, pp. 13-14.

[497] Conseil d'État, *Droits et débats. Santé et justice : quelles responsabilités ? Dix ans après la loi du 4 mars 2002*, Actes du colloque organisé par le Conseil d'État et la Cour de cassation les 20 et 21 octobre 2011, Conseil d'État, Cour de cassation, La documentation française, Paris, 2013, p. 177.

professionnels de santé sont essentiellement constitués par des atteintes non intentionnelles et d'imprudence. Il peut s'agir d'homicides involontaires, comme le fait pour un médecin généraliste de ne pas assurer correctement la permanence des soins, ou d'atteintes involontaires à la personne consistant à exposer le patient à un risque d'une particulière gravité qu'il ne pouvait ignorer »[498]. Ainsi, dans l'arrêt *Njionhou,* il était reproché au Docteur Njionhou Elie d'avoir prescrit à l'enfant décédé un produit contre-indiqué d'une part, d'avoir administré ce médicament à une dose contre-indiquée et d'avoir usé d'une voie interdite.

Dans cette affaire, la Cour d'appel de l'Ouest avait conclu sur la prescription médicale que *« le Docteur Njionhou a agi avec une légèreté blâmable, que celle-ci s'analyse en droit pénal comme une maladresse et une imprudence de la part d'un professionnel de la santé cumulant plus de quarante ans de service et opérant de surcroit dans une zone paludéenne »*[499]. Il était reproché au médecin dans cette affaire d'avoir causé la mort d'une enfant de moins de cinq ans en lui injectant par voie intramusculaire, en traitement du paludisme, une forte dose de chloroquine, soit une ampoule de 40 mg. Au-delà de la maladresse et de l'imprudence portant sur la prescription médicale, le juge a également établi la maladresse et la négligence du médecin en ce qui concernait le mode d'administration du médicament, de même que l'inobservation des règlements en matière de vente et de mise en circulation des produits pharmaceutiques au Cameroun. Sur ces prémisses, le médecin a été reconnu coupable d'homicide involontaire tel que puni par l'article 289 du Code pénal. La Cour suprême a confirmé ce jugement tout en évacuant la nécessité de prouver le lien de causalité soulevé par la défense[500].

Avant de revenir sur la nécessité ou non d'établir le lien de causalité entre l'acte fautif du médecin et la mort du patient, il y a lieu de remarquer que la jurisprudence pénale camerounaise abonde largement dans le sens de l'arrêt Njionhou. En effet, la Cour d'appel du Littoral a reconnu le Docteur Ndeumeni coupable de blessures graves, faits prévus et réprimés par l'article 289 du Code pénal, pour avoir procédé, alors qu'il était titulaire d'un diplôme de chirurgien-dentiste, à une hémorroïdoctomie qui a débouché sur des complications provoquant un handicap à 85 % du malade. La Cour a relevé que *« l'accusé, en prenant sur lui de poser des actes dans un domaine aussi délicat que la médecine alors que sa formation de base de chirurgien dentiste ne l'y prédisposait pas, a fait montre d'une imprudence*

[498] Anne LAUDE et Didier TABUTEAU, *op. cit.* p. 114.
[499] Arrêt n° 687/COR du 23 avril 2002, p. 14.
[500] Ch. jud., section pénale, pourvoi n° 391 du 26 avril 2002, arrêt n° 17/P du 27 mai 2010.

manifeste »[501]. Les juges dans cette affaire se sont montrés particulièrement sévères en condamnant le médecin à une peine supérieure à celle requise par le ministère public en soulignant que cette attitude visait à « éviter que l'accusé ne fasse des émules dans la société ». On comprend ainsi l'ampleur du rôle du juge pénal non seulement dans la sanction des atteintes à la santé des malades, mais aussi dans la prévention des éventuelles autres atteintes similaires au droit à la santé des patients.

Le Tribunal de première instance de Douala Bonanjo est allé dans le même sens que les cours d'appel en reconnaissant deux professionnels de santé coupables d'homicide involontaire par maladresse, négligence, imprudence ou inobservation de règlement, conformément à l'article 289 du Code pénal[502]. Dans cette affaire, il est reproché aux deux prévenus, un chirurgien et un anesthésiste, d'avoir procédé à une intervention chirurgicale sur le malade et de lui avoir administré un produit anesthésiant sans procéder à des examens préalables requis par les règles de médecine. Le juge s'est largement appuyé sur les rapports des experts pour conclure qu'il se dégage desdits rapports *« qu'en guise d'examens préalables à l'intervention chirurgicale, le prévenu s'est contenté des indices apparemment satisfaisants qui cachaient la véritable santé du patient qui souffrait outre du VIH, d'une hypertension artérielle ; (...) ces examens préalables dont l'objectif est de connaître le milieu d'intervention du chirurgien sont obligatoires aux dires des experts (...) auraient permis de déterminer l'opportunité de l'administration de l'anesthésie locale ou générale selon le cas au patient (...) ; que par ailleurs la pertinence de l'administration de certains produits au patient en l'occurrence le Ketalar est discutable, ledit produit étant contre-indiqué aux hypertendus ; (...) que cette omission constitue une négligence, (...) imprudence et/ou inobservation des règles de médecine ayant conduit au décès du [malade] ».*

On peut retenir de ces décisions l'obligation pour le médecin de faire un examen complet du patient avant de procéder à un quelconque acte de soin. Il ne peut dès lors se fier ni à ce que lui dit le patient ni à ce qui lui semble apparent. Tout manquement à ce devoir qui cause une atteinte à l'intégrité physique du malade entraîne *ipso facto* la responsabilité pénale du médecin. Par ailleurs, le médecin a un devoir de formation continue afin de délivrer les soins à ses malades conformément aux données les plus récentes de la science. Il a, à cet effet, un devoir d'information sur tous les produits qu'il utilise, sur les doses à et sur les voies d'administration des produits auxquels

---

[501] Arrêt n° 35/Crim du 15 juin 2011, affaire MP et Nkoumo Charles Séraphin, Ordre national des médecins c/ Ndeumeni Noubevam Charles Dechateau et Minsanté, p. 7.

[502] Jugement n° 1462/CD/COR du 27 mars 2006, affaire *Ministère public et Ayants droit du Lt Colonel Koumou roger Michel c/ Etoke Richard et Nkwenti Marcus.*

il fait recours dans le processus des soins. Il y a lieu de retenir que dans ces affaires concernant un défaut d'information sur des contre-indications d'usage de médicaments, les juges ont sans équivoque retenu l'obligation du professionnel de santé de s'informer, et qu'aucune circonstance ne pouvait justifier un défaut d'information sur les produits utilisés. Dans l'affaire *Njionhou*, alors que le prévenu voulait se soustraire à sa responsabilité pénale en invoquant le fait que la notice du produit était en anglais, langue qu'il ne maîtrisait pas, les juges ont fort à propos retenu son imprudence grave. En effet, c'est précisément pour cette raison qu'il aurait dû s'abstenir d'administrer ledit produit.

Il en découle que le médecin a un devoir de prudence, de conscience et d'attention non seulement lorsqu'il établit un diagnostic, mais aussi lorsqu'il procède aux actes de soins. Ne pas s'y conformer entraîne sa responsabilité délictuelle qui elle est fondée comme l'indique le Tribunal de Douala, sur les « articles 1384 et suivants du Code civil et non la faute »[503]. Le juge semble ici clairement distinguer la responsabilité délictuelle de la responsabilité contractuelle. Cette position s'harmonise parfaitement avec le principe de non-cumul de la responsabilité délictuelle et de la responsabilité contractuelle telle que posée par la Cour suprême dans l'affaire *Sonel contre dame veuve Ndjilo, née Kwisse Denise* où elle note que *« c'est un principe élémentaire de droit que la responsabilité délictuelle ne peut se cumuler, ou se substituer à la responsabilité contractuelle »*[504]. Par ailleurs, il y a lieu de retenir qu'un médecin ne peut se soustraire de sa responsabilité pénale en rejetant la faute sur son équipe de travail. C'est sur cette base que le Tribunal de première instance de Douala a conclu que lorsqu'une anesthésie générale s'est avérée fatale au malade alors qu'elle était contre-indiquée compte tenu de l'état du malade, le chirurgien ne peut tenter de diluer sa responsabilité *« dès lors qu'en tant que spécialiste il lui revenait d'administrer au malade les produits convenables tenant compte de la santé de celui-ci »*[505].

Il y a lieu toutefois de noter que dans ces affaires, les juges se sont très peu appesantis sur le lien de causalité entre l'imprudence, la négligence ou la légèreté des professionnels de santé et le décès ou les blessures involontaires occasionnés chez les malades. À la lecture des différentes affaires, il existe comme une présomption de causalité dès lors qu'il est établi que la conduite du professionnel de santé était négligente, imprudente et non conforme au règlement, délictuelle. Cette lecture ne s'accommode pas avec la position de la Cour suprême dans l'affaire *Njionhou* où la Cour rappelle, mais sans

---

[503] *Ibid.*

[504] CS, arrêt n° 50/CC du 18 juin 1987. Voir également Alexis DIPANDA MOUELLE, *op. cit.* p. 701.

[505] Jugement n° 1462/CD/COR du 27 mars 2006, *op. cit.*

toutefois casser la décision de la cour d'appel, que la *« responsabilité ne saurait être retenue en l'absence de cette exigence légale par ailleurs consacrée par une jurisprudence abondante regardant la responsabilité médicale »*[506]. L'absence de cassation de la décision de la cour d'appel dans cette affaire peut surprendre tant il est vrai que *« pour que le médecin puisse être incriminé pénalement, (...) il doit avoir commis une faute pénale présentant un lien de causalité avec l'atteinte subie par le patient »*[507].

Nonobstant cette omission coupable, il faut dire qu'au-delà de l'homicide et des blessures involontaires condamnés par le Code pénal, tout professionnel de santé voit peser sur lui le risque d'être poursuivi pour activités dangereuses, conformément à l'article 228 du Code pénal. D'après cet article, est puni celui qui ne prend pas les précautions nécessaires pour éviter à autrui des dommages corporels pouvant résulter de son activité dangereuse. La peine est plus rigoureuse pour celui qui, par une imprudence grave, risque de mettre autrui en danger en donnant des soins médicaux ou chirurgicaux ou en fournissant ou en administrant des médicaments ou autres produits. La question qui subsiste à la lecture de tout ce qui précède est celle de savoir s'il est possible d'établir la responsabilité des personnes morales, notamment les établissements hospitaliers. Il est à noter à ce propos que contrairement en France où il est clairement établi que la responsabilité pénale des personnes morales peut être engagée[508], seule la responsabilité civile ou administrative des personnes morales peut être établie.

Ainsi, il en a été ainsi concernant le ministère de la Santé publique dans l'affaire *Ndeumeni* où il a été déclaré civilement responsable des condamnations pécuniaires prononcées[509]. En 1983, alors qu'une affaire en responsabilité médicale avait été introduite contre l'État du Cameroun, représenté par le même ministère, la Chambre administrative de la Cour suprême s'était alors déclarée incompétente arguant du fait que le dommage causé à l'épouse du plaignant et à lui-même l'avait été *« par un préposé de l'État dans les fonctions ou à l'occasion des fonctions auxquelles celui-ci l'a employé ; que l'action du recourant étant ainsi fondée sur un quasi-délit, elle relève de la compétence du juge judiciaire »*[510]. Dans cette affaire, le quasi-délit concernait bien entendu uniquement le préposé et non l'État qui ne pouvait qu'être civilement responsable. Quoi qu'il en soit, de nombreuses

---

506 Ch. jud., section pénale, pourvoi n° 391 du 26 avril 2002, arrêt n° 17/P du 27 mai 2010.

507 Anne LAUDE et Didier TABUTEAU, *op. cit.* p. 114.

508 Conseil d'État, *Droits et débats. Santé et justice : quelles responsabilités ? Dix ans après la loi du 4 mars 2002, op. cit.* p. 179.

509 Arrêt n° 35/Crim du 15 juin 2011, *op. cit.*

510 Ch. adm., affaire n° 112/82-83, *Nkondock Emile-Valentin c/ État du Cameroun (Minsanté)*, jugement n° 72/82-83 du 26 mai 1983.

autres infractions en dehors de celles examinées ci-haut peuvent fonder l'action du juge pénal.

B. La sanction des pratiques néfastes à la santé

De nombreuses pratiques, traditionnelles pour certaines, mais non pas toutes, constituent de sérieuses menaces à la santé des personnes vivant au Cameroun. Compte tenu du fait que la prévention de ces pratiques néfastes à la santé fait très souvent défaut au Cameroun, il reste que l'intervention du juge pénal est nécessaire pour sanctionner leurs auteurs et, par conséquent, actionner la dissuasion face aux pratiques analogues. Ces pratiques sont celles qui portent directement ou indirectement atteinte à l'intégrité physique et psychologique de la personne humaine. Elles ont alors un fondement culturel pour ne pas dire « traditionnel », mais ne peuvent cependant pas échapper à l'action du juge pénal. En effet, *« l'interdiction des pratiques traditionnelles sanitairement néfastes peut être dégagée de trois conventions internationales consacrées aux droits de l'homme »* : le PIDCP, la CEDEF et la CIDE[511]. Alors que l'on pouvait anciennement penser que la lutte contre ces pratiques « reste dans une large mesure assez théorique »[512], ces pratiques font désormais l'objet d'une attention particulière du juge pénal. C'est ainsi que les mutilations génitales féminines ou d'autres pratiques telles que le « repassage des seins » font désormais l'objet d'incrimination.

Une rigueur particulière de la loi s'applique à ces infractions montrant ainsi la détermination du juge pénal à contribuer à y mettre définitivement fin. Par conséquent, toute personne qui procède à la mutilation de l'organe génital d'une autre encourt la même peine que celui qui cause à autrui des blessures graves, c'est-à-dire une peine d'emprisonnement de dix à vingt ans. L'auteur d'une telle infraction encourt une peine d'emprisonnement à vie s'il se livre habituellement à cette pratique ou s'il le fait à des fins commerciales, ou encore si la mort de la victime en résulte[513]. Ces peines sont un peu plus souples pour celui qui porte atteinte à la croissance d'un organe, notamment avec des pratiques telles que le « repassage des seins » qui porte atteinte à la santé de la jeune fille[514]. Au-delà de ces pratiques dites traditionnelles, de nombreuses autres atteintes à l'intégrité physique donnent lieu à intervention de la part du juge pénal, qu'elles soient commises dans un cadre traditionnel ou non. Il s'agit notamment de toutes les formes de

---

[511] Samuel-Jacques PRISO-ESSAWE, « Pratiques traditionnelles et intégrité physique en Afrique Sub-saharienne. Droit international, législations nationales et protection des femmes et des enfants » *in Cahiers de l'IDEDH*, n° 7, Université de Montpellier, 1999, p. 84.

[512] *Ibid.* p. 88.

[513] Loi n° 2016/007 du 12 juillet 2016 portant code pénal, articles 277-1.

[514] *Ibid.* article 277-2.

violences sexuelles, notamment le viol, les mariages forcés et la prostitution d'autrui[515].

Hormis ces différents cas d'infractions qui peuvent être commises dans un contexte particulier et avoir une connotation assez singulière parce que se rapportant précisément à la santé des femmes et des enfants, le juge pénal s'intéresse aussi de façon plus globale à toutes les infractions qui constituent des menaces à la santé. Certaines de ces infractions sont commises dans le cadre particulier de l'hôpital et portent ainsi atteinte aux droits spécifiques des malades. Il s'agit entre autres de la violation du secret professionnel. Le respect du secret professionnel est une *« obligation légale (...) et déontologique (...) pour tout professionnel de santé et ses collaborateurs »*[516]. Sa violation est punie de peines allant de trois mois à trois ans et d'une amende allant de 20 000 à 100 000 francs CFA. La répression de cette infraction est nécessaire pour préserver *« la confiance nécessaire à l'exercice de certaines professions et s'impose aux médecins comme un devoir de leur état »*[517]. Toujours dans le cadre médical et en rapport avec le droit des malades est punie la rupture d'un contrat de travail ou de fourniture.

Est ainsi puni celui qui rompt un contrat de travail ou de fourniture alors que la conséquence prévisible de cette rupture est soit un grave danger pour la santé publique ou pour celle des malades hospitalisés, soit des dommages corporels graves, soit une détérioration grave de toute nature, soit une privation d'électricité, d'eau, de gaz ou de toute autre source d'énergie au préjudice de plusieurs personnes[518]. Cette infraction apparaît de prime abord comme une immixtion grave dans le droit des contrats d'après lequel le prestataire qui n'est par exemple pas payé est fondé à rompre le contrat ou la fourniture du service qu'il offre. Il y a lieu toutefois de souligner qu'en plus du délai de préavis d'une semaine qui opère comme une sorte d'exonération de responsabilité, cette infraction tient compte de la valeur supérieure qui est l'intérêt du malade et la santé publique. C'est à peu près la même philosophie qui irrigue l'incrimination de l'omission de porter secours[519]. La disposition se rapportant à cette infraction se suffit à elle-même et ses termes sont assez clairs et précis. Il est applicable aux médecins. Par conséquent, *« tout médecin qui se trouve en présence d'un malade ou d'un blessé en*

---

[515] *Ibid.* articles 296, 297 et 356.
[516] Didier TRUCHET, *op. cit.* p. 258.
[517] Claudine BERGOIGNAN-ESPER et Pierre SARGOS, *op. cit.* p. 601.
[518] Loi n° 2016/007 du 12 juillet 2016 portant code pénal, article 262.
[519] *Ibid.* article 283.

péril, ou informé qu'un malade ou un blessé est en péril, doit lui porter assistance ou s'assurer qu'il reçoit les soins nécessaires »[520].

À l'infraction d'omission de porter secours peut très bien s'adosser celle du refus discriminatoire des soins. Le Code pénal punit celui qui refuse à autrui l'accès dans des lieux ouverts au public en raison de sa race, de sa religion, de son sexe ou de son statut médical, lorsque ledit statut ne met personne en danger[521]. D'après le Code de déontologie des médecins, le refus des soins est admis pour des raisons professionnelles ou personnelles, à condition de ne pas nuire de ce fait au malade et de s'assurer de la continuité des soins prodigués à celui-ci[522]. Il en ressort que techniquement le refus des soins ne peut être assimilé à l'omission de porter secours. En réalité, ce qui est puni est le refus des soins discriminatoires, lorsque ce refus n'est pas fondé sur des raisons personnelles ou professionnelles objectives, mais est sous-tendu davantage par l'un des critères discriminatoires cités ci-haut. Cette incrimination tient amplement compte de *« l'importance des discriminations rencontrées dans l'accès aux soins, notamment par les personnes âgées, les patients atteints de VIH »*[523] et les patients pauvres et démunis.

Enfin, en ce qui concerne les droits des malades, le Code pénal sanctionne tout acte médical, notamment toute atteinte à l'intégrité physique, effectué sans le consentement du patient ou de celui qui en a la garde[524]. Par ailleurs, il punit tout exercice illégal de la médecine notamment en sanctionnant l'usurpation de titre. Est ainsi puni celui qui fait usage sans droit, d'un titre attaché à une profession légalement réglementée, d'un diplôme officiel ou d'une qualité dont les conditions ont été fixées par l'autorité publique[525]. Cette incrimination fait écho au CDM qui au-delà de prohiber l'exercice illégal de la médecine, interdit tout acte de nature à favoriser la pratique de l'exercice illégal de la médecine[526]. D'après la jurisprudence camerounaise, l'infraction d'exercice illégal de la médecine ne s'applique pas au médecin qui, exerçant dans une spécialité donnée, s'engage à poser des actes médicaux dans un domaine ne relevant pas de sa spécialité. Ceci est la substance de l'affaire *Ndeumeni*[527] dans laquelle la

---

520 Claudine BERGOIGNAN-ESPER et Pierre SARGOS, *op. cit.* p. 678. Voir aussi l'affaire *Procureur général c/ Ghestem*, Bull. crim. n° 202 ; D. 1949. 347.

521 Loi n° 2016/007 du 12 juillet 2016 portant code pénal, article 242.

522 Décret n° 83-166 du 12 avril 1983 portant Code de déontologie des médecins, article 28.

523 Anne LAUDE et Didier TABUTEAU, *op. cit.* p. 106.

524 Loi n° 2016/007 du 12 juillet 2016 portant code pénal, article 286.

525 *Ibid.* article 219.

526 Décret n° 83-166 du 12 avril 1983 portant Code de déontologie des médecins, articles 8 à 14.

527 Arrêt n° 35/Crim du 15 juin 2011, *op. cit.*

Cour d'appel du Littoral, prenant le contre-pied du Tribunal de grande instance du Wouri a déclaré le chirurgien-dentiste non coupable du délit d'exercice illégal de la médecine. Dans cette affaire, le docteur Ndeumeni, alors chirurgien-dentiste avait posé des actes de chirurgie générale sur un malade sans avoir la formation de base de médecine sans qualification adéquate. Cette décision qui peut, à maints égards surprendre, permet juste de comprendre que le délit d'exercice illégal de la médecine concerne particulièrement ceux qui l'exercent sans diplôme se rapportant à un quelconque domaine de la médecine.

En dehors de ces atteintes à l'intégrité physique et psychologique ou aux droits des malades qui donnent lieu à l'intervention du juge pénal, de nombreux autres comportements peuvent le conduire à agir afin de sanctionner toute personne qui par son action ou son omission porte directement ou indirectement atteinte à la santé publique. Ces actes ou omissions se rapportent entre autres à la vente illicite de médicaments[528]. Il ne s'agit pas ici seulement de lutter contre le médicament de la rue qui est vendu dans des conditions de stockage et de conservation précaires par des personnes non autorisées et très souvent approvisionnées par des sources douteuses ou inconnues. L'incrimination de la vente illicite de médicaments concerne aussi toute personne qui vend un médicament contrefait, périmé ou non autorisé ; ou qui détient pour le vendre, un médicament falsifié, altéré ou nuisible à la santé humaine. C'est ainsi que dans l'affaire *Njionhou*, ce médecin a été condamné pour avoir prescrit à l'enfant décédé « un produit contre indiqué et d'origine douteuse »[529].

Dans l'optique de la préservation de la santé publique, le Code pénal punit celui qui altère des denrées servant à l'alimentation de l'homme ou des animaux, des boissons ou des substances médicamenteuses destinées à être vendues, de même qu'il punit celui qui détient des produits destinés ou uniquement propres à effectuer de telles falsifications[530]. Le Code pénal punit également tout professionnel de santé qui, pour favoriser ou nuire quelqu'un, certifie faussement ou dissimule l'existence d'une maladie ou d'une infirmité ou certifie faussement l'existence ou le résultat d'une vaccination ou fournit des indications mensongères sur l'origine d'une maladie, la durée d'une incapacité ou la cause d'un décès. La sanction de cette infraction est quasiment quadruplée lorsqu'il est avéré que ledit professionnel de santé a fait l'objet de corruption[531]. Toujours dans l'optique de préservation de la santé publique, est puni celui qui par sa conduite,

---

[528] Loi n° 2016/007 du 12 juillet 2016 portant code pénal, article 258-1.

[529] Arrêt n° 687/COR du 23 avril 2002, p. 14.

[530] Loi n° 2016/007 du 12 juillet 2016 portant code pénal, article 258.

[531] *Ibid.* article 259.

facilite la communication d'une maladie contagieuse et dangereuse[532]. C'est dans ce sillage que l'on peut comprendre le vaste mouvement mondial visant à criminaliser la transmission intentionnelle du VIH/Sida[533].

Les actes de prévention tombent également dans la compétence du juge pénal. Ainsi, celui qui se livre à des actes susceptibles de compromettre la prévention des atteintes à la santé publique fera aussi l'objet de poursuites pénales. C'est le cas notamment de celui qui pollue une eau potable susceptible d'être utilisée par autrui, de même que celui qui pollue l'atmosphère au point de la rendre nuisible à la santé publique. Il en est également de même de celui qui ne procède pas à l'élimination immédiate des déchets toxiques ou dangereux générés par son entreprise ; comme de celui qui ne respecte pas les standards et normes de sécurité, de confort et de salubrité propres à certaines activités commerciales[534].

Bien entendu, la gouvernance hospitalière et la bonne gestion des fonds destinés au système de santé étant l'un des principaux défis à relever dans le processus de structuration d'un système de santé viable et suffisamment protecteur pour tous, l'impératif de lutter contre toutes formes de corruption et de détournements des biens et des fonds publics est un défi permanent qui peut donner l'occasion au juge pénal d'intervenir[535]. C'est dans ce sillage que l'on peut comprendre l'affaire ministère public c/ Urbain Olanguena Awono dans laquelle l'ex-ministre de la Santé publique est accusé de détournement de deniers publics et de tentative de détournement de deniers publics dans le cadre d'un marché de fourniture des moustiquaires imprégnées[536]. La répression de ces infractions est nécessaire dans l'optique de la préservation et de la protection de la santé des populations. Toutefois, elle ne doit pas occulter l'action devant le juge civil ou devant le juge administratif aux fins de réparation du préjudice subi de façon singulière par le malade et/ou sa famille.

---

[532] *Ibid.* article 260.

[533] Sénat français, « Le traitement pénal de la transmission du sida par voie sexuelle », Étude de législation comparée n° 151, octobre 2005, disponible sur www.senat.fr [consulté le 2 octobre 2018].

[534] Loi n° 2016/007 du 12 juillet 2016 portant code pénal, articles 261, 229-1 et 249-1.

[535] *Ibid.* articles 134, 134-1, 184 et 312.

[536] Jeune Afrique, « Cameroun : Urbain Olanguena Awono en prison pour rien », 6 février 2012, disponible sur www.jeuneafrique.com [consulté le 27 octobre 2018]. Voir aussi Camnews24, *Opération épervier : l'affaire Urbain Olanguena Awono renvoyée au 5 février 2013*, disponible sur www.camnews24.com [consulté le 21 novembre 2017].

Paragraphe 2 : Le contrôle des atteintes au droit à la santé par les juges civils et administratifs

Le contrôle des atteintes au droit à la santé ne se fait pas exclusivement sur la base délictuelle de la faute qui fait intervenir nécessairement le juge pénal. Elle peut aussi simplement se faire sur le fondement contractuel de la faute, auquel cas la victime est fondée à demander réparation de la faute devant le juge civil (A). Cette démarche est valide lorsqu'on est en présence des règles de droit privé, c'est-à-dire lorsqu'il s'agit d'un professionnel de santé privé ou opérant dans une clinique privée. Toutefois, la démarche n'est pas fondamentalement différente lorsqu'il est question de prétendre à des réparations pour une faute causée par un professionnel de santé opérant dans une formation sanitaire publique. La seule différence réside dans le fait qu'à ce moment, le juge compétent à qui il faut s'adresser pour réparer la faute, et par là même contrôler l'atteinte au droit à la santé, est le juge administratif (B).

A. Le contrôle des atteintes au droit à la santé par le juge civil

Le contrôle des atteintes au droit à la santé incombe aussi au juge civil dont l'intervention est principalement fondée, mais pas seulement, sur l'existence d'une faute de la part du professionnel de santé privé ou opérant dans une formation sanitaire privée. Pour qu'un tel contrôle puisse exister, il faut obligatoirement que l'acte fautif du médecin ou du professionnel de santé ait résulté en un dommage pour le malade comme le requièrent les articles 1382 et 1383 du Code civil. En effet, comme tout citoyen, le médecin est civilement responsable du dommage qu'il cause à ses patients du fait de sa faute. D'après l'arrêt *Delherm c/ Calou*, une jurisprudence applicable au Cameroun en vertu du principe de l'applicabilité du droit français pré-indépendance au Cameroun, les dispositions des articles 1382 et 1383 *« s'appliquent à toute faute quelconque de l'homme, qui, quelle que soit sa situation ou sa profession cause préjudice à autrui ; [il] n'existe aucune exception en faveur du médecin »*[537]. Les fautes susceptibles de mettre en jeu la responsabilité du professionnel de santé peuvent être essentiellement de deux types. Il peut s'agir d'une faute technique et d'une faute d'humanisme[538].

La faute technique s'entend comme un *« manquement du professionnel de santé à son obligation d'accomplir des soins conformes aux données acquises de la science. De telles fautes peuvent être commises aussi bien lors de l'élaboration du diagnostic, qu'au moment du choix du traitement ou lors*

---

[537] Cour de cassation française, civ., affaire *Delherm c/ Calou*, 29 novembre 1920. Voir aussi Claudine BERGOIGNAN-ESPER et Pierre SARGOS, *op. cit.* p. 285.

[538] Anne LAUDE et Didier TABUTEAU, *op cit.* p. 111.

de sa mise en œuvre, ou encore postérieurement à la réalisation de l'acte médical, en cas par exemple d'un défaut de surveillance du patient »[539]. Il découle de ce qui précède que la *« faute technique se retrouve dans l'accomplissement des actes médicaux et dans les interventions chirurgicales. Le juge qualifie cette faute en se fondant sur les règles de l'art (...) »*[540]. Les règles de l'art au Cameroun se retrouvent principalement dans les codes déontologiques des différents ordres professionnels de santé. La faute technique se décompose en trois sous-types de fautes qui sont : la faute de diagnostic, la faute dans le choix thérapeutique et la faute résultant de la mauvaise exécution du traitement ou d'une intervention chirurgicale. Concernant le premier sous-type, il est important de noter que *« l'erreur de diagnostic en elle-même n'est pas sanctionnée (aucune obligation de parvenir au bon diagnostic n'est à la charge du praticien) »*[541].

En réalité, ce qui est ici sanctionné par le juge civil ce sont les conditions dans lesquelles le diagnostic est porté. Il s'agit alors de savoir si l'acte d'investigation était complexe, à haut risque ou non indispensable[542]. La question n'est pas tant de savoir si le médecin a posé un mauvais diagnostic, mais elle est davantage celle de savoir si le diagnostic a été élaboré « avec le plus grand soin », comme l'exige le CDM en son article 23. Le médecin doit par conséquent, prendre tout le temps nécessaire, « sans compter le temps que lui coûte ce travail, pour investiguer la situation afin de poser le meilleur diagnostic possible. La faute de diagnostic naît de la hâte ou de la négligence dont a fait preuve le médecin dans le diagnostic élaboré. C'est sur ce fondement que peut intervenir le juge civil pour réparer le tort causé au malade du fait de la négligence ou de l'insouciance du médecin. Il s'agit alors plus d'une évaluation du processus diagnostique que du résultat de ce processus. *« Ainsi, le médecin doit effectuer les examens nécessaires et suffisants sans que l'on puisse lui reprocher un manque de diligence »*[543].

Tel n'est pas le cas avec le choix thérapeutique pour lequel le juge civil évalue non seulement l'adéquation de la prescription avec le diagnostic tel que posé, mais aussi le principe de raison proportionnée. Dans le premier cas, le CDM oblige le médecin, dans ses prescriptions, à rester « dans les limites imposées par la condition du malade ». Par conséquent, il « ne doit jamais donner à un malade des soins dans un but de lucre »[544]. Dans le second cas, le principe de raison proportionnée oblige le médecin à

---

539 *Ibid.*

540 Groupe Pasteur Mutualité, *Guide de la responsabilité professionnelle médicale*, disponible sur www.gpm.fr [consulte le 24 novembre 2017], p. 8.

541 *Ibid.*

542 *Ibid.*

543 *Ibid.*

544 Décret n° 83-166 du 12 avril 1983 portant Code de déontologie des médecins, article 24.

s'interdire, dans les investigations et interventions qu'il pratique comme dans les thérapeutiques qu'il prescrit, de faire courir au patient un risque injustifié. C'est sur ce fondement que la faute du docteur Njionhou a été retenue pour avoir administré à une enfant de moins de cinq ans un produit d'origine douteuse dont il ne connaissait ni la posologie ni le mode d'administration. Ce faisant, le médecin dans son acte thérapeutique a fait courir à sa patiente un risque injustifié qui a eu comme issue le décès de cette dernière[545].

Cette affaire fait ressortir aussi le dernier pan de la faute technique qui est la mauvaise exécution d'un traitement ou d'une intervention. Cette faute s'apprécie au regard de l'état des connaissances de la science, de l'urgence de la situation et des difficultés de l'acte. Dans l'affaire *Njionhou*, la mauvaise exécution du traitement est consécutive à l'administration par voie intramusculaire de la chloroquine alors que cette voie est proscrite selon le rapport d'expertise présenté dans l'affaire. Il en résulte aussi qu'*in casu*, le docteur Njionhou n'avait pas agi conformément aux données acquises de la science. La faute technique ressort aussi de l'affaire *Ndeumeni,* d'après laquelle, sans que l'urgence de la situation ne le justifie, le docteur Ndeumeni, alors chirurgien-dentiste, avait posé sur le malade des actes de chirurgie sans avoir la formation requise pour le faire[546]. Quels qu'en soient les cas, le CDM prescrit au médecin, après avoir formulé un diagnostic et prescrit un traitement, de s'efforcer d'en obtenir l'exécution, particulièrement si la vie du malade est en danger[547].

L'action du juge civil peut également se fonder sur la faute d'humanisme ou les fautes éthiques. En effet, *« les fautes éthiques constituent la deuxième grande catégorie de fautes médicales. Elles s'analysent comme un manquement au devoir d'humanisme. Il s'agit ici en réalité du respect par le médecin des droits du patient »*[548]. Ainsi comprise, la faute d'humanisme correspond à une violation des obligations déontologiques du médecin, de la violation de l'intégrité physique ou de la vie et de la dignité du patient et de la violation du devoir de conscience du médecin[549]. En clair, les fautes éthiques se résument en un manquement au devoir de recueillir le

545 Arrêt n° 687/COR du 23 avril 2002, p. 15. Voir aussi l'arrêt *Delherm c/ Calou* dans lequel la Cour de cassation a clairement indiqué que « lorsqu'un médecin se trouve en présence, non d'un mal à guérir, mais d'une simple imperfection physique à faire disparaître ou à dissimuler, ni l'intérêt de la science, ni l'intérêt du malade n'exigent que pour un si mince résultat, ils risquent de changer cette imperfection physique en un mal véritable ou à l'aggraver ; que le docteur Delherm, qui connaissait mieux que personne les dangers et l'insuccès possibles du traitement avait le devoir de refuser son concours ».

546 Arrêt n° 35/Crim du 15 juin 2011, *op. cit.*

547 Décret n° 83-166 du 12 avril 1983 portant Code de déontologie des médecins, article 23.

548 Groupe Pasteur Mutualité, *op. cit.* p. 8.

549 Anne LAUDE et Didier TABUTEAU, *op cit.* pp. 111-112.

consentement du malade avant toute intervention, au manquement à l'obligation d'informer le patient et au manquement du médecin à son devoir de secret. Toutes ces fautes sont susceptibles d'entraîner la responsabilité civile du médecin et de la clinique privée dans laquelle il exerce. Dans ce cas, l'établissement privé répond en tant que commettant, des fautes de ses médecins salariés[550]. Ce principe a été clairement établi dans l'arrêt *Consorts Micheli c/ Société Clinique Sainte Croix*, arrêt applicable au Cameroun en vertu du principe de l'applicabilité du droit français pré-indépendance au Cameroun, dans lequel la Cour de cassation a établi qu'*« un établissement de santé a l'obligation de donner à sa clientèle, avec prudence et diligence, des soins attentifs et consciencieux »*[551].

La responsabilité civile du commettant pour les fautes de son préposé a, de longue date, été consacrée par la Cour suprême du Cameroun dans les affaires *Tekezou Paul c/ Periot Jean*[552] et *Ngandjong Jean-Pierre c/ Splangounias Stamatios et Compagnie d'Assurances GFA*[553]. Il en découle que la clinique privée ou toute formation sanitaire privée est solidairement responsable des dommages causés à autrui par un de ses médecins salariés. Ce dommage peut prendre plusieurs formes, à savoir : il peut être matériel (perte d'argent ou de capacité de travail), corporel (séquelles physiques), moral (souffrance morale, troubles dans les conditions d'existence) ou futur, c'est-à-dire susceptible de survenir plus tard. Dans tous les cas, il est attendu de la victime de prouver qu'il existe bel et bien un lien de causalité entre la faute du médecin ou du professionnel de santé et le dommage qu'elle a subi. C'est ce qui ressort de l'arrêt *Teyssier*[554].

Lorsque la faute est prouvée et le lien de causalité clairement établi, le juge civil doit procéder à la réparation du préjudice subi, ce qui permettra à la victime de l'atteinte au droit à la santé de rentrer dans ses droits. La Cour suprême a tout de même émis quelques réserves sur la nécessité de prouver le lien de causalité en relevant que dans des cas où il est établi que la faute est celle de l'auteur, il se doit de réparer. Ainsi, dans l'arrêt *Mbonu Obi Innocent c/ Ebongue Hubert*, la Cour relève que c'est un principe d'ordre public que nul ne peut échapper à sa responsabilité. Il faut dans tous les cas rechercher si en l'absence d'une responsabilité contractuelle, la victime n'est pas fondée à solliciter réparation dans le cadre général des dispositions des

---

550 Didier TRUCHET, *op. cit.* p. 278.

551 Cour de cassation, civ., affaire *Consorts Micheli c/ Société Clinique Sainte-Croix*, 6 mars 1945. Voir aussi Claudine BERGOIGNAN-ESPER et Pierre SARGOS, *op. cit.* p. 239.

552 CS, arrêt n° 13/CC du 7 octobre 1982.

553 CS, arrêt n° 20/CC du 28 octobre 1982.

554 Req., 28 janvier 1942. Voir aussi Claudine BERGOIGNAN-ESPER et Pierre SARGOS, *op. cit.* p. 333.

articles 1383 du Code civil qui sont d'ordre public[555]. Dans tous les cas, en ce qui concerne la réparation, le principe est celui de la réparation intégrale. Autrement dit, la réparation ne doit engendrer pour la victime ni perte ni profit, elle ne peut être forfaitaire, l'ensemble des préjudices doit effectivement être pris en compte et la réparation ne peut excéder le préjudice subi.

B. Le contrôle des atteintes au droit à la santé par le juge administratif et le juge constitutionnel

L'action des juges administratif et constitutionnel dans le contrôle des atteintes au droit à la santé semble être très marginale au Cameroun. En effet, à la lecture de la loi fixant l'organisation et le fonctionnement des tribunaux administratifs, il semble que le juge administratif est incompétent pour connaître des violations des droits des malades survenues dans un établissement hospitalier public. En réalité, cette loi restreint les matières qui peuvent donner lieu à la mobilisation du juge administratif. Ces matières sont : les recours en annulation pour excès de pouvoir et, en matière non répressive, les recours incidents en appréciation de légalité ; les actions en indemnisation du préjudice causé par un acte administratif ; les litiges concernant les contrats (à l'exception de ceux conclus même implicitement sous l'empire du droit privé) ou les concessions de services publics ; les litiges intéressant le domaine public ; et les litiges intéressant les opérations de maintien de l'ordre[556]. Il ressort de ce qui précède que les cas d'atteintes aux droits des personnes malades ne rentrent pas dans le champ matériel de compétence du juge administratif. Il est clair que l'on ne peut valablement interpréter les actions en réparation initiées par des personnes malades victimes d'atteintes à leurs droits au sein des hôpitaux publics comme des « actions en indemnisation du préjudice causé par un acte administratif ».

En effet, de pareilles violations ne sauraient aucunement être comprises comme un acte administratif tant il est admis depuis l'arrêt *Ngongang Njanke Martin c/ État du Cameroun* qu'un acte administratif est *« un acte juridique unilatéral pris par une autorité administrative dans l'exercice d'un pouvoir administratif et créant des droits et des obligations pour les particuliers »*[557]. Il s'en suit qu'un acte de soin, même pratiqué dans un hôpital public, ne saurait nullement équivaloir à un acte administratif. Par

---

555 Arrêt n° 81/CC du 29 avril 1982.

556 Loi n° 2006/022 du 29 décembre 2006 fixant l'organisation et le fonctionnement des tribunaux administratifs, article 2(3).

557 Cour fédérale de justice, Assemblée plénière, *Ngongang Njanke Martin c/ État du Cameroun*, arrêt n° 20 du 20 mars 1968. Voir aussi NGOLE Philip NGWESE et Joseph BINYOUM, *Éléments de contentieux administratif camerounais*, Harmattan Cameroun, Octobre 2010, pp. 47-48.

conséquent, une faute médicale survenue dans un hôpital public n'est pas du ressort du juge administratif. Cette conclusion est consolidée par l'article 3 de la loi fixant l'organisation et le fonctionnement des tribunaux administratifs qui dispose que : *« les tribunaux de droit commun connaissent, conformément au droit privé, de tout autre action ou litige, même s'il met en cause les personnes morales énumérées à l'article 2, la responsabilité desdites personnes morales étant à l'égard des tiers, substituée de plein droit à celle de leurs agents auteurs des dommages causés dans l'exercice même de leurs fonctions »*. Les personnes morales dont il s'agit à l'article 2 sont l'État, les collectivités publiques territoriales décentralisées et les établissements publics.

Cette disposition exclut sans équivoque le contentieux des atteintes aux droits des malades au sein des hôpitaux publics du giron du juge administratif. Il en découle que dans tous les cas d'atteintes, les règles de la responsabilité contenues à l'article 1382 du Code civil s'appliqueront. À défaut, c'est la responsabilité délictuelle de l'auteur de l'infraction qui sera retenue. Une telle interprétation est conforme à l'approche retenue par la Chambre administrative de la Cour suprême dans l'affaire *Nkondock Emile-Valentin c/ État du Cameroun*[558]. Dans cette affaire, la victime, la femme du plaignant, a subi dans un hôpital public une opération dont la mauvaise exécution a conduit à la perforation de son utérus avec pour conséquence qu'elle ne pouvait plus enfanter. La Cour suprême a admis que cet accident survenu au cours de l'opération « dépasse de loin l'aléa généralement admis pour des actes médicaux de ce genre » et a, par conséquent, reconnu « une faute de service grave ». Toutefois, elle s'est déclarée incompétente au motif que *« l'action du recourant étant ainsi fondée sur un quasi-délit, elle relève de la compétence du juge judiciaire »*.

Cette décision est à plus d'un titre surprenante au regard de la traditionnelle distinction entre la faute de service et la faute personnelle. Il y a faute de service *« si l'acte dommageable est impersonnel, s'il révèle un administrateur plus ou moins sujet à l'erreur »* et il y a faute personnelle s'il révèle *« l'homme avec ses faiblesses, ses passions, ses imprudences »*[559]. En ce sens, la faute personnelle entraîne la responsabilité de l'agent qui l'a commise du fait de sa négligence, son imprudence ou son incompétence devant le juge judiciaire. La faute de service quant à elle trahit un dysfonctionnement ou un problème d'organisation des services ou tout autre acte fautif de la part de l'agent, mais rentrant dans le cadre du risque que

---

558 Cour suprême, Ch. adm., *Nkondock Emile-Valentin c/ État du Cameroun (MINSANTE)*, jugement n° 72/82-83 du 26 mai 1983.

559 Marceau LONG, Prosper WEIL et *al.*, *Les grands arrêts de la jurisprudence administrative*, 21e édition, Dalloz, Paris, 2017, p.11.

l'on peut raisonnablement attendre de la pratique d'un acte de soin entraîne en principe la responsabilité, devant le juge administratif, de l'établissement public de santé dans lequel elle a été commise.

Cette conclusion est valable en droit français comme l'affirment Anne LAUDE et Didier TABUTEAU en relevant que *« lorsque le patient est pris en charge dans un établissement public de santé, l'action en responsabilité relève de la compétence du juge administratif. En dehors de l'hypothèse où le professionnel de santé a commis une faute personnelle détachable du service et susceptible, à ce titre, d'engager sa seule responsabilité, le patient usager du service public, recherche en cas de défaillance, la responsabilité de l'établissement »*[560]. Cette approche est partagée par la doctrine française qui l'étend même à d'autres cas tels que *« la responsabilité d'un établissement public de santé du fait des actes accomplis par l'un de ses praticiens hospitaliers dans un établissement privé »*[561] ou les accidents médicaux sériels pour lesquels le juge administratif applique « une responsabilité automatique sans faute en se gardant d'évoquer le risque »[562]. On retient que de façon générale, deux bases peuvent permettre de retenir la responsabilité d'un établissement public devant le juge administratif français, à savoir : une faute liée à l'activité médicale ou une faute dans l'organisation ou le fonctionnement du service[563]. Toutefois, telle semble ne pas être la position retenue par le législateur camerounais qui renvoie l'ensemble des cas de faute, faute de service ou faute personnelle et faute liée à l'activité médicale ou faute dans l'organisation ou le fonctionnement du service devant le juge judiciaire.

Sur cette base, on peut valablement comprendre pourquoi l'affaire *Ndeumeni Noubevam Charles Dechateau* a été introduite devant le juge judiciaire et non devant le juge administratif. Dans cette affaire, l'accusé, chirurgien-dentiste nommé chef de service des urgences et bloc opératoire à l'Hôpital Laquintinie, avait procédé à une hémorroïdoctomie sans en avoir les compétences requises, ce qui a conduit au handicap du malade. Il a certes été condamné pour blessures involontaires, mais le juge n'a rien dit en ce qui concerne l'organisation du service qui était pourtant manifeste dans ce cas. En effet, comment se fait-il qu'un chirurgien-dentiste ait pu être porté à la tête d'un service aussi important que celui des urgences et du bloc opératoire ? L'on ne peut ne pas conclure à une faute dans l'organisation des services imputables à l'administration et qui aurait dû être sanctionnée par le

---

560 Anne LAUDE et Didier TABUTEAU, *Les droits des malades*, PUF, Paris, 2016, p. 113.

561 Didier TRUCHET, *op. cit.* p. 278.

562 Alexis FRANK, « Les réponses du droit de la responsabilité administrative aux crises sanitaires » *in* François ROUSSEAU et Karine FOUCHER, *Les réponses du droit aux crises sanitaires*, L'Harmattan, Paris, 2016, p. 187.

563 Anne LAUDE et Didier TABUTEAU, *op. cit.* p. 113.

juge administratif. Une telle faute peut désormais être corrigée grâce à l'action collective préventive à travers laquelle une association de patients peut effectivement démontrer qu'une telle nomination comporte un risque qui pourrait plus tard se traduire en dommage pour des malades.

Quoi qu'il en soit, en dépouillant le juge administratif du contentieux médical et en le reversant au juge judiciaire, le législateur camerounais semble avoir limité l'action du juge administratif aux actes administratifs de prévention ou de protection qui peuvent comporter un risque sanitaire pour un individu ou une collectivité. Cette lecture tient compte du fait que les voies de fait administratives également sont de la compétence du juge judiciaire désormais[564]. Cependant, il faut tout de même remarquer que toute cette lecture semble être contredite par la décision du Tribunal administratif de Yaoundé, survenue le 13 décembre 2016 dans l'affaire des époux Tankoua. Dans cette affaire, le Tribunal a reconnu la responsabilité de l'Hôpital général de Yaoundé, établissement hospitalier public, *« pour le préjudice moral subi du fait du départ soudain de leur proche en raison d'un dysfonctionnement du service public lié à la rupture de l'énergie électrique, alors que le défunt était sous respiration artificielle »*[565]. Cette affaire semble indiquer que le juge administratif reste compétent dans les cas de faute dans le fonctionnement des services hospitaliers et ayant entraîné un préjudice pour les malades ou leurs ayants droit.

Quoi qu'il en soit, il reste objectif d'après la loi qu'il interviendra chaque fois qu'un acte administratif menacera ou fragilisera la santé des populations. Il en sera de même pour le juge constitutionnel qui devra opérer chaque fois un contrôle de la constitutionnalité des lois pour s'assurer que celle-ci protège le droit constitutionnel à la santé. En réalité, contrairement à des pays comme le Bénin où la saisine du juge constitutionnel est ouverte à chaque individu et où le juge constitutionnel est devenu « un juge de fond en matière de droits fondamentaux »[566], le Cameroun a limité non seulement les personnes qui peuvent saisir le juge constitutionnel, mais aussi les sujets pour lesquels ce juge peut être saisi. En effet, d'après la Constitution du Cameroun, le Conseil constitutionnel est juge de la constitutionnalité des lois et ne peut être saisi que par le Président de la République, le président du Sénat ou de l'Assemblée nationale, un tiers des députés ou sénateurs, ainsi que les présidents des exécutifs régionaux lorsque les intérêts de leur région

---

[564] Loi n° 2006/022 du 29 décembre 2006 fixant l'organisation et le fonctionnement des tribunaux administratifs, article 3(2).

[565] Commission des Droits de l'Homme du Barreau du Cameroun, *Rapport sur l'état des droits de l'homme au Cameroun*, Union européenne, mars 2017, p. 54.

[566] Dario DEGBOE, « Les vicissitudes de la protection des droits et libertés par la Cour constitutionnelle du Bénin » *in Les Annales de droit*, n° 10, 2016, disponible sur www.jounals.openedition.org [consulté le 29 juin 2018], p. 125.

sont en cause[567]. Pis encore, le contrôle de constitutionnalité des lois n'est qu'un contrôle *a priori*, c'est-à-dire avant leur promulgation. Dès lors, si une loi anticonstitutionnelle est promulguée, le juge constitutionnel est incompétent pour l'annuler au motif qu'elle n'est pas conforme à la Constitution, sauf en cas de révision parlementaire de ladite loi.

Il en ressort que si une pareille loi est adoptée et appliquée, le citoyen ne peut légalement rien faire pour en requérir l'annulation, à moins de saisir les instances internationales qui, au regard du contrôle de conventionalité qu'elles exercent, peuvent déclarer ladite loi non conforme à la convention de référence dûment ratifiée par le Cameroun et conclure par ailleurs que son application emporte des violations du droit à la santé des populations. C'est ce type de mécanisme qui a été utilisé par la Cour africaine des droits de l'homme et des peuples dans l'affaire *Actions pour la protection des droits de l'homme (APDH) c/ Côte d'Ivoire*[568]. Dans cette affaire, le requérant a requis vainement du Conseil constitutionnel ivoirien qu'il déclare la loi électorale ivoirienne inconstitutionnelle. Cette procédure interne n'a pas abouti principalement du fait des difficultés procédurales à saisir le juge constitutionnel, bien qu'il fût manifeste que la requête semblait fondée. La Cour africaine saisie de la même demande a d'abord tenu à indiquer qu'elle n'était pas un organe de contrôle des institutions au plan national avant de relever que son examen ne portait pas sur la conformité de la loi querellée à la constitution ivoirienne, mais visait plutôt la conformité de ladite loi aux instruments juridiques internationaux dûment ratifiés par la Côte d'Ivoire, notamment la Charte africaine de la démocratie, des élections et de la gouvernance.

Par conséquent, la Cour africaine a conclu entre autres *« qu'en adoptant la loi contestée, l'État défendeur a violé son obligation de créer un organe électoral indépendant et impartial, prévu par l'article 17 de la Charte africaine sur la démocratie et l'article 3 du Protocole de la CEDEAO sur la démocratie »*[569]. Le contrôle de conventionalité apparaît dès lors comme un moyen efficace d'esquiver les obstacles procéduraux nationaux afin d'obtenir l'annulation et l'amendement d'une loi nationale. Cette procédure peut être engagée par les associations ou par des particuliers qui estiment qu'une loi pourrait mettre en péril leur droit à la santé. Cette action est également possible devant la Commission africaine des droits de l'homme et des peuples. Il suffirait alors pour les plaignants ou requérants de démontrer que la loi querellée est en contradiction avec la CADHP.

---

[567] Constitution du Cameroun, articles 46 et 47. Voir également la loi n° 2004/004 du 21 avril 2004 portant organisation et fonctionnement du Conseil constitutionnel, article 2.

[568] Requête n° 001/2014, arrêt du 18 novembre 2016.

[569] *Ibid.* para. 135.

CHAPITRE 2 : LE CONTRÔLE NON JURIDICTIONNEL DE L'EFFECTIVITÉ DU DROIT À LA SANTÉ

Il est très difficile d'évoquer le contrôle de l'effectivité du droit à la santé sans y inclure la dimension non juridictionnelle dudit contrôle. En effet, se limiter au contrôle juridictionnel peut être réducteur et incomplet dans l'évaluation des mécanismes de garantie du droit à la santé au Cameroun. C'est dans cette optique qu'il semble judicieux d'aborder ensemble ces deux types de contrôle afin de mieux rendre compte de la mise en œuvre du droit à la santé au Cameroun. En réalité, *« s'inscrivant en réaction aux insuffisances affectant la protection offerte par le juge, le concept de « protection non juridictionnelle » peut être défini de façon négative, c'est-à-dire par opposition à la fonction de juger »* bien que les deux types de contrôle poursuivent le même but, à savoir la *« résolution des différends en vue de rendre la justice »*[570]. Ainsi compris, le contrôle non juridictionnel de la mise en œuvre du droit à la santé au Cameroun prend toute sa place surtout de par sa capacité à pallier les insuffisances du contrôle juridictionnel tel que cela a été discuté dans le chapitre précédent. Ce contrôle est important en ce que ses « modalités d'exercice et [ses] effets diffèrent sensiblement de la garantie juridictionnelle »[571].

S'inscrivant dans une approche non contentieuse bien que certains de ses organes appliquent des procédures quasi-contentieuses, les organes non juridictionnels se présentent comme des instances de surveillance, qui, selon des auteurs comme Antonio CASSESE, *« ne délivrent pas de jugements, mais seulement des rapports, recommandations, opinions, etc. juridiquement non contraignants »*[572]. Dans ce cas, *« Il s'agit d'une forme de garantie privilégiant le recours à des mécanismes incitatifs pour remplir son office, (...) et, en tout état de cause, n'aboutissent pas à l'édiction de décisions juridictionnelles revêtues de l'autorité de chose jugée, mais laissent, au contraire, à leurs destinataires la liberté de s'y conformer »*[573]. Toutefois, nonobstant l'ensemble de ce qui précède, il y a tout de même lieu de relever que *« certains contrôles non juridictionnels donnent lieu à l'adoption de*

---

570 Dimitri LÖHRER, *La protection non juridictionnelle des droits fondamentaux en droit constitutionnel comparé : l'exemple de l'ombudsman spécialisé portugais, espagnol et français*, Thèse de doctorat en Droit, Université de Pau et des Pays de l'Adour, 5 juin 2013, p. 24.

571 *Ibid.* p. 26.

572 Antonio CASSESE cité par Dimitri LÖHRER, *op. cit.* p. 26.

573 Dimitri LÖHRER, *op. cit.* pp. 26-27.

décisions juridiquement obligatoires »[574]. Qu'ils pratiquent une procédure non contentieuse ou quasi contentieuse, qu'ils édictent des décisions juridiquement contraignantes ou pas, les organes de contrôle non juridictionnels qui interviennent dans la garantie de la mise en œuvre du droit à la santé au Cameroun se retrouvent aussi bien à l'échelle interne (Section 1) qu'à l'échelle internationale (Section 2).

Section 1 : Le contrôle non juridictionnel au plan interne

Le contrôle juridictionnel de la protection du droit à la santé au Cameroun est essentiellement construit autour de deux blocs institutionnels qui en assurent la surveillance suivant le mandat et les missions assignées à chacun. Il existe ainsi d'une part un contrôle interne au secteur de la santé qui est assuré par les ordres des professionnels de santé suivant les compétences et les secteurs d'activités couverts par chacun de ces ordres (Paragraphe 1). D'autre part, il existe un contrôle externe au secteur de la santé assuré par des mécanismes indépendants non seulement vis-à-vis des corps des professionnels de santé, mais également indépendants vis-à-vis des autorités publiques qui ont la charge de définir et de mettre en place la politique nationale de santé (Paragraphe 2).

Paragraphe 1 : Le contrôle par les ordres professionnels de santé

Les professionnels de santé en tant que principaux acteurs du système de santé et les débiteurs immédiats du droit à la santé des populations, sont également ceux qui comprennent et maîtrisent le mieux un certain nombre de procédures médicales tant au niveau diagnostic que thérapeutique, procédures qui échappent pour la plupart aux acteurs intervenant dans le cadre du contrôle juridictionnel. C'est précisément pour cette raison qu'il est important d'associer les institutions ordinales au contrôle de la mise en œuvre du droit à la santé. En réalité, les professionnels de santé sont en contact direct avec les patients qui placent en eux leur confiance. *« S'il est du devoir des professionnels d'honorer cette confiance, il revient aux institutions ordinales de garantir à la collectivité les moyens de la confiance. Ainsi, une institution ordinale contrôle l'accès et l'exercice d'une profession dans des secteurs concurrentiels, de grande technicité et au cœur de l'humain. Secteurs qui nécessitent de rechercher des équilibres entre des principes inaliénables tels que les droits fondamentaux des personnes, l'intérêt général ou encore les règles du droit de la concurrence »*[575]. Sur ces prémisses, les institutions ordinales regroupant aussi bien les médecins que

---

[574] *Ibid.* p. 27.

[575] Isabelle ADENOT, « Pourquoi une institution ordinale ? » disponible sur www.ordre.pharmacien.fr [consulté le 4 janvier 2018], p. 3.

les autres personnels relevant du corps médical (A), de même que les pharmaciens (B), ont la charge de prendre des actions aussi bien en amont qu'en aval afin de veiller au respect des conditions d'exercice fixées par le législateur et au comportement des professionnels de santé[576].

A. Le contrôle par l'ordre des médecins et les ordres des professionnels de santé

Lorsqu'on parle des institutions ordinales garantes de la bonne mise en œuvre du droit à la santé au Cameroun, on fait directement référence à l'Ordre national des médecins du Cameroun (ci-après ONMC). Toutefois, il y a lieu de noter qu'en ce qui concerne la profession médicale, l'ONMC n'est pas le seul ordre chargé au plan corporatiste de l'application du Code de déontologie applicable à chaque profession relevant du corps médical. En effet, outre l'ONMC qui est sans conteste l'ordre le plus actif dans le champ de la protection de la santé des populations, notamment à travers les contrôles qu'il peut effectuer, il existe d'autres ordres. Ces autres ordres sont notamment entre autres l'Ordre national des chirurgiens-dentistes (ci-après ONCD) et l'Ordre national des professions médico-sanitaires : infirmier, sage-femme et technicien médico-sanitaire.

La mission principale de ces ordres est le contrôle de l'accès et de l'exercice de la profession médicale au Cameroun. Par conséquent, *« nul ne peut exercer la profession de médecin au Cameroun s'il n'est inscrit au tableau de l'Ordre »*[577]. Il en est de même de celui qui souhaite exercer la profession de chirurgien-dentiste[578] ainsi que de celui qui souhaite exercer l'une des professions médico-sanitaires, à savoir : infirmier, sage-femme ou technicien médico-sanitaire, même si cet Ordre admet des dérogations à l'obligation d'inscription au tableau[579]. Par ce mécanisme, ces professions médicales s'assurent non seulement de la qualification, mais aussi de la probité des personnes appelées à intervenir aussi bien dans des actes de diagnostic que des actes thérapeutiques. La mission fondamentale de tout ordre est de s'assurer du bon respect par chacun de ses membres du Code de déontologie qui régit chaque profession médicale. À ce propos, il y a lieu d'indiquer que *« la déontologie n'est pas la conscience du bien et du mal au sens général, mais celle du « bon » comportement professionnel, celui que la*

---

[576] *Ibid.*

[577] Loi n° 90-36 du 10 août 1990 relative à l'exercice et à l'organisation de la profession de médecin, article 2 (1).

[578] Loi n° 90/34 du 10 août 1990 relative à l'exercice de la profession de chirurgien-dentiste, article 2(1).

[579] Loi n° 84-010 du 5 décembre 1984 fixant l'organisation de l'ordre des professions médico-sanitaires : infirmier, sage-femme et technicien médico-sanitaire, articles 1 et 15.

société est en droit d'attendre. C'est-à-dire un usage probe du savoir (...) »[580].

À l'observation, l'on se rend compte que les missions des institutions ordinales au Cameroun sont clairement définies par le législateur au point où l'on a l'impression qu'elles se confondent d'une profession médicale à l'autre. Ce sceau du législateur donne toute la légitimité à l'action de ces instances ordinales et participe à l'instauration et au respect de l'État de droit. Par conséquent, *« par des actions en amont comme en aval, les institutions ordinales veillent au respect des conditions d'exercice fixées par le législateur et au comportement des professionnels »*[581]. Par exemple en ce qui concerne les professions médico-sanitaires, l'Ordre veille au maintien des principes de moralité indispensables à l'exercice des professions d'infirmier, de sage-femme et de technicien médico-sanitaire ainsi qu'au respect du Code de déontologie. Il assure par ailleurs la défense de l'honneur, de l'éthique, de la probité et de l'indépendance de la profession[582]. La valeur juridique n'est pas à contester compte tenu du fait que *« le code de déontologie, une fois adopté par décret, donne une valeur réglementaire aux principes essentiels qui le constituent. C'est une norme juridique qui participe à l'État de droit. Il engage les professionnels dès leur prestation de serment et les lie. L'institution ordinale a non seulement pour mission de défendre et de promouvoir ces règles, mais aussi de les faire vivre en les adaptant au temps présent et aux réalités d'une société en perpétuel mouvement »*[583].

Sur la base des codes de déontologie, les instances ordinales contrôlent la mise en œuvre effective du droit à la santé des patients en s'assurant que les professionnels de la santé n'usent pas de leur expertise pour agir au détriment des malades et que ces professionnels mettent toute leur expertise au service de la protection de la santé des patients. À ce titre, les instances ordinales ont des pouvoirs quasi judiciaires pour enquêter et sanctionner des cas faisant état d'atteintes au droit à la santé. S'agissant précisément de l'ONMC, il exerce au sein de la profession de médecin, la compétence disciplinaire en première instance. À ce titre, il désigne en son sein une chambre de discipline, présidée par le Président du Conseil de l'Ordre et composée de quatre membres élus. Cette chambre peut être saisie par l'autorité de tutelle (le ministère de la Santé publique), le ministère public ou

---

580 Isabelle ADENOT, *op. cit.* p. 7.

581 *Ibid.* p. 6.

582 Loi n° 84-010 du 5 décembre 1984 fixant l'organisation de l'ordre des professions médico-sanitaires : infirmier, sage-femme et technicien médico-sanitaire, article 2 (1). Voir aussi Loi n° 90-36 du 10 août 1990 relative à l'exercice et à l'organisation de la profession de médecin, article 20 (1).

583 Isabelle ADENOT, *op. cit.* p. 7.

par tout médecin inscrit au tableau de l'Ordre et ayant intérêt à agir. Le médecin au service de l'État ne peut être traduit devant la chambre de discipline à l'occasion des actes de ses fonctions, que par l'autorité responsable de la santé publique ou par le Conseil de l'Ordre après avis de l'autorité de tutelle[584].

Il y a lieu à ce niveau de remarquer que le malade ou le consommateur des biens et/ou produits de santé n'est pas justiciable devant la chambre de discipline de l'ONMC. Dès lors, la seule voie qui lui est ouverte en cas de conflit avec un médecin ou tout autre professionnel de la santé semble être exclusivement la voie judiciaire. Il en est de même en ce qui concerne le chirurgien-dentiste, la loi organisant cette profession étant *mutatis mutandis* la même que celle qui organise la profession de médecin. On peut en conclure que le contentieux de la responsabilité médicale échappe aux instances ordinales, leur rôle étant confiné aux conditions d'accès et d'exercice des professions médicales ainsi qu'au comportement probe des professionnels de santé. Il en découle que les éléments pouvant justifier la saisine de la chambre de discipline sont notamment d'une part, toute condamnation pour une infraction quelconque commise à l'intérieur ou à l'extérieur du territoire national et de nature à porter atteinte au crédit ou à la réputation de la profession de médecin ; et d'autre part, toute condamnation pour faute relative à la conduite ou au comportement vis-à-vis de la profession[585]. C'est sur ce fondement que l'ONMC s'était joint à l'action de la victime dans l'affaire *M.P. et Nkouomo Charles Séraphin, Ordre National des Médecins c/ Ndeumeni Noubevam Charles Dechateau et Minsanté*, une affaire portant sur des blessures graves et l'exercice illégal de la médecine[586].

C'est dire que l'ONMC peut aussi bien se joindre à des actions en justice, mais peut également prononcer ses propres sanctions devant la chambre de discipline pour un large éventail d'infractions au code de déontologie. C'est ainsi que lors des réunions du Conseil de l'ONMC de mars et d'octobre 2007, de nombreux médecins avaient été sanctionnés. Il s'agit notamment du docteur Tchamfong Roger, médecin chirurgien, qui a été suspendu pour une période d'un an d'exercice de la profession médicale sur toute l'étendue du territoire camerounais. Il en a été de même du Professeur Ondobo Andze Gervais, chirurgien et Atangana René, anesthésiste réanimateur, qui a écopé de six mois de suspension d'exercice de la profession médicale sur toute l'étendue du territoire camerounais. Les sieurs

---

[584] Loi n° 90-36 du 10 août 1990 relative à l'exercice et à l'organisation de la profession de médecin, articles 41 et 42.
[585] *Ibid.* article 43.
[586] Cour d'appel du Littoral, arrêt N° 35/CRIM du 15 juin 2011.

Afane Anatole et Binam Fidèle avaient tous deux reçu un blâme[587]. Les raisons de ces sanctions sont généralement des « manquements graves à la déontologie médicale », comme ce fut le cas pour le docteur Raymond Pindy, ou la « délivrance d'un certificat médical de complaisance » avec ou sans qualité, comme ce fut le cas pour les docteurs Kenmogne François et Mohamadou[588].

Ces sanctions qui incluent aussi l'avertissement et la radiation du tableau de l'Ordre[589], ne sauraient cependant en aucun cas faire obstacle ni aux poursuites que le ministère public et les particuliers ou l'Ordre peuvent intenter devant les tribunaux dans les formes de droit commun ; ni à l'action disciplinaire que l'autorité de tutelle peut intenter à l'encontre d'un médecin à son service[590]. Toute décision de la chambre de discipline peut faire l'objet d'un appel devant la Chambre d'appel. Si aucun appel n'est introduit contre ladite décision, celle-ci est réputée définitive et devient exécutoire[591]. Hormis cette procédure disciplinaire à l'encontre des médecins s'étant rendus coupables de violations des règles déontologiques, la chambre de discipline peut, sur la demande des parties ou sur sa propre initiative, ordonner une enquête sur les faits dont la constatation lui paraît utile à l'instruction de l'affaire. La décision qui ordonne l'enquête indique les faits sur lesquels elle doit porter et précise suivant le cas, si elle aura lieu devant la chambre de discipline, ou si elle sera diligentée par un de ses membres qui se transportera sur les lieux[592].

C'est en conformité avec cette disposition que *« conscient de ses responsabilités dans le contrôle et l'exercice de la profession médicale [au Cameroun], le Conseil de l'Ordre des médecins a jugé opportun »* d'ouvrir une enquête après *« les évènements qui ont suivi le décès de Madame Koumateke Monique, jeune mère enceinte de jumeaux et les scènes macabres d'éventration d'un corps humain en plein air dans l'enceinte d'un hôpital public »*[593]. Au terme de cette enquête, le Conseil de l'Ordre a relevé de nombreuses conclusions qui valent pour de nombreuses autres situations qui sont produites dans divers hôpitaux ou formations sanitaires camerounaises. Il en ressort ainsi de multiples insuffisances dans

---

587 Lazare KOLYANG, « L'Ordre des médecins punit des membres » *in Mutations*, 20 novembre 2017.
588 *Ibid.*
589 Loi n° 90-36 du 10 août 1990 relative à l'exercice et à l'organisation de la profession de médecin, article 48.
590 *Ibid.* article 57.
591 *Ibid.* article 51.
592 *Ibid.* article 44.
593 ONMC, *Rapport de la commission d'enquête du Conseil de l'Ordre national des médecins du Cameroun sur l'affaire Monique Koumateke*, mars 2016, disponible sur www.onmc.cm [consulté le 5 janvier 2018], p. 3.

l'organisation de l'hôpital Laquintinie de Douala, notamment le mauvais accueil, la mauvaise orientation des malades et des familles, le manque de coordination entre les services, l'insuffisance des services de sécurité, le manque de professionnalisme du personnel de la morgue de même que le manque d'accompagnement et d'empathie du personnel envers les malades ou leurs familles[594].

Ces insuffisances observées ne sont pas l'apanage de cette formation hospitalière. Pour preuve, le Conseil de l'ONMC a également diligenté une enquête à la suite du décès du docteur Hélène Ngo Kana le 10 janvier 2016 à l'hôpital général de Douala alors qu'elle y était admise en urgence suite à des complications au sein de la clinique Gros Chêne de Douala. Il ressort de cette autre enquête que le personnel de la clinique privée a mésestimé la gravité de l'état clinique du docteur Ngo Kana, l'absence de personnel qualifié pouvant la prendre immédiatement en charge, des énormes dysfonctionnements internes aussi bien à cette clinique qu'à l'hôpital général de Douala ou plus tard à l'hôpital gynéco-obstétrique et pédiatrique de Douala, l'absence d'empathie, le non-respect des règles de la garde médicale et du transport médicalisé seyant à des cas compliqués comme celui du docteur Ngo Kana[595]. Ces différentes affaires font clairement ressortir les lacunes du système de santé au Cameroun et les défis auxquels il doit s'attaquer pour être plus performant et efficace dans la protection de la santé des populations. Face à ce challenge, le rôle de tous les acteurs de la santé s'avère nécessaire, aussi bien celui des instances ordinales des professions médicales que celui des instances ordinales de la pharmacie et des autres produits de santé.

B. Le contrôle par les ordres des pharmaciens

Aux côtés des médecins et d'autres professionnels de la santé se trouvent les pharmaciens qui jouent un rôle très important dans la sauvegarde du droit à la santé des populations. En effet, une fois que le médecin a posé son diagnostic et prescrit un protocole thérapeutique aux malades, entre alors en scène le pharmacien qui est chargé de la délivrance (à titre onéreux) du médicament auxdits malades. Toutefois, il est au plus haut point important de relever que, bien qu'il exerce son activité à titre onéreux, le pharmacien ne saurait se définir purement comme un commerçant exclusivement mû par l'appât du gain. Il est avant tout un professionnel de santé qui doit contribuer de toute son expertise à la protection de la santé des populations partout où

---

594 *Ibid.* pp. 13-14.

595 ONMC, *Rapport de la commission d'enquête du Conseil de l'Ordre national des médecins du Cameroun sur l'affaire Ngo Kana*, février 2016, disponible sur www.onmc.cm [consulté le 5 janvier 2018], p. 22.

besoin sera. La sensibilité de cette profession et les nécessités de lutter contre le faux médicament ou encore le médicament de la rue[596] ont fait en sorte que le législateur restreigne la vente de médicaments sur le territoire camerounais aux seules personnes titulaires du diplôme de pharmaciens et inscrites à l'Ordre des Pharmaciens. Par conséquent, « nul ne peut exercer la profession de pharmacien s'il n'est inscrit au tableau de l'Ordre »[597].

Hormis l'inscription au tableau de l'Ordre, le législateur a également prévu que le pharmacien doit obligatoirement être propriétaire de l'officine dont il est titulaire[598]. Ainsi, *« est nulle et de nul effet, toute stipulation destinée à établir la propriété ou la copropriété d'une officine au profit d'une personne non titulaire du diplôme requis »*[599]. Le caractère exclusif de la propriété ou de la copropriété des officines des pharmacies a été présenté comme une « restriction à la liberté d'établissement » par la Cour de Justice de l'Union européenne dans l'affaire *Apothekerkammer des Saarlandes e.a. contre Saarland*[600]. La Cour fonde sa décision sur le fait que la règle d'exclusion des non-pharmaciens prive les opérateurs économiques autres que les personnes physiques possédant un diplôme de pharmacien de l'accès à cette activité non salariée et en ce qu'elle empêche des investisseurs qui ne sont pas pharmaciens d'acquérir des participations dans des sociétés d'exploitation de pharmacies. Toutefois, ayant admis cela, la Cour en justifie le bien-fondé par la nécessité de protéger la santé des populations. Ainsi, d'après la CJUE, *« ces restrictions sont justifiées par la raison impérieuse d'intérêt général que constitue la protection de la santé publique et, plus précisément, l'objectif visant à assurer un approvisionnement en médicaments de la population sûr et de qualité »*[601].

Il en ressort que la question de la sécurité du médicament fourni au malade est au cœur même de toute action de l'Ordre des pharmaciens qui

---

596 Il y a lieu d'opérer une distinction entre le faux médicament et le médicament de la rue. Dans les faits, le faux médicament représente tout produit pharmaceutique contrefait et présenté comme authentique par tout vendeur agréé ou non. Le médicament de la rue quant à lui est un produit pharmaceutique qui est vendu hors des circuits traditionnels autorisés, à savoir en pharmacie, dans des conditions de stockage et de distribution qui ne garantissent pas sa qualité. En d'autres termes, le médicament de la rue peut être un médicament authentique vendu à la rue, tandis que le faux médicament peut être une copie frauduleuse d'un médicament, mais même vendu en officine.

597 Loi n° 90-035 du 10 août 1990 portant exercice et organisation de la profession de pharmacien, article 2 (1).

598 *Ibid.* article 33 (1).

599 *Ibid.* article 34. Voir aussi article 39.

600 CJUE, *C-531/06 Commission contre Italie et C-171/07 et C-172/07 Apothekerkammer des Saarlandes e.a. contre Saarland,* arrêts du 19 mai 2009, disponible sur ec.europa.eu [consulté le 7 janvier 2018].

601 *Ibid.*

veille au maintien des principes de moralité et de dévouement indispensables à l'exercice de la profession, à l'observance des obligations professionnelles, ainsi qu'au respect des règles édictées par le code de déontologie. Il assure également la défense de l'honneur et de l'indépendance de la profession de pharmacien[602]. Bien qu'il ne soit pas spécifiquement indiqué dans ses missions la lutte contre le médicament de la rue et le faux médicament, cette charge peut être interprétée de façon constructive comme rentrant pleinement dans le champ des activités qui touchent à l'honneur et à l'indépendance de la profession de pharmacien. Quand bien même cette interprétation aurait quelque difficulté à prospérer, il est possible d'invoquer pour fonder toute action répressive de l'Ordre, les dispositions de la loi qui interdisent tout délit, étalage ou distribution de médicaments sur la voie publique et dans les foires ou les marchés[603]. Il est, dans le même sillage, interdit la vente au public de tous médicaments, produits et accessoires rentrant dans la définition du médicament par l'intermédiaire des maisons de commerce, de groupements d'achats ou d'établissements appartenant aux personnes non titulaires du diplôme de pharmacien[604].

L'Ordre des pharmaciens doit pouvoir s'inscrire en première ligne de ce combat afin de protéger les populations contre les médicaments contrefaits ou issus de processus de fabrication ou de commercialisation ne répondant à aucun moyen de contrôle ou à des procédés stricts de conservation. En effet, en plus du problème du médicament de la rue qui est assez prégnant au Cameroun, on assiste depuis près d'une quinzaine d'années à un nouveau phénomène : celui des « pharmaciens » de bus (de transport interurbain) qui embarquent à bord des bus et profitent des voyages pour vendre aux passagers des remèdes miracles capables de les guérir de tous les maux. C'est précisément à ce groupe que s'est attaqué l'Ordre de pharmaciens en 2012 à l'occasion de la journée africaine de lutte contre le faux médicament. L'Ordre avait alors lancé une vaste opération visant non seulement à combattre ce nouveau type de « pharmaciens », mais aussi tous les circuits de vente de faux médicaments. Cette opération avait donné lieu à une conférence de presse durant laquelle les membres de l'Ordre et les pharmaciens présents en ont profité pour sensibiliser les populations sur le caractère nocif de ces médicaments. Ils avaient par ailleurs requis le soutien des médias dans la lutte contre le faux médicament.

Les résultats de cette campagne ont permis de relever que 97 % des produits saisis étaient de faux médicaments et équivalaient à

---

602 Loi n° 90-035 du 10 août 1990 portant exercice et organisation de la profession de pharmacien, article 81.

603 *Ibid.* *a*rticle 53.

604 *Ibid.* article 52.

2 350 000 000 FCFA pour seulement trois jours de saisie[605]. Ces chiffres permettent de se rendre compte de l'ampleur du phénomène et surtout du risque sanitaire auquel sont quotidiennement exposées les populations du Cameroun. À ce propos, l'objectif des actions entreprises par l'Ordre des pharmaciens était d'amener les populations à une véritable prise de conscience face aux dangers de la consommation de faux médicaments[606]. La présidente de l'Ordre, Dr. Abong Bwemba Thérèse précisait alors que *« le médicament est dangereux. (...) tout médicament qui n'est pas contrôlé est un faux médicament tant pour les humains que pour les animaux »*[607]. En réalité, *« pour qu'un médicament soit vendu au Cameroun, il doit être passé par la Direction de la pharmacie du ministère de la Santé publique. Ce n'est pas le cas avec les médicaments de la rue »*[608]. Ces actions permettent d'apprécier le rôle non moins négligeable que peut apporter l'Ordre des pharmaciens du Cameroun en soutien aux opérations déjà engagées par l'État dans la résolution de l'épineux problème du médicament de la rue et du faux médicament au Cameroun.

Cependant, l'on peut regretter le caractère sporadique et géographiquement limité de pareilles actions qui restent, il faut bien le reconnaître, confinées dans les grands centres urbains. Mais au-delà de ce type d'actions, juguler le faux médicament et le médicament de la rue suppose aussi une meilleure répartition des officines sur le territoire camerounais. En effet, de nombreuses zones, notamment en milieu rural, demeurent toujours non couvertes par des officines, ce qui laisse libre cours aux vendeurs de médicaments de la rue. Il est vrai que cette défaillance ne peut être imputée à l'Ordre, mais au ministère de la Santé publique compte tenu du fait que c'est ce dernier qui détermine les ratios de couverture démographique par site d'officine, crée les nouveaux sites d'officine et les met à la disposition de l'Ordre qui procède alors à leur attribution[609].

À l'occasion de l'assemblée générale de l'Ordre des pharmaciens pour le compte de l'année 2017, le président de l'Ordre a fait remarquer que les textes qui régissent ce corps de métier sont obsolètes et ont besoin d'être réformés afin d'être adaptés aux nouvelles mutations. D'après le Dr. Prosper

---

605 *Cameroun : l'Ordre des pharmaciens du Cameroun en guerre contre les faux médicaments*, 12 octobre 2012, disponible sur www.yaoundeinfos.com [consulté le 12 janvier 2018].

606 *Ibid.*

607 *Ibid.*

608 Propos de Dr. Effila Ebe Catherine Célestine, présidente de l'Ordre national des chirurgiens-dentistes, recueillis à l'occasion de la conférence de l'Ordre des pharmaciens du Cameroun, le 11 octobre 2012.

609 Arrêté n° 0060/M/MSP/CAB du 27 mars 2002 fixant les modalités de création, de répartition et d'attribution des sites d'officine de pharmacie, articles 3-6.

Hiag, président de l'Ordre des pharmaciens, la réforme des textes permettra notamment une meilleure lutte contre le phénomène de faux médicaments[610]. Cette préoccupation légitime et pressante sur l'obsolescence des textes comme dans de nombreux secteurs du système sanitaire et mériterait d'être adressée dans l'urgence par les pouvoirs publics. Cependant, de nombreux autres chantiers attendent l'Ordre des pharmaciens. Il s'agit notamment de la question des prescriptions médicales faites par les pharmaciens. Dans la réalité, nombreux sont les malades qui ne recourent plus aux hôpitaux, mais qui vont directement dans les pharmacies pour se faire consulter ou acheter des médicaments sans avoir à présenter une quelconque ordonnance dûment signée par un médecin. Il y a ici à la fois la violation d'un devoir déontologique du pharmacien, mais aussi un encouragement manifeste ou tacite du pharmacien à l'automédication, une pratique tout aussi dangereuse pour la santé humaine que l'est la consommation des médicaments de la rue ou des médicaments contrefaits. En effet, suivant le code de déontologie, le pharmacien ne peut faire des consultations ni délivrer des ordonnances médicales[611].

De nombreux autres défis attendent l'Ordre, à savoir la lutte contre la publicité de plus en plus croissante des médicaments, faite notamment par des non-professionnels[612], l'utilisation croissante des prête-noms en violation de la réglementation en vigueur[613] et la transformation des officines de pharmacie en boutiques de commerce général, toutes choses contraires à la loi[614]. Nonobstant ces défis majeurs, nul ne peut douter de la contribution de l'Ordre des pharmaciens de même que des autres ordres des professionnels de la santé à la protection et à la mise en œuvre du droit à la santé au Cameroun. Il faut bien que chacun de ces ordres prenne pleinement la mesure des pouvoirs disciplinaires dont il est investi afin que les chambres de discipline connaissent un contentieux abondant et permettent de mieux protéger les droits des malades.

---

610 *Santé publique : Selon le président de l'Ordre national des pharmaciens du Cameroun, il y a nécessité de réformer leurs textes*, disponible sur actucameroun.com, 1er mai 2017, [consulté le 12 janvier 2018].

611 Décret n° 83-168 du 12 avril 1983 portant Code de déontologie des pharmaciens, article 22. Voir aussi les articles 30 et 31.

612 OMS, *Evaluation de la transparence dans le secteur pharmaceutique. Cameroun*, Bureau régional de l'OMS pour l'Afrique, 2012, pp. 35, 36 et 64.

613 *Ibid.* p. 24.

614 Loi n° 90-035 du 10 août 1990 portant exercice et organisation de la profession de pharmacien, article 30 (2).

Paragraphe 2 : Le contrôle par les mécanismes étatiques indépendants

La garantie de la mise en œuvre du droit à la santé au Cameroun passe aussi inéluctablement par le contrôle qui peut être effectué sur les principaux acteurs du système de santé par des mécanismes indépendants. En réalité, en vertu du principe de la séparation des pouvoirs inscrit dans la Constitution du Cameroun, et compte tenu du mandat électif qu'ils ont reçu du peuple pour les représenter, les parlementaires ont une charge fondamentale de s'assurer de l'exécution effective par les pouvoirs publics au profit des populations de toutes les politiques publiques qu'ils ont définies et qui ont été inscrites dans le budget de l'État (A). Par ailleurs, la Commission nationale des droits de l'homme et des libertés, indépendante vis-à-vis de l'État conformément aux Principes de Paris[615], a elle aussi une mission fondamentale d'assurer le monitoring des droits de l'homme au plan national (B).

A. Le contrôle parlementaire

Le rôle du parlement est primordial dans la surveillance de la réalisation des politiques publiques de l'État. Le système de santé engageant la vie de chaque individu au sein de l'État, son contrôle, son évaluation et sa réforme ne peuvent ainsi échapper aux élus du peuple qui, réunis au sein du parlement, constituent l'instance la plus légitime pour examiner l'ensemble des politiques et stratégies qui ont un impact sur les droits et la vie des populations. En réalité, *« le contrôle de l'action du gouvernement par le Parlement est l'une des pierres angulaires de la démocratie. Il permet de rendre l'exécutif comptable de ses actions et d'assurer l'application efficace des politiques publiques autant qu'il est un indicateur de la bonne gouvernance »*[616]. En tant qu'acteur incontournable du jeu démocratique, jeu qui suppose un gouvernement qui agit pour le compte du peuple au bénéfice de ce dernier, les parlementaires ont la lourde tâche, dans le secteur précis de la santé, d'évaluer et de garantir la mise en œuvre efficace des politiques publiques en matière de santé. Ce processus d'action suppose bien entendu de pouvoir interroger le gouvernement sur un certain nombre de mesures prises ou de défaillances constatées.

---

[615] Les Principes de Paris sont un ensemble de principes reconnus au niveau international et portant sur les statuts, les pouvoirs et le fonctionnement des institutions nationales des droits de l'homme approuvés en 1992 par la Commission des Droits de l'Homme des Nations Unies. Ils exposent les lignes directrices fondamentales recommandées par les Nations Unies pour la création d'une institution nationale des droits de l'homme.

[616] Samuel EFOUA MBOZO'O, *Le contrôle parlementaire de l'action gouvernementale*, éditions Clé/NENA, Dakar, 2015, fiche de présentation disponible sur librairienumeriqueafricaine.com [consulté le 15 janvier 2018].

Ainsi présenté, il n'est en aucun cas exagéré de dire que le contrôle parlementaire correspond à une nécessité fondamentale. C'est une nécessité fondamentale en ce qu'il permet d'auditer le niveau de mise en œuvre par l'État des droits fondamentaux des populations, au premier rang desquels le droit à la santé qui revêt un intérêt particulier dans le cadre de cette étude. En France par exemple, une commission d'enquête permet à une assemblée, au titre du contrôle de l'action gouvernementale, de recueillir des éléments d'information sur des faits précis concernant la gestion de la crise sanitaire de la grippe A (H1N1) ou la gestion des questions de société (comme, par exemple, le sida, etc.)[617]. Cette prérogative se comprend très bien dans l'espace francophone, car elle fait partie des trois fonctions essentielles dont sont investies les parlements en dehors de voter la loi et de représenter le peuple.

La fonction de contrôle de l'action gouvernementale *« se manifeste dans le cadre du suivi de la mise en œuvre effective des politiques publiques par l'Exécutif. À cet effet, le Parlement attire l'attention du gouvernement sur l'application de ces politiques en vue de répondre aux aspirations du peuple dont il est le représentant. (...) C'est à travers le contrôle que le Parlement garantit l'équilibre des pouvoirs et affirme son rôle en tant que défenseur des intérêts du peuple »*[618]. Dans le cadre de la mise en œuvre du droit à la santé, ce sont les intérêts de tout un peuple qui sont en jeu. Il revient au Parlement camerounais de prendre la mesure de cette lourde tâche et de s'en acquitter sans considération partisane, compte tenu de l'urgence de ce domaine. Par ailleurs, il n'est point utile de rappeler que le parlementaire est avant tout un élu du peuple devant qui il est lui-même comptable. Il doit, à cet effet, pouvoir lorsque les droits de ce dernier sont menacés faire usage de tous les moyens de droit qui lui sont offerts pour défendre les intérêts du peuple dont il n'est qu'un simple mandataire.

À ce propos, de nombreux moyens de droit sont à sa disposition. Dans un premier temps, la Constitution du Cameroun donne au Parlement le pouvoir de légiférer et de contrôler l'action du gouvernement[619]. Ce contrôle peut être exercé de plusieurs manières parmi lesquelles les questions orales ou écrites, les commissions d'enquêtes parlementaires sur des objets déterminés[620], la mise en cause de la responsabilité du gouvernement par le

---

[617] Direction de l'information légale et administrative, « Qu'est-ce qu'une commission d'enquête parlementaire ? », 2 janvier 2014, disponible sur www.vie-publique.fr [consulté le 15 janvier 2018].

[618] Kouame N'GUESSAN, *Les moyens parlementaires de contrôle de l'action gouvernementale dont les moyens d'interpellation dans l'espace francophone*, Assemblée parlementaire de la Francophonie, Berne, 8 juillet 2015, p. 4.

[619] Constitution du Cameroun, article 14 (2).

[620] *Ibid.* article 35 (1).

vote d'une motion de censure spontanée, le vote de confiance ou de défiance et le vote de la motion de censure à la suite de l'engagement de la responsabilité du gouvernement[621]. Ces différents mécanismes peuvent être qualifiés de moyens d'interpellation. L'interpellation se comprend ici comme tout instrument *« d'analyse, de suivi et de contrôle de l'action du Gouvernement et des organismes publics, y compris la mise en œuvre des politiques et de la législation »*[622]. Il s'en suit que l'action du Parlement ne porte pas seulement sur l'évaluation et la critique des politiques publiques telles qu'elles sont définies et mises en œuvre par le ministère de la Santé publique, mais elle procède aussi d'un réexamen du cadre juridique existant afin de le rendre conforme aux menaces, aux défis et à l'évolution des comportements individuels pouvant avoir un impact sur la santé individuelle et collective des populations.

En Afrique du Sud par exemple, une commission parlementaire a été créée en 1996 au sein des deux chambres du Parlement, à savoir : la commission mixte sur la qualité de la vie et de la condition féminine. Elle est chargée notamment de suivre et d'évaluer les avancées en matière d'amélioration de la qualité de vie et de la condition féminine en Afrique du Sud, dans le contexte spécifique des engagements pris par le Gouvernement concernant le Programme d'action de Beijing, la mise en œuvre de la Convention sur l'élimination de toutes les formes de discrimination à l'égard des femmes, et tout autre instrument international pertinent en la matière[623]. Cet exemple est fort illustratif de ce que peut faire le Parlement en matière de contrôle de l'action gouvernementale. Il ne fait aucun doute que les textes ou cadres de références sur lesquelles cette commission mixte fonde son action protègent le droit à la santé. Dès lors, par ce mécanisme, il est tout à fait possible au Parlement sud-africain de surveiller la mise en œuvre du droit à la santé au profit de la femme et de la jeune fille en Afrique du Sud.

Hormis les moyens constitutionnels ouverts au Parlement camerounais pour contrôler l'action gouvernementale, il existe également d'autres moyens qui sont constitués notamment des commissions d'enquêtes parlementaires sur les questions budgétaires[624] et le questionnaire d'information sur les dépenses publiques[625]. Ces moyens permettent notamment de contrôler l'utilisation faite par le gouvernement des fonds alloués à la réalisation des infrastructures sanitaires. Les autorités publiques

---

[621] *Ibid.* article 34.

[622] Kouame N'GUESSAN, *op. cit.* p. 4.

[623] Hironori YAMAMOTO, *Les outils du contrôle parlementaire. Étude comparative portant sur 88 parlements nationaux*, Union interparlementaire, 2007, p. 24.

[624] Loi n° 2007/006 du 26 décembre 2007 portant régime financier de l'État, articles 69-71. Voir aussi le Règlement intérieur de l'Assemblée nationale du Cameroun, articles 91 et 92.

[625] Loi n° 2007/006 du 26 décembre 2007 portant régime financier de l'État, article 37.

sanitaires sont alors invitées à fournir aux parlementaires des documents justifiant les dépenses prétendument faites. S'il s'agit par exemple de la construction d'infrastructures sanitaires ou de la commande de vaccins, les pièces justificatives de ces dépenses doivent être transmises aux membres du parlement pour enquête et évaluation. Cette technique permet de prémunir le secteur sanitaire de la gangrène de la corruption. La loi est assez impérative et ne laisse aucun doute sur l'obligation des autorités publiques à fournir les documents demandés. Elle dispose à cet effet que : *« sans préjudice de leurs autres pouvoirs, les rapporteurs spéciaux mentionnés à l'article 69 disposent du pouvoir de contrôle sur pièces et sur place. Aucun document ne peut leur être refusé (...) »*[626].

Les seules limites objectives, légales ou constitutionnelles qui peuvent entraver l'exercice du contrôle parlementaire sont les impératifs de la défense nationale, de la sécurité de l'État, secret de l'information judiciaire, et le secret médical[627]. Cependant, dans les faits, il est difficile de voir comment les pièces justificatives de la construction d'un centre de santé pourraient rentrer dans l'une de ces limites. Il en est de même des pièces justifiant l'achat ou non de moustiquaires imprégnées ou des kits obstétricaux au profit des femmes enceintes. En réalité, si limite il y a, elle est à rechercher ailleurs. En effet, l'action des parlementaires camerounais dans le contrôle aussi bien de l'exécution budgétaire que de la mise en œuvre effective et efficace des politiques publiques par le gouvernement est loin d'apparaître comme satisfaisante.

Sur un plan purement procédural, il y a lieu de relever que *« les rapports économiques et financiers qui sont généralement en annexe du projet de loi de finances sont insuffisants pour garantir la pleine et exhaustive information de l'ensemble des députés. Par ailleurs, la loi de règlement est adoptée de façon lapidaire, ce qui fait dire que c'est un exercice de pure forme, (...). Dès lors que l'information parlementaire est biaisée, son action en matière de contrôle devient difficile à mener »*[628]. Sur le plan politique, le « fait majoritaire et la discipline du parti »[629] ne favorisent pas un contrôle strict de l'exécution budgétaire ou de la réalisation effective des politiques publiques visant à concrétiser les droits fondamentaux au profit des populations. Loin de soulever une querelle polémiste vaine et inopportune, il y a simplement lieu de rappeler ici que le parlementaire est avant tout un élu du peuple. À ce titre, il est mandaté par le peuple pour le représenter et

---

[626] *Ibid.* article 70.

[627] Constitution du Cameroun, article 35 (2). Voir au surplus la loi n° 2007/006 du 26 décembre 2007 portant régime financier de l'État, article 70.

[628] Siméon Arris SCHOUEL, *La nécessaire réforme du droit budgétaire camerounais*, Mémoire de Master, disponible sur www.lc-doc.com [consulté le 16 janvier 2018] pp. 21-22.

[629] *Ibid.*

défendre non pas les intérêts d'un parti, mais les intérêts du peuple au nom duquel il agit. Dans l'optique d'un meilleur suivi-évaluation des politiques publiques en matière de santé publique, il ne serait pas superflu d'entreprendre des actions de sensibilisation, de renforcement des capacités et des plaidoyers auprès des parlementaires afin qu'ils jouent pleinement leur rôle et que, *in fine*, les populations puissent pleinement jouir de leur droit fondamental à la santé.

B. Le contrôle par la Commission nationale des droits de l'homme et des libertés

La Commission nationale des droits de l'homme et des libertés (ci-après la CNDHL) est une institution indépendante de promotion et de protection des droits de l'homme créée conformément aux Principes de Paris[630]. D'après son texte fondateur, la CNDHL est *« une institution indépendante de consultation, d'observation, d'évaluation, de dialogue, de concertation, de promotion et de protection des droits de l'homme »*[631]. Au regard de ses missions, il ne fait point de doute qu'elle peut jouer un très grand rôle dans le suivi et l'évaluation de la mise en œuvre des droits de l'homme au Cameroun. En effet, elle est investie de nombreuses missions qui, si elles sont effectivement exécutées, peuvent largement contribuer à la mise en œuvre efficace du droit à la santé au Cameroun.

Par exemple, la CNDHL peut recevoir toutes dénonciations portant sur des cas de violations des droits de l'homme[632]. Dans ce sillage, par son mode de saisine simplifiée et sa procédure non contentieuse, elle peut s'avérer être un outil capital dans la protection du droit à la santé au Cameroun. Les populations, notamment les plus démunies peuvent alors s'y référer afin de dénoncer toutes les atteintes à leurs droits en tant que malades, notamment entre autres la corruption dans le secteur de la santé qui constitue une entrave à l'accès aux soins et le mauvais accueil et le manque de diligence des personnels de santé qui entraîne très souvent le décès de nombreux patients dans les hôpitaux. Une fois que de pareilles plaintes sont introduites auprès de la CNDHL, elle diligente toutes enquêtes et procède à toutes investigations nécessaires sur les cas de violations des droits de l'homme et en fait rapport au Président de la République. Elle peut également saisir

---

630 Principes concernant le statut et le fonctionnement des institutions nationales pour la protection et la promotion des droits de l'homme. Ce texte à valeur déclaratoire décline un certain nombre de principes devant régir la création et le fonctionnement des institutions nationales des droits de l'homme, à savoir la création par voie constitutionnelle ou législative et l'indépendance financière, administrative et hiérarchique vis-à-vis de l'État.

631 Loi n° 2004/016 du 22 juillet 2004 portant création, organisation et fonctionnement de la Commission nationale des droits de l'homme et des libertés, article 1 (2).

632 *Ibid.* article 2.

toutes autorités des cas de violations des droits de l'homme[633]. Cette procédure de rapportage ou de saisine des autorités publiques remet en cause l'efficacité de l'action de la Commission en ce qu'elle ne lui permet pas de prendre directement des mesures à impact rapide pouvant rétablir les victimes dans leur droit.

En effet, pour que la Commission soit plus efficace dans son rôle de protection des droits de l'homme de façon générale et du droit à la santé de façon particulière, il aurait été utile de lui donner des pouvoirs de correction ou de sanction sur les auteurs des violations avérées. Plus encore, il n'aurait pas été superflu de lui donner la capacité d'ordonner des réparations en faveur des victimes et que ses décisions aient une force exécutoire. Faute de ces pouvoirs, la CNDHL peut étudier toutes questions se rapportant à la promotion et à la protection des droits de l'homme et elle peut proposer aux pouvoirs publics les mesures à prendre dans le domaine des droits de l'homme[634]. Sur ce dernier aspect, la Commission publie sur une base annuelle un rapport dans lequel elle fait état des violations des droits de l'homme enregistrées au cours de l'année, auxquelles elle adjoint les recommandations que les pouvoirs publics devraient prendre afin de s'assurer qu'il n'y ait pas récidive. Dans son dernier rapport, publié en 2017, elle relève et dénonce un certain nombre de problèmes se rapportant au droit à la santé et devant être adressés par le gouvernement dont la mission fondamentale est la garantie du droit au meilleur état de santé susceptible d'être atteint par tous les citoyens.

Elle présente un rapport assez inquiétant sur la faiblesse en professionnels de santé au Cameroun en se fondant sur les normes minimales admises par l'OMS. On peut y lire par exemple que pour une norme d'un pharmacien pour 15 000 habitants, le Cameroun n'en compte qu'un seul pour 128 883 habitants[635]. Nul n'est point besoin de dire que ce gap est énorme et pourrait justifier le fait que de nombreuses populations recourent au médicament de la rue, faute d'avoir accès à un pharmacien. Il est difficile dans ce schéma de voir comment la mesure nationale de répartition des pharmacies peut être atteinte. En effet, le cadre réglementaire camerounais prévoit la possibilité d'avoir à Douala et Yaoundé des pharmacies distantes de 300 mètres et de 350 dans les autres centres urbains[636]. La CNHDL met ici en exergue une insuffisance qui sera sans doute comblée par le développement de la formation en pharmacie au plan interne. À cette

---

[633] *Ibid.*
[634] *Ibid.*
[635] CNDHL, *Rapport sur l'état des droits de l'homme au Cameroun en 2016*, CNDHL, 2017, p. 66.
[636] Arrêté n° 0060/M/MSP/CAB du 27 mars 2002 fixant les modalités de création, de répartition et d'attribution des sites d'officine de pharmacie, article 6.

formation, il faudra pouvoir permettre une facilité d'accès aux crédits pour les jeunes pharmaciens afin de leur permettre d'ouvrir des officines. À défaut, il faudra pouvoir légiférer afin de libéraliser le secteur de la pharmacie en vue de permettre la création des officines par des personnes non-détentrices d'un diplôme d'études en pharmacie ou, à tout le moins, d'autoriser l'entrée des investisseurs non-pharmaciens dans le capital des sociétés détentrices d'officines.

En outre, la CNHDL fait aussi remarquer que le gap semble se combler en ce qui concerne les médecins et les infirmiers. Pour les médecins, il en existe un pour 11 335 habitants alors que la norme OMS est située à un pour 10 000 habitants. S'agissant des infirmiers, il en existe un pour 3 157 habitants face à une norme OMS située à un pour 3 000 habitants[637]. Nonobstant ces chiffres qui sont assez encourageants, la CNDHL dénonce dans son rapport la mauvaise qualité des soins qu'elle attribue au manque de formation professionnelle du personnel soignant d'une part et à l'insuffisance du plateau technique d'autre part. Tout ceci a comme conséquence entre autres le mauvais accueil, la négligence dans la prise en charge des malades dans les urgences, les lenteurs, les pertes des dossiers des malades, la rupture des stocks des médicaments, l'insalubrité et les hébergements incommodes dans les hôpitaux[638]. Pour illustrer ces manquements observés dans les hôpitaux, la CNDHL fait également référence aux cas de Monique Koumateke et du docteur Hélène Ngo Kana qui ont été largement discutés ci-haut, et également au cas de la mauvaise gestion de la grossesse et du séjour de Honorine Nshi épouse Nkimih à l'Hôpital Central de Yaoundé qui a conduit à la perte de ses quintuplés le 22 mars 2016[639].

Dans ses moyens d'action, la CNDHL peut intervenir en tout état de cause pour participer à la défense des intérêts des victimes des violations des droits de l'homme[640]. Elle peut ainsi être saisie par toute personne physique ou morale ou par toute autorité publique sur simple requête ou dénonciation et mener d'office des investigations[641]. Pour ce faire, son président peut demander à une administration donnée une étude ou un rapport sur une question qui ressort particulièrement de sa compétence en matière de droits de l'homme[642]. Il est à noter que c'est grâce aux enquêtes et aux dénonciations menées par la CNDHL, les ordres professionnels et les acteurs

---

637 CNDHL, *op. cit.* p. 66.
638 *Ibid.* p. 67.
639 *Ibid.*
640 Loi n° 2004/016 du 22 juillet 2004 portant création, organisation et fonctionnement de la Commission nationale des droits de l'homme et des libertés, article 3.
641 *Ibid.* article 5.
642 *Ibid.* article 4.

de la société civile que le gouvernement a pris un certain nombre de mesures visant à améliorer l'accueil et la prise en charge des malades dans les hôpitaux du Cameroun. On peut ainsi mettre à leur crédit la prise des directives par le ministère de la Santé publique, notamment l'arrêté n° 30/195D/MINSANTE/SG du 31 mars 2016 relatif à l'accueil, l'orientation et la prise en charge des patients dans les formations sanitaires publiques.

Le rôle de ces acteurs n'est cependant pas suffisant. Il mérite d'y être adjoint pour renforcer ce contrôle l'action des organisations de la société civile qui elles aussi peuvent contribuer au suivi de la mise en œuvre effective du droit à la santé. Elles peuvent le faire notamment à travers le suivi du *Journal des projets*. Cet instrument est un formidable outil de contrôle et de suivi-évaluation de la réalisation effective des projets financés par le Budget d'investissement public (BIP). Il est publié par le ministère de l'Économie, de la Planification et de l'Aménagement du Territoire. L'objectif de cet outil est *« l'implication active de tous, notamment les administrations, les Partenaires Techniques et Financiers, la Société Civile, les autres démembrements de l'État et les bénéficiaires, dans le suivi participatif du budget d'investissement public »*[643]. Cet outil à travers sa finalité rend clairement compte de ce que la garantie et le contrôle de la mise en œuvre du droit à la santé au Cameroun est une affaire de tous. En cas de défaillance de cette garantie, la responsabilité politique de l'État peut être engagée auprès des instances internationales, notamment les organes de traité institués aussi bien au plan régional qu'au plan universel.

Section 2 : Le contrôle non-juridictionnel et quasi juridictionnel au plan international

Au plan international, le contrôle de la mise en œuvre effective du droit à la santé au sein des États est assuré par de nombreux mécanismes non-juridictionnels ou quasi-juridictionnels. Il s'agit pour la plupart des mécanismes institués par des traités et dont la mission fondamentale est la surveillance du respect effectif par les États de leurs obligations découlant desdits traités. En réalité, chaque État qui adhère à un traité prend l'engagement de prendre toutes les mesures nécessaires afin de donner effet aux dispositions dudit traité. Le rôle des mécanismes de contrôle est de s'assurer que chaque État se soumet à ses obligations découlant des conventions internationales auxquelles il a librement consenti. De façon globale, ces mécanismes opèrent suivant deux types de procédures, à savoir :

643 MINEPAT, *Journal des projets 2016*, MINEPAT, 2016, p. 1.

la procédure des rapports périodiques (Paragraphe 1) et la procédure des plaintes individuelles (Paragraphe 2).

Paragraphe 1 : Le contrôle par la procédure des rapports périodiques

Le mécanisme de contrôle de la réalisation effective des droits de l'homme en général, et du droit à la santé en particulier, au moyen de la procédure des rapports périodiques est fondamental dans la garantie des droits fondamentaux. En effet, via ce mécanisme, les États sont régulièrement invités à soumettre à l'organe de traité compétent, un rapport sur l'ensemble des mesures qu'ils ont prises pour donner plein effet aux droits garantis. Dans le cas particulier du droit à la santé, ce contrôle peut être opéré par les mécanismes tant au plan régional (A) qu'au plan universel (B).

A. Le contrôle de la mise en œuvre du droit à la santé par les mécanismes régionaux africains

Au plan régional africain, la responsabilité principale du contrôle de la mise en œuvre effective du droit à la santé en particulier et de tous les droits de l'homme en général, pèse sur la Commission africaine des droits de l'homme et des peuples (ci-après CoADHP). La CoADHP tient son mandat de la Charte africaine des droits de l'homme et des peuples (ci-après CADHP) qui à son article 30 l'institue avec pour mission fondamentale la promotion et la protection des droits de l'homme et des peuples en Afrique. Fort de ce mandat, la Commission est également compétente pour surveiller la mise en œuvre du Protocole à la CADHP relatif aux droits des femmes (dit Protocole de Maputo). S'agissant de la protection des droits des enfants, notamment leur droit à la santé, la surveillance de la mise en œuvre effective et efficace incombe au Comité africain d'experts sur les droits et le bien-être de l'enfant (ci-après CAEDBEE). Ce Comité a pour mandat de promouvoir et de protéger les droits des enfants sur l'ensemble du continent, y compris le droit à la santé des enfants qui est spécifiquement consacré aux articles 13, 14, 16, 21, 27 et 28 de la Charte africaine des droits et du bien-être de l'enfant. Cette Charte institue en son article 43 une procédure de soumission des rapports à travers laquelle les États sont tenus de lui indiquer l'ensemble des mesures prises pour donner effet aux droits qu'elle consacre.

La procédure de rapport étant la même devant ces deux institutions, et la Commission africaine disposant d'un mandat plus large que le CAEDBEE, mandat qui s'étend également aux droits de l'enfant, cette séquence de recherche va s'appesantir sur la procédure de soumission des rapports devant la CoADHP. En effet, l'article 62 de la CADHP dispose que : *« Chaque État-partie s'engage à présenter tous les deux ans, à compter de la date d'entrée en vigueur de la présente Charte, un rapport sur les mesures d'ordre législatif ou autre, prises en vue de donner effet aux droits et libertés reconnus et garantis dans la présente Charte ».* Cette procédure est réitérée dans le Protocole de Maputo qui, en son article 26, prévoit que *« les États assurent la mise en œuvre du présent protocole au niveau national et incorporent dans leurs rapports périodiques présentés conformément aux termes de l'article 62 de la Charte africaine, des indications sur les mesures législatives ou autres qu'ils ont prises pour la pleine réalisation des droits reconnus dans le présent protocole ».* Il ressort ainsi de ces deux textes qui consacrent tous le droit à la santé, soit de façon générale au profit de toutes les personnes, soit de façon spécifique au profit des femmes, que le contrôle de la mise en œuvre du droit à la santé au moyen du mécanisme des rapports périodiques incombe à la CoADHP.

D'après le Règlement intérieur de la CoADHP, les États-parties soumettent des rapports sur les mesures qu'ils auront prises pour donner effet aux dispositions de la Charte africaine et sur les progrès réalisés. Les rapports doivent, le cas échéant, indiquer les défis liés à la mise en œuvre de la Charte africaine et des instruments juridiques qui la complètent[644]. Il ressort de cette règle que les États ne doivent pas se contenter d'indiquer les mesures législatives ou autres adoptées pour garantir la réalisation du droit à la santé. Bien plus, ils doivent pouvoir indiquer dans leurs rapports les progrès réalisés en termes d'impact dans l'amélioration de l'accès aux soins et aux médicaments pour les populations, dans la prévention des atteintes à la santé des populations et dans leur prise en charge. L'exigence de soumettre ce rapport tous les deux ans est un gage supplémentaire de la protection du droit à la santé, tant cette procédure permet d'évaluer les progrès réalisés par l'État depuis l'examen du précédent rapport. Autrement dit, *« la périodicité permet la comparaison et la mesure de l'évolution de la situation : elle conduit la [Commission] à se référer à ses précédentes observations et questions [et] à envisager de quelle manière il en a été tenu compte par les autorités nationales »*[645].

Lors des séances consacrées à l'examen de leurs rapports, les États doivent se faire représenter. Leurs représentants sont alors tenus de répondre aux questionnaires élaborés par la Commission, aux questions des membres de la Commission et de fournir s'il y a lieu toute autre information requise pendant ou après la session. Lors dudit examen, la Commission ne se limite pas aux informations fournies par les États. Elle peut également recourir à d'autres sources et exploiter toutes les informations pertinentes relatives à la

---

644 Règlement intérieur de la CoADHP, 18 août 2010, article 73.

645 Parfait OUMBA, *Les mécanismes de contrôle et de garantie des droits de l'homme*, disponible sur www.hal.archives-ouvertes.fr [consulté le 25 avril 2018].

situation des droits de l'homme dans l'État concerné y compris des déclarations et rapports alternatifs des Institutions nationales des droits de l'homme et des organisations non gouvernementales[646]. Cette procédure permet une large collecte de données qui garantit une évaluation rigoureuse de l'implémentation réelle du droit à la santé dans les pays sous examen. Au terme de cet examen, la Commission fait des observations finales qui sont transmises à l'État-partie concerné dans un délai de trente (30) jours après la session au cours de laquelle lesdites observations ont été adoptées. Elles doivent faire partie du rapport d'activité de la Commission et être publiées sur son site web après adoption[647]. Dans les observations finales, la Commission doit indiquer, si nécessaire, les domaines qui requièrent une attention particulière de la part de l'État-partie et la date de présentation de son prochain rapport. Les membres de la Commission assurent le suivi de la mise en œuvre des observations finales dans le cadre de leurs activités de promotion dans les États-parties concernés. La Commission transmet également à la Conférence les observations mentionnées ci-dessus, avec des copies des rapports reçus des États-parties et, le cas échéant, les commentaires fournis par ces derniers[648].

Au regard de ce qui précède et de l'avis de la CoADHP elle-même, la procédure d'examen des rapports périodiques est *« l'un des meilleurs moyens dont dispose la Commission pour assurer la promotion et la protection des droits de l'homme »*[649]. C'est précisément dans le cadre de ce mandat que la Commission a adopté en 2001 la résolution sur la pandémie du VIH/Sida dans laquelle elle catégorise la pandémie comme *« une question de droit de l'homme qui équivaut à une menace contre l'humanité »*. Prenant ainsi appui sur cette déclaration grave, la Commission africaine exhorte les États africains *« à allouer des ressources nationales qui indiquent leur ferme volonté de lutter contre la propagation du VIH/SIDA, à protéger les personnes vivant avec le VIH/SIDA contre la discrimination, à apporter un appui approprié aux familles prenant en charge des malades du SIDA en phase terminale, à élaborer des programmes d'éducation en santé publique et mener des campagnes de sensibilisation, particulièrement en vue du dépistage gratuit et volontaire ainsi que des interventions médicales appropriées »*[650]. On comprend bien que cette question doit être au cœur des rapports périodiques des États qui sont alors tenus d'indiquer à la

---

[646] Règlement intérieur de la CoADHP, article 75.
[647] *Ibid.* article 77.
[648] *Ibid.* article 78.
[649] CoADHP, *Procédure d'examen des rapports des États*, disponible sur www.achpr.org [consulté le 25 avril 2018].
[650] Résolution sur la pandémie du VIH/Sida, CoADHP, 29e session ordinaire, Tripoli, 23 avril au 7 mai 2001, para. 7.

Commission africaine, suivant cette résolution, l'ensemble des mesures qu'ils ont prises pour lutter efficacement contre le VIH/Sida et prendre en charge les personnes vulnérables.

À l'occasion de son 35e rapport d'activités, la CoADHP note que des progrès significatifs ont été enregistrés sur le continent dans le domaine du VIH/Sida. S'agissant du cas particulier du Cameroun, elle salue l'adoption du Plan stratégique sur le VIH/Sida dont le but est d'éliminer la transmission de la mère à l'enfant en intensifiant la prévention et la promulgation de cadres législatifs conviviaux progressifs du VIH/Sida en vue de protéger les personnes vivant avec le VIH/Sida[651]. Au-delà de ces progrès réalisés par l'État du Cameroun, la Commission a également eu à saluer le fait que le Cameroun soit à jour en ce qui concerne le dépôt de ses rapports périodiques sur l'état des droits de l'homme[652].

De façon générale, on peut conclure qu'aux termes de son évaluation des rapports périodiques présentés par l'État du Cameroun, il apparaît à la Commission que cet État enregistre des progrès constants en ce qui concerne la protection du droit à la santé. Lors de sa 15e session extraordinaire, la CoADHP a rendu ses observations finales relatives au 3e rapport périodique du Cameroun. Elle y note avec beaucoup de satisfaction la présentation régulière des rapports. S'agissant du droit à la santé, notamment sa mise en œuvre dans les prisons, la Commission *« salue la mise en place des mesures visant à améliorer les conditions sanitaires dans les prisons par la dotation en infirmerie et l'accroissement du budget alloué à la santé des détenus »*[653]. Elle salue par ailleurs les actions engagées par le Gouvernement camerounais pour la prévention de la pandémie du Sida et la prise en charge des personnes vivant avec le VIH/Sida, notamment par la mobilisation des fonds, la mise sur pied de nouvelles unités de prise en charge et la formation des agents spécialisés en la matière. La Commission met également au crédit de l'État du Cameroun la mise sur pied du programme « École sans Sida » déroulé par l'organisation de séminaires de formation, de campagnes de dépistage de VIH/Sida et la création des centres médicaux dans les écoles[654]. La Commission y félicite également le Cameroun pour un large éventail de mesures prises pour garantir le droit à la santé des populations et des couches vulnérables.

---

651 CoADHP, *35e Rapport d'activités de la Commission africaine des droits de l'homme et des peuples*, Banjul, disponible sur www.achpr.org [consulté le 25 avril 2018], p. 10.

652 CoADHP, *34e Rapport d'activités de la Commission africaine des droits de l'homme et des peuples*, Banjul, disponible sur www.achpr.org [consulté le 25 avril 2018], p. 3.

653 CoADHP, *Observations finales relatives au 3e Rapport périodique de la République du Cameroun*, 15e Session extraordinaire, Banjul, 7 au 14 mars 2014, p. 3, para. 17.

654 *Ibid.* p. 4, para. 24-25.

Toutefois, elle relève aussi des insuffisances dans la protection du droit à la santé que l'État camerounais se doit de corriger. S'agissant du droit à la santé des détenus, la Commission exprime des préoccupations liées à la surpopulation carcérale qui engendre l'insuffisance de la ration journalière servie aux détenus et leurs mauvaises conditions de vie[655]. Toutes ces insuffisances ont immanquablement un impact sur le droit à la santé des prisonniers. Par ailleurs, la Commission décrie l'absence d'une loi nationale sur la promotion et la protection des droits des personnes vivant avec le VIH. Il en est de même de la répartition inéquitable du personnel de santé sur le territoire camerounais et l'inégal accès aux soins de qualité entre zones urbaines et rurales. La Commission pointe également du doigt l'insuffisance de la couverture médicale gratuite en faveur des enfants de moins de 5 ans et des femmes enceintes ; le taux de mortalité maternelle et infantile qui reste élevé malgré les efforts consentis ; l'insuffisance qualitative et quantitative des ressources humaines dans le domaine de la santé reproductive ; l'insuffisance du personnel pour la prise en charge clinique des différentes affections liées aux fistules obstétricales ; et la recrudescence des violences faites aux femmes et des violences domestiques, notamment la persistance des mutilations génitales féminines en dépit des efforts entrepris par le Gouvernement pour les éradiquer[656].

Il ressort de cette procédure d'examen des rapports périodiques que malgré les nombreux efforts faits par l'État du Cameroun pour garantir à tous et à toutes les couches de la population le droit à la santé, il n'en demeure pas moins que de nombreuses contraintes culturelles, financières, matérielles et humaines continuent de limiter sa pleine jouissance sur l'ensemble du territoire national.

B. Le contrôle de la mise en œuvre du droit à la santé par les mécanismes universels

Au niveau universel, plusieurs mécanismes sont impliqués dans le contrôle de la mise en œuvre du droit à la santé par les États-parties aux principales conventions des Nations unies relatives aux droits de l'homme. Ainsi, ce contrôle n'est pas que l'œuvre du Comité des droits économiques, sociaux et culturels ou du Conseil économique et social des Nations unies. En réalité, la santé étant influencée par de nombreux déterminants, tous les organes de traités sont directement ou indirectement impliqués dans le contrôle des mesures pouvant donner effet au droit de la santé. Il faut par ailleurs noter que ce droit est formellement inscrit non pas seulement dans le PIDESC, mais aussi dans la Convention relative à l'élimination de toutes les

---

655 *Ibid.* p. 7, para. 56-57.
656 *Ibid.* p. 8, para. 62-68.

formes de discrimination à l'égard des femmes et la Convention internationale relative aux droits de l'enfant (ci-après CIDE). Il en découle que la procédure d'examen des rapports périodiques, devant les différents organes de traités, peut porter soit directement sur les mesures prises par les États afin de donner plein effet au droit à la santé ; soit sur les mesures prises par ces États pour garantir d'autres droits tels que le droit à la vie ou le droit à ne pas être torturé, droits qui ont sans aucun doute un lien inextricable avec le droit à la santé.

La procédure d'examen des rapports périodiques au niveau universel s'apparente largement à celle qui se déroule au plan régional. Cependant, il est important de signaler que, quel que soit le Comité, l'examen des rapports qu'il reçoit est synthétisé dans le rapport annuel dudit Comité et transmis chaque année à l'Assemblée générale des Nations unies ou au Conseil économique et social. De nombreux comités ont développé une pratique consistant, à l'exemple de ce qui a été discuté ci-haut avec la CoADHP, à adopter des observations générales afin de faire bénéficier tous les États-parties de leur expérience, d'attirer leur attention sur les insuffisances que font apparaître un grand nombre de rapports, de suggérer certaines améliorations dans leurs présentations et de stimuler les activités des États et des organisations internationales qui ont pour objet de protéger les droits de l'homme[657] en général, et le droit à la santé en particulier.

L'État du Cameroun a régulièrement présenté des rapports portant sur la situation des droits de l'homme devant tous les organes de traités relevant des Nations unies. Cependant, l'attention sera ici portée sur les rapports qui soulèvent des questions touchant au droit à la santé. À titre d'exemple, le 30 mai 2017, le Comité des droits de l'enfant (ci-après CDE) a examiné le rapport présenté par l'État du Cameroun sur les mesures prises pour donner effet aux droits reconnus dans la CIDE. S'agissant du droit à la santé, le CDE a posé de nombreuses questions à la délégation camerounaise portant entre autres sur les châtiments corporels, la promotion de l'allaitement maternel et l'organisation de la prise en charge médicale de tous les enfants. Les rapporteurs ont justifié ces questions par le fait que *« le Comité ne pouvait s'en tenir à la seule vérité des États, ce qui explique que certaines de [leurs] questions aient pu surprendre la délégation [camerounaise] »*[658]. Sur la base de ces prémisses, les rapporteurs relèvent avec satisfaction les mesures prises par l'État du Cameroun.

Au sujet de ces mesures, les rapporteurs du CDE expriment cependant quelques inquiétudes. Ils relèvent notamment que malgré le nouveau Code

---

657 Parfait OUMBA, *op. cit.* pp. 12-13.

658 « Le Comité des droits de l'enfant examine le rapport du Cameroun », 31 mai 2017, disponible sur www.reliefweb.int [consulté le 30 avril 2018].

pénal dont certaines dispositions protègent spécifiquement la santé des enfants, il reste néanmoins beaucoup de défis à relever. Au rang de ceux-ci, il faut signaler la persistance des châtiments corporels et des pratiques néfastes pour les enfants comme le « repassage des seins », les mariages précoces et les mutilations génitales[659]. Ils relèvent aussi que malgré les efforts du Cameroun, le taux de mortalité infantile reste très élevé. Par ailleurs, ils ont souhaité savoir les mesures prises par le Gouvernement pour lutter contre la mortalité infantile et le paludisme. Les membres du CDE ont décrié le faible taux d'allaitement maternel et ont prié la délégation camerounaise de leur indiquer les mesures prises pour encourager l'allaitement maternel. Enfin, les membres du CDE se sont aussi enquis de la situation des orphelins du Sida et du niveau d'information donnée aux jeunes sur la santé procréative et sur l'utilisation des moyens de contraception[660].

Les conclusions du Comité des droits économiques, sociaux et culturels (ci-après CODESC) relèvent également des insuffisances dans la protection du droit à la santé des populations. Le CODESC a exprimé de vives inquiétudes sur le taux de couverture de santé de la population, notamment en ce qui concerne les groupes les plus vulnérables. Il en a été de même s'agissant du grand nombre de grossesses d'adolescentes qui, dans 20 % des cas, débouchent sur des avortements clandestins. Le CODESC s'est également montré préoccupé par la hausse récente du taux de mortalité maternelle au Cameroun. De nombreux autres sujets ont été soulevés par les membres du CODESC, à savoir : l'insuffisance des mesures prises en faveur de l'éradication de la lèpre, les cas fréquents de choléra dans le Nord du pays, le problème de la vente dans la rue de médicaments, ou encore l'espérance de vie très basse, située à environ 50 ou 51 ans[661].

Devant le Comité pour l'élimination des discriminations à l'égard des femmes, les représentants de l'État du Cameroun ont indiqué que le Cameroun avait achevé un projet de loi interdisant la violence et la discrimination à l'égard des femmes et un autre projet de loi portant code des personnes et de la famille. Toutefois, il est à relever que nonobstant le fait que ces mesures étaient prêtes depuis 2009, elles n'ont jusqu'ici pas été adoptées. Malgré cette observation, le Comité a demandé aux représentants de l'État du Cameroun de leur fournir des informations supplémentaires sur les mesures de protection des personnes victimes de traite des personnes, notamment en ce qui concerne les soins psychosociaux. Il a également été

[659] *Ibid.*

[660] *Ibid.*

[661] « Le Comité des droits économiques, sociaux et culturels examine le rapport du Cameroun », 22 novembre 2011, disponible sur www.reliefweb.int [consulté le 30 avril 2018].

requis du Cameroun de présenter les mesures concrètes qui portent sur la promotion de la santé des femmes et des filles ; de même que celles qui ont pour objectif de prévenir la violence à l'égard des femmes et les pratiques nocives pour leur santé, telles que les mutilations génitales féminines[662]. Dans ce sens, la seule criminalisation de ces pratiques dans le Code pénal ne suffit pas. Il faut en outre prendre des mesures concrètes pour s'assurer de l'éradication de ces pratiques, surtout dans les zones rurales enclavées.

Enfin, le Comité des droits de l'homme (ci-après CDH) dans ses observations finales concernant le cinquième rapport périodique du Cameroun insiste sur la santé des femmes et des filles, notamment dans le domaine de la santé reproductive, et demande plus d'implication et d'actions de l'État. Il propose en matière de santé, que l'État du Cameroun fasse modifier sa législation en vue de garantir un accès sécurisé, légal et effectif à l'avortement lorsque la vie et la santé de la femme ou la fille enceinte sont en danger et lorsque le fait de mener la grossesse à terme causerait pour la femme ou la fille une douleur ou une souffrance considérable, tout particulièrement lorsque la grossesse résulte d'un viol ou d'un inceste ou n'est pas viable. Le CDH recommande par ailleurs à l'État du Cameroun de veiller à ce que les femmes et les filles aient accès à des services de santé prénatals et post-avortement de qualité et assure leur traitement immédiat et inconditionnel. Le Cameroun doit aussi veiller à ce que les femmes et les adolescentes aient accès à des services de santé sexuelle et reproductive, et à ce que les moyens de contraception soient accessibles et disponibles sur l'ensemble du territoire national, en particulier dans les zones rurales et reculées[663].

De l'ensemble de ce qui précède, il ne fait aucun doute que le mécanisme de contrôle de la mise en œuvre du droit à la santé au moyen de la procédure d'examen des rapports périodiques peut s'avérer être très efficace tant il permet à l'État du Cameroun de mettre le curseur sur ces insuffisances dans la garantie du droit à la santé afin d'y remédier. Les différents rapports issus des différents organes de traité tendent tous vers la même conclusion, à savoir : la garantie du droit à la santé au Cameroun n'est pas suffisante. Ceci est vrai pour l'ensemble de la population comme le révèle le puissant indicateur de santé qu'est l'espérance moyenne de vie. Cet indicateur est très bas au Cameroun, soit 57 ans pour les hommes et 59 ans pour les femmes, et

662 Comité pour l'élimination de la discrimination à l'égard des femmes, « Examen des rapports présentés par les États-parties en application de l'article 18 de la Convention (*suite*). Rapport unique valant deuxième et troisième rapports périodiques du Cameroun », Compte rendu analytique de la 876e séance, Tenue au Palais des Nations, à Genève, le mercredi 28 janvier 2009.

663 CDH, *Observations finales concernant le cinquième rapport périodique du Cameroun*, 30 novembre 2017, disponible sur www.ohchr.org [consulté le 30 avril 2018].

commande que le Cameroun prenne rapidement des mesures concrètes afin de relever l'espérance et la qualité de vie de l'ensemble de ses populations. Ce constat est encore plus vrai lorsqu'on se rapporte à la santé des couches vulnérables que sont les femmes et les filles, les enfants, les personnes âgées, les populations autochtones et les populations des zones rurales, de même que les populations pauvres. Il en ressort que l'un des problèmes fondamentaux est celui de l'absence de couverture sanitaire pour ces personnes vulnérables. Cette couverture sanitaire, si elle est mise en œuvre effectivement et efficacement, permettra sans aucun doute de contribuer à relever les indicateurs de santé au Cameroun.

Cependant, bien que ce système fournisse des informations très utiles à l'État, il y a lieu tout de même de relever que le respect des observations finales repose toujours sur la bonne foi des États sans un mécanisme contraignant pour en garantir le plein respect. Par ailleurs, son caractère général apparaît également à la fois comme une force et une faiblesse. Force parce que l'exécution des observations finales satisferait les besoins d'un grand nombre ; mais faiblesse compte tenu du fait qu'il ne permet pas une transformation individuelle de la qualité de vie des personnes. Fort heureusement, le système des rapports n'est pas le seul mécanisme prévu par les conventions internationales pour aider à la mise en œuvre des droits de l'homme en général et du droit à la santé plus spécifiquement. Il existe aussi celui que la doctrine qualifie comme *« le moyen de mettre ces droits en œuvre par excellence : les plaintes et communications »*[664].

Paragraphe 2 : Le contrôle de l'effectivité du droit à la santé via le mécanisme de plaintes

Dans l'hypothèse où des individus, singulièrement ou collectivement n'obtiennent pas réparation au plan national ou ne peuvent présenter leur cause portant sur l'atteinte à leur droit à la santé au plan interne du fait de contraintes procédurales ou substantielles, le forum international leur offre des recours supplémentaires. Devant ces recours, il ne s'agit plus d'engager la responsabilité d'un individu ou d'un établissement, mais celle de l'État pour ses défaillances à fournir aux plaignants une réparation adéquate et à corriger ses insuffisances. Sur le fondement de ces procédures, on peut alors affirmer que le temps de l'irresponsabilité de l'État est aujourd'hui révolu. L'action ou l'inaction de l'État, en tant que régulateur du système de santé, est susceptible d'être mise en cause devant les « quasi-juridictions »

---

[664] Agnès DORMENVAL, *Procédures onusiennes de mise en œuvre des droits de l'homme*, Graduate Institute Publications, Genève, 29 septembre 2014, disponible sur www.openedition.org [consulté le 30 avril 2018].

internationales[665]. Dans ce sillage, compte tenu du niveau insuffisant des ratifications par le Cameroun des instruments internationaux favorisant des communications individuelles, la Commission africaine des droits de l'homme et des peuples apparaît comme un choix évident (A). Toutefois, il n'est pas exclu qu'elle puisse dans les années à venir connaître la concurrence d'autres mécanismes, à l'instar notamment du Comité des droits économiques, sociaux et culturels (B).

A. La prépondérance de la Commission africaine des droits de l'homme et des peuples

Depuis l'adoption à Ouagadougou en 1998 du Protocole à la Charte africaine des droits de l'homme et des peuples portant création de la Cour africaine des droits de l'homme et des peuples (dit Protocole de Ouagadougou), le système africain de protection des droits de l'homme s'est doté d'un organe supplémentaire afin d'offrir une protection juridictionnelle aux victimes des violations des droits de l'homme sur le continent africain. La Cour africaine des droits de l'homme et des peuples (ci-après CrADHP) vient compléter les fonctions de protection que la Charte africaine a conférées à la CoADHP[666]. La nécessité de compléter l'action de la CoADHP tient compte du fait que cette dernière n'est pas une juridiction au sens strict du terme et, par conséquent, ne rend que des constatations non contraignantes sur les allégations de violations des droits de l'homme par un État. Autrement dit, quand bien même il ne fait aucun doute que la CoADHP pratique une procédure quasi-juridictionnelle dans le traitement des plaintes ou des communications alléguant des violations de droits de l'homme, ses décisions n'ont aucun caractère obligatoire à l'égard des États. Contrairement à la Cour africaine dont les décisions ont une valeur obligatoire à l'égard des États, le respect des décisions de la Commission africaine est subordonné à la volonté des États[667].

Nonobstant ce débat théorique sur le caractère contraignant ou non des décisions de la Cour et de la Commission africaines, il reste que ces deux organes contribuent significativement à la protection des droits de l'homme en général, et du droit à la santé en particulier, en offrant aux victimes des violations un recours supplémentaire lorsqu'elles n'ont pas obtenu satisfaction au plan national. Ainsi, toute personne victime de la violation de

---

665 Anne LAUDE et Didier TABUTEAU, *op. cit.* p. 115.

666 Protocole à la Charte africaine des droits de l'homme et des peuples portant création de la Cour africaine des droits de l'homme et des peuples, article 2.

667 Nisrine EBA NGUEMA, « La Commission africaine des droits de l'homme et des peuples et sa mission de protection des droits de l'homme » *in La Revue des droits de l'homme*, n° 11, 2017, publié le 5 janvier 2017, disponible sur www.journals.openedition.org [consulté le 22 octobre 2018].

son droit à la santé peut, sous réserve de satisfaire un certain nombre de conditions de forme, introduire une plainte ou une communication devant la Cour ou la Commission africaine afin d'obtenir réparation[668]. Toutefois, il y a lieu de relever que, s'agissant de la Cour, l'introduction d'une plainte par un individu, un groupe d'individus ou une organisation non gouvernementale est subordonnée à une double conditionnalité. D'une part, l'État à l'encontre duquel la plainte est introduite doit avoir au préalable ratifié le Protocole de Ouagadougou et, d'autre part, cet État doit avoir fait la déclaration d'acceptation de la compétence de la Cour pour recevoir des plaintes individuelles ou émanant des organisations non gouvernementales[669].

Le Cameroun jusqu'à présent n'a procédé qu'à la ratification du Protocole de Ouagadougou. Toutefois, il reste aux autorités camerounaises de faire la déclaration d'acceptation de la compétence de la Cour à l'égard des plaintes individuelles[670]. Par conséquent, aucune plainte ne peut être introduite par des individus ou des organisations non gouvernementales contre le Cameroun devant la Cour africaine. Dès lors, relativement aux victimes des violations du droit à la santé vivant au Cameroun, la justiciabilité de ce droit au plan régional ne peut être engagée que devant la Commission africaine. Nonobstant les lacunes de cette institution en rapport avec le caractère non contraignant de ses décisions, il n'en demeure pas moins que depuis son entrée en fonction en 1987, la CoADHP a connu des succès remarquables dans la protection des droits de l'homme et du droit à la santé. Concernant l'État du Cameroun, l'affaire *Abdoulaye Mazou c/ État du Cameroun* a abouti en la réhabilitation du plaignant dans le corps de la magistrature[671]. Au plan substantiel, l'affaire *SERAC c/ Nigeria* a démontré la capacité de la Commission africaine à protéger le droit à la santé dans

---

[668] Voir CADHP, article 55 et Protocole de Ouagadougou, article 5.

[669] Protocole de Ouagadougou, articles 5(3) et 34(6).

[670] Voir Tableau de ratification : Protocole à la CADHP portant création de la CrADHP, disponible sur www.achpr.org [consulté le 1er mai 2018].

[671] CoADHP, *Annette Pagnoulle (pour le compte de Abdoulaye Mazou) c/ Cameroun*, communication n° 39/90_10AR, avril 1997. Dans cette affaire, le magistrat Abdoulaye Mazou avait été emprisonné et révoqué du corps de la magistrature pour avoir caché son frère qui avait participé à la tentative de coup d'État de 1984. Plus tard, il avait été libéré et l'État lui avait refusé le bénéfice de la loi d'amnistie de 1991. Par conséquent, il n'avait pas réintégré ses fonctions de magistrat. La CoADHP, saisie de cette affaire, avait décidé que le fait de ne pas réintégrer le sieur Mazou dans ses fonctions après la loi d'amnistie constituait une violation de l'article 15 de la Charte africaine et avait demandé à l'État du Cameroun de tirer les conséquences. Le Cameroun s'est plié à cette décision en réintégrant le sieur Mazou dans ses fonctions de magistrat.

toutes ses composantes, y compris ses déterminants fondamentaux que sont l'environnement, l'alimentation, l'eau et le logement[672].

Il ressort de ce qui précède que non seulement la CoADHP est largement intervenue dans la promotion et la protection du droit à la santé, mais que l'État du Cameroun n'est en général pas sourd à ces constatations, quand bien même celles-ci n'ont qu'une valeur non contraignante[673]. Cependant, avant d'examiner l'étendue de l'activité de protection du droit à la santé par la Commission africaine, il est important d'indiquer les conditions que doit satisfaire tout plaignant afin que son affaire soit reçue par la CoADHP.

Lorsqu'une personne alléguant de la violation de son droit à la santé n'a pas obtenu gain de cause au plan national, elle peut valablement introduire sa plainte devant la Commission africaine. Toutefois, pour que sa plainte soit recevable, il doit au préalable avoir rempli les conditions de recevabilité qui sont au nombre de sept. Dans un premier temps, il doit indiquer son identité dans la plainte. Si ce n'est pas un individu, mais une organisation non gouvernementale, celle-ci doit indiquer son identité et au besoin, l'identité des personnes pour le compte desquelles elle agit[674]. Ensuite, la plainte doit être compatible avec l'Acte constitutif de l'Union africaine et la CADHP. Autrement, elle doit alléguer la violation d'un des droits protégés par ces textes. Par ailleurs, la plainte ne doit pas contenir des termes outrageants ou insultants à l'égard de l'État du Cameroun[675]. Enfin, la plainte doit être étayée par des preuves tangibles qui soutiennent les allégations de la victime se rapportant à la violation du droit à la santé. Il en découle que ne peut être reçue une plainte qui se limite à collecter des informations diffusées par des moyens de communication de masse tels que les réseaux sociaux[676].

---

672 CoADHP, *Social and Economic Rights Action Center (SERAC) and Center for Economic and Social Rights (CESR) c/ Nigeria*, communication n° 155/96, 27 octobre 2001. Dans cette affaire, suite à la pollution de l'environnement dans l'Ogoniland au Nigéria par une compagnie pétrolière, la Commission a exhorté le Gouvernement nigérian de protéger la santé du peuple Ogoni, entre autres en fournissant des informations sur les risques pour la santé et l'environnement et en s'assurant qu'une évaluation adéquate de l'impact social et écologique des opérations pétrolières soit menée pour tout futur projet d'exploitation pétrolière et que la sécurité de tout projet du genre soit garantie. Elle a demandé à l'État de procéder au nettoyage total des terres et des rivières polluées par les opérations pétrolières.

673 Rachidatou ILLA MAIKASSOUA, *La Commission africaine des droits de l'homme et des peuples. Un organe de contrôle au service de la Charte africaine,* Khartala, Paris, 2013. Voir aussi Nisrine EBA NGUEMA, *op. cit.*

674 CoADHP, *Interights (pour le compte de Pan African Movement et Citizens for Peace in Eritrea) c/ Éthiopie ; Interights (pour le compte de Pan African Movement Inter Africa Group) c/ Érythrée*, communications n° 233/99 et 234/99.

675 CoADHP, *Ligue camerounaise des droits de l'homme c/ Cameroun*, communication n° 65/92.

676 CoADHP, *Sir Dawda K. Jawara c/ Gambie*, communication n° 147/95 et 149/96.

Une fois ces conditions relatives à la personne du requérant et au contenu de la demande satisfaites, le plaignant doit alors remplir de nouvelles conditions liées aux délais de saisine de la CoADHP[677]. Celles-ci sont relatives dans un second temps au délai raisonnable de saisine de la Commission africaine, à l'absence de litispendance – autrement dit que la plainte ne soit pas pendante devant un autre mécanisme international d'enquête ou de règlement des litiges – et à la règle de l'épuisement des voies de recours internes suivant laquelle le plaignant doit au préalable avoir saisi les juridictions camerounaises compétentes avant de porter son affaire devant la Commission africaine. Cette saisine préalable permet à l'État du Cameroun d'avoir d'abord *« l'opportunité de réparer par ses propres moyens et dans le cadre de son système de droit interne, le préjudice qui aurait été causé à un individu »*[678]. Ce n'est que lorsque ces moyens sont indisponibles au plan interne ou que la procédure s'y prolonge de façon anormale que le plaignant pourra être exempt de cette condition. En outre, le plaignant doit introduire sa plainte dans un délai raisonnable suivant la date à laquelle la décision au plan interne est devenue définitive et s'assurer que la même plainte n'a pas déjà été introduite devant un autre organe international de règlement des litiges[679].

Une fois que ces conditions de recevabilité sont satisfaites, la CoADHP peut alors se prononcer au fond sur l'existence ou non d'une violation du droit à la santé tel qu'il est protégé par la CADHP. Ainsi, bien que cela ne concerne pas l'État du Cameroun, la Commission s'est prononcée à plusieurs reprises sur la violation du droit au meilleur état de santé susceptible d'être atteint par chaque individu. Elle précise avant tout *« qu'elle est consciente du fait que des millions de personnes en Afrique ne jouissent pas du droit au meilleur état de santé physique et mentale qu'elles soient capables d'atteindre, parce que les pays africains sont en général confrontés au problème de la pauvreté qui les rend incapables de fournir les équipements, infrastructures et ressources qui facilitent la pleine jouissance de ce droit »*[680].

Cependant, nonobstant ce constat liminaire, la CoADHP n'exempte pas pour autant les États africains de leur responsabilité en matière de protection du droit à la santé. Bien au contraire, elle leur demande de mettre le peu de ressources dont ils disposent au profit des citoyens. Dès lors, en matière de droit à la santé, l'État a *« l'obligation d'œuvrer aussi rapidement et aussi*

---

677 Frédéric FOKA, *Le contentieux africain des droits de l'homme et des peuples*, éditions 3ft, Yaoundé, octobre 2008, pp. 29 et 38.
678 *Ibid.* p. 38. Voir aussi CoADHP, *Purohit et Moore c/ Gambie*, communication n° 241/01.
679 Frédéric FOKA, *op. cit.* pp. 49-50.
680 *Ibid.* p. 139. Voir aussi CoADHP, *Purohit et Moore c/ Gambie*, communication n° 241/01.

efficacement que possible pour atteindre l'objectif »[681] de la pleine réalisation de ce droit pour tous. Sur ces fondements, la Commission estime que *« ayant dûment tenu compte de ces circonstances tristes, mais réelles, [elle] souhaiterait lire dans l'article 16 l'obligation, de la part des États-parties à la Charte africaine, de prendre des mesures concrètes et sélectives tout en tirant pleinement profit des ressources disponibles, en vue de garantir que le droit à la santé est pleinement réalisé sous tous ses aspects, sans discrimination d'une quelconque nature »*[682].

Tirant ainsi les conséquences de cette obligation, la CoADHP estime par exemple que la pénurie de médicaments et le défaut de fourniture des services sociaux de base tels que l'eau potable et l'électricité constituent une violation du droit à la santé[683]. Cette violation est encore plus grave lorsqu'un individu est placé directement sous la garde et la responsabilité de l'État. C'est notamment le cas des prisonniers. Il en ressort que lorsqu'un individu est incarcéré, il doit pouvoir avoir accès à un médecin lorsque son état de santé l'exige, de même qu'à une alimentation de qualité et de quantité suffisantes et des conditions carcérales dignes, notamment en ce qui concerne l'hygiène[684]. Pour la CoADHP, le droit à la santé comprend non seulement les soins de santé, mais aussi les conditions saines qui renvoient à un ensemble de conditions qui, si elles ne sont pas intrinsèquement liées aux soins de santé, ne contribuent pas moins à la réalisation du droit à la santé[685]. Dans la même optique, la CoADHP estime que *« le droit à la santé couvre non seulement des soins de santé en temps opportun et approprié, mais également les éléments sous-jacents de la santé tels que l'accès à une eau saine et potable, un apport suffisant de nourriture saine, la nutrition et le logement »*[686].

Si ce travail de la Commission africaine est fortement à saluer, l'on peut penser que lorsque les victimes la saisiront, cela permettra sans aucun doute à l'amélioration du cadre de protection de la santé au plan national, car si l'État est confronté à un trop grand nombre de plaintes au plan régional, il devra inéluctablement prendre des mesures afin de résorber les problèmes

---

681 Frédéric SUDRE cité par Frédéric FOKA, *op. cit.* p. 139.

682 Frédéric FOKA, *op. cit.* p. 139. Voir aussi CoADHP, *Purohit et Moore c/ Gambie*, communication n° 241/01.

683 Frédéric FOKA, *op. cit.* p. 139. Voir aussi CoADHP, *Free Legal Assistance Group et al. c/ Zaïre*, communications n° 25/89, 4/90, 56/91 et 100/93.

684 Frédéric FOKA, *op. cit.* p. 140.

685 Emmanuel GUEMATCHA, « La justiciabilité du droit à la santé en Afrique : les décisions de la Commission africaine des droits de l'homme et des peuples », *in Revue Droits fondamentaux*, 2018, disponible sur www.droits-fondamentaux.u-paris2.fr [consulté le 3 mai 2018], pp. 4-5.

686 *Ibid.* pp. 8-9. Voir aussi CoADHP, *Egyptian Initiative for Personal Rights and Interights c/ Égypte*, communication n° 334/06.

qui sont soulevés par celles-ci. Il ne fait aussi aucun doute que le fait pour l'État du Cameroun de procéder à l'acceptation de la compétence de la Cour africaine conformément à l'article 34(6) dudit Protocole dopera les moyens régionaux de contrôle de la réalisation du droit à la santé au plan national. Ces mécanismes sont en l'état quasiment les seuls capables de répondre à cette demande de justice tant les mécanismes universels semblent encore balbutiants.

B. L'éventuelle intervention du Comité des droits économiques, sociaux et culturels

La date du 10 décembre 2008 marque un tournant décisif dans la protection des droits économiques, sociaux et culturels – dont fait partie le droit à la santé – au plan international. En effet, c'est en cette date qu'a été adopté par l'Assemblée générale des Nations unies le Protocole facultatif se rapportant au PIDESC. Ce Protocole renforce les missions de protection du CODESC en ce qu'il lui permet désormais, à l'image de tous les autres organes de traité des Nations unies, de pouvoir recevoir des plaintes alléguant des violations des droits économiques, sociaux et culturels. Toutefois, il y a lieu de faire remarquer que ce Protocole qui est entré en vigueur le 5 mai 2013 n'a toujours pas été signé par l'État du Cameroun. Par conséquent, les personnes victimes de violations de leur droit à la santé au Cameroun ne peuvent y recourir. Cependant, l'existence même de cette procédure au sein du CODESC aura sans nul doute des répercussions bénéfiques sur les victimes des violations du droit à la santé et des DESC en général de par le monde.

Selon Catarina de ALBUQUERQUE, présidente du Groupe de travail chargé du projet du Protocole facultatif au PIDESC, ce Protocole a eu pour les victimes un *« effet d'un point de vue moral et symbolique. Les DESC ne sont pas mineurs, les victimes de famines chroniques ne sont pas moins dignes de protection que celles de torture. On peut espérer un effet multiplicateur, de domino, des prises de position du Comité : les autres États devront être attentifs aux condamnations sous peine de les subir un jour à leur tour »*[687]. Il ressort de ces propos que la non-ratification du Protocole par le Cameroun ne constitue en rien un obstacle à l'action du CODESC bien qu'elle soit indirecte. En réalité, les décisions de ce Comité établiront des standards en matière de mise en œuvre du droit à la santé qui s'appliqueront un jour au Cameroun lorsque cet État aura ratifié le Protocole. Par

---

[687] Anastasia ILIOPOULOU et Arnaud JAUREGUIBERRY, « Protocole facultatif au Pacte international relatif aux droits économiques, sociaux et culturels instituant un mécanisme de plainte », Entretien avec Catarina de Albuquerque, *in Revue Droits fondamentaux*, n° 7, janvier 2008 – décembre 2009, disponible sur www.droits-fondamentaux.org [consulté le 2 mai 2018].

conséquent, il serait dans l'intérêt du Cameroun même s'il n'a pas ratifié le Protocole facultatif au PIDESC, de suivre les décisions de ce Comité portant sur le droit à la santé et de rectifier la législation et les politiques publiques internes portant sur les secteurs visés par lesdites décisions.

Cette proposition peut paraître illusoire. Cependant, il ne fait aucun doute en droit international qu'un État ne peut être attrait devant une institution sur la base de la violation d'un droit que lorsque cette violation est survenue après la date d'entrée en vigueur à l'égard de l'État de l'instrument créant ladite institution. Néanmoins, il reste une exception à cette règle qui est tout aussi admise en droit international. Il s'agit de la théorie des effets continus[688] qui est une exception à la compétence *ratione temporis* des mécanismes de contrôle des droits de l'homme. Suivant cette théorie, le CODESC ne peut examiner une violation réputée avoir été commise avant l'entrée en vigueur du Protocole au PIDESC que si ladite violation continue ou a des effets qui, à leur tour, constituent des violations après l'entrée en vigueur du Protocole[689].

Sur la base de ce qui précède, il ne fait nul doute que des victimes actuelles des violations de leur droit à la santé pourront plus tard, si elles n'ont pas obtenu satisfaction au plan national, porter leur affaire devant le CODESC. Ceci est rendu possible du fait que les violations du droit à la santé ont très souvent des conséquences dommageables qui affectent durablement un individu. Par conséquent, quand bien même le Cameroun ratifierait ce Protocole dans dix ans, certaines personnes qui sont par exemple victimes d'infections en lien avec du sang contaminé à l'occasion des transfusions sanguines seront encore en vie ou à défaut leurs ayants droit. Elles pourront alors porter leur plainte devant le CODESC qui pourra dès lors, au terme de l'examen des éléments de preuve étayant les allégations des victimes, constater la violation de leur droit à la santé. Ces constatations se fondent sur le fait que quand bien même la violation a eu lieu bien avant l'entrée en vigueur du Protocole à l'égard du Cameroun, les effets de la violation perdurent et constituent des violations après l'entrée en vigueur du Protocole facultatif au PIDESC à l'égard du Cameroun. Il en découle que le Cameroun doit porter une attention particulière aux décisions de ce Comité portant sur les violations du droit à la santé.

Cette position est partagée par de nombreux observateurs du droit international des droits de l'homme, notamment la société civile internationale. Ainsi, pour Amnesty International, le CODESC *« mettra en évidence des atteintes aux droits humains, souvent liées à la pauvreté, la*

---

[688] Frédéric FOKA, *op. cit.* p. 33.

[689] *Ibid.* p. 33. Voir aussi CoADHP, *Malawi African Association et autres c/ Mauritanie*, communications n° 54/91, 61/91, 98/93, 164-196/97 et 201/98.

discrimination et la négligence, que la plupart des victimes supportent en silence. Des individus qui sont souvent isolés et impuissants pourront ainsi porter les violences qu'ils subissent aux yeux du monde »[690]. Cette position décrit fort à propos la situation de nombreuses populations du Cameroun, surtout celles des zones rurales, qui souffrent en silence des insuffisances de la protection étatique de leur droit à la santé. Dans ce schéma, *« il convient également de remarquer que le Protocole ne servira pas seulement les intérêts des personnes déposant des plaintes, car ses [le CODESC] décisions auront une influence sur les juridictions nationales et régionales du monde entier et aideront à établir des précédents qui feront jurisprudence pour d'autres. De même, toute décision prise concernant un pays permettra de guider les gouvernements d'autres pays sur la manière de protéger »*[691] le droit à la santé.

Il apparaît plus que clair que le CODESC occupe déjà une place déterminante dans le contrôle de la mise en œuvre du droit à la santé au Cameroun. Quoi qu'il en soit, pour élaguer tout scepticisme, le CODESC n'est pas le seul mécanisme universel à jouer ce rôle. D'autres mécanismes catégoriels ou n'ayant de prime abord aucun intérêt porté sur le droit à la santé ont tout de même un grand rôle à jouer dans la garantie de ce droit au Cameroun. À titre d'exemple, le Comité des droits de l'homme (ci-après CDH) s'est à plusieurs occasions prononcé sur le droit à la santé en rapport avec des droits reconnus et protégés dans le PIDCP. Ainsi, dans l'affaire *Albert Womah Mukong c/ Cameroun*, le CDH a rappelé les règles 10, 11, 17, 19 et 20 de l'Ensemble des règles minima pour le traitement des détenus qui prévoient, notamment pour chaque détenu le droit à un minimum de surface et volume d'air, une installation sanitaire suffisante, la fourniture d'un lit séparé et une alimentation suffisante[692].

Il ne fait aucun doute que dans cette affaire, le CDH par sa décision protégeait le droit à la santé du plaignant qui était détenu dans une prison camerounaise. Par conséquent, le droit à la santé est violé chaque fois que les prisonniers sont détenus dans des cellules surpeuplées et ne bénéficient ni d'une alimentation ni d'installations sanitaires suffisantes. À ce propos, le CDH estime qu'une cellule de 2,7 mètres sur 1,8 m pour neuf prisonniers, trois lits, une promenade d'une demi-heure toutes les deux ou trois semaines ainsi qu'une nourriture parfois difficilement comestible constituent une violation de l'article 7 du PIDCP et, bien entendu, du droit à la santé[693]. De

---

[690] Amnesty International, *Questions et réponses : Le Protocole facultatif se rapportant au Pacte international relatif aux droits économiques, sociaux et culturels*, disponible sur www.amnesty.org [consulté le 2 mai 2018].

[691] *Ibid.*

[692] CDH, *Albert Womah Mukong c/ Cameroun,* communication n° 458/1991, 21 juillet 1994.

[693] CDH, *Mohammed-Bashi El Megreisi c/ Libye*, communication n° 440/1990.

façon générale, le CDH porte une attention toute particulière sur les actes occasionnant un préjudice permanent à la santé de la victime. Par conséquent, des actes tels que le passage à tabac, les électrochocs dans les doigts, les paupières, le nez et les parties génitales, les brûlures de cigarette, les brûlures profondes, la suspension prolongée avec les mains et/ou les pieds enchaînés, la station debout prolongée nue et menottée, la privation de nourriture et d'eau, etc. correspondent à des violations du PIDCP[694].

Dans le cadre de la protection catégorielle, le Comité pour l'élimination de la discrimination à l'égard des femmes (ci-après CEDEF) estime que *« la violence à l'égard des femmes est à l'origine d'innombrables dommages physiques et psychologiques ou de souffrances parmi les femmes, ainsi que de violations de leur droit à la santé »*[695]. Il en ressort que toutes les violations du droit à la santé des femmes, lorsque celles-ci ont un fondement discriminatoire et n'ont pas trouvé de solutions satisfaisantes dans le cadre des juridictions internes, peuvent être portées devant le CEDEF. On en conclut qu'en l'absence de ratification du Protocole autorisant le mécanisme de plaintes pour le CODESC, les populations camerounaises victimes de la violation de leur droit à la santé peuvent valablement, avec quelque subtilité, porter leur affaire devant les autres Comités des Nations unies qui sont compétents pour recevoir des plaintes émanant de personnes victimes de violation de leurs droits par l'État du Cameroun.

Toutefois, il est important de relever que les mécanismes de réparation seuls ne suffisent pas à garantir la réalisation du droit à la santé au profit des populations. Il ne fait aucun doute que ces mécanismes sont non seulement importants dans la perspective de l'effectivité, mais aussi de l'efficacité de la mise en œuvre du droit à la santé. Cependant, à eux seuls ils ne sauraient suffire à atteindre cette efficacité. Dès lors, il est indispensable que l'État à qui il incombe au premier chef de garantir et d'assurer l'exercice par tous de leurs droits fondamentaux, soit capable de mettre sur pied des stratégies et des programmes susceptibles de permettre l'arrimage du Cameroun aux standards internationaux prescrits entre autres par l'OMS en vue d'assurer la pleine jouissance par chaque individu de son droit à la santé au Cameroun.

---

[694] CDH, *Grille Motta c/ Uruguay*, communication n° 11/1977 ; *Muteba c/ Zaïre, Miango Muiyo c/ Zaïre et Kanana c/ Zaïre*, communications n° 124/82, 194/85 et 366/89.

[695] CEDEF, *Recommandations générales n° 19 sur la violence à l'égard des femmes.* Voir aussi les *Recommandations générales n° 24 sur les femmes et la santé.*

CONCLUSION PARTIELLE 1

L'examen du cadre normatif et institutionnel nous renseigne qu'il existe de nombreuses lois et institutions en charge de la protection de la santé au Cameroun. En effet, le cadre normatif est constitué d'une part, de l'ensemble des normes internationales dûment ratifiées et qui rentrent dans l'ordonnancement juridique interne conformément à l'article 45 de la Constitution ; et d'autre part, des normes nationales, constitutionnelles, légales ou réglementaires. Ces normes ne se limitent pas seulement à garantir l'accès aux soins et aux médicaments des populations, à l'instar des groupes vulnérables, mais elles induisent aussi pour l'État comme pour les individus des droits et des obligations dans le cadre d'un accès à la prévention en matière de santé, notamment en ce qui concerne les déterminants de santé. Toutefois, bien que ce cadre normatif étonnamment assez dense contrairement à l'idée qu'on peut s'en faire a priori, il faut noter qu'il existe des écarts assez importants entre les normes internationales et les normes nationales. Il est impératif, dans le souci d'une meilleure garantie du droit à la santé d'opérer des réformes juridiques visant notamment la mise en conformité des normes nationales aux normes internationales.

En ce qui concerne le cadre institutionnel, on note une forte implication des acteurs privés, des associations, et des bailleurs de fonds et partenaires internationaux aux côtés de l'État afin de faciliter l'accès de tous à la promotion, la prévention et la prise en charge en matière de santé. S'agissant de l'action gouvernementale, elle se construit essentiellement autour du ministère de la Santé publique qui assure le rôle de coordinateur de l'ensemble des actions prises dans le cadre de la santé des populations. Toutefois, il s'avère que ce rôle de coordinateur n'est pas assez bien défini au plan organisationnel, ce qui cause des difficultés dans la coordination avec des risques de double-emplois, notamment de l'aide internationale ; ou des actions isolées de la part des autres ministères qui interviennent dans le cadre de la santé, sans qu'il n'y ait pour autant de passerelle entre ces départements ministériels et le ministère de la Santé publique. Par ailleurs, l'un des problèmes principaux au plan institutionnel est le fait que de nombreuses institutions existent sans toutefois être opérationnelles soit du fait de manque de moyens, soit à cause des feuilles de route improprement définies. On assiste alors à un foisonnement d'institutions budgétivores sans réel impact en termes d'amélioration de la santé des populations.

Les insuffisances en matière de protection de la santé sont importantes du fait des lacunes normatives et des insuffisances institutionnelles. Mais, les mécanismes de contrôle interviennent peu pour corriger ce qui peut l'être. Au plan juridictionnel, le faible recours aux mécanismes judiciaires de contrôle s'explique non seulement par la faible appropriation de ceux-ci par les populations, mais également par les lourdeurs procédurales, le manque de moyens et la faiblesse technologique dont disposent les populations. De ce fait, les mécanismes judiciaires sont assez peu sollicités même s'il est capital de relever que de nombreuses plaintes initiées devant le juge pénal notamment ont abouti et que les victimes ont obtenu réparation. Il s'en suit que ces mécanismes sont existants, pratiques et efficaces, mais que les populations devraient plus les mobiliser et qu'un allègement procédural en faveur des victimes contribuerait largement à un meilleur accès des victimes d'erreurs médicales à la justice, et par conséquent à une garantie plus efficace du droit à la santé.

Au plan non-juridictionnel, il existe également un certain nombre de mécanismes et de procédures qui peuvent efficacement contribuer à une meilleure garantie du droit à la santé. Toutefois, ces procédures peinent à être mobilisées à cause des facteurs souvent non juridiques ou d'opportunité politique. Qu'à cela ne tienne, on note une volonté politique assez louable des autorités camerounaises à se soumettre à l'examen périodique universel devant les organes de traités en charge du contrôle de la mise en œuvre du droit à la santé au plan national. De nombreuses recommandations desdits mécanismes ont effectivement trouvé écho en termes de réformes juridiques ou d'adoption de politiques publiques visant une meilleure protection du droit à la santé. Cependant, la procédure de plaintes individuelles devant lesdits mécanismes est assez peu usitée soit du fait de la méconnaissance de ces procédures par la population, soit à cause d'obstacles procéduraux se rapportant notamment à la non-ratification des textes fondateurs desdits organes ou à la non-reconnaissance de la capacité individuelle à convoquer l'État du Cameroun devant de pareils fora internationaux.

Au demeurant, il n'est pas exagéré de conclure que l'État du Cameroun est en train de gagner le pari de l'effectivité des normes de protection de la santé, sauf que ces normes doivent alors être animées par des institutions opérationnelles et efficaces capables de produire une transformation sociale en termes d'amélioration de la jouissance du droit à la santé par chaque individu se trouvant sur le territoire camerounais.

PARTIE 2 -

LE DROIT À LA SANTÉ AU CAMEROUN À L'ÉPREUVE DE L'EFFICACITÉ

La mise en œuvre du droit à la santé ne peut se limiter à l'étude de l'effectivité des normes et du fonctionnement effectif des mécanismes créés pour les appliquer. En réalité, le débat sur la mise en œuvre du droit à la santé doit s'articuler autour de la concrétisation de la protection du droit à la santé de chaque individu. Dès lors, le débat doit dépasser l'effectivité de la mise en œuvre pour être porté sur l'efficacité de la mise en œuvre du droit à la santé. Il est alors question non seulement d'évaluer le niveau de réalisation du droit à la santé à l'aune des standards internationaux, mais aussi et surtout de mesurer l'impact des mesures prises par l'État en termes de satisfaction ou de réponses concrètes au besoin des populations. Seule une pareille évaluation permet *in fine* de mesurer le gap existant entre les engagements pris au niveau international et le niveau de réalisation du droit à la santé au plan interne. Elle permet également d'examiner et d'indiquer les mesures qui restent à prendre d'une part pour se conformer aux obligations conventionnelles de l'État en matière de garantie du droit à la santé (Titre 1) ; et d'autre part, pour répondre concrètement aux attentes des populations en termes de protection de leur droit à la santé (Titre 2).

TITRE 1 -

L'EFFICACITÉ RELATIVE DE LA MISE EN ŒUVRE DU DROIT À LA SANTÉ AU CAMEROUN AU REGARD DU DROIT INTERNATIONAL

La mesure de l'effectivité ou de l'efficacité de la mise en œuvre du droit à la santé au Cameroun ne peut mieux se faire qu'à l'aune des indicateurs. En effet, les indicateurs ont pris une place indéniable dans l'évaluation de la réalisation des droits de l'homme en général. Comme le note l'OCDE, *« l'apport des indicateurs pour le suivi des droits de l'homme est de plus en plus reconnu (...). Entre-temps, les organismes et instances des Nations unies relatifs aux droits de l'homme ne cessent d'inciter à produire et utiliser des indicateurs et plusieurs initiatives ont vu le jour pour mettre en pratique ces indicateurs pour mesurer les droits de l'homme »*[696]. Bien souvent, la préférence a toujours été donnée aux indicateurs quantitatifs. Cependant, *« les indicateurs quantitatifs ne suffisent pas à décrire la jouissance d'un droit. Les droits de l'homme présentent de nombreuses dimensions non-quantifiables, qui ne dépendent pas exclusivement d'un meilleur accès au logement ou du nombre de cliniques et d'enseignants, mais de la façon dont ces biens et services sont fournis, des cibles qu'ils atteignent, de leurs implications et de l'éventuelle participation au processus de prise de décision par les personnes directement concernées (...). Ainsi, pour mettre en place un mécanisme de suivi rigoureux, il convient de combiner des outils quantitatifs et une recherche qualitative »*[697].

L'approche prise dans le cadre de la présente étude est une approche holistique conjuguant à la fois des indicateurs quantitatifs et des indicateurs qualitatifs. Ces indicateurs portent sur l'accès aux soins de santé primaires (Chapitre 1) et les autres mesures de prévention et de protection du droit à la santé au Cameroun (Chapitre 2).

---

[696] OCDE, « Chapitre 12. Mesurer les droits économiques et sociaux pour en demander compte aux gouvernements », *in Revue de l'OCDE sur le développement 2008/2 (n° 9)*, disponible sur www.cairn.info [consulté le 5 août 2017], p. 208.
[697] *Ibid.*

CHAPITRE 1 : LA GARANTIE LIMITÉE DE L'ACCÈS AUX SOINS DE SANTÉ PRIMAIRES AU CAMEROUN

La protection du droit à la santé est une exigence constitutionnelle dont l'État ne peut, sous aucun prétexte, se défaire. Depuis la Déclaration d'Alma-Ata en 1978, les soins de santé primaires sont l'obligation minimale des États africains en termes de mise en œuvre du droit à la santé, compte tenu de leur situation économique et financière précaire. Les soins de santé primaires sont identifiés comme étant les principaux moyens de garantir à tous les peuples un niveau de santé suffisant pour leur permettre de mener une vie socialement et économiquement productive. Leurs caractéristiques fondamentales étant qu'ils sont « scientifiquement valables et socialement acceptables »[698], ils ont la prétention d'être *« universellement accessibles à tous avec la pleine participation de la communauté et à coût supportable par le pays »*[699]. Dès lors, l'évaluation de la mise en œuvre du droit à la santé au Cameroun doit porter principalement sous la garantie de la mise en œuvre des soins de santé primaires.

Suivant l'approche de l'Union africaine, *« les soins de santé primaires comprennent au minimum une éducation concernant les problèmes de santé qui se posent, ainsi que des méthodes de détection, de prévention et de lutte qui leur sont applicables. On relève ainsi la promotion de bonnes conditions alimentaires et nutritionnelles, un approvisionnement suffisant en eau saine, la protection maternelle et infantile et la planification familiale, la vaccination contre les maladies infectieuses, la prévention et le contrôle des endémies locales, le traitement des maladies et lésions courantes, la promotion de la santé mentale et la fourniture des médicaments essentiels »*[700]. Il ressort de cette définition que les soins de santé primaires suivent le principe holistique de la santé et de ce fait, exigent une approche engagée plurisectorielle. Ainsi, *« en Afrique, cette plus grande importance accordée aux soins de santé primaires est particulièrement appropriée. Certains enjeux, notamment l'épidémie de VIH/sida, ont abouti, à des degrés divers, à une progression des indicateurs de santé »*[701]. Conséquemment, l'évaluation de la mise en œuvre du droit à la santé doit aussi répondre à la

---

698 Caroline BINET, *op. cit.* p. 28.

699 *Ibid.*

700 *Ibid.*

701 Union africaine, *Projet de note d'orientation pour la Conférence internationale sur la santé maternelle, néonatale et infantile en Afrique. Johannesburg (Afrique du Sud), 1er-3 août 2013*, disponible sur www.who.int [consulté le 7 août 2017].

même approche holistique et se fonder sur les indicateurs déclinés au niveau international. Ces indicateurs sont ceux qui permettent d'évaluer d'une part, la garantie de l'accès aux soins au Cameroun (Section 1) et d'autre part, les mesures spécifiques de protection du droit à la santé (Section 2).

Section 1 : Les indicateurs de l'accès aux soins de santé au Cameroun

Sans prétention à l'exhaustivité, la présente évaluation porte sous la garantie de la disponibilité et de l'accessibilité des soins à la plus grande majorité (Paragraphe 1). Ensuite, l'on va procéder à une évaluation de la qualité des soins fournis aux patients et malades présents sur le territoire du Cameroun (Paragraphe 2). Tandis que la première évaluation répond plus à une démarche quantitative que qualitative, la seconde quant à elle obéit à des indicateurs plus qualitatifs que quantitatifs. Il ne sera cependant pas exclu de convoquer et de conjuguer ces deux approches, quantitative et qualitative, en cas de besoin.

Paragraphe 1 : La garantie de la disponibilité et de l'accès aux soins

La politique de santé doit avoir pour objet, sans s'y limiter, les questions relatives à l'organisation et au financement des soins. Tout comme en France, il y a quelques années, le débat politique au Cameroun est dominé par les *« réponses curatives aux problèmes de santé et par le devenir du système de soins »*[702]. Ces problèmes de santé portent essentiellement sur deux points, à savoir : l'accès géographique aux soins de santé, notamment la lutte contre les déserts médicaux (A) et l'accès économique aux soins de santé (B).

A. L'accès géographique aux soins ou la lutte contre les déserts médicaux

La lutte contre les déserts médicaux suppose une accessibilité aisée des centres de soins par les populations. À ce propos, il n'existe pas de standards prédéfinis, mais de façon générale, *« l'accessibilité mesure la proportion de la population du district ayant un établissement de soins assez facilement atteignable, ce qui se mesure en fonction de la distance (par exemple 5 ou 10 km), du temps (par exemple une à deux heures de déplacement), du coût (par exemple le prix du transport et celui des soins), (...) »*[703]. D'après le

[702] Pascal PENAUD, Pierre ABALLEA et *al.*, *op. cit.* p. 770.

[703] J. Patrick VAUGHAN et Richard H MORROW, *Manuel d'épidémiologie pour la gestion de la santé au niveau du district*, OMS, Genève, 1991, disponible sur www.who.int [consulté le 24 octobre 2018], pp. 143-144.

ministère de la Santé publique du Cameroun, en 2014, on dénombrait 4 034 formations sanitaires publiques et privées. S'il est admis qu'en valeur absolue, le nombre de formations sanitaires au niveau opérationnel est satisfaisant, il y a lieu cependant de remarquer que leur répartition géographique dans le pays est inéquitable. De l'aveu du ministère, *« il existe un déséquilibre infrastructurel entre les différentes régions et même entre les districts de santé où l'on trouve encore des populations vivant à plus de 20 km d'une formation sanitaire »*[704]. Ce constat pose clairement le problème de l'accessibilité des populations aux dites formations. En effet, l'offre de santé publique du Cameroun est organisée autour des districts de santé et des aires de santé. En 1999, les données de la carte sanitaire montraient un centre de santé pour 8 555 habitants et un lit d'hospitalisation pour 768 habitants. Il est à noter que globalement, ces chiffres sont intéressants ; mais en réalité, ils masquent des disparités géographiques très marquées[705]. Il en découle que, comme dans de nombreux pays, une étude globale des indicateurs de santé publique peut s'avérer être très satisfaisante, alors même que la réalité de la mise en œuvre du droit à la santé est tout autre.

En réalité, il existe de très grandes disparités entre les milieux urbains et les milieux ruraux. Autant l'accessibilité géographique des soins de santé est garantie, autant pour les populations se trouvant en milieu rural, l'accessibilité géographique reste une gageure. Pour s'en convaincre, *« en 2007, une étude démontrait que le village le plus éloigné d'un centre de santé se situait à 80 km de celui-ci. En outre, les populations les plus pauvres mettaient deux fois plus de temps pour accéder au Centre de santé intégré le plus proche (...) »*[706]. Cette situation est d'autant plus regrettable qu'elle est contraire à l'orientation prise par le Cameroun qui est de garantir au moins les soins de santé primaires à tous. Parmi les principes phares de cette orientation figurent en bonne place la participation communautaire, l'équité et la justice sociale. Ces principes ne sont réalisables que dans la mesure où les centres de santé sont accessibles à tous dans leur espace géographique le plus immédiat.

D'après les indicateurs de l'OMS, le standard retenu en termes d'accès géographique aux soins est de cinq (5) kilomètres et d'un établissement de

---

[704] Ministère de la Santé publique du Cameroun, *Stratégie sectorielle de santé 2016-2027*, *op. cit.* p. 71.

[705] Christophe COMMEYRAS et Jean Rolin NDO, *Étude de l'accessibilité et des déterminants de recours aux soins et aux médicaments pour les populations du Cameroun*, disponible sur www.cerdi.org [consulté le 4 août 2017], p. 2.

[706] Ministère de la Santé publique du Cameroun, *Stratégie sectorielle de santé 2016-2027*, *op. cit.* p. 73.

santé pour dix mille (10 000) habitants[707]. Si l'on s'en tient aux statistiques présentées ci-haut, le Cameroun dans le cadre d'une évaluation globale s'inscrit dans ces standards. Toutefois, il a aussi été remarqué que dans de très larges zones rurales, de nombreuses populations doivent encore parcourir de longs kilomètres pour trouver un centre de santé. Il en ressort que la stratégie des soins de santé primaires est difficilement réalisée pour de nombreux individus. En effet, les soins de santé primaires sont des services proches de la population et représentent le premier contact des individus avec le système national de santé. Pour ce faire, ils doivent être rendus « universellement accessibles à tous avec la pleine participation de la communauté »[708]. Qui plus est, suivant la Déclaration d'Alma-Ata, les soins de santé primaires s'appuient entre autres sur le principe de l'appropriation de sa santé par la communauté et sa participation aux programmes de santé[709]. Or, comment est-il possible d'envisager une quelconque appropriation de leur santé par les membres d'une communauté qui sont obligés de parcourir vingt (20), voire quatre-vingts (80) kilomètres avant de trouver un centre de santé ?

Cette situation pose clairement le problème des inégalités sociales de santé et celui des déserts médicaux. Aux fins d'une meilleure compréhension, *« une inégalité sociale est le résultat d'une distribution inégale, au sens mathématique de l'expression, entre les membres d'une société, des ressources de cette dernière, distribution produite dans la société, mais aussi par l'organisation même de cette dernière »*[710]. En effet, à l'observation des inégalités d'accès aux soins, certaines sont produites par la société en dehors du système de soins proprement dit, notamment par l'appartenance de classes sociales et par le niveau de revenu. Il est fait référence ici davantage aux inégalités dans l'accessibilité économique des soins de santé. D'autres inégalités d'accès aux soins, et c'est l'objet de la présente analyse, sont dues au système de soins lui-même. C'est ce à quoi l'on fait référence sous l'expression « désert médical ». Il est à noter que ces deux types d'inégalité sont souvent cumulatifs[711]. C'est le cas du Cameroun où l'on se rend bien compte que la plupart des déserts médicaux se trouvent en zone rurale où il est acquis que les revenus des populations et, par conséquent leur pouvoir d'achat des biens et services médicaux, est faible.

---

[707] OMS, *Liste mondiale de référence des 100 indicateurs sanitaires de base*, version de travail 5, Genève, 17 novembre 2014, p. 15.

[708] Caroline BINET, *op. cit.* pp.28-29.

[709] Union africaine, *Projet de note d'orientation pour la Conférence internationale sur la santé maternelle, néonatale et infantile en Afrique. Johannesburg (Afrique du Sud), 1er-3 août 2013, op. cit.*

[710] Bernard ENNUYER, « Quelques réflexions autour de la notion d'inégalité sociale », *in* Christian HERVE, Michèle STANTON-JEAN et *al. (dir.)*, *op. cit.* p. 21.

[711] Voir Bernard ENNUYER, *op. cit.* p. 23.

Il est important de rappeler que la protection de la santé est une exigence constitutionnelle. En ce sens, l'État se doit d'organiser son système de soins de telle sorte que toute personne atteinte d'une maladie puisse avoir accès, dans un ratio acceptable du couple distance/temps tel que présenté ci-dessus, à une formation sanitaire. Par conséquent, il se doit d'assurer une répartition équitable des formations sur le territoire afin que toutes les personnes puissent avoir les facilités matérielles d'accéder aux ressources sanitaires et aux services de santé[712]. L'existence des déserts médicaux n'est pas l'apanage des pays pauvres. Elle est la résultante d'une mauvaise organisation des soins de santé laquelle a pour conséquence une mauvaise répartition des formations sanitaires sur le territoire. Par exemple, en France, l'existence d'un système de santé développé, dont le financement représentait 12 % de la richesse nationale en 2014, ne suffisait pourtant pas à garantir un accès territorial équitable[713]. Si tel est le cas pour un pays qui consacre 12 % de sa richesse nationale au financement de son système de santé, alors que peut-il en être d'un pays comme le Cameroun où seulement 5,4 % du PIB sont affectés au financement de la santé ?[714].

Il faut relever que ce chiffre est bien loin de l'objectif de 15 % du budget national à consacrer au financement de la santé qui représente l'engagement pris par les Chefs d'État africain lors du sommet d'Abuja en avril 2001[715]. Le non-respect de cet objectif augmente la part déjà insoutenable de la contribution des ménages au financement de la santé. En fait, le Cameroun avec un taux de 70,6 % occupe le troisième rang de la contribution des ménages au financement de la santé en Afrique subsaharienne derrière le Soudan et le Nigeria[716]. Cette situation est contraire à l'engagement des États de garantir à tous au moins des soins de santé primaires. Cet engagement s'est traduit dans l'Initiative de Bamako par l'idée selon laquelle *« le malade serait prêt à payer une somme raisonnable pour sa santé, à condition qu'il puisse trouver un service et un personnel de qualité, adaptés à sa demande »*[717]. Sans vouloir discuter du niveau des revenus des malades, il est à noter que bien que les malades financent largement le système de santé, ils ne reçoivent pas, en certains endroits, la contrepartie de leur paiement qui est la garantie d'un service médical à travers notamment la mise à leur disposition d'une formation sanitaire.

---

[712] Pascal BONNET, *Le concept d'accessibilité et d'accès aux soins*, Dossier de DEA GEOS, Université Paul Valery Montpellier III, 2002, p. 5.

[713] Anne LAUDE et Didier TABUTEAU, *op. cit.* p. 56.

[714] Ministère de la Santé publique du Cameroun, *Stratégie sectorielle de santé 2016-2027*, *op. cit.* p. 61.

[715] *Ibid.* p. 62.

[716] *Ibid.*

[717] Christophe COMMEYRAS et Jean Rolin NDO, *op. cit.*

La politique de réorientation des soins de santé primaires au Cameroun prévoit la constitution des districts de santé. En effet, *« le District de Santé correspond à une agglomération d'environ 100 000 habitants comprenant un Service de Santé de District (SSD), un Hôpital de District (HD), des Centres de Santé Intégrés (CSI), des structures de dialogues appelés Comité de Santé (COSA) et Comité de Gestion (COGE) »*[718]. À travers cette politique, il est aisé de comprendre que l'État camerounais fait des efforts pour rapprocher les services de santé des populations. Toutefois, l'on note l'existence d'importantes disparités territoriales, parfois même de « déserts médicaux », qui remettent en cause, dans certains territoires, notamment en milieu rural, le droit à l'accès aux soins[719]. Ces inégalités sont exacerbées par les *« difficultés de recrutement des personnels hospitaliers et de fonctionnement de certains établissements hospitaliers »*[720]. Ces disparités géographiques ont des conséquences dramatiques sur la santé des populations des zones répertoriées comme déserts médicaux. Par exemple, la mortalité y est plus élevée, l'espérance de vie à la naissance y est très inférieure et l'état de santé des habitants est en moyenne moins bon[721].

La garantie du droit à l'accès aux soins à tous, passe dès lors irrémédiablement par « des mesures incitatives, comme l'attribution de primes à l'installation »[722] à des acteurs privés afin de tenter de pallier les insuffisances de l'offre médicale et l'existence des déserts médicaux. Une autre solution serait de conclure un véritable « Pacte national de lutte contre les déserts médicaux » dont l'objet serait d'améliorer l'accès aux soins de proximité sur l'étendue du territoire camerounais. Un tel pacte, sans se substituer à la politique de réorientation des soins de santé primaires, aura justement pour ambition de s'assurer que les centres de santé sont créés sur l'ensemble du territoire du Cameroun en fonction des besoins des différentes zones rurales, notamment les plus isolées[723]. L'objectif avoué d'un tel pacte est de *« faire de la lutte contre les inégalités territoriales d'accès aux soins un des enjeux de la politique de santé à travers l'inscription du pacte territoire santé dans la loi »*[724]. Il faut cependant noter qu'il ne suffit pas de lutter contre les inégalités territoriales de santé pour garantir la protection du droit d'accès aux soins de tous, encore faudrait-il aussi prévoir des mesures de lutte contre les inégalités sociales de santé nées de la disparité économique entre les individus.

---

[718] Annick MAHTAM ENDALE NJOH-LEA, *op. cit.*

[719] Anne LAUDE et Didier TABUTEAU, *op. cit.* p. 57.

[720] *Ibid.* p. 56.

[721] Pascal PENAUD, Pierre ABALLEA et *al.*, *op. cit.* p. 797.

[722] Anne LAUDE et Didier TABUTEAU, *op. cit.* p. 57.

[723] Voir ARS/Professionnels de santé, *Pacte national de lutte contre les déserts médicaux*, disponible sur www.solidarites-sante.gouv.fr [consulté le 3 août 2017].

[724] *Ibid.*

B. L'accès économique aux soins de santé

Il a été relevé plus haut que les ménages financent la santé au Cameroun à hauteur de 70,6 %[725]. Si l'on considère qu'en 2012, le volume total du financement de la santé était de 728 milliards de FCFA[726], il en ressort que les ménages en cette année ont contribué au financement de la santé à hauteur de presque 514 milliards de FCFA. Ce montant est astronomique dans un pays comme le Cameroun où le salaire minimum est de 36 270 FCFA[727]. Deux enquêtes menées auprès des ménages en 2001 et 2007 ont en effet révélé qu'au Cameroun, 40 % des ménages vivaient en dessous du seuil de pauvreté monétaire. Par ailleurs, environ 76 % de la population active occupée en 2005 et 70 % en 2010 étaient en situation de sous-emploi global, c'est-à-dire travaillaient, involontairement, moins que la durée hebdomadaire minimale de 35 heures, ou gagnaient moins que le SMIG horaire[728]. En 2014, ces chiffres étaient de 37,5 % pour les personnes vivant en dessous du seuil de pauvreté monétaire, dont 90 % en zone rurale et 52 % dans les régions septentrionales du pays[729].

L'ensemble de ces chiffres démontre à suffisance la situation de pauvreté, voire d'extrême pauvreté, et de précarité dans laquelle vivent de nombreuses personnes au Cameroun. Lorsqu'on les croise avec le coût total des frais de santé qui sont supportés par les ménages, il en ressort clairement que : soit les ménages s'appauvrissent davantage pour avoir recours aux soins, soit ils en sont exclus du fait de leur coût trop élevé. Ces chiffres traduisent également l'étendue des inégalités sociales de santé qui existent au Cameroun. Il n'est plus utile de rappeler ici combien la pauvreté constitue un déterminant des inégalités de santé[730] et constitue en elle-même une entrave insurmontable à l'accès aux soins pour les personnes concernées. En effet, le prix des services de santé opère comme un « filtre » de l'accès aux services de santé. Dès lors, la recherche d'une équité dans la fixation des prix des services de santé peut être avancée comme pouvant permettre de remédier à ces inégalités de santé[731]. La santé étant entendue comme un « bien

---

725 Ministère de la Santé publique du Cameroun, *Stratégie sectorielle de santé 2016-2027*, *op. cit.* p. 61.

726 *Ibid.*

727 Décret n° 2014/2217/PM du 24 juillet 2014 portant revalorisation du Salaire Minimum Interprofessionnel Garanti (SMIG), article 1er.

728 Institut National de la statistique (INS) et ICF International, *Enquête démographique et de santé et à indicateurs multiples du Cameroun 2011*, INS et ICF, Calverton, Maryland, USA, 2012, p. 3.

729 Ministère de la Santé publique du Cameroun, *Stratégie sectorielle de santé 2016-2027*, *op. cit.* p. 25.

730 Bernard ENNUYER, *op. cit.* p. 29.

731 Hélène STROHL, « La lutte contre les inégalités de santé, un leurre social ? » *in* Christian HERVE, Michèle STANTON-JEAN et *al. (dir.)*, *op. cit.* p. 36.

supérieur », chaque individu doit pouvoir bénéficier d'un système de santé lui permettant de se soigner à un coût abordable pour lui et sa famille, car il est important de noter que « la demande de soins croît plus vite que le revenu des ménages »[732].

Le niveau de revenu apparaît alors comme un indicateur de l'accès aux soins et permet de caractériser la situation des populations les plus précaires ; car il est indéniable que *« le fait d'appartenir à un ménage situé sous le seuil de pauvreté est corrélé à un état de santé plus dégradé »*[733]. Sur ces prémisses, la nécessité de mettre sur pied un système garantissant à tous l'accès aux soins est fondamentale dans la protection du droit à la santé d'autant plus qu'avec l'âge croissent les dépenses de santé. En effet, *« le niveau de santé est très nettement croissant avec l'âge à partir de 30 ans »*[734]. La situation des populations camerounaises est d'autant plus pressante et précaire que l'on ne peut éluder dans l'analyse le fait que la crise économique des années fin 1980 et début des années 1990 a conduit à une baisse de 60 % des salaires des fonctionnaires en 1993 et à une dévaluation du FCFA en 1994. Ces évènements, conjugués avec l'actuelle situation économique précaire marquée par les crises sociopolitiques dans les régions de l'Extrême-Nord, du Nord-Ouest et du Sud-Ouest, avec leur fort impact économique, ont sérieusement entravé la capacité de la population à recourir aux soins de santé et ont considérablement modifié la demande de soins de santé de la population[735].

La problématique de l'accès aux soins pour tous a été résolue dans de nombreux pays à travers la mise en place d'une couverture maladie universelle afin de réduire les frais de santé à la charge des ménages. En Côte d'Ivoire par exemple, l'Assurance maladie universelle (AMU) a été mise en place avec pour objectif *« de garantir à toute personne résidant sur le territoire ivoirien la couverture des risques liés à la maladie et à la maternité »*[736]. L'ambition affirmée de l'AMU est, dans une optique de justice, d'offrir une couverture de base minimale à tous sans exclusion. De façon plus concrète, la Caisse nationale de prévoyance sociale (CNPS) de Côte d'Ivoire assure la prise en charge des soins médicaux, chirurgicaux et pharmaceutiques nécessaires au traitement de la victime d'un accident de travail ou d'une maladie professionnelle, ainsi que le paiement à la victime d'une indemnité et/ou de rentes viagères à titre de réparations pécuniaires. La CNPS met également en œuvre, au profit des travailleurs salariés et de

[732] Pascal PENAUD, Pierre ABALLEA et *al.*, *op. cit.* p. 774.
[733] *Ibid.* p. 797.
[734] *Ibid.* p. 774.
[735] Christophe COMMEYRAS et Jean Rolin NDO, *op. cit.*
[736] Clotilde OHOUOCHI, *L'assurance maladie universelle (AMU) en Côte d'Ivoire. Enjeux, pertinence et stratégie de mise en œuvre*, L'Harmattan, Paris, 2015, p. 43.

leurs familles, une action sanitaire et sociale à travers quatre centres médico-sociaux. Ces structures sont également ouvertes aux non-assurés[737].

En France, la Couverture maladie universelle (CMU) ainsi que l'assurance complémentaire santé permettent d'offrir à chaque individu des soins véritablement gratuits sur la base d'un panier de soins[738]. Au Cameroun, la CNPS offre une pension d'invalidité, de vieillesse et de décès à ses assurés suivant le régime de l'assurance obligatoire ou volontaire[739]. Cette pension ne couvre pas les situations de risque maladie et renvoie dès lors les ménages à puiser dans leurs économies ou à « mendier »[740] pour recourir à des soins. Face à la difficulté d'accéder à des soins de qualité, 63 % des personnes, et 81,4 % chez les plus démunis, recourent à des soins dans des structures informelles de santé avec tous les risques que cela peut comporter pour la santé de ces personnes[741]. Cette situation plonge le pays tout entier dans un cycle infernal de précarité où la pauvreté impacte négativement la santé et le mauvais état de santé des populations conduit à la pauvreté. Ceci montre sans équivoque l'urgence à instaurer une couverture maladie universelle compte tenu du fait que *« la santé est d'un point de vue économique, un capital humain dont l'amélioration favorise la croissance économique qui, en retour, contribue à accroître le niveau de santé »*[742].

La mise en place d'un mécanisme de protection sociale efficace est l'un des indicateurs de la garantie des soins de santé primaires pour tous. Toutefois, le Cameroun, comme beaucoup d'autres pays africains *« n'ont pas toujours mis en œuvre les nombreuses mesures requises pour assurer l'accès universel aux soins de santé telles que la protection sociale, sans lesquelles les objectifs de soins de santé primaires ne pourraient pas être totalement atteints »*[743]. Il est au plus haut point important que le Cameroun se dote d'un mécanisme d'assurance maladie permettant de garantir à tous, notamment aux couches vulnérables, un accès équitable aux soins de santé. La couverture médicale universelle prend ses racines dans la Constitution de l'OMS, adoptée en 1948, qui fait de la santé l'un des droits fondamentaux de

---

737 *Ibid.* p. 33.

738 Hélène STROHL, *op. cit.* p. 39.

739 Voir www.cnps.cm

740 OMS, *Chapitre 2. La santé en milieu urbain*, disponible sur www.who.int [consulté le 7 août 2017], p. 26.

741 *Ibid.*

742 Pascal PENAUD, Pierre ABALLEA et *al.*, *op. cit.* p. 773.

743 Union africaine, *Projet de note d'orientation pour la Conférence internationale sur la santé maternelle, néonatale et infantile en Afrique. Johannesburg (Afrique du Sud), 1er-3 août 2013, op. cit.*

tout être humain, et dans la Stratégie mondiale de la santé pour tous, lancée en 1979[744].

La couverture médicale universelle répond, selon l'OMS, à des objectifs précis, à savoir : d'une part, l'accès équitable aux services de santé en garantissant que tous ceux qui ont besoin des services de santé, quels que soient leurs moyens financiers, doivent pouvoir y accéder ; et d'autre part, la protection financière par la garantie de ce que le coût des soins ne doit pas soumettre les usagers à des difficultés financières. En l'état actuel, ces objectifs sont loin d'être atteints au Cameroun, nonobstant le fait que pour de nombreuses personnes, en particulier les plus vulnérables, « la couverture universelle c'est l'espoir d'être en meilleure santé sans s'appauvrir »[745]. L'OMS note également comme objectif de la couverture médicale la qualité des soins, ce qui implique que les services de santé doivent être d'une qualité suffisante pour améliorer la santé de ceux qui en bénéficient[746].

Paragraphe 2 : La garantie de la qualité des soins de santé

Il est difficile de traiter de la qualité des soins dans un système de santé sans obligatoirement évaluer le système de sécurité sanitaire qui y est déployé. Plus encore, il ne serait pas étrange d'affirmer que la sécurité des patients et la qualité des soins vont de pair[747]. En effet, *« la sécurité des patients est souvent considérée comme une composante de la qualité, de sorte que les pratiques visant à améliorer la sécurité des patients entraînent généralement une amélioration de la qualité globale des soins »*[748]. Lorsqu'il s'agit d'évaluer la qualité des soins, de nombreux analystes recourent principalement à l'évaluation des moyens injectés dans l'organisation et la structuration du système de santé. Ce type d'évaluation, loin d'être non pertinente, n'est cependant pas suffisamment holistique pour mesurer les résultats et les performances d'un système de santé. Il faut dès lors, au-delà des moyens financiers, s'intéresser d'une part à la gouvernance hospitalière, notamment la qualité des biens et produits utilisés dans la production des soins (A) ; et d'autre part à la qualité du personnel utilisé dans la production des soins (B).

---

744 OMS, *Financement de la santé et couverture universelle*, disponible sur www.who.int [consulté le 8 août 2017].
745 *Ibid.*
746 *Ibid.*
747 Secrétariat International des Infirmières et Infirmiers de l'Espace Francophone (SIDIIEF), *La qualité des soins et la sécurité des patients : une priorité mondiale. Mémoire*, SIDIIEF, Montréal, 2015, disponible sur www.sidiief.org [consulté le 21 août 2017], p. 7.
748 *Ibid.*

A. La garantie d'un plateau technique adéquat

L'on doit dire d'emblée que l'état de santé des populations d'un pays est tributaire de la robustesse du système de santé qui doit être capable de prévenir la maladie et de restaurer la santé. Pour atteindre ce double objectif, les structures sanitaires doivent fonctionner dans un système bien structuré et harmonieux[749]. Pour construire ce système bien structuré et harmonieux, le Cameroun, à travers son ministère de la Santé publique, s'est engagé en 2003, parallèlement à la mise en œuvre de sa stratégie sectorielle pour la période 2001-2010, dans un ambitieux programme de réforme hospitalière. En clair, *« la réforme de MAI 2003 a été le point de départ d'une réflexion sur la nécessité de revoir le système de gestion des hôpitaux publics au Cameroun avec une meilleure prise en compte des critères de résultats dans la performance »*[750]. Cette réforme s'appuie sur un constat lucide, à savoir que le problème central qui se pose à l'ensemble du système hospitalier du Cameroun est le faible accès des populations aux services et soins de santé de qualité. Ce problème central est la résultante de quatre causes profondes, notamment la gouvernance hospitalière peu satisfaisante ; l'accès inéquitable des populations aux soins de santé ; la formation initiale dispensée aux personnels de santé et la recherche en santé inadaptée aux besoins du secteur ; et la qualité des soins dispensée peu satisfaisante[751].

Une fois ce diagnostic posé, la réforme hospitalière s'est articulée autour de 12 points dont les plus pertinents sont l'évaluation, la planification hospitalière, le renforcement de l'accueil et des entrées dans les hôpitaux, la gestion et la maintenance des infrastructures et équipements hospitaliers et les mécanismes et modalités de financement des hôpitaux. D'autres aspects intéressants de cette réforme sont la formation initiale et la recherche, et de la formation continue et la motivation des personnels hospitaliers[752]. L'analyse de ces différents points conduit à conclure que l'ambition de la réforme hospitalière était sans équivoque la garantie de la sécurité sanitaire et de la qualité des soins à tous les patients. Il faut toutefois relever que malheureusement, *« le Rapport final du Comité d'Experts de 2005 sur la Réforme Hospitalière n'a jamais été formellement validé et le coût de sa mise en œuvre jamais estimé. Par conséquent, cette approche dans sa*

---

[749] ministère de la Santé publique du Cameroun, *Mise en œuvre du projet de la réforme hospitalière. Point en mai 2016*, ministère de la Santé publique, 12 mai 2016, disponible sur www.minsante.cm [consulté le 16 août 2017], p. 1.

[750] Charlotte MOUTO NSIA, *Contribution du contrôle de gestion à la performance des hôpitaux publics au Cameroun*, Mémoire, Université Catholique d'Afrique Centrale, 2011, disponible sur www.memoireonline.com [consulté le 14 août 2017].

[751] ministère de la Santé publique du Cameroun, *Mise en œuvre du projet de la réforme hospitalière. Point en mai 2016*, *op. cit.* p. 3.

[752] *Ibid.* p. 4.

globalité n'a jamais été formellement planifiée dans les budgets du MINSANTE et aucun rapport de mise en œuvre du Projet de Réforme Hospitalière n'a été élaboré entre 2005 et 2015 »[753].

Il ressort de ce qui précède que de l'aveu même du ministère de la Santé publique du Cameroun, un problème central a été identifié, des remèdes trouvés, mais que ce remède n'a jamais été appliqué. On peut dès lors comprendre qu'en lieu et place d'un véritable plan de gouvernance hospitalière visant à garantir la sécurité sanitaire et la qualité des soins, seuls quelques pansements sont appliqués sur le grand malade qu'est le système de santé camerounais sans véritablement résoudre le problème. Selon l'OMS, la sécurité sanitaire ou la sécurité des patients est *« la réduction à un minimum acceptable du risque de préjudice associé aux soins de santé »*[754]. La qualité des soins quant à elle se définit comme *« une démarche qui doit permettre de garantir à chaque patient la combinaison d'actes diagnostiques et thérapeutiques qui lui assurera le meilleur résultat en termes de santé, conformément à l'état actuel de la science médicale, au meilleur coût pour un même résultat, au moindre risque iatrogène et pour sa plus grande satisfaction en termes de procédures, de résultats et de contacts humains à l'intérieur du système de soins »*[755].

Si l'on admet ainsi la sécurité sanitaire comme la sécurité des personnes contre les risques liés au fonctionnement du système de santé[756], il en découle que la présente évaluation doit s'articuler notamment autour de l'évaluation du plateau technique des formations sanitaires du Cameroun. L'objectif est de mesurer la qualité des soins que ces formations sont capables d'offrir aux patients. Il faut signaler de prime abord que l'Assemblée mondiale de la santé relève que l'infrastructure et le matériel dans les pays en développement laissent à désirer. Il apparaît *« qu'au moins 50 % du matériel médical dans la plupart de ces pays est inutilisable ou utilisable en partie seulement à un moment donné, ce qui entraîne des soins insuffisants aux patients ou un risque accru de préjudice pour eux et pour les agents de santé »*[757]. L'Assemblée mondiale relève que dans de nombreux États, environ 40 % des lits d'hôpitaux sont situés dans des structures initialement destinées à d'autres fins[758]. Ce constat est très inquiétant, car il

---

753 *Ibid.*

754 Secrétariat International des Infirmières et Infirmiers de l'Espace Francophone (SIDIIEF), *op. cit.* p. 7.

755 *Ibid.* p. 8.

756 Pascal PENAUD, Pierre ABALLEA et *al.*, *op. cit.* p. 783.

757 OMS, *Qualité des soins : sécurité des patients*, Rapport du Secrétariat, 55e Assemblée mondiale de la santé, 22 mars 2002, para. 5.

758 *Ibid.*

soulève avec acuité les faiblesses de la sécurité sanitaire et de la qualité des soins dans les pays en voie de développement, le Cameroun étant l'un d'eux.

Ce constat est corroboré par les évaluations qui sont faites au Cameroun, y compris par des mécanismes institutionnels gouvernementaux comme le ministère de la Santé publique. Dans le cadre de la réforme hospitalière, une évaluation de la performance des districts de santé a été réalisée au Cameroun entre 2006 et 2009 en prenant en compte l'état des infrastructures, des équipements, des ressources humaines et la productivité pour apprécier la performance des formations sanitaires des districts de santé. Il en ressort que seulement 7 % des districts de santé ont atteint le niveau de la viabilisation. Celle-ci étant entendu comme le processus à travers lequel chaque District de Santé doit atteindre son autonomie technique, économique et institutionnelle[759]. Par ailleurs, les plateaux techniques des hôpitaux de 1re, 2e et 3e catégories sont pour la plupart en état de dégradation faute de maintenance et ne sont pas régulièrement évalués[760]. C'est le cas notamment des équipements nécessaires à la prise en charge des maladies respiratoires chroniques, des affections cardiovasculaires et du diabète qui sont bien souvent absents ou insuffisants[761]. Il apparaît indéniable que dans un contexte pareil, il peut être difficile de garantir à tous la qualité des soins et la sécurité sanitaire.

Cette situation est d'autant plus exacerbée que les normes relatives aux équipements des formations sanitaires du niveau opérationnel ont été élaborées en 2009, mais ne sont pas pour la plupart respectées. En effet, une étude réalisée en 2012 a relevé une absence de boîtes d'accouchement dans 24,5 % des cas ; de système de stérilisation à sec (39,5 %) ; de boîtes de césarienne (67,5 %) et de microscopes fonctionnels dans certaines formations sanitaires[762]. Tout ce qui précède révèle *« l'insuffisance qualitative et quantitative des plateaux techniques qui limite l'utilisation de ces formations sanitaires. Par ailleurs, certaines structures ne sont pas fonctionnelles du fait des faiblesses dans le suivi des travaux de réhabilitation/construction d'une part, et de la dotation insuffisante en équipement et [ressources humaines de santé] d'autre part »*[763]. Ces insuffisances sont largement révélatrices de la faiblesse du système de santé camerounais et de la précarité et de l'inquiétude dans lesquelles se retrouvent les patients des hôpitaux au Cameroun. Il est certes important de nuancer ces

---

759 ministère de la Santé publique du Cameroun, *Mise en œuvre du projet de la réforme hospitalière. Point en mai 2016*, *op. cit.* p. 12.
760 Ministère de la Santé publique du Cameroun, *Stratégie sectorielle de santé 2016-2027*, *op. cit.* p. 73.
761 *Ibid.* p. 58.
762 *Ibid.* p. 72.
763 *Ibid.*

résultats en indiquant qu'aussi vrai que ces résultats se vérifient dans une approche globale, ils ne sont pas les mêmes lorsque l'on prend individuellement certaines formations sanitaires publiques ou privées, notamment en milieu urbain.

Toutefois, si l'on s'en tient à l'évaluation globale du système de santé, il est à craindre la multiplication des procédures contre les hôpitaux camerounais lorsque les victimes seront suffisamment outillées et prêtes à activer les mécanismes judiciaires. En effet, comme il a été affirmé dans l'affaire *Gasiglia c/ époux* Andreis, une formation sanitaire engage sa responsabilité lorsqu'elle met *« à la disposition d'un chirurgien, pour une opération délicate, un appareil défectueux ne présentant pas une sécurité totale »*[764]. Cette responsabilité des formations sanitaires découle du principe de l'obligation de sécurité que le médecin doit à son patient. C'est ainsi que dans l'affaire *Morisot c/ Delsart*, il a été conclu que *« le contrat formé entre le patient et son médecin met à la charge de ce dernier, sans préjudice de son recours en garantie, une obligation de sécurité de résultat en ce qui concerne les matériels qu'il utilise pour l'exécution d'un acte médical d'investigation ou de soins, encore faut-il que le patient démontre qu'ils sont à l'origine de son dommage »*[765]. Malgré le bémol qui semble apparaître dans la jurisprudence *Morisot*, il faut retenir avec l'affaire *AP-HP c/ Marzouk* que *« le service public hospitalier est responsable, même en l'absence de faute, et sans préjudice d'éventuels recours en garantie, des conséquences dommageables pour les usagers de la défaillance des produits et appareils de santé qu'il utilise »*[766].

Il est important de relever que l'ensemble de ces affaires soulèvent des défaillances relatives à des appareils neufs ou non vétustes, vu qu'ils bénéficieraient encore de la garantie. Qu'en est-il de la situation des patients et des formations sanitaires du Cameroun où, de l'aveu du ministère de la Santé, de nombreux appareils sont soit inexistants, soit inutilisables ou seulement utilisables à certains moments ? Dans ces cas, les risques d'erreurs médicales ne peuvent que se multiplier. On en veut pour preuve le cas du décès de Dr. Hélène Ngo Kana survenu le 4 janvier à l'hôpital général de Douala, « victime d'erreur médicale, de négligence, d'incompétence et d'inconscience professionnelle »[767]. Dans l'affaire des *époux Tankoua c/ Hôpital Général de* Yaoundé, le Tribunal administratif du Centre a reconnu la responsabilité de l'hôpital public en le condamnant à verser une indemnité

---

764 Claudine BERGOIGNAN-ESPER et Pierre SARGOS, *op. cit.* p. 306.
765 *Ibid.* p. 307.
766 *Ibid.*
767 Commission des droits de l'homme du Barreau du Cameroun, *Rapport sur l'état des droits de l'homme au Cameroun*, 2e édition, Yaoundé, 2016, p. 54.

aux époux Tankoua pour le préjudice moral subi du fait de la mort de leur proche en raison d'un dysfonctionnement du service public lié à la rupture de l'énergie électrique, alors que ce dernier était sous respiration artificielle[768].

C'est cet ensemble de défaillances qui font dire au ministère de la Santé lui-même que *« le système de santé actuel ne permet pas de prévenir de façon adéquate les évènements qui influencent négativement la santé. Il ne parvient pas à assurer suffisamment et de manière efficace, la promotion de la santé des populations, ou encore assurer une prise en charge adéquate et globale des cas de maladie. En pratique, la faible capacité du système de santé à répondre efficacement aux besoins de bien-être de la population se traduit par des indicateurs sanitaires peu satisfaisants avec notamment, une morbi-mortalité élevée, un accroissement des dépenses de santé et une diminution de la force de travail »*[769]. Cette situation fait peser sur l'État et sur les ménages le coût très onéreux des évacuations sanitaires à l'étranger dont le nombre est très élevé. Ceci provoque une inégalité dans l'accès aux soins et partant, une discrimination due aux positions de pouvoir ou de privilèges.

B. La mise à disposition d'un personnel compétent et motivé

L'Assemblée mondiale de la santé relève que l'une des difficultés des pays en développement à fournir des soins de santé de qualité réside dans le fait que le personnel est peu performant, « car insuffisamment motivé ou compétent »[770]. Cette situation est aussi vraie au Cameroun où le système des soins connaît de nombreux dysfonctionnements. Comme il l'a été précédemment relevé, la qualité des soins dépend de plusieurs facteurs, y compris des ressources humaines et financières, des normes professionnelles et des normes d'établissements. De ce fait, *« l'évolution et les changements technologiques rapides imposent aux systèmes de santé une révision constante des normes de qualité. La médecine est fortement innovante, de sorte que 10 % des pratiques recommandées en 2000 sont aujourd'hui considérées comme des erreurs »*[771]. Il ressort de tout ce qui précède que la qualité des soins est dépendante non seulement des procédures de formation initiale des professionnels de santé, mais aussi des mécanismes de formation continue mis à leur disposition ainsi que du traitement dont ils bénéficient.

---

[768] *Ibid.*

[769] Ministère de la Santé publique du Cameroun, *Stratégie sectorielle de santé 2016-2027, op. cit.* p. 94.

[770] OMS, *Qualité des soins : sécurité des patients*, Rapport du Secrétariat, 55e Assemblée mondiale de la santé, 22 mars 2002, para. 5.

[771] Secrétariat International des Infirmières et Infirmiers de l'Espace Francophone (SIDIIEF), *op. cit.* p. 9.

Ce traitement ne désigne pas simplement le relèvement des salaires des personnels de santé, mais aussi et surtout la gestion des carrières desdits personnels.

Ces sujets étaient inscrits en bonne place dans le projet de réforme hospitalière de 2003. Toutefois, du fait de l'inexécution de ce projet, les problèmes qu'il posait demeurent jusqu'à ce jour. Le troisième Recensement général des Personnels de Santé datant de 2011 a permis de faire remarquer que le ratio personnel/population était alors de 1,07 (médecin, sage-femme, infirmier) pour 1000 habitants. Ce ratio est inférieur à la norme de l'OMS qui est de 2,3 pour 1000 habitants[772]. Il faut relever que ce ratio tient compte du nombre de professionnels de santé présents au Cameroun et donne un aperçu global de la situation. Pris individuellement, aussi vrai que certaines régions ou zones se situent dans la normale, il est également vrai que de nombreuses autres zones connaissent une situation encore plus critique. Pour illustrer ces disparités territoriales dans la répartition des personnels de santé, on observe que la région du Centre compte 9 296 personnels de santé alors que la région de l'Adamaoua n'en compte que 1 198[773]. Il est vrai que ces chiffres peuvent être relativisés si l'on considère la population de chacune de ces régions. Toutefois, à y regarder de très près, on se rend bien compte qu'ils expriment toujours une grosse inégalité. À titre d'illustration, la région du Centre compte 4 159 492 habitants alors que celle de l'Adamaoua en compte 1 200 970[774], ce qui fait un ratio de 2,23 pour 1000 habitants pour la région du Centre et 0,98 pour 1000 habitants pour la région de l'Adamaoua.

En ce qui concerne la production des ressources humaines, un Plan de Développement des Ressources Humaines en Santé a été adopté en 2013. Le niveau de production ciblé dans le DSCE est de 500 médecins/an, 150 pharmaciens par an et 150 chirurgiens-dentistes/an. Toutefois, malgré ces prévisions, on note un important déficit en médecins spécialistes. Par exemple, on dénombre un chirurgien-dentiste pour 87 500, un chiffre largement inférieur aux normes de l'OMS qui recommandent un chirurgien-dentiste pour 2 000[775]. De même, le Cameroun ne dispose que de dix médecins hématologues et dix psychiatres[776]. Pour pallier ces déficits en spécialistes, de nombreux cycles de spécialisation ont été ouverts dans les universités publiques. Mais, le déficit de personnel de santé demeure un

---

772 Ministère de la Santé publique du Cameroun, *Stratégie sectorielle de santé 2016-2027*, *op. cit.* p. 78.
773 *Ibid.* p. 79.
774 Voir PopulationData.net, *Cameroun*, www.populationdata.net/pays/cameroun/ [consulté le 22 août 2017].
775 Ministère de la Santé publique du Cameroun, *Stratégie sectorielle de santé 2016-2027*, *op. cit.* p. 59.
776 *Ibid.*

problème sérieux au Cameroun. Par exemple, les effectifs minima requis en 2005 étaient de 49 074 dans le sous-secteur public. En 2010, seulement 19 709 étaient disponibles, ce chiffre a atteint 21 567 en 2015 selon les données administratives de l'Observatoire National des ressources humaines en santé[777]. Ces chiffres démontrent non seulement qu'il y a un problème de formation, mais aussi celui de la disponibilité des personnels de santé et, par conséquent, les insuffisances dans l'administration des soins au Cameroun.

À ces insuffisances, il faut rajouter certains comportements ou pratiques néfastes à la qualité des soins. Il s'agit ici des pratiques de corruption, le mauvais accueil des usagers, l'absence de la permanence dans les soins et l'absence de protocoles dans le diagnostic et la thérapie. Ces problèmes sont conséquents *« à l'absence de description des tâches, et postes dans les formations sanitaires, une démotivation du personnel, un faible niveau des salaires, à la non-application du règlement »*[778]. Ils ont un impact indéniable sur l'efficacité et le dévouement du personnel hospitalier. En effet, en l'absence de normes ou de protocoles, les conduites diagnostiques et thérapeutiques manquent d'homogénéité et deviennent approximatives. La variabilité et la subjectivité qui en découlent peuvent occasionner des délais et des « errements » diagnostiques et thérapeutiques[779]. À ces manquements, il faut ajouter le problème de l'incompétence de certains personnels de santé due à un déficit dans la formation initiale ou du fait de la faiblesse de la formation continue. Cette incompétence conduit généralement au refus de soins discriminatoire [780]et peut déboucher sur des conséquences aussi graves que celui de dame Monique Koumatekel, décédée à la suite d'un refus de soins alors qu'elle se trouvait dans un hôpital public. Il en a été de même du cas d'Hélène Ngo Kana présentée plus haut[781].

Ces cas comme de nombreux autres sont révélateurs de la faible compréhension de certains personnels du devoir d'humanité qui les lie. En réalité, *« le médecin dans l'exercice de son art est soumis à un devoir d'humanité. Ce devoir se matérialise par les obligations qu'il a de soigner et de sauver des vies, ces obligations impliquent le respect de la vie du patient à tous les niveaux »*[782]. Par ailleurs, *« le médecin a l'obligation, dès qu'il a accepté de répondre à une demande du patient, de s'engager à lui assurer*

---

[777] *Ibid.* p. 81.

[778] Charlotte MOUTO NSIA, *op. cit.* p. 56.

[779] Habiba GARGA et Pierre ONGOLO-ZOGO, *Améliorer l'accueil et la prise en charge dans les services d'accueil des urgences des hôpitaux nationaux et régionaux au Cameroun*, disponible sur www.who.int [consulté le 4 août 2017], p. 8.

[780] Anne LAUDE et Didier TABUTEAU, *op. cit.* pp. 104 et 105.

[781] Commission des droits de l'homme du Barreau du Cameroun, *op. cit.* p. 54.

[782] René Serges Maran ASSOUMOU, *La responsabilité pénale du médecin traitant dans le système pénal camerounais*, Mémoire de DEA, Université de Douala, 2006, p. 26.

personnellement des soins consciencieux, dévoués, fondés sur les données acquises de la science et ne lui faisant pas courir de risque injustifié »[783]. Dès lors, l'irrespect de ce devoir d'humanité à l'égard des patients peut être attribué à de nombreuses causes. Il peut s'agir tout simplement du déficit de connaissances résultant des insuffisances de la formation continue. Il n'est point de doute que *« la formation continue est insuffisante pour toutes les catégories de personnels. (...) chaque année, une part des fonds du budget de l'État est allouée aux bourses et stages. Cette part représentait environ 0,1 % du budget total du MINSANTE en 2015 »*. Il ne fait pas de doute que les montants alloués à ce compte sont dérisoires avec le risque que les patients continuent de se voir administrés des soins complètement dépassés. Pis encore, il est important de noter que *« moins de 20 % des médecins chefs de district disposent d'une formation professionnelle en management de la santé »*[784].

Au-delà des lacunes dans la formation continue, l'irrespect du devoir d'humanité des personnels de santé est également dû aux conditions de travail techniques et financières peu incitatives. En fait, *« la détérioration du cadre de travail, la non-reconnaissance du travail accompli, le gel des salaires à un niveau très bas contribuent par ailleurs à la démotivation du personnel. Une partie du personnel s'est tournée vers un mode d'exercice plus lucratif que la médecine, ou cumule avec des activités externes à l'hôpital. D'autres trouvent, grâce aux détournements et au racket des usagers, des moyens de maintenir leur niveau de vie »*[785]. À ces problèmes s'ajoute aussi le phénomène de la « rétention » des malades insolvables dans les hôpitaux en total mépris de la dignité humaine[786]. L'ensemble de ces manquements couplés provoquent chez les usagers des services de santé un niveau de santé moyen ou souvent très bas selon les zones et les domaines d'intervention. Par exemple, le taux de satisfaction des usagers des Services d'accueil et des urgences de la ville de Yaoundé était de 51,5 % en 2011. Ce taux de satisfaction, relativement faible était en grande partie dû à de longs délais d'attente avant la prise en charge, à des coûts directs et indirects de prise en charge élevée, à la survenue de nombreuses complications et séquelles, ainsi qu'à une forte mortalité[787].

---

[783] Anne LAUDE et Didier TABUTEAU, *op. cit.* p. 108.

[784] Raphaël OKALLA et Alain Le VIGOUROUX, *Cameroun : de la réorientation des soins de santé primaires au plan national de développement sanitaire*, Bulletin de l'APAD, disponible sur www.apad.revues.org [consulté le 10 août 2017], p. 10.

[785] *Ibid.* p. 9.

[786] Commission des droits de l'homme du Barreau du Cameroun, *op. cit.* p. 54.

[787] Ministère de la Santé publique du Cameroun, *Stratégie sectorielle de santé 2016-2027*, *op. cit.* p. 60.

S'agissant enfin de la motivation des ressources humaines, il faut relever que les salaires des personnels de santé au Cameroun que ce soit dans le secteur public ou le secteur privé restent très bas. Ceci conduit à une démotivation desdits personnels et surtout un abandon des zones rurales au profit des zones urbaines où de nombreuses autres opportunités s'offrent à eux. Le Plan de Développement des Ressources Humaines 2012-2017 démontre que *« pour maintenir les personnels à leur poste, mais également améliorer leur rendement, des éléments de motivation financière et non-financière sont indispensables. (...) En effet, sans logement décent, il est difficile de maintenir les personnels, notamment de sexe féminin dans les zones rurales ou d'accès difficile »*[788]. L'amélioration des conditions de travail des personnels de santé est l'un des points essentiels pour parvenir à offrir une qualité de soins digne et acceptable pour leur assurer, en cas de maladie, le meilleur état de santé qu'ils sont capables d'atteindre.

Cet objectif est d'autant plus pressant que *« le rapport de l'Institute of Medecine estime que les ''erreurs médicales'' provoquent entre 44 000 et 98 000 décès annuels dans les seuls hôpitaux des États-Unis d'Amérique – c'est-à-dire plus que les accidents de la circulation, le cancer du sein ou le SIDA.* La garantie de la qualité des soins est une exigence fondamentale non seulement pour le bien des populations en ce sens qu'elles ont droit à la protection de leur santé, mais aussi parce que la qualité des soins représente un avantage stratégique et économique pour l'État. Pour nous résumer, l'on peut dire que *« la non-qualité des soins de santé freine l'implantation des meilleures pratiques de soins essentielles à la longue chaîne de l'innovation. Ultimement, la non-qualité se reflètera dans un système de santé moins efficace à traiter les maladies qui affligent la population »*[789] avec toutes les conséquences qui peuvent en résulter non seulement sur la qualité de la vie des populations, leur sécurité et également la croissance économique de l'État.

Section 2 : Les indicateurs de l'accès aux médicaments au Cameroun

L'accès au médicament pour tous est perçu comme un droit fondamental de l'être humain parce qu'il est un complément et une composante essentiels du droit à la santé. En réalité, le médicament est « un bien de santé ». Par conséquent, *« si la santé est un bien public, le médicament qui est vecteur de la santé, est un bien public ''intermédiaire'' qui conduit à la santé, bien*

[788] Ministère de la Santé publique du Cameroun, *Mise en œuvre du projet de la réforme hospitalière. Point en mai 2016, op. cit.* p. 17.
[789] Secrétariat International des Infirmières et Infirmiers de l'Espace Francophone (SIDIIEF), *op. cit.* p. 16.

public final »[790]. Or, nonobstant sa nature fondamentale pour la réalisation du droit à la santé, l'accès à un médicament de qualité reste un objectif quasiment hors d'atteinte dans certains pays. Selon l'Assemblée mondiale de la santé, l'approvisionnement et la qualité peu fiables des médicaments sont recensés comme comptant parmi les problèmes qui entravent l'accès des populations à des soins de qualité et à la sécurité dans les pays en développement. En effet, *« les chiffres de l'OMS indiquent que 77 % environ de l'ensemble des cas de médicaments contrefaits et de qualité inférieure concernent les pays en développement »*[791]. Il ressort de ce qui précède que dans l'ambition de la garantie de l'accès aux soins de santé primaires pour tous, la qualité (Paragraphe 1) et l'accessibilité (Paragraphe 2) du médicament sont des indicateurs que l'on ne peut minorer ; car *« le régime juridique du médicament répond à deux objectifs : protéger la santé des consommateurs et maîtriser le coût de la consommation des produits pharmaceutiques »*[792].

Paragraphe 1 : La garantie de la qualité du médicament

Les politiques pharmaceutiques qu'adopte l'État doivent être articulées autour de « *l'objectif essentiel de sauvegarder la santé publique* »[793]. À ce titre, les autorités publiques sont tenues d'organiser le processus de fabrication, d'importation et de distribution des médicaments et autres produits de santé. L'objectif ici est de mettre à la disposition des populations un médicament de qualité. Le contrôle de qualité du médicament ne doit pas s'arrêter à un contrôle *a priori* qui vise à autoriser la mise sur le marché du médicament (A) ; mais il doit également être un contrôle *a posteriori* avec pour mission d'évaluer le médicament, notamment le service médical rendu et les éventuels effets indésirables qu'il pourrait occasionner (B).

A. Le contrôle *a priori* du médicament : les autorisations de mise sur le marché (AMM)

La Cour de cassation française a clairement établi dans l'affaire *Société Laboratoire Léo* que *« le fabricant est tenu de livrer un produit exempt de tout défaut de nature à créer un danger pour les personnes ou les biens, c'est-à-dire un produit qui offre la sécurité à laquelle on peut légitimement s'attendre »*[794]. Il est toutefois important de relever que bien que cette obligation pèse sur le fabricant du médicament, l'État ne peut être déchargé de son obligation résultant de sa mission fondamentale de garant de la santé

[790] Baimanai Angelain PODA, *op. cit.* pp. 27 et 29.
[791] OMS, *Qualité des soins : sécurité des patients*, *op. cit.* para. 5.
[792] Didier TRUCHET, *op. cit.* p. 303.
[793] Claudine BERGOIGNAN-ESPER et Pierre SARGOS, *op. cit.* p. 451.
[794] *Ibid.* p. 449.

des populations. À ce titre, l'État a le devoir d'organiser le processus qui doit conduire à la mise en circulation d'un médicament ou produit de santé sur le marché. En effet, la production et la commercialisation des médicaments font l'objet d'une réglementation dont l'objectif primordial est la préservation de la santé publique[795]. C'est ainsi que les autorités publiques ont le devoir de mettre sur pied des mécanismes et des procédures dont la mission est de garantir la sécurité du médicament et sa non-toxicité.

La mise sur le marché d'un médicament ne peut se faire simplement après invention comme c'est le cas pour certains produits. En réalité, *« la protection des patients oblige les États à instaurer des mesures de police sanitaire. Ces mesures conduisent à vérifier préalablement que le médicament remplit certaines conditions de qualité et lorsqu'il a satisfait aux exigences de la santé publique, il est mis sur le marché »*[796]. Avant de continuer, il est nécessaire de préciser ce que l'on entend par médicament. La loi portant exercice et organisation de la profession de pharmacien définit le médicament comme *« toute substance ou composition présentée comme possédant des propriétés curatives ou préventives à l'égard des maladies humaines ou animales ainsi que tout produit pouvant être administré à l'homme ou à l'animal, en vue d'établir un diagnostic médical ou de restaurer, corriger ou modifier leurs fonctions organiques »*[797]. Sont ainsi considérés comme médicament, les produits contenant une substance ayant une action thérapeutique ou contenant des substances vénéneuses à des doses et concentrations non exonérées ; et les produits diététiques qui renferment dans leur composition des substances chimiques ou biologiques ne constituant pas elles-mêmes des aliments, mais dont la présence confère à ces produits soit des propriétés spéciales recherchées en thérapeutique diététique, soit des propriétés de repas d'épreuve. Cette définition s'accorde intimement avec celle qui est donnée par BERGOIGNAN-ESPER et SARGOS[798] et recouvre bien la définition donnée par la Cour de justice de la Communauté européenne sur le médicament par présentation et par fonction[799].

---

[795] *Ibid.* p. 450.

[796] Baimanai Angelain PODA, *op. cit.* p. 95.

[797] Loi n° 90-035 du 10 août 1990 portant exercice et organisation de la profession de pharmacien, article 15.

[798] Claudine BERGOIGNAN-ESPER et Pierre SARGOS, *Les grands arrêts du droit de la santé*, 2e édition, Dalloz, Paris, 2016, p. 452.

[799] *Ibid.* Voir CJCE, *Commission c/ RFA*, C-319/05, 15 novembre 2007. Voir également Didier TRUCHET, *op. cit.* pp. 298-299. Toujours sur la définition du médicament, voir Jeremy CHEONG CHI MO, *L'accès universel aux médicaments et les ADPIC 1994 – 2014,* L'Harmattan, Paris, 2016, p. 21.

Une fois ce préalable évacué, la question fondamentale qui se pose est celle de savoir : quels sont les mesures et les mécanismes mis sur pied au Cameroun pour garantir l'accès de tous à un médicament de qualité garantissant les conditions de sécurité et d'efficacité dans le traitement des pathologies ? Il faut dire d'entrée de jeu qu'il existe au Cameroun une autorité de réglementation pharmaceutique qui est entre autres chargée de la délivrance des autorisations de mise sur le marché, des inspections et contrôles (sur les importations, les licences, le marché et la qualité du médicament) ; et de la pharmacovigilance[800]. Il existe par ailleurs un Laboratoire national de contrôle de qualité des médicaments et d'expertise (LANACOME), placé sous la tutelle du ministère de la Santé publique et dont les missions fondamentales sont entre autres le contrôle de la qualité des médicaments importés à usage humain et vétérinaire et ceux de la production nationale aussi bien au stade des matières premières que des produits semi-finis et finis ; et la réalisation des expertises pharmaceutiques et toxicologiques[801]. Il exerce ce contrôle également sur des produits de santé ou susceptibles d'avoir un impact sur la santé tels que les produits alimentaires et diététiques, l'eau et les boissons hygiéniques, sans oublier les préservatifs, les cosmétiques, les pesticides et les drogues.

Toujours dans le domaine du médicament, il existe au sein du ministère de la Santé publique une Direction de la pharmacie, du médicament et des laboratoires (DPML)[802]. Cette direction opère un contrôle général sur l'activité pharmaceutique au Cameroun. Elle est chargée notamment de l'élaboration et du suivi de la mise en œuvre de la politique nationale d'approvisionnement en médicaments, en réactifs de biologie médicale et en dispositifs médicaux ; de l'organisation d'un système de pharmacovigilance, d'hémovigilance, de matériovigilance, de cosmétovigilance et de réactovigilance ; du contrôle de la qualité des réactifs de biologie médicale, des médicaments, des dispositifs médicaux et des produits cosmétiques fabriqués ou utilisés dans le pays, en liaison avec le LANACOME ; de même que du contrôle de l'importation, de l'exportation, de la fabrication et de la distribution de ces produits et des produits pharmaceutiques ; et enfin de l'étude des demandes de visas techniques pour l'importation et l'exportation de ces produits. Cette multitude d'organes de contrôle, auxquels l'on doit ajouter les mécanismes de contrôle prévus par l'ordre des

---

[800] ministère de la Santé publique du Cameroun, *Profil pharmaceutique du pays*, *op. cit.* p. 14.
[801] www.lanacome.cm [consulté le 6 juin 2017].
[802] Décret n° 2013/093 du 3 avril 2013 portant organisation du ministère de la Santé publique, chapitre 7, article 81.

pharmaciens[803], laisse transparaître l'idée selon laquelle le contrôle de la qualité du médicament est efficacement assuré au Cameroun.

Cette idée doit toutefois être largement nuancée lorsque l'on se reporte à ce qui se passe réellement sur le terrain. À l'observation, il n'existe pas de cadre de concertation entre ces différents organes de contrôle et les différents intervenants du secteur pharmaceutique pour le partage d'informations et une meilleure application des orientations en matière de régulation du secteur pharmaceutique[804]. Ces déficiences dans la coordination ont des conséquences sur l'action individuelle de chacun de ces organes, sur les différentes étapes de contrôle du médicament et, bien entendu, sur l'action concertée en termes de sécurisation du médicament mis à la disposition des patients vivant au Cameroun. S'agissant des autorisations de mise sur le marché, il est prévu que *« la mise sur le marché des produits pharmaceutiques est subordonnée à une A.M.M. délivrée après homologation desdits produits »*[805]. L'AMM est délivrée par une Commission nationale du médicament qui, après étude des demandes d'homologation des produits pharmaceutiques, propose au ministère de la Santé publique des avis en vue de la mise sur le marché desdits produits. Cette Commission est également en charge des demandes de renouvellement des AMM[806]. Quand bien même un produit obtient une AMM, il n'en demeure pas moins qu'un contrôle de qualité *a posteriori* doit s'opérer.

L'AMM est un préalable nécessaire à tout médicament avant sa commercialisation. Elle permet via une procédure d'homologation de contrôler les médicaments en vente sur un marché et, bien entendu, de contrôler leur innocuité et leur capacité à répondre aux besoins des malades. Dans son principe, l'AMM *« a été instaurée pour permettre aux autorités compétentes d'empêcher la mise sur le marché de médicaments à qualité médiocre ou à efficacité douteuse »*[807]. L'AMM participe ainsi des procédures de garantie de l'accès des patients à un médicament de qualité. Pour l'obtenir, *« le fabricant de médicaments qui souhaite le vendre doit démontrer au préalable l'intérêt thérapeutique et surtout la non-toxicité de*

803 Loi n° 90-035 du 10 août 1990 portant exercice et organisation de la profession de pharmacien, articles 21 à 23.
804 Ministère de la Santé publique du Cameroun, *Stratégie sectorielle de santé 2016-2027, op. cit.* p. 76.
805 Décret n° 98/405/PM du 22 octobre 1998 fixant les modalités d'homologation et de mise sur le marché des produits pharmaceutiques, article 3.
806 *Ibid.* articles 17 et 33.
807 Baimanai Angelain PODA, *La mise sur le marché et la distribution du médicament en Afrique noire francophone. Réflexions à partir des exemples du Burkina Faso et du Sénégal*, L'Harmattan, 2015, p. 97.

sa molécule. Cette démarche du fabricant est validée par les autorités étatiques à travers l'AMM »[808].

Au Cameroun, le système d'assurance qualité des médicaments repose sur les différents piliers que nous avons évoqués plus haut au titre des missions de l'ARP et des autres organes. Toutefois, il faut relever que *« l'ensemble de ces activités est faiblement mis en œuvre. En effet, des défaillances dans le contrôle qualité des médicaments ont entraîné le développement du secteur informel de vente de médicaments (dépôts pharmaceutiques illégaux, dans les marchés, marchands ambulants) qui représenterait 25 % du marché »*[809]. Concernant spécifiquement le LANACOME, il en ressort que le contrôle de qualité des médicaments n'est pas *« systématique pour les médicaments importés et seule une faible proportion des lots circulants est contrôlée en post-marketing (après obtention de l'AMM). »*[810] Par conséquent, la contrefaçon s'est développée et le secteur illicite du médicament représenterait environ 30 % du marché pharmaceutique au Cameroun par ailleurs, l'inspection des établissements pharmaceutiques reste très irrégulière faute de moyens logistiques et financiers[811].

B. Le contrôle *a posteriori* du médicament : la pharmacovigilance

Après leur mise sur le marché, les médicaments continuent d'être soumis à des protocoles de contrôle dont l'objectif est de garantir la sécurité des patients. Ce contrôle *a posteriori*, autrement appelé la pharmacovigilance *« a pour objet la surveillance, l'évaluation, la prévention et la gestion du risque d'effet indésirable résultant de l'utilisation des médicaments et produits »*[812] de santé. L'affaire du Médiator a démontré avec suffisance la nécessité de mettre sur pied un système fiable et efficace de pharmacovigilance afin de protéger, même après la délivrance de l'AMM, la sécurité des patients qui consomment un médicament ou un produit de santé. Cette affaire a aussi permis d'établir clairement qu'il est du devoir de l'État d'assurer la pharmacovigilance des produits pharmaceutiques en circulation sur son marché ; et qu'en cas de défaillance, la responsabilité des dommages causés à la suite de la consommation dudit produit lui est imputable[813].

---

808 *Ibid.*

809 Ministère de la Santé publique du Cameroun, *Stratégie sectorielle de santé 2016-2027*, *op. cit.* p. 76.

810 *Ibid.*

811 *Ibid.* pp. 76-77.

812 Code de la santé publique français, art. L. 5121-22. Voir également Didier TRUCHET, *op. cit.* p. 305.

813 Claudine BERGOIGNAN-ESPER et Pierre SARGOS, *op. cit.* p. 474.

Au Cameroun, les mêmes insuffisances observées dans le cadre des AMM se retrouvent lorsque l'on se rapporte à la pharmacovigilance. La pharmacovigilance se définit comme *« un système utilisé par le titulaire de l'autorisation de mise sur le marché et par les États (...) afin de s'acquitter des tâches et des responsabilités leur incombant (...) et qui vise à surveiller la sécurité des médicaments autorisés et à repérer toute modification de leur rapport bénéfice-risque »*[814]. Il découle de cette définition que le système de pharmacovigilance permet le suivi et le contrôle de l'innocuité et de l'efficacité du médicament bien après son AMM afin de s'assurer qu'il offre les garanties de sécurité optimale pour la santé des populations. Un système de pharmacovigilance a ainsi *« pour but de centraliser toutes les notifications d'effets indésirables se produisant sur [un] territoire (...). Il doit permettre de prendre les décisions de modification, suspension ou retrait d'AMM (...) »*[815].

C'est à la Commission nationale du médicament, chargée de la délivrance des AMM qu'incombe aussi la charge de la pharmacovigilance. Elle comprend en son sein une commission spécialisée en pharmacovigilance[816]. Cependant, rien n'est dit ni sur ses missions ni sur ses compétences. Il existe également au sein de la DPML un service des vigilances comprenant entre autres un Bureau de la pharmacovigilance[817]. Toutefois, à l'instar de la commission sur la pharmacovigilance, rien n'est dit sur les missions et les compétences de ce Bureau. Dès lors, si l'on ne peut dire que le système de pharmacovigilance est totalement à construire au Cameroun, l'on peut au moins dire qu'il est à renforcer. En ce sens, *« un certain nombre de mesures sont envisagées pour renforcer le système de pharmacovigilance telles : rendre fonctionnelle la Commission technique d'analyse des notifications, développer la rétro-information en direction des notificateurs, développer le bulletin, accroitre la logistique du Centre [national de pharmacovigilance], [et] former des notificateurs »*[818].

Il est nécessaire de mentionner ici clairement que *« la pharmacovigilance et la sécurité du médicament apparaissent comme des impératifs absolus »*[819] dans la mise en œuvre du droit à la santé. La question dès lors est celle de

---

[814] Mathieu GUERRIAUD, « Pharmacovigilance européenne, un système aux multiples visages » *in Revue générale de droit médical*, « Panorama de droit pharmaceutique – 2015 », LEH Edition, Bordeaux, janvier 2016, p. 183. Voir également la directive 2010/84/CE du Parlement européen et du Conseil de l'Europe du 15 décembre 2010.

[815] *Ibid.*

[816] Décret n° 98/405/PM du 22 octobre 1998 fixant les modalités d'homologation et de mise sur le marché des produits pharmaceutiques, articles 21 et 23.

[817] Décret n° 2013/093 du 3 avril 2013 portant organisation du ministère de la Santé publique, chapitre 7, article 88.

[818] ministère de la Santé publique du Cameroun, *Profil pharmaceutique du pays*, *op. cit.* p. 20.

[819] Mathieu GUERRIAUD, *op. cit.* p. 183.

savoir comment est-ce que l'on emmène l'ensemble des institutions camerounaises à qui revient la charge de la pharmacovigilance à être non seulement effectives, mais aussi et surtout efficaces. Au Cameroun, cet aspect du contrôle qualité du médicament semble encore mésestimé et souffre d'un manque de lisibilité dans ses actions et son système de collecte des évènements indésirables. Le ministère de la Santé prétend avoir formé environ 160 personnes à la pharmacovigilance et soutient avoir rajouté aux institutions présentées ci-dessus un comité consultatif national sur les événements indésirables qui utilise un « formulaire officiel standardisé pour notifier les évènements indésirables »[820]. Le caractère évasif de ces informations montre à suffisance les insuffisances du système de pharmacovigilance du Cameroun. Qui plus est, il est sommairement indiqué que les entités chargées de la déclaration des effets indésirables sont les médecins, les personnels infirmiers, les pharmaciens, les autres personnels de santé, les laboratoires pharmaceutiques et les patients. Ces acteurs sont en tous points identiques à ceux qui sont impliqués dans la pharmacovigilance, notamment dans la plupart des systèmes européens de pharmacovigilance[821]. Toutefois, le système camerounais ne peut être crédible compte tenu des lacunes observées dans la formation de ces acteurs à la pharmacovigilance.

En outre, il est fait mention de ce que *« les informations sur les évènements indésirables sont conservées dans une base de données nationale sur les évènements indésirables »*[822]. Toutefois, rien n'est dit sur l'organe qui analyse ces données et la suite qui leur est réservée avec comme conséquence la modification, la suspension ou le retrait des AMM. Est-ce la Commission nationale du médicament, le Bureau de la pharmacovigilance ou le comité national consultatif sur les évènements indésirables ou de la pharmacovigilance ? L'impression donnée par ce vaste imbroglio institutionnel et le mutisme juridique sur les pouvoirs de police sanitaire dont peuvent bénéficier ces institutions en matière de pharmacovigilance, tendent à laisser croire que la pharmacovigilance au Cameroun est encore embryonnaire. Si cette conclusion était avérée, et il y a lieu de craindre qu'elle le soit, deux conclusions, aussi dramatiques l'une que l'autre, seraient à tirer : d'une part, les institutions mises sur pied chargées de la pharmacovigilance sont inefficaces et, d'autre part, cette inefficacité révèle le degré de danger auquel est exposé le patient camerounais tant l'on sait que de nombreux médicaments de qualité douteuse circulent au Cameroun[823], et

---

[820] ministère de la Santé publique du Cameroun, *Profil pharmaceutique du pays*, *op. cit.* p. 19.
[821] Il s'agit ici notamment des systèmes allemand, britannique et néerlandais. Voir à ce propos Mathieu GUERRIAUD, *op. cit.* pp. 193-197.
[822] ministère de la Santé publique du Cameroun, *Profil pharmaceutique du pays*, *op. cit.* p. 19.
[823] Ministère de la Santé publique du Cameroun, *Stratégie sectorielle de santé 2016-2027*, *op. cit.* p. 76.

que de nombreux médicaments ayant encore leur AMM valide au Cameroun sont retirés des marchés européens du fait de leur toxicité ou de leur inefficacité[824].

Cette situation est aggravée par la faiblesse du contrôle à l'importation des médicaments qui permet de faire entrer au Cameroun des médicaments de qualité ou d'efficacité douteuse ou des médicaments dont les AMM ont été suspendues ou retirées dans d'autres marchés. En effet, bien qu'il existe de nombreuses dispositions juridiques imposant une autorisation pour les médicaments, il *« n'existe pas de législation autorisant l'échantillonnage des produits importés pour les analyser »*[825]. De même, *« il n'existe pas des réglementations ou lois claires autorisant l'inspection des produits pharmaceutiques importés aux ports d'entrée autorisés »*, le contrôle à l'importation n'a pas encore été mis en œuvre par les organismes en charge dudit contrôle « faute de moyens financiers »[826]. Cet aveu sur les insuffisances du contrôle des médicaments disponibles sur le marché camerounais est du ministère de la Santé publique et est hautement inquiétant. Il pose au moins deux problèmes : l'éternelle question de l'insuffisance des moyens accordés à la santé et les faiblesses institutionnelles et opérationnelles du contrôle qui en découlent.

Paragraphe 2 : La garantie de l'accès aux médicaments

L'État, en tant que garant du droit à la santé, droit dont le médicament est une composante essentielle et fondamentale, doit œuvrer à le rendre accessible à travers différentes politiques pharmaceutiques[827]. L'évaluation de l'accessibilité du médicament doit se faire à l'aune de la disponibilité du médicament (A) et de son coût (B).

A. La disponibilité du médicament

L'on ne peut prétendre mener une quelconque discussion sur le droit d'accès aux médicaments si l'on n'évacue pas d'emblée la question de la disponibilité du médicament. En effet, toute discussion sur l'accessibilité géographique ou économique du médicament est fondamentalement subordonnée à sa disponibilité. Aborder la question de la disponibilité du médicament revient ainsi à aborder les questions liées à l'approvisionnement des formations sanitaires et des pharmacies en médicament. En effet, cette

---

[824] Au sujet des AMM et de la nécessité d'avoir un système pointu de pharmacovigilance, voir Cour de Cassation française, *Société Sanofi Pasteur MSD*, civ. 1ère, 9 juillet 2009, n° 08-11073 et l'affaire du Médiator.
[825] ministère de la Santé publique du Cameroun, *Profil pharmaceutique du pays*, *op. cit.* p. 16.
[826] *Ibid.*
[827] Baimanai Angelain PODA, *op. cit.* p. 26.

question appelle aussi immanquablement à examiner le système de distribution du médicament ainsi que les circuits qu'utilise ce système pour s'assurer que quelle que soit la contrée où se trouve un individu, il peut en cas de besoin accéder au médicament indispensable pour retrouver son meilleur état de santé. L'OMS va même plus loin pour lier l'efficacité des systèmes d'approvisionnement en médicaments à la solidité des systèmes de soins de santé[828].

Il faut alors s'interroger sur les systèmes d'approvisionnement en médicaments des pays en développement, notamment le Cameroun, dont il est avéré que les systèmes de soins de santé ne fonctionnent pas de façon optimale. Selon l'OMS, *« des ressources humaines appropriées, un financement durable, des systèmes d'information complets, et la coordination entre partenaires et établissements de santé sont des éléments essentiels pour assurer une disponibilité et une accessibilité ininterrompues en médicaments essentiels. Dans de nombreux pays, en particulier en Afrique subsaharienne, les stratégies d'approvisionnement à long terme font défaut »*[829]. L'ensemble des éléments ci-dessus indiqués comme nécessaires à l'existence d'un système d'approvisionnement efficace mettent bien en relief l'urgence d'attirer les investissements dans le secteur de la santé, y compris dans le processus d'approvisionnement en médicament afin de garantir à tous le droit à la santé. Or, les pays en voie de développement sont foncièrement caractérisés par leurs moyens financiers limités et la faiblesse de leurs capacités d'investissement.

Au Cameroun, l'institution en charge de l'approvisionnement en médicaments est la Centrale nationale d'approvisionnement en médicaments et consommables médicaux essentiels (ci-après CENAME). Il s'agit ici d'un établissement public administratif doté de la personnalité juridique et de l'autonomie financière et placé sous la double tutelle des ministères en charge de la santé publique et des finances. Ses missions consistent principalement à assurer la disponibilité, la permanence et l'accessibilité des médicaments et des dispositifs médicaux essentiels sur toute l'étendue du territoire national ; et de fournir les centres d'approvisionnement pharmaceutiques provinciaux en médicaments et dispositifs médicaux essentiels au meilleur rapport qualité/prix[830]. Bien qu'il faille souligner que la CENAME n'est pas l'unique voie d'approvisionnement en médicaments des formations sanitaires et des pharmacies camerounaises, il reste qu'il est

---

[828] OMS, *Approvisionnement en médicaments*, disponible sur www.who.int [consulté le 8 septembre 2017].

[829] *Ibid.*

[830] Décret n° 2005/252 du 30 juin 2005 portant création, organisation et fonctionnement de la Centrale nationale d'approvisionnement en médicaments et consommables médicaux essentiels modifié et complété par le décret n° 2009/386 du 30 novembre 2009, article 3 (1).

important de remarquer que *« l'État intervient comme grossiste-répartiteur. Ce rôle est justifié par la volonté de mettre à la disposition des patients des médicaments accessibles financièrement. Compte tenu de l'absence d'industries pharmaceutiques sur le plan local, l'État apparaît comme la seule structure capable d'importer les médicaments essentiels au traitement des maladies les plus courantes et de pouvoir les mettre à la disposition des patients à des prix accessibles »*[831].

Il ressort de ce qui précède que la CENAME est la seule institution en charge de l'approvisionnement des formations sanitaires du secteur public en médicaments essentiels et en consommables médicaux. Pour parvenir à assurer l'accessibilité et la disponibilité du médicament partout et pour tous, elle s'appuie sur un vaste réseau de formations sanitaires au niveau des districts et desservies par dix centres d'approvisionnement pharmaceutiques régionaux. Toutefois, il est à noter que l'enclavement de certaines formations sanitaires, notamment en saison de pluies, rend difficile l'accessibilité ou la disponibilité des médicaments et consommables médicaux[832]. Compte tenu de ces difficultés d'accès de certaines zones, notamment rurales, il est difficile de garantir la disponibilité du médicament. Il faut cependant préciser que le problème de l'indisponibilité des médicaments ne se pose pas qu'en zones rurales. De façon globale, l'on peut dire que *« la plupart des pays à revenu faible sont encore confrontés à de nombreuses difficultés empêchant de mieux assurer la disponibilité (...) des médicaments essentiels »*[833].

Dans le cadre d'une enquête portant sur la disponibilité et la crédibilité du système de santé, *« les personnes interrogées ont souligné des insuffisances dans la disponibilité en médicaments des structures publiques et privées ainsi qu'une certaine inadéquation de la réponse des services de santé aux besoins des patients. Il était arrivé à presque toutes les personnes interrogées (94 %) de se rendre au moins à 2 endroits pour disposer de tous les médicaments prescrits sur une ordonnance. Les pharmacies de ville ont été déclarées mieux approvisionnées que les hôpitaux publics (86 %) »*[834]. Ainsi, pour 65 % des personnes interrogées, la disponibilité des

---

[831] Baimanai Angelain PODA, *op. cit.* p. 426.

[832] ministère de la Santé publique, *Rapport d'étude et d'évaluation du secteur pharmaceutique national du Cameroun*, OMS/UE, 2003, disponible sur www.who.int [consulté le 13 août 2017], p. 15.

[833] Assemblée mondiale de la santé, *Accès aux médicaments essentiels*, 67e session, 24 mai 2014, p. 2.

[834] Claudine NTSAMA ESSOMBA et *al.*, *Identification des questions de recherche prioritaires en matière de politique d'accès et d'usage des médicaments dans des pays francophones d'Afrique Centrale, à revenus faibles ou intermédiaires. Cameroun,* disponible sur www.who.int [consulté le 8 août 2017], p. 19.

médicaments présente des insuffisances. S'agissant de l'approvisionnement et de la disponibilité des médicaments, il en ressort que les officines privées connaissent moins de ruptures de stock que les hôpitaux[835]. Ces insuffisances relevées dans la disponibilité du médicament grèvent son accessibilité. Toutefois, pour les décideurs, 83,3 % d'entre eux notamment, la disponibilité a été massivement déclarée bonne nonobstant selon eux quelques problèmes liés à la gouvernance et à la technicité[836].

Cette satisfaction massive est foncièrement dissonante des chiffres de l'OMS qui estime que *« la disponibilité moyenne des médicaments essentiels dans les pays à faibles revenus ou intermédiaires est de 35 % dans le secteur public et 66 % dans le secteur privé »*[837]. Dans tous les cas, l'on ne peut nier que le système d'approvisionnement en médicaments essentiels au Cameroun se heurte à quelques difficultés. Ces difficultés trahissent bien les faiblesses du système d'approvisionnement causées principalement par *« la mauvaise gestion et l'insuffisance des stocks de roulement à tous les niveaux du SYNAME »* qui ont pour conséquence la rupture des stocks de médicaments disponibles[838]. Toutefois, nonobstant ces difficultés dans la gestion des stocks, il faut cependant dire que les autorités camerounaises ont entrepris de nombreux efforts afin de réduire non seulement le pourcentage des médicaments non disponibles, mais aussi le nombre de jours d'indisponibilité desdits médicaments.

Au Cameroun, le niveau de disponibilité des médicaments traceurs pour le compte de l'année 2008 était estimé à 86 %. *« S'agissant du nombre moyen de jours de rupture de stock des médicaments essentiels traceurs, ce chiffre est passé de 21 jours en 2012 à 13,69 jours en 2015 indiquant une amélioration de la disponibilité des médicaments dans les structures sanitaires »*[839]. En 2003, une enquête sur la situation pharmaceutique au Cameroun révélait des chiffres plutôt satisfaisants bien que leur transposition à toutes les zones du Cameroun soit fortement à relativiser. Il en ressortait que *« les 15 médicaments clés sont disponibles aussi bien dans le secteur public (86,7 %) que dans le secteur privé (93,3 %). La disponibilité médiane des médicaments dans les formations sanitaires publiques est de 86,7 %, celle des entrepôts publics de 100 % et des pharmacies d'officines de*

835 *Ibid.* p. 30.

836 *Ibid.* p. 34.

837 *Ibid.* p. 45.

838 Ministère de la Santé publique du Cameroun, *Stratégie sectorielle de santé 2016-2027*, *op. cit.* p. 75. Par ailleurs, il est important d'indiquer que le SYNAME désigne le Système national d'approvisionnement en médicaments essentiels.

839 *Ibid.*

93,3 % »[840]. Ces chiffres assez laudateurs du système d'approvisionnement en médicaments ne doivent cependant pas cacher les insuffisances qui continuent d'exister et qui révèlent de fortes disparités entre les différentes zones du pays.

Ces disparités ont permis d'observer « un pic de 185 jours » dans la rupture de stock dans une formation sanitaire[841]. Il s'en suit que l'État du Cameroun doit poursuivre sa politique d'amélioration de l'approvisionnement des formations sanitaires en médicaments. Au-delà de permettre aux acteurs privés d'importer concurremment à la CENAME des médicaments, il serait peut-être judicieux d'adopter une politique pharmaceutique et fiscale favorisant l'essor d'une véritable industrie pharmaceutique locale. En réalité, les ruptures de stocks pourraient être compensées par le développement d'un tissu industriel pharmaceutique local. Toutefois, l'industrie pharmaceutique locale ne bénéficie pas des mêmes avantages que ceux qui sont accordés à l'importation des médicaments, notamment en termes d'allègement fiscal. Par conséquent, le médicament produit localement se retrouve sur le marché à un prix beaucoup plus élevé[842] que celui des médicaments importés, ce qui laisse subsister le problème fondamental de l'accessibilité économique des médicaments.

B. L'accessibilité du médicament : l'orientation vers le médicament générique

La garantie de l'efficacité de la mise en œuvre du droit à la santé est également tributaire d'une véritable politique nationale visant à garantir au patient la disponibilité d'un médicament accessible à moindre coût. Sur ces prémisses, il revient à l'État de mettre sur pied des mécanismes garantissant un approvisionnement continu des populations en médicaments, de prendre des mesures visant à permettre aux patients d'obtenir les médicaments à un coût abordable et, d'opter pour une politique de soins principalement orientée vers la prescription de médicaments génériques. En effet, *« le prix des médicaments est un déterminant important dans l'accès aux soins »*[843]. Par conséquent, l'État se doit, dans le cadre de la réalisation du droit à la santé pour tous, de prendre des mesures visant à influer sur le prix du médicament. Ces mesures peuvent être aussi diverses que variées.

---

840 ministère de la Santé publique, *Rapport d'étude et d'évaluation du secteur pharmaceutique national du Cameroun, op. cit.* pp. 6-7.
841 *Ibid.* p. 7.
842 ministère de la Santé publique du Cameroun, *Profil pharmaceutique du pays, op. cit.* p. 23.
843 Aboubakry GOLLOCK, « Le régime canadien d'accès aux médicaments, un dispositif favorable aux pays du Sud : analyse d'un échec », in Mamadou BADJI et Alice DESCLAUX (dir.), *Nouveaux enjeux éthiques autour du médicament en Afrique. Analyses en anthropologie, droit et santé publique*, L'Harmattan Sénégal, Dakar, 2015, p. 111.

L'État du Cameroun a pris un certain nombre de mesures visant à faciliter l'accessibilité économique du médicament. Par exemple, dans le cadre de la prise en charge du paludisme non compliqué, l'État a pris deux mesures importantes visant à fixer tant dans le secteur public que dans le secteur privé, les prix des différents médicaments utilisés dans la prise en charge dudit paludisme[844]. Pour parvenir à cette fixation des prix, l'État réglemente les prix à pratiquer à chaque étape du circuit de distribution du médicament afin de garantir un prix accessible au patient, consommateur final du médicament. L'élément au cœur de cette politique de garantie du prix du médicament est la CENAME.

La garantie d'un prix accessible aux patients est ainsi assurée par la fixation des coûts de vente du médicament à chaque étape de son circuit de distribution qui part de la CENAME, passe par les centres d'approvisionnement pharmaceutiques régionaux pour atteindre les formations sanitaires, en ce qui concerne le secteur public ; pour ce qui est du sous-secteur privé, le circuit de distribution qui a pour point de départ la CENAME, transite par les grossistes pour arriver *in fine* aux officines de pharmacie[845]. Il est à noter que ces prix tels qu'ils sont arrêtés sont susceptibles d'être révisés par le ministère de la Santé publique en tenant compte notamment des « circonstances économiques et sociales ». Le respect de cette mesure passe par un contrôle démocratique qui associe les autorités ministérielles, les professionnels de santé et surtout les patients. Pour ce faire, les prix de vente du médicament tel qu'ils sont fixés par voie réglementaire doivent impérativement faire l'objet d'un affichage public aussi bien dans les formations sanitaires publiques que dans les officines de pharmacie et les formations sanitaires privées[846]. L'on peut ici regretter le fait que *« la faiblesse de l'inspection pharmaceutique ne permet pas les contrôles auprès des détaillants »*[847], ce qui a comme conséquence le fait que « les prix affichés ne sont pas toujours respectés »[848].

La fixation concerne une large palette de médicaments et de produits médicaux qui sont accessibles à moindre coût tels que les kits obstétricaux,

---

[844] Décision n° 0540/D/MINSANTE/CAB du 12 juin 2009 fixant dans le secteur public les prix des différentes présentations de la combinaison fixe d'artesunate – amodiaquine utilisée dans la prise en charge du paludisme non compliqué et Décision n°0606/D/MINSANTE/CAB du 29 juin 2010 fixant dans le sous-secteur public les prix des différentes présentations de la combinaison fixe d'artesunate – amodiaquine utilisée dans la prise en charge du paludisme non compliqué.

[845] Décision n° 0540/D/MINSANTE/CAB, *op. cit.* articles 1 et 2 ; et Décision n° 0606/D/MINSANTE/CAB, *op. cit.* articles 1 et 2.

[846] *Ibid.* articles 3, 4 et 6.

[847] ministère de la Santé publique du Cameroun, *Profil pharmaceutique du pays*, *op. cit.* p. 23.

[848] Ministère de la Santé publique du Cameroun, *Stratégie sectorielle de santé 2016-2027*, *op. cit.* p. 76.

les contraceptifs, les insulines en plus des antipaludiques. Mieux encore qu'une simple fixation des prix, de nombreux médicaments sont délivrés gratuitement, à l'exemple des antituberculeux, des antirétroviraux de première et seconde lignes, les antipaludiques pour enfants de 0 à 5 ans et les anti-lépromateux[849]. En plus du mécanisme de fixation des prix, ci-haut présenté *« un effort de régulation des prix est [également] fait au cours du processus d'homologation des médicaments. Ce qui permet d'obtenir des fabricants de génériques et de spécialités, des baisses significatives de leurs prix »*[850]. Par ailleurs, des mesures fiscales et douanières ont été prises permettant de garantir l'accessibilité économique du médicament aux patients. À ce titre, *« les médicaments bénéficient d'une exonération des droits de douane, de la TVA et de la taxe informatique (...) »*. Toutefois, nonobstant ces mesures et *« en dépit des efforts, une frange non-négligeable de la population s'approvisionne en produits pharmaceutiques dans la rue »*[851].

Au-delà des mesures présentées ci-dessus à l'effet de rendre le médicament accessible à tous, il serait également utile, dans le cadre de la mise en œuvre du droit à la santé au Cameroun, que l'État encourage non seulement le recours aux médicaments génériques, parce que moins chers, mais aussi influe sur les pratiques médicales afin qu'autant que faire se peut, le médecin prescrive ou que le pharmacien encourage davantage le patient à s'orienter vers les médicaments génériques. Le médicament essentiel générique (MEG) se définit comme *« tout médicament satisfaisant aux besoins sanitaires de la majorité de la population et répondant aux critères d'efficacité, de qualité prouvée d'utilisation facile, de disponibilité permanente, d'un minimum d'effets indésirables et d'une bonne accessibilité géographique et financière »*[852]. Un certain nombre d'éléments ressortent de cette définition et permettent de soutenir l'idée suivant laquelle le médicament générique permet une meilleure garantie du droit à la santé de tous. Il s'agit notamment des éléments liés à son accessibilité géographique et financière, à sa disponibilité continuelle et surtout, à son efficacité. Cette définition peut être complétée par la réglementation du Burkina Faso d'après laquelle le MEG est un *« médicament requis de façon prioritaire pour assurer les soins de la plupart des pathologies »*[853].

En effet, les médicaments essentiels génériques (MEG) *« sont un concept mis en avant par l'OMS pour faciliter l'accès aux médicaments. Ce concept*

---

849 *Ibid.*

850 *Ibid.*

851 *Ibid.*

852 Règlement n° 06/2010/CM/UEMOA, article 1 (30). Voir aussi à ce sujet Baimanai Angelain PODA, *op. cit.* pp. 132-133.

853 Baimanai Angelain PODA, *op. cit.* p. 133.

est depuis lors intimement lié à toutes les politiques pharmaceutiques nationales dans les pays en développement »[854]. Il en découle que les MEG sont au cœur de la politique pharmaceutique nationale des États, notamment des États en développement. Toutefois, à la lecture de la politique pharmaceutique nationale du Cameroun, rien n'est dit sur l'orientation ou la priorité qu'elle accorde à la prescription, à la vente et à l'utilisation des MEG. Il est juste indiqué, sans plus de détails, que la sélection des médicaments essentiels est l'un des domaines couverts par cette politique[855]. Le document de *Stratégie sectorielle de santé* quant à lui présente de façon laconique, non pas la politique visant à favoriser l'utilisation des MEG, mais plutôt le système national d'approvisionnement en médicaments essentiels. Ce système d'approvisionnement est construit autour de la CENAME et des fournisseurs agréés[856].

Il transparaît ainsi de tout ce qui précède que sans un cadre incitatif favorable aux MEG, leur taux de pénétration restera encore limité même si elle est en forte croissance. En Allemagne, au Danemark et aux Pays-Bas par exemple, *« les médecins sont incités à prescrire les médicaments les moins chers, ou les pharmaciens à substituer la prescription pour un médicament moins cher (...). Dans ces pays, l'usage des médicaments génériques s'est fortement développé (entre 30 et 50 % des prescriptions) »*[857]. Or, le cadre réglementaire camerounais reste encore assez lacunaire ou laconique en ce qui concerne l'accès aux médicaments génériques. Cette situation tend à profiter aux grandes industries pharmaceutiques, car il est utile de rappeler que le *« générique est la copie d'un médicament (princeps) lorsque son brevet a expiré »* et que dans tous les contextes, *« la consommation de génériques est déterminée par les comportements de prescription des professionnels de santé et de consommation des ménages, comme par les stratégies de l'industrie pharmaceutique »*[858]. Ceci pose clairement la problématique des brevets qui limitent l'accès aux médicaments et les monopoles pharmaceutiques qui en découlent[859]. En réalité, *« les brevets confèrent des droits exclusifs pour la fabrication, l'utilisation et la vente d'une invention, et peuvent maintenir les médicaments à des prix élevés, si aucune mesure n'est prise pour les réduire. (...) L'introduction d'une durée*

---

[854] *Ibid.* p. 132.

[855] ministère de la Santé publique du Cameroun, *Profil pharmaceutique du pays*, *op. cit.* p. 10.

[856] Ministère de la Santé publique du Cameroun, *Stratégie sectorielle de santé 2016-2020*, *op. cit.* p. 74.

[857] Bruno PALIER, *La réforme des systèmes de santé*, 8e édition mise à jour, Que sais-je ? PUF/Humensis, Paris, 2017, p. 40.

[858] Pascal PENAUD, Pierre ABALLEA et *al.*, *Politiques sociales*, 4e édition revue et mise à jour, Presses de Sciences Po et Dalloz, Paris, 2016, p. 937.

[859] Sur cette question, voir Jeremy CHEONG CHI MO, *op. cit.* et Mamadou BADJI et Alice DESCLAUX, *op. cit.*

minimale de brevet de vingt ans pour tous les produits a retardé la disponibilité de produits génériques à moindre coût et créé des monopoles »[860].

La législation camerounaise a été modifiée pour mettre en œuvre l'accord sur les ADPIC (Accord sur les aspects des droits de propriété intellectuelle qui touchent au commerce)[861]. Toutefois, cet Accord prévoit des flexibilités et des mesures de sauvegarde spécifiques au secteur pharmaceutique afin de favoriser l'accessibilité économique des médicaments. Ces mesures spécifiques se rapportent *« à la mise en œuvre de garanties de santé publique reconnues comme nécessaires pour permettre l'autorisation légale de version moins chères des médicaments brevetés, étant estimé qu'elles sont d'un intérêt particulier pour l'amélioration de l'accès aux médicaments »*[862]. Il revient alors à l'État du Cameroun de tirer avantage de ces dispositions et surtout d'élaborer un cadre juridique offrant des incitations aux entrepreneurs locaux qui souhaitent investir dans l'industrie pharmaceutique. Ceci aurait au moins deux avantages : d'une part, de favoriser le développement d'une industrie locale qui fabrique des médicaments mieux contrôlés compte tenu des lacunes du contrôle à l'importation des médicaments ; et d'autre part, une industrie capable de fournir au marché local des médicaments disponibles à des coûts supportables pour tous.

Sur l'ensemble des points évalués, il ne fait aucun doute qu'il existe de façon globale un gap entre les indicateurs ou les normes et la réalité de la mise en œuvre du droit à la santé. Ceci trahit ainsi les lacunes de l'approche essentiellement curative du droit à la santé. Dès lors, il est impératif de pouvoir associer à cette approche, l'approche préventive afin de limiter les effets néfastes des insuffisances de l'approche curative sur les populations.

---

[860] Mamadou BADJI, « Le droit au médicament et son application en Afrique », *in* Mamadou BADJI et Alice DESCLAUX, *op. cit.* p. 42.

[861] ministère de la Santé publique du Cameroun, *Profil pharmaceutique du pays*, *op. cit.* p. 12.

[862] Mamadou BADJI, « Le droit au médicament et son application en Afrique », *op.cit.* p. 42.

CHAPITRE 2 : L'EFFICACITÉ DES MESURES DE PRÉVENTION ET DE PROTECTION DU DROIT À LA SANTÉ AU CAMEROUN

La protection de la santé des populations dépend aussi de la capacité de l'État, au-delà de la garantie de l'accès aux soins et aux médicaments, à mettre sur pied des mécanismes visant non seulement à prévenir les atteintes à la santé des populations, mais aussi à répondre aux besoins spécifiques de certaines couches vulnérables de la population ou à apporter des réponses pertinentes à certaines maladies qui soulèvent de véritables problèmes de santé publique. Il est en fait question ici d'évaluer le dispositif mis sur pied par l'État pour prévenir la maladie, mais aussi répondre aux crises sanitaires qui pourraient surgir sur son territoire. Dès lors, la stratégie de prévention et de gestion du risque maladie doit être évaluée à l'aune des standards internationaux pertinents en la matière. Ce choix s'appuie sur le constat suivant lequel *« les risques pour la santé occupent une place de choix aujourd'hui dans la quotidienneté incertaine des pays (...) et corrélativement s'impose la nécessité d'y faire face »*[863]. En effet, « tout mode de vie expose à des risques »[864]. Ces risques sont divers et diversifiés et appellent une réponse forte et adéquate de l'État. Dans ce sillage, *« l'une des fonctions du politique est d'organiser non seulement la prévention des crises, mais aussi les choix des risques auxquels un peuple sera exposé, à titre collectif d'une part, individuel d'autre part »*[865].

L'évaluation de l'efficacité de la mise en œuvre du droit à la santé au Cameroun est fonction non seulement des mesures prises pour anticiper et réagir face aux crises sanitaires, mais aussi et surtout de l'impact que ces mesures ont en termes de résultats. Cette approche basée sur les résultats permet en effet de ne pas s'arrêter au dispositif juridique tel qu'il a été précédemment discuté, mais d'aller plus loin afin de faire une véritable et stricte évaluation dudit dispositif. En réalité, *« depuis une vingtaine d'années, une sociologie d'après-Tchernobyl a déclenché un questionnement instruit et vigilant de la nouvelle ''société du risque'' qui émerge des catastrophes et des menaces de l'univers contemporain. Avec le retour d'épidémies incontrôlables et d'infections menaçantes pendant des durées*

---

863 Michel MORIN, « Du bon usage des campagnes de prévention », *in* Catherine HALPERN (dir.), *La santé : un enjeu de société*, Sciences Humaines Editions, Auxerre, 2010, p. 206.

864 Marie-Angèle HERMITTE, « Introduction générale », *in* François ROUSSEAU et Karine FOUCHER (dir.), *Les réponses du droit aux crises sanitaires*, L'Harmattan, Paris, 2016, p. 12.

865 *Ibid.*

imprévisibles (...), avec le choc de l'irruption et la montée en puissance d'une épidémiologie des facteurs de risques qui s'appliquent à l'ensemble des registres de la vie quotidienne (alimentation, travail, loisirs, vie sexuelle, etc.), une pratique sociale de prévention ne cesse de se développer, sans parvenir à contenir une envahissante ''institution de l'inquiétude'' »[866]. Au regard de ces risques pour la santé humaine, la présente évaluation portera sur l'efficacité des mesures de prévention des atteintes à la santé d'une part (Section 1), et sur l'impact des mesures de réaction aux maladies endémiques et des mesures de protection de la santé des couches vulnérables d'autre part (Section 2).

Section 1 : L'évaluation du cadre de prévention des atteintes au droit à la santé

La prévention suppose la capacité d'un État à détecter une éventuelle situation menaçant la santé de ses populations et à mettre sur pied des mécanismes suffisants permettant d'y répondre efficacement soit pour empêcher leur survenance, soit pour atténuer ou minimiser les conséquences liées à la survenance de ladite situation. Tel est le sens à donner à la loi sur la politique nationale de santé dont l'un des grands principes est la médecine préventive entre autres par la promotion de l'hygiène, l'assainissement de l'environnement, l'éducation sanitaire et la vaccination[867].

Toutefois, il est important de souligner que *« l'anticipation n'est pas une forme moderne de divination, elle requiert de repenser les rapports entre science et politique »*[868]. Quand bien même on pourrait croire à raison que la prévention relève avant tout de l'État et des acteurs publics[869], il n'en demeure pas moins qu'elle est aussi une œuvre collective qui suppose une conjonction d'efforts de la part de tous les acteurs, nationaux et internationaux, publics ou privés. La prévention des atteintes au droit à la santé s'articule principalement autour de l'action que peuvent avoir l'État et ses partenaires sur les déterminants de santé. Sur ces prémisses, la présente étude se propose de faire une évaluation de l'action de l'État aussi bien sur les déterminants environnementaux de la santé (Paragraphe 1) que sur les autres déterminants de santé (Paragraphe 2).

---

[866] Michel MORIN, *op. cit.*
[867] Loi n° 96/03 du 4 janvier 1996 portant loi-cadre dans le domaine de la santé, article 4.
[868] Marie-Angèle HERMITTE, *op. cit.* p. 13.
[869] *Ibid.*

Paragraphe 1 : L'action sur les déterminants environnementaux de la santé

Il est important de rappeler *in limine litis* qu'*« aux côtés du patrimoine génétique et des comportements personnels ou des habitudes de vie (...), aux côtés également de l'accessibilité et de l'efficacité du système de soin et de protection sociale, la qualité de l'environnement constitue un puissant déterminant de notre état de santé »*[870]. En adoptant une conception large de l'environnement, l'OMS lui impute un peu plus des trois quarts de la mortalité recensée à la surface du globe[871]. Ramener ces chiffres à la situation d'un pays en développement comme le Cameroun peut donner à voir une situation encore plus alarmante, d'où la nécessité d'y apporter une réponse adéquate. Par conséquent, la santé doit, de ce fait, devenir l'objet des politiques publiques d'environnement. On observe avec regret au Cameroun un cloisonnement de l'activité ministérielle ne permettant pas d'avoir une véritable synergie entre les ministères en charge de la santé publique et de l'environnement ou d'autres questions rentrant dans la définition large de l'environnement selon l'OMS. Toutefois, l'on ne peut s'abstenir de faire une évaluation, et on y est bien fondé, de l'impact des mesures prises pour garantir aux populations un cadre de vie sain (A) et lutter contre les épizooties ou toute autre maladie liée à l'interaction de l'homme avec son milieu (B).

A. La garantie de la protection d'un cadre de vie sain

D'après le document de *Stratégie sectorielle de santé* pour la période 2016-2027, la protection du cadre de vie des populations porte sur de nombreuses thématiques. Toutefois, l'emphase sera mise à ce niveau sur les thématiques qui se rapportent à la protection d'un environnement sain. Ainsi, il sera discuté les thématiques touchant à l'eau potable, la gestion des déchets, l'hygiène et l'assainissement du milieu, la qualité de l'air, les effets des changements climatiques et de la transition énergétique, et les rayonnements ionisants. Avant d'y procéder, il est utile de relever que « dans le champ de la santé, les objectifs de prévention sont multiples »[872]. Par conséquent, les actions de prévention peuvent viser à prévenir la survenance d'une maladie (prévention ''primaire'') ; à se préoccuper des personnes déjà touchées par une maladie au moyen de dépistage des maladies avec pour dessein d'intervenir assez tôt pour stopper ou renverser l'évolution de la maladie (prévention ''secondaire'') ; ou à se focaliser à diminuer ou retarder

---

[870] Jean-Pierre BESANCENOT, « Quels liens entre santé et environnement ? », *in* Catherine HALPERN (dir.), *op. cit.* p. 226.

[871] *Ibid.*

[872] Michel MORIN, *op. cit.* p. 207.

autant que faire se peut le développement de handicap ou de séquelles liées à l'évolution naturelle des maladies, prévenir la dépendance et la perte d'autonomie[873].

Une fois ces préalables évacués, il faut dire qu'il est nécessaire et urgent pour le Gouvernement camerounais d'intensifier ses mesures de prévention des atteintes à la santé découlant du cadre de vie des populations. Cette urgence s'appuie sur le fait que d'après l'OMS, *« des facteurs de risques environnementaux jouent un rôle dans plus de 80 % des maladies régulièrement recensées »*. Il en découle que *« 24 % de la charge mondiale de morbidité et 23 % de tous les décès peuvent être attribués à des facteurs environnementaux. Parmi les enfants (0-14 ans), ces chiffres s'élèvent à plus d'un tiers de la charge de la morbidité »*[874]. Le caractère alarmant de ces chiffres démontre à suffisance l'urgence qu'il y a pour les gouvernants à les prendre en compte dans les politiques publiques afin de limiter l'impact de la pollution environnementale sur la santé des personnes. Par ailleurs, toujours selon l'OMS, l'insalubrité de l'environnement est responsable de 12,6 millions de décès par an. De même, 8,2 millions de décès consécutifs aux maladies non transmissibles sont attribuables à la pollution de l'air. Au premier rang de ces maladies, on peut citer les accidents vasculaires cérébraux, les cardiopathies, les cancers et les affections respiratoires chroniques qui représentent près de deux tiers des décès liés à des causes environnementales[875].

Compte tenu des trois niveaux de prévention sus-évoqués, plus loin dans cette étude nous allons discuter la réponse de l'État à différentes maladies, notamment les maladies non transmissibles. Mais avant cela, vu qu'il est avéré que ces maladies sont en partie dues, avec d'autres, à des facteurs environnementaux, il serait dès lors utile d'évaluer le cadre opérationnel mis en place par l'État du Cameroun pour y faire face et les prévenir. D'après Margaret CHAN, « la santé de la population passe par la salubrité de l'environnement »[876]. Or, il ne serait pas exagéré ni calomnieux de dire que l'environnement au Cameroun, notamment dans les zones urbaines est fortement pollué du fait de la faiblesse des plans d'assainissement et de gestion des déchets[877].

---

873 *Ibid.*

874 OMS, *Prévenir la maladie grâce à un environnement sain*, disponible sur www.who.int [consulté le 21 août 2017].

875 OMS, *L'insalubrité de l'environnement provoque 12,6 millions de décès par an*, disponible sur www.who.int [consulte le 31 août 2017].

876 *Ibid.*

877 Voir Jules Raymond NGAMBI, *Déchets solides et ménagers de la ville de Yaoundé (Cameroun) : de la gestion linéaire vers une économie circulaire*, Thèse de géographie,

En réalité, *« la production moyenne annuelle des déchets ménagers solides est de 312 kg/an/personne avec plus de 23 % directement jetés dans les rigoles ou dans la nature »*[878]. Ce constat montre de façon non équivoque les faiblesses ou l'inexistence d'un plan national de gestion des déchets. Il faut tout de même dire qu'il existe un Plan National de Gestion des Déchets Hospitaliers. Cependant, ce plan lui-même peine à être respecté. Dès lors, il est clair qu'il existe un réel problème dans la gestion des déchets ménagers, hospitaliers et industriels au Cameroun. En milieu urbain, la gestion des déchets est assurée par la société HYSACAM (Hygiène et salubrité du Cameroun). Toutefois, il faut remarquer non seulement que les quartiers enclavés ne sont pas desservis, mais aussi que les zones rurales n'ont aucune société du même type capable d'y assurer la gestion des déchets. Par conséquent, *« cette insuffisance de desserte est à l'origine des inondations et du développement des maladies à transmission vectorielle et celles du péril fécal »*[879]. On peut tout de même noter que certaines communes ou villes, à l'exemple de la ville de Bagangté, essayent tant bien que mal de répondre à cette insuffisance dans la gestion des déchets, mais les résultats peinent à être visibles[880].

Ces lacunes dans la gestion des déchets ont des conséquences fortement dommageables sur la santé des populations, et ceci davantage dans un pays où *« plus de 27 % des ménages n'ont pas accès à l'eau potable et seuls 10,9 % de ces ménages utilisent des techniques de traitement appropriées de l'eau »*[881]. Ces chiffres sont à relativiser lorsque l'on s'intéresse à des cas particuliers. En effet, on note de grandes disparités dans l'accès à l'eau potable entre zones urbaines et zones rurales d'une part, et entre régions d'autre part. À titre d'exemple, en se focalisant sur les régions de l'Est, du Nord, de l'Extrême-Nord et de l'Ouest, on remarque qu'entre 70 et 80 % de la population de ces régions s'approvisionnent dans les cours d'eau, les puits et sources d'eau non protégés ou d'autres sources d'eau non améliorées[882]. Cette situation est d'autant plus préoccupante qu'une enquête de 2011

Université du Maine, 2015, disponible sur www.archives-ouvertes.fr [consulté le 24 octobre 2018].

878 Ministère de la Santé publique du Cameroun, *Stratégie sectorielle de santé 2016-2027, op. cit.* p. 35.

879 *Ibid.* p. 36.

880 Voir Ruben Ludovic LONGO, *La gestion des déchets dangereux au Cameroun*, Mémoire, Institut des Relations Internationales du Cameroun, Yaoundé, 2012, disponible sur www.memoireonline.com [consulté le 26 octobre 2018].

881 Ministère de la Santé publique du Cameroun, *Stratégie sectorielle de santé 2016-2027, op. cit.* p. 35.

882 Bruno Magloire KAMGHO TEZANOU, « L'accès à l'eau potable et à l'assainissement au Cameroun : situation actuelle, contraintes, enjeux et défis pour l'atteinte de l'OMD 7 », disponible sur fseg2.univ-tlemcen.dz [consulté le 21 août 2017], p. 3.

révélait que *« près de 41 % des ménages (67 % en milieu rural et 15 % en milieu urbain) ne disposaient pas de toilettes améliorées »*[883]. Se pose alors ici fatalement le problème de la contamination des points d'eau auxquels accèdent les populations avec les risques inhérents de propagation des maladies hydriques. Ce risque est réel que l'on soit en zone urbaine ou en zone rurale.

Il est regrettable de voir combien les pouvoirs publics investissent peu dans l'assainissement, considérant l'assainissement comme moins important que la distribution d'eau potable. *« D'une manière générale, l'assainissement pâtit d'une absence de politique nationale [et] l'information en matière d'assainissement est très pauvre »*[884]. C'est pour répondre à ces lacunes que le ministère en charge de la Santé publique a formulé dans son document de *Stratégie sectorielle de santé* pour la période 2016-2027 des recommandations qui portent entre autres sur l'amélioration de la gestion des déchets collectifs liquides, solides et gazeux afin de réduire l'incidence des maladies vectorielles ; l'amélioration de la disponibilité des commodités dans différents milieux ; et l'éducation des populations sur l'hygiène et l'assainissement du milieu de même que l'assainissement des lieux de vente et de consommation des aliments[885]. Ces recommandations traduisent l'aveu des autorités publiques sur les lacunes du système actuel en matière d'hygiène et de salubrité et conséquemment, l'urgence qu'il y a à investir dans un système d'adduction d'eau potable accessible à tous et un système d'assainissement qui protège la santé de tous.

La même urgence est signalée lorsqu'on se rapporte à la qualité de l'air. En effet, la principale source d'énergie pour la cuisson des aliments est le charbon de bois. L'Institut National de la Statistique révèle que 49 % des ménages en milieu urbain et 92,5 % en milieu rural utilisent le bois comme combustible pour la cuisine[886]. Au-delà du caractère hautement dommageable de cette forte pression domestique sur la forêt et ses produits ligneux et non ligneux en termes de changements climatiques, il est à noter que la combustion du bois produit le gaz carbonique (CO^2) qui est toxique pour la santé humaine. À ceci s'ajoutent les autres gaz présents dans l'atmosphère et émanant principalement des véhicules âgés de plus de 15 ans qui représentaient en juin 2015, 92 % du parc automobile[887]. Il y a urgence à réagir d'autant plus que pour le compte de l'année 2004, *« la pollution de*

---

883 Ministère de la Santé publique du Cameroun, *Stratégie sectorielle de santé 2016-2027, op. cit.* p. 35.

884 Bruno Magloire KAMGHO TEZANOU, *op. cit.* p. 4.

885 Ministère de la Santé publique du Cameroun, *Stratégie sectorielle de santé 2016-2027, op. cit.* p. 121.

886 *Ibid.* p. 36.

887 *Ibid.*

l'air intérieur par la combustion du charbon de bois et du bois de chauffage et celle de l'air extérieur par les PM10 ont été respectivement à l'origine de 11 400 et 2 200 décès au Cameroun »[888]. Quelques projets ont été mis sur pied, à l'exemple du Mécanisme pour un développement propre (MDP) et des projets réalisés dans le cadre du processus de réduction des émissions dues à la déforestation et à la dégradation des forêts (REDD)[889], mais avec très peu de succès, avec pour objectifs de réduire les émissions notamment de CO^2.

Dans l'attente des solutions miracles, il reste que ces gaz continuent de provoquer de nombreux décès au sein de la population camerounaise. Bien que la transition écologique vers des types d'énergies plus propres ou vers des combustibles moins polluants soit présentée comme la solution, il n'en demeure pas moins que les populations restent fortement vulnérables face aux changements climatiques provoqués. Ces changements aggravent en effet l'incidence des maladies liées à l'eau, aux aliments, aux vecteurs et l'aggravation de la pollution de l'air, de la pénurie de la nourriture et de l'eau[890]. Face à toutes ces menaces, la réponse de l'État demeure peu ou pas visible. Il en est de même dans le cas des rayonnements ionisants et non-ionisants. D'après le ministère en charge de la Santé publique, « ces derniers sont associés à la survenue de la leucémie infantile »[891]. Malgré tous ces risques, il reste que des pilonnes de téléphonie mobile sont installés sur les toits des maisons d'habitation, qui elles-mêmes pour 41,6 % sont construites à proximité des lignes de haute tension[892].

Ayant conscience de l'ensemble des risques induits par l'insalubrité de l'environnement pour la santé humaine et tenant dûment compte des faiblesses ou de l'inexistence de la réponse étatique, il y a lieu de souscrire aux propos de Maria NEIRA qui affirme qu'*« il faut investir d'urgence dans des stratégies destinées à réduire les risques environnementaux dans nos villes (...). Ces investissements peuvent freiner considérablement l'augmentation de la charge des affections cardiovasculaires et respiratoires, des traumatismes et des cancers au niveau mondial et entraîner une baisse immédiate des dépenses de santé »*[893]. Réussir ce pari permettra de sauver de nombreuses vies et de prolonger la durée de vie de nombreuses personnes. Il est vrai que plus d'investissements supposent de

---

888 *Ibid.*

889 Parfait OUMBA, « La pratique des projets environnementaux en Afrique », *in* Jean-Didier BOUKONGOU, *Emergence de l'Afrique,* Presses de l'UCAC, Yaoundé, 2015, pp. 217-240.

890 Ministère de la Santé publique du Cameroun, *Stratégie sectorielle de santé 2016-2027, op. cit.* p. 36.

891 *Ibid.*

892 *Ibid.*

893 OMS, *L'insalubrité de l'environnement provoque 12,6 millions de décès par an, op.cit.*

trouver de nouvelles sources de financement ou d'augmenter le budget de la santé, mais un simple rapport investissement/qualité de la santé et de la vie des populations permet rapidement de voir que ces investissements seraient de très loin rentables. En effet, *« une meilleure gestion de l'environnement permettrait de sauver, chaque année, 1,7 million d'enfants de moins de 5 ans et 4,9 millions de personnes âgées de 50 à 75 ans »*[894] dans le monde. Cette meilleure gestion de l'environnement qui est appelée de toutes les voix ne se limite pas seulement aux éléments examinés ci-haut, mais se rapporte aussi à ceux qui provoquent chez l'être humain des maladies dans son rapport avec son milieu de vie.

B. La lutte contre les épizooties et les maladies liées à l'interaction avec le milieu

Au cours de ces dernières années, l'apparition ou la résurgence de nombreuses maladies comme la grippe aviaire ou la fièvre à virus Ebola a montré qu'au-delà de la pollution de l'environnement qui peut entraîner de graves conséquences pour la santé humaine, le milieu dans lequel vit l'individu peut également se révéler comme une source de risque sanitaire. Ces maladies aboutissent très souvent sinon toujours à des crises sanitaires où l'État est tenu de réagir dans l'urgence afin de contenir ou de limiter la propagation d'une maladie. Ces situations d'urgence provoquent au sein de l'État une certaine tension du fait non seulement de la panique créée au sein des populations, mais aussi du fait que la réponse de l'État n'est généralement pas en adéquation avec l'ampleur de la crise du fait de ses limites financières ou techniques. Dès lors, à défaut de pouvoir réagir de façon adéquate, l'État se doit de pouvoir construire un dispositif solide visant à anticiper les crises sanitaires et, *in fine*, de pouvoir mieux y répondre.

Il faut remarquer d'emblée que comme il a été démontré ci-haut, le ministère en charge de la Santé publique a une influence faible ou quasi-inexistante sur la protection de l'environnement, la question dès lors est celle de savoir comment ce ministère articule ses politiques et stratégies afin de prévenir ou de limiter la propagation des maladies issues du milieu de vie des populations. Il s'agit ici principalement d'évaluer le dispositif camerounais de veille sanitaire, notamment en termes de surveillance épidémiologique. Dans sa décision du 3 mars 2004 sur l'affaire de l'amiante, le Conseil d'État français a clairement affirmé un *« principe d'évaluation des risques ou de vigilance sanitaire pesant sur les autorités publiques »*[895]. Par conséquent, afin de garantir le droit à la santé pour tous, « contrôles et

---

[894] *Ibid.*
[895] Anne LAUDE et Didier TABUTEAU, *op. cit.* p. 64.

sanctions s'inscrivent dans un processus global de vigilance »[896]. Or, il a été relevé que le contrôle et la sanction sont faiblement, voire très faiblement, mobilisés en matière environnementale. Il en résulte que de nombreuses maladies peuvent alors survenir et se propager à très grande vitesse et déboucher sur de véritables crises sanitaires.

Il est difficile d'apporter une définition non disputée au terme « crise sanitaire ». Toutefois, l'on peut dire qu'*« il est absolument évident que les maladies contagieuses, les pandémies (sida), les panzooties (grippe aviaire, virus Ebola) ou tous autres incidents physiques et biologiques majeurs (...), bref les dangers de santé publique »* constituent des crises sanitaires[897]. Ces crises *« se traduisent par l'occurrence d'un dommage, mais plus largement l'exposition de la population aux risques »*[898]. La crise sanitaire désigne toujours une situation qui n'est pas individuelle, mais collective. Elle comporte plusieurs caractéristiques spécifiques qui justifient et commandent une action impérieuse de l'État, qu'elle soit préventive ou réactive. Ces caractéristiques sont entre autres l'émoi considérable qu'elle provoque au sein de la population, obligeant les autorités à réagir ; et les interrogations qui naissent à la suite de l'ampleur des mesures prises ou à prendre et leurs conséquences potentielles[899]. Le maître-mot lorsqu'on parle de crise sanitaire est l'anticipation qui *« impose aux décideurs publics comme privés, l'obligation d'adopter des mesures de prévention des risques »*[900]. C'est à ce titre que l'anticipation des crises sanitaires est devenue un objectif de l'Union européenne[901].

L'option prise ici est de se limiter à évaluer l'efficacité des mécanismes d'anticipation et de réaction du Gouvernement camerounais aux maladies contagieuses, notamment les panzooties telles que la grippe aviaire ou la fièvre à virus Ebola. Cette option vient du fait que ces maladies présentent un risque de propagation plus incontrôlé que des pandémies comme le VIH/Sida. Les épidémies contagieuses telles que la grippe aviaire ou le virus Ebola commandent de la part de l'État une action rapide et efficace afin de limiter la propagation au-delà des frontières nationales si le point de départ de la maladie est endogène et à l'intérieur de ses frontières si la maladie est

---

896 *Ibid.* p. 65.

897 Estelle BROSSET, « L'anticipation des crises sanitaires dans l'Union européenne », *in* François ROUSSEAU et Karine FOUCHER (dir.), *Les réponses du droit aux crises sanitaires*, L'Harmattan, Paris, 2016, pp. 113-114.

898 Karine FOUCHER, « L'anticipation des crises sanitaires par les autorités nationales », *in* François ROUSSEAU et Karine FOUCHER (dir.), *op. cit.* p. 94.

899 Samuel SANCHEZ, « Éclairage historique/ la crise de 1821 et ses conséquences sur le système sanitaire en France », *in* François ROUSSEAU et Karine FOUCHER (dir.), *op. cit.* p. 74.

900 Karine FOUCHER, *op. cit.* p. 94.

901 Estelle BROSSET, *op. cit.* p. 119.

exogène. Les dernières crises sanitaires ont donné l'occasion à différents États de tester et d'évaluer leur dispositif de réponse aux crises sanitaires. Par exemple, « l'extraordinaire propagation du SRAS en 2003 et ses effets sur la santé, les transports et l'économie »[902] ont permis aux États-parties au Règlement sanitaire international (RSI) de jauger les insuffisances de leurs systèmes individuels ou collectifs de prévention et de réponse aux crises sanitaires. L'adoption du RSI (2005) s'en est suivie et constitue désormais le nouveau cadre pour la gestion des menaces pesant sur la santé publique. Pour plus d'efficacité, la France a incorporé ce Règlement dans son dispositif sanitaire[903], ce que le Cameroun n'a pas fait bien qu'il existe des dispositions portant sur la police sanitaire aux frontières.

Toutefois, il faut dire que malgré l'existence de ce texte, la récente épidémie de maladie à virus Ebola de même que la pandémie de grippe A (H1N1) ont rudement mis à l'épreuve le RSI (2005). Cette épidémie, de par sa gravité et sa durée, a *« posé un défi sans précédent pour le RSI. Elle a brutalement illustré à quel point la communauté mondiale restait mal préparée et vulnérable »*[904]. Dès lors, il peut paraître comme un truisme de dire que le système camerounais d'anticipation et de gestion des crises sanitaires n'est pas adapté ou peu efficace pour répondre de façon optimale à de telles crises. En réalité, au Cameroun, *« les expériences des épidémies antérieures n'ont pas permis de mettre en place une structure pérenne de riposte à l'instar de ce qui est recommandé dans le Guide Technique National pour la Surveillance Intégrée des Maladies et la Riposte. (...) Il n'existe pas de plan intégré de gestion des épidémies, ni de laboratoires de haut niveau de sécurité biologique »*[905]. Par conséquent, ces insuffisances montrent bien la difficulté pour les autorités camerounaises à identifier, dans un délai court et sans risque d'exposition des individus, la menace afin de définir la stratégie de réponse à lui apporter.

Cette lenteur dans l'identification de la menace peut être illustrée par la crise sanitaire dont l'épizootie du virus H5N1 a été le prétexte. En effet, après la déclaration de la maladie au Nigeria voisin, et compte tenu de la longue et poreuse frontière de 1 800 km le séparant Cameroun, le ministère en charge de l'Élevage, des Pêches et des Industries animales a dû attendre

---

[902] OMS, *Application du Règlement sanitaire international (2005). Rapport du Comité d'examen sur le rôle du Règlement sanitaire international (2005) dans le cadre de l'épidémie de maladie à virus Ebola et de la riposte*, 13 mai 2016, disponible sur www.who.int [consulté le 18 septembre 2017], p. 13.

[903] Didier TRUCHET, *op. cit.* p. 116.

[904] OMS, *Application du Règlement sanitaire international (2005), op. cit.* p. 14.

[905] Ministère de la Santé publique du Cameroun, *Stratégie sectorielle de santé 2016-2027, op. cit.* p. 47.

la confirmation de l'Institut Pasteur de Paris[906] pour déclarer l'existence de la maladie au Cameroun. Le manque de laboratoire adéquat au Cameroun pour faire les analyses requises en pareille situation a fait perdre plus d'un mois au Cameroun avant que son dispositif de réponse ne soit activé ; et on peut imaginer l'ampleur des dégâts pouvant survenir en pareille situation dans un tel délai.

À ces faiblesses du système de prévention et de gestion des crises sanitaires liées au manque de laboratoire approprié, il s'ajoute le fait que *« dans le secteur de la santé, le dispositif de veille stratégique est organisé autour de l'Observatoire National de la Santé Publique (ONSP). Toutefois, ses missions ne sont pas efficacement mises en œuvre du fait de l'insuffisance des ressources financières et technologiques »*[907]. S'ajoutent à ces contraintes techniques, technologiques et budgétaires la lourdeur administrative et la centralisation du pouvoir. À titre d'exemple, la stratégie de pilotage du Plan d'action du Gouvernement a privilégié une approche interministérielle et interdisciplinaire qui s'est traduite par la création d'un Comité *ad hoc* de prévention et de lutte contre la grippe aviaire placée sous l'autorité du Chef du Gouvernement[908]. Bien que l'approche choisie soit fort appréciable, cette tendance à la « comitologie », comme le dit Didier TRUCHET, et à la centralisation du pouvoir ne favorise pas une action rapide et efficace dans la gestion des crises sanitaires du fait des lourdeurs administratives et bureaucratiques.

Dans le cadre de l'épidémie de la maladie à virus Ebola, la réaction de l'État a traîné. Alors que le réflexe dans ce genre de situation est la création dans les différents ports d'entrée de zones de mise en quarantaine, les aéroports et autres différents ports d'entrée n'ont pas été dotés de telles zones. Par ailleurs, les détecteurs de fièvre n'ont que tardivement été installés dans les aéroports. Toutefois, au-delà de ces mesures, il y a aujourd'hui lieu de réformer le système de santé et de mieux contrôler les mouvements migratoires. S'agissant de l'épidémie de la maladie à virus Ebola, *« le déclenchement de l'épidémie et l'incapacité à contenir celle-ci sont liés à la faiblesse des capacités institutionnelles et infrastructurelles dans les pays touchés, découlant notamment de la carence des systèmes de santé, des mouvements migratoires et de la libre circulation des personnes, de la fragilité persistante caractérisée par une infrastructure sociale instable*

[906] Comité ad hoc de prévention et de lutte contre la grippe aviaire, *Plan National Intégré de prévention et de lutte contre la grippe aviaire au Cameroun,* mars 2006, disponible sur www.un-influenza.org [consulté le 21 août 2017], p. 9.

[907] Ministère de la Santé publique du Cameroun, *Stratégie sectorielle de santé 2016-2027, op. cit.* p. 86.

[908] Comité ad hoc de prévention et de lutte contre la grippe aviaire, *op. cit.* p. 13.

ainsi que des pratiques socioculturelles en vigueur », telles que les funérailles traditionnelles[909].

Si l'on part du postulat que ces pays connaissent à peu près les mêmes difficultés organisationnelles, infrastructurelles et économiques que le Cameroun, et que les pratiques socioculturelles telles que les funérailles traditionnelles sont quasiment les mêmes, il est clair que le Cameroun, tout comme ces pays n'est pas à l'abri d'une crise sanitaire aussi brutale. À partir de ces éléments, on peut conclure sans risque de se tromper que *« le système de santé actuel ne permet pas de prévenir de façon adéquate les évènements qui influencent négativement la santé »*, compte tenu notamment de la faible capacité du système de santé à répondre efficacement aux menaces pesant sur la santé des populations[910]. Au-delà de ces constatations, l'État doit adopter une approche plus inclusive des autres acteurs sociaux, privés et de la société civile, à la prévention et à la lutte contre les crises sanitaires.

En effet, même s'il est constant que les autorités administratives occupent une place centrale dans l'anticipation des crises sanitaires, compte tenu du fait que la préservation de l'ordre public sanitaire leur incombe, elles ne sont pas les seules concernées[911]. Il ne faut pas négliger l'apport des personnes privées encore moins celui des ONG qui *« ont un rôle de plus en plus important pour lancer les débats (...), informer le public (...), faire du lobbying lors de la rédaction de textes, intenter des actions en justice, révéler des conflits d'intérêts »*[912]. Cette synergie d'action est indispensable dans tous les secteurs de la santé afin de garantir la meilleure protection de la santé de tous les individus, y compris par actions plus efficaces dans la prise en compte des autres déterminants de la santé.

Paragraphe 2 : L'action sur les autres déterminants de la santé

S'il est admis qu'avec de la rigueur et de la discipline, notamment sur le plan de la gouvernance budgétaire l'on peut arriver à bâtir un système de santé efficace dans la prévention et la prise en charge du risque maladie, il reste que la protection de la santé des populations ne se limite pas à ces éléments pourtant fondamentaux du droit de la santé. En effet, au-delà de la garantie du droit d'accès aux soins et aux médicaments et de la garantie d'un cadre de vie sain, encore faudrait-il agir sur les conditions sociales,

---

909 PNUD, *L'impact socio-économique de la maladie à virus Ebola en Guinée, au Libéria et en Sierra Leone*, Notes d'orientation n° 1 à 5, volume 1, 2 décembre 2014, p. 13.

910 Ministère de la Santé publique du Cameroun, *Stratégie sectorielle de santé 2016-2027*, *op. cit.* p. 94.

911 Karine FOUCHER, « L'anticipation des crises sanitaires par les autorités nationales » *in* François ROUSSEAU et Karine FOUCHER (dir.), *op. cit.* p. 93.

912 Marie-Angèle HERMITTE, *op. cit.* p. 15.

culturelles et économiques dans lesquelles vivent les populations. En réalité, *« l'état de santé d'un individu dépend d'abord de son niveau de revenus (plus on est riche, plus on est, en moyenne, en bonne santé), mais aussi de son niveau d'éducation, de son mode de vie (en matière de nourriture, de consommation ou non de tabac et d'alcool, de pratique ou non d'exercice physique »*[913]. Si l'on considère tous ces éléments comme étant des déterminants de santé, il en ressort que l'action de l'État en vue de bâtir un système de santé efficace ne peut être productive que s'il déploie également des mécanismes afin d'influer à la fois sur les déterminants sociaux d'une part (A), et sur les déterminants économiques et culturels d'autre part (B).

A. L'action sur les déterminants sociaux de la santé

Les déterminants sociaux à l'image des déterminants environnementaux ont un impact non négligeable sur la santé. Par conséquent, tout système de santé, aussi parfait soit-il ne peut efficacement protéger la santé des populations s'il ne tient pas suffisamment compte des déterminants sociaux. En réalité, « le concept de déterminants sociaux de la santé vise à expliquer comment les inégalités sociales se ''transforment'' en inégalités de santé »[914]. Les inégalités sociales de santé qui découlent des disparités naturelles ou conjoncturelles entre les individus sont, si elles ne sont pas prises en compte par l'État et corrigées, génératrices de nombreuses discriminations dans l'accès aux soins et dans la jouissance du droit à la santé desdits individus. Dès lors, elles peuvent se comprendre comme « toute relation entre la santé et l'appartenance à une catégorie sociale »[915].

Au-delà des catégories sociales, les inégalités sociales de santé tiennent également compte des catégories professionnelles. En effet, *« on regarde les inégalités sociales à partir des catégories professionnelles, du genre, de l'espace (territoires) et du relationnel (réseaux, soutien, capital social), mais on ignore volontairement le lieu de naissance (distinguant personnes immigrées et personnes autochtones), les ''variables d'apparence'' telles que couleur de peau, patronyme, vêtements, etc. »*[916]. À ces éléments déterminants de la santé, on peut aussi ajouter les comportements

---

913 Bruno PALLIER, *La réforme des systèmes de santé,* 8e édition, Collection Que sais-je ? Presses Universitaires de France/ Humensis, Paris, 2017, p. 47.

914 IGAS, *Les inégalités sociales de santé : Déterminants sociaux et modèles d'action,* Rapport n° RM2011-061P, Mai 2011, disponible sur www.espt.asso.fr [consulté le 3 septembre 2017], p. 3.

915 *Ibid.*

916 Bernard ENNUYER, « Quelques réflexions autour de la notion d'inégalité sociale » *in* Christian HERVE, Michèle STANTON-JEAN et *al.*, *Les inégalités sociales et la santé. Enjeux juridiques, médicaux et éthiques*, Dalloz, Paris, 2015, p. 30.

individuels[917]. En réalité, il est aujourd'hui largement admis que « le milieu social d'origine des individus a une influence sur l'adoption de modes de vie délétères » tels que la consommation du tabac, de l'alcool, la mauvaise nutrition et l'absence de pratique sportive[918]. Les inégalités sociales de santé sont multiples et commandent une action vigoureuse de l'État afin de protéger la santé des populations. Ces inégalités ont de fortes conséquences sur la santé et appellent à une coordination de l'action gouvernementale, car il apparaît bien que le droit à la santé est un droit carrefour et que le ministère de la Santé ne peut apporter seul la réponse aux problèmes de santé.

Ne pouvant évaluer l'action de l'État dans la prise en charge des différents déterminants sociaux de santé, la discussion sera focalisée sur quelques-uns de ceux-ci. Le premier déterminant de santé à évoquer ici est l'alimentation. En réalité, la mauvaise qualité de l'alimentation débouche irrévocablement sur des problèmes de santé, qu'il s'agisse de l'obésité ou de la malnutrition. Ces problèmes sont intimement liés à la couche sociale, à l'éducation ou aux zones dans lesquelles vivent les populations. À titre d'exemple, le taux de prévalence de l'obésité est plus élevé dans les familles où le père est ouvrier que dans celles où le père est cadre[919]. Au Cameroun, le fort taux d'obésité est davantage lié au genre. Ainsi, environ un tiers, soit 32 % des femmes en âge de procréer présentaient un surpoids ou étaient obèses en 2011. Ce taux est encore plus élevé dans les grandes villes comme Douala et Yaoundé. Il est de 6,7 % chez les enfants de moins de cinq ans[920].

Inversement, on observe aussi de fortes carences chez les populations résultant de la malnutrition. Au Cameroun, les disponibilités alimentaires sont en régression et le niveau d'autosuffisance alimentaire est passé de 96 % en 1980 à 80 % en 2007[921]. Cette chute dans l'autosuffisance alimentaire causée entre autres par une forte exportation de la production locale au détriment des marchés locaux provoque de graves carences aussi bien chez les enfants que chez les adultes. Ainsi, chez les enfants de moins de cinq ans, *« la prévalence de la malnutrition chronique (retard de*

---

[917] IGAS, *Les inégalités sociales de santé dans l'enfance. Santé physique, santé morale, conditions de vie et développement de l'enfant*, Rapport n° RM2011-065P, mai 2011, disponible sur www.ladocumentationfrançaise.fr [consulté le 3 septembre 2017], p. 3.

[918] Pascal PENAUD, Pierre ABALLEA et *al.*, *op. cit.* p. 797.

[919] IGAS, *Les inégalités sociales de santé dans l'enfance. Santé physique, santé morale, conditions de vie et développement de l'enfant*, *op. cit.* p. 3.

[920] Ministère de la Santé publique du Cameroun, *Stratégie sectorielle de santé 2016-2027*, *op. cit.* p. 38.

[921] OMS, *Lutte contre la malnutrition au Cameroun*, disponible sur www.afro.who.int [consulté le 4 septembre 2017].

croissance) est restée stable, autour de 31 % de 2011 à 2014 »[922]. Ce problème se pose avec plus d'acuité dans les régions du Nord et de l'Extrême-Nord. Le taux d'allaitement maternel exclusif au cours des six premiers mois est quant à lui aussi faible, 28 % en 2014, ce qui cause de nombreuses carences chez les enfants de moins de cinq ans. Chez les femmes, la prévalence de l'anémie en 2011 était de 40 % chez les femmes de 15 à 45 ans et de 50 % chez les femmes enceintes[923]. Ces nombreuses carences ont des conséquences assez dommageables aussi bien sur la santé de la mère que sur celle de l'enfant.

En effet, *« l'absence d'interventions appropriées dans la lutte contre les différentes formes de carences nutritionnelles rencontrées au Cameroun »* a causé, entre 2002 et 2011, le décès d'environ 350 000 enfants de moins de cinq ans, le décès de 5 000 femmes et plus de 420 000 nouveau-nés souffrant de retard mental, à cause de la carence en iode durant la vie intra-utérine[924]. Ces chiffres commandent à l'État du Cameroun d'adopter des politiques publiques encore plus ciblées afin de faciliter l'accès de toutes les personnes, notamment celles vivant dans la pauvreté ou dans des zones rurales. Par conséquent, *« les inégalités sociales d'accès à une alimentation de qualité, les inégalités de santé qui en découlent et la non-durabilité du système alimentaire actuel exigent la mise en œuvre d'actions visant à améliorer la qualité de l'alimentation et son accessibilité »*[925].

Il en est de même s'agissant de la qualité du logement qui est à améliorer. En effet, avec l'urbanisation sauvage et incontrôlée que connaissent les villes du Cameroun, on assiste à une véritable course à la propriété immobilière. Cette course effrénée, dopée par un exode rural toujours plus pressant sur les villes, fait en sorte que se développe dans les villes ce que l'on pourrait appeler « habitat spontané ». Ce type d'habitat *« échappe par définition au contrôle des pouvoirs publics. Bidonvilles, taudification, insalubrité et promiscuité en sont les corollaires partout où il se manifeste »*[926]. Ainsi, dans les principales grandes villes comme Yaoundé, Douala ou Bafoussam, les autorités municipales auraient autorisé « des constructions contre de

---

[922] Ministère de la Santé publique du Cameroun, *Stratégie sectorielle de santé 2016-2027*, *op. cit.* p. 38.
[923] *Ibid.*
[924] Ministère de la Santé publique du Cameroun et *al.*, *Kit nutrition Cameroun*, disponible sur www.unicef.org [consulté le 2 septembre 2017], p. 4.
[925] Voir www.agroecologyinaction.be
[926] Philippe BISSEK, *Habitat et démocratisation au Cameroun*, Karthala, Paris, 1994, p. 11.

grosses enveloppes d'argent » dans les marécages, les sommets de collines, les pentes abruptes et autres zones dangereuses[927].

Il est important de rappeler que ces constructions vont non seulement à l'encontre des normes d'urbanisme, mais aussi des règles d'hygiène, de salubrité et de sécurité, ce qui accroît dans ces quartiers les risques de propagation des maladies. En fait, d'après l'Institut National de la Statistique, *« 85 % de la population urbaine vivait dans des logements précaires en 2011 et 70 % de l'espace urbain était occupé par les quartiers d'habitat spontané, anarchique et indécent »*[928]. Il en résulte une exacerbation du risque maladie pour les habitants de ces quartiers qui sont en majorité des populations pauvres, sans travail ou sous-employées. En réalité, les populations vivant dans ces zones à risque *« font face au manque d'infrastructures d'assainissement de base ; d'où leur forte exposition au paludisme et aux maladies du péril fécal »*[929]. C'est également dans ces zones de haute promiscuité que l'on rencontre des comportements sexuels incontrôlés dont les conséquences sont soit des grossesses précoces, soit des avortements. En effet, en 2014, la prévalence contraceptive était seulement de 34 % et le taux d'avortement chez les femmes de 15 à 35 ans se situait entre 30 à 40 % et près d'un quart de ces avortements étaient provoqués[930]. L'ensemble de ces éléments exige de la part des autorités publiques de prendre des mesures concrètes et efficaces afin de promouvoir davantage les logements sociaux et de promouvoir l'éducation à une sexualité responsable.

S'agissant des comportements individuels, il faut relever que des campagnes de promotion des activités physiques et sportives organisées par le ministère des Sports et de l'Éducation physique ont permis de susciter au sein de la population un certain engouement. Par conséquent, de plus en plus de Camerounais se sont mis au sport. Toutefois, la place et l'importance de ces activités pour l'entretien de la santé ne sont pas suffisamment ancrées dans les mœurs. Par ailleurs, *« les efforts consentis dans le cadre du développement des infrastructures de proximité pour la pratique des activités sportives (APS) restent insuffisants »*[931]. En outre, les infrastructures existantes sont frappées de vétusté et il n'existe pas de plateforme de collaboration entre le ministère en charge de la Santé et les ministères impliqués dans la promotion et l'organisation des activités physiques et

---

[927] EKWO BILE, *Urbanisation sauvage : Les immeubles poussent partout, même dans les cimetières*, 31 mars 2012, disponible sur www.cameroon-info.net [consulté le 19 septembre 2017].

[928] Ministère de la Santé publique du Cameroun, *Stratégie sectorielle de santé 2016-2027*, *op. cit.* p. 37.

[929] *Ibid.*

[930] *Ibid.* p. 40.

[931] *Ibid.* pp. 37 et 39.

sportives[932]. Cette absence de plateforme de coopération est observable en ce qui concerne tous les autres déterminants de santé, ce qui fragilise les actions sectorielles prises au plus haut niveau de l'État pour garantir la protection de la santé. En réalité, une meilleure coordination gouvernementale permettrait d'arriver à plus d'efficacité dans la prévention des atteintes à la santé des populations.

Par exemple, il y a urgence à investir réellement dans la création des espaces de loisirs comme le requièrent les législations sur l'environnement et sur l'urbanisme[933]. En effet, du fait de l'urbanisation sauvage que connaît le Cameroun, la grande majorité des quartiers d'habitation n'ont pas d'espaces récréatifs publics ou même privés. Il en découle que ce déficit d'infrastructures sportives et récréatives pousse de nombreuses personnes, surtout les jeunes, à s'abandonner au tabagisme, à la consommation de drogues ou d'alcool. Dans les chiffres, la consommation d'alcool est estimée à 8,4 litres d'alcool pur par personne et par an chez les plus de quinze ans ; avec une prévalence de l'alcoolisme qui est de 4 % chez les hommes contre 0,9 % chez les femmes. Conséquemment, la prévalence des maladies liées à l'alcool est estimée à 9,5 % chez les hommes et 1,9 % chez les femmes[934]. Il en est de même de la consommation de tabac, des substances illicites et des psychotropes antidouleur (Tramadol et cannabis) qui connaissent eux aussi de forts taux de prévalence dans toutes les régions du pays, soit 13 % d'hommes et 4,3 % de femmes qui consomment le tabac par exemple[935]. Nonobstant ces modes de vie délétères pour la santé, *« il n'existe pas de structures appropriées de lutte contre les addictions pour accompagner le sevrage des personnes désireuses »*[936]. De même, il n'existe aucune loi interdisant le tabagisme dans les lieux publics.

B. L'action sur les déterminants économiques et culturels

La dernière évaluation porte sur le niveau de prise en compte des déterminants économiques et culturels par l'État. Nous allons ainsi nous appesantir sur des déterminants tels que la pauvreté, le niveau de revenu des individus, les conditions de travail, les pratiques culturelles et religieuses et enfin l'état des voies de communication routière et ferroviaire et leurs conséquences en termes d'accidents de la voie publique. Il faut d'emblée noter que *« la santé est d'un point de vue économique, un capital humain*

---

[932] *Ibid.* p. 39.

[933] Loi n° 96/12 du 5 août 1996 portant loi-cadre relative à la gestion de l'environnement, art. 40 (2).

[934] Ministère de la Santé publique du Cameroun, *Stratégie sectorielle de santé 2016-2027*, *op. cit.* pp. 39.

[935] *Ibid.*

[936] *Ibid.*

dont l'amélioration favorise la croissance économique qui, en retour, contribue à accroître le niveau de santé »[937]. Il en ressort qu'il est vital pour un État d'investir suffisamment dans la santé de ses populations parce que des investissements conséquents permettent d'améliorer la santé des populations et, inversement, la bonne santé des populations est un moteur de croissance. À partir de ce postulat, on comprend bien que des conditions de vie précaires du point de vue économique sont dangereusement dommageables pour la santé des populations. L'objectif dès lors ne réside plus seulement dans l'augmentation des budgets des ministères impliqués dans la protection de la santé, mais il réside aussi dans l'urgence à prendre des mesures efficaces de lutte contre la pauvreté.

En réalité, garantir la protection de la santé à tous les individus suppose que l'État soit capable de mettre en place de véritables politiques de lutte contre la pauvreté. Il peut le faire seul ou avec l'appui de ses partenaires internationaux comme le requiert l'article 2 (1) du PIDESC. Il en découle qu'objectivement, un pays pauvre peut difficilement protéger la santé de ses populations, car *« la paupérisation et la dégradation des économies nationales, même si elles ne sont pas les seuls facteurs, conduisent à une précarisation de la santé des populations »*[938]. Plus encore, un pays dans lequel les populations vivent dans la pauvreté, voire l'extrême pauvreté ne peut prétendre garantir la santé desdites populations. S'agissant spécifiquement du Cameroun, il faut relever qu'en attendant que les nombreux projets et programmes de développement engagés ou en voie de l'être impactent véritablement sur le bien-être des populations, le Cameroun reste un pays dans lequel les populations sont pauvres[939]. En effet, *« en 2014, près de deux personnes sur cinq (37,5 %) vivaient en dessous du seuil de pauvreté monétaire, principalement en zone rurale (environ 90 %) et dans les zones septentrionales (plus de 52 %) »*[940]. Tirant des conclusions objectives de la situation de pauvreté dans laquelle vivent les populations, il en découle que le système de santé, aussi perfectionné soit-il, ne peut efficacement atteindre son objectif de protection de la santé si des mesures concrètes ne sont pas prises pour résorber la pauvreté ambiante et la paupérisation des populations.

Ces mesures sont d'autant plus urgentes que le taux de sous-emploi est très fort et qu'il entrave les capacités des populations à accéder aux soins. Plus concrètement, *« en 2010, 70 % de la population était en situation de*

---

[937] Pascal PENAUD, Pierre ABALLEA et *al.*, *op. cit.* p. 793.
[938] Baimanai Angelain PODA, *op. cit.* p. 25.
[939] Institut National de la statistique (INS) et ICF International, *op. cit.* p. 3.
[940] Ministère de la Santé publique du Cameroun, *Stratégie sectorielle de santé 2016-2027*, *op. cit.* p. 25.

sous-emploi global, c'est-à-dire travaillait involontairement moins de la durée hebdomadaire minimale de 35 heures, ou gagnait moins que le SMIG horaire »[941]. Cette situation de pauvreté ou de précarité a irrémédiablement des conséquences sur la santé des individus, car il est admis que de façon globale les personnes bénéficiant d'un salaire décent, à l'exemple des cadres, vivent plus longtemps avec moins de problèmes de santé que les ouvriers qui perçoivent des salaires faibles[942]. Partis de ce constat, il apparaît indisputable que les clés de la lutte contre la pauvreté et de l'autonomisation des populations sont l'éducation et un travail décent. D'après le Bureau International du Travail, *« le travail décent est au cœur de la lutte contre la pauvreté et c'est l'une des clés d'un développement durable, intégrateur et équitable »*[943]. Il est vrai qu'au cours de la dernière décennie, de nombreuses réformes structurelles ont été engagées par l'État du Cameroun sur les plans économique et institutionnel. Ces réformes ont contribué à l'émergence d'un cadre favorable au travail décent et à la réévaluation du SMIG[944].

Malgré ces réformes, il n'en demeure pas moins que les populations restent pauvres ou relativement démunies dans la grande majorité. La réalisation du droit à la santé devient très difficile surtout lorsque l'économie de marché veut que le médicament, tout comme les soins, soit perçu comme un bien marchand, « au risque de voir les inégalités sanitaires déjà grandes, se creuser davantage »[945]. Par conséquent, « les politiques d'accès aux médicaments ne doivent pas se borner à mettre à la disposition des patients des médicaments moins chers, elles doivent également veiller à ce que les populations aient effectivement accès financièrement à ces médicaments »[946] compte dûment tenu de la faiblesse de leurs moyens financiers. Il se pointe alors à l'horizon l'incontournable question de la mise en place de la couverture sanitaire universelle au bénéfice notamment des populations les plus pauvres, travailleurs et non travailleurs compris. Il faut malheureusement constater qu'à ce jour, le Cameroun *« n'a pas initié une politique nationale de protection sociale à la hauteur des enjeux. Les Camerounais ne bénéficient pas d'une protection contre les risques et subissent les chocs divers auxquels ils sont exposés »*[947].

Il y a alors urgence à mettre sur pied une véritable protection sociale des populations contre le risque maladie et les pertes financières qui en

[941] *Ibid.*
[942] Voir Pascal PENAUD, Pierre ABALLEA et *al., op. cit.* p. 796.
[943] BIT, *Profil national du travail décent – Cameroun,* OIT, 2012, disponible sur www.ilo.org [consulté le 24 août 2017], p. iii.
[944] *Ibid.* p. vii.
[945] Baimanai Angelain PODA, *op. cit.* p. 351.
[946] *Ibid.* p. 431.
[947] BIT, *Profil national du travail décent – Cameroun, op. cit.* p. viii.

découlent. Dans ce sillage, le système de protection sociale construit autour de la Caisse nationale de prévoyance sociale ne suffit pas et doit être complété. En réalité, la sécurité sociale au Cameroun ne s'étend qu'aux fonctionnaires et aux travailleurs salariés du secteur privé formel régis par le Code du travail. Autrement dit, en 2005, ne bénéficiaient de la sécurité sociale que 859 442 personnes sur une population active estimée à six millions des personnes, soit un taux de couverture de 14,3 %. En d'autres termes, 85,7 % de la population active ne bénéficiait d'aucune couverture de la sécurité sociale[948]. Il faut par ailleurs souligner que même pour ces 14,3 %, le système de sécurité sociale ne couvre pas tous les facteurs de risques. Il est restreint aux accidents de travail et maladies professionnelles ; aux prestations familiales ; et aux risques vieillesse, invalidité et décès[949]. Cette situation est encore plus préoccupante lorsque l'on sait que la détermination de ce qui entre dans le domaine des accidents de travail et des maladies professionnelles reste toujours très discutée du fait notamment de l'insuffisance des médecins du travail. En 2015, le Cameroun ne comptait que 70 médecins du travail, largement en dessous des 1 000 exigés par les experts en la matière[950].

Il résulte de l'ensemble de ce qui précède que la santé constitue un poids économique trop lourd que la grande majorité des Camerounais ne peut supporter du fait de leur paupérisation. Cette affirmation se justifie lorsqu'on prend en compte le fait que *« le taux de pauvreté des travailleurs est passé de 37,9 % à 38,3 % de 2001 à 2007 et se situe à un niveau comparable au taux de pauvreté monétaire de la population (39,9 %) »*[951]. Dans un tel contexte, il apparaît évident que les charges en termes de financement du système de santé pèsent énormément lourd sur les populations, et opèrent comme un filtre discriminatoire dans l'accès aux soins. En effet, lorsqu'on considère que les ménages supportent 70,6 % du financement du système de santé, loin devant le Gouvernement (14,6 %), le secteur privé (7,7 %) et les bailleurs de fonds (6,9 %)[952], il est clair qu'il y a urgence à prendre des mesures visant à alléger le poids de cette charge, et au besoin, à la transférer aux autres acteurs, dont l'État au premier chef.

Au-delà de la lutte contre la pauvreté, des mesures supplémentaires doivent être prises et mises en œuvre visant à renforcer l'éducation des populations. Il faut mentionner d'emblée que les taux de scolarisation au

---

948 *Ibid.* p. ix.
949 *Ibid.*
950 Théodore TCHOPA, *Cameroun : Alerte : 70 médecins pour 4 millions de travailleurs*, disponible sur www.camer.be [consulté le 24 août 2017].
951 BIT, *Profil national du travail décent – Cameroun, op. cit.* p. viii.
952 Ministère de la Santé publique du Cameroun, *Stratégie sectorielle de santé 2016-2027, op. cit.* p. 61.

Cameroun sont assez élevés, quel que soit le niveau du parcours académique où l'on se trouve[953]. Par conséquent, l'éducation dont il s'agit ici n'est pas que scolaire, mais elle vise davantage à amener les populations à changer certains comportements néfastes à la santé. Il en est, par exemple, des pratiques culturelles et religieuses qui sont contraires à la protection de la santé. On peut citer par exemple des pratiques telles que l'excision ou le repassage des seins qui sont désormais punis par le Code pénal du Cameroun[954]. À côté de ces pratiques culturelles, on peut citer les cas de refus de soin rencontrés chez les adeptes de certaines confessions religieuses comme les Témoins de Jéhovah qui s'opposent à toute transfusion sanguine. On peut également évoquer le cas des membres de certaines églises dites « réveillées » qui refusent tout soin et médicament[955], préférant s'adonner à de longues séances de prières comme moyen de guérison. Face à ce type de pratique, l'État se doit d'avoir une approche juridico-judiciaire ferme afin de garantir la protection de la santé des individus.

Il en est de même concernant les comportements individuels sur la voie publique. Il est démontré que de nombreuses personnes s'adonnent à des comportements à risque sur la voie publique sur le prétexte qu'il y a une « force supérieure » qui va les protéger. La conséquence est la multiplication des accidents de la voie publique, avec un pic très élevé chez les conducteurs de « mototaxi »[956]. Ceci n'exonère pas l'État de son obligation fondamentale d'assurer le bien-être des populations à travers l'amélioration de l'état des routes. En effet, les accidents de la voie publique ont fait 3 071 morts en 2013. En 2016, la catastrophe ferroviaire d'Eséka a fait de nombreux morts. Ces nombreux accidents sur les routes ne sont pas simplement imputables à la mauvaise conduite, mais aussi à la vétusté des infrastructures routières et ferroviaires. Des actions conjointes de prévention et de sécurité routière ont été mises en œuvre par les ministères en charge des transports et de la défense. Toutefois, *« le taux de létalité [des routes] reste encore élevé (près de 40 %), ce qui témoigne soit d'une faible promptitude/efficacité dans la prise en charge des victimes des AVP, soit de la gravité des cas. Les Services*

---

[953] Voir République du Cameroun, *Examen national 2015 de l'éducation pour tous : Cameroun*, disponible sur www.unesdoc.unesco.org [consulté le 24 août 2017], p. 9.

[954] Article 277 (1) et 277 (2).

[955] Voir Sariette BATIBONAK, *Pentecôtismes et violence du discours sorcellaire au Cameroun*, Thèse de doctorat en anthropologie, École doctorale Espaces, cultures, sociétés, Aix-Marseille, 2015, disponible sur www.theses.fr [consulté le 26 octobre 2018].

[956] Hélène Chantal NGA ESSOMBA, *Culture, croyances et prise de risque chez les jeunes usagers vulnérables de la route français et camerounais*, Thèse de doctorat en Psychologie, Université de Yaoundé I, IFSTTAR et Université de Paris 8, 28 juin 2017.

d'Assistance Médicale d'Urgence ont été créés à cet effet, mais restent peu fonctionnels »[957].

Au regard de tout ce qui précède, la conclusion qui s'impose est que le système de santé camerounais est faiblement outillé pour prévenir les risques ou menaces à la santé des populations. Cette situation est la conséquence des différentes crises économiques qui ont *« créé des inégalités flagrantes dans le pays tant sur le plan socioéconomique que sur le plan sanitaire »*, avec pour conséquence immédiate la hausse globale de la morbidité[958]. Dès lors, il serait intéressant d'évaluer la réponse des autorités sanitaires camerounaises aux maladies qui résultent de la faible adoption des comportements sains par les populations ou des autres facteurs de risque des maladies évitables qui connaissent de forts taux de prévalence.

Section 2 : L'évaluation du cadre de lutte contre les maladies

Il ressort de tout ce qui a été précédemment discuté que la prévention primaire au Cameroun connaît de nombreuses insuffisances, ce qui a comme conséquence l'apparition de nombreuses maladies. Dès lors, il est question de s'interroger sur la qualité et l'efficacité de la réponse que l'État du Cameroun oppose à ces maladies afin d'une part de traiter les pathologies apparues, et d'autre part, d'en limiter la propagation. Il est alors ici question d'évaluer les stratégies de prévention aux niveaux secondaire et tertiaire[959], autrement dit les mesures concrètes prises pour lutter contre la maladie et prendre en charge les personnes qui en sont touchées. Les stratégies et les actions ainsi visées sont celles qui portent sur les maladies endémiques d'une part (Paragraphe 1), et sur les maladies à potentiel épidémique ainsi que les maladies non transmissibles d'autre part (Paragraphe 2).

Paragraphe 1 : L'évaluation des mesures de lutte contre les maladies endémiques

Une endémie se définit par la présence habituelle d'une maladie, en général infectieuse, dans une population déterminée ou une région précise, avec une incidence stable[960]. D'après le document de Stratégie sectorielle de la santé pour la période 2016-2027, les maladies endémiques ou « maladies transmissibles prioritaires » au Cameroun sont le VIH/Sida, les IST, la tuberculose, le paludisme et les hépatites virales. Ces maladies, par leur

---

[957] Ministère de la Santé publique du Cameroun, *Stratégie sectorielle de santé 2016-2027*, *op. cit.* p. 39.

[958] *Ibid.* p. 40.

[959] Voir Bernard BONICCI, *op. cit.* p. 40.

[960] Voir Vocabulaire médical, disponible sur www.vocabulairemedical.fr [consulté le 8 septembre 2017].

nature endémique, commandent une réponse forte et rigoureuse de l'État afin d'en limiter les conséquences sur les individus ou de limiter leur propagation dans la société. Toutefois, l'État n'agit pas seul dans ce domaine. Il est appuyé par l'Organisation de coordination pour la lutte contre les endémies en Afrique centrale (OCEAC) qui est l'agence spécialisée de la CEMAC en matière de santé publique depuis 2003. Son action porte sur six endémies prioritaires que sont : le VIH/Sida, le paludisme, la trypanosomiase humaine africaine, les maladies évitables par la vaccination et les fièvres hémorragiques[961]. La présente étude donne l'opportunité d'évaluer l'action de l'État et de ses partenaires d'abord dans le cadre de la lutte contre les maladies virales (A) et ensuite, dans le cadre de la lutte contre les autres maladies endémiques (B).

A. L'évaluation des mesures de lutte contre les maladies virales

Les maladies virales que sont : le VIH/Sida et les hépatites ont une forte prévalence au Cameroun, ce qui demande obligatoirement une action efficace non seulement pour stopper l'apparition de nouveaux cas, mais aussi pour prendre en charge les personnes déjà affectées. En effet, il est admis que la prévalence moyenne du VIH au Cameroun est de 4,3 % dans la population des 15-49 ans et de 8,1 % dans la tranche de 35 à 39 ans[962]. Il est à noter que ce taux de prévalence varie comme on l'a relevé ci-haut suivant la tranche d'âge, le secteur d'activité, la région ou la zone rurale ou urbaine. D'après le Groupe Technique du Comité national de lutte contre le Sida (ci-après GTC/CNLS), *« il y a 141 nouvelles infections à VIH par jour au Cameroun, ce qui correspond à 6 nouvelles personnes infectées par heure »*[963]. Au surplus, il y a lieu d'indiquer qu'en 2014, ce nombre de nouvelles infections était estimé à 58 757 personnes[964]. Ces chiffres démontrent avec acuité l'urgence à réagir.

Le cadre de réaction de l'État ne doit pas exclusivement porter sur le traitement des personnes infectées, mais il doit davantage s'articuler autour des moyens d'éducation et de sensibilisation et des moyens de prévention. En effet, parmi les déterminants les plus importants qui entretiennent l'épidémie au Cameroun, l'on peut citer la multiplicité des partenaires

---

961 Marlyse PEYOU NDI, *L'OCEAC et les Objectifs du Millénaire pour le Développement*, 6e réunion régionale de l'Assemblée parlementaire paritaire ACP-UE, Yaoundé, 28-29 avril 2011, p. 5.

962 Ministère de la Santé publique du Cameroun, *Stratégie sectorielle de santé 2016-2027, op. cit.* p. 41.

963 GTC/CNLS, *L'impact du VIH et du Sida au Cameroun à l'horizon 2020*, GTC/CNLS, septembre 2020, p. 2.

964 Ministère de la Santé publique du Cameroun, *Stratégie sectorielle de santé 2016-2027, op. cit.* p. 41.

sexuels au cours de la vie, l'activité sexuelle précoce des jeunes filles avec des partenaires plus âgés, la prostitution, la réticence à l'utilisation des préservatifs, la stigmatisation et la discrimination des personnes vivant avec le VIH (ci-après PVVIH) et les actes de transfusion sanguine[965]. Cette liste de déterminants ne peut se refermer sans souligner le déficit d'information des populations tant sur les modes de transmission de la maladie que sur leur statut sérologique. C'est dans ce cadre que le Cameroun a mis sur pied la stratégie *« Test and Treat »*, autrement dit, tester et traiter. Cette stratégie a été adoptée en juin 2016 et divulguée via une note signée du ministre de la Santé publique. L'idée fondamentale ici est d'amener le maximum de personnes à connaître leur statut sérologique afin non seulement de bénéficier des traitements, mais aussi et surtout d'adopter des comportements sains afin de ne pas transmettre la maladie à d'autres personnes.

Toutefois, cette stratégie se heurte à des comportements individuels qui limitent son efficacité. À titre d'exemple, au Cameroun, *« seulement 26 % des femmes et 33 % des hommes de 15-49 ans (...) ont une connaissance approfondie »* du VIH/Sida et une proportion relativement faible connaît les différents modes de transmission de la maladie et les différents moyens de prévention[966]. Par ailleurs, selon une enquête datant de 2011, 46 % des femmes et 58 % des hommes n'ont jamais effectué le test du VIH[967]. En 2010, des 20 256 femmes enceintes testées séropositives, seules 15 720 ont retiré leurs résultats[968]. Au surplus, parmi les femmes ayant eu plus d'un partenaire sexuel au cours des douze derniers mois, 37 % (contre 43 % des hommes) ont déclaré avoir utilisé un préservatif au cours de leurs derniers rapports sexuels[969]. Ces chiffres montrent l'urgence à sensibiliser davantage les populations non seulement à l'intérêt personnel, mais aussi collectif de se faire dépister, connaître leur statut sérologique et surtout adopter des moyens de prévention ou de limitation de la propagation de la maladie. Il en ressort que la stratégie *« Test and Treat »* ne peut espérer être efficace qu'avec la pleine implication des populations.

Cependant, quand bien même les populations seraient prêtes à coopérer, les pouvoirs publics doivent investir davantage de moyens financiers, techniques, logistiques et humains dans cette stratégie. En matière de

---

[965] *Ibid.* p. 42.

[966] GTC/CNLS, *Rapport 2015. Estimations et projections sur le VIH et le Sida au Cameroun. Période : 2010-2020,* MINSANTE et ONUSIDA, juillet 2015, p. 18.

[967] *Ibid.*

[968] GTC/CNLS, *Rapport annuel 2010 des activités du Programme national de lutte contre le Sida*, MINSANTE et ONUSIDA, 2011, p. 13.

[969] GTC/CNLS, *Rapport 2015. Estimations et projections sur le VIH et le Sida au Cameroun. Période : 2010-2020, op. cit.* p. 18.

prévention, les besoins estimés en préservatifs masculins et féminins se situaient à 33 660 000 pour l'année 2012. Au total, seulement 22 362 479 préservatifs ont été distribués, soit un taux de couverture de 66,4 % en légère progression par rapport à 2011[970]. Bien qu'il y ait des progrès à faire dans la sensibilisation à l'usage du préservatif et à la distribution suffisante de ce dernier, il faut relever que des efforts conséquents ont été faits par le Gouvernement camerounais afin de faciliter le dépistage du VIH/Sida. Au-delà de la mesure rendant gratuit le dépistage du VIH/Sida pour les femmes enceintes, depuis 2010 les examens biologiques de suivi, d'orientation et pré-thérapeutiques sont subventionnés. Cette politique permet aux malades de payer entre 500 et 3 000 FCFA pour se faire dépister ; ce qui a permis de faciliter la réalisation de 85 315 bilans de suivi contre 82 264 en 2009[971].

Pour compléter le volet prévention, le Cameroun devrait investir davantage dans la sécurité transfusionnelle. En effet, comme il a été indiqué ci-dessus, les actes de transfusion sanguine comptent parmi les déterminants les plus importants qui entretiennent l'épidémie du VIH/Sida au Cameroun. Dans le cadre des hépatites virales, *« une grande proportion des hépatites virales est due aux actes de transfusion sanguine »*[972]. Par conséquent, la séroprévalence moyenne de l'hépatite virale B est de 12 % avec un pic de 17 % dans la région de l'Extrême-Nord. La prévalence moyenne de l'hépatite D est de 10,5 % et celle de l'hépatite C est de 1,03 %. La co-morbidité VIH-hépatite virale B est de l'ordre de 1,5 %[973]. En tenant compte de ces chiffres, l'objectif de la mise en œuvre des activités liées à la sécurité transfusionnelle est d'augmenter le pourcentage d'unités de sang transfusé ayant fait l'objet d'un dépistage du VIH[974] ou des hépatites virales. Pour le compte de l'année 2012, parmi les 43 179 poches de sang collectées, 716 ont été dépistées positives au VIH, 1 649 à l'hépatite virale B et 458 à l'hépatite virale C[975]. Le taux de poches de sang contaminé démontre clairement la nécessité de procéder systématiquement au dépistage préalable desdites poches avant toute transfusion. Cependant, cette opération n'est précisément pas systématique.

---

[970] GTC/CNLS, *Rapport annuel 2012 des activités de lutte contre le VIH/Sida et les IST au Cameroun*, MINSANTE, mars 2013, pp. 12-13.
[971] GTC/CNLS, *Rapport annuel 2010 des activités du Programme national de lutte contre le Sida*, *op. cit.* p. 27.
[972] Ministère de la Santé publique du Cameroun, *Stratégie sectorielle de santé 2016-2027*, *op. cit.* p. 42.
[973] *Ibid.*
[974] GTC/CNLS, *Rapport annuel 2012 des activités de lutte contre le VIH/Sida et les IST au Cameroun*, *op.cit.* p. 14.
[975] *Ibid.* p. 15.

L'insuffisance de ces mesures de prévention conduit irrémédiablement à la propagation de la maladie et à l'alourdissement du fardeau de la prise en charge qui pèse sur l'État, les foyers et les partenaires de l'État. Ce fardeau n'est pas seulement financier, mais surtout humain. À titre d'illustration, le nombre de personnes décédées en 2014 du fait du VIH/Sida est estimé à 30 174 personnes[976]. En effet, le défi de la prise en charge au Cameroun est celui de l'accessibilité et de la disponibilité des traitements. Il faut rappeler ici que depuis 2007, les traitements du VIH/Sida sont accessibles gratuitement au Cameroun. Le problème dès lors est celui de la disponibilité des traitements pour le nombre des malades.

Il faut cependant relever que le nombre de personnes vivant avec le VIH/Sida (PVVIH) sous ARV a augmenté de façon significative entre 2005 (17 156) et 2012 (122 783), ce qui correspond à environ sept fois le chiffre de base. Cette augmentation est due à la politique de gratuité des ARV et des bilans biologiques des PVVIH[977]. Dans le même temps, le nombre de formations sanitaires qui offrent effectivement la prise en charge médicale des PVVIH a été multiplié par 30 en dix ans. On est ainsi passé de cinq formations sanitaires en 2002 à 155 en 2012. Cette augmentation aussi traduit clairement la volonté politique de garantir une meilleure prise en charge des personnes malades[978]. Bien que ces chiffres soient suffisamment encourageants et à mettre au crédit de l'État, il reste qu'ils sont largement insuffisants pour couvrir les besoins de l'ensemble des PVVIH. En 2005 par exemple, seuls 16 500 des 86 000 PVVIH ont eu accès aux traitements. Il en a été de même en 2010 où seulement 89 000 des 217 000 PVVIH ont pu bénéficier des traitements, ce qui représente un taux de couverture de 41 %. Les autorités espèrent pouvoir atteindre un taux de couverture de 80 % des personnes âgées d'au moins 15 ans d'ici à 2020, ce qui reste illusoire au regard des faibles moyens financiers dont dispose le ministère en charge de la Santé[979]. Il apparaît comme une urgence de revoir à la hausse l'enveloppe budgétaire allouée à ce ministère.

La situation est pire s'agissant des enfants de 0 à 14 ans pour lesquels le taux de couverture en 2010 était seulement de 13 % et la projection pour 2020 n'est guère meilleure avec seulement 50 % envisagée[980]. Malgré cette faiblesse de la prise en charge, de nombreux efforts ont été entrepris depuis 2007 pour prévenir et réduire les cas de transmission du VIH/Sida de la mère

---

976 GTC/CNLS, *Rapport 2015. Estimations et projections sur le VIH et le Sida au Cameroun. Période : 2010-2020, op. cit.* p. 24.
977 GTC/CNLS, *Rapport annuel 2012 des activités de lutte contre le VIH/Sida et les IST au Cameroun, op.cit.* p. 28.
978 *Ibid.* p. 27.
979 GTC/CNLS, *L'impact du VIH et du Sida au Cameroun à l'horizon 2020, op. cit.* p. 23.
980 *Ibid.* p. 24.

à l'enfant. Ainsi, depuis 2007, le diagnostic précoce est en pleine expansion au Cameroun. Toutefois, le problème ici aussi reste la disponibilité de la prise en charge qui doit s'en suivre. En 2010, seuls 80,6 % des femmes enceintes testées séropositives ont reçu un régime ARV[981]. Un programme de sensibilisation doit également être mis sur pied à l'attention des parents ou des mères séropositives afin de (re)présenter leurs enfants au suivi du traitement. Toujours en 2010, sur les 7 980 enfants nés de mères séropositives ayant bénéficié de la prophylaxie par les ARV à la naissance, seuls 4435 ont été revus à la sixième semaine pour la suite de leurs traitements, soit 40,6 %[982].

Le défi posé aujourd'hui est celui de la disponibilité des traitements pour l'ensemble des patients qui en ont besoin. Par ailleurs, il faut également organiser la prise en charge des infections opportunistes. En réalité, *« l'extrême vulnérabilité des personnes infectées au VIH due à la fragilisation de leur système immunitaire les expose à diverses maladies »*[983]. Pour répondre à ce défi, les médicaments sont gratuits pour les patients. C'est ainsi qu'environ 60 % des patients positifs au VIH et à la tuberculose ont été mis sous traitement[984]. Ces traitements sont également prévus pour ceux qui présentent une double infection VIH et hépatites virales. Après des mesures visant à garantir l'accès du plus grand nombre aux vaccins visant à prévenir les hépatites virales[985], les coûts de traitement de cette maladie réputés tenaces et onéreux ont été significativement réduits. Depuis le 11 janvier 2016, les coûts du traitement de l'hépatite virale C ont ainsi été réduits de 90 % pour le premier et de 50 % pour le second avec un taux de guérison de 95 %[986].

B. L'évaluation des mesures de lutte contre les autres maladies

Le paludisme peut être présenté comme l'endémie tropicale la plus vieille recensée au Cameroun. Toutefois, malgré cette ancienneté comme problème de santé publique, sa prévention et la prise en charge des personnes qui en souffrent présentent toujours des insuffisances, ce qui justifie son taux de morbidité toujours élevé au sein de la population. En réalité, le paludisme est

---

[981] GTC/CNLS, *Rapport annuel 2010 des activités du Programme national de lutte contre le Sida*, *op. cit.* p. 13.

[982] *Ibid.* p. 14.

[983] GTC/CNLS, *Rapport annuel 2012 des activités de lutte contre le VIH/Sida et les IST au Cameroun*, *op.cit.* p. 30.

[984] *Ibid.*

[985] Nadège Christelle BOWA, *Cameroun – Hépatites virales : vaccin gratuit pour les enfants de 0 à 5 ans*, disponible sur www.cameroon-info.net [consulté le 21 septembre 2017].

[986] Média Terre, *Le coût du traitement de l'hépatite virale revu à la baisse au Cameroun*, disponible sur www.mediaterre.org [consulté le 21 septembre 2017].

resté la première cause de morbidité chez tous les patients hospitalisés au Cameroun. Selon le dernier rapport d'activités publié par le Programme national de lutte contre le paludisme, près de deux tiers des enfants âgés de moins de cinq ans hospitalisés souffraient de paludisme[987]. En outre, le paludisme en 2013 était responsable de 22,04 % des décès recensés dans les formations sanitaires toutes causes confondues avec un taux d'accroissement de 35,45 % par rapport à l'année 2012. Les enfants de moins de cinq ans sont restés le groupe qui décède le plus des suites de paludisme. En 2013, ils représentaient 69,60 % de tous les décès liés au paludisme avec une augmentation de plus de 7,60 % par rapport à l'année 2012.

Ces chiffres permettent bien de voir que malgré l'ancienneté du paludisme comme problème de santé publique et son endémicité au Cameroun, une véritable solution forte ne lui a pas été jusqu'aujourd'hui trouvée. Certes, l'État mène un certain nombre d'actions et a adopté de nombreuses mesures visant à prévenir la survenance de la maladie ou à prendre en charge les personnes qui en souffrent, mais à l'observation, il est constant que cette maladie continue d'avoir un coût humain et financier assez lourd. Ceci commande peut-être un changement de cap ou de stratégie dans la prévention et la prise en charge de cette maladie au Cameroun. Cette stratégie est principalement organisée autour de deux pôles, à savoir : un pôle prévention et un pôle prise en charge. L'objectif de cette stratégie étant de stopper la saignée qui cause 4 000 décès par an, dont 70 % d'enfants de moins de cinq ans[988].

S'agissant de la prévention, celle-ci se décline en deux axes : un premier axe qui porte sur la lutte anti-vectorielle, et un second axe qui s'articule autour de la chimioprévention en faveur des femmes enceintes. La lutte anti-vectorielle est essentiellement basée sur la promotion de l'utilisation dans les formations sanitaires des moustiquaires imprégnées d'insecticide à longue durée d'action (ci-après MILDA). Ces MILDA sont distribuées gratuitement aux femmes enceintes. Ensuite, la prévention est axée autour de la pulvérisation dans les ménages des insecticides[989]. Il faut relever deux choses importantes à ce niveau. Premièrement, s'agissant des pulvérisations, l'on peut s'étonner que pour le compte de l'année 2013, elles n'aient pas été réalisées malgré l'acquisition des insecticides et leur mise à disponibilité dans les districts de santé ciblés. La raison avancée par les acteurs de la lutte contre le paludisme est l'absence de ressources financières pour l'achat des

---

987 Secrétariat Permanent-PNLP, *Rapport d'activités 2013 du Programme National de Lutte contre le Paludisme*, MINSANTE/Roll Back Malaria, 2014, p. 45.

988 Actu Cameroun, *Cameroun : État de la lutte contre le paludisme : 4 000 décès par an dont 70 % d'enfants de moins de 05 ans*, disponible sur www.actucameroon.org [consulté le 25 septembre 2017].

989 Secrétariat Permanent-PNLP, *op. cit.* p. 21.

équipements d'aspersion des domiciles[990]. On peut alors s'inquiéter ici de ces activités insuffisamment menées ; qui plus est lorsqu'on remarque que ces pulvérisations des domiciles auraient pu éviter la montée exponentielle des cas de paludisme enregistrés en 2013 ainsi que de décès qui s'en sont suivis. Dans ce cas, il est constant que les familles intéressées puissent valablement demander réparation pour le dysfonctionnement du service public ayant causé la mort de leurs enfants et proches.

En ce qui concerne la distribution des MILDA, il faut mentionner qu'elle se fait gratuitement pour les femmes enceintes et à moindre coût pour les ménages. Toutefois, il faut remarquer que son taux de couverture est significatif, mais pas suffisant avec des résultats estimés à 70 %. Mieux encore, le Cameroun devrait s'investir et investir davantage dans les actions de vulgarisation et de sensibilisation à l'utilisation des MILDA, car malgré le taux de couverture encourageant, le taux d'utilisation reste quant à lui assez moyen, soit environ 56 %[991]. Néanmoins, il ne serait pas exagéré de dire que la stratégie visant à rendre ces MILDA gratuitement accessibles aux femmes enceintes, de même que la stratégie portant sur la distribution gratuite du traitement préventif intermittent du paludisme chez la femme enceinte a abouti à des résultats remarquables en termes de prévention de nouvelles infections. Il est vrai que le taux de pénétration de ce traitement préventif n'est pas encore optimal, mais il a tout de même permis de faire des femmes enceintes le groupe le moins affecté par le paludisme comparativement aux autres groupes, avec un niveau de morbidité relativement faible estimé à 12,7 %[992].

Le succès des actions préventives et curatives en faveur des femmes enceintes a ainsi permis une réduction de la part de mortalité dans ce groupe. Même si cette réduction reste faible, elle est tout de même encourageante, car il s'agit d'un indicateur positif majeur entre l'année 2013 et les années précédentes. Le véritable défi dans la protection de la santé des femmes enceintes contre le paludisme est d'arriver à généraliser non seulement l'utilisation des MILDA, mais aussi de systématiser la consommation des trois doses du traitement préventif de cette maladie. En fait, cette consommation est élevée en ce qui concerne la première dose (76 %), moyenne pour la deuxième dose (50,49 %) et faible pour ce qui est de la troisième dose (28,95 %)[993]. Il s'ensuit que, si les femmes enceintes montrent plus de rigueur et d'assiduité aussi bien dans la consommation des médicaments gratuitement mis à leur disposition par l'État que dans

[990] *Ibid.* p. 22.
[991] Actu Cameroun, *op. cit.*
[992] Secrétariat Permanent-PNLP, *op. cit.* p. 43.
[993] *Ibid.* p. 50.

l'utilisation des MILDA, mises également gratuitement à leur disposition, le taux de morbidité du paludisme chez les femmes enceintes pourrait être nul.

Il en est de même chez les parents qui devraient amener leurs enfants dans les formations sanitaires dès l'apparition des premiers symptômes du paludisme ou s'y rendre eux-mêmes. En effet, le pourcentage des cas de paludisme traités dans les 24 heures suivant l'apparition des symptômes conformément au protocole national est passé de 2,4 % en 2007 à 13,7 % en 2010[994]. Cette prise de conscience des populations sur l'urgence à se rendre dans une formation sanitaire en cas d'apparition des premiers symptômes du paludisme permettra à coup sûr de réduire le taux de morbidité lié à cette maladie, notamment chez les enfants de moins de cinq ans. Ceci est une condition de l'efficacité de la stratégie de prise en charge du paludisme mise en place par l'État. En effet, la prise en charge du paludisme simple est gratuite pour les enfants de moins de cinq ans et fortement subventionnée pour les personnes de plus de cinq ans. Dans ce contexte, il est difficile de comprendre comment les enfants de moins de cinq ans continuent d'être le groupe qui paye le plus lourd tribut du paludisme. Cette situation démontre bien que l'on peut faire de nombreux reproches à l'État, mais que l'efficacité de ses actions dépend aussi de la coopération et du niveau d'implication des populations.

Toutefois, pour garantir une meilleure prise en charge des malades du paludisme, l'État devrait adopter des mesures concrètes afin de résorber le problème de la rupture des stocks en médicaments[995]. Il devrait par ailleurs investir davantage dans la santé parce que, quel que soit le domaine choisi, la part revenant à l'État est très souvent faible. Dans le cadre de la lutte contre le paludisme, l'État n'a alloué que 1 403 millions sur les 10 0354 millions nécessaires, le reste étant à la charge de ses partenaires et, dans certains cas, pesant sur les ménages. Cette situation rend toute action d'envergure inenvisageable parce que dans un contexte économique mondial fluctuant, la réduction des parts apportées par les partenaires internationaux de l'État risquerait de fragiliser toute stratégie visant à prévenir et à lutter efficacement contre le paludisme.

Par ailleurs, la recherche est un domaine bien trop négligé dans la résolution des problèmes de santé publique. Il est vrai que le ministère en charge de la Santé publique s'est doté d'une division de la recherche et d'un plan stratégique de recherche, « mais la mise en œuvre dudit plan a été

---

994 MINSANTE, *Revue des performances du Programme national de lutte contre le paludisme du Cameroun*, Minsanté, septembre 2013, p. 7.
995 Voir Secrétariat Permanent-PNLP, *op. cit.* p. 9.

compromise par l'insuffisance des financements alloués à la recherche »[996]. Il en est ainsi alors que les standards internationaux prescrivent *« qu'au moins 2 % des budgets des ministères en charge de la Santé et au moins 5 % des fonds d'aide au développement soient affectés à la recherche en santé. À ce jour cette proportion est faible (moins de 1 %) »*[997]. Dans un tel environnement, il est difficile de voir comment des problèmes de santé publique peuvent être résolus en ne comptant que sur les modalités exogènes de prévention et les médicaments importés. Le développement et l'animation de vrais pôles de recherche au plan local pourraient permettre d'aboutir à des médicaments ou des moyens de prévention plus adaptés aux réalités locales. Cet appel à plus d'investissements dans la recherche au plan local vaut pour toutes les maladies.

Ceci est aussi vrai pour les autres maladies telles que la tuberculose qui continue de sévir au Cameroun. Dans un rapport de 2014, l'OMS estimait que le taux de prévalence de la tuberculose au Cameroun variait entre 210 et 265 pour 100 000 habitants et que la seule région de l'Est avait connu une augmentation des cas de l'ordre de 35 % entre 2013 et 2014 du fait de l'afflux des réfugiés en provenance de la République centrafricaine[998]. Il y a lieu de noter qu'au Cameroun, environ 35 000 nouveaux cas sont répertoriés chaque année et 40 % de ces malades souffrent d'une co-infection au VIH/Sida[999]. La prise en charge des malades comme dans le cadre du VIH/Sida est gratuite, hormis les frais de premiers examens qui sont de 1 000 FCFA, une somme accessible pour la plus grande majorité. Toutefois, comme dans le cadre des autres traitements, le vrai défi ici n'est pas celui de l'accessibilité, mais plutôt celui de la disponibilité des traitements. En effet, il arrive souvent que ces traitements soient en rupture de stock, ce qui compromet les protocoles thérapeutiques des patients. Il faut également ajouter à ces insuffisances découlant de l'action étatique, le fait que de nombreux patients abandonnent les traitements du moment où ils se sentent mieux[1000].

Dès lors, comme il a déjà été souligné pour la prise en charge des autres maladies, l'État devrait certes améliorer son cadre d'intervention, mais il revient aussi aux populations de se conformer avec rigueur aux recommandations et prescriptions venant des autorités étatiques et médicales. La prévention et la lutte contre les maladies transmissibles

---

996 Ministère de la Santé publique du Cameroun, *Stratégie sectorielle de santé 2016-2027*, *op. cit.* p. 82.
997 *Ibid.* p. 83.
998 *Ibid.* p. 42.
999 Henri FOTSO, *La tuberculose perdure malgré la gratuité du traitement*, disponible sur www.agenceaic.net [consulté le 26 septembre 2017].
1000 *Ibid.*

passent nécessairement par une conjugaison des efforts et des moyens d'action entre l'État et ses partenaires, mais aussi et surtout avec la coopération et l'implication des populations bénéficiaires. La quête de l'efficacité dans ce sens commande à l'État de corriger ses insuffisances certes, mais il reste que son action ne peut prospérer et parvenir à des résultats tangibles que si les populations elles-mêmes, principales et ultimes bénéficiaires de ses engagements, profitent pleinement des mesures prises.

Paragraphe 2 : L'évaluation des mesures de lutte contre les maladies à potentiel épidémique et les maladies non transmissibles

D'après le document de Stratégie sectorielle de santé pour la période 2016-2027, de nombreuses maladies, hormis les cas ci-dessus examinés, sont susceptibles de connaître une flambée épidémique. Ces maladies sont principalement caractérisées par leur contagiosité, ce qui explique leur potentiel de propagation et qui oblige l'État à être proactif dans leur prise en charge afin de ne pas être débordé en cas de flambée épidémique de la maladie. D'autres maladies qualifiées de non transmissibles parce que non contagieuses, mais présentant un taux de morbidité élevé obligent pareillement l'État à développer des stratégies de prévention adéquates, au risque de se retrouver submergé en cas de survenance de la maladie. Il est question à ce stade d'examiner et d'évaluer l'action de l'État camerounais aussi bien dans la prévention que dans la prise en charge non seulement des maladies à potentiel épidémique (ci-après MAPE) (A), mais aussi des maladies non transmissibles (B).

A. L'évaluation des mesures de lutte contre les maladies à potentiel épidémique

Une épidémie se définit simplement par la croissance rapide de l'incidence d'une maladie dans une région donnée et pendant une période donnée, l'incidence de la maladie dans ce cas correspond au nombre de nouveaux cas survenant pendant une période donnée[1001]. Selon l'OMS, une flambée épidémique est la brusque augmentation du nombre de cas d'une maladie normalement enregistrée dans une communauté, dans une zone géographique ou pendant une saison donnée[1002]. D'après cette définition, de nombreuses maladies peuvent être répertoriées comme des maladies à potentiel épidémique. Pour prévenir et contenir ces maladies, l'OMS recommande de renforcer la surveillance épidémiologique et la riposte à ces

[1001] Voir Vocabulaire médical, *op. cit.*

[1002] OMS, *Flambées épidémiques*, disponible sur www.who.int [consulté le 26 septembre 2017].

maladies[1003]. Cette surveillance épidémiologique s'organise principalement autour des programmes nationaux de vaccination pour les MAPE évitables par la vaccination. La présente discussion ne portera pas seulement sur l'obligation vaccinale qui apparaît comme une mesure de santé publique nécessaire, mais aussi sur la capacité de l'État à offrir des vaccins à ses populations, notamment les plus vulnérables que sont les enfants et les personnes pauvres.

Évaluer la réponse de l'État aux MAPE ne peut se limiter à l'obligation vaccinale. Elle va bien au-delà pour comprendre aussi les mesures concrètes que prend l'État en cas de survenue de la maladie non seulement pour prendre en charge les individus affectés par la maladie, mais aussi pour limiter la propagation de la maladie et réduire l'éventualité de nouvelles contaminations. Il faut dire d'emblée qu'au cours des années 2011 à 2015, le paysage épidémiologique camerounais a été particulièrement marqué par l'apparition des épidémies de choléra, de méningite bactérienne, de grippe, de rougeole, de fièvre jaune et de poliomyélite. Dans le même temps, il plane également sur le Cameroun le risque épidémique endogène ou d'importation des cas de maladie à virus Ebola[1004]. Ces risques d'épidémies, spécifiquement celle de la maladie à virus Ebola, ont suscité au sein des populations un vent de panique et permis de relever de nombreuses insuffisances et l'impréparation des autorités gouvernementales et médicales à faire face à une crise de grande envergure.

Au Cameroun, quatre maladies ont été identifiées et mises sous surveillance épidémiologique. Il s'agit de la fièvre jaune, de la rougeole, du tétanos et de la poliomyélite[1005]. Ce choix traduit la volonté des autorités politiques et médicales de prioriser leurs actions vers la prévention et la riposte en cas d'apparition de ces maladies. À ces maladies, s'ajoutent huit autres qui sont ciblées par le Programme élargi de vaccination, à savoir : la tuberculose, la diphtérie, la coqueluche, l'hépatite virale B, l'infection à *hemophilus* type B, l'infection à pneumocoque, la diarrhée à rotavirus et la rubéole[1006]. Ces maladies apparaissent sans aucun doute comme les MAPE prioritaires sur lesquels l'État entend investir le plus de moyens et renforcer son dispositif de prévention et de prise en charge. Selon l'OMS, *« pour pouvoir agir sur les maladies transmissibles prioritaires, il est essentiel de pouvoir disposer d'un système national de surveillance des maladies*

1003 OMS, *Renforcement de la surveillance et de la riposte aux maladies à potentiel épidémique évitables par la vaccination dans quelques pays d'Afrique et de Méditerranée orientale*, disponible sur www.who.int [consulté le 26 septembre 2017].
1004 Ministère de la Santé publique du Cameroun, *Stratégie sectorielle de santé 2016-2027*, *op. cit.* p. 44.
1005 *Ibid.* p. 45.
1006 *Ibid.* p. 44.

transmissibles qui fonctionne efficacement »[1007]. Ce système est indispensable aux autorités publiques, car il leur permet d'orienter ou de mieux répartir les ressources, identifier les priorités, détecter précocement des épidémies, organiser la riposte et évaluer les programmes existants de prévention et de lutte contre les maladies.

Pour l'ensemble des maladies suscitées, le Cameroun a choisi d'investir suffisamment dans la prévention à travers la mise sur pied d'un vaste programme de vaccination. Ce programme élargi de vaccination (ci-après PEV) s'insère harmonieusement dans le Plan d'action mondial pour les vaccins (ci-après GVAP). Ce plan est le cadre approuvé par l'Assemblée mondiale de la santé pour concrétiser la vision de la « Décennie de la vaccination 2011-2020 »[1008]. Cette vision est structurée autour d'un idéal, à savoir : parvenir à construire un monde dans lequel tous les individus et toutes les communautés profitent d'une vie exempte de maladies évitables par la vaccination. Le GVAP peut ainsi être présenté comme le cadre stratégique qui oriente actuellement les États et leurs partenaires en matière de vaccination. Il s'articule autour de quelques points forts tels que : obtenir un monde sans poliomyélite, atteindre les cibles mondiales et régionales en matière d'élimination des maladies, et atteindre les cibles en matière de couverture vaccinale dans chaque région, pays et collectivités[1009].

C'est dans le sens de donner effet à cette vision d'un monde exempt de maladies évitables par la vaccination que l'État du Cameroun a prévu la gratuité des vaccins contre onze MAPE pour tous les enfants âgés de 0 à 11 mois[1010]. L'objectif de ce programme étant de permettre aux enfants de recevoir dès leur naissance la protection contre ces maladies évitables, au moyen notamment de l'inoculation des vaccins dits « Penta » en trois doses à titre préventif contre les MAPE prioritaires recensées ci-dessus. Les résultats observés permettent de noter une bonne accessibilité aux services de vaccination, car la couverture vaccinale en Penta 1 (DTC-Hep B – Hib 1) est supérieure à 80 % dans 9 régions sur 10[1011]. On note également une amélioration dans l'utilisation des services de vaccination avec un taux d'abandon relativement faible à 8 %. En ce qui concerne la couverture nationale en Penta 3 et en VAR, elle est respectivement de 88 % et de 83 %.

1007 OMS, *Normes recommandées par l'OMS pour la surveillance*, WHO/CDS/CSR/ISR/99.2, 2e édition, juin 2010, p. 8.
1008 GTC/PEV, *Plan d'action 2014. Programme élargi de vaccination – Cameroun*, Minsanté, janvier 2014, p. 8.
1009 *Ibid.*
1010 Judith Cécile NGO KAM, *Cameroun : un onzième vaccin dans le programme élargi de vaccination*, disponible sur www.agenceaic.net [consulté le 27 septembre 2017].
1011 GTC/PEV, *Plan d'action 2014. Programme élargi de vaccination – Cameroun*, *op. cit.* p. 11.

Ces résultats sont satisfaisants lorsqu'on tient compte des objectifs nationaux qui étaient de 85 % et de 82 % respectivement, mais ils restent légèrement en deçà des objectifs du GVAP qui sont de 90 % pour la période 2015-2020[1012]. Quoi qu'il en soit, on note une réelle augmentation depuis 2010 du nombre d'enfants qui accèdent à un vaccin contre les MAPE avec un pic de 23 643 enfants de plus vaccinés en 2013 par rapport à l'année 2012[1013].

Ces chiffres cependant ne suffisent pas à cacher les disparités qui existent toujours entre différents districts de santé en termes de couverture vaccinale. Par conséquent, davantage de mesures doivent être prises pour pouvoir garantir à chaque personne, quel que soit son lieu de résidence, un accès équitable à la prévention des maladies évitables par la vaccination. En 2013, seulement 141 districts de santé sur 181, soit 78 %, ont eu une couverture vaccinale en Penta 3 supérieure à 80 %. Il en ressort que *« l'équité de la vaccination entre les districts de santé s'est améliorée, mais reste faible. En effet, le Cameroun n'a jamais eu 80 % de ses districts de santé avec une couverture en Penta 3 [supérieure à] 80 % tel que recommandé par le GVAP »*[1014]. À ces insuffisances s'ajoutent aussi d'autres problèmes logistiques ou opérationnels qui freinent la dissémination des vaccins ou compromettent leur qualité et leur fiabilité. À titre d'exemple, la couverture des formations sanitaires en matériel de chaîne de froid est de 75 % alors que la norme nationale est de 80 %. De même, la couverture des besoins en matériel roulant est insuffisante et atteint à peine les 50 %. Il faut adjoindre à ceci la faible qualité et utilisation des données de routine pour la prise de décisions, de même que la forte dépendance du Cameroun vis-à-vis des financements extérieurs[1015].

S'agissant même de la prise en charge des MAPE en cas de survenue d'une épidémie, elle s'organise autour de la surveillance et de l'investigation des cas suspects, après quoi la riposte est organisée. En 2012 par exemple, le Cameroun a certifié l'élimination du tétanos néonatal. En 2013, son incidence était inférieure à un cas pour 1 000 naissances. Cependant, deux districts de santé (Kette et Muyuka) ont enregistré plus d'un cas et ont organisé la riposte vaccinale à cet effet. Il y a lieu toutefois de remarquer que la notification et l'investigation des cas de tétanos néonatal restent faibles et

---

[1012] *Ibid.*

[1013] *Ibid.* p. 12.

[1014] *Ibid.* p. 13.

[1015] Ministère de la Santé publique du Cameroun, *Stratégie sectorielle de santé 2016-2027, op. cit.* pp. 44-45. En effet, le Cameroun ne sera plus éligible aux financements extérieurs (Alliance GAVI) lorsque son PIB dépassera 1580 USD par habitant, ce qui pourrait vraisemblablement arrivé en 2020. Ce tarissement des financements extérieurs pourrait très négativement compromettre les avancées enregistrées dans le cadre du PEV.

seulement 38 cas ont été investigués sur les 116 cas notifiés[1016]. En ce qui concerne la rougeole, les indicateurs de surveillance sont satisfaisants. Bien qu'on note la persistance de l'épidémie de rougeole, il y a lieu de remarquer qu'en 2013, seulement 27 districts de santé ont connu des épidémies contre 72 en 2012 et 44 en 2011[1017]. Relativement à la fièvre jaune, cinq districts de santé ont été en épidémie en 2013 et ont organisé la riposte vaccinale[1018]. La surveillance épidémiologique des diarrhées à rotavirus et des méningites bactériennes pédiatriques est confiée au Centre mère et enfant de la Fondation Chantal Biya. La première maladie connaît toujours un taux de prévalence élevé à 42,6 % alors que la deuxième a connu un net recul depuis l'introduction dans le PEV des vaccins contre les infections à Hib en 2009 et à Pneumocoque en 2011. Cette incidence depuis 2013 est quasi nulle pour les méningites à Hib (0,3 %) et très faible pour les méningites à pneumocoque (2,8 %)[1019].

Nonobstant, tout ce qui précède, il y a tout de même lieu de remarquer que *« la collaboration et la coordination multidisciplinaire et multisectorielle de la surveillance intégrée des maladies ne sont pas optimales. Actuellement, il n'existe pas de plan global, multisectoriel qui pourrait garantir à travers des stratégies dédiées, la riposte ponctuelle et efficace devant toute épidémie déclarée sur l'ensemble du territoire »*[1020]. L'organisation de la riposte telle qu'elle est prévue actuellement est construite autour de la gratuité de la prise en charge en cas d'épidémie. Cependant, il faut construire un véritable réseau de laboratoires fonctionnels au-delà des trois seuls laboratoires de référence existants à Yaoundé, Douala et Garoua. Dans le même temps, il faut sécuriser l'acheminement des prélèvements vers ces laboratoires, car en l'état il « n'est pas encore optimal »[1021].

Par ailleurs, il ne serait en aucun cas luxueux de prévoir suffisamment de centres d'isolement et de traitement pour certaines pathologies telles que la maladie à virus Ebola. Il faut également renforcer les équipes d'intervention rapide qui ont été formées et outillées mais dont le nombre demeure marginal. En réalité, *« une prise en charge efficace des MAPE nécessite des ressources matérielles, financières, logistiques et humaines*

[1016] GTC/PEV, *Plan d'action 2014. Programme élargi de vaccination – Cameroun, op. cit.* p. 20.
[1017] *Ibid.* p. 21.
[1018] *Ibid.* p. 22.
[1019] *Ibid.* pp. 22-23.
[1020] Ministère de la Santé publique du Cameroun, *Stratégie sectorielle de santé 2016-2027, op. cit.* p. 45.
[1021] *Ibid.*

multidisciplinaires incluant des spécialistes en santé animale. Mais ces ressources sont le plus souvent insuffisantes »[1022].

B. L'évaluation des mesures de lutte contre les maladies non transmissibles

D'après le document de Stratégie sectorielle de santé pour la période 2016-2027, les maladies non transmissibles sont classées en cinq groupes. Le premier groupe comprend l'hypertension artérielle (HTA), les affections cardiovasculaires, le diabète et les maladies rénales chroniques. Le deuxième est constitué des cancers, de l'asthme et des affections respiratoires chroniques. Le troisième comprend les affections bucco-dentaires, les troubles visuels et auditifs chroniques. Dans le quatrième groupe, on retrouve les épilepsies et autres affections neurologiques, la drépanocytose, les maladies génétiques et dégénératives, y compris les maladies mentales et rhumatologiques. Le cinquième groupe enfin est constitué des traumatismes, violences, intoxications, urgences et catastrophes[1023]. Eu égard au rapport de l'OMS sur les maladies non transmissibles[1024], nous ne porterons notre évaluation que sur les maladies des deux premiers groupes. La méthodologie à ce niveau est d'évaluer les actions prises par l'État pour prévenir et lutter contre les maladies non transmissibles (ci-après MNT) à l'aune des recommandations de l'OMS.

D'emblée, l'on doit noter que la prévalence nationale de l'HTA est de 29,7 % et celle du diabète est de 6,6 % en 2015. Quant à la maladie rénale chronique, sa prévalence n'est pas connue, mais sur la même année, elle a été estimée à 14,2 % à Dschang et 14,1 % à Douala. S'agissant des cancers, 14 000 nouveaux cas ont été dépistés en 2012 et près de 25 000 personnes vivaient avec le cancer. Il faut relever ici que 80 % des personnes atteintes se font dépister à un stade très avancé de la maladie et la plupart décèdent dans les 12 mois qui suivent leur diagnostic[1025]. D'après ces chiffres, on remarque que les forts taux de prévalence des MNT au Cameroun trahissent bien l'échec des mesures de prévention. De même, leur forte morbidité dissimule les insuffisances des mesures de prise en charge. Selon l'UNICEF, *« les maladies non transmissibles liées à la nutrition (MNTN), notamment le diabète, l'hypertension artérielle, l'obésité, la goutte, les lithiases et certains cancers sont de plus en plus diagnostiqués dans les formations sanitaires et*

[1022] *Ibid.* p. 47.

[1023] *Ibid.* p. 49.

[1024] OMS, *Rapport sur la situation mondiale des maladies non transmissibles 2014 : « Atteindre les neuf cibles mondiales : une responsabilité partagée*, WHO/NMH/NVI/15.1, OMS, Genève, 2014.

[1025] Ministère de la Santé publique du Cameroun, *Stratégie sectorielle de santé 2016-2027*, *op. cit.* p. 48.

observées dans les communautés. Ces maladies sont en augmentation progressive au Cameroun »[1026].

Les principaux facteurs de risque pour les MNTN sont les mauvaises habitudes alimentaires, la faible consommation des fruits et légumes, l'abus de consommation du sel et des graisses animales, l'inactivité physique (92 % en zone urbaine), la consommation d'alcool (82 %) et le tabagisme (5 %)[1027]. Il ressort clairement de ce qui précède que les MNT sont en très grande partie imputable à des comportements individuels et des modes de vie pas sains. Toutefois, il y a lieu d'indiquer avec Margaret CHAN que *« les changements de comportements individuels sont importants, mais, pour combattre les MNT, il est indispensable que les plus hauts niveaux de l'État impriment leur leadership, que des politiques soient élaborées avec le concours de tous les ministères et que l'on progresse vers la couverture sanitaire universelle »*[1028]. Tenant dûment compte de ce qui précède, il est constant que l'action de l'État sur les MNT doit non seulement être orientée vers les changements de comportements individuels et vers la promotion des modes de vie saine, mais aussi, et surtout, l'État doit organiser la prise en charge de ces maladies lorsqu'elles surviennent.

Cette action de l'État est impérieuse à plus d'un titre. Tout d'abord, comme le rappelle la Déclaration de Moscou, les MNT freinent considérablement le développement humain et peuvent entraver les progrès vers la réalisation des objectifs du Millénaire pour le développement[1029]. Ensuite, l'OMS affirme que les MNT sont la première cause de décès dans le monde et 82 % des décès prématurés liés aux MNT sont survenus dans des pays à revenu faible ou intermédiaire et la majorité de ces décès prématurés sont évitables. Plus encore, *« si rien ne change dans les pays à revenu faible ou intermédiaire, on estime que, de 2011 à 2025, les pertes économiques cumulées dues aux MNT atteindront US $7 000 milliards. Le coût de l'inaction est bien supérieur à ce que coûterait chaque année l'application d'une série d'interventions permettant de réduire très efficacement la charge imputable aux MNT (US $11,2 milliards/an) »*[1030]. L'État est condamné à agir pour contrer l'augmentation des MNT non seulement pour limiter les

---

[1026] UNICEF, *Maladies non transmissibles liées à la nutrition*, disponible sur www.unicef.org [consulté le 27 septembre 2017].

[1027] *Ibid.* Voir aussi Ministère de la Santé publique du Cameroun, *Stratégie sectorielle de santé 2016-2027*, *op. cit.* p. 48.

[1028] OMS, *Rapport sur la situation mondiale des maladies non transmissibles 2014 : « Atteindre les neuf cibles mondiales : une responsabilité partagée*, *op. cit.* p. 3.

[1029] Première conférence ministérielle mondiale sur les modes de vie sains et la lutte contre les maladies non transmissibles, Moscou, 28-29 avril 2011.

[1030] OMS, *Rapport sur la situation mondiale des maladies non transmissibles 2014 : « Atteindre les neuf cibles mondiales : une responsabilité partagée*, *op. cit.* p. 6.

souffrances humaines qu'elles occasionnent, mais aussi limiter leurs conséquences sur le tissu socio-économique. En ce sens, *« réduire la charge mondiale des MNT est une priorité absolue et une condition nécessaire du développement durable »*[1031].

C'est précisément pour limiter la progression des MNT que les États membres de l'OMS, parmi lesquels le Cameroun, ont adopté un ensemble de neuf cibles mondiales volontaires à atteindre d'ici 2025. Ces cibles consistent à *« réduire l'usage nocif de l'alcool, le manque d'exercice physique, l'apport de sel/sodium, le tabagisme et l'hypertension ; à arrêter l'augmentation du diabète et de l'obésité ; à améliorer la couverture du traitement préventif des infarctus du myocarde et des accidents vasculaires cérébraux ; et à améliorer la disponibilité et l'accessibilité financière des technologies et des médicaments essentiels pour prendre en charge les maladies non transmissibles »*[1032]. Malgré l'existence de ces cibles à atteindre, il faut dire qu'au Cameroun, on observe encore beaucoup d'insuffisances dans la capacité du système de santé à lutter efficacement contre les maladies cardiovasculaires. On peut ici évoquer des ressources humaines peu qualifiées et des équipements insuffisants pour assurer une prise en charge de qualité[1033]. S'agissant du volet prévention, quelques activités de sensibilisation sont organisées notamment par la Fondation camerounaise du cœur, quelques rares sociétés savantes et des organisations de la société civile. Toutefois, « les interventions de ces acteurs sont faiblement suivies et mal coordonnées »[1034]. Ces insuffisances valent pour toutes les MNT.

En effet, alors que l'hémodialyse est subventionnée à 95 % par l'État depuis 2002 et que l'on enregistre une croissance dans le nombre de centres de dialyse, il reste que *« la mortalité en hémodialyse au Cameroun est élevée, avec une survie moyenne de 8 mois et la plupart des patients décèdent au cours des 3 premiers mois »*[1035]. Pis encore, au cours de l'année 2017, les hôpitaux camerounais ont connu une véritable crise dans les opérations d'hémodialyse du fait d'une rupture dans leur approvisionnement en consommables nécessaires pour les séances de dialyse. Cette situation a créé une véritable panique parmi les malades qui pour bon nombre ont perdu la vie, d'autant plus qu'elle a duré de longs

---

1031 *Ibid.*

1032 *Ibid.* p. 3.

1033 Ministère de la Santé publique du Cameroun, *Stratégie sectorielle de santé 2016-2027*, *op. cit.* p. 48.

1034 *Ibid.*

1035 Hermine FOUDA, Gloria ASHUNTANTANG et *al.*, « La survie en hémodialyse chronique au Cameroun », *in The Pan African Medical Journal*, 2017, disponible sur www.ncbi.nlm.nih.gov [consulté le 27 septembre 2017].

mois[1036]. Dans le même temps, alors que la consommation d'alcool pur au Cameroun se chiffre à 8,4 litres d'alcool pur par personne de plus de 15 ans et par an, aucune mesure n'est encore jusqu'à présent prise pour combattre l'usage nocif de l'alcool. Il faut relever que ce taux est largement supérieur à la moyenne mondiale qui est de 6,2 litres d'alcool pur[1037]. Pareillement, aucune mesure n'a été prise pour combattre le tabagisme, notamment dans les lieux publics, alors que d'après l'OMS, *« six millions de personnes environ meurent des conséquences de la consommation de tabac. Un peu plus de 600 000 d'entre elles, dont 170 000 enfants meurent des suites du tabagisme passif »*[1038].

Compte tenu de ce qui précède, il y a lieu pour l'État du Cameroun de s'investir beaucoup plus dans la prévention et la lutte contre les MNT. Cette prévention et cette lutte s'articulent tout d'abord autour de l'adoption ou du renforcement du cadre juridique intégrant les normes et mesures issues de la Convention-cadre de l'OMS pour la lutte antitabac qui devrait au préalable être ratifiée, et de la Stratégie mondiale pour l'alimentation, l'exercice physique et la santé, et la Stratégie mondiale visant à réduire l'usage nocif de l'alcool[1039]. En mettant clairement l'emphase sur le fait que la lutte contre les MNT incombe au premier chef aux gouvernements, l'OMS n'assurant qu'un rôle de coordination dans le cadre de la Stratégie mondiale de lutte contre les MNT, l'OMS recommande aux États de mettre l'accent sur un certain nombre de mesures prioritaires. Parmi ces mesures, on peut citer entre autres l'intégration des politiques et programmes de lutte contre les MNT dans les processus de planification en matière de santé et le programme de développement national ; la promotion de l'accès aux interventions dans le cadre des soins de santé primaires pour les MNT, et la nécessité d'accroître les ressources consacrées aux MNT et étudier des solutions de financements viables[1040].

Ces mesures ne pourront être efficaces que si l'État du Cameroun est également capable de répondre aux défis qui se posent à lui dans le domaine global de la mise en œuvre du droit à la santé. Ces défis sont notamment ceux de la prévention et la réduction des facteurs de risque, des soins de

[1036] Camernews, *Cameroun – Santé : Hémodialyse, voici ce qui fait problème*, disponible sur www.camernews.com [consulté le 27 septembre 2017].
[1037] OMS, *Rapport sur la situation mondiale des maladies non transmissibles 2014 : « Atteindre les neuf cibles mondiales : une responsabilité partagée*, *op. cit.* p. 7.
[1038] *Ibid.* p. 8.
[1039] OMS, *Lutte contre les maladies non transmissibles*, Conseil exécutif, 130e session, EB130/6, 8 décembre 2011, para. 4.
[1040] *Ibid.* para. 11.

santé, de la surveillance et surtout celui de la gouvernance[1041]. Sur ce dernier point, il y a lieu de relever que l'un des grands défis de l'accès aux soins et aux médicaments à tous les niveaux est celui de la gouvernance : gouvernance dans l'utilisation optimale des ressources allouées à la santé, gouvernance dans la gestion des stocks et produits de santé, gouvernance hospitalière et gouvernance dans la prise en charge des patients. En effet, malgré les nombreuses mesures prises par l'État pour limiter la corruption et garantir la redevabilité, la corruption demeure largement présente dans le domaine de la santé au Cameroun[1042]. En réalité, *« au niveau national, la redevabilité reste un problème important dans le système de santé et représente un frein principal à l'appropriation de la mise en œuvre de la [Stratégie sectorielle de santé] par tous les acteurs. À ce jour, plusieurs dispositifs institutionnels sont mis en place pour que les autorités de santé puissent rendre compte de la mise en œuvre de leurs activités »*[1043].

On peut toutefois remarquer que nonobstant la multiplicité de ces mécanismes et mesures, la corruption et la mauvaise gouvernance continuent de grever la réalisation du droit à la santé au Cameroun. Elles entravent sérieusement l'efficacité de toutes les actions ou mesures entreprises par l'État pour garantir la protection de la santé de tous les individus. Il y a lieu d'envisager aussi des mesures effectives pour la combattre si l'on veut assurer à tous la pleine jouissance du meilleur état de santé qu'ils sont capables d'atteindre. Cependant, au-delà de ces mesures de lutte contre la corruption et de promotion de la bonne gouvernance, il y a lieu de penser d'autres mécanismes de garantie du droit à la santé, notamment en adaptant la riposte aux pratiques locales et en garantissant à tous la couverture sanitaire universelle.

1041 OMS, *Rapport sur la situation mondiale des maladies non transmissibles 2014 : « Atteindre les neuf cibles mondiales : une responsabilité partagée*, *op. cit.* p. 6.

1042 Commission des Droits de l'Homme du Barreau du Cameroun, *Rapport sur l'état des droits de l'homme au Cameroun,* Union européenne, Yaoundé, 2018, p. 48.

1043 Ministère de la Santé publique du Cameroun, *Stratégie sectorielle de santé 2016-2027*, *op. cit.* p. 85.

TITRE 2 -

LES PERSPECTIVES D'AMÉLIORATION VERS UN MODÈLE PLUS ADAPTÉ AUX RÉALITÉS LOCALES

La mise en œuvre effective et efficace du droit à la santé au Cameroun ne peut se faire en totale ignorance des réalités, des contraintes ou des opportunités qui se présentent au niveau national. L'observation stricte des standards internationaux peut conduire le Gouvernement à ignorer des opportunités locales qui pourtant pourraient permettre une meilleure protection de la santé des populations au plan national. L'idée évoquée ici n'est pas de rejeter les standards internationaux, mais de voir dans quelle mesure ils peuvent être adaptés aux opportunités locales afin d'atteindre le but ultime visé qui est celui de la protection de la santé de tous les individus. Dans cette perspective, il semble très opportun de penser comment la médecine traditionnelle peut être promue, développée, encadrée afin non seulement de répondre aux mieux aux aspirations culturelles des populations au plan local, mais aussi de s'accommoder aux faibles moyens financiers de ces populations (Chapitre 1).

Par ailleurs, tenant dûment compte de la faiblesse des moyens financiers des populations, il est plus urgent que jamais de construire un nouveau modèle de système de santé dans lequel la charge du financement pèse moins sur les malades, mais est davantage supportée par la solidarité nationale. C'est dans cette perspective qu'il est inévitable de poser la question de la couverture sanitaire universelle qui facilitera l'accès de tous à des services et des produits de santé de qualité. Bien entendu, poser cette question revient à poser de façon plus globale la question des droits des malades et de la nécessaire mise en œuvre de la démocratie sanitaire au Cameroun (Chapitre 2).

CHAPITRE 1 : LA VALORISATION DE LA MÉDECINE TRADITIONNELLE

Selon Margaret CHAN, Directeur général de l'OMS, *« à travers le monde, la médecine traditionnelle (MTR) constitue soit le mode principal de prestation de soins de santé, soit un complément à ce dernier »*[1044]. Mieux encore, la médecine traditionnelle (ci-après MTR) représente aujourd'hui pour de nombreuses personnes la seule voie d'accès à des soins de santé. Au Cameroun, selon le ministère de la Santé publique, 80 % de la population a recours à cette forme de médecine[1045]. En réalité, *« les plantes médicinales constituent des ressources précieuses pour la majorité des populations rurales en Afrique, où plus de 80 % de cette population s'en sert pour assurer leur soins de santé »*[1046]. Ces chiffres ne sont particuliers ni au Cameroun ni à l'Afrique, mais démontrent clairement le niveau de pénétration de la médecine traditionnelle dans le monde. En effet, aussi bien dans les pays pauvres que dans les pays riches, de nombreuses personnes y ont recours en tant que soins de santé primaires contre un large éventail de maladies, y compris des pandémies comme le VIH/Sida et le paludisme[1047].

Le recours à la MTR a connu un regain d'attention et d'intérêt dans le monde au point où de nombreuses institutions nationales et internationales y voient l'une des voies possibles de rendre le droit à la santé accessible et une réalité pour tous. L'Union africaine (ci-après UA) lui reconnaît un rôle indiscutable dans la fourniture des prestations de soins de santé dans les pays en développement. Selon l'UA, *« pour la majorité des populations qui vivent en zone rurale en Afrique (environ 80 %), la médecine traditionnelle africaine est le pilier des soins de santé primaires »*[1048]. Par conséquent, l'UA a proclamé la décennie 2001-2010 comme décennie de la médecine

---

1044 OMS, *Stratégie de l'OMS pour la médecine traditionnelle pour 2014-2023*, OMS, Hong Kong, 2013, p. 7.

1045 Marguerite Estelle ETOA, « Tradipraticiens : la médecine traditionnelle se met en règle » *in Cameroon Tribune*, 4 avril 2007, disponible sur www.cameroon-info.net [consulté le 4 mai 2018].

1046 Emmanuel MPONDO MPONDO et *al.*, « État actuel de la médecine traditionnelle dans le système de santé des populations rurales et urbaines de Douala (Cameroun) », *in Journal of Applied Biosciences*, n° 55, juillet 2012, p. 4037.

1047 OMS, *Médecine traditionnelle*, Rapport du Secrétariat, 56e Assemblée mondiale de la santé, 31 mars 2003.

1048 UA, *Plan d'action de la décennie de la médecine traditionnelle (2001-2010)*, disponible sur www.africa-union.org [consulté le 4 mai 2018].

traditionnelle en Afrique[1049]. L'OMS également dès le début des années 2000 a dû admettre que la MTR représentait une opportunité réelle et crédible d'accès aux soins pour des millions de personnes à travers le monde. C'est ainsi qu'en 2002, elle a adopté la *Stratégie de l'OMS pour la médecine traditionnelle pour 2002-2005*[1050] qu'elle a ensuite révisée en 2013 pour adopter la *Stratégie de l'OMS pour la médecine traditionnelle pour 2014-2023*[1051]. Au Cameroun, un projet de loi a été présenté en 2007 pour encadrer la MTR, mais n'a toujours pas été adopté. Qu'à cela ne tienne, l'État du Cameroun a créé un Institut de Recherches Médicales et d'Études des Plantes Médicinales (IMPM).

Toutes ces mesures prises au plan national, régional et international visent à vulgariser la MTR et à la structurer afin qu'elle joue pleinement son rôle, au même titre que la médecine conventionnelle ou moderne dans la fourniture des soins de santé aux populations. Cependant, le difficile encadrement de la MTR et sa faible pénétration par le droit dans de nombreux pays, y compris au Cameroun, tient à la difficulté qu'il y a à définir clairement ce que constitue la MTR. Toutefois, pour ne pas nous égarer dans les multiples orientations doctrinales portant sur la définition de la MTR, il est préférable de nous référer à la définition donnée par l'OMS qui demeure l'organisme central de la protection de la santé dans le monde.

Dans sa stratégie pour la MTR pour 2002-2005, l'OMS définit la MTR comme un *« terme global utilisé à la fois en relation avec les systèmes de MTR tels que la médecine traditionnelle chinoise, l'ayurvéda indien et l'unani arabe et avec diverses formes de médecine indigène. Les thérapies de MTR englobent les thérapies médicamenteuses qui impliquent l'usage de médicaments à base de plantes, parties d'animaux et/ou minéraux et les thérapies non médicamenteuses qui sont administrées principalement sans usage de médicaments comme dans le cas de l'acupuncture, des thérapies manuelles et des thérapies spirituelles »*[1052]. Cette définition a largement évolué et dans sa nouvelle stratégie pour 2014-2023, l'OMS procède désormais à différencier la MTR d'un côté, et la médecine complémentaire (MC) de l'autre. Ainsi, *« la médecine traditionnelle est très ancienne. C'est la somme de toutes les connaissances, compétences et pratiques reposant sur les théories, croyances et expériences propres à différentes cultures, qu'elles soient explicables ou non, et qui sont utilisées dans la préservation de la santé, ainsi que dans la prévention, le diagnostic, l'amélioration ou le*

1049 *Ibid.*
1050 OMS, *Stratégie de l'OMS pour la médecine traditionnelle pour 2002-2005*, OMS, Genève, 2002.
1051 OMS, *Stratégie de l'OMS pour la médecine traditionnelle pour 2014-2023*, *op. cit.*
1052 OMS, *Stratégie de l'OMS pour la médecine traditionnelle pour 2002-2005*, *op. cit.* p. 1.

traitement de maladies physiques ou mentales »[1053]. La médecine complémentaire ou médecine alternative quant à elle renvoie *« à un vaste ensemble de pratiques de santé qui ne font pas partie de la tradition ni de la médecine conventionnelle du pays et ne sont pas pleinement intégrées à son système de santé dominant »*[1054].

Il en découle que bien que les termes MTR et MC soient souvent utilisés dans certains pays de manière interchangeable, ils ne renvoient pas *stricto sensu* à la même chose. Toutefois, on note une dérive inquiétante dans la définition de l'OMS qui inclut dans la définition de la MTR les pratiques de soins non explicables fondées pour la plupart sur des croyances et des thérapies spirituelles. Cette dérive bien qu'elle vise à apprécier la MTR de façon holistique, n'est pas de nature à en favoriser l'encadrement et l'acceptation. L'un des risques les plus dangereux d'adopter une pareille définition tient au fait qu'elle rendrait difficile l'établissement d'un fichier national de tradipratiens, considérant que de nombreux charlatans pourraient prétendre à cette qualification. Dès lors, dans le cadre du présent travail, ces pratiques et thérapies spirituelles non explicables seront exclues et la définition de la MTR sera circonscrite à *« l'usage de médicaments à base de plantes, parties d'animaux et/ou minéraux ».*

Une fois ces prérequis établis, il est plus que jamais urgent, compte tenu du large recours des populations à la MTR, que l'État du Cameroun, conformément aux orientations internationales et régionales, mais aussi compte tenu de la réalité nationale, encadre l'exercice de la MTR. Cet encadrement à la fois juridique et institutionnel (Section 2) garantira à coup sûr une meilleure efficacité de la MTR comme moyen d'accès aux soins pour les populations camerounaises (Section 1).

Section 1 : L'efficacité fragile de la médecine traditionnelle

Qu'il s'agisse de l'OMS, de l'UA ou de l'UNESCO, toutes les organisations internationales qui sont de près ou de loin concernées par les questions de santé publique reconnaissent le rôle central de la MTR dans l'accès de millions de personnes aux soins de santé primaires. Toutefois, malgré cette reconnaissance internationale croissante et le large recours des populations à la MTR, de nombreuses questions subsistent quant à la pleine intégration de cette forme de médecine dans les systèmes nationaux de santé. Ainsi, dans de nombreux pays à travers le monde, la MTR est soit reconnue et intégrée aux systèmes de santé, soit reconnue, mais non intégrée auxdits systèmes, ou tout simplement tolérée, voire exclue ou interdite. Cette

---

[1053] OMS, *Stratégie de l'OMS pour la médecine traditionnelle pour 2014-2023*, *op. cit.* p. 15.
[1054] *Ibid.*

divergence dans l'acceptabilité de la MTR découle du large débat qu'il peut y exister sur l'efficacité de cette forme de médecine.

Au Cameroun, malgré l'inexistence d'un cadre juridique organisant le secteur de la MTR et l'intégrant au système de santé, il n'en demeure pas moins qu'on peut déceler du cadre juridique et opérationnel général de l'État plus qu'une forme de tolérance, mais bien mieux, une sorte de reconnaissance de l'apport de la MTR à la réalisation du droit à la santé des populations. Qu'à cela ne tienne, au regard de nombreux avantages de la MTR, son intégration au système de santé camerounais serait plus qu'utile tant elle contribue pour de nombreuses populations à la concrétisation de leur droit d'accès aux soins de santé primaires (Paragraphe 1). Cependant, pour que cette intégration produise des résultats mélioratifs sur la santé des populations, il ne serait pas superflu pour l'État d'exercer une forte action correctrice sur les limites ou inconvénients de cette forme de médecine (Paragraphe 2).

Paragraphe 1 : Les avantages de la médecine traditionnelle

Les avantages de la MTR sont divers et variés et justifient à suffisance le fait que les populations des pays pauvres comme celles des pays riches y recourent de plus en plus. Entre autres avantages, on peut citer sa grande accessibilité économique et géographique d'une part (A), et son acceptabilité culturelle ainsi que son efficacité d'autre part (B).

A. Une accessibilité économique et géographique réelle

Le droit à la santé se fonde largement sur les aspects liés à l'accessibilité, notamment l'accès aux soins et l'accès aux médicaments. Cette accessibilité se décline et s'évalue à l'aune de deux critères que sont : l'accessibilité économique et l'accessibilité géographique. La MTR propose une large offre de soins de santé et de médicaments qui tiennent largement compte de ces critères. Au Cameroun, de nombreuses populations, aussi bien en zones rurales qu'en milieu urbain, vivent dans des conditions de pauvreté ou d'extrême pauvreté et ne sont dès lors pas capables de s'acquitter des frais de santé tels qu'ils sont exigés par la médecine moderne. Le curseur n'est pas ici mis sur la cherté des soins ou des médicaments. Il s'agit en effet de souligner le fait que, quel que soit le montant exigé pour les soins et les médicaments, aussi infime soit-il, de nombreuses populations resteront exclues du système de santé parce qu'elles ne peuvent pas s'en acquitter. Pour cette vaste majorité de personnes, la MTR se présente comme l'unique source d'accès aux soins, notamment les soins de santé primaires.

Le rôle central de la MTR dans l'accès aux soins de santé primaires a été reconnu, retenu et fortement encouragé depuis la Déclaration d'Alma-Ata. Cette Déclaration affirme le fait que *« les soins de santé primaires reflètent les conditions économiques et les caractéristiques socioculturelles et politiques de pays et des communautés dont ils émanent (...) »*. Plus encore, ces soins *« font appel tant à l'échelon local qu'à celui des services de recours aux personnels de santé – médecins, infirmières, sages-femmes, auxiliaires et agents communautaires, selon le cas, ainsi que, s'il y a lieu, praticiens traditionnels – tous préparés socialement et techniquement à travailler en équipe et à répondre aux besoins de santé exprimés par la collectivité »*[1055]. Il en ressort que la MTR participe largement à l'accès aux soins de santé. C'est pour cette raison qu'il est fortement recommandé d'imbriquer cette forme de médecine à la médecine conventionnelle ou moderne pour plus de résultat et d'efficacité dans la garantie de l'accès aux soins de santé primaires pour tous.

La MTR participe largement à l'atteinte de cet objectif tant elle est accessible pour toutes les couches de la population, surtout les plus pauvres, les plus vulnérables et les populations vivant dans des zones enclavées et à forte prévalence d'inégalités sociales de santé. En réalité, tous les organismes internationaux et nationaux, de même que la doctrine, s'accordent à dire que la MTR est d'une grande accessibilité économique. L'UNESCO relève que *« dans beaucoup de pays en développement, la médecine traditionnelle est la seule forme de soins abordable pour les populations les plus pauvres, en raison de la difficulté d'accès à la médecine moderne, qui est surtout d'ordre économique et géographique »*[1056]. Ce caractère abordable est hautement salutaire dans un contexte économique national et international tendu où les ressources financières s'amenuisent et où l'État peine à trouver les ressources nécessaires pour la mise en place d'une couverture sanitaire universelle. D'après Margaret CHAN, les soins relevant de la MTR *« sont proches des gens et faciles d'accès et financièrement abordables. (...) Le caractère financièrement abordable de la plupart des médicaments traditionnels les rend d'autant plus attrayants à l'heure où les frais de santé explosent et où l'austérité est quasiment universelle »*[1057].

Pour se convaincre de cette abordabilité, il y a lieu de relever que dans certains pays comme le Ghana, le Kenya, le Mali ou le Cameroun, de nombreuses maladies sont traitées efficacement grâce à la MTR en contrepartie de coûts complètement dérisoires lorsqu'on les compare aux coûts de la médecine moderne. À titre d'exemple, le paludisme est traité par des médicaments à base de plantes d'accès facile et peu coûteux, qui peuvent

---

1055 Déclaration d'Alma-Ata, 1978, para. 7.

1056 Comité international de bioéthique (CIB), *Rapport du CIB sur les systèmes de la médecine traditionnelle et leurs implications éthiques*, UNESCO, Paris, 8 février 2013, p. 11.

1057 OMS, *Stratégie de l'OMS pour la médecine traditionnelle pour 2014-2023*, *op. cit.* p. 16.

être payés en nature et/ou en tenant compte des moyens du patient[1058]. Il en est de même pour des maladies aussi diverses que variées telles que la fièvre typhoïde, les diarrhées, les maladies sexuellement transmissibles, les fatigues, etc.[1059] À titre de comparaison, d'après l'OMS, dans certains pays tels que le Ghana ou le Kenya, *« le coût d'un traitement antipaludique moderne est aussi élevé que le total moyen des dépenses de santé d'un individu pour une année entière »*[1060]. Dans d'autres cas comme celui du traitement de la loase, une maladie causée par la piqûre d'une mouche rouge qui se manifeste par les œdèmes de Calabar et le ver de l'œil[1061], les patients interrogés au Cameroun affirment que le traitement de cette maladie au moyen de la médecine moderne peut coûter entre 40 000 FCFA et près de 150 000 FCFA tous frais compris. Paradoxalement, les patients ayant recouru à la MTR pour le traitement de la même maladie affirment n'avoir dépensé que 10 000 FCFA au plus. Un guérisseur de la même maladie affirme d'ailleurs qu'il n'exige du patient que ce que ce dernier peut payer[1062].

Ces exemples et bien d'autres démontrent à suffisance le caractère abordable du point de vue économique de la MTR, ce qui la rend particulièrement attrayante pour toutes les couches de la population. Cette attractivité s'appuie aussi largement sur le vaste éventail de maladies susceptibles d'être traitées par la MTR. L'OMS reconnaît d'ailleurs son apport dans le traitement de maladies graves telles que le paludisme, le Sida ou les fortes fièvres[1063]. Par ailleurs, une étude de l'OMS sur le rapport coût/efficacité de la MTR a conclu que *« pour neuf pathologies bénignes ou chroniques, le coût direct de l'utilisation de la médecine traditionnelle était inférieur à celui du traitement conventionnel, et que l'efficacité était meilleure et les effets secondaires moins nombreux »*[1064]. De nombreuses études menées au Cameroun reconnaissent également à la MTR un rayon d'action encore plus large et se rapportant à des maladies telles les maladies du foie, les maladies cardiaques, infectieuses, mentales, vénériennes,

---

[1058] Comité international de bioéthique (CIB), *op. cit.* p. 11.

[1059] Emmanuel MPONDO MPONDO et *al.*, *op. cit.* p. 4042.

[1060] OMS, *Rapport sur la santé dans le monde, 2000 – Pour un système de santé plus performant*, OMS. Voir aussi Comité international de bioéthique (CIB), *op. cit.* p. 11.

[1061] Ignace Bertrand NDZANA, « La loase comme maladie clinique et culturelle au Cameroun » *in* Benjamin Alexandre NKOUM (dir.), *Santé plurielle en Afrique. Perspective pluridisciplinaire*, L'Harmattan, Paris, 2011, p. 205.

[1062] *Ibid.* pp. 215-218.

[1063] OMS, *Médecine traditionnelle*, Rapport du Secrétariat, 56e Assemblée mondiale de la santé, 31 mars 2003, para. 3.

[1064] *Ibid.* para. 17.

pulmonaires, dentaires, etc. et également les maladies mystiques ![1065] En République centrafricaine, une étude révèle que plus de 150 maladies parmi lesquelles la drépanocytose, le diabète, l'asthme et le Sida, peuvent être traitées à base de plantes[1066]. Au moyen de cette large palette de maladies traitées par la MTR, l'on peut penser qu'elle mérite amplement d'être intégrée au système de santé afin de favoriser l'accès aux soins de santé primaires de nombreuses populations pauvres et vulnérables du point de vue socio-économique et géographique.

En effet, la vulnérabilité des populations ou leur exclusion du système de santé moderne ne dépend pas seulement de leurs moyens financiers limités, elle est aussi due aux inégalités géographiques qui sont réelles tant la couverture du territoire national n'est pas optimale en ce qui concerne les centres de santé ou les pharmacies. La MTR présente alors l'avantage d'être géographiquement proche des populations et, par conséquent, facile d'accès. L'un des principaux problèmes du système de santé moderne est non seulement le nombre insuffisant des personnels de santé, mais aussi leur inégale répartition sur le territoire national. Ces insuffisances, même si elles existent dans le cadre de la MTR, ne se posent pas avec la même acuité. Par ailleurs, dans certains pays, le ratio population/tradipraticien est largement suffisant et permet une grande accessibilité des populations à ces derniers aussi bien en milieu urbain qu'en milieu rural.

D'après l'UNESCO, *« en Afrique, on peut compter jusqu'à un tradipraticien pour 200 habitants, alors que, dans certaines zones, on trouve seulement un médecin pour 50 000 habitants »*[1067]. De fait, à cause de la rareté des médecins modernes, ce sont les tradipraticiens qui assurent les soins de santé primaires, notamment en zone rurale[1068]. Ces chiffres sont partagés par l'OMS qui évoque dans ses chiffres une moyenne d'un tradipraticien pour 500 habitants contre un médecin pour 40 000 habitants[1069]. L'UA donne des chiffres encore plus détaillés, mais qui tendent tous à montrer que la MTR est dans un ratio population/tradipraticien plus répandu et plus accessible géographiquement

---

1065 Rose ABONDO-NGONO et *al.*, « Cartographie des acteurs de la médecine traditionnelle au Cameroun : cas de la région du centre » *in Ethnopharmacologia*, n° 53, Août 2015, p. 61. Voir aussi Emmanuel MPONDO MPONDO et *al.*, *op. cit.* p. 4042.

1066 Dieudonné MOZOULOUA, « Traitement traditionnels de 150 maladies à base de plantes. Expérience de Lokondo » *in Pharmacopée et Médecine traditionnelle africaine*, vol. 13, Yaoundé, 2004, p. 112. Voir aussi à ce sujet Drissa DIALLO et *al.*, « Recherche sur la médecine traditionnelle africaine : hypertension » *in Revue The African Health Monitor*, Special Issue 14, African Traditional Medecine day, 31 août 2010.

1067 Comité international de bioéthique (CIB), *op. cit.* p. 10.

1068 *Ibid.*

1069 OMS, *Médecine traditionnelle*, Rapport du Secrétariat, 67e Assemblée mondiale de la santé, 14 mars 2014, p. 4.

que la médecine moderne. Par exemple, au Ghana et en Zambie, *« le ratio des professionnels orthodoxes de la santé par rapport à la population est à peu près de 1 pour 20 000, tandis que le chiffre correspondant pour les tradipraticiens est de 1 pour 200 (...). De même, le ratio des professionnels orthodoxes de la santé par rapport aux populations de la Tanzanie et du Mozambique est de 1 pour 33 000 et de 1 pour 50 000, tandis que les chiffres correspondants pour les tradipraticiens sont de 1 pour 400 et de 1 pour 200 respectivement »*[1070].

L'interprétation de ces chiffres donne à conclure que partout où la médecine moderne est caractérisée par des inégalités en termes d'accès aux soins et aux médicaments, la MTR permet largement de compenser ces insuffisances en permettant à chaque personne d'avoir accès aux soins de santé primaires dans un délai raisonnable et en parcourant une distance raisonnable. Toutefois, il faut faire attention à ces chiffres qui bien que satisfaisant lorsqu'ils sont interprétés en rapport avec l'ensemble de la population, présentent un ratio plutôt fort satisfaisant. Cependant, à y regarder de très près, la répartition des tradipraticiens entre les milieux urbains et les zones rurales peut elle-même faire ressortir des inégalités géographiques au détriment des milieux urbains.

Au Cameroun par exemple, une étude permet de constater, au moins en ce qui concerne la région du Centre, que les tradipraticiens sont équitablement répartis entre les zones rurales et les milieux urbains. Dans cette étude, on relève que pour la ville de Yaoundé, on dénombre 98 tradipraticiens[1071] pour une population de près de 2,44 millions de personnes en 2012. Par contre, lorsqu'on s'intéresse aux autres départements de la région du Centre, on dénombre également 98 tradipraticiens[1072] pour une population largement inférieure à celle de la ville de Yaoundé. L'interprétation de ces résultats permet de constater que quand bien même il y aurait une égale répartition entre la ville de Yaoundé et l'ensemble des autres villes ou villages de la région du Centre, il n'en demeure pas moins que le ratio population/tradipraticien est largement inférieur à Yaoundé et plutôt satisfaisant en zone rurale ou périurbaine. On peut alors conclure que même avec la MTR, il existe une inégalité géographique, mais bien plutôt au détriment des zones urbaines. Cette inégalité n'est pas forcément négative tant elle permet de corriger les inégalités géographiques du système de santé moderne qui est défavorable aux zones rurales. Il en découle qu'il est plus qu'urgent d'imbriquer ces deux systèmes de santé afin de garantir une offre de santé adéquate à l'ensemble des populations où qu'elles se trouvent.

[1070] UA, *Plan d'action de la décennie de la médecine traditionnelle (2001-2010)*, *op. cit.* p. 4.
[1071] Rose ABONDO-NGONO et *al.*, *op. cit.* p. 59.
[1072] *Ibid.* p. 60.

B. L'acceptabilité culturelle et l'efficacité de la MTR

L'ambition de l'État du Cameroun de garantir la protection du droit à la santé de l'ensemble de ses populations lui commande d'organiser et de promouvoir la MTR parce qu'au-delà de son accessibilité économique et géographique, elle est culturellement plus proche des consommateurs des soins de santé. Margaret CHAN, directrice générale de l'OMS, dit de cette médecine qu'elle est non seulement proche des gens au plan culturel, mais aussi qu'elle est d'une efficacité avérée[1073]. Pour se convaincre de cette double caractéristique efficacité-acceptabilité culturelle, on peut se référer à cet extrait de Cheikh HAMIDOU KANE qui dit : *« nous mourons aujourd'hui de pauvreté, car, sans argent, le médecin soigne rarement de façon efficace. Naguère encore, nous nous tirions fort bien d'affaire... Faut-il faire la recette de nos possibilités médicales ? Nous soignons la toux chronique conçue sous le nom de tuberculose. On n'en mourait qu'accidentellement... Elle n'était pas si violente que la tuberculose d'importation qui nous décime actuellement. Nous guérissions la lèpre, la folie, l'épilepsie ; la fracture, quelle que soit sa gravité, ne durait pas une semaine. Nous avions des remèdes contre les maladies dont le traitement n'est pas encore découvert. Étions-nous incapables de tout comme on nous le fait chaque jour sentir ? »*[1074]

Cet extrait permet bien de saisir le fait que la MTR existe depuis fort longtemps en Afrique avec une efficacité prouvée. Comme le relève l'UA, *« le recours à la médecine traditionnelle est une réalité universelle, en ce sens qu'elle a été utilisée depuis l'existence de l'humanité dans tous les pays »*[1075]. Il pose aussi clairement la confrontation idéologique et économique entre une médecine moderne importée dont l'accès est onéreux, voire élitiste, et une médecine traditionnelle africaine culturellement acceptée dont l'accès est aisé à tous et qui est d'une efficacité prouvée contre de nombreuses maladies. En réalité, l'efficacité de la MTR n'est plus à démontrer dans le traitement de nombreuses maladies. Bien que l'UA la jauge à l'aune de la médecine moderne et cherche encore les preuves de son efficacité, elle reconnaît cependant qu'elle permet de guérir d'une vaste panoplie de maladies, allant des plus bénignes aux plus mortelles. Au sujet de la MTR, l'UA affirme que : *« malgré l'insuffisance des preuves de son efficacité, la médecine traditionnelle est utilisée pour la gestion des différentes maladies, depuis les maladies à guérison spontanée, jusqu'à celles qui peuvent être mortelles »*[1076].

1073 OMS, *Stratégie de l'OMS pour la médecine traditionnelle pour 2014-2023*, *op. cit.* p. 16.
1074 Cheikh HAMIDOU KANE, *L'aventure ambigüe*, Julliard, 1961, p. 99.
1075 UA, *Plan d'action de la décennie de la médecine traditionnelle (2001-2010)*, *op. cit.* p. 4.
1076 *Ibid.*

De nombreuses études menées dans diverses régions au Cameroun tendent aussi à soutenir la thèse de l'efficacité de la MTR. Paul Ulrich OTYE ELOM, après une large étude de l'ethno-nutrition et l'ethno-diététique de tous les grands groupes ethniques et culturels du Cameroun, conclut que : *« (...) les Noirs africains ont su développer des ethno-méthodes pour donner aux aliments un rôle thérapeutique. En effet, nous avons pu voir dans différents univers culturels qu'il existe des aliments auxquels on attribue des propriétés pharmacologiques spécifiques et qui, selon les informateurs et d'après l'analyse nutritionnelle que nous avons effectuée sur certains d'entre eux s'avèrent fondées »*[1077]. Même si Ignace Bertrand NDZANA recense un certain nombre de dangers pouvant survenir de la pratique des soins dans la MTR, il recense lui aussi des *« impressions positives de l'efficacité de l'ethnothérapie »*[1078]. Il en est de même pour Rose ABONDO-NGONO[1079] et Emmanuel MPONDO MPONDO[1080] et leurs équipes qui concluent aussi à l'efficacité des traitements de la MTR.

Il est fort à noter ici que même s'il est difficile d'expliquer scientifiquement les capacités curatives de certains produits et traitements de la MTR, ceci n'empêche en rien de conclure à l'efficacité de cette forme de médecine qui dans la plupart des cas conduit à l'amélioration de l'état de santé des personnes. L'OMS, d'ailleurs dans sa dernière stratégie pour la MTR, met clairement l'emphase sur le fait que certaines théories, croyances et expériences de la MTR peuvent être inexplicables. Toutefois, cela ne leur dénie en rien leur qualité, leur sécurité et leur efficacité[1081]. Ceci s'harmonise parfaitement avec les directives du Comité international de bioéthique de l'UNESCO qui rappelle que, *« en tant que médecine, l'activité des praticiens traditionnels doit se conformer aux exigences que requiert cette pratique, en premier lieu la sûreté, l'efficacité et la qualité »*[1082]. Il y a lieu de faire remarquer que tout dans la MTR n'est pas explicable du fait de la grande place accordée à la croyance ou en la foi que chaque peuple met en ses procédés médicinaux ancestraux.

En réalité, la MTR est aussi l'expression de croyances, de pratiques et connaissances culturelles propres à chaque peuple. Dès lors, les soins, les produits et les traitements de la MTR sont pour de nombreuses personnes plus facilement acceptables parce qu'elles se reconnaissent en ces produits

---

1077 Paul Ulrich OTYE ELOM, « Ethno-nutrition et ethno-diététique en négroculture » *in* Benjamin Alexandre NKOUM (dir.), *op. cit.* p. 283.

1078 Ignace Bertrand NDZANA, *op. cit.* p. 218.

1079 Rose ABONDO-NGONO et *al., op. cit.*

1080 Emmanuel MPONDO MPONDO et *al.*, *op. cit.*

1081 OMS, *Stratégie de l'OMS pour la médecine traditionnelle pour 2014-2023*, *op. cit.* pp. 15-16.

1082 Comité international de bioéthique (CIB), *op. cit.* p. 1.

ou traitements. En effet, de nombreuses études ont démontré qu'il y a une dimension psychologique très importante dans la guérison d'après laquelle le traitement ne peut être efficace que si le patient y croit. C'est ce qui justifie d'ailleurs l'utilisation de placebo dans le traitement de nombreux cas de maladies[1083]. La MTR *« est parfois perçue comme un élément fondamental de l'identité de ces communautés et souvent étroitement liée à un style de vie, un cadre culturel et des normes sociales (...) »*[1084]. Cette dimension culturelle, gage de l'acceptabilité de la MTR et de son efficacité est reconnue par les organismes internationaux et la doctrine. L'OMS à ce sujet indique d'ailleurs que : *« La médecine traditionnelle fait partie de l'héritage culturel de chaque société. La plupart des systèmes de médecine traditionnels ont évolué en même temps que les cultures et les modes de vie dont ils font partie »*[1085].

En Afrique par exemple, la MTR se fonde sur des théories dans lesquelles l'homme est conçu comme inséparable de son environnement social, naturel, spirituel et cosmique[1086]. Ceci induit que tout traitement doit revêtir cette dimension holistique dans laquelle aucun aspect n'est négligé, qu'il s'agisse du diagnostic de la maladie ou de la nature du traitement à administrer au malade. Par conséquent, *« la maladie est envisagée et traitée comme un phénomène qui se produit lorsqu'un déséquilibre affecte les puissances vitales régissant la santé, qui vont de la divinité la plus puissante aux organismes vivants les plus petits »*[1087]. Cette appréhension de la maladie ne s'applique ni à tous les peuples ni à tous les cas de maladies puisqu'il a été précédemment démontré que dans certaines cultures, la MTR se limite à sa dimension phyto-thérapeutique ou ethno-diététique sans aucune mobilisation de puissances surnaturelles[1088]. Dans le même temps, on est obligé de reconnaître dans de nombreuses autres cultures ou dans le traitement de certaines maladies, cette dimension surnaturelle est largement convoquée.

Ainsi, en général, *« pour rétablir l'harmonie, le guérisseur se sert à la fois des plantes et des minéraux d'origine locale – choisis tant pour leurs propriétés médicinales que pour leur signification symbolique et spirituelle – qu'il accompagne d'actes rituels, et il s'appuie sur sa connaissance approfondie des relations parentales et sociales du patient, ainsi que des*

1083 Alain MOREAU et *al.*, L'efficacité thérapeutique de "l'effet médecin" en soins primaires » disponible sur hal.archives-ouvertes.fr [consulté le 11 mai 2018].
1084 Comité international de bioéthique (CIB), *op. cit.* p. 1.
1085 OMS, *Médecine traditionnelle*, OMS-Bureau régional du Pacifique occidental, 52e session, Brunei Darussalam, 10-14 septembre 2001, p. 9.
1086 Comité international de bioéthique (CIB), *op. cit.* p. 6.
1087 *Ibid.*
1088 Voir entre autres Paul Ulrich OTYE ELOM, *op. cit.* et Ignace Bertrand NDZANA, *op. cit.*

cosmologies locales communes »[1089]. Cette approche holistique des traitements dans le cadre de la MTR n'est pas spécifique à l'Afrique. Le Bureau régional du Pacifique occidental de l'OMS énumère les caractéristiques communes des différents systèmes de MTR. Dans un premier temps, ces systèmes reposent sur la croyance que la vie est l'union du corps, des émotions, du mental et de l'âme ou de l'esprit et que la santé résulte de l'équilibre entre plusieurs aspects en opposition à l'intérieur du corps humain et entre celui-ci et l'environnement. Par conséquent, la maladie survient lorsqu'un individu perd cet équilibre, physiquement, émotionnellement, mentalement ou spirituellement. Ensuite, cette première caractéristique induit l'approche holistique utilisée par les MTR. Enfin, les MTR se fondent sur les besoins spécifiques de chaque individu. On assiste alors à une individualisation des traitements de telle sorte que différentes personnes peuvent recevoir différents traitements, même si, selon la médecine moderne, elles souffrent de la même maladie[1090].

L'ensemble de ce qui précède démontre à suffisance la nécessité de valoriser davantage la MTR et l'urgence à l'intégrer dans les systèmes nationaux de santé, notamment au Cameroun. En effet, il ne s'agit pas seulement d'une question de santé, mais aussi d'une question de protection de la diversité culturelle. L'extrait de Cheikh HAMIDOU KANE ci-haut a permis de comprendre comment l'exclusion de la MTR des systèmes de santé africains a conduit non seulement à la précarisation du droit à la santé, mais aussi à une forme d'errance culturelle en matière de santé. Cette approche exclusive des systèmes de santé est contraire à la Convention sur la diversité biologique, à la Déclaration universelle sur la diversité culturelle, la Convention pour la sauvegarde du patrimoine culturel immatériel et la Déclaration des Nations unies sur les droits des peuples autochtones. Tous ces textes définissent les paramètres sur la base desquels la médecine traditionnelle devrait être comprise et abordée[1091]. Mieux encore, la Déclaration universelle sur la bioéthique et les droits de l'homme pose l'un à côté de l'autre et de façon indissociable, le droit de toute personne de jouir du meilleur état de santé qu'elle soit capable d'atteindre, d'une part ; et d'autre part, la nécessité de respecter la diversité culturelle et le pluralisme, notamment le respect des savoirs traditionnels[1092].

[1089] Comité international de bioéthique (CIB), *op. cit.* p. 6. Sur l'approche holistique des soins dans la MTR en Afrique, lire aussi Xavier DIJON, *La diversité des pratiques africaines de guérison. Repères philosophiques et théologiques*, Collection *Les publications scientifiques de l'UCAC*, n° 48, Presses de l'UCAC, Yaoundé, 2009, p. 4.

[1090] OMS, *Médecine traditionnelle*, OMS-Bureau régional du Pacifique occidental, *op. cit.* p. 10.

[1091] Comité international de bioéthique (CIB), *op. cit.* p. 1.

[1092] *Ibid.* Voir Déclaration universelle sur la bioéthique et les droits de l'homme, adoptée en 2005 par la Conférence générale de l'UNESCO, articles 14, 12 et 17.

En conclusion, *« si les habitants des pays en développement se tournent vers ce type de médecine, c'est surtout parce qu'elle est proche, d'accès facile, d'un prix abordable et compatible avec la culture traditionnelle ou le groupe ethnique »*[1093]. Toutefois, ces grandes vertus de la médecine traditionnelle ne doivent pas occulter ses dangers, ses insuffisances et ses limites, toutes choses qui méritent également d'être mises en lumière afin de permettre au législateur de les prendre suffisamment en compte dans l'optique d'une meilleure garantie du droit à la santé des populations.

Paragraphe 2 : Les limites avérées de la médecine traditionnelle

La médecine traditionnelle comme toute activité humaine connaît sans aucun doute des limites. Ces limites sont imputables à la persistance des pratiques néfastes ou dangereuses qui, quand bien même elles conduiraient à la guérison de la maladie visée, sont susceptibles d'en entraîner d'autres. Ces limites sont également imputables aux médicaments dont la connaissance souvent approximative des effets secondaires est susceptible d'entraîner les mêmes conséquences que celles des pratiques néfastes (A). En outre, les limites de la MTR découlent aussi de son élasticité qui permet d'admettre des pratiques provenant d'horizons divers et qui favorise l'exercice illégal de la MTR par de nombreux charlatans (B).

A. La persistance des pratiques néfastes à la santé des populations et de l'utilisation des médicaments à l'innocuité non établie

L'essor et l'acceptabilité générale de la MTR ne se feront pleinement que si elle est débarrassée de toutes les pratiques, processus de soins et mauvaise connaissance de l'innocuité des médicaments. En effet, autant il est vrai que certains traitements et médicaments de la MTR peuvent s'avérer très efficaces dans le traitement de certaines maladies ou affections, autant il est plus qu'urgent de réglementer l'exercice de cette médecine afin de réduire son innocuité et celles des médicaments qu'elle offre. Ceci obéit bien à cette directive de l'UNESCO d'après laquelle, l'activité des praticiens traditionnels doit se conformer aux exigences de sûreté, d'efficacité et de qualité[1094]. Dans le concert de louanges que connaît aujourd'hui la MTR, ces trois critères font l'unanimité lorsqu'il s'agit d'évoquer les défis que doit surmonter la MTR pour contribuer efficacement et pleinement à l'amélioration de l'état de santé des populations. En effet, la MTR est censée contribuer à l'amélioration de l'état de santé général des populations et non la fragiliser ou créer des sources d'inquiétudes supplémentaires pour la santé publique.

[1093] *Ibid.* pp. 3-4.

[1094] Comité international de bioéthique (CIB), *op. cit.* p. 1.

Dans son plan d'action sur la MTR, l'UA reconnaît la nécessité d'appuyer la MTR sur des pratiques et des médicaments *« dont la sécurité, l'efficacité et la qualité ont été prouvées »*[1095]. Dans son rapport sur la décennie de la MTR en Afrique, le Bureau régional de l'OMS salue les différents progrès réalisés en termes d'intégration de la MTR à l'offre de soins et sa contribution à la réalisation effective du droit à la santé pour tous en Afrique. Toutefois, il note entre autres défis l'insuffisance de données scientifiques sur l'innocuité, l'efficacité et la qualité des médicaments traditionnels, quoique cette observation ne soit pas vraie pour tous les médicaments traditionnels comme il a été largement démontré plus haut. Par ailleurs, le Bureau régional de l'OMS relève que l'inexistence d'un cadre juridique opérant dans plusieurs pays a favorisé l'incurie et des pratiques malsaines[1096].

C'est précisément pour cette raison que l'OMS dans sa nouvelle stratégie pour la MTR s'est fixée comme objectif de renforcer l'assurance-qualité, la sécurité, l'usage approprié et l'efficacité de la MTR en réglementant les produits, pratiques et praticiens[1097]. Cet objectif tient dûment compte du fait que *« les médicaments à base de plantes sont désormais un phénomène international dont les pratiques et les produits sont souvent utilisés dans une partie du monde différente de celle où ils ont à l'origine été conçus ou fabriqués »*[1098]. Par conséquent, il est plus qu'urgent de garantir la qualité et l'innocuité des médicaments et des pratiques et de diffuser les informations y relatives aux potentiels consommateurs. En effet, à cause de l'absence de contrôle de la qualité et du manque d'information des consommateurs, des cas d'utilisation erronée de préparations à base de plantes ont été signalés. Par exemple, en Belgique, plus de 50 personnes ont été atteintes d'insuffisance rénale en 1996 après avoir ingéré une préparation à base de plantes[1099]. Elles s'étaient alors trompées sur les plantes à utiliser pour leurs préparations.

Au Cameroun comme dans de nombreux pays, il n'existe aucun système de contrôle de l'innocuité des plantes médicinales. De nombreuses personnes qui font recours à la MTR ou aux plantes médicinales dans le cadre d'une

---

1095 UA, *Plan d'action de la décennie de la médecine traditionnelle (2001-2010)*, *op. cit.* p. 5.

1096 OMS, *Rapport de situation sur la décennie de la médecine traditionnelle dans la région africaine*, Bureau régional de l'Afrique, Yamoussoukro, 29 août – 2 septembre 2011, p. 4. Voir aussi OMS, *Médecine traditionnelle*, OMS-Bureau régional du Pacifique occidental, *op. cit.* p. 8.

1097 OMS, *Stratégie de l'OMS pour la médecine traditionnelle pour 2014-2023*, *op. cit.* p. 49.

1098 OMS, *Médecine traditionnelle*, Rapport du Secrétariat, 67e Assemblée mondiale de la santé, 14 mars 2014, p. 5.

1099 OMS, *Médecine traditionnelle*, Rapport du Secrétariat, 56e Assemblée mondiale de la santé, 31 mars 2003, para. 5.

auto-prise en charge pensent à tort que le fait que ces médicaments soient « naturels » signifie automatiquement « sans danger ». L'utilisation inadéquate de certains éléments à base de plantes est une source de dangers potentiels. L'idée fausse, mais répandue selon laquelle les produits naturels ne présentent aucune toxicité et ne peuvent avoir d'effets secondaires peut entraîner des prises incontrôlées et excessives aboutissant à une intoxication grave et à des troubles aigus de santé[1100]. En réalité, les populations qui y ont recours ne savent pas quels sont les effets secondaires de telle ou telle plante médicinale, encore moins comment et quand elles peuvent être utilisées en toute sécurité[1101]. En plus de ces aspects médicamenteux, se pose l'épineuse question du diagnostic et de la posologie qui, dans certains cas, peuvent s'avérer imprécis[1102]. Dans tous les cas, il est bon de préciser avec fermeté que *« les inconvénients de la pharmacopée traditionnelle sont bien connus. (...) En effet, toute plante présente une variabilité de son contenu actif en fonction du temps, de l'époque de la récolte et de la partie employée »*[1103].

En conséquence, il semble évident qu'un mauvais usage ou un mauvais diagnostic ou une utilisation abusive peut entraîner de sérieuses complications pour la santé des individus. Au-delà des cas d'insuffisance rénale comme ceux enregistrés plus haut, ces complications peuvent également se rapporter à des troubles hépatiques, à des empoisonnements ou des intoxications. Pareillement, pour certains traitements, ils peuvent causer des maladies hydriques telles que les diarrhées[1104], ou des éruptions cutanées lorsqu'il s'agit de bains thérapeutiques. Aussi, la faible capacité de diagnostic dans certains cas peut entraîner un rallongement inutile de la durée du traitement et, par conséquent, des coûts de traitements pour les malades. Tous ces exemples permettent de comprendre que *« l'expansion de la médecine traditionnelle comporte des risques sanitaires : le marché des produits de la médecine traditionnelle s'étant internationalisé il s'avère difficile de contrôler leur innocuité et leur qualité, il peut y avoir en circulation libre des produits de mauvaise qualité, falsifiés ou contrefaits, entrainant des effets secondaires ou des interactions thérapeutiques indésirables »*[1105].

1100 Comité international de bioéthique (CIB), *op. cit.* p. 13.

1101 OMS, *Médecine traditionnelle*, Rapport du Secrétariat, 56e Assemblée mondiale de la santé, 31 mars 2003, para. 5.

1102 Jean-Louis POUSSET, *Plantes médicinales africaines. Utilisation pratique*, Ellipses, p. 6.

1103 *Ibid.*

1104 Marème GUEYE, « Avantages et limites de la médecine traditionnelle », 18 novembre 2013, disponible sur www.seneplus.com [consulté le 14 mai 2018].

1105 Claire Pinto DOS SANTOS ALMEIDA, « Comment développer des synergies efficaces et équitables entre les médecines traditionnelles ancestrales et la biomédecine contemporaine ? », AG4 – Forum sur la santé, MFGNU, disponible sur www.mfgnu.files.wordpress.com [consulté le 14 mai 2018], p. 6.

Au-delà de l'innocuité des médicaments qui est mal maîtrisée, de nombreuses pratiques de la MTR constituent elles-mêmes un danger pour la santé publique. Par exemple, en Afrique comme au Cameroun, beaucoup de guérisseurs ont recours aux scarifications comme procédé de soins. Ces pratiques sont néfastes pour la santé en ce que pour de nombreux patients, notamment ceux relevant de la même famille, la même lame est souvent utilisée pour le traitement de plusieurs personnes. Ce type de pratiques favorise la diffusion de maladies transmissibles par le sang telles que les hépatites ou le VIH/Sida. Par ailleurs, dans le traitement de certaines maladies mentales, le malade est très souvent battu avec pour objectif de guérir la maladie ou d'annihiler ce handicap. Il en est de même pour de nombreuses femmes qui subissent des attouchements sexuels ou à qui les guérisseurs prescrivent des bains intimes avec des décoctions qui, *in fine*, leur causent des infections gynécologiques[1106]. Ces cas de pratiques de la MTR néfastes à la santé peuvent être répertoriés dans de nombreuses cultures, ce qui montre que la MTR n'est pas sans danger pour les populations.

Ignace Bertrand NDZANA évoque les dangers de la MTR dans le traitement de la loase au Cameroun. Il note que suivant la partie du corps qui est traitée, ces dangers peuvent avoir des conséquences plus ou moins graves. Dans le cas du traitement de la loase ou ver de l'œil, il affirme que *« les recettes qui utilisent le citron, l'oignon, le sel, l'eau chaude... apparaissent dangereuses à moyen et à long terme. Le citron contient beaucoup d'acide qui peut facilement détériorer l'œil. L'utilisation par les malades de certaines recettes serait responsable de nombreux cas de cécités ou de malvoyances rencontrés sur les zones endémiques au Cameroun. Cette situation traduit une réalité, celle de la nécessité d'une campagne de sensibilisation sur les modes de traitement endogènes qui présentent des effets secondaires inestimables sur les malades »*[1107].

De l'ensemble de ce qui précède, on retient avec le Comité international de bioéthique de l'UNESCO que *« toute pratique médicale doit être soumise au critère de sécurité et d'efficacité. La médecine traditionnelle, tout comme la médecine moderne, doit se soumettre à ces critères. La responsabilité des praticiens est de bien connaître les propriétés des différents produits et plantes, et leurs effets bénéfiques ou négatifs sur les personnes de différents âges, sexes et conditions »*[1108]. Ainsi, la fidélité à l'égard de la tradition ne donne pas aux praticiens le droit de recourir à des pratiques mal connues, dangereuses ou nocives. Aujourd'hui, la majorité des incidents rapportés,

---

1106 Marème GUEYE, *op. cit.*

1107 Ignace Bertrand NDZANA, *op. cit.* pp. 216-217.

1108 Comité international de bioéthique (CIB), *op. cit.* p. 13.

liés à l'utilisation des produits et de médicaments à base de plantes, sont attribuables à la mauvaise qualité du produit ou à une mauvaise utilisation[1109]. L'OMS dans sa dernière stratégie pour la MTR recense cinq risques majeurs qui sont associés aux produits, aux praticiens et à l'auto-prise en charge relevant de la MTR. Ces risques sont : l'utilisation des produits de qualité médiocre, falsifiés ou contrefaits ; l'exercice de la MTR par des praticiens non qualifiés ; les erreurs de diagnostic, les diagnostics tardifs ou la non-utilisation de traitements conventionnels efficaces ; l'exposition à une information trompeuse ou non fiable ; et les évènements directs négatifs, les effets secondaires ou interactions thérapeutiques indésirables[1110].

Au regard de ces risques, il y a lieu de relever que la MTR est aujourd'hui profondément pénétrée par de nombreux charlatans qui font aux malades de fausses promesses de guérison. De nombreux cas ont été rapportés au Sénégal[1111] et en RDC. Dans ce dernier pays, une personne souffrant des reins a essayé un produit qui lui était vendu par un pseudo-tradipraticien après que plusieurs traitements classiques se soient avérés inefficaces. Au début, il a ressenti un véritable soulagement, puis quelques jours après, les douleurs sont revenues, beaucoup plus vives. Il a alors été obligé de retourner voir son médecin. Pareillement, un tradipraticien dans les rues de Kisangani en RDC affirmait qu'il détenait une herbe magique et qu'une fois mélangée à des produits chimiques, de l'eau et du sel, elle guérissait quasiment toutes les pathologies, que ce soient les hémorroïdes, la malaria, la fièvre typhoïde, la hernie, la tuberculose, etc.[1112] Ces pratiques de charlatanisme sont encore plus accrues dans le cadre des médecines traditionnelles ou complémentaires fondées exclusivement sur le recours aux puissances surnaturelles.

B. Le recours aux pratiques surnaturelles comme sources de nombreuses escroqueries et atteintes aux droits des malades

En réalité, le véritable défi de la MTR et des médecines complémentaires réside dans leur capacité à se débarrasser des charlatans. Comme le relève le Comité international de bioéthique de l'UNESCO, *« un autre défi propre aux pratiques médicales traditionnelles est celui des charlatans, car il n'existe pas de réglementation reconnue et qu'il est souvent difficile de distinguer les véritables tradipraticiens de ceux susceptibles de nuire aux*

1109 *Ibid.* p. 14.

1110 OMS, *Stratégie de l'OMS pour la médecine traditionnelle pour 2014-2023*, *op. cit.* p. 31.

1111 Marème GUEYE, *op. cit.*

1112 Les Observateurs, « Santé/République démocratique du Congo. Les tradipraticiens, entre médecine traditionnelle et charlatanisme », 3 juin 2010, France24, disponible sur www.observers.frace24.com [consulté le 14 mai 2018].

malades, tant d'un point de vue physique que psychologique. Ces pseudo-guérisseurs nuisent en fait lourdement à l'image de la médecine traditionnelle dans son ensemble »[1113]. Il est important de noter que la probabilité de rencontrer des charlatans est encore plus grande lorsqu'il s'agit des thérapies spirituelles. En effet, dans le cas des phytothérapies, ethnothérapies ou minéralothérapies, il est plus ou moins aisé au bout de quelques moments de savoir si le traitement a produit ou non des effets mélioratifs. Ceci n'est pas le cas avec les thérapies spirituelles dans lesquelles le recours aux ancêtres, au divin ou aux autres forces surnaturelles peut ne pas avoir d'effets physiques ou psychologiques immédiats en termes d'amélioration de la santé et que malgré tout, le « tradipraticien » ou le « guérisseur spirituel » continue de faire miroiter aux malades l'éventualité d'une guérison prochaine qui au bout du compte n'interviendra peut-être pas.

C'est précisément compte dûment tenu de la trop grande porosité de cette forme de MTR et sa facile pénétration par les charlatans que nous avons suggéré plus haut de circonscrire la définition de la MTR en y excluant tout recours aux forces surnaturelles. Loin de nous la prétention d'affirmer que l'aspect psychosomatique dans l'approche de la MTR est une arnaque. En effet, notre postulat est qu'au Cameroun, le syncrétisme médical qui met en débat la légitimité et l'authenticité de la guérison entre tradipraticiens et autorités religieuses au sujet des thérapies spirituelles, a donné lieu à de nombreuses escroqueries ou fausses promesses de guérison. Très souvent, les conséquences de ces escroqueries ou fausses promesses de guérison ont été fatales pour de nombreux malades à qui les guérisseurs ou pasteurs avaient interdit le recours à la biomédecine ou à la phytothérapie, arguant que seul le pouvoir de Dieu, des dieux ou des ancêtres les guérirait.

En réalité, concernant les thérapies spirituelles, la difficulté majeure est méthodologique ou épistémologique, car il est très difficile d'aborder scientifiquement un fait culturel qui produit des effets psychosomatiques. Toutefois, l'on ne peut nier que ces thérapies correspondent à des réalités culturelles déterminées et peuvent être efficaces dans lesdites réalités[1114]. À titre d'exemple, évoquant la guérison au sein des églises chrétiennes, Xavier DIJON conclut péremptoirement qu'*« à l'encontre de fréquents scepticismes, de nombreux témoignages de malades guéris attestent l'efficacité de ces pratiques chrétiennes »*[1115]. En effet, *« l'entrée massive de la psychologie dans le champ médical, non pas seulement sous la forme scientifique de la psychiatrie, mais encore sous l'appellation de médecine psychosomatique a rappelé la puissance du pouvoir exercé par la psyché*

1113 Comité international de bioéthique (CIB), *op. cit.* p. 14.
1114 *Ibid.* p. 14.
1115 Xavier DIJON, *op. cit.* p. 14.

humaine sur le corps du sujet malade »[1116]. Par conséquent, si nous posons le principe fondamental de l'exclusion de cette forme de traitement, nous risquons nous muer en gardiens de « l'absolutisation d'une méthode déterminée »[1117].

Il ne s'agit clairement pas pour nous de dire que cette forme de thérapie ne peut ni exister ni avoir des résultats efficaces, mais seulement de dire que, compte tenu du contexte camerounais et des observations faites, les thérapies spirituelles sont très souvent l'œuvre de charlatans de toutes sortes. Ainsi, dans l'optique de sortir la MTR du bois et de l'intégrer pleinement dans le système de santé traditionnel, il serait judicieux d'avoir dans un premier temps une approche restrictive dans le recensement des personnels de la MTR. Ceci suppose bien évidemment l'exclusion des thérapeutes spirituels de la liste des tradipraticiens qui seront éventuellement agréés par l'État. Il ne s'agit pas ici de rejeter les thérapies spirituelles lorsque celles-ci s'adossent sur un traitement médical ou médicinal, mais seulement d'exclure, quoique momentanément, toute prétention de guérison fondée exclusivement sur des soins axés sur l'invocation des forces surnaturelles. En fait, la difficulté avec les thérapies spirituelles, au-delà du problème des charlatans, est également liée au risque de mauvais diagnostic, si et quand on prétend guérir une pathologie organique avec un traitement inadéquat, les conséquences peuvent être très graves pour le patient[1118].

Il ne fait aucun doute que les thérapies spirituelles lorsqu'elles sont associées à la phytothérapie correspondent à une approche holistique des soins de santé dans la MTR. En effet, selon les croyances locales, *« derrière chaque trouble, – un accident ou une maladie par exemple –, se manifeste un esprit perturbateur, lequel esprit d'ailleurs, si spirituel soit-il, prend tout de même des formes très corporelles »*[1119]. Ce sont ces croyances qui ont permis la prolifération au Cameroun, comme partout ailleurs en Afrique, des « prophètes-guérisseurs surgis dans les églises »[1120] et dans les rues. Certes, l'OMS et l'UNESCO défendent le principe fondamental de la non-discrimination à l'égard des médecines traditionnelles, ce qui implique leur reconnaissance et le respect des droits des tradipraticiens[1121]. Cependant, la situation est différente avec les thérapies spirituelles traditionnelles ou religieuses, *« puisqu'elles sont basées sur le lien relationnel symbolique*

1116 *Ibid.* p. 12.
1117 *Ibid.*
1118 Comité international de bioéthique (CIB), *op. cit.* pp. 14-15.
1119 Xavier DIJON, *op. cit.* p. 3.
1120 *Ibid.* p. 1.
1121 Comité international de bioéthique (CIB), *op. cit.* p. 15.

considéré comme un élément essentiel de la relation thérapeutique elle-même »[1122].

Cet élément essentiel se mue très tôt en élément exclusif et dans de nombreux cas de maladies telles que le zona, les spirito-thérapeutes interdisent à leurs patients de se faire traiter à l'hôpital au prétexte que c'est une maladie maléfique. Dans ce type de cas, il est théoriquement bien vu d'évoquer le principe de non-discrimination. Sauf que ce principe ne peut autoriser à des praticiens d'empêcher des malades de recevoir un traitement vital en prétendant disposer d'une méthode efficace ou même miraculeuse pour traiter des maladies aigües ou graves, ou en fournissant un diagnostic spirituel fondé sur les croyances locales pour convaincre le patient de la nécessité de ne pas suivre le traitement conseillé. Il est impératif de marteler clairement que chaque patient, quel que soit le contexte culturel dans lequel il vit, devrait avoir accès aux meilleurs moyens de diagnostic, de prévention et de traitement[1123]. Conséquemment, la responsabilité médicale exigée des praticiens de la médecine moderne devrait s'appliquer avec la même rigueur aux tradipraticiens, qui plus est, les guérisseurs spirituels.

Le rejet de l'insertion de ce type de thérapie dans la formulation de la MTR tient aussi largement de sa grande facilité à méconnaître ou à violer les droits des malades. Il est au plus haut point indispensable de rappeler ici que les principes de respect de la dignité humaine, d'autonomie et de consentement éclairé du malade sont indissociables. Par exemple, l'autonomie implique la responsabilité de la personne qui doit être informée de façon précise des conséquences de son choix. Il s'agit en réalité d'un droit à des informations compréhensibles, pertinentes et structurées[1124]. Or, il a été démontré plus haut qu'à l'occasion des thérapies spirituelles, non seulement le patient n'est pas informé sur le processus de traitement et des conséquences pouvant en résulter, mais pis encore, son consentement n'est requis pour aucune forme de traitement, quand bien même celle-ci porterait atteinte à son intégrité physique, sexuelle ou psychologique. Il en découle que *« les difficultés d'application des principes d'autonomie et de consentement dans la médecine spirituelle sont réelles, mais elles ne devraient pas nous empêcher d'exiger leur respect dans ce type de pratiques traditionnelles ainsi que dans d'autres »*[1125].

De nombreuses études illustrent suffisamment ces différents types de violations et renseignent assez sur les cas d'escroquerie ou de charlatanisme médical. Tout d'abord, il faut remarquer que *« le retour du maraboutisme,*

[1122] *Ibid.*
[1123] *Ibid.*
[1124] *Ibid.* p. 12.
[1125] *Ibid.* p. 13.

de la médecine traditionnelle et des Églises, dans le champ du traitement de la maladie et des problèmes auxquels se trouvent confrontés les Africains aujourd'hui, démontre à quel point la maladie, affectant l'individu ou le groupe, est génératrice de pratiques qui débordent le champ strictement médical »[1126]. Dans ce contexte de la santé-business, gravitent aux côtés de vrais tradipraticiens, d'autres guérisseurs de mauvaise réputation, très nombreux et sans connaissance médicinale ou religieuse particulière, mais qui font commerce des soins, amulettes, conseils, prédictions, etc. On assiste alors à la transformation de la fonction thérapeutique du marabout en activité professionnelle rémunérée, ce qui est à l'origine des abus et trafics d'influence de tout genre. La figure idéalisée du tradipraticien, homme respecté, modeste et désintéressé, est désormais remplacée par une pléiade de praticiens, mus par l'appât du gain et prétendant détenir des pouvoirs illimités[1127].

Ces charlatans, vendeurs d'illusions, n'hésitent pas à recourir à tout type de pratiques malsaines, immorales et dégradantes dans leur course à la guérison miraculeuse, à la guérison spectacle. Dans ces pratiques qui convoquent le monde « invisible »[1128], on ne s'étonnera pas de constater que *« le renforcement des liens entre les hommes et les dieux – comme dans le cas de la rencontre filiation/relation d'alliance – s'opère autour de la nourriture et de la sexualité. Il s'agit de communier ensemble par et dans la nourriture, par et dans l'acte sexuel (...) »*[1129]. Il est important de rappeler qu'à l'occasion de ce type de pratiques, *« le guérisseur se veut médecin et non prêtre : c'est d'un "acte médical" qu'il s'agit, non d'un "acte culturel" »*[1130]. D'autres pratiques sont toutes aussi déshumanisantes ou violatrices des droits du malade. C'est le cas des scarifications évoquées plus haut. Dans ce cas, les guérisseurs pratiquent des incisions sur les parties vitales du corps (front, poitrine, côtes, reins, etc.) et les frictionnent avec des pigments ou des substances irritantes dont ils maîtrisent seuls les secrets[1131]. Dans d'autres cas, de la terre est prélevée du sanctuaire ou caveau familial et utilisée pour les embaumements du corps avec une fonction de protection et

---

1126 Richard FILAKOTA, « Le marabout thérapeute dans le contexte du pluralisme médical » *in* Ludovic LADO (dir.), *Le pluralisme médical en Afrique*, PUCAC-Khartala, Yaoundé et Paris, 2010, p. 87.
1127 *Ibid.*
1128 Roberto BENEDUCE, « Soigner l'incertitude au Cameroun. Le théâtre épique du nganga face aux économies du miracle » *in* Ludovic LADO (dir.), *op. cit.* p. 106.
1129 Jean-Baptiste FOTSO DJEMO, *Le regard de l'autre. Médecine traditionnelle africaine*, L'Harmattan, Paris, 2009, p. 178.
1130 *Ibid.* p. 179.
1131 Yves Bertrand DJOUDA FEUDJIO, « Blindage, autopsie traditionnelle et santé chez les *Ngyemba* de l'Ouest-Cameroun » *in* Marie Thérèse MENGUE (dir.), *Développement et changement social en Afrique*, PUCAC, Yaoundé, 2012, p. 266.

de guérison[1132]. La pratique dite du « lavage » est elle aussi en contradiction fondamentale avec les droits du malade qui subit alors de véritables traitements inhumains et dégradants[1133].

Toutes ces lacunes, limites ou inconvénients montrent à suffisance l'urgence qu'il y a à réglementer l'exercice de la MTR au Cameroun. En somme, il est inéluctable que la MTR peut jouer un rôle important dans l'amélioration de la santé. Néanmoins, la facilité d'accès à cette médecine et son coût abordable dans les pays les moins développés dissimulent trop souvent l'incapacité à fournir des traitements et des médicaments plus efficaces à des individus qui souffrent et meurent de maladies qui peuvent être traitées avec succès et le sont effectivement dans d'autres pays du monde[1134].

Section 2 : La nécessité d'un meilleur encadrement de la pratique de la médecine traditionnelle

L'encadrement de la MTR apparaît clairement comme l'un des grands défis de la mise en œuvre de la santé dans les pays en voie de développement, y compris le Cameroun. La nécessité de cet encadrement juridique tient compte des opportunités que présente la MTR pour la réalisation effective et efficace du droit à la santé pour tous, mais aussi des difficultés d'ordre pratique qui empêchent encore le plein déploiement et l'acceptation générale de la MTR par tous. Cet encadrement est l'un des objectifs majeurs des organisations mondiales et régionales, notamment l'UA, l'OMS et l'UNESCO, qui en ont fait un objectif stratégique clé dans l'intégration de la MTR aux systèmes de santé africains[1135].

Dans son rapport d'évaluation publié au lendemain de la décennie de la MTR en Afrique, l'OMS note que, malgré les importants progrès effectués dans la prise en compte de la MTR dans l'objectif de réaliser le droit à la santé de toutes les populations, d'énormes défis se posent encore à l'intégration de la MTR dans les systèmes de santé. Ces défis sont : la faiblesse des ressources financières et humaines ; le caractère inopérant de la réglementation portant sur la MTR qui a favorisé l'incurie et les pratiques malsaines ; l'insuffisance des données scientifiques sur l'innocuité, l'efficacité et la qualité des médicaments traditionnels ; et un environnement

[1132] *Ibid.*
[1133] *Ibid.*
[1134] Comité international de bioéthique (CIB), *op. cit.* p. 19.
[1135] Voir à cet effet, UA, *Plan d'action de la décennie de la médecine traditionnelle (2001-2010)*, *op. cit.* pp. 7-8. Voir aussi OMS, *Stratégie de l'OMS pour la médecine traditionnelle pour 2014-2023*, *op. cit.* p. 47. Voir enfin, Comité international de bioéthique (CIB), *op. cit.* p. 17.

politique, économique et réglementaire peu propice à la production locale de médicaments traditionnels[1136]. Par conséquent, pour assurer la pleine contribution de la MTR à la concrétisation du droit à la santé pour toutes les personnes vivant au Cameroun, il est indispensable d'adopter une réglementation organisant l'exercice de la MTR au Cameroun (Paragraphe 1). Par ailleurs, cette réglementation devra organiser les conditions d'intégration de la MTR au système de santé camerounais (Paragraphe 2).

Paragraphe 1 : L'adoption d'un cadre juridique de promotion de la médecine traditionnelle

D'après l'objectif stratégie numéro 2 de la *Stratégie de l'OMS pour la médecine traditionnelle pour 2014-2023*, il faut renforcer l'assurance-qualité, la sécurité, l'usage approprié et l'efficacité de la MTR en réglementant les produits, les pratiques et les praticiens. L'État du Cameroun ne s'est pas encore arrimé à cet objectif bien qu'il existe des portions de textes épars qui encadrent quelques aspects liés à la MTR. Quoi qu'il en soit, il est plus que jamais indispensable de définir un cadre juridique clair réglementant les aspects énoncés dans l'objectif stratégique de l'OMS (A) ; mais aussi disposant suffisamment sur la protection des savoirs et des ressources de la MTR (B).

A. L'encadrement juridique de l'exercice de la médecine traditionnelle

L'encadrement de l'exercice de la MTR apparaît comme une nécessité compte tenu des opportunités qu'elle présente pour l'amélioration de l'accès aux soins et à des traitements efficaces pour des millions de personnes pauvres, vulnérables et exclues du système de santé conventionnel. Cet encadrement s'inscrit également dans l'urgence au regard de tous les inconvénients causés par l'anarchie qui prévaut actuellement dans la MTR et qui favorise non seulement le charlatanisme et l'escroquerie, mais aussi des pratiques fragilisant la santé des personnes ou les droits des malades. Au Cameroun, malgré une reconnaissance tacite de la MTR, aucune action concrète n'a été prise en vue de la réglementer et d'organiser son exercice. Le ministère de la Santé publique reconnaît d'ailleurs que la MTR est envahie par des charlatans et que le faible encadrement et suivi des activités des tradipraticiens ne lui permet pas d'en avoir la maîtrise et le contrôle, ce qui contribue immanquablement à l'augmentation de la morbidité et de la

[1136] OMS, *Rapport de situation sur la décennie de la médecine traditionnelle dans la région africaine*, Bureau régional de l'Afrique, *op. cit.* p. 4.

mortalité[1137]. Pour faire face à ce contexte anarchique et morbide, les organisations mondiales, au premier rang desquelles l'OMS, demandent aux États d'engager de véritables processus de réglementation et d'organisation de la MTR.

Le Cameroun est engagé dans ce processus depuis de nombreuses années bien qu'il soit resté jusqu'à présent inabouti. En effet, depuis près d'une décennie, il existe un projet de loi et un ensemble de réglementations portant sur la MTR qui ont été préparés par le ministère de la Santé publique. Malheureusement, tous ces textes ne sont restés qu'à l'étape de projet et le secteur continuer d'exister et d'exercer dans l'informel sous une forme de tolérance des autorités gouvernementales. Cette attitude des autorités sanitaires et gouvernementales ne favorise pas la création d'un environnement serein et prospère en vue de promouvoir la MTR et de contribuer efficacement à l'amélioration de la santé des populations. Comme le relève le ministère de la Santé publique, *« ce manque de gouvernance dans ce secteur explique les nombreuses dérives observées sur le terrain de la part des acteurs »*[1138]. Cette alerte, conjuguée aux opportunités de la MTR démontrent à suffisance de l'intérêt de la légaliser et d'encadrer sa pratique au Cameroun. En effet, « si de nombreuses dérives sont observables, les bienfaits de cette pratique ne sont pourtant pas négligeables », d'où l'urgence et la nécessité d'adopter une réglementation claire et précise susceptible de contribuer à l'amélioration de la santé des populations[1139].

Au plan international, les organisations intergouvernementales ont défini un cadre stratégique dans lequel devrait s'inscrire tout processus législatif visant à reconnaître et à organiser l'exercice de la MTR. Dans le *Plan d'action* de l'UA, la législation sur la MTR devrait donner une place prépondérante au développement et à l'intégration de la MTR dans le système de santé publique. Pour ce faire, l'UA recommande d'engager un certain nombre d'activités parmi lesquelles : l'adoption d'un plan-cadre juridique pour la pratique de la MTR et un code éthique pour les tradipraticiens ; l'élaboration d'une politique nationale en matière de MTR ; la création d'un Conseil national sur la MTR avec une compétence en matière de normalisation des pratiques et des produits de la MTR ; et la création d'une structure permanente relevant du ministère de la Santé publique chargée de la supervision de la mise en œuvre de la politique nationale en matière de MTR[1140].

1137 Ministère de la Santé publique, *Stratégie sectorielle de santé 2016-2027, op. cit.* p. 71.

1138 Ministère de la Santé publique, Exposé des motifs du projet de loi portant organisation et exercice de la médecine traditionnelle au Cameroun, inédit, p. 4.

1139 *Ibid.* p. 5.

1140 UA, *Plan d'action de la décennie de la médecine traditionnelle (2001-2010), op. cit.* pp. 7-8.

L'OMS également dans sa *Stratégie pour la MTR*, fixe comme objectif stratégique le renforcement de l'assurance-qualité, l'innocuité, l'usage approprié et l'efficacité de la MTR au moyen de la réglementation des produits, pratiques et praticiens. Cet objectif vise à préciser et à compléter l'objectif de l'UA, les deux s'accordant sur la nécessité de réglementer le secteur de la MTR. Pour l'OMS, il est primordial de réglementer les produits, notamment par une procédure d'autorisation de mise sur le marché ; et de réglementer les pratiques et les praticiens afin de réduire la perméabilité du secteur aux charlatans et aux pratiques pouvant fragiliser le malade dans sa santé et dans ses droits[1141]. Pour l'UNESCO, *« une réglementation adéquate de la médecine traditionnelle est un outil essentiel aux fins de son intégration au cadre général des systèmes de santé »*[1142]. Par conséquent, les domaines dans lesquels la réglementation est impérieuse sont les suivants : la protection des individus ; la confidentialité due au patient quant à son état de santé et aux informations qu'il livre à son thérapeute ; le consentement éclairé pour les études et les tests cliniques ; la protection contre le préjudice pour les patients ; le respect du défunt ; le respect du droit à la propriété et de la propriété intellectuelle ; les compensations adéquates (rémunération des praticiens, compensation en cas de faute médicale) ; et la promotion de la régénération et de la conservation des ressources nationales[1143].

Il n'est point besoin de rappeler qu'aucun de ces aspects n'est pris en compte vu qu'il n'existe pas jusqu'à ce jour de réglementation portant sur la MTR au Cameroun. Toutefois, dans le souci de contribuer à l'élaboration d'une loi pertinente qui n'est pas caduque dès son adoption, il est indispensable de procéder à l'évaluation du projet de loi et des projets de décrets se rapportant à la MTR à l'aune des critères posés ci-dessus par les organisations internationales dont le Cameroun est membre. S'agissant de la reconnaissance de la MTR, il faut dire que celle-ci est reconnue, bien que non organisée, par l'État du Cameroun. En effet, le décret portant organisation du ministère de la Santé publique crée au sein dudit ministère un service du développement de la MTR chargé du suivi et de l'encadrement des activités liées aux prestations socio-sanitaires traditionnelles et du développement de la collaboration entre les prestataires socio-sanitaires traditionnels et les services de santé[1144]. Par ailleurs, ce même décret charge le ministre de la Santé publique d'assurer le suivi du développement de la

---

1141 OMS, *Stratégie de l'OMS pour la médecine traditionnelle pour 2014-2023*, *op. cit.* p. 47 et seq.

1142 Comité international de bioéthique (CIB), *op. cit.* p. 17.

1143 *Ibid.* p. 18.

1144 Décret n° 2013/093 du 3 avril 2013 portant organisation du ministère de la Santé publique, article 42.

MTR, en liaison avec le ministère de la Recherche scientifique et de l'Innovation (ci-après MINRESI)[1145].

Il y a malheureusement lieu de remarquer que l'action du ministère de la Santé publique dans le développement et l'encadrement de la MTR se fait attendre. En ce qui concerne le MINRESI, le décret portant organisation du gouvernement le charge d'assurer le suivi de la recherche dans le domaine des pharmacopées traditionnelles en lien avec le ministère de la Santé et les départements ministériels concernés. En conséquence, il a été créé au sein de ce ministère un Institut de recherches médicales et d'études des plantes médicinales (ci-après IMPM)[1146]. Au regard de ces éléments, on comprend bien que le MINRESI ne se charge que de la recherche à travers l'IMPM et que l'encadrement de l'organisation et de l'exercice de la MTR demeure du ressort du ministère de la Santé. Dans les projets de réglementation produits par ce ministère, de nombreux aspects évoqués par les organisations internationales sont pris en compte, même s'il demeure des lacunes.

Au rang des aspects pris en compte, on peut relever tout d'abord les grandes orientations de la pratique de la MTR au Cameroun qui portent notamment sur la mise sur pied des protocoles de diagnostic, de soins, de prévention et de promotion ainsi que la soumission aux procédures d'homologation et de mise sur le marché des produits issus de la pharmacopée traditionnelle[1147]. Ce qu'il y a à regretter à ce niveau c'est la prise en compte des thérapies spirituelles et le silence qui s'en suit quant aux procédures d'homologation y afférentes. Ceci rend compte de la difficulté à les saisir et du choix opéré dans ce travail d'exclure dans un premier temps ce type de thérapies de la MTR parce que trop mouvant et incontrôlable. Rien ne s'oppose à ce que par la suite, après une bonne étude sur les contours de ces thérapies, l'on puisse modifier la loi pour les y intégrer ; mais pour l'instant, leur prise en compte par la loi desservirait plus la MTR qu'elle ne l'aiderait. Il est également regrettable que les protocoles de diagnostic, de soins, de prévention et de promotion de la MTR n'aient pas été définis dans le projet de loi et qu'il soit fait un renvoi à un texte réglementaire qui le fera. Cette omission rendrait la loi inopérante dès son adoption et gèlerait son action, au moins dans ces domaines, jusqu'à l'édiction de ladite norme réglementaire. Il en est de même pour les procédures d'homologation et de mise sur le marché qui n'ont pas été définies.

[1145] *Ibid.* article 1(2).

[1146] Décret n° 2011/408 du 9 décembre 2011 portant organisation du gouvernement, article 8(30).

[1147] Projet de loi portant organisation et exercice de la médecine traditionnelle au Cameroun, articles 3-7.

Toutefois, le projet de loi semble être rédigé de façon à laisser penser que les procédures applicables aux médicaments de l'industrie pharmaceutique s'appliqueront ici. Sauf que si c'est le cas, aucune disposition dans la loi, contrairement aux directives des organisations internationales, n'organise les conditions d'études et de tests cliniques, notamment le consentement éclairé et libre des sujets desdits études et tests. D'autre part, il faudrait cependant se demander s'il est besoin de soumettre les produits de la MTR à de pareilles procédures au regard de la faiblesse des moyens technologiques dont disposent les tradipraticiens et du fait que ces produits ont de longue date fait la preuve de leur efficacité, de leur innocuité et de leur qualité. Cette procédure serait-elle applicable aux produits issus de la recherche ?

Ensuite, le projet de loi sur la MTR donne l'architecture de l'organisation de la MTR au Cameroun. Seront ainsi créés le Conseil national des tradipraticiens de santé du Cameroun (ci-après CNTC) qui est en charge du développement et de la promotion de la MTR et le Comité consultatif national (ci-après CCN) qui est un organe d'appui technique créé et rattaché au ministère de la Santé conformément aux directives de l'UA[1148]. Il y a lieu de saluer la création envisagée du CNTC qui n'est pas à proprement dit un ordre des tradipraticiens, mais une sorte de confédération des associations déjà existantes de tradipraticiens. Par conséquent, son implémentation pourra aisément s'appuyer sur un tissu associatif déjà bien en place. Cependant, on ne peut pas manquer de relever que la mission du CNTC est en réalité très proche de celle du ministre de la Santé en matière de MTR comme on peut le lire dans le décret organisant le ministère de la Santé publique. En outre, le projet de loi est favorable à la création d'un cadre de collaboration entre la MTR et la médecine conventionnelle[1149]. Les observations relatives à ce point seront discutées plus loin dans le cadre de cette étude.

Enfin, le projet de loi sur la MTR régit la pratique de la MTR au Cameroun en disposant notamment sur les conditions d'accréditation des tradipraticiens, sur le contrôle de l'exercice de la MTR et sur les obligations du tradipraticien. Les procédures sont du ressort du CNTC et ministère de la Santé et de ces deux entités et du CCN en ce qui concerne les procédures de contrôle. En ce qui concerne les obligations du tradipraticien, il se doit de respecter la vie humaine et le secret professionnel. Il se doit aussi de souscrire à une police d'assurance afin de couvrir ses risques professionnels, de s'abstenir de toute possibilité de divulguer des informations relatives aux données personnelles du malade et de collaborer avec les structures sanitaires de sa localité d'exercice[1150]. Au regard de ce texte, on se rend bien

[1148] *Ibid.* articles 8-11.
[1149] *Ibid.* articles 12-13.
[1150] *Ibid.* articles 15-19.

compte que de nombreux droits du malade sont ignorés à l'instar des droits à l'information, au consentement, à la liberté de choix, à la décision partagée ou à l'intimité et à la dignité. Il en est de même du droit à la protection contre les préjudices et du droit à l'éducation des patients alors même que les tradipraticiens peuvent s'avérer être de précieux relais en matière de transmission de l'information sanitaire. On ne peut nier que la MTR et l'éducation sanitaire traditionnelle, notamment les exercices traditionnels, contribuent de façon significative à promouvoir la santé et à améliorer la qualité de vie d'un grand nombre de communautés[1151].

Le projet de loi sur la MTR ignore de nombreux aspects pertinents tels que la juste compensation des tradipraticiens, la protection des ressources naturelles indispensables à la survie de la MTR, la protection des droits de propriété intellectuelle sur les savoirs ancestraux et acquis des acteurs de la MTR et la lutte contre la biopiraterie.

B. La protection des savoirs et des ressources de la médecine traditionnelle

L'encadrement de la MTR doit aussi porter sur la protection des savoirs et des ressources de la MTR. Comme il a été démontré ci-haut, l'exercice de la MTR et la production des médicaments y relevant dépendent largement des ressources génétiques issues de l'exploitation forestière. La MTR ayant par essence une dimension hautement culturelle, les tradipraticiens tirent des forêts l'essentiel de la matière première qui leur sert à fabriquer des médicaments. Pareillement, certaines pratiques de soins doivent impérativement se dérouler dans des lieux sacrés. Par conséquent, pour la sauvegarde des savoirs et des pratiques de soins, il est impérieux que l'État adopte un cadre juridique suffisamment protecteur de ces espaces sacrés et de ces espèces génétiques qui constituent la matière première des médicaments traditionnels. Ce qui n'est pas le cas dans le projet de loi sur la MTR. Cependant, sur ces deux points, l'État du Cameroun a suffisamment été avant-gardiste tant dans la protection des lieux sacrés des communautés locales et autochtones ou indigènes que dans la protection des ressources génétiques nécessaires à la préservation de leur mode de vie culturel. Bien que cette réglementation ne porte pas directement sur la protection des ressources de la MTR, il n'en demeure pas moins qu'elle y contribue fondamentalement.

Concrètement, la loi-cadre sur l'environnement au Cameroun prévoit que l'exploitation scientifique et l'exploitation des ressources biologiques et génétiques du Cameroun doivent être faites dans des conditions de

---

[1151] OMS, *Médecine traditionnelle*, OMS-Bureau régional du Pacifique occidental, *op. cit.* p. 14.

transparence et de collaboration étroite avec les institutions nationales de recherche, les communautés locales et de manière profitable au Cameroun dans les conditions prévues par les conventions internationales pertinentes, notamment la Convention de Rio de 1992 sur la diversité biologique[1152]. Cette convention établit des règles importantes visant à protéger les pays en développement du risque d'exploitation de leurs connaissances traditionnelles et de leurs ressources naturelles. Par exemple, elle fait obligation aux chercheurs et aux entreprises multinationales qui veulent avoir accès à ces ressources, d'obtenir un consentement éclairé préalable et de partager les résultats et les avantages qui résultent de leur utilisation[1153]. Par conséquent, dans toute activité de recherche ou d'exploitation des ressources forestières, les entreprises commerciales ou les chercheurs provenant d'institutions nationales ou étrangères sont tenus de travailler en étroite collaboration avec les communautés locales et à leur faire bénéficier du fruit de leurs travaux. Cette disposition permet de lutter à la fois contre le pillage des savoirs ancestraux et des systèmes de connaissances médicinales des communautés locales et contre le pillage des ressources génétiques issues de leurs forêts.

Cette disposition s'imbrique harmonieusement à l'article 8 de la convention sur la diversité biologique qui demande aux États parties de respecter, de préserver et de maintenir les connaissances, innovations et pratiques des communautés locales et autochtones qui incarnent des modes de vie traditionnels présentant un intérêt pour la conservation et l'utilisation durable de la diversité biologique, et en favoriser l'application sur une grande échelle, avec l'accord et la participation des dépositaires de ces connaissances, innovations et pratiques, et encourager le partage équitable des avantages découlant de l'utilisation de ces connaissances, innovations et pratiques[1154]. Ce texte a été précisé et clarifié par le Protocole de Nagoya sur l'accès aux ressources génétiques et le partage juste et équitable des avantages découlant de leur utilisation. Ces deux instruments ont pour objectif de renforcer l'utilisation durable ainsi que la contribution de la biodiversité au développement et au bien-être humains[1155].

L'exploitation de l'environnement, qu'il s'agisse des ressources forestières, halieutiques, fauniques ou minières au Cameroun, doit se faire dans le souci de la préservation de la biodiversité et de la sauvegarde des droits culturels des communautés locales et autochtones. Ainsi, la loi-cadre

---

[1152] Loi n° 96/12 du 5 août 1996 portant loi-cadre relative à la gestion de l'environnement, article 65(1).
[1153] Comité international de bioéthique (CIB), *op. cit.* p. 19.
[1154] *Ibid.* p. 20.
[1155] *Ibid.*

sur l'environnement commande de gérer rationnellement les ressources naturelles de façon à satisfaire les besoins des générations actuelles sans compromettre la satisfaction de ceux des générations futures[1156]. Il en découle que la conservation de la diversité biologique et génétique contre toutes les causes de dégradation et les menaces d'extinction sont d'intérêt national. Il est du devoir de chaque citoyen de veiller à la sauvegarde du patrimoine naturel. En ce qui concerne l'État, il peut le faire en érigeant toute partie du territoire national en une aire écologiquement protégée qui devra faire l'objet d'un plan de gestion environnemental[1157]. À titre d'exemple, l'État peut créer un sanctuaire de flore, une forêt de protection, une forêt d'enseignement et de recherche ou un jardin botanique. Un jardin botanique selon la réglementation est un site destiné à conserver et à associer des plantes spontanées ou introduites, bénéficiant d'une protection absolue, dans un but scientifique, esthétique ou culturel[1158].

Ces aires écologiquement protégées sont fondamentales pour la MTR en ce qu'elles constituent les réserves écologiques des ressources génétiques ou des plantes médicinales indispensables à la perpétuation des savoirs médicinaux ancestraux. Toutefois, de façon plus générale, l'État du Cameroun a clairement disposé sur les droits d'usage des populations autochtones et locales qui doivent être en tout temps protégées. Quel que soit le type de forêt envisagée, les populations riveraines conservent leurs droits d'usage qui consistent dans l'accomplissement à l'intérieur de ces forêts, de leurs activités traditionnelles telles que la collecte des produits forestiers secondaires[1159]. Dans le cadre des activités minières, les entreprises en charge de l'exploitation minière sont tenues dans toutes leurs activités de respecter les lieux considérés comme sacrés et les lieux culturels[1160]. Cette réglementation est d'une importance capitale et permet aussi de voir le rôle central que peuvent jouer les populations autochtones dans la préservation de la biodiversité.

Malgré ce qui précède, il faut indiquer que les lacunes de la réglementation apparaissent au niveau de la protection des savoirs. En effet, il n'existe pas de loi au Cameroun permettant de protéger les droits de propriété intellectuelle qu'ont les communautés autochtones et les tradipraticiens sur leurs connaissances, innovations et pratiques. Par

---

[1156] Loi n° 96/12 du 5 août 1996 portant loi-cadre relative à la gestion de l'environnement, article 63.

[1157] *Ibid.* articles 62 et 64(3).

[1158] Décret n° 94/436/PM du 23 août 1995 fixant les modalités d'application des régimes des forêts, article 3.

[1159] *Ibid.* article 26. Voir aussi la loi n° 94/01 du 20 janvier 1994 portant régime des forêts, de la faune et de la pêche, articles 7, 8 et 37.

[1160] Loi n° 001-2001 du 16 avril 2001 portant Code minier, articles 62 et 63.

conséquent, ces connaissances, innovations et pratiques s'exposent fortement au pillage étranger ou à la biopiraterie. La biopiraterie se définit selon Pat MOONEY comme *« l'utilisation des systèmes de propriété intellectuelle pour légitimer la propriété et le contrôle exclusif des connaissances et des ressources biologiques sans reconnaître, récompenser ou protéger les contributions des communautés indigènes et paysannes »*[1161]. La montée de la biopiraterie est attribuable au moins à deux éléments que sont l'impact économique que représentent aujourd'hui les médicaments traditionnels et l'impact thérapeutique qu'ils représentent également. Sur le premier point, il faut mentionner qu'il n'existe pas de chiffres connus de l'impact économique des produits de la MTR. Toutefois, à titre de comparaison, la production chinoise de matériel médical se chiffrait en 2012 à 81,3 milliards de dollars US tandis qu'aux États-Unis, les dépenses directes des ménages consacrées à des produits naturels s'élevaient en 2008 à 14,8 milliards de dollars US[1162].

Ces chiffres attisent l'appétit et expliquent la prédation sans cesse croissante de grandes industries pharmaceutiques qui, dans de nombreux pays du Sud, financent des recherches sur des plantes et minéraux utilisés dans la MTR par les populations autochtones compte tenu de l'opportunité thérapeutique et financière que ces recherches pourraient avoir dans le traitement de certaines maladies. Sans réglementation devant protéger ces savoirs ancestraux, les populations autochtones et les communautés locales risquent de se voir déposséder de leurs connaissances, piller dans leurs innovations et pratiques au bénéfice de grosses firmes pharmaceutiques qui ensuite déposeront des brevets sur leurs connaissances sans aucune reconnaissance ni aucun partage des avantages. Il est nécessaire d'adopter des réglementations efficaces pour garantir la reconnaissance et la protection des droits de propriété intellectuelle des communautés autochtones[1163].

Or, cet aspect est complètement ignoré dans le projet de loi sur la MTR au Cameroun. En effet, l'article 12 du projet de loi dispose que : *« Les tradipraticiens de santé et tradithérapeutes, les personnels de santé de la médecine conventionnelle, les instituts et les réseaux de recherches sont astreints à une collaboration étroite susceptible de valoriser le savoir-faire traditionnel et garantir la protection des droits de propriété intellectuelle du détenteur de ce savoir »*. L'article 13 le complète en disposant que des conventions peuvent être signées afin de définir les conditions et les modalités d'une telle collaboration. Dans un premier temps, il est difficile de concevoir une obligation de collaboration « étroite » entre deux médecines

---

1161 Claire Pinto DOS SANTOS ALMEIDA, *op. cit.* p. 5.
1162 *Ibid.*
1163 *Ibid.*

concurrentes. Il serait peut-être plutôt judicieux d'encourager cette collaboration en créant des cadres la promouvant. Dans un second temps, rien n'est dit sur les modalités de protection des droits de propriété intellectuelle des communautés autochtones ou locales détentrices des savoirs. Pareillement, rien n'est dit sur la rémunération à laquelle de telles communautés peuvent prétendre en cas de brevets sur des produits dont elles sont les inventrices. Cette réglementation reste largement lacunaire dans ce domaine et ne suffit pas à protéger les droits des détenteurs du savoir. Il est impératif que des règles claires et précises soient adoptées en la matière.

Ces réglementations sont indispensables compte tenu du fait que les technologies de pointe dont disposent les grandes industries pharmaceutiques rendent possible l'amélioration rapide et massive des connaissances traditionnelles des plantes médicinales, mais les populations autochtones ou locales n'ont pas accès à ces technologies. Cependant, dans la plupart des cas, même si les protocoles de recherche sont soumis au contrôle des comités d'éthique de la recherche, il n'existe pas d'obligation de partager les brevets ni de faire bénéficier ces populations des découvertes pharmaceutiques. Pis encore, il y a un risque que les légitimes propriétaires des connaissances, que sont les populations autochtones et locales, se voient plus tard proposer un produit breveté dont ils sont les inventeurs, mais pas les fabricants, contre paiement. On peut alors parler de biopiraterie ou de pillage des connaissances et de la MTR[1164]. Cette grave injustice oblige les États, et plus encore l'État du Cameroun, à adopter une réglementation suffisamment protectrice des connaissances, innovations et pratiques de la MTR au Cameroun. À défaut, cette réglementation doit poser une obligation ferme à tout institut de recherche national ou étranger, de partager les brevets et les bénéfices des découvertes pharmaceutiques avec les populations locales. C'est aussi à ce prix ou sur ces bases que peuvent être jetés les ponts entre la MTR et la médecine conventionnelle.

Paragraphe 2 : L'intégration de la médecine traditionnelle dans le système de santé camerounais

L'encadrement de la MTR constitue un acte de reconnaissance fort des opportunités que représente cette forme de médecine dans l'amélioration de l'état de santé des populations. Toutefois, il ne suffit pas d'organiser la profession de tradipraticien et de réglementer les produits, les pratiques et les praticiens pour prétendre atteindre cet objectif. En réalité, dans l'optique d'optimiser la contribution de la MTR dans la concrétisation du droit à la santé de toutes les personnes vivant au Cameroun, son arrimage au système de santé apparaît comme une mesure incontournable. Cet arrimage suppose

[1164] Comité international de bioéthique (CIB), *op. cit.* p. 16.

d'une part la mise sur pied d'un cadre de collaboration entre la MTR et la médecine conventionnelle (A) et, d'autre part, le développement de la recherche et de la formation en MTR (B).

A. La création d'un cadre de collaboration entre médecine conventionnelle et médecine traditionnelle

Le projet de loi sur la MTR au Cameroun fait de la collaboration entre la MTR et la médecine conventionnelle un axe prioritaire de l'action de l'État dans la construction d'un nouvel ordre sanitaire au Cameroun. Cette collaboration se fonde sur l'indispensable complémentarité qui existe ou qui devrait exister entre ces deux médecines dans la fourniture des soins, produits et services de santé aux populations. Elle prend aussi en compte le fort taux des populations qui ont recours à la MTR, notamment dans l'accès aux soins de santé primaires ; du fait que cette médecine fait partie intégrante du patrimoine socioculturel camerounais ; de l'insuffisance de la couverture sanitaire du pays, notamment en termes d'accès aux soins pour les populations des zones rurales et des zones enclavées ; et du caractère onéreux de la médecine conventionnelle pour ces populations. En outre, la reconnaissance de la MTR et son intégration dans le système de santé a comme substrat le principe de non-discrimination et le respect de la diversité culturelle, deux normes qui commandent la reconnaissance des droits des tradipraticiens. Enfin, la collaboration entre les deux médecines s'appuie sur la liberté de choix qui doit être celle du patient qui demeure maître du système de soin dans lequel il souhaite être traité. Qui plus est, la « concurrence » entre différentes options de soins est la meilleure méthode de limiter ou de rejeter des pratiques nocives, aussi bien dans la MTR que dans la médecine conventionnelle, sur la base d'une information de qualité, de l'accessibilité réelle et d'un coût véritablement abordable[1165].

Dans tous les cas, la mise en place d'un cadre fructueux de collaboration profitera largement aux patients et optimisera la capacité du gouvernement à répondre à ses obligations en matière de réalisation du droit à la santé. Comme le relève fort à propos le ministère de la Santé publique, *« la reconnaissance de la médecine traditionnelle apporte une complémentarité indéniable à ce vaste domaine [la santé] de responsabilité de l'État »*[1166]. Le ministère de la Santé du Cameroun avait fait en 1996 une première tentative d'organiser la collaboration entre ces deux médecines, mais cette tentative s'était avérée infructueuse[1167]. Cette indispensable collaboration est une fois

---

[1165] *Ibid.* p. 19.

[1166] Ministère de la Santé publique, Exposé des motifs du projet de loi portant organisation et exercice de la médecine traditionnelle au Cameroun, inédit, p. 2.

[1167] Voir en ce sens l'arrêté n° D26/L/MSP/SG/DSC/SDSSP/SSCMT/BFE du 11 septembre 1996.

de plus remise en avant dans le projet de loi sur la MTR. Dans ce projet, il est reconnu que l'exercice de la MTR s'inscrit non seulement dans le cadre du système national des soins de santé ; de la protection et de la promotion de la santé des populations ; mais aussi dans le cadre de l'amélioration de la couverture sanitaire du pays[1168].

Tirant ainsi les conséquences de cet apport, le projet de loi sur la MTR enjoint les tradipraticiens et les professionnels de santé relevant de la médecine conventionnelle à collaborer étroitement[1169]. Qui plus est, le projet de décret définissant les modalités d'exercice et de contrôle de la profession de tradipraticien au Cameroun fait de la « disponibilité à collaborer avec les agents de santé de la médecine conventionnelle », entre autres « critères médicaux d'identification » des tradipraticiens au Cameroun au même titre que le respect de l'éthique médicale[1170]. Cette injonction à collaborer ne peut prospérer dans un contexte de doutes et de méfiance des acteurs des différentes médecines. En effet, *« la relation entre la médecine moderne et la médecine traditionnelle est au centre d'un débat idéologique, et d'une revendication identitaire qui rendent délicate »*[1171] ou vaine toute injonction à travailler ensemble. Nul ne peut occulter les différentes tensions économiques, scientifiques ou identitaires qui existent entre les praticiens de ces deux médecines. Tenant dûment compte de ce contexte, il ne suffit pas d'une loi les obligeant à travailler ensemble pour que cela se fasse. Il faudrait prévoir pour cela des cadres de rencontres et de décrispation, de partage des connaissances et des innovations et mettre en place des programmes ou hôpitaux pilotes de collaboration, évaluer ces expériences avant, à défaut d'encourager, enjoindre ces différents acteurs à collaborer.

Dans le contexte camerounais, de nombreux spécialistes de la médecine conventionnelle persistent à avoir des préjugés quant à l'efficacité, l'innocuité et la qualité ou la capacité de la MTR à apporter des solutions thérapeutiques efficaces contre certaines maladies. En effet, *« les résultats de plus en plus probants sur les terrains où la médecine moderne a montré quelques limites, ne semblent pas toujours s'imposer en arguments suffisants pour atténuer de manière significative et irréversible ces préjugés, moins encore les dissiper totalement (...) »*[1172]. Établir un cadre de collaboration viable et durable suppose d'abord de dissiper l'ensemble de ces préjugés à

[1168] Projet de loi portant organisation et exercice de la médecine traditionnelle au Cameroun, article

[1169] *Ibid.* article 12.

[1170] Projet de décret définissant les modalités d'exercice et de contrôle de la profession de tradipraticien au Cameroun, article 8.

[1171] Jean BENOIST, « Médecine traditionnelle et médecine moderne en République populaire du Bénin » *in Revue Écologie Humaine,* volume VII, n° 1, p. 84.

[1172] Dieudonné MOUZOULOUA, *op. cit.* p. 113.

travers des rencontres officielles (séminaires, ateliers de travail, conférence, etc.) ou officieuses, avec notamment la référence et la contre-référence des malades entre les deux médecines. Toutes les initiatives, connues d'imposer la collaboration entre ces deux médecines sans ces préalables se sont avérées des échecs. C'est le cas du Bénin comme du Burkina Faso où l'hôpital Yalgado Ouédraogo avait été choisi comme établissement pilote en vue de fixer un cadre de collaboration entre la MTR et la médecine conventionnelle. Cet essai s'est très tôt soldé par un échec et a, par conséquent, contribué à remettre en cause la mesure qui ambitionnait l'intégration progressive des tradipraticiens dans les formations sanitaires[1173].

Au rang des raisons justifiant cet échec, il y a le fait que certains tradipraticiens exigeaient une rémunération pareille à celles des médecins modernes, d'autres exigeaient des salles de consultation et certains autres demandaient l'autorisation d'ouvrir des cabinets de soins, des cliniques ou des pharmacies[1174]. Au-delà de ces raisons spécifiques à cette expérience, on peut également citer le fait que les médecins modernes pensent que la MTR est certes efficace et complémentaire à la médecine conventionnelle, mais qu'elle connaît un sérieux problème de dosage, de charlatanisme et d'analphabétisme[1175]. Par ailleurs, il existe de nombreuses autres raisons entravant la bonne collaboration entre ces deux médecines, notamment la dualité entre un mode de savoir et de savoir-faire ancestral, transmis d'une génération à l'autre, et une manière occidentale d'agir et de penser en perpétuelle mutation et progrès[1176]. Il y a tout de même lieu de faire remarquer ici qu'il serait totalement erroné de présenter la MTR comme une médecine figée et fermée à toute innovation.

Réussir l'intégration de la MTR au système national de santé et promouvoir la collaboration entre elle et la médecine moderne supposent non pas une démarche impérative, mais un processus participatif qui associe les différents acteurs afin de définir ensemble les cadres de concertations propres à dessiner les contours les plus adéquats d'une collaboration franche et fructueuse, dépouillée de tout préjugé et de toute méfiance. L'exemple du Bénin qui est l'un des pionniers en matière de collaboration entre la MTR et la médecine moderne en Afrique peut être d'une grande valeur instructive pour le Cameroun. La politique de collaboration entre les deux médecines y a été prescrite en 1972, mais sa réalisation ne s'est faite que de manière progressive après de nombreux tâtonnements et la tenue d'une série de

---

[1173] Adèle SAMBARE YAMEOGO P., *Collaboration entre médecine traditionnelle et médecine moderne au Burkina Faso : entre discours et pratiques*, Mémoire de Master en Sociologie, Université de Ouagadougou, juillet 2011, p. 47.
[1174] *Ibid.*
[1175] *Ibid.* p. 46.
[1176] *Ibid.* p. 41.

séminaires nationaux sur le rôle des tradipraticiens dans le système national de santé durant lesquels de nombreuses mesures ont été adoptées. Au rang de ces mesures, l'on peut évoquer : la mise en place d'une expérience de collaboration entre médecins et tradipraticiens dans une dizaine de formations sanitaires, le recensement des tradipraticiens et l'adoption d'un statut des praticiens de la MTR au Bénin[1177].

L'objectif de ces mesures était de parvenir à faire identifier par les médecins les produits utilisés par les tradipraticiens, leur mode de préparation et leurs indications. Pour ce faire, des jardins ont été plantés à proximité des formations sanitaires pour les tradipraticiens afin d'y cueillir leurs ressources. Un code de déontologie régissant les relations entre les tradipraticiens et les malades ainsi que les médecins a été l'une des mesures phares. Au plan institutionnel, une association nationale de tradipraticiens a été créée en s'appuyant sur les associations locales déjà existantes. Enfin, un registre des guérisseurs a été mis en place au niveau national en identifiant les « spécialités » de chacun et les maladies susceptibles d'être soignées par chacun d'eux[1178]. Ces mesures peuvent donner lieu à des expériences réussies comme celle de l'hôpital Tenon en France où une équipe mixte composée de professionnels de médecine moderne et de tradipraticiens collabore efficacement pour l'amélioration de l'état de santé des malades, notamment ceux qui sont originaires du Bénin et du Niger. Cette association appelée « consultation d'ethnomédecine », qui participe à relier la médecine occidentale à une thérapie traditionnelle africaine, a été rendue possible, malgré de nombreuses critiques, oppositions, difficultés et résistances, grâce à l'ouverture d'esprit du Pr Geneviève DELZANT[1179].

Il transparaît de tout ce qui précède que la collaboration entre les deux médecines ne peut pas se décréter encore moins être imposée aux acteurs. C'est un processus participatif long et patient dans lequel les différentes parties prenantes devront ensemble établir les bases de leur collaboration. Dans ce processus, le gouvernement, à travers le ministère de la Santé occupe juste une place de facilitateur en mettant à la disposition des parties les procédures et les cadres institutionnels nécessaires à des projets pilotes. Cette approche s'intègre mieux à la stratégie de l'OMS qui demande aux États simplement d'encourager la communication et les partenariats entre les différents acteurs. La réussite de ce processus dépend largement de cette posture de l'État et de l'ouverture d'esprit des différents acteurs de la MTR et de la médecine moderne. Dans le cas de nombreuses maladies, la

---

[1177] Jean BENOIST, *op. cit.* pp. 85-86.
[1178] *Ibid.* p. 86.
[1179] Jacqueline FAURE, « Une collaboration entre médecine africaine et médecine moderne dans un hôpital parisien » *in* Ludovic LADO (dir.), *op. cit.* pp. 268 et 274.

communication entre tradipraticiens, chercheurs et agents de santé conventionnels est indispensable pour établir et maintenir la confiance, développer la collaboration entre les deux systèmes de santé pour une meilleure prise en charge des personnes malades[1180]. Cette collaboration ne s'arrête dès lors pas uniquement aux actes de soins, mais elle doit se poursuivre aussi bien dans la recherche que dans la formation.

B. Le développement et le soutien à la recherche et à la formation en médecine traditionnelle

La recherche et la formation en MTR sont deux domaines complètement absents du projet de loi sur la MTR au Cameroun. Ceci peut s'expliquer au regard du décret portant organisation du ministère de la Santé qui semble confier le volet de la recherche en MTR au MINRESI. Ce dernier ministère assure la recherche dans ce domaine à travers l'IMPM. Il faut relever que de façon globale, la recherche en santé est rarement coordonnée par le ministère de la Santé qui partage cette prérogative avec le MINRESI et le ministère de l'Enseignement supérieur. Toutefois, le ministère de la Santé s'est doté d'une Division de la recherche opérationnelle en santé (ci-après DROS) qui est chargée entre autres de la promotion de la recherche opérationnelle et de la vulgarisation des résultats sur la lutte contre les maladies, la santé de la reproduction et la nutrition ; du suivi de la recherche sur l'utilisation des médicaments traditionnels améliorés, bien entendu en liaison avec le MINRESI ; de l'appui à la recherche sur les plantes médicinales et des relations avec l'Enseignement supérieur dans le domaine de la formation initiale et continue[1181].

Il ressort de l'examen de ces missions que cette division joue ou peut jouer un grand rôle dans la recherche et la formation en MTR au Cameroun. Le seul obstacle à cette action reste l'épineuse question du financement de la recherche qui reste très faible au Cameroun. Alors que les recommandations internationales prescrivent qu'au moins 2 % des budgets des ministères en charge de la Santé et au moins 5 % des fonds d'aide au développement doivent être affectés à la recherche en santé, cette proportion reste très faible au Cameroun avec moins de 1 % de ces budgets et fonds qui sont consacrés à la recherche[1182]. Par conséquent, la recherche est soit inexistante, soit encore embryonnaire du point de vue institutionnel. Il existe cependant quelques chercheurs qui, à titre individuel, s'investissent dans la recherche

---

1180 Drissa DIALLO et *al.*, « Recherche sur la médecine traditionnelle africaine : hypertension » *in* Revue *The African Health Monitor*, Special Issue 14, African Traditional Medecine day, 31 août 2010, p. 63.

1181 Décret n° 2013/093 du 3 avril 2013 portant organisation du ministère de la Santé publique, article 29.

1182 Ministère de la Santé publique, *Stratégie sectorielle de santé 2016-2027, op. cit.* p. 83.

en santé. Toutefois, à cause des difficultés de financement, leur production reste également très faible. En effet, la production scientifique africaine de manière générale atteint à peine 1 % de la production mondiale[1183]. Il y a lieu pour les autorités publiques sanitaires du Cameroun d'investir plus dans la recherche en santé afin d'améliorer l'état de santé des populations.

La recherche en santé, notamment dans le cadre de la MTR, doit recouvrir plusieurs domaines. D'après le *Plan d'action* de l'UA, la recherche en MTR doit cibler prioritairement des maladies spécifiques à l'Afrique afin de développer la pharmacie traditionnelle africaine normalisée[1184]. Pour l'OMS, les États membres doivent encourager la recherche sur des formes de MTR susceptibles d'être bénéfiques à leur population et centrer leur attention et leurs ressources limitées sur les produits, pratiques et praticiens les plus susceptibles d'apporter des bénéfices pour la santé. Par ailleurs, ils devraient être les mieux placés pour identifier les types de MTR qui font des promesses exagérées ou qui présentent un risque sanitaire réel[1185]. En somme, la recherche qui est prescrite en matière de MTR ne doit pas seulement porter sur la production des médicaments, mais aussi la réglementation des pratiques et des praticiens, notamment en ce qui concerne l'élimination des pratiques pouvant porter atteinte aux droits des malades. Dans ces deux domaines, il est possible de répartir les compétences comme suit : la recherche dans la production des médicaments à base de plantes médicinales est du ressort de l'IMPM et la recherche sur les pratiques et les praticiens incombe au ministère de la Santé à travers le DROS.

Dans le premier domaine, le travail de l'IMPM est fort appréciable. Il est chargé d'exécuter les programmes de recherches dans les disciplines médicinales en vue de l'amélioration des conditions de santé par une meilleure connaissance des aspects pathologiques, épidémiologiques, thérapeutiques préventifs et nutritionnels des populations. Il est composé de plusieurs organes, notamment le Centre de recherches en plantes médicinales et médecine traditionnelle qui est chargé d'exécuter les programmes de recherche devant aboutir à une meilleure connaissance de la pharmacopée et de la MTR camerounaise ; de mettre au point les médicaments et les thérapeutiques appropriés utilisant les substances naturelles locales ; de promouvoir et d'initier à l'utilisation et à l'exploitation des plantes médicinales de la flore camerounaise ; et de contrôler la qualité et la vente des plantes médicinales à l'exportation[1186]. Ce large travail a abouti, de concert avec des chercheurs privés, à la production de nombreux médicaments à base

---

[1183] *Ibid.*
[1184] UA, *Plan d'action de la décennie de la médecine traditionnelle (2001-2010)*, *op. cit.* p. 11.
[1185] OMS, *Stratégie de l'OMS pour la médecine traditionnelle pour 2014-2023*, *op. cit.* p. 46.
[1186] Voir le site du MINRESI sur www.campack-cm.com/minresi

des plantes médicinales. Dans cette liste, on peut citer le *Drepanovax* qui est un médicament qui traite la drépanocytose. Ce médicament qui a reçu de l'IMPM un certificat de non-toxicité a été breveté et l'IMPM l'a déjà produit sous forme de gélules, de comprimés et de sirop[1187].

D'autres médicaments ont également été produits par l'IMPM ou des chercheurs camerounais pour combattre le diabète[1188] ou de nombreuses autres maladies tels que les hépatites, des maux gastriques, des hémorroïdes et des problèmes dermatologiques[1189]. De manière globale, on peut dire que « les recherches entreprises ont pour objectifs la valorisation de la MTR, à travers l'implication des tradipraticiens, la découverte de nouvelles molécules, la formulation de médicaments accessibles et utilisables dans le traitement des pathologies prioritaires, telles que l'hypertension qui touche plus de 639 millions de personnes dans les pays en voie de développement[1190] ou de nombreuses autres maladies prioritaires qui sont endémiques en Afrique en général et au Cameroun en particulier. Le travail des chercheurs et instituts de recherches camerounais a abouti à des résultats forts remarquables et appréciés par l'OMS. En 2010, le Cameroun était identifié par l'OMS comme l'un des 22 pays africains concernés par la recherche sur des médicaments traditionnels pour le paludisme, le VIH/Sida, la drépanocytose, le diabète et l'hypertension. Il faisait partie des douze pays à se voir accorder des AMM des médicaments traditionnels et des quatre pays à avoir inclus des médicaments traditionnels dans leur liste de médicaments essentiels[1191]. Toutefois, ce qu'il y a de regrettable est que la production de ces médicaments demeure une production à petite échelle due notamment à l'insuffisance des moyens technologiques et des moyens financiers.

Le parent pauvre de la recherche sur la MTR au Cameroun reste la recherche non médicale, c'est-à-dire celle qui vise à étudier les pratiques et les praticiens. À titre d'exemple, il n'existe pas un fichier national des tradipraticiens au Cameroun, de même qu'il n'existe pas de recherches sur les différentes pratiques de soins, avec pour objectif de déceler celles qui sont nuisibles à la santé des populations. Dans ce domaine, la recherche reste à un

---

[1187] Hervé NDOMBONG, « Santé : le Drepanovax, la solution à promouvoir pour les drépanocytaires », disponible sur www.leco.com [consulté le 24 mai 2018].

[1188] TSABANG NOLE et *al.*, « Production des médicaments traditionnels améliorés au Cameroun : cas d'un hypoglycémiant oral » *in Revue Health Sciences and Diseases*, vol. 13, n° 3, septembre 2012.

[1189] Dorothée NDOUMBE, « Cameroun : les médicaments traditionnels ont le vent en poupe », disponible sur www.afrik.com [consulté le 24 mai 2018].

[1190] Drissa DIALLO, *op. cit.* p. 59. Voir aussi à ce sujet Jean-Louis POUSSET, *op. cit.*

[1191] OMS, *Rapport de situation sur la décennie de la médecine traditionnelle dans la région africaine*, Bureau régional de l'Afrique, *op. cit.* p. 4.

stade atomique et se limite à quelques départements ou arrondissements[1192]. Ces recherches sont indispensables dans l'optique de la réglementation des pratiques et des praticiens souhaitée par le projet de réglementation sur la MTR au Cameroun, notamment en ce qui concerne la création des mécanismes de régulation et de contrôle de l'exercice de la profession de tradipraticiens au Cameroun. Au surplus, ces recherches sont indispensables pour réguler le secteur de la MTR et le débarrasser des charlatans qui peuvent s'y introduire et porter gravement atteinte à la santé des malades. Ces recherches apparaissent comme fondamentales dans l'optique de l'évaluation des services santé, y compris de leur efficacité, et dans le cadre de la production et de la gestion des savoirs sur la MTR, notamment en rapport avec les innovations thérapeutiques, mais aussi et surtout la protection de la pérennité des savoirs traditionnels à travers la formation.

Dans l'optique de la perpétuation des savoirs traditionnels et de la mise sur pied d'un cadre de collaboration fructueuse entre la MTR et la médecine conventionnelle, la formation des tradipraticiens et celle des professionnels de santé conventionnelle sont nécessaires. Si cette formation n'est pas assurée, il y a un risque que le traditionnel qui sert à maintenir les gens en bonne santé et à les soigner soit perdu[1193]. En réalité, il est essentiel que les médecins apprennent à connaître la culture des peuples autochtones ou des communautés locales et à respecter leurs croyances et leurs coutumes, en recevant une information plus précise et en parvenant à une meilleure compréhension des médicaments et traitements traditionnels. L'urgence ici se rapporte à la nécessité de protéger les malades des risques potentiels et de possibles dégâts que l'usage parallèle de la MTR et de la médecine conventionnelle pourrait entraîner. En outre, les praticiens traditionnels devraient suivre une formation adéquate, afin de parvenir à une collaboration et une complémentarité effective au sein du système sanitaire[1194]. Ainsi, à l'exemple des pays tels que le Mali, le Bénin ou le Burkina Faso, des programmes de formation de praticiens traditionnels pourraient être lancés afin de sortir la transmission des savoirs de l'exclusive oralité.

Soulignons que des programmes de formation peuvent également être élaborés à l'attention des étudiants en sciences biomédicales. Cette expérience a réussi dans des pays d'Afrique de l'Ouest comme le Bénin, le Burkina Faso ou le Sénégal ou dans d'autres comme la Tanzanie ou la RDC et l'Afrique du Sud où la MTR a été incluse dans les programmes de

---

1192 Rose ABONDO-NGONO et *al.*, *op. cit.*

1193 OMS, *Stratégie de l'OMS pour la médecine traditionnelle pour 2014-2023*, *op. cit.* p. 46.

1194 Comité international de bioéthique (CIB), *op. cit.* p. 18.

formation des étudiants en pharmacie et en médecine[1195]. Tout ceci est bien conforme au *Plan d'action* de l'UA dans lequel les États sont invités à élaborer des programmes scolaires et de formation sur la MTR pour les praticiens de la médecine conventionnelle et à mettre en place des matériels de formation à l'intention des tradipraticiens[1196]. Si de pareils programmes sont mis sur pied, cela contribuera immanquablement à accélérer le développement de l'industrie de la pharmacopée traditionnelle au Cameroun, ce qui représente un capital économique indéniable de par le positionnement du Cameroun sur le marché mondial du médicament. D'autre part, la mise sur pied de ces programmes peut favoriser une sorte de tourisme médical ou médicinal dans la mesure où des praticiens ou tradipraticiens viendraient se former au Cameroun ou bien que des personnes viendraient se faire soigner au Cameroun, ce qui serait également source de rentrée de devises.

On peut conclure au regard de tout ce qui précède que la MTR est une véritable opportunité à exploiter pour l'État du Cameroun dans l'optique de la garantie efficace du droit à la santé pour tous. Exploiter cette opportunité revient à organiser juridiquement la profession, à développer la recherche, la formation, la protection des savoirs et des ressources naturelles indispensables aux tradipraticiens. Cependant, il faut noter que quand bien même la MTR peut être précieuse dans l'amélioration de l'état de santé des populations, sa promotion et son développement ne suffisent pas pour garantir à tous l'accès aux soins, aux médicaments et à la prévention en santé. Encore faudrait-il que l'État pense à mettre en place un système de couverture sanitaire universelle pouvant garantir l'équité et l'égalité dans l'accès de tous à la protection de leur santé.

[1195] OMS, *Rapport de situation sur la décennie de la médecine traditionnelle dans la région africaine*, Bureau régional de l'Afrique, *op. cit.* p. 4.
[1196] UA, *Plan d'action de la décennie de la médecine traditionnelle (2001-2010)*, *op. cit.* p. 12.

CHAPITRE 2 : L'URGENCE À METTRE EN PLACE UNE COUVERTURE SANITAIRE UNIVERSELLE ET LA DÉMOCRATIE SANITAIRE

Les nombreuses inégalités dans l'accès aux soins et aux médicaments, les nombreuses disparités observées dans la garantie du meilleur état de santé des populations ainsi que les différentes insuffisances du système de santé camerounais à protéger équitablement et efficacement la santé de tous obligent à penser de nouveaux mécanismes afin d'assurer à tous un accès universel à la santé. L'idée de l'accès universel renvoie de prime abord à l'établissement d'une couverture sanitaire universelle pour tous, comme le recommande l'OMS. Toutefois, les mécanismes de garantie du droit à la santé pour tous ne peuvent se limiter à cette couverture, mais doivent aussi supposer l'adoption et la mise en œuvre de nouveaux procédés de gouvernance sanitaire. Cette gouvernance sanitaire ne peut être bien mise en œuvre qu'au moyen d'une meilleure démocratie sanitaire. En effet, *« les systèmes de santé efficients et participatifs exigent l'engagement de la société, avec des mécanismes clairs d'inclusion, de transparence et de responsabilité, de participation multisectorielle, de dialogue et de consensus entre les différents acteurs sociaux, ainsi que l'engagement politique ferme et de long terme des autorités chargées de formuler les politiques, législations, régulations et stratégies pour accéder aux services intégrés, opportuns et de qualité »*[1197].

La couverture sanitaire universelle demeure un objectif à atteindre pour tous les États, et plus encore pour le Cameroun. C'est d'ailleurs un engagement politique du Chef de l'État du Cameroun, à l'occasion de sa prestation de serment le 3 novembre 2011. Il affirmait alors que *« la mise en place, dans le cadre de notre système de sécurité sociale, d'un dispositif d'assurance maladie facilitera l'accès aux moins favorisés... »*[1198]. Cet engagement ferme ne demande aujourd'hui qu'à être traduit en acte concret afin de garantir à toutes les populations du Cameroun un accès universel à la couverture sanitaire universelle (Section 1). Toutefois, pour garantir l'efficience de ce système d'assurance maladie, il faudrait lui adjoindre un

---

[1197] Organisation Panaméricaine de la Santé/OMS, *Stratégie pour l'accès universel à la santé et la couverture sanitaire universelle*, OPS/OMS, 53e Conseil directeur, 66e session du Comité régional de l'OMS pour les Amériques, Washington, 2 octobre 2014, para. 14.

[1198] François Colin NKOA et Pierre ONGOLO-ZOGO, *Promouvoir l'adhésion universelle aux mécanismes d'assurance maladie au Cameroun »*, Centre pour le Développement des Bonnes Pratiques en Santé – SURE/EVIPN et, septembre 2012, p. 5.

cadre de décision participatif qui associe tous les acteurs du système de santé, au premier rang desquels les patients, acteurs essentiels et ultimes destinataires et bénéficiaires du système de santé. Ce cadre participatif ne peut prendre corps que lorsque les bases de la démocratie sanitaire au Cameroun seront clairement établies (Section 2).

Section 1 : La nécessaire mise en place de la couverture sanitaire universelle

L'idée d'une nécessaire mise en place de la couverture sanitaire universelle au Cameroun, bien au-delà des recommandations de l'OMS en la matière, est la conséquence de nombreuses barrières, notamment économiques, observées dans l'accès aux soins de santé par les populations camerounaises. En effet, le coût des actes médicaux rend objectivement les soins de santé, les médicaments et la prévention en matière de santé inaccessibles à de nombreux individus, voire à une trop grande majorité d'entre eux. Ceci traduit irrévocablement l'échec de l'Initiative de Bamako qui mettait à la charge des populations le paiement direct des soins de santé. Conséquemment, les populations ultra-paupérisées à la suite des programmes d'ajustement structurel, de la dévaluation du franc CFA, des nombreuses crises financières associées à une gouvernance peu efficace en matière de santé se sont retrouvées exclues et éloignées du système de santé.

Dans cette situation, il y a irrémédiablement urgence à mettre en place, au profit notamment des populations les plus démunies, une couverture sanitaire universelle brisant autant que faire se peut les obstacles qu'ils rencontrent en matière d'accès aux soins (Paragraphe 1). Cette noble ambition oblige toutefois à s'interroger sur les mécanismes idoines de gestion et de financement de la couverture sanitaire universelle (Paragraphe 2).

Paragraphe 1 : L'urgence à réduire les disparités liées au risque maladie

D'après de récentes enquêtes de l'Institut national de la statistique et du ministère de l'Économie, les populations se plaignent de l'inaccessibilité des médicaments et des plateaux techniques[1199]. Cette plainte est liée au fait qu'en 2012, la dépense totale de santé au Cameroun s'élevait à 728,1 milliards de FCFA, dont plus de 70 % à la charge des ménages[1200].

[1199] *Ibid.* p. 4.

[1200] MINSANTE, *Évaluation organisationnelle et institutionnelle pour l'amélioration et le renforcement du financement de la santé vers la couverture universelle au Cameroun. Rapport OASIS*, Minsanté et *al.*, juillet 2016, p. 8.

Cette pression exercée sur les ménages pour le financement des dépenses de santé est tout simplement insoutenable dans un pays où de nombreuses populations sont pauvres. Dès lors, il se crée objectivement des disparités dans l'accès aux soins, la santé devenant dès lors un produit élitiste accessible à une minorité de riches. La mise en place de la couverture sanitaire universelle (ci-après CSU) participe de la volonté de réduire ces disparités (A). Toutefois, pour garantir la pérennité de ce système, il est important qu'elle se fasse de façon progressive dans la définition des cibles et du panier de soins et des médicaments remboursables, afin d'assurer la soutenabilité de la prise en charge par le système d'assurance maladie (B).

A. La réduction des disparités dans l'accès aux services de santé

Selon l'OMS, la couverture sanitaire universelle consiste à veiller à ce que l'ensemble de la population ait accès aux services préventifs, curatifs, palliatifs, de réadaptation et de promotion de la santé dont elle a besoin et à ce que ces services soient de qualité suffisante pour être efficaces, sans que leur coût n'entraîne des difficultés financières pour les usagers[1201]. D'après cette définition, la CSU vise à atteindre trois objectifs essentiels, à savoir l'accès équitable aux services de santé, la qualité suffisante desdits services et la protection financière des individus. Au regard de ces objectifs, on peut aisément dire que *« pour des centaines de millions de gens, en particulier pour les plus vulnérables, la couverture universelle c'est l'espoir d'être en meilleure santé sans s'appauvrir »*[1202]. En effet, la santé a un coût énorme comme le démontre la dépense totale de santé au Cameroun ci-haut indiquée. Dans un pays où le SMIG est de 36 270 FCFA et où près de 37,5 % de la population vit en dessous du seuil de la pauvreté monétaire, dont 90 % en zone rurale, on comprend très bien que la santé est un bien de luxe auquel de nombreuses personnes ne peuvent avoir accès.

Ces chiffres justifient l'urgence qu'il y a à mettre en place au Cameroun un système de CSU afin de permettre à une grande majorité de personnes de pouvoir accéder équitablement aux services de santé et de prévention de la maladie. L'urgence ici réside surtout dans le fait que le Cameroun fait figure de mauvais élève en ce qui concerne la mise en place d'une CSU en faveur de ses populations. En réalité, en 2006, *« la fraction de la population vivant au Cameroun et couverte par un mécanisme assurantiel pour le risque maladie était estimée à 0,1 % »*[1203]. Cette fraction est aujourd'hui estimée à

1201 OMS, *Qu'est-ce que la couverture universelle ?* disponible sur www.who.int [consulté le 2 octobre 2017].
1202 *Ibid.*
1203 François Colin NKOA et Pierre ONGOLO-ZOGO, *op. cit.* p. 6.

6,46 %[1204]. Quoi qu'il en soit, ces chiffres montrent bien le faible taux de pénétration des mécanismes assurantiels contre le risque maladie au Cameroun et l'état de précarité dans lequel de nombreux individus peuvent se retrouver lorsqu'ils tombent malades. Il y a lieu de souligner ici que comparativement aux autres pays de l'Afrique subsaharienne, *« la performance du Cameroun en matière de couverture du risque maladie est la plus faible : le Gabon et le Cap-Vert couvrent plus de la moitié de leurs populations, et des pays avec une dépense totale de santé inférieure au Cameroun (Sénégal, Tanzanie, Côte d'Ivoire, RCA) ont des taux de couverture entre 50 et 145 fois plus élevés »*[1205].

Cette observation tient certes compte du taux de couverture de 2006, mais il s'agit d'un indicateur sans complaisance de la qualité de la dépense de santé telle qu'elle est pratiquée au Cameroun. En réalité, il faut dire que d'après la Banque mondiale, *« la dépense de santé au Cameroun est jugée inefficiente (...), certains pays avec une dépense identique ou inférieure réalisent de meilleurs résultats en termes de santé de la population »*[1206]. Ces mauvais résultats sont causés par la mauvaise gouvernance, le sous-financement public et l'utilisation irrationnelle des médicaments et de la technologie médicale[1207]. Dès lors, la mise en place de la CSU ne suppose pas seulement une augmentation des financements publics de santé, mais surtout une utilisation optimale de ceux-ci ainsi qu'une utilisation rationnelle des biens et produits de santé. La politique qui sous-tend l'implémentation de la CSU *« a pour fondement essentiel l'instauration d'un système de mutualisation des soins basé sur la solidarité nationale, devant permettre une plus grande accessibilité de la population à des soins de santé de qualité »*[1208].

Le système d'assurance maladie devient une obligation pour l'État du Cameroun compte tenu du fait qu'en 2005, tous les États membres de l'OMS ont pris l'engagement de parvenir à la CSU. Selon cette organisation, *« cet engagement était l'expression collective de la conviction que tous les êtres humains devraient avoir accès aux services de santé dont ils ont besoin sans courir le risque de s'appauvrir ou de connaître la ruine financière »*[1209]. Au

---

1204 MINSANTE, *Évaluation organisationnelle et institutionnelle pour l'amélioration et le renforcement du financement de la santé vers la couverture universelle au Cameroun. Rapport OASIS*, *op. cit.* p. 8.

1205 François Colin NKOA et Pierre ONGOLO-ZOGO, *op. cit.* p. 6.

1206 *Ibid.* p. 4.

1207 *Ibid.*

1208 Clotilde OHOUOCHI, *L'assurance maladie universelle (AMU) en Côte d'Ivoire. Enjeux, pertinence et stratégie de mise en œuvre*, L'Harmattan, Paris, 2015, p. 19.

1209 OMS, *Rapport sur santé dans le monde 2013 : la recherche pour la couverture sanitaire universelle,* OMS, Luxembourg, 2013, p. xi.

surplus, l'obligation à mettre en place la CSU prend en compte les insuffisances de l'Initiative de Bamako et ses effets pervers. En effet, en mettant en place le principe de partage du coût de la santé entre l'État et les individus, l'on se rend bien compte que l'État a laissé aux individus quasiment l'entière charge du financement de la santé. Au Cameroun, la contribution des ménages au financement de la santé par paiement direct est de 70 %, le reste revenant à l'État et aux bailleurs de fonds internationaux. L'échec de ce système ne tient pas seulement à ce fardeau imposé aux ménages, mais tient davantage au fait que ce système de paiement direct a exclu et éloigné de nombreuses personnes du système de santé ou les met en risque de s'appauvrir en y recourant.

Il faut dire qu'au Cameroun, certaines personnes n'ont pas les moyens de payer directement les services dont elles ont besoin ou se mettent dans une situation difficile si elles doivent le faire. Lorsque des personnes à bas revenus privées d'une protection contre le risque financier tombent malades, elles se retrouvent face à un dilemme : s'il existe un service de santé local, elles peuvent décider de recourir à ce service et de s'appauvrir encore en payant ce service, ou bien elles peuvent décider de ne pas l'utiliser, de rester malades et de risquer d'être dans l'incapacité de travailler[1210]. L'objectif dans le cadre de la CSU est qu'*« il ne devrait pas y avoir de paiements directs qui dépassent un certain plafond d'accessibilité économique, généralement fixé à zéro pour les plus pauvres et les plus défavorisés »*[1211]. Au Cameroun, le Gouvernement a pris un certain nombre de mesures et mis en place plusieurs services visant à protéger la santé de ses populations et plus spécifiquement celles des couches vulnérables.

Toutefois, *« la majorité de ces services est sous utilisée en raison des barrières financières à l'accès dans les formations sanitaires puisque le taux de pauvreté monétaire est de 39,9 % en moyenne nationale »*[1212]. Dans ce contexte, seule la réalisation effective de la CSU peut corriger les disparités observées entre les zones rurales et les zones urbaines ainsi qu'entre les différentes couches de la population dans l'accès aux services de santé. D'après l'Institut National de la Statistique, en 2010 au Cameroun, *« la dépense annuelle moyenne de santé par ménage était estimée entre 48 000 et 148 000 FCFA dont 81 % pour l'achat des médicaments et des examens biomédicaux »*[1213]. Il en découle clairement que les paiements directs constituent une barrière à l'accès aux soins pour de nombreux ménages

---

[1210] *Ibid.* p. 7.

[1211] *Ibid.*

[1212] François Colin NKOA et Pierre ONGOLO-ZOGO, *op. cit.* p. 7.

[1213] *Ibid.* p. 8.

aggravant de fait les inégalités entre riches et pauvres, entre urbains et ruraux et entre régions septentrionales et méridionales[1214].

C'est pour résoudre cette situation que l'État du Cameroun a entrepris depuis novembre 2016 des discussions afin de doter le pays d'un système de CSU. À cet effet, un groupe de travail a été mis sur pied par le ministère de la Santé publique avec pour mission de parvenir à définir un paquet de base à prendre en charge. Ce paquet de base est *« l'ensemble des soins, préventifs et curatifs, des médicaments et des dispositifs médicaux considérés comme fondamentaux et prioritaires et dont la prise en charge collective sera garantie par la CSU »*[1215]. La première mouture des travaux de ce groupe de travail a été présentée en mai 2017 et les discussions se poursuivent à cet effet. Parallèlement, d'autres initiatives ont été prises afin de garantir au moins l'accès aux soins des plus vulnérables. C'est à cet effet que le projet *« Performance-Based Financing »* (ci-après PBF) a connu le jour. L'un des objectifs majeurs du projet PBF au Cameroun est d'améliorer l'accès financier aux soins de qualité pour les indigents. Pour ce faire, le projet procède dans les communautés et les formations sanitaires à un recensement des personnes indigentes qui sont ensuite inscrites sur une liste. Sur la base de cette liste qui est dynamique et fait l'objet de révision chaque année, *« chaque équipe sanitaire décide des quotas de gratuité à accorder à chaque indigent selon ses propres critères dynamiques et de la disponibilité des ressources financières. L'amélioration de l'accès [financier] va de la gratuité complète à un pourcentage de réduction »*[1216].

Ces différents mécanismes viennent se greffer aux mesures sectorielles de gratuité prises par le ministère en charge de la Santé publique qui ont été discutées plus haut. Par ailleurs, il existe aussi des mécanismes assurantiels privés par lesquels les employeurs font bénéficier leurs employés d'une protection contre le risque maladie. On peut en effet dire que, *« de nombreux mécanismes de financement et de couverture du risque maladie tendent à améliorer l'accès aux soins, mais l'analyse montre leur forte fragmentation. (...) Cette fragmentation limite la solidarité avec des faiblesses évidentes de redistribution des ressources entre mécanismes et entre les populations*

[1214] *Ibid.*

[1215] Groupe Technique National-CSU, *Panier de soins pour la CSU du Cameroun. Liste des conditions de santé à prendre en charge*, MINSANTE, 2017, p. 2.

[1216] Joseph SHU ATANGA et *al.*, *La façon dont le « Performance-BasedFinancing » responsabilise la communauté et améliore l'accès aux services de qualité dans les régions de l'Est et du Nord-Ouest du Cameroun*, disponible sur www.rbfhealth.org [consulté le 4 octobre 2017], p. 6.

cibles »[1217]. Il y a lieu de parvenir à une couverture sanitaire universelle qui profite à tous, notamment aux populations les plus défavorisées et aux couches vulnérables. Le Cameroun reste répertorié comme l'un des pays d'Afrique où les paiements directs sont très élevés[1218].

Les exemples des autres pays africains avec des dépenses totales de santé égales ou inférieures doivent inspirer l'État du Cameroun. À titre d'illustration, au Burundi, une baisse spectaculaire de 43 % de la mortalité du nourrisson et de l'enfant a été enregistrée entre 2006 et 2011. Cette réduction coïncide avec la décision du Gouvernement datant de 2006 de supprimer la participation financière des usagers pour les services fournis aux femmes enceintes et aux enfants de moins de cinq ans. En effet, outre la suppression des obstacles financiers, le Gouvernement du Burundi a également augmenté de manière significative le financement public et introduit de nouveaux systèmes de financement basés sur les résultats[1219]. Cet exemple pourrait fortement inspirer le Cameroun dans la mise en place progressive d'un système de CSU afin de garantir sa soutenabilité et sa durabilité. Toutefois, il faudrait aussi renforcer les mesures liées à la bonne gouvernance et à l'utilisation à bonne fin du financement de la santé. En l'état, l'allocation irrationnelle des ressources publiques de santé est en partie responsable de l'aggravation des disparités de santé. En effet, 33 % des dépenses publiques de santé sont captées par les fonctions administratives. Par ailleurs, les subventions aux hôpitaux ne tiennent pas compte explicitement ni de l'activité ni de la performance (efficience, qualité). En somme, « le mode actuel de gestion ne favorise pas toujours la redevabilité et la transparence »[1220].

B. La soutenabilité de la prise en charge par l'assurance maladie

Il est indiscutable qu'il y a urgence et même nécessité à mettre en place au Cameroun un véritable système de CSU. Toutefois, il y a lieu de souligner que ce projet doit être viable et durable. Pour ce faire, la définition du panier de soins est extrêmement importante. Le panier de soins ou « paquet de soins » suivant le ministère de la Santé publique, se définit

---

1217 MINSANTE, *Évaluation organisationnelle et institutionnelle pour l'amélioration et le renforcement du financement de la santé vers la couverture universelle au Cameroun. Rapport OASIS*, *op. cit.* p. 9.

1218 Isidore SIELEUNOU, *Financement du système de santé au Cameroun : où en est-on ? Analyse des tendances et regards sur les principaux défis*, mars 2010, disponible sur www.r4dinternational.org [consulté le 4 octobre 2017], p. 32.

1219 OMS, *Plaidoyer pour la couverture sanitaire universelle*, OMS, Genève, 2013, p. 13.

1220 MINSANTE, *Évaluation organisationnelle et institutionnelle pour l'amélioration et le renforcement du financement de la santé vers la couverture universelle au Cameroun. Rapport OASIS*, *op. cit.* p. 9.

comme « l'ensemble des prestations de soins et de services qui seront pris en compte par la CSU »[1221]. La définition du panier des soins est hautement symbolique et constitue un indicateur crédible de la volonté de l'État à mettre en place un système de CSU qui profite effectivement aux plus défavorisés. Pour ce faire, elle doit être obligatoirement précédée d'une bonne étude permettant de saisir les pathologies les plus prégnantes, c'est-à-dire ayant les taux de prévalence les plus élevés, notamment chez les populations les plus défavorisées et les plus vulnérables. C'est dans cette optique que le groupe de travail sur la CSU a opté pour la définition d'un « paquet de soins de base, susceptibles de couvrir les besoins prioritaires en santé de la population »[1222].

Ce paquet de base répond à un besoin de soutenabilité et de durabilité, car il ne sert à rien de mettre en place un système qui ne pourra pas être durablement financé au risque de voir se créer un énorme déficit ou de ne pas être effectif. Toutes choses qui auront pour conséquence de faire revenir le patient au point de départ, c'est-à-dire soit procéder à des paiements directs, soit être exclu du système de santé ou s'appauvrir en y recourant. Garantir la CSU à chaque individu doit se faire aussi en tenant compte des moyens dont dispose l'État. Elle doit se mettre en place progressivement en définissant des besoins atteignables pour évoluer peu à peu vers une couverture complète de tous contre le risque maladie. Cette approche s'harmonise parfaitement avec l'article 2.1 du PIDESC qui commande que les DESC soient mis en œuvre progressivement compte tenu des moyens de l'État et de la coopération internationale. Elle tient aussi compte des insuffisances constatées ci-haut dans la satisfaction des services réputés gratuits par l'État. En somme, l'objectif de la CSU est que *« chaque personne obtienne les services dont elle a besoin à un coût qui soit abordable pour elle et pour le pays dans son ensemble »*[1223].

C'est suivant cette méthodologie que le groupe de travail mis en place au Cameroun pour conduire le projet de mise en œuvre de la CSU a procédé. En effet, le panier de soins initialement proposé devait comprendre les activités de santé communautaire ; le paquet minimum d'activités offert dans les CSI et CMA ; le paquet complémentaire d'activités offertes dans les hôpitaux de districts ; les soins tertiaires indispensables offerts dans les hôpitaux de troisième, deuxième et première catégories ; et enfin, les activités ou prestations bénéficiant déjà d'une politique de gratuité ou de subvention de

---

[1221] Groupe Technique National-CSU, *Panier de soins pour la CSU du Cameroun. Liste des conditions de santé à prendre en charge, op. cit.* p. 14.
[1222] *Ibid.*
[1223] OMS, *Rapport sur santé dans le monde 2013 : la recherche pour la couverture sanitaire universelle, op. cit.* p. 7.

l'État[1224]. Il faut dire que la mise en place d'un tel projet aurait été très ambitieuse et sans aucun doute très utile dans la garantie de la protection du droit à la santé du plus grand nombre de personnes vivant au Cameroun. Toutefois, compte tenu de la faiblesse des financements, il serait tout aussi vite devenu une arlésienne, car il ne fait aucun doute que l'État aurait été incapable de supporter le coût d'un tel projet. On se serait alors, même avant d'avoir adopté la loi prévoyant la CSU, retrouvé dans une situation de grand déficit.

En France, « l'assurance maladie reste selon la Cour des comptes ''l'homme malade'' avec un déficit prévu pour 2017 estimé à 2,6 milliards » d'euros.[1225] Légiférer sur la CSU doit pouvoir prendre en considération l'urgence « réelle et incompressible » de la mettre en place d'autant plus que *« la bonne vieille et mythique solidarité africaine s'est désormais essoufflée et effritée sous les coups de butoir d'une pauvreté galopante qui affecte profondément nos sociétés »*[1226] ; mais aussi tenir compte de la situation de crise que traversent le Cameroun et les bailleurs de fonds internationaux. Dans ce contexte, le bon sens préconiserait de mettre en place une *« politique de solidarité nationale ambitieuse, audacieuse, moderne [mais] rationnelle »*[1227]. C'est précisément pour ces raisons que les experts internationaux qui accompagnaient le groupe de travail sur la CSU, notamment ceux de l'USAID et de l'OIT *« ont expliqué que dans la démarche du costing, il serait très important de restreindre le nombre de pathologies à prendre en charge par la CSU du Cameroun et d'identifier des groupes cibles prioritaires. C'est ainsi que les groupes des enfants de moins de 5 ans, des adolescents et des femmes enceintes ont été choisis »*[1228].

Cette approche permettra à coup sûr de ne pas retomber dans le piège de la Caisse Nationale d'Assurance Maladie (CNAM) qui avait été proposée en 2009 sur une base très ambitieuse et audacieuse, mais dont le texte introduit dans le circuit d'adoption est resté sans suite[1229]. L'approche choisie est celle qui a permis au Burundi de parvenir à des résultats très probants dans la réduction de la mortalité du nourrisson et de l'enfant. Ainsi, on peut valablement construire le système de la CSU sur les politiques de gratuité et

---

1224 Groupe Technique National-CSU, *Panier de soins pour la CSU du Cameroun. Liste des conditions de santé à prendre en charge*, *op. cit.* p. 3.

1225 Michel HUGUIER, *Quelle assurance maladie voulez-vous ?* L'Harmattan, Paris, 2017, p. 10.

1226 Clotilde OHOUOCHI, *op. cit.* p. 13.

1227 *Ibid.*

1228 Groupe Technique National-CSU, *Panier de soins pour la CSU du Cameroun. Liste des conditions de santé à prendre en charge*, *op. cit.* p. 3.

1229 MINSANTE, *Évaluation organisationnelle et institutionnelle pour l'amélioration et le renforcement du financement de la santé vers la couverture universelle au Cameroun. Rapport OASIS*, *op. cit.* p. 32.

de subventions des soins et services de santé déjà existantes, notamment au bénéfice des populations vulnérables (mères, enfants et PVVIH, etc.) en s'attardant d'abord à les optimiser. Le principal défi est de réduire tous les obstacles et les insuffisances observées dans la mise en œuvre de ces politiques de gratuité et de subventions et par après, de les étendre au fur et à mesure à un plus grand nombre de pathologies et à un plus grand nombre de cibles. Sur la base de cette attitude qui peut paraître timorée ou prudente, la liste initiale des conditions de santé identifiées dans le rapport du panier des soins initial a été revue. On est ainsi passé de 3 146 conditions à 440 conditions pour le panier dit « Minimum » et 226 conditions pour le panier dit « Complémentaire »[1230].

L'objectif clairement affirmé de cette opération est de parvenir à mettre sur pied une CSU viable et durable. Il est clair que l'État ne veut pas se retrouver dans le dilemme que décrivait Michel CARRE, c'est-à-dire devant la nécessité de faire un choix entre deux conceptions. Ou bien admettre la faillite subite de la CSU et retourner au paiement direct, ce qui aurait des conséquences économiques et sociales tout aussi désastreuses pour lui que pour les populations ; ou bien considérer la sécurité sociale comme un véritable service public qu'il doit doter d'un budget où, comme dans tout budget, dépenses et recettes s'équilibrent[1231]. Cette deuxième option est elle aussi très peu probable compte tenu notamment du contexte de crise et de presque ajustement structurel que traverse le Cameroun. Cette prudence est une attitude réaliste face aux traumatismes du passé. En effet, on ne peut oublier que c'est *« la crise économique des années 80 et les plans d'ajustements structurels successifs [qui] ont remis en cause la gratuité et l'État, n'ayant plus de ressources suffisantes pour assurer le fonctionnement harmonieux du secteur, a dû instituer la politique de recouvrement des coûts »*[1232] par le paiement direct des frais de santé par les populations.

Tenant dûment compte de tout ce qui précède, le Gouvernement a défini des orientations pour la mise en œuvre de la CSU au Cameroun. La première est que la mise en œuvre de la CSU sera progressivement élargie à l'ensemble de la population. La seconde prévoit qu'en attendant, dans sa phase de démarrage, la CSU devra mettre l'accent uniquement sur les besoins prioritaires de la population à l'échelon du District de santé en insistant notamment sur le paquet minimum d'activités (PMA) et le paquet complémentaire d'activités (PCA), de manière à couvrir les couches les plus

---

[1230] Groupe Technique National-CSU, *Panier de soins pour la CSU du Cameroun. Liste des conditions de santé à prendre en charge*, *op. cit.* p. 3.
[1231] Michel HUGUIER, *op. cit.* pp. 10 et 11.
[1232] Clotilde OHOUOCHI, *op. cit.* p. 20.

vulnérables[1233]. Ces orientations ont permis un recalibrage du Panier des soins et un ciblage tenant compte de la vulnérabilité des populations cibles, de la fréquence de la pathologie et du niveau de prise en charge qui peut être assuré par un médecin généraliste au vu du plateau technique d'un hôpital de district[1234]. Sur cette base 185 maladies ont été ciblées[1235] et retenues dans le panier des soins de base orientés notamment vers la protection de la santé des enfants, de la mère et des autres composantes de la société.

Selon les mots du ministre de la Santé publique, il s'agit d'une *« sorte de boussole permettant d'avoir la même qualité de soins dans toutes les formations sanitaires du pays »*[1236]. Les interventions visées pour ces maladies cibles comprennent les soins externes ou ambulatoires (consultations, soins infirmiers, les examens médicaux et les prestations liées à la grossesse, etc.), les hospitalisations, les produits pharmaceutiques, les appareillages et surtout les prestations de santé communautaires, notamment les activités de promotion de la santé, de prévention, de dépistage et de prise en charge communautaire[1237]. D'après le Coordonnateur du comité CSU, Samuel KINGUE, les protocoles seront appliqués dans 4 000 formations sanitaires au niveau des districts auquel il faut ajouter les aires de santé[1238]. Ces efforts du Gouvernement du Cameroun en faveur de la mise en place d'une CSU répondent clairement à la nécessité de « standardisation qui permettra d'être assuré sur la qualité des soins disponibles à tous »[1239]. Cette « standardisation » répond bien à la recommandation de l'OMS à tous ses États membres en vue de la mise en place de la CSU. Il reste tout de même que le principal défi au Cameroun ne réside plus dans la phase technique, mais réside désormais dans la capacité à concrétiser ce système en lui définissant un cadre juridique et institutionnel autonome avec des capacités de financements viables et durables.

Paragraphe 2 : Les défis de l'organisation et du financement de la couverture sanitaire universelle

S'il ne fait aucun doute que la CSU apparaît désormais comme le seul moyen de garantir à des millions d'individus la protection de leur santé

1233 Groupe Technique National-CSU, *Panier de soins pour la CSU du Cameroun. Liste des conditions de santé à prendre en charge*, *op. cit.* p. 3.

1234 *Ibid.*

1235 Sorèle GUEBEDIANG à BESSONG, *Couverture santé universelle : 185 maladies ciblées*, disponible sur www.cameroon-tribune.cm [posté et consulté le 1er octobre 2017].

1236 *Ibid.*

1237 Groupe Technique National-CSU, *Panier de soins pour la CSU du Cameroun. Liste des conditions de santé à prendre en charge*, *op. cit.* pp. 4 et 5.

1238 Sorèle GUEBEDIANG à BESSONG, *op. cit.*

1239 *Ibid.*

contre tous les risques inhérents à la maladie, il n'en demeure pas moins qu'une question persiste, à savoir : « Quelle assurance maladie voulez-vous ? » Cette question que se pose Michel HUGUIER[1240] dans un contexte différent, peut être transposée au contexte camerounais afin de s'interroger sur la meilleure façon d'organiser et de financer l'assurance maladie au Cameroun. En clair, deux questions techniques se posent aux autorités camerounaises s'agissant de la CSU une fois les questions fondamentales évacuées. D'une part, la question de savoir comment va s'organiser au plan institutionnel l'assurance maladie universelle (A) ; et d'autre part, quelles seront les modalités de son financement compte tenu du niveau de précarité et d'indigence de la masse populaire qui en est l'ultime bénéficiaire (B) ?

A. L'organisation institutionnelle de l'assurance maladie

Aux origines des mécanismes d'assurance maladie, le chancelier Otto Von BISMARCK soutenait que l'État a non seulement une mission défensive de protection des droits des personnes, mais encore une mission de promotion du bien-être de tous ses membres grâce à des institutions appropriées, en utilisant les moyens dont disposait la collectivité[1241]. Il ressort de cette conception bismarckienne au moins deux choses : d'une part l'État a clairement et irrévocablement le devoir d'assurer à tous une protection contre le risque maladie. D'autre part, il est tenu de prévoir des mécanismes devant organiser cette protection contre le risque maladie, notamment grâce aux ressources de la collectivité. On comprend bien ici que les mécanismes assurantiels de la CSU sont bâtis sur le fondement de la solidarité des plus riches à l'égard des plus pauvres ou la solidarité de l'État à l'égard de ses populations les plus pauvres. La mise en place de la CSU vise par conséquent à donner un sens à la solidarité comme l'exprime fort à propos le slogan de la Caisse nationale d'assurance maladie et de garantie sociale (ci-après CNAMGS) au Gabon qui est : « la solidarité à un sens »[1242].

S'ancrant sur cette solidarité et cette conception bismarckienne, de nombreux États ont mis en place des systèmes assurantiels structurés autour d'un mécanisme public national. Ainsi, à partir des systèmes d'assurances sociales, on est progressivement arrivé à mettre en place un système d'assurance maladie. C'est le cas notamment en Afrique où en Côte d'Ivoire, la gestion du système d'assurance maladie a été concédée à des mécanismes de prévoyance sociale existants tels que la Caisse nationale de prévoyance sociale (CNPS) et d'autres mécanismes sectoriels similaires[1243]. Au Gabon,

[1240] Michel HUGUIER, *op. cit.*
[1241] *Ibid.* p. 14.
[1242] Voir à cet effet www.cnamgs.net
[1243] Clotilde OHOUOCHI, *op. cit.* p. 48.

l'État a choisi de dissoudre les mécanismes existants de prévoyance sociale pour créer un mécanisme novateur intégrant à la fois la sécurité sociale et l'assurance maladie. Ceci s'est fait à travers la CNAMGS. Cette caisse unique d'assurance maladie et de garantie sociale, qui est née du transfert de la branche maladie et évacuations sanitaires de la Caisse nationale de sécurité sociale (CNSS) et du transfert de certaines attributions de la Caisse nationale de garantie sociale, notamment celles relatives aux prestations de santé offertes aux fonctionnaires[1244].

Au Cameroun, il n'existe pour le moment aucun organisme chargé de gérer ou de coordonner l'assurance maladie. La Caisse Nationale de Prévoyance Sociale (CNPS) n'est pas un mécanisme d'assurance maladie vu que d'après ses missions, elle couvre trois branches de la sécurité sociale, à savoir : les prestations familiales, les pensions vieillesse, d'invalidité et de décès ; et les risques professionnels[1245]. En 2009, un projet ambitieux de création d'une Caisse nationale d'assurance Maladie (CNAM) a vu le jour, mais malheureusement il n'a jamais connu le jour faute d'adoption du projet par le législateur. Il faut dire que divers mécanismes opèrent au Cameroun, mais sans réelle coordination. En effet, *« au Cameroun, la juxtaposition de plusieurs dispositifs sans cadre législatif clair sur la finalité de l'assurance maladie et l'asymétrie d'information ont conduit à un marché imparfait où les ressources privées et publiques sont gaspillées. L'investissement considérable n'entraîne pas d'amélioration des indicateurs de santé qui stagnent voire se dégradent »*[1246].

Il découle ainsi de ce qui précède que l'optimisation de l'investissement public ou privé afin de mieux prendre en charge le risque maladie passe irrémédiablement par la définition d'un cadre juridique suffisamment clair qui organise le secteur de l'assurance maladie et facilite la circulation de l'information entre toutes les parties prenantes de ce secteur. Dès lors, pour éviter les problèmes de gouvernance décriés plus haut, l'État ne peut se limiter à définir le panier de soins. Encore faudrait-il que dans un premier temps il légifère clairement sur le ou les mécanismes de gestion de l'assurance maladie au Cameroun ainsi que sur toutes les autres questions liées au parcours de santé, à l'incitation vers la prescription des médicaments génériques et surtout sur le partage d'information entre patients et professionnels de santé d'une part, et entre professionnels de santé entre eux d'autre part. Dans ce contexte, la création d'un mécanisme national de

[1244] Aboubacar INOUA et Laurent MUSANGO, *La Caisse Nationale d'Assurance Maladie et de Garantie Sociale du Gabon : un chemin vers la couverture universelle, in Health Financing in the African Region*, Issue 17, special Issue, p. 15.
[1245] Voir www.cnps.cm
[1246] François Colin NKOA et Pierre ONGOLO-ZOGO, *op. cit.* p. 12.

gestion et de coordination de l'assurance maladie apparaît comme inéluctable compte tenu notamment des insuffisances observées précédemment.

En effet, divers mécanismes opèrent actuellement dans le secteur de l'assurance maladie au Cameroun, chacun avec ses insuffisances et ses limites. Tout d'abord, on note la CNPS qui prend en charge entre autres les accidents du travail et les maladies professionnelles. Ce mécanisme ne prend en charge que les travailleurs sur la base d'une affiliation obligatoire de tous les salariés du secteur privé et volontaire pour les employés des secteurs libéral, informel et autres. Toutefois, on note une faible couverture de la population, soit environ 3,2 % de la population en 2010[1247]. Ensuite, il existe des mutuelles de santé. Le Gouvernement a choisi de promouvoir les mutuelles de santé sur la base de la solidarité communautaire au niveau des districts de santé, avec pour finalité plus d'équité et une amélioration de l'accessibilité financière aux soins pour les personnes défavorisées[1248]. Il faut dire de manière générale que les mécanismes et les procédures utilisées par les mutuelles sont plus adaptés aux populations des secteurs informels et agricoles[1249]. Il est vrai que dans un contexte comme celui du Cameroun, l'option de la mutualisation peut s'avérer pertinente. Cependant, à l'expérience, on note de nombreux signes d'essoufflement et une pérennisation très incertaine de ces mécanismes.

En fait, en 2010, il existait 158 mutuelles de santé au Cameroun. Ce nombre a chuté à 43 mutuelles actives en 2014. Dans la même période, on est passé d'un taux de couverture de la population de 1,3 % à 0,2 %[1250]. Ces chiffres démontrent à suffisance l'inadéquation de ce mécanisme comme moyen de garantir une assurance maladie à tous. Il faut noter ici qu'on reste très éloigné de l'objectif de couverture de 40 % de la population en 2015 que se fixait le Gouvernement à travers les mécanismes de mutualisation. Le constat est sans appel : *« les mutuelles de santé qui existent fonctionnent de manière assez approximative, avec très peu de garanties de viabilité et de pérennité (...) »*[1251]. Cet échec de la mutualisation mérite cependant d'être interrogé compte tenu du fait qu'en Côte d'Ivoire, pays similaire en plusieurs

---

1247 MINSANTE, *Évaluation organisationnelle et institutionnelle pour l'amélioration et le renforcement du financement de la santé vers la couverture universelle au Cameroun. Rapport OASIS*, *op. cit.* p. 32.

1248 Moubé MOUBE, *Des principes de responsabilité et de solidarité pour un accès financier équitable aux soins de santé : le cas des travailleurs de l'informel urbain du Cameroun en situation de vulnérabilité*, Thèse de doctorat, Université de Montréal, septembre 2015, p. 19.

1249 MINSANTE, *Évaluation organisationnelle et institutionnelle pour l'amélioration et le renforcement du financement de la santé vers la couverture universelle au Cameroun. Rapport OASIS*, *op. cit.* p. 34.

1250 *Ibid.*

1251 Moubé MOUBE, *op. cit.* p. 20.

points au Cameroun, c'est la mutualisation qui a été le fondement de la politique de mise en œuvre de l'assurance maladie universelle[1252]. Relevons que s'agissant du Cameroun, c'est la mauvaise gouvernance qui a obstrué la pénétration de la mutualisation, sa décrépitude et son incapacité à répondre aux besoins des populations au niveau communautaire.

À côté de ces mutuelles existent les assurances commerciales. Il faut dire d'emblée qu'aucun système de prévention et de prise en charge du risque maladie ne peut efficacement se construire autour des assurances commerciales ou privées. En réalité, par leur coût onéreux, ces assurances sont connues pour leur caractère élitiste, c'est-à-dire accessible seulement aux ménages les plus fortunés. Au Cameroun, *« les assurances commerciales du marché ciblent essentiellement le segment 1 de la population camerounaise composé des ménages très riches ainsi que ceux à revenus intermédiaires. Les représentants de ce segment sont principalement des travailleurs du secteur formel couverts par les entreprises qui les emploient ou les particuliers très aisés »*[1253]. De fait, les assurances privées sont très peu accessibles aux masses défavorisées. En réalité, la population cible de ces assurances est constituée de moins de 20 % de la population travaillant dans le secteur formel et seul 0,06 % de la population en est couverte[1254]. Cette situation n'est pas différente dans les autres pays. Par exemple, en Côte d'Ivoire, il était estimé en 2002 que les assurances privées ne couvraient que 3 % de la population globale[1255].

Les assurances privées de santé sont généralement des services offerts par les grandes entreprises à leur personnel. Par conséquent, de par leur coût et leurs modalités, elles sont immanquablement inaccessibles à la grande majorité des populations et ne peuvent constituer le mécanisme à privilégier au Cameroun autour duquel garantir la couverture sanitaire universelle. Aux États-Unis, la *« Patient Protection Affordable Care Act »*, qu'on désigne sous le terme loi *Obama Care*, a révélé les tares du système assurantiel privé et son inadéquation à assurer la couverture sanitaire universelle dans un contexte où les coûts de santé sont très élevés. En rendant l'assurance maladie obligatoire et, surtout en assouplissant les conditions contractuelles auprès des assurances privées, elle a permis à plus de 40 millions d'Américains ou de résidents des États-Unis de jouir au moins d'une *« essential minimum coverage »*, autrement dit une couverture minimum

---

1252 Clotilde OHOUOCHI, *op. cit.* p. 19.

1253 MINSANTE, *Évaluation organisationnelle et institutionnelle pour l'amélioration et le renforcement du financement de la santé vers la couverture universelle au Cameroun. Rapport OASIS*, *op. cit.* p. 35.

1254 Isidore SIELEUNOU, *op. cit.* p. 20.

1255 Clotilde OHOUOCHI, *op. cit.* p. 39.

essentielle[1256]. À moins d'entreprendre une réforme d'une aussi grande envergure dans un contexte économique et social aussi particulier que celui du Cameroun, il est difficile de voir comment les assurances privées peuvent constituer le meilleur mécanisme de garantie de la CSU. En ce qui concerne le ministère de la Santé publique, aussi bien les mutuelles de santé que les assurances privées ne sont pas « efficientes » dans la prise en charge du risque maladie[1257].

Il ressort de l'examen des différents mécanismes décrits ci-dessus qu'*« en raison de la pauvreté et de la mise en œuvre approximative des principes de l'État de droit qui génèrent des contraintes spécifiques de gestion dans les pays à revenus faibles (...), des modèles institutionnels et organisationnels contextualisés sont recommandés pour tenir compte de la diversité des acteurs et des conditions socio-économiques »*[1258]. Tirant toutes les conséquences de cette orientation vers la contextualisation du mécanisme de gestion de l'assurance maladie au Cameroun, nous pensons qu'il serait important de créer un mécanisme indépendant de gestion de la CSU. Ce mécanisme, fonds ou caisse, agrègera les efforts des différents mécanismes opérant déjà dans le secteur de l'assurance maladie, coordonnera leurs actions et mettra en place les conditions favorables à l'élargissement non seulement du panier des soins, mais aussi des cibles de la CSU. Une fois ce mécanisme constitué, il faudra régler les questions de financement, et *in fine,* celle du financement de l'ensemble de la CSU.

B. Les défis du financement ou de la garantie à tous de l'assurance maladie

Au Cameroun, d'après les dernières estimations datant de 2012, la dépense totale de santé s'élevait à 728,1 milliards FCFA avec un taux très élevé de la contribution des ménages par paiement direct estimé à 70 %. Par ailleurs, en termes de protection du risque financier découlant du risque maladie, il faut rappeler que seulement 6,46 % de la population est couverte[1259]. Ces chiffres démontrent non seulement l'urgence à mettre en place la CSU au Cameroun afin de soulager les populations du lourd fardeau des paiements directs, mais aussi et précisément le poids énorme des

---

[1256] EuropUSA, *Généralités sur la Loi Obama Care*, disponible sur www.europusa.com [consulté le 10 octobre 2017].

[1257] MINSANTE, *Évaluation organisationnelle et institutionnelle pour l'amélioration et le renforcement du financement de la santé vers la couverture universelle au Cameroun. Rapport OASIS*, *op. cit.* p. 9.

[1258] François Colin NKOA et Pierre ONGOLO-ZOGO, *op. cit.* p. 12.

[1259] MINSANTE, *Évaluation organisationnelle et institutionnelle pour l'amélioration et le renforcement du financement de la santé vers la couverture universelle au Cameroun. Rapport OASIS*, *op. cit.* p. 8.

financements qu'il faudra mobiliser pour substituer les pertes découlant de la suspension des paiements directs, au moins en ce qui concerne les 185 maladies répertoriées dans le panier des soins. Cette épineuse question du financement de la CSU se pose encore avec acuité lorsqu'on prend en compte l'amenuisement progressif des financements internationaux qui, chaque année, représentent 15 % des dépenses totales de santé et couvrent quasiment l'essentiel des politiques de santé publique basées sur la gratuité[1260].

Mais avant de s'intéresser aux modalités de collecte et de gestion des ressources en vue de la mise en place de la CSU, soulignons que le véritable défi du financement de la santé au Cameroun reste la transparence et l'efficacité dans la gestion des ressources mobilisées. En réalité, selon le ministère de la Santé publique, *« l'existence au Cameroun de multiples mécanismes de financement de la santé (30 dénombrés en 2013) provient de l'absence d'une approche intégrée de financement. En outre, le faible niveau d'information sur les financements déployés dans le secteur (...) n'a pas contribué à la prévention du double emploi des ressources »*[1261]. La conséquence immédiate de cette opacité et de ce manque de coordination entre les différentes sources de financement est la mauvaise prise en charge des besoins des populations. En effet, il existe un décalage injustifié entre les dépenses de santé et les résultats obtenus. Dans les faits, en 2012, la dépense moyenne par habitant au Cameroun était de 63 USD ; toutefois, les résultats obtenus étaient similaires à ceux des pays dépensant entre 10 et 14 USD. Il en ressort que le double emploi des ressources entraîne automatiquement un « manque d'efficience » dans les dépenses de santé[1262]. Par conséquent, l'un des prérequis à la mise en place de la CSU est la définition de procédures claires de collecte des financements ainsi que leur utilisation optimale en vue de satisfaire les besoins du plus grand nombre.

Dans un contexte d'utilisation optimale des financements de la santé, le Cameroun n'aurait pas beaucoup de peine à assurer la transition des paiements directs vers la CSU. En effet, il existe déjà de nombreuses politiques publiques de gratuité ou de subvention de la prise en charge de certaines affections ou des maladies touchant certaines couches spécifiques de la société (femmes, enfants, indigents). La transition vers la CSU consisterait simplement à gérer de façon plus efficace ces politiques publiques afin de limiter notamment les cas de pénuries ou de rupture dans l'offre des soins ou des médicaments et produits de santé. Il faut dire en effet

---

[1260] *Ibid.* p. 31.

[1261] Ministère de la Santé publique du Cameroun, *Stratégie sectorielle de santé 2016-2027*, *op. cit.* p. 91.

[1262] *Ibid.* p. 92.

que *« l'efficacité des divers mécanismes de financement mis en œuvre au Cameroun est sujette à des interrogations. Le mode de financement des programmes de gratuité (fragmentation, difficultés de ciblage, insuffisance des ressources) ne permet pas de répondre à l'ensemble des besoins des populations cibles. La fragmentation pose aussi la question de l'efficacité administrative et de l'efficience dans l'utilisation des ressources »*[1263]. Il y a lieu de repenser non seulement la gouvernance des ressources collectées, mais aussi et surtout de réinventer les mécanismes de financement de la CSU au Cameroun.

En effet, le système de financement de la santé en vigueur au Cameroun ne semble pas présenter de réelle force pour favoriser l'accès aux soins des populations pauvres. Pour l'améliorer, deux stratégies peuvent être mises en avant : soit mobiliser davantage de ressources, soit améliorer la coordination des ressources existantes pour améliorer l'accès, la qualité et l'efficience dudit système[1264]. Bien que cette deuxième option soit celle qui est ici privilégiée, il reste cependant qu'en l'absence des ressources issues des paiements directs, il faut pouvoir en trouver de nouvelles. Par conséquent, *« La mobilisation des ressources doit être une action prévisible pour rendre possible et facile un engagement à moyen terme, gage d'un développement adéquat du secteur sanitaire »*[1265], et gage notamment de la pérennité de la CSU. Il faut pouvoir apporter des réponses aux grandes questions actuelles se rapportant au financement afin de réduire les inégalités et les iniquités engendrées par la stratification et l'exclusion socio-économique. En réalité, *« sans une articulation simultanée et convenable du modèle de financement avec les autres fonctions du système pour arriver à une politique cohérente du secteur (ce qui est le cas du Cameroun), ce serait un leurre que d'espérer venir à bout de ces injustices du système »*[1266].

La mise en place de la CSU au Cameroun implique la mobilisation d'énormes ressources pour garantir à tous un accès équitable aux services de santé, au moins en ce qui concerne le panier des soins préalablement définis. Dans cette opération, il faut relever que *« l'État n'est pas le seul acteur dans le financement des systèmes de santé, mais son poids et son rôle sont très importants, qu'il s'agisse des pays industrialisés ou des pays en développement »*[1267]. Il est important de souligner que l'abolition des

---

1263 MINSANTE, *Évaluation organisationnelle et institutionnelle pour l'amélioration et le renforcement du financement de la santé vers la couverture universelle au Cameroun. Rapport OASIS*, *op. cit.* p. 9.
1264 Isidore SIELEUNOU, *op. cit.* p. 4.
1265 *Ibid.* p. 33.
1266 *Ibid.* p. 48.
1267 Mohamed D. KOUYATE, *Pour une assurance maladie universelle en Côte d'Ivoire. Réformer le système de tarification*, L'Harmattan Côte d'Ivoire, Paris, 2012, p. 149.

paiements directs ne suppose aucunement une abolition des contributions des ménages aux dépenses de santé. Il s'agit en effet d'organiser un système de prépaiement et de solidarité qui permet en réalité que les individus contribuent en amont pour ne pas avoir à faire face aux coûts des soins de santé une fois le risque maladie survenu. Par ailleurs, il s'agit également d'établir un système de solidarité à travers lequel les plus nantis payent pour les plus défavorisés. Il s'établit alors dans ce système une sorte de complémentarité entre l'État et les autres acteurs intervenant dans le financement du système de santé. Cette complémentarité doit être développée *« dans un souci de diversification des sources de financement et chaque fois que le principe s'avère efficient, du point de vue des objectifs de la politique de santé »*[1268].

De manière générale, il existe plusieurs types de mécanismes de financement de l'assurance maladie. On peut ainsi citer les financements par l'impôt, par les cotisations sociales ou par les assurances commerciales privées[1269]. Nous n'allons pas nous intéresser ici au dernier type de financement, car nous avons suffisamment démontré qu'il est inapproprié pour garantir un accès universel à la santé. En ce qui concerne les deux premiers types, il est à noter que l'État ne peut laisser reposer le financement de la santé sur les ménages, les partenaires privés ou internationaux. Quel que soit le cas de figure, *« l'État doit maintenir son financement dans un certain nombre de cas, y compris là où le financement privé par les usagers ne peut remplacer la solidarité nationale »*[1270]. En Côte d'Ivoire par exemple, les populations sont astreintes dans le cadre de la CSU au paiement d'une cotisation, toutefois, cela ne dédouane en rien l'État soutenu par les organisations professionnelles de l'obligation de mettre à la disposition des mécanismes de la CSU des moyens nécessaires à leurs activités[1271].

Il ressort des expériences réussies dans la mise en œuvre de la CSU que les *« pays qui ont atteint la couverture universelle ont mis en place des systèmes de prépaiement qui reposent soit sur la fiscalité (impôts et taxes), soit sur un système contributif direct (cotisations) »*[1272]. On peut alors distinguer ici entre ce que Bruno PALIER appelle les systèmes nationaux de santé qui privilégient le financement par l'impôt et les systèmes d'assurance-maladie qui ont longtemps privilégié le financement par les cotisations

1268 *Ibid.*
1269 Voir Bruno Palier, *op. cit.*
1270 Mohamed D. KOUYATE, *op. cit.* p. 150.
1271 Clotilde OHOUCOHI, *op. cit.* pp. 143-144.
1272 Laurent MUSANGO et Aboubacar INOUA, *Assurance maladie obligatoire au Gabon : un atout pour le bien-être de la population*, Background Paper 16, World Health Report (2010), OMS, 2010, p. 15.

sociales[1273]. Pour lui cependant, *« les systèmes nationaux de santé garantissent la plus grande égalité des droits à la santé »* et l'égalité d'accès aux soins y est mieux garantie[1274]. En réalité, ces systèmes ne se limitent plus à la seule couverture de ceux qui travaillent et, par conséquent, qui cotisent. C'est d'ailleurs pour cette raison que *« la France a peu à peu remplacé les cotisations maladies payées par les salariés par la contribution sociale généralisée (CSG), impôt prélevé sur tous les revenus : du travail, du capital et des revenus indirects (...) »*[1275].

Tout près du Cameroun, le Gabon a opté pour un système mixte qui combine l'utilisation des fonds prélevés au niveau des taxes et impôts avec le système contributif obligatoire dans lequel les ressources financières émanent des salariés, des travailleurs indépendants, des employeurs et de l'État[1276]. En ce qui concerne les taxes et impôts, le Gabon a institué ce qui est connu sous le nom de Redevance obligatoire à l'assurance maladie (ROAM) qui sert à financer les soins au profit des Gabonais économiquement faibles, des élèves et étudiants non couverts au titre d'ayants droit et les réfugiés. En outre, les sociétés de téléphonie mobile versent à l'État 10 % de leur chiffre d'affaires hors taxes, et les sociétés de transfert d'argent prélèvent une taxe de 1,5 % sur tous les transferts à l'étranger (hors zone CEMAC) qu'ils reversent à l'État au titre de la ROAM[1277]. Ces impôts et taxes se sont avérés être une source précieuse de l'assurance maladie au Gabon par le volume des financements mobilisés.

Au Cameroun, en l'état, la mobilisation des ressources se fait à partir de plusieurs mécanismes de collecte de fonds distincts, à savoir les recettes fiscales, les cotisations sociales et primes, les paiements directs des ménages et les financements extérieurs. Dans une optique de substitution des paiements directs, le financement de la CSU par l'impôt peut s'avérer un instrument très utile. En effet, *« le financement par l'impôt semble aujourd'hui plus adapté que le financement par les cotisations sociales pour des systèmes de santé universalisés »*[1278]. C'est ainsi qu'en Suède par exemple, les impôts locaux financent 66 % des dépenses de santé[1279]. Dans ce sillage, le Cameroun pourrait adopter ce type de financement avec une taxe similaire à la ROAM du Gabon en imposant en plus des secteurs visés au Gabon, les produits de luxe et les produits qui sont responsables de la destruction de la santé tels que le tabac, l'alcool ou les voitures de seconde

---

[1273] Bruno Palier, *op. cit.* p. 35.
[1274] *Ibid.* pp. 28-29.
[1275] *Ibid.* pp. 35-36.
[1276] Laurent MUSANGO et Aboubacar INOUA, *op. cit.* p. 15.
[1277] Aboubacar INOUA et Laurent MUSANGO, *op. cit.* p. 16.
[1278] Bruno Palier, *op. cit.* p. 35.
[1279] *Ibid.* p. 36.

main. Par ailleurs, il faudrait comme en France et en Allemagne prévoir une taxation progressive sur les revenus des plus riches afin de financer la santé des plus pauvres.

En réalité, *« le financement public des dépenses de santé repose sur l'idée que chacun finance à hauteur de ses revenus et non pas de son profil de risque. Le financement par l'impôt permet d'introduire certains mécanismes de redistribution (si l'impôt est progressif) »*[1280]. Il reste qu'au Cameroun, le défi majeur n'est pas tant que cela dans les procédés de collecte des financements de la santé, mais plutôt dans la quantité des fonds collectés et la gouvernance de ceux-ci. En effet, *« quelles que soient les formes du prélèvement public, il doit pouvoir générer des ressources suffisantes et stables, en vue d'alimenter le système de santé, sous peine d'enclencher des dynamiques extrêmement pernicieuses pour son efficience et son efficacité »*[1281]. Au surplus, il est absolument nécessaire de ne pas perdre de vue que les fonds mobilisés ne peuvent suffire à résoudre les problèmes fondamentaux dans le système de santé au Cameroun, notamment la dépense inefficace et inefficiente des fonds publics[1282]. Ceci amène irrémédiablement à prévoir les conditions d'une véritable démocratie sanitaire afin d'associer les patients ou malades à tous les niveaux de décision sur l'édification du nouveau système de santé.

Section 2 : L'impérative mise en place de la démocratie sanitaire au Cameroun

Dans la plupart des États développés tels que la France, il ne fait aucun doute que ce qu'il est convenu d'appeler la « démocratie sanitaire » a largement contribué à la garantie de la protection de la santé de tous les individus. La démocratie sanitaire s'entend comme *« une organisation de la société reconnaissant le droit de chacun à connaître, décider et agir pour sa santé et la protection de la santé publique »*[1283]. Il ressort de cette définition que loin d'évoquer les idées de démocraties politique ou sociale qui renvoient soit au suffrage universel, soit aux élections sociales, la démocratie sanitaire fait référence aux modalités de représentation et de jouissance ou de protection par les malades et les usagers du système de santé de leurs droits. Elle fait aussi référence aux enjeux collectifs, politiques, sociaux et économiques qui s'attachent à l'action publique sanitaire et repose *« sur un*

[1280] *Ibid.*
[1281] Mohamed D. KOUYATE, *op. cit.* p. 148.
[1282] François Colin NKOA et Pierre ONGOLO-ZOGO, *op. cit.* p. 44.
[1283] Anne LAUDE et Didier TABUTEAU, *op. cit.* p. 21.

principe de représentation des innombrables difficultés et particularités qui sont inhérentes à un système de santé moderne et développé »[1284].

Sur ces prémisses, la mise en place de la démocratie sanitaire au Cameroun peut s'avérer un catalyseur inestimable dans le processus d'amélioration, de consolidation et de modernisation du système de santé camerounais. Pour ce faire, il y a lieu de procéder à la consécration et à la préservation des droits individuels des malades afin d'assurer leur plein respect par tous les acteurs du système sanitaire (Paragraphe 1). Par ailleurs, on ne peut négliger le fait qu'à côté des droits individuels des malades existent des droits collectifs qu'il y a lieu de reconnaître et de concrétiser (Paragraphe 2).

Paragraphe 1 : La consécration et la préservation des droits individuels des malades

Le cadre juridique camerounais, de manière générale, reste assez flou sur les droits des malades. Il n'y a que quelques textes réglementaires portant sur la santé qui concernent spécifiquement certains aspects s'insérant dans ce qu'il est convenu d'appeler les droits des malades ou droits des patients. La doctrine peine encore à s'accorder sur ces termes. Certains comme Didier TRUCHET estiment que « tout patient n'est pas un malade »[1285] tandis que d'autres comme Anne LAUDE et Didier TABUTEAU estiment que tout ceci n'est *in fine* qu'un stérile débat sémantique et que la problématique qui se pose et à laquelle il faut répondre est celle des droits de la personne en matière de santé[1286]. Dans le présent travail, il ne sera pas non plus utile de rentrer dans un débat sémantique que nous estimons être vain du point de vue de l'individu qui se retrouve confronté aux innombrables difficultés et particularités du système de santé camerounais. La question fondamentale qui importe à cet individu est celle de savoir quels sont ses droits fondamentaux (A) et quels sont ses droits subsidiaires (B) ?

A. Les droits fondamentaux des malades

La problématique des droits des malades peut sembler de prime abord comme étrangère ou inconnue du Cameroun tant les abus et violations quotidiens dont sont victimes les malades sont devenus banals. Il est vrai qu'abordés sous ce prisme, les droits des malades ont tout l'air d'être un concept étranger au discours juridique, politique et social camerounais à défaut d'être un concept étrange. Toutefois, il faut bien relever que les droits des malades se sont construits autour et avec pour seule ambition de protéger

---

[1284] *Ibid.*

[1285] Didier TRUCHET, *op. cit.* p. 239.

[1286] Anne LAUDE et Didier TABUTEAU, *op. cit.* p. 3.

la dignité humaine de chaque individu en situation de vulnérabilité due à la maladie. C'est précisément pour protéger et sauvegarder cette dignité humaine que le Code de déontologie des médecins au Cameroun résume les obligations du médecin qui, par effet de miroir, constituent les droits des malades sous le terme « devoirs d'humanité »[1287]. En effet, il n'est pas exagéré d'affirmer que *« le droit à la dignité est, dans une certaine mesure, le fondement de l'effectivité des droits des malades et de l'autonomie du patient. (...) Le droit à la dignité innerve tous les droits généraux du patient »*[1288]. La protection de la dignité humaine et de la vie est au cœur des droits des malades et ainsi, donne au droit à la santé des colorations de droit civil et politique.

En tirant leurs sources des droits fondamentaux de l'homme, les droits fondamentaux des malades recouvrent des aspects tels que d'une part, le droit au respect de sa personne, notamment le respect de la vie et de la dignité inhérente à chaque individu, le respect de la vie privée et du secret médical ; et d'autre part, le droit de ne pas être discriminé[1289]. S'agissant du droit à la vie et au respect de la dignité humaine, point n'est plus besoin de rappeler que ce sont des droits qui ont trouvé leur pleine consécration dans la Constitution du Cameroun. Le préambule de ladite Constitution ne laisse point d'équivoque lorsqu'elle proclame clairement que *« toute personne a droit à la vie et à l'intégrité physique et morale. Elle doit être traitée en toute circonstance avec humanité »*[1290]. Il en découle que le malade a droit, en toute circonstance, et quelle que soit sa condition, à être traité avec humanité. Plus spécifiquement, sa vie et son intégrité doivent être toujours protégées. On peut en conclure qu'au Cameroun comme cela a été le cas en France à travers une décision du Conseil constitutionnel français, *« la sauvegarde de la dignité de la personne humaine contre toute forme d'asservissement et de dégradation est un principe à valeur constitutionnelle »*[1291].

Sur ce fondement, quasiment tous les codes de déontologie des professionnels de santé proclament la primauté de la vie humaine et l'inviolabilité de l'intégrité physique du malade. C'est ainsi que le Code de déontologie des médecins (ci-après CDM) dispose péremptoirement que « le respect de la vie constitue en toute circonstance le devoir primordial du

---

1287 Décret n° 83-166 du 12 avril 1983 portant Code de déontologie des médecins, art. 28.

1288 Anne LAUDE et Didier TABUTEAU, *op. cit.* p. 28.

1289 *Ibid.* p. 20.

1290 Loi n° 96/06 du 18 janvier 1996 portant révision de la Constitution du Cameroun, préambule.

1291 Conseil constitutionnel, 27 juillet 1994, n° 94-343/344 DC. Voir également Claudine BERGOIGNAN-ESPER et Pierre SARGOS, *op. cit.* p. 15.

médecin »[1292]. Il en est de même du Code de déontologie des professions d'infirmier, de sage-femme et de technicien médico-sanitaire qui dispose également que « le respect de la vie constitue en toute circonstance le devoir primordial du professionnel médico-sanitaire »[1293]. Il ne serait pas inutile de rappeler que l'arrêt *Audat*[1294] de la Cour de cassation française a clairement posé le principe de la primauté des normes déontologiques, celles-ci ne pouvant pas être limitées au seul domaine disciplinaire quant à leur portée, mais pouvant donner lieu à des actions en responsabilité hors du champ disciplinaire[1295]. Il en découle que la violation de ce droit reconnu au malade lui donne droit à une action en réparation.

Le respect de la vie implique pour le professionnel de santé une obligation de porter secours à toute personne malade en péril de mort ou de blessures graves. C'est dans ce sens que le CDM prévoit en son article 3 que *« quelle que soit sa fonction ou sa spécialité, hormis le seul cas de force majeure, le médecin doit porter secours d'extrême urgence au malade en danger immédiat, sauf s'il est assuré que d'autres soins médicaux de nature à écarter le danger lui sont prodigués. Il ne peut abandonner ses malades même en cas de danger public, sauf ordre écrit de l'autorité compétente »*[1296]. L'inobservation de cette règle fondamentale nécessaire à la préservation de la vie équivaut purement et simplement à une omission de porter secours, qui est punie dans le Code pénal[1297]. Il y a véritablement lieu d'insister sur la nature fondamentale de ce droit compte tenu du comportement des professionnels de santé qui, dans les formations sanitaires, assez souvent abandonnent des malades en péril de mort à leur sort sans s'être assurés que d'autres soins leur seront prodigués. C'est le cas de l'affaire Monique Koumatekel, du nom de cette jeune dame qui, en mars 2016, avait été laissée pour morte sur le parvis de l'hôpital Laquintinie après s'y être rendue pour un accouchement alors qu'elle portait une grossesse gémellaire. Cette jeune dame s'était retrouvée complètement abandonnée, sans soins et en est morte. Sa cousine, sans expérience médicale, lui avait *post-mortem*, ouvert le ventre dans une tentative désespérée de sauver les enfants qui semblaient eux, encore vivants[1298].

[1292] Décret n° 83-166 du 12 avril 1983 portant Code de déontologie des médecins, art. 1.

[1293] Décret n° 89-354 du 3 mars 1989 portant Code de déontologie des professions d'infirmier, de sage-femme et de technicien médico-sanitaire, art. 1.

[1294] Cour de cassation, civ. 1re, 18 mars 1997.

[1295] Claudine BERGOIGNAN-ESPER et Pierre SARGOS, *op. cit.* pp. 27 et 34.

[1296] Voir aussi le décret n° 89-354 du 3 mars 1989 portant Code de déontologie des professions d'infirmier, de sage-femme et de technicien médico-sanitaire, art. 4.

[1297] Loi n° 2016/007 du 12 juillet 2016 portant Code pénal, art. 283.

[1298] Ordre national des médecins du Cameroun, *Rapport de la commission d'enquête du Conseil de l'Ordre national des médecins du Cameroun sur l'affaire Monique Koumatekel*, Yaoundé, mars 2016, disponible sur www.onmc.cm [consulté le 23 mars 2017]. Voir aussi

Cette affaire qui a suscité un grand émoi au sein de la communauté nationale pose avec acuité la problématique de la protection de la santé qui constitue aussi un droit fondamental du malade. Elle est aussi révélatrice, comme beaucoup d'autres affaires moins médiatiques et totalement méconnues, du mépris de plus en plus affiché dans les formations camerounaises par les professionnels de santé pour la santé et la vie des personnes, surtout les plus vulnérables et les plus pauvres. De telles attitudes sont contraires au principe de protection consacré dans la loi portant protection du consommateur au Cameroun. En effet, le malade, en tant que consommateur des biens et services de santé, a droit à la protection de sa vie, de sa santé et de sa sécurité[1299]. L'inobservation de ce principe de base peut ainsi fonder le consommateur des services et biens de santé, à savoir le malade, à intenter une action en réparation.

L'affaire Monique Koumatekel pose également le problème du refus de soins discriminatoires. Bien qu'il n'en soit pas spécifiquement fait dans les codes de déontologie des professionnels de santé au Cameroun, le refus des soins discriminatoire est interdit. En effet, le CDM, en mettant à la charge des médecins une série de devoirs d'humanité, précise clairement les seuls cas dans lesquels un refus de soins peut être admissible ainsi que les conditions préalables dont devrait s'assurer le médecin avant de refuser des soins. Ainsi, le médecin peut refuser des soins pour des raisons professionnelles ou personnelles après s'être assuré qu'il ne nuit pas de ce fait au malade et à la continuité des soins prodigués[1300]. Dans l'affaire suscitée comme dans de nombreuses autres qui sont passées sous silence, la raison du refus des soins reste principalement l'incapacité du malade à les payer. Dans la relation entre le médecin et le malade, il est vrai que ce dernier a l'obligation de payer les soins qui lui sont prodigués[1301], mais il n'en demeure pas moins que le médecin ne peut user de ce prétexte pour refuser de prodiguer des soins à un malade en péril de mort. Ceci équivaudrait comme on l'a relevé plus haut à une omission de porter secours couplée d'une discrimination fondée sur l'origine sociale compte tenu du fait que la plupart des personnes qui éprouvent des difficultés à payer les soins sont des personnes pauvres.

Blanchard BIHEL, *Décès de Monique Koumatekel : l'affaire qui ébranla la République*, disponible sur www.camer.be [consulté le 23 mars 2017].

[1299] Loi-cadre n° 2011/012 du 6 mai 2011 portant protection du consommateur au Cameroun, art. 3.

[1300] Décret n° 83-166 du 12 avril 1983 portant Code de déontologie des médecins, art. 28. Voir également le décret n° 89-354 du 3 mars 1989 portant Code de déontologie des professions d'infirmier, de sage-femme et de technicien médico-sanitaire, art. 10.

[1301] Décret n° 83-166 du 12 avril 1983 portant Code de déontologie des médecins, art. 5.

Or, les articles 2 des deux Pactes de 1966 interdisent tous les deux toute forme de discrimination, notamment entre autres la discrimination fondée sur l'origine sociale, la fortune ou toute autre situation. Du point de vue déontologique, un tel refus discriminatoire des soins correspond à une violation du droit au libre choix de son médecin par le malade[1302] et une violation du principe de l'égal accès aux soins. En France, l'article 7 du Code de déontologie médicale pose très clairement le principe de non-discrimination à l'égard du patient. Ce principe a été réaffirmé par le Code français de la santé publique qui dispose qu'« aucune personne ne peut faire l'objet de discriminations dans l'accès à la prévention ou aux soins »[1303]. Le malade, sous aucune raison, ne peut être abandonné à lui-même, car ce faisant, il y a une claire et irrémédiable violation de son droit à la protection de sa santé. Dès lors, constitue un refus illicite de soins donnant lieu à réparation, « le fait de ne pas dispenser des soins consciencieux, de ne pas assurer la permanence ou la continuité des soins »[1304].

Le malade a droit à des soins de qualité et, par conséquent, le médecin est tenu de lui prodiguer les meilleurs soins possible compte tenu des avancées scientifiques et technologiques disponibles. La notion de « disponibilité » introduite ici permet de relativiser l'obligation mise à la charge des professionnels de santé, notamment au Cameroun, où comme on l'a suffisamment démontré plus haut, le plateau technique est soit inexistant, indisponible, soit insuffisant ou vétuste. Dans ce cas, l'obligation pesant sur le professionnel de santé est une obligation de moyens. C'est ainsi que le CDM oblige tout médecin à prendre en charge tous les malades « avec la même conscience » quels que soient sa condition, sa nationalité, sa religion, sa réputation et les sentiments qu'il lui inspire. Il doit dans tous les cas garantir au malade la meilleure qualité des soins possible[1305]. L'obligation de moyens ici commande que le médecin assure au malade tous les soins médicaux en son pouvoir et désirables en la circonstance et qu'il élabore son diagnostic avec le plus grand soin[1306]. Ce droit des malades à des soins de qualité est protégé par le principe de satisfaction inscrit dans la loi de protection du consommateur qui dispose que *« les consommateurs ont droit à la satisfaction des besoins élémentaires ou essentiels dans les domaines de la santé »*[1307].

1302 *Ibid.*

1303 Anne LAUDE et Didier TABUTEAU, *op. cit.* p. 103.

1304 *Ibid.* p. 105.

1305 Décret n° 83-166 du 12 avril 1983 portant Code de déontologie des médecins, art. 2.

1306 *Ibid.* art. 22 et 23. Voir aussi Didier TRUCHET, *op. cit.* p. 251.

1307 Loi-cadre n° 2011/012 du 6 mai 2011 portant protection du consommateur au Cameroun, art. 3.

C'est dire qu'en permanence les professionnels de santé doivent agir de façon à protéger la vie, la dignité et l'intégrité physique des malades. Ceci suppose dans un premier temps qu'il est interdit de pratiquer des soins qui pourraient porter inutilement atteinte à l'intégrité du corps humain de la personne malade. C'est ainsi que le CDM dispose clairement qu'il est constitutif de faute grave, le fait de tromper la bonne foi des malades en leur présentant comme salutaire ou sans danger un procédé de diagnostic ou de traitement nouveau insuffisamment éprouvé[1308]. La responsabilité du médecin ne se limitera plus simplement au plan disciplinaire si une telle opération porte inutilement atteinte à l'intégrité physique des malades. Ainsi, la Cour de cassation française a, dans l'arrêt *Mme Mimoun*, clairement posé la règle suivant laquelle *« à défaut de nécessité médicale pour la personne, ou à titre exceptionnel dans l'intérêt thérapeutique d'autrui, un médecin ne peut porter atteinte à l'intégrité du corps humain »*[1309]. Tout ceci confirme l'inviolabilité du corps humain en dehors de toute nécessité médicale. Dès lors, *« la dignité n'est pas seulement une notion abstraite touchant à la personne humaine. Elle est aussi – voire surtout – une exigence de la pratique des soins les plus banals »*[1310]. Cette exigence demeure même lorsque le patient a été informé et a consenti aux soins portant atteinte à son intégrité physique.

B. Les droits subsidiaires des malades

Dans le processus diagnostique et thérapeutique, le malade doit être suffisamment informé sur son affection, les différents moyens de la traiter et les risques encourus en cas de refus de soins afin d'avoir suffisamment d'éléments pour donner son consentement éclairé à toute opération engageant son intégrité physique et morale. Pour que ceci soit possible, il faut qu'il soit lui-même en mesure de donner au professionnel tous les éléments possibles permettant à ce dernier de poser le meilleur diagnostic possible et d'engager les opérations thérapeutiques nécessaires à sa guérison. Les droits subsidiaires du malade sont tous les autres droits du malade qui ne peuvent être catégorisés comme fondamentaux. En effet, il est révolu le temps où être malade constituait une situation de vulnérabilité et d'infériorité face aux professionnels de santé. Dans l'optique de la garantie à chacun du meilleur état de santé qu'il est capable d'atteindre, *« être malade, ce n'est plus abandonner ses droits et ses prérogatives dans l'urgence et la résignation, c'est au contraire affirmer sa qualité d'usager du système de*

[1308] Décret n° 83-166 du 12 avril 1983 portant Code de déontologie des médecins, art. 19.
[1309] Cour de cassation, civ. 1re, 28 janvier 2010, n° 09-10.992, Mme Mimoun c/ CPAM de l'Indre. Voir également Claudine BERGOIGNAN-ESPER et Pierre SARGOS, *op. cit.* p. 80.
[1310] Didier TRUCHET, *op. cit.* p. 244.

santé et faire valoir les droits qui lui sont afférents »[1311]. Il en résulte que la relation médecin-malade n'est plus une relation déséquilibrée ou opaque, mais une relation horizontale et transparente dans laquelle les deux parties ont des droits et des obligations.

Dans cette optique, le malade dans son premier contact avec le système de santé a droit à l'information. Cette information qui est due au malade et mise à la charge du professionnel de santé est une condition préalable à un consentement éclairé du malade. Les deux sont intimement liés. Le CDM ne prévoit pas spécifiquement le droit à l'information des malades. Toutefois, il met à la charge du médecin l'obligation d'éclairer le malade et sa famille en cas de prescription d'un traitement onéreux et, par conséquent, des sacrifices que peut comporter ledit traitement ainsi que des avantages qu'ils peuvent en espérer[1312]. Le droit à l'information du malade dans ce cas semble se limiter seulement à des clarifications sur un traitement et particulièrement lorsque ledit traitement présente un caractère onéreux. Cette conception du droit des malades à l'information est très restrictive. En effet, l'information doit porter sur un ensemble d'éléments afin de faciliter le consentement du malade. D'après le Code français de santé publique, l'information doit porter *« sur les différents investigations, traitements ou actions de prévention qui sont proposés, leur utilité, leur urgence éventuelle, leurs conséquences, les risques fréquents ou graves normalement prévisibles qu'ils comportent ainsi que sur les autres solutions possibles et sur les conséquences prévisibles en cas de refus »*[1313].

Dans sa conception française, on voit bien que le droit à l'information recouvre un certain nombre de champs préalables à toute intervention des professionnels de santé et qui sont indispensables afin de nourrir et d'éclairer autant que faire se peut le consentement du malade et de sa famille. L'information doit ainsi « porter sur les risques de la maladie comme ceux du traitement »[1314]. L'objectif d'une bonne information est de faciliter un autre droit du patient qui est le droit à la décision partagée, à la codécision ou au consentement. Ainsi, l'information vise à asseoir davantage « l'autonomie du patient et lui permettre d'être en mesure d'opérer les meilleurs choix pour sa santé »[1315]. L'arrêt *Teyssier*[1316] pose de façon irrévocable l'obligation pour tout praticien d'informer suffisamment son patient afin de faciliter le consentement éclairé de celui-ci. Dans cet arrêt, la

---

1311 Dominique GILLOT citée par Anne LAUDE et Didier TABUTEAU, *op. cit.* pp. 25-26.
1312 Décret n° 83-166 du 12 avril 1983 portant Code de déontologie des médecins, art. 24.
1313 Didier TRUCHET, *op. cit.* p. 256.
1314 Anne LAUDE et Didier TABUTEAU, *op. cit.* p. 29.
1315 *Ibid.*
1316 Req., 28 janvier 1942, *Parcelier c/ Teyssier*. Voir également Claudine BERGOIGNAN-ESPER et Pierre SARGOS, *op. cit.* p. 39.

cour d'appel de Bordeaux avait clairement indiqué qu'*« un chirurgien doit informer son patient de la nature exacte de l'opération qu'il va subir, de ses conséquences possibles, et du choix qu'il a entre deux méthodes curatives »*[1317].

Il en ressort, contrairement à ce que prévoit l'article 19 du CDM, que le médecin est tenu en tout temps d'informer suffisamment son patient. Les seuls cas dans lesquels il est dédouané de cette obligation sont les cas d'impossibilité ou de refus du patient d'être informé. Ainsi, dans l'arrêt *Castagnet*[1318], la Cour de cassation a affirmé péremptoirement que *« hormis les cas d'urgence, d'impossibilité ou de refus du patient d'être informé, un médecin est tenu de lui donner une information loyale, claire et appropriée sur les risques graves afférents aux investigations et soins proposés et il n'est pas dispensé de cette obligation par le seul fait que ces risques ne se réalisent qu'exceptionnellement »*[1319]. Par conséquent, le médecin est astreint à recueillir le consentement du malade avant tout acte médical et doit être en mesure d'en fournir la preuve en cas de contestation. C'est le principe que pose la même Cour de cassation dans l'arrêt *Hédreul* où elle précise que *« celui qui est légalement ou contractuellement tenu d'une obligation particulière d'information doit rapporter la preuve de cette obligation »*[1320]. Toutefois, il faut noter que le consentement du malade ne peut être requis en toutes circonstances et que, dans certaines circonstances, il ne peut ne pas être considéré.

En effet, « le consentement doit s'incliner devant l'ordre public » de sorte que la « volonté du patient ne saurait justifier les pratiques médicales illicites telles que la gestation pour autrui (…) ou l'euthanasie »[1321]. Ainsi, au Cameroun par exemple, le consentement du patient ne peut justifier le recours à l'avortement qui demeure puni dans le Code pénal[1322]. Au rang des pratiques médicales ne nécessitant pas le consentement, on peut citer les soins psychiatriques obligatoires[1323]. Une question peut alors se poser en rapport aux vaccins et aux transfusions sanguines, notamment celle de savoir si le consentement doit être nécessairement requis, et si ce consentement lie le médecin en cas de refus. On peut dire à ce sujet que pour les vaccins nécessaires pour la préservation de la santé publique, le consentement du patient ou son refus de consentir peut être méconnu dans l'optique de

---

[1317] Claudine BERGOIGNAN-ESPER et Pierre SARGOS, *op. cit.* p. 38.

[1318] Cour de cassation, civ. 1re, 7 octobre 1998, *Castagnet c/ CPAM de la Vienne et autre.*

[1319] Claudine BERGOIGNAN-ESPER et Pierre SARGOS, *op. cit.* p. 38.

[1320] Cour de cassation, civ. 1re, 25 février 1997. Voir également Claudine BERGOIGNAN-ESPER et Pierre SARGOS, *op. cit.* p. 57.

[1321] Didier TRUCHET, *op. cit.* p. 249.

[1322] Loi n° 2016/007 du 12 juillet 2016 portant Code pénal, art. 337.

[1323] Didier TRUCHET, *op. cit.* p. 249.

préserver l'ordre public sanitaire. De même, lorsque la vie d'une personne est en danger, le médecin ne commet aucune faute s'il procède à une transfusion sanguine même avec le désaccord du malade ou de sa famille. Telle est la substance de l'arrêt du Conseil d'État français dans l'affaire *Senanayaké* impliquant une femme témoin de Jéhovah[1324].

À côté du droit à l'information et à la décision partagée, le malade jouit aussi du droit au respect de sa vie privée et au respect du secret médical. En effet, pour favoriser le meilleur diagnostic et, par conséquent, la meilleure qualité de soins, le malade doit complètement dévoiler son intimité au médecin. Le CDM, de même que la loi relative à l'exercice et l'organisation de la profession de médecin, imposent au médecin une obligation de garder le secret professionnel afin de ne pas porter atteinte à l'intérêt du malade[1325]. La protection de la vie privée du malade à travers l'obligation de respect du secret médical n'est plus seulement une obligation ordinale. En effet, le Code pénal camerounais sanctionne également toute violation du secret médical. C'est ainsi que l'article 310 dudit Code punit « celui qui révèle, sans l'autorisation de celui à qui il appartient, un fait confidentiel qu'il n'a connu ou qui ne lui a été confié qu'en raison de sa profession ou de sa fonction ». Dans l'univers du droit médical, le respect du secret professionnel apparaît comme la règle la plus ancienne. D'après le Code français de santé publique, le secret *« couvre l'ensemble des informations concernant la personne venue à la connaissance du professionnel, de tout membre du personnel de ces établissements, services ou organismes et de toute autre personne en relation, de par ses activités, avec ces établissements ou organismes. Il s'impose à tous les professionnels intervenant dans le système de santé »*[1326].

Il en découle clairement que le secret médical n'est pas qu'une obligation mise à la seule charge des médecins, mais est opposable à toutes les personnes qui interviennent dans le système de santé ou qui auraient eu connaissance d'une information en vertu de leur interaction avec ledit système. En réalité, la philosophie derrière le secret médical « est qu'aucun malade ne puisse penser pouvoir être trahi par celui qui le soigne »[1327]. L'arrêt *Watelet* souligne clairement que le secret professionnel *« dont la*

1324 CE Ass., 26 octobre 2001, n° 198546. Voir également Claudine BERGOIGNAN-ESPER et Pierre SARGOS, *op. cit.* p. 67.

1325 Décret n° 83-166 du 12 avril 1983 portant Code de déontologie des médecins, art. 4. Voir aussi la loi n° 90-36 du 10 août 1990 relative à l'exercice et à l'organisation de la profession de médecin, art. 4.

1326 Didier TRUCHET, *op. cit.* p. 258.

1327 René Serges Maran ASSOUMOU, *La responsabilité pénale du médecin traitant dans le système pénal camerounais*, Mémoire de DEA, Université de Douala, 2006, disponible sur www.memoireonline.com [consulté le 19 octobre 2017].

portée est générale et absolue, est établie pour assurer la confiance nécessaire à l'exercice de certaines professions et s'impose aux médecins comme un devoir de leur état ; le délit est constitué dès lors que la révélation d'un secret a été faite avec connaissance, même sans intention de nuire »[1328]. L'exigence de respect du secret médical vise *in fine* à protéger le droit au respect de la vie privée du malade et s'étend, comme on l'a dit, à toutes les personnes ci-dessus identifiées. À ce propos, le Conseil d'État français a conclu qu'*« un agent d'un centre hospitalier spécialisé en psychiatrie commet un manquement à l'obligation au secret professionnel en participant à la réalisation d'un court-métrage tourné par les lycéens au sein de cet établissement »*[1329].

La violation de ce droit, tout comme l'atteinte aux autres droits énoncés supra, donne la possibilité au malade d'introduire, contre l'auteur de ladite violation, une action en réparation. Le droit à réparation est en lui-même un droit du malade tiré du principe d'équité qui doit régir la relation professionnelle de santé-malade dans le processus de consommation des biens et services de santé. D'après ce principe, *« les consommateurs ont droit à la réparation complète des torts pour les dommages subis et qui (...) sont imputables aux fournisseurs ou prestataires »*[1330]. Le « principe de la réparation intégrale des préjudices » causés au malade du fait de l'action ou de l'inaction d'un professionnel de santé est depuis l'arrêt *Teyssier* indiscutable[1331]. C'est sur ce fondement que les malades, insuffisamment informés ou éclairés sur leur état, un traitement ou les conséquences d'une maladie, sont fondés à prétendre à une réparation. Les arrêts *Jugnet*[1332], *Sconomiglio* [1333]et *Seurt*[1334] devant la Cour de cassation française de même que l'arrêt *Chester* [1335]devant la Chambre des Lords britanniques posent irrévocablement le principe de la réparation en cas de défaut d'information ou d'information insuffisante[1336]. Il est important de souligner que le droit à réparation est primordial dans le cadre du droit à la santé, car c'est lui qui permet de donner plein effet à ce droit. Il est à la fois un droit individuel et un droit collectif des malades.

1328 Crim., 19 décembre 1885 (Bull. crim. N° 363 ; S. 1886. I, rapp. Talon). Voir également Claudine BERGOIGNAN-ESPER et Pierre SARGOS, *op. cit.* p. 601.

1329 CE, 1er juin 1994, n° 150870. Voir également Claudine BERGOIGNAN-ESPER et Pierre SARGOS, *op. cit.* p. 433.

1330 Loi-cadre n° 2011/012 du 6 mai 2011 portant protection du consommateur au Cameroun, art. 3.

1331 Claudine BERGOIGNAN-ESPER et Pierre SARGOS, *op. cit.* p. 333.

1332 Cour de cassation, civ. 1re, 7 février 1990.

1333 Cour de cassation, civ. 1re, 11 mars 2010, n° 09-11.270, *Sconomiglio c/ Oniam.*

1334 Cour de cassation, civ. 1re, 3 juin 2010, n° 09-13.591, *Seurt c/ Piechaud.*

1335 Chambre des Lords, 14 octobre 2004, *Chester c/ Ashfar.*

1336 Voir également Claudine BERGOIGNAN-ESPER et Pierre SARGOS, *op. cit.* p. 371.

Paragraphe 2 : La concrétisation des droits collectifs des malades

Sans se limiter à la reconnaissance et à l'exercice des droits individuels, le concept de « démocratie sanitaire » a reçu une acception large, notamment de la part du législateur français dans la loi du 4 mars 2002 relative aux droits des malades et à la qualité du système de santé[1337]. Il en découle que la démocratie sanitaire intègre aussi les droits collectifs des malades dont la garantie dépend d'une part, du droit de participation des patients ou usagers du système de santé à la gouvernance dudit système et à l'élaboration de solutions pertinentes (A) ; et d'autre part, de la possibilité pour ces usagers de se constituer en associations de défense des intérêts collectifs (B).

A. Le droit de participation des patients à la gouvernance du système de santé

L'objectif de tout système de santé est de parvenir à une meilleure protection de la santé de toutes les populations dont il prétend prendre la charge. Pour ce faire, il a été abondamment expliqué que mettre seulement l'emphase sur l'accès aux soins et aux médicaments peut sembler être très réducteur en termes de réponse aux facteurs qui influencent la santé des individus. Dès lors, il est indisputable que la prévention occupe une place très importante sinon centrale dans la protection des populations contre la maladie et les atteintes à leur santé. Par conséquent, la mise en place d'un système de santé intégrant tous les éléments de promotion, de prévention et de protection de la santé des populations peut apparaître comme une fin en soi. Cependant, il y a lieu de relativiser cette assertion en relevant que la construction d'un système de santé efficace dans la garantie du droit à la santé suppose de changer de paradigme de réflexion et un élargissement du cercle de décision qui doit dépasser le cercle des experts, des professionnels de santé et des autorités publiques en charge de la santé. Aujourd'hui, la prise en compte du point de vue des patients et leur association au processus de décision sont capitales pour la structuration d'un système de santé qui répond efficacement aux besoins de ses ultimes bénéficiaires.

Dans cette optique, la reconnaissance et la concrétisation du droit de participation des patients à la gouvernance du système de santé apparaissent inévitables. La loi-cadre dans le domaine de la santé consacre effectivement ce droit de participation. Elle dispose que : *« La politique nationale de santé a pour objectif l'amélioration de l'état de santé des populations grâce à l'accroissement de l'accessibilité aux soins intégrés et de qualité pour l'ensemble de la population et avec la pleine participation des communautés*

[1337] Anne LAUDE et Didier TABUTEAU, *op. cit.* pp. 19-20.

à la gestion et au financement des activités de santé »[1338]. Cette disposition ne laisse aucun doute sur l'objectif poursuivi par le système de santé camerounais et sur les moyens de l'atteindre. Il y a toutefois lieu de remarquer qu'autant la pleine participation des communautés au financement de la santé est effective comme il a été suffisamment démontré ci-haut, autant il subsiste de nombreux doutes, obstacles et pesanteurs quant à la participation effective des populations à la gestion des activités de santé. Elles ne sont perçues que comme les ultimes bénéficiaires de la conception des politiques publiques en la matière, mais très peu comme des acteurs de cette opération conceptuelle.

Or, l'exclusion ou l'insuffisante prise en compte des patients dans la conception et la gestion des activités de santé est peut-être ce qui explique le faible taux de réussite des politiques de santé publique au Cameroun. La participation des patients à la conception et la gestion des activités de santé est au cœur même du concept de « démocratie sanitaire ». Son objectif clairement avoué est *« la recherche d'un nouveau modèle de gouvernance permettant de faire participer, d'associer, d'impliquer les personnes à la conception des politiques et à leur mise en œuvre. Il ne s'agit plus d'agir et de communiquer au nom des usagers, mais de réfléchir à de nouvelles modalités de co-construction qui prennent en considération la parole des personnes accompagnées, leurs expériences et expertises »*[1339]. Ce nouveau modèle de gouvernance a pour ambition de poser clairement le problème de la place du malade dans le processus d'innovation en santé. Dans le cadre des activités visant la mise en place d'un système de CSU au Cameroun, on s'est bien rendu compte que les patients semblaient ignorés ou du moins oubliés dans la conception de ce système.

En réalité, « les questions d'innovation restent encore essentiellement une affaire d'"experts" »[1340]. Cette approche qui vise à penser les solutions aux problèmes de santé et d'accès aux soins et services de santé des populations est louable dans l'optique où il faut nécessairement que ces solutions soient le fruit d'une expertise avérée. Toutefois, elle est limitée en ce que ce sont les usagers de santé qui peuvent le mieux décrire et représenter les difficultés qu'ils rencontrent dans leurs parcours de soin. Dès lors, ne pas associer les usagers dans le processus d'innovation rend toute innovation congénitalement inefficace. Il faut dès lors bien comprendre que *« l'innovation en santé, qu'elle soit thérapeutique ou organisationnelle,*

[1338] Loi n° 96/03 du 4 janvier 1996 portant loi-cadre dans le domaine de la santé, art. 2. Voir aussi l'art. 4 de la même loi.

[1339] Claire MOUETTE et Catherine CALVEZ, *La participation de l'usager de santé*, Service Documentation EHESP, janvier 2015, p. 2.

[1340] Haut Conseil pour l'avenir de l'assurance maladie, *Document n° 5 : La place du citoyen et du patient dans le processus d'innovation en santé*, HCAAM, décembre 2014, p. 4.

n'est pas seulement une affaire d'experts scientifiques médicaux, d'ingénieurs ou de techniciens, mais elle est l'affaire de tous, en tant que "citoyens" »[1341]. L'implication des patients à la prise de décisions constitue, sans nul doute, la garantie d'une meilleure adéquation de la norme aux réalités qu'elle vise à régir afin d'arriver à des résultats plus probants.

En effet, d'après l'OMS, *« la question de la participation du patient ne répond pas seulement à un impératif démocratique, mais bien à une question d'efficacité thérapeutique et économique. Ainsi, l'OMS encourage la mise en place de stratégies qui visent à informer et à responsabiliser le patient, dans un objectif de meilleure observance du traitement, de meilleur respect des règles comportementales nécessaires à suivre, etc. »*[1342]. Au-delà du simple fait d'associer les populations à la prise de décisions, le droit de participation vise également à les impliquer davantage dans la mise en œuvre et le suivi des politiques publiques en matière de santé. Par conséquent, *« l'entrée de l'usager dans le système de santé doit être un des leviers essentiels pour promouvoir l'amélioration de la qualité »*[1343]. La concrétisation de ce droit à participation transforme l'usager des systèmes de soins qui devient ainsi un « être rationnel » qui agit dans une organisation sanitaire donnée sans plus simplement se limiter à des logiques de consommateurs[1344]. Le patient devient alors acteur du système de soins et, par extrapolation, comptable de sa faillite au même titre que l'État ou les professionnels de santé. En ce sens, on peut indubitablement penser que la participation du patient est un objectif à atteindre pour tout système de santé.

Cette participation présente de nombreux avantages. En réalité, l'implication des patients dans l'organisation et la gouvernance sanitaires rompt le monopole longtemps détenu par les médecins comme vecteur d'information. Ainsi, en associant les communautés ou les associations de patients dans la recherche et la diffusion de l'information en santé, la diffusion d'information est plus efficace aux usagers du système de santé et l'on peut ainsi agir de façon plus optimale sur les comportements des usagers[1345]. En ce sens, *« des études ont démontré les nombreux avantages liés à la participation active des patients dans le processus de prise en charge de leur maladie : meilleur bien-être global, meilleure acceptation du traitement et ce faisant, meilleure efficacité de la prise en charge »*[1346]. Il en découle que par la recherche et la diffusion d'information, les communautés

---

[1341] *Ibid.* p. 3.
[1342] *Ibid.* p. 5.
[1343] Etienne CANIARD, *La place des usagers dans le système de santé*, La documentation française, p. 8.
[1344] *Ibid.*
[1345] Haut Conseil pour l'avenir de l'assurance maladie, *op. cit.* p. 6.
[1346] *Ibid.* p. 5.

de patients peuvent plus aisément et plus directement agir sur la prévention des maladies. D'autre part, la recherche d'information par les patients est le meilleur moyen de garantir le droit des malades à la codécision parce que nantis de la bonne information, ils peuvent alors plus facilement discuter avec leur médecin des options disponibles et faire un choix éclairé contenu tenu du niveau de connaissance acquise sur la maladie et les traitements disponibles.

Cette quête d'information et de son utilisation par les patients participe d'une démarche visant l'amélioration du système de soins en termes d'efficacité et de satisfaction sur le registre de la qualité. Le monopole de l'information en santé par les médecins évoqués ci-haut fait ressortir clairement le caractère opaque de l'univers médical. En faisant du patient un acteur du système de santé, *« le défi est réel puisqu'il s'agit de sortir d'une situation où l'impression générale vis-à-vis du système de soins est celle d'une grande opacité qui, au fil du temps, a nourri bien des inquiétudes »*[1347]. Ainsi perçue, la démocratie sanitaire, notamment à travers la concrétisation du droit de participation des patients, *« devient un élément d'évaluation de la qualité du soin pour celui qui le reçoit, et potentiellement pour celui qui le délivre, conduisant le malade à devenir un partenaire du système de soins »*[1348].

En Afrique en général et au Cameroun en particulier, la participation communautaire à la gestion des services de santé demeure un objectif de la réforme des systèmes de santé[1349]. Cet objectif a mieux pris forme dans certains pays que dans d'autres et porte indifféremment ou cumulativement sur les soins préventifs et/ou curatifs, la gestion des recettes des actes et/ou des médicaments. Elle a abouti dans certains pays comme au Mali, en Côte d'Ivoire, au Niger, en Guinée ou au Bénin, à une véritable décentralisation des services publics de santé[1350]. Au Cameroun, la démocratie sanitaire telle que décrite par le document de Stratégie sectorielle de santé 2016-2027 a pour vocation l'amélioration de la gouvernance et le renforcement du système sanitaire. Il se fixe comme objectif le renforcement des capacités des communautés pour améliorer le contrôle social et le sens des responsabilités des gestionnaires à travers un meilleur accès aux informations relatives à la santé ; la formation des acteurs du développement local à s'engager dans la promotion de la santé et à participer à la planification, budgétisation, suivi et évaluation de la mise en œuvre des

---

[1347] Etienne CANIARD, *op. cit.* p. 8.

[1348] *Ibid.*

[1349] Dominique KEROUEDAN et Pierre DAUBY, « Questions autour de la démocratie sanitaire en Afrique » *in Médecine Tropicale*, n° 64-6, 2004, p. 609.

[1350] *Ibid.*

interventions sanitaires dans leur territoire de compétence ; et le renforcement des capacités des acteurs en leadership et en promotion de la santé[1351].

Cette architecture est en quelque point semblable aux territoires de démocratie sanitaire tels qu'ils existent en France et dont l'objectif est « l'égal accès géographique et social aux soins » dans l'optique de rendre le système de santé plus cohérent et efficace[1352]. Ainsi, chaque territoire de démocratie sanitaire comprend en son sein un conseil territorial de santé composé entre autres de collèges des usagers et associations d'usagers dont la mission est d'identifier les besoins sanitaires, sociaux et médico-sociaux des populations, et de faire « des propositions pour améliorer la réponse aux besoins de la population »[1353]. La pleine participation des populations à ce type de système permet de garantir la construction d'un système de santé solide. Toutefois, au Cameroun, il est à déplorer que *« la participation communautaire aux activités du système de santé est "assez faible". Les structures de dialogue existent à tous les niveaux de la pyramide sanitaire et devraient participer aux interventions de co-financement et de co-gestion des structures de santé. Mais, elles sont peu fonctionnelles pour la plupart »*[1354]. C'est peut-être ceci qui explique les insuffisances observées dans l'efficacité du système camerounais. Il y a lieu de concrétiser la participation des patients à la gouvernance sanitaire, car *« dans un tel contexte, la participation et l'implication des usagers et de leurs représentants sont plus que jamais nécessaires. Elles constituent un puissant levier pour faire évoluer le système de santé. Elles représentent un impératif et une chance pour favoriser un système de santé solidaire »*[1355].

B. Le droit de représentation des patients en associations de défense des intérêts collectifs

Le droit de représentation des patients est un corollaire de leur droit de participation et tous deux concourent à la matérialisation de la démocratie sanitaire. Le droit de représentation est aujourd'hui dans de nombreux pays, notamment en France, largement conforté comme un outil de gouvernance sanitaire. Ce droit de représentation donne aux patients un droit de contrôle direct sur l'organisation et le fonctionnement hospitaliers ainsi que sur les

---

1351 Ministère de la Santé publique du Cameroun, *Stratégie sectorielle de santé 2016-2027*, *op. cit.* p. 85.
1352 Didier TRUCHET, *op. cit.* p. 76.
1353 *Ibid.* p. 77.
1354 Ministère de la Santé publique du Cameroun, *Stratégie sectorielle de santé 2016-2027*, *op. cit.* p. 85.
1355 Ministère français du Travail, de l'Emploi et de la Santé, *Conférence nationale de santé. Rapport 2012 sur le droit des usagers*, avril 2012, p. 2.

autres agences sanitaires. Il donne également aux patients le droit de pouvoir s'organiser afin de porter devant le juge toute situation de nature à compromettre la protection de la santé collective. Ainsi perçu, l'usager, dans le système de soins, prend désormais une place qui lui confère « un pouvoir de négociation ou de transaction (...), lorsqu'il fait valoir un différend, voire un préjudice »[1356].

Ce droit a pris un essor certain en France depuis l'affaire du *Médiator* à la suite de laquelle *« des représentants des associations de patients se sont vus reconnaître la faculté de siéger dans les conseils d'administration de l'Établissement français du sang »* et d'autres agences sanitaires[1357]. Dans cette affaire, cinq millions de personnes ont pris du *Médiator*, un médicament prescrit depuis 1976 et dont le bénéfice médical est devenu hypothétique dès 1998, mais dont l'AMM n'a pas été retiré. Ce médicament a causé chez ceux qui en prenaient un déficit fonctionnel. Le médicament a finalement été retiré du marché en 2009 et un mécanisme d'indemnisation a été mis en place pour les victimes à travers l'Office national d'indemnisation des accidents médicaux, des affections iatrogènes et des infections nosocomiales (ONIAM)[1358]. Dans cette affaire comme dans l'affaire du *sang contaminé*[1359], le Conseil d'État français a retenu la responsabilité de l'État pour faute simple lorsqu'il faillit dans ses pouvoirs de réglementation des produits de santé.

Pour tirer toutes les conséquences des insuffisances des agences sanitaires telles qu'exposées par ces affaires, l'État français à travers la loi n° 2016-41 du 26 janvier 2016 de modernisation de notre système de santé a institué *« une obligation légale de représentation des usagers dans les organes de gouvernance de toutes les agences sanitaires »* françaises[1360]. La mission de ce système de représentation est de *« veiller au respect des droits des usagers et de contribuer à l'amélioration de la qualité de l'accueil des personnes malades et de leurs proches et de la prise en charge »*[1361]. Ce faisant, *« les représentants d'usagers sont ainsi acteurs de l'évaluation du fonctionnement et de l'organisation hospitaliers, mais également mobilisés dans la gestion des plaintes des personnes malades et des usagers »*[1362]. En lisant ces missions, l'on comprend tout de suite l'urgence qu'il y a à mettre

---

1356 Etienne CANIARD, *op. cit.* p. 8.
1357 Anne LAUDE et Didier TABUTEAU, *op. cit.* p. 71.
1358 Claudine BERGOIGNAN-ESPER et Pierre SARGOS, *op. cit.* pp. 474-476.
1359 CE Ass., 9 avril 1993, n° 138653, *M. D.* Voir aussi Claudine BERGOIGNAN-ESPER et Pierre SARGOS, *op. cit.* pp. 469-471.
1360 Anne LAUDE et Didier TABUTEAU (dir.), *La loi santé. Regards sur la modernisation de notre système de santé*, Presses de l'EHESP, Rennes, 2016, p. 181.
1361 Anne LAUDE et Didier TABUTEAU, *op. cit.* p. 74.
1362 *Ibid.* Voir aussi Anne LAUDE et Didier TABUTEAU (dir.), *op. cit.* p. 181.

en place des mécanismes similaires au Cameroun tant l'accueil des malades et de leurs familles, de même que la prise en charge y sont déplorables. De même, le milieu hospitalier camerounais est fortement gangrené par la corruption et des phénomènes tels que le détournement des malades.

S'agissant du détournement des malades, cette pratique prospère au sein des établissements hospitaliers publics où les patients sont réorientés par les médecins vers des cliniques privées au mépris du CDM qui dispose en son article 43 que : « tout détournement ou toute tentative de détournement de clientèle est interdit ». En dehors de ce phénomène, le ministère de la Santé publique note que *« la redevabilité reste un problème important dans le système de santé et représente un frein principal à l'appropriation de la mise en œuvre de la [Stratégie sectorielle de santé] par tous les acteurs »*[1363]. Il faut noter qu'il se pose aussi dans toutes les formations hospitalières l'éternel problème de la corruption malgré l'existence de nombreux mécanismes mis en place pour la combattre[1364]. Dans un tel contexte, des associations d'usagers ou des représentants d'usagers associés à la gestion des formations sanitaires pourraient être d'une inestimable utilité afin de participer à humaniser davantage l'hôpital et à y extraire la corruption qui influe très négativement sur l'accès aux soins et à une bonne prise en charge. Mettre en place ce système permettra une véritable évaluation du fonctionnement et de l'organisation hospitalière.

La mise sur pied d'une représentation effective des usagers au sein du conseil d'administration des formations hospitalières au Cameroun – pour celles qui en sont dotées – aura également pour effet de soutenir et d'optimiser des programmes déjà existants tels que l'approche basée sur la performance, mise en œuvre depuis 2011, dont le but est d'« améliorer les résultats en termes de qualité et de quantité des soins offerts aux populations »[1365]. Il y a également lieu d'améliorer la gouvernance au sein des hôpitaux parce que *« les performances des districts de santé restent encore faibles et la gouvernance des districts demeure non satisfaisante et non conforme aux textes. La corruption au sein des hôpitaux est constamment décriée par les usagers car elle empêche de nombreux malades d'accéder aux soins de santé en temps opportun »*[1366]. Cette mise en place d'un système de représentation au profit des usagers est urgente et nécessaire en ce qu'elle pourrait contribuer à corriger certaines tares observées dans la

---

1363 Ministère de la Santé publique du Cameroun, *Stratégie sectorielle de santé 2016-2027*, *op. cit.* p. 85.

1364 *Ibid.*

1365 MINSANTE, *Évaluation organisationnelle et institutionnelle pour l'amélioration et le renforcement du financement de la santé vers la couverture universelle au Cameroun. Rapport OASIS*, *op. cit.* p. 49.

1366 *Ibid.*

gouvernance hospitalière. Par conséquent, il y a lieu de relever qu'une inaction de l'État à mettre ce système ou à combattre efficacement les tares décriées serait, suivant le raisonnement des affaires du *Médiator* et du sang contaminé, une faute simple à mettre au passif de l'État qui pourrait fonder les associations d'usagers à intenter des procédures contre celui-ci.

Avant de rentrer dans le volet judiciaire du droit de représentation, il faut mentionner que la démocratie sanitaire porte aujourd'hui ses fruits en France. En effet, elle s'y exprime au niveau des établissements de santé à travers la Commission des relations avec les usagers et de la qualité et de la prise en charge (CRUQPC) et le Conseil de la vie sociale (CVS). La première institution, pour ne parler que d'elle, a pour mission d'*« examiner les plaintes et les réclamations formulées par les usagers de l'hôpital ou leurs proches et les informe sur les voies de conciliation et de recours. Cette instance émet des avis et des propositions d'amélioration de la politique d'accueil et de prise en charge des personnes malades. Ainsi, à travers cette instance, l'approche individuelle permet le passage à l'échelle collective »*[1367]. La représentation des usagers dans les établissements de santé et agences sanitaires est aujourd'hui largement répandue en France. Qu'il s'agisse de l'Agence française du sang, de l'Établissement français des greffes, de l'Agence française de sécurité sanitaire des aliments ou des produits de santé, les associations d'usagers y jouent désormais un rôle prépondérant, notamment dans la gestion des plaintes des consommateurs des produits de santé.

Au Cameroun, dans le secteur de la santé, rien n'a encore été entrepris dans ce sens et en l'état de la situation, les usagers restent exclus de la gestion du système de santé dont ils subissent les conséquences des aléas et des insuffisances. Pour trouver trace d'un système de représentation des associations d'usagers, il faut se rapporter à la loi-cadre de protection des consommateurs. Cette loi reconnaît le droit et la liberté qu'ont les consommateurs de former des associations[1368] et de rechercher et de diffuser des informations au profit des consommateurs[1369] dans des domaines aussi vastes que celui de la santé et bien d'autres qui lui sont intimement liés[1370]. Ces associations dont la mission est la promotion et la protection des intérêts du consommateur ont comme autre mission la représentation des intérêts individuels ou collectifs des consommateurs auprès de l'État ou des

[1367] Florence BOIZARD, Malika BOUKHARSSA et *al.*, *Démocratie sanitaire, droits des usagers*, EHESP, 2013, p. 11.
[1368] Loi-cadre n° 2011/012 du 6 mai 2011 portant protection du consommateur au Cameroun, art. 21.
[1369] *Ibid.* art. 22.
[1370] *Ibid. art. 24.*

fournisseurs et prestataires des secteurs publics ou privés[1371]. À ce titre, elles ont, lorsqu'elles sont agréées dans le domaine de la santé, la pleine capacité d'ester en justice pour défendre des intérêts collectifs touchant à la santé des consommateurs[1372].

Nul ne peut nier qu'en soi, ce droit d'action collective au profit des associations de consommateurs est une avancée significative du droit camerounais. Le vrai défi reste dès lors de pouvoir mobiliser de telles procédures pour arriver à sauvegarder des intérêts collectifs ou à faire évoluer le droit à la santé afin que les consommateurs des biens et services de santé soient mieux que jamais protégés.

1371 *Ibid.* art. 23.
1372 *Ibid.* art. 26 et 27.

CONCLUSION PARTIELLE 2

La mise en œuvre efficace des politiques publiques en santé permet d'enregistrer des résultats en termes de satisfaction des populations qui se voient alors accéder avec le moins de difficultés aux actes de prévention des atteintes à leur santé et de prise en charge en cas de maladie. À l'aide d'indicateurs et de standards établis au niveau international, nous avons procédé à une évaluation des politiques publiques, des stratégies et programmes mis en place dans le sillage de la réalisation du droit à la santé au Cameroun. Il ressort globalement de cette évaluation qu'à quelques exceptions près, l'État du Cameroun n'a pas encore atteint les standards internationaux suffisants pour conclure qu'il protège efficacement le droit à la santé de ses populations. En réalité, de nombreuses insuffisances subsistent encore en termes d'accessibilité géographique et économique des populations aux services de santé. Ainsi, en zone rurale notamment, l'absence de services de santé, d'équipements adéquats ou de personnels de santé suffisants donne à penser que certaines de ces zones peuvent être qualifiées de déserts médicaux.

Par ailleurs, la pauvreté des populations, aussi bien en zones urbaines, et davantage en zones rurales, constitue un véritable obstacle à l'accès des populations aux soins de santé. Toutes ces situations nous amènent à conclure qu'il existe au Cameroun de véritables inégalités sociales de santé que les pouvoirs publics, assistés de leurs partenaires privés, associatifs ou internationaux, ont l'obligation de prendre en compte afin de permettre à chaque individu de jouir du meilleur état de santé qu'il est capable d'atteindre. L'urgence à trouver des solutions à ces inégalités de santé est d'autant plus pressante que de nombreuses populations, faute de moyens financiers, recourent soit à des formations sanitaires précaires pour se faire soigner, soit à l'usage des médicaments de la rue ou à de faux médicaments. Dans ces cas, les risques d'atteinte au droit à la santé ou au droit à la vie desdites populations s'en trouvent décuplés et, par conséquent, on assiste à une augmentation du taux de morbidité. Ces observations valent également en ce qui concerne l'accès aux médicaments et surtout, l'accès à un médicament de qualité, tant il peut y avoir des failles dans les procédures de mise sur le marché des médicaments ou de contrôle *a posteriori* de la qualité, de l'accessibilité et de la disponibilité du médicament.

Les insuffisances relatives à la prise en charge de la maladie sont tout aussi perceptibles en ce qui concerne la prévention de la maladie. Ainsi, on observe une action assez faible des pouvoirs publics dans la prévention des crises sanitaires, qu'il s'agisse de l'hygiène du milieu, des mesures de prévention de la maladie ou des épizooties ou autres maladies infectieuses d'origine virale pouvant très vite résulter en de véritables crises sanitaires. En réalité, autant on peut admettre qu'il existe un dispositif de réponse aux crises sanitaires quoique celui-ci reste fortement perfectible, autant on est aussi contraint d'admettre qu'en l'état des choses, le Cameroun ne peut pas efficacement prévenir les crises sanitaires. Il est alors souhaitable que le système de santé camerounais ne soit plus seulement réactif, mais soit aussi capable d'organiser efficacement la prévention de la maladie, qu'il s'agisse des crises sanitaires, des maladies endémiques, pandémiques ou autres.

En somme, les insuffisances du système de santé camerounais appellent inéluctablement à des mesures de correction et invitent à repenser les mesures de renforcement. L'un des premiers aspects fondamentaux en ce sens est l'intégration de la médecine traditionnelle au système de santé camerounais. Cette forme de médecine garantira à coup sûr une meilleure acceptabilité des soins par les patients, mais aussi et surtout garantira un meilleur accès des populations aux services et biens de santé, tant elle est proche géographiquement, culturellement et financièrement, des populations. Par ailleurs, l'idée de la mise en place d'une couverture sanitaire universelle comme recommandée par les plus hautes autorités de l'État contribueront efficacement à alléger la charge financière qui pèse sur les ménages en termes de financement du système de santé, avec comme conséquence de réduire de façon significative les capacités d'accès desdits ménages aux soins de santé et aux actes de prévention en matière de santé.

CONCLUSION GÉNÉRALE

La problématique de la mise en œuvre du droit à la santé au Cameroun doit occuper une place prépondérante du discours politique avec pour objectif de parvenir à construire un cadre juridique, stratégique et institutionnel plus efficace dans la garantie du droit à la santé de toutes les personnes vivant au Cameroun. En mettant en avant l'efficacité comme prisme d'évaluation, il est question de passer à une phase plus concrète de la garantie des droits de l'homme au Cameroun. La première phase a eu lieu au début et au cours des années 1990 avec la prolifération des textes visant à introduire, à encadrer et à protéger juridiquement un ensemble de droits dont l'individu est le principal et l'ultime bénéficiaire. Dans ce contexte, un certain nombre d'instruments juridiques internationaux ont été soit ratifiés, soit leurs dispositions ont trouvé écho dans les nombreuses législations nationales. C'est notamment le cas du droit à la santé qui, bien qu'il existait déjà au plan interne quelques textes législatifs et réglementaires l'encadrant directement ou indirectement, s'est vu accordé une protection particulière à travers la loi n° 96/03 du 4 janvier 1996 portant loi-cadre dans le domaine de la santé.

Dans le même sillage, la Constitution de l'État du Cameroun adoptée le 16 janvier 1996 va intégrer les principaux instruments juridiques internationaux ratifiés par le Cameroun et protégeant le Cameroun dans son préambule en affirmant notamment l'attachement du Peuple camerounais audits instruments. Loin de se limiter à cette opération d'intégration, le constituant va explicitement convoquer un certain nombre de droits dont la protection est essentiellement à la réalisation du pacte et du contrat social camerounais. Bien que le droit à la santé n'y soit pas explicitement visé, de nombreux autres droits tels que le droit à la vie, à la protection de la famille et des personnes vulnérables ou le droit à un environnement sain, permettent de percevoir le désir de l'État du Cameroun de protéger le droit à la santé, y compris en agissant sur les déterminants de santé. La protection constitutionnelle du droit de recours ou du droit à réparation reconnu à tous ne va que contribuer à renforcer cette armature juridique.

En se rapportant précisément aux déterminants de santé, le principal intérêt du présent travail n'est pas d'évaluer la mise en œuvre du droit à la santé compris comme le droit qu'a toute personne à bénéficier de l'accès aux soins et aux médicaments en cas de maladie. Loin de cette vision réductrice de la santé comme absence de maladie ou de la garantie du droit à la santé comme la mise en mouvement d'un ensemble de mécanismes visant à lutter contre la maladie, le présent travail s'est donné pour objectif d'évaluer le cadre global de la protection du droit à la santé au Cameroun. Il s'agit dès lors, au-delà des aspects liés à la lutte contre la maladie d'y intégrer les aspects relatifs à la préservation de la santé des populations. Cette nouvelle orientation commande dès lors d'évaluer non seulement les cadres juridiques, stratégiques et institutionnels de lutte contre la maladie, mais également de questionner non seulement l'existence des mêmes cadres en ce qui concerne la prévention de la maladie, mais aussi leur efficacité à prévenir la maladie.

Comprise ainsi, cette opération peut apparaître soit comme une démarche harassante, soit comme une approche exaltante. La démarche est harassante en ce qu'elle oblige à fournir un effort intellectuel, méthodique et méthodologique plus important aussi bien dans la collecte que l'analyse des données. Toutefois, cette approche demeure extrêmement exaltante en ce qu'elle permet de procéder à une biopsie du système de santé camerounais qui souffre énormément de son incapacité à répondre efficacement aux besoins de santé des populations, notamment ceux des populations les plus vulnérables. La biopsie qui est un examen médical largement utilisé en cancérologie, en génétique et en neurologie permet dans le cadre du présent travail, au moyen de quelques prélèvements opérés sur des textes juridiques, des outils stratégiques ou des cadres institutionnels de diagnostiquer avec précision la gangrène, les difficultés congénitales ou conceptuelles qui limitent l'efficacité du système de santé camerounais. Une fois ce diagnostic posé, il revient alors au chercheur de proposer une thérapeutique susceptible de corriger les manquements, les insuffisances ou les contradictions observés.

C'est compte tenu de cette double démarche que la question qui a guidé la présente recherche a été formulée comme suit : **comment peut-on garantir une mise en œuvre efficace du droit à la santé au Cameroun ?** Ainsi posée, cette question apparaît comme essentielle tant elle oblige à trouver des solutions en vue de parvenir à un système de santé plus protecteur du droit fondamental qu'a toute personne de jouir du meilleur état de santé qu'elle est capable d'atteindre. Il ne s'agit plus dès lors de garantir à tous la santé, mais de mettre en œuvre tous les moyens disponibles afin de s'assurer que chaque individu a droit à la prévention en matière de santé, mais aussi a droit à la prise en charge en cas de maladie. Cette approche est bien à distinguer de celle suivant laquelle le droit à la santé consisterait à empêcher la survenance de la maladie, ce qui serait fondamentalement non réaliste.

Bien au contraire, elle renvoie à une démarche holistique qui intègre non seulement la lutte et la prévention de la maladie, mais aussi prend en compte l'ensemble des acteurs et des mécanismes susceptibles de contribuer à la protection du droit à la santé des populations. C'est précisément dans cette optique que l'hypothèse présentée au début de cette recherche a été formulée comme suit : **la mise en œuvre du droit à la santé au Cameroun est tributaire du renforcement et de la mobilisation de l'ensemble des mécanismes capables de garantir l'efficacité de la réalisation de ce droit.** Afin de vérifier cette hypothèse, que nous validons après cette étude, une approche binaire a été privilégiée. Celle-ci a permis d'une part de discuter du droit à la santé au Cameroun à l'épreuve de l'effectivité et, d'autre part d'évaluer la mise en œuvre de ce droit à l'aune de la mesure de l'efficacité.

Dans la première partie, la convocation de l'ancrage normatif et institutionnel a permis d'arriver à la conclusion suivant laquelle il est difficile de prétendre que les difficultés liées à la garantie du droit à la santé au Cameroun sont d'ordre juridique ou institutionnel. En réalité, comme relevé plus haut, il existe au plan interne un foisonnement de normes qui fait largement écho aux conventions internationales consacrant ou protégeant le droit à la santé souscrit par le Cameroun au plan international. Mieux encore, ces normes internes et internationales ne se limitent pas seulement à disposer sur l'accès aux soins et aux médicaments, mais encadrent aussi l'action de l'État sur les déterminants de santé. Ces déterminants doivent être compris comme tous les autres aspects de la vie humaine liés au cadre de vie, qui peuvent affecter négativement la santé. C'est en ce sens par exemple qu'il a été répertorié et analysé de nombreuses dispositions encourageant la promotion du droit à la santé à travers entre autres des actions de sensibilisation au sport, à la protection du milieu et du cadre de vie ou à l'éducation en matière de santé. S'ajoutent à ces mesures de promotion de nombreuses autres relatives à la prévention et concernant entre autres la quantité et la qualité de l'alimentation, les conditions de vie et les conditions de travail.

Pour donner vie à ces normes, de nombreuses institutions ont été mises en place au plan national et travaillent de concert avec des institutions internationales pour garantir l'accès des personnes à la promotion, à la prévention et à la prise en charge en matière de santé. Au cœur de toute cette constellation d'institutions se trouve en bonne place le ministère de la Santé publique qui est l'organe en charge de la coordination des actions prises en vue de garantir la jouissance par tous du droit à la santé. Cependant, ce rôle de coordination est quelque peu affaibli par l'organisation administrative et politique qui octroie des compétences à certains autres acteurs en matière de santé, mais qui n'ont pas nécessairement à rendre compte au ministère de la Santé. C'est aussi d'ailleurs le cas de certaines institutions à l'exemple de l'Institut de recherches médicales et d'études des plantes médicinales (IMPM) dont l'action est directement orientée vers la garantie du droit à la santé, mais qui non seulement est lié au ministère de la Recherche scientifique et de l'Innovation et en plus, n'entretient pas de rapports formels avec la Division de la Recherche opérationnelle en santé (DROS) qui a pourtant compétence dans le même domaine.

Cet exemple n'est qu'une illustration singulière de la faible coordination gouvernementale qui existe en matière de santé, chaque ministère remplissant ses missions en matière de santé sans nécessairement les articuler avec celles des autres départements ministériels ou dans la totale ignorance de ces missions. Au surplus, il est à noter qu'au plan institutionnel, nombreux sont les mécanismes créés qui ne sont pas opérationnels, mais qui reçoivent cependant des financements pour leur fonctionnement et non pour des actions concrètes de promotion, de prévention ou de protection de la santé. Par conséquent, du fait de l'existence de ce type d'institutions ou de la redondance des compétences entre diverses institutions, les fonds alloués à la santé sont inefficacement utilisés.

Cette même inefficacité est à relever dans les institutions de prise en charge de la santé, notamment dans les hôpitaux, les centres de santé et les cliniques privées où non seulement le plateau technique est soit insuffisant, soit vétuste, mais aussi où les professionnels de santé semblent démotivés et se montrent assez peu soucieux du respect des droits des malades. Ces manquements, insuffisances ou contradictions juridiques et institutionnels conduisent irrémédiablement à des violations du droit à la santé. Ces violations elles-mêmes sont le prétexte d'un contrôle qui s'exerce soit au plan juridictionnel, soit au plan non-juridictionnel. Au plan juridictionnel, le contrôle est essentiellement assuré par les mécanismes judiciaires devant les juges pénal, civil et administratif. Le contentieux du droit à la santé qui s'y déroule s'articule essentiellement autour de la question de savoir si la faute de l'État ou de ses agents doit être perçue comme un manquement à une obligation de moyen ou de résultat. De façon plus globale, ce contentieux intègre aussi des aspects relatifs à la responsabilité sans faute.

Au plan non-juridictionnel, le contrôle des violations du droit à la santé s'opère de différentes manières devant différentes institutions. Dans le cadre de l'accès aux soins et aux médicaments, le contrôle des ordres professionnels est prépondérant tant il permet de réguler l'accès et l'exercice des professions de santé ou de participer au contrôle de la qualité, du conditionnement et des conditions de stockage des médicaments et produits de santé vendus sur le territoire national. Toutefois, compris avant tout comme un droit individu ou collectif dans une certaine mesure, le contrôle de la garantie du droit à la santé est assumé soit au moyen d'un contrôle parlementaire des politiques publiques de santé, soit au moyen du rapportage et de la dénonciation par la Commission nationale des droits de l'homme et des libertés. S'inscrivant alors dans ce dernier champ, les individus qui estiment avoir été lésés dans la jouissance de leur droit à la santé peuvent alors s'en référer aux mécanismes quasi-juridictionnels qui existent au plan international. Ces mécanismes assurent ce contrôle soit en interpellant directement l'État au moyen de la procédure d'enquête et de rapport, soit en sanctionnant les manquements au respect du droit à la santé tel que consacré dans les instruments juridiques internationaux.

Toutefois, il est à préciser que fort au-delà de la consécration normative du droit à la santé et de l'exercice du contrôle de sa mise en œuvre, il reste tout de même que l'État doit pouvoir développer des stratégies concrètes et efficaces pour permettre à chaque individu d'atteindre le meilleur état de santé qu'il est capable d'atteindre. C'est précisément au regard de cette obligation que la deuxième partie du présent travail s'est appesantie sur la question de l'efficacité. Par conséquent, évaluer la mise en œuvre du droit à la santé au Cameroun du point de vue de son efficacité a permis de faire appel aux indicateurs et standards définis au plan international. Ces standards et indicateurs concernent aussi bien la lutte contre la maladie que la prévention de la maladie. Sur l'aspect relatif à la lutte contre la maladie, les indicateurs relatifs à l'accès géographique et économique aux soins de santé, notamment primaires, ou à la garantie d'un plateau technique adéquat et la qualification des professionnels de santé, ont permis d'arriver à la conclusion suivant laquelle sur chacune de ces questions, le Cameroun reste encore en retard par rapport aux standards internationaux. L'un des principaux obstacles à l'arrimage du Cameroun aux standards internationaux reste les difficultés financières. Toutefois, il est à relever également que la mauvaise gouvernance du système sanitaire national ne favorise pas son efficacité.

Sur l'aspect relatif à l'accès aux médicaments, les indicateurs utilisés permettent d'évaluer non seulement la disponibilité des médicaments et produits de santé, mais aussi leur accessibilité à la fois géographique et économique. Tout ceci vise à mettre à la disposition des populations des médicaments en quantité suffisante et à un coût abordable. Mieux encore, ces indicateurs se rapportent par ailleurs à la qualité et à la sécurité du médicament et des produits de santé. Il est alors question ici d'évaluer non seulement le processus de mise sur le marché du médicament, mais aussi le contrôle *a posteriori* qui est exercé sur les médicaments et produits de santé mis sur le marché. Le contrôle de la qualité concerne aussi l'évaluation des conditions d'approvisionnement, de stockage et de distribution du médicament. Quel que soit l'aspect étudié, il en ressort qu'il existe de nombreuses insuffisances dans la garantie de la qualité et de la mise à disposition en quantité suffisante du médicament au Cameroun. Cette situation conduit, cumulativement avec les insuffisances relevées dans l'évaluation de l'accès aux soins, à la création de déserts médicaux qui a comme conséquences l'abonnement des populations chez les charlatans ou encore l'achat des médicaments de rue.

Les observations relevées ci-dessus s'appliquent également à l'examen des mesures de prévention à l'occasion duquel la conclusion est que le système de santé camerounais est davantage conçu pour réagir que pour prévenir les atteintes aux crises sanitaires qu'elles soient d'origine animale, humaine ou liée au milieu de vie. Toutefois, même en ce qui concerne les capacités de réaction du système de santé camerounais aux crises sanitaires, il est à noter qu'elles sont assez faibles. Il s'en suit qu'en l'état actuel, le Cameroun peut difficilement faire face, contenir ou endiguer une crise sanitaire de grande envergure. Pour pallier ce problème, il est non seulement important de renforcer le dispositif de réaction aux crises sanitaires, mais aussi de mettre en place des mécanismes d'alerte et de réponses capables d'anticiper et d'endiguer une crise sanitaire avant même qu'elle ne survienne. Cette conclusion vaut aussi bien pour les épizooties et les maladies liées à l'interaction avec le milieu de vie que pour les maladies causées par la faible prise en compte des déterminants de santé et les maladies endémiques d'origine virale ou non, à potentiel endémique ou non, transmissibles ou non.

L'ensemble de ce qui précède participe d'une opération de diagnostic qui ne devrait pas se limiter à énumérer ou recenser les lacunes du système de santé camerounais. Dans l'optique de répondre à l'interrogation de départ, l'opération qui suit indubitablement la première est celle de la formulation de solutions concrètes capables de résoudre le problème identifié ou, à tout le moins, de contribuer à la résolution dudit problème. C'est ainsi que l'une des propositions phares du présent travail est celle qui vise à mettre à contribution la médecine traditionnelle afin de renforcer le système de santé camerounais. En raison de fort recours à cette médecine, soit près de 80 % de la population, de son coût abordable comparativement aux coûts de la médecine conventionnelle et de son acceptation culturelle, la MTR présente tous les atouts visant à faire d'elle une offre de soins alternative crédible. Ceci passerait par exemple par la construction d'un système de santé regroupant deux sous-systèmes qui cohabitent en parfaite harmonie, à savoir d'un côté la médecine conventionnelle et de l'autre, la médecine traditionnelle. Cette opération pourrait être débutée dans quelques hôpitaux ou centres de santé pilote avant de la vulgariser à l'ensemble des formations de santé.

Cependant, pour y parvenir, plusieurs préalables méritent d'être réglés. Le premier préalable est lié à la régulation du secteur de la MTR. En effet, ce secteur jusqu'à présent demeure sous le régime de la tolérance administrative avec des tradipraticiens regroupés en associations. Toutefois, sous ce régime, rien ne s'oppose à ce que ces tradipraticiens soient poursuivis pour exercice illégal de la médecine. L'urgence est signalée en ce qui concerne l'adoption d'une réglementation appropriée qui organise l'exercice de la MTR au Cameroun, ses acteurs, ses procédures et les conditions matérielles de son déploiement. Une telle loi permettra notamment d'exclure du giron de la MTR tout ce qui se rapporte à la médecine dite spirituelle qui ne peut que contribuer à retarder la réglementation du secteur et l'identification des acteurs. Une telle loi permettra également de regrouper les acteurs par spécialités afin d'en extraire les charlatans. Enfin, une telle loi offrira l'occasion de se pencher sur les modalités de cohabitation de la MTR avec la médecine conventionnelle dans le système de santé camerounais.

Un autre préalable fondamental est relatif à la recherche sur les minerais et plantes médicinaux et la garantie de l'innocuité des produits issus de ladite recherche. S'agissant du premier aspect, l'État doit pouvoir au-delà de l'IMPM, offrir un cadre et des moyens aux chercheurs en MTR afin de concevoir et de commercialiser leurs médicaments traditionnels. Ces moyens concernent aussi et avant tout la création d'espaces de sauvegarde de la matière première d'origine florale, faunique ou minérale nécessaire à la fabrication des médicaments traditionnels. Lesdits moyens se rapportent également à la préservation des droits de propriété intellectuelle sur les médicaments découverts. Relativement au second aspect, l'un des principaux défis des tradipraticiens est d'arriver à mettre sur le marché des médicaments dont l'efficacité et l'innocuité sont garanties. Cette tâche incombe aussi aux mécanismes étatiques en charge de la délivrance des autorisations de mise sur le marché et de pharmacovigilance. Le dernier préalable relatif à l'intégration de la MTR au système de santé camerounais est celui de l'éradication des pratiques traditionnelles néfastes à la santé. Certaines de ces pratiques ont déjà été encadrées par le droit pénal camerounais, mais il n'en demeure pas moins que la réglementation spécifique à la MTR devrait pouvoir en faire un inventaire exhaustif afin de protéger les populations contre toute atteinte inutile à leurs droits, notamment leur droit à la vie et à la protection de leur intégrité physique et psychologique.

L'autre proposition phare du présent travail est relative à la nécessité de mettre en place au plus vite la couverture sanitaire universelle. Les coûts de santé supportés par les ménages représentent plus de 70 % des dépenses totales en santé. Ceci constitue un fardeau lourd à porter pour des populations dont la grande majorité vit dans la pauvreté, une partie de laquelle vit dans l'extrême pauvreté, notamment en zone rurale. En réalité, la pauvreté ambiante constitue un frein à l'accès des populations aux services élémentaires de santé. Dans cette optique, le projet gouvernemental de mise sur pied d'une couverture sanitaire universelle est bienvenu et s'avère salutaire pour de nombreuses personnes privées du droit à la santé. Cependant, pour que ce système soit viable, il est nécessaire de le conduire à une plus grande maturation en mettant en place une couverture qui va privilégier dans un premier temps les couches vulnérables de la société, à savoir les femmes, les enfants et les personnes âgées et, dans un deuxième temps de créer les conditions juridiques, institutionnelles, économiques et sociales permettant aux autres composantes de la population de pouvoir souscrire à des assurances maladies, l'État se réservant le droit de le faire pour les personnes les plus pauvres.

Au terme de la présente recherche, le constat qui ressort est que le Cameroun est résolument engagé sur la voie de la mise en œuvre effective du droit à la santé. Cependant, il est nécessaire, à défaut d'injecter davantage de moyens financiers, humains, technologiques et autres dans le secteur de la santé, de pouvoir au moins utiliser de façon efficace les moyens disponibles. Cette observation permet en réalité de noter que le principal problème dans le secteur de la santé n'est pas la question des financements ou des autres moyens – bien que ceci fasse partie du problème – mais c'est avant tout une question de gouvernance. En réalité, une meilleure gouvernance hospitalière, financière, humaine ou autre permettra à coup sûr d'optimiser les résultats obtenus en termes de satisfaction des besoins en santé des populations au regard des moyens financiers alloués au secteur de la santé. L'amélioration de la gouvernance du secteur de la santé apparaît dès lors comme un préalable incontournable avant la mise à disposition de moyens financiers plus importants comme le suggère par exemple la déclaration d'Abuja.

À défaut de procéder ainsi, on aura favorisé la perte d'importants moyens financiers, logistiques, techniques et technologiques affectés au secteur de la santé. Ainsi présentée, l'efficacité dans la mise en œuvre du droit à la santé au Cameroun est certes tributaire du renforcement et de la mobilisation de l'ensemble des mécanismes capables de garantir efficacement la réalisation de ce droit, mais au rang de ces mécanismes, le politique occupe une place de choix. L'atteinte des indicateurs de promotion, de prévention et de protection du droit à la santé ne sera possible que par une plus grande implication des acteurs politiques. Ces derniers doivent intervenir en premier lieu au niveau de la construction d'une meilleure architecture politique dans laquelle le ministère de la Santé publique occupe véritablement une place centrale et joue pleinement son rôle de coordinateur des actions en santé sans que plus rien ne lui échappe. Ensuite, les acteurs politiques doivent pouvoir impulser et mettre en place les fondements d'une gouvernance du secteur de la santé orientée essentiellement vers l'atteinte des résultats, notamment en ce qui concerne la concrétisation et l'extension de la couverture sanitaire universelle et l'amélioration continuelle de l'état de santé des populations.

POSTFACE

En s'attaquant à la thématique du droit à la santé, M. Christophe Foé Ndi abordait une problématique vitale, au sens littéral, pour l'immense majorité des citoyens camerounais, suscitant nécessairement – du moins peut-on légitimement l'espérer – la curiosité des nombreux et divers acteurs de cette politique publique. En le faisant sous le prisme de *la* délicate dialectique des moyens et des résultats, il courait en outre deux types de risques. Ceux d'abord auquel s'expose le pionnier, qui s'attèle à défricher laborieusement le versant le plus rugueux d'une thématique que personne jusque-là n'avait osé affronter ; il s'expose aux dangers de l'inconnu, mais il pourrait aussi s'octroyer l'avantage de décrire à sa façon le monde qu'il a découvert, et que personne, par définition, ne connait… Le risque ensuite d'endurer une critique facile, tant il est admis que dans des pays en développement, la faiblesse des résultats dans le champ des droits économiques et sociaux en général est sinon une fatalité, du moins justifiée par la modicité des moyens. Ainsi, poser la question des résultats là où est dressée comme un dogme l'obligation de moyens paraît d'emblée *subversif*. C'est dire le caractère ambitieux du challenge que l'auteur s'était fixé.

À la sortie, c'est une production à la fois rigoureuse et utile que livre M. Foé Ndi. Il n'a pas concédé grand-chose à la facilité, et s'est attelé à montrer que si les textes internationaux – ratifiés par le Cameroun – imposent surtout à cet État des obligations de moyen, il n'en demeure pas moins que le résultat est la seule mesure de l'opportunité et de l'efficacité de l'action des pouvoirs publics. C'est donc à l'aune d'une évolution positive de la situation sanitaire du pays et des populations que doit être appréciée la réalité du droit à la santé. Et parce qu'il ne s'agit pas d'un débat politique, mais d'un travail juridique, l'auteur s'est évertué à mettre en lumière à la fois la clarté des engagements internationaux souscrits, les lacunes des législation et réglementation nationales, et le travail patient et progressif des juridictions nationales. Il a également mis à contribution sa forte connaissance des us et coutumes locaux pour montrer, dans une approche qui emprunte également à l'anthropologie et à la sociologie juridiques, l'opportunité de mettre à profit des savoirs et pratiques traditionnels tout en sécurisant aussi bien les bénéficiaires que les praticiens. Le renforcement de la proximité et de l'accessibilité des soins et des médicaments ne peut faire fi ni des savoirs et savoir-faire ancestraux, ni de la confiance que des populations ont dans celles et ceux qui détiennent ces savoirs. Le défi réside principalement dans la nécessité d'encadrer et de développer ces savoirs, de les objectiver, et aussi de les protéger contre des appropriations mercantiles de puissances scientifiques et financières extérieures. De ce point de vue, l'auteur ouvre des perspectives pour d'autres études plus complexes, cette problématique appelant des réflexions collaboratives dans les domaines de la propriété intellectuelle, des sciences du vivant, de l'anthropologie, de la chimie, de l'économie… C'est dire si, en contribuant à l'étude de la mise en œuvre du droit à la santé au Cameroun, M. Foé Ndi a aussi questionné un domaine dont toutes les potentialités restent à développer pour assurer à toutes et tous un accès au meilleur état de santé possible. Le mérite ne peut que lui en être reconnu.

Samuel-Jacques PRISO-ESSAWE

Maître de Conférences HDR de droit public
Laboratoire Biens, Normes, Contrats (E.A. 3788)
Vice-Président d'Avignon Université

BIBLIOGRAPHIE

I. MANUELS, TRAITES, RECUEILS, DICTIONNAIRES

A – MANUELS

BERGEL Jean-Louis, *Méthodologie juridique,* 2e édition, PUF, Paris, 2016, 453 p.

CHAMPEIL-DESPLATS Véronique, *Méthodologies du droit et des sciences du droit*, Dalloz, Paris, 2016, 432 p.

CORTEN Olivier, *Méthodologie du droit international public*, Éditions de l'Université de Bruxelles, 2009, 291 p.

CROZIER Michel et FRIEDBERG Erhard, *L'acteur et le système*, Seuil, 1977 et « Points Essais » n° 248, 2014, 512 p.

DORMENVAL Agnès, *Procédures onusiennes de mise en œuvre des droits de l'homme*, Graduate Institute Publications, Genève, 29 septembre 2014, disponible sur www.openedition.org [consulté le 30 avril 2018].

GRAWITZ Madeleine, *Méthodes des sciences sociales*, 11e édition, Dalloz, Paris, 2001, 1019 p.

Haut-commissariat des Nations Unies aux droits de l'homme, *Droits économiques, sociaux et culturels*, Manuel destiné aux institutions des droits de l'homme, New York et Genève, 2004, 158 p.

OMS, *Règlement sanitaire international (2005)*, 2e édition, OMS, Genève, 2008, 102 p.

THIERRY Hubert, SUR Serge, COMBACAU Jean et De VALLEE Charles, *Droit international public*, Montchrestien, Paris, 1979, 776 p.

B – TRAITES

PENAUD Pascal, ABALLEA Pierre et *al., Politiques sociales*, 4e édition revue et mise à jour, Presses de Sciences Po et Dalloz, Paris, 2016, 1179 p.

C- RECUEILS

Alexis DIPANDA MOUELLE, *Répertoire chronologique de la jurisprudence de la Cour suprême du Cameroun*, 2e partie, année 1980-2000, Tome IV, Droit civil et commercial, Yaoundé, avril 2007, 194 p.

BERGOIGNAN-ESPER Claudine et SARGOS Pierre, *Les grands arrêts du droit de la santé*, 2e édition, Dalloz, Paris, 2016, 733 p.

Code de la santé publique, 27e édition, Dalloz, Paris, 2013, 3579 p.

LONG Marceau, WEIL Prosper et *al.*, *Les grands arrêts de la jurisprudence administrative*, 21e édition, Dalloz, Paris, 2017, 1018 p.

VIALLA, François (dir.), *Les grandes décisions du droit médical*, 2e édition, LGDJ, Paris, 2014, 893 p.

D – DICTIONNAIRES

ALLAND Denis et RIALS Stéphane (dir.), *Dictionnaire de la culture juridique*, PUF, Paris, 2003, 1649 p.

BARREYRE Jean-Yves et BOUGUET Brigitte, *Nouveau dictionnaire critique d'action sociale*, Bayard, Paris, 637 p.

BOUSSAGUET Laurie, JACQUOT Sophie et RAVINET Pauline (dir.), *Dictionnaire des politiques publiques*, 3e édition, Presse de la Fondation nationale des Sciences politiques, Paris, 2010, 771 p.

CABRILLAC Rémy, *Dictionnaire du Vocabulaire juridique*, 3e édition, LexisNexis/Litec, Paris, 2008, 417 p.

Le Petit Larousse Illustré, Paris, Larousse, 2004, 1811 p.

II. OUVRAGES

II.1. Ouvrages généraux

BISSEK Philippe, *Habitat et démocratisation au Cameroun*, Karthala, Paris, 1994, 240 p.

CARBONNIER Jean, *Droit et passion du droit sous la Ve République*, Flammarion, Paris, 1996, 276 p.

CHAMPEIL-DESPLATS Véronique et LOCHAK Danièle (dir.), *A la recherche de l'effectivité des droits de l'homme*, Presses universitaires de Paris 10, 2008, 266 p.

DARBON Dominique et De GAUDUSSON Jean du Bois (dir.), *La création du droit en Afrique*, Khartala, Paris, 1997, 496 p.

DECAUX Emmanuel et YOTOPOULOS-MARANGOPOULOS Alice (dir.), *La pauvreté, un défi pour les droits de l'homme*, Editions A. Pedone, Paris, 2009, 281 p.

DUBOUT Edouard et TOUZE Sébastien (dir.), *Les droits fondamentaux : charnières entre ordres et systèmes juridiques*, A. Pedone, Paris, 2010, 336 p.

EFOUA MBOZO'O Samuel, *Le contrôle parlementaire de l'action gouvernementale*, éditions Clé/NENA, Dakar, 2015, 125 p.

FOKA Frédéric, *Le contentieux africain des droits de l'homme et des peuples*, Editions 3ft, septembre 2008, 182 p.

HENNEBEL Ludovic, *Jurisprudence du Comité des droits de l'homme des Nations Unies. Le pacte international relatif aux droits civils et politiques et son mécanisme de protection individuelle*, Collection Droit et justice, Bruxelles, 2007, 582 p.

HERRERA Carlos Miguel, *Les droits sociaux,* Collection *Que sais-je ?* PUF, Paris, 2009, 125 p.

LOCHAK Danièle, *Les droits de l'homme*, Paris, La Découverte, 2005, 127 p.

MENGUE Marie Thérèse (dir.), *Développement et changement social en Afrique*, PUCAC, Yaoundé, 2012, 266 p.

MONNIER Sophie et FOREY Elsa, *Droit de la culture*, Gualino, Paris, 2009, 283 p.

NGWESE NGOLE Philip et BINYOUM Joseph, *Éléments de contentieux administratif camerounais*, Harmattan Cameroun, octobre 2010, 264 p.

OYONO Rostand Roger, *Communes et régions du Cameroun. Décentralisation – Géographie – Économie*, éditions SOPECAM, 2015, 276 p.

QUILICHINI Paule, *La politique locale de l'habitat*, 2e édition revue et augmentée, Éditions du Moniteur, Paris, 2006, 411 p.

ROMAN Diane (dir.), *La justiciabilité des droits sociaux : vecteurs et résistances*, Acte du Colloque tenu au Collège de France le 25 et 26 mai 2011, A. Pedone, Paris, 2011, 449 p.

SUDRE Frédéric, *Droit international et Européen des droits de l'homme*, 13e édition refondue, PUF, Paris, 2016, 1010 p.

WACHSMANN Patrick, *Les droits de l'homme,* 5e édition, Dalloz, Paris, 2008, 187 p.

YAMAMOTO Hironori, *Les outils du contrôle parlementaire. Étude comparative portant sur 88 parlements* nationaux, Union interparlementaire, 2007, 233 p.

YOTOPOULOS-MARANGOPOULOS Alice (dir.), *L'État actuel des droits de l'homme dans le monde*, Editions A. Pedone, Paris, 2006, 296 p.

II.2. Ouvrages spécialisés

AIACH Pierre, *Les inégalités sociales de santé*, Economica, Paris, 2010, 279 p.

BADJI Mamadou et DESCLAUX Alice (dir.), *Nouveaux enjeux éthiques autour du médicament en Afrique. Analyses en anthropologie, droit et santé publique*, L'Harmattan-Sénégal, Dakar, 2015, 344 p.

BATIFOULIER Philippe, BUTTARD Anne et DOMIN Jean-Paul (dir.), *Santé et politiques sociales : entre efficacité et justice*, ESKA, Paris, 2011, 259 p.

BINET Caroline, *200 questions d'actualité sanitaire et sociale*, 3e édition, Studyrama, Levallois-Perret, 2017, 523 p.

BOIZARD Florence, BOUKHARSSA Malika et *al.*, *Démocratie sanitaire, droits des usagers*, EHESP, 2013, 44 p.

BOST Benoît, *La Sécu à tout prix ! Financer un modèle social pour tous*, FYP, Nouvelle-Aquitaine, 2017, 286 p.

BROSSET Estelle (dir.), *Droit européen et protection de la santé. Bilan et perspectives*, Bruylant, Bruxelles, 2015, 464 p.

CHEONG CHI MO Jeremy, *L'accès universel aux médicaments et les ADPIC 1994 – 2014,* L'Harmattan, Paris, 2016, 247 p.

CLOATRE Emilie, *Pills for the Poorest : An Exploration of TRIPS and Access to Medication in Sub-Saharan Africa,* Palgrave Macmillan Socio-Legal Studies, Palgrave Macmillan, New York, 2013, 224 p.

Collectif, *Droits économiques et sociaux au Cameroun*, Cahier africain des droits de l'homme, n° 10, Presse de l'UCAC, avril 2004, 271 p.

CROUZATIER Jean Marie, *Droit international de la santé*, Paris, AUF, Archives contemporaines, 2009, 136 p.

CYLUS Jonathan, PAPANICOLAS Irene and SMITH Peter C. (dir.), *Health System Efficiency. How to make Measurement Matter for Policy and Management*, Health Policy Series, European Observatory on Health Systems and Policies, London, 2016, 266 p.

DE POOTER Hélène, *Le droit international face aux pandémies : vers un système de sécurité collective ?* A. Pedone, Paris, 2015, 562 p.

DENOYER Marie-Christine, *Grands thèmes sanitaires et sociaux*, 3e édition, Masson, Paris, 2000, 295 p.

DIJON Xavier, *La diversité des pratiques africaines de guérison. Repères philosophiques et théologiques*, Collection *Les publications scientifiques de l'UCAC*, n° 48, Presses de l'UCAC, Yaoundé, 2009, 32 p.

DORSNER-DOLIVET Annick, *La responsabilité du médecin*, Collection Pratique du droit, Paris, Economica, 2006, 469 p.

DUGUET, Anne Marie (dir.), *Evolution récente des actions en responsabilité médicale en France. Comparaison avec l'étranger*, Séminaire d'actualité de droit médical, Les Études Hospitalières, Bordeaux, 2008, 357 p.

EDOZIEN Leroy C., *Self-Determination in Health Care : A Property Approach to the Protection of Patients' Rights*, Ashgate, Surrey (England), 2015, 291 p.

FOTSO DJEMO Jean-Baptiste, *Le regard de l'autre. Médecine traditionnelle africaine*, L'Harmattan, Paris, 2009, 450 p.

GABORIT Laurette, *Solidarité nationale : la santé pour tous,* éditions des citoyens, Nanterre, 2011, 115 p.

HARDY Jean-Pierre, *Financement et tarification des établissements et services sociaux et médico-sociaux*, 4e édition, Dunod, Paris, 2015, 497 p.

HERVE Christian et *al.* (dir.), *Les inégalités sociales et la santé. Enjeux juridiques, médicaux et éthiques*, Dalloz, Paris, 2015, 197 p.

HUGUIER Michel, *Quelle assurance maladie voulez-vous ?* L'Harmattan, Paris, 2017, 247 p.

JOURDAIN-FORTIER Clotilde et MOINE-DUPUIS Isabelle (dir.), *La contrefaçon de médicaments : les premiers pas d'une réaction normative internationale,* Actes du colloque du 15 juin 2012, Vol. 40, LexisNexis, Paris, 2013, 192 p.

KOUYATE Mohamed D., *Pour une assurance maladie universelle en Côte d'Ivoire. Réformer le système de tarification*, L'Harmattan, Paris, 2012, 352 p.

LADO Ludovic (dir.), *Le pluralisme médical en Afrique*, PUCAC-Khartala, Yaoundé et Paris, 2010, 480 p.

LAUDE Anne et TABUTEAU Didier (dir.), *La loi santé. Regards sur la modernisation de notre système de santé*, Presses de l'EHESP, Rennes, 2016, 479 p.

LAUDE Anne et TABUTEAU Didier, *Les droits des malades*, PUF, Paris, 2016, 126 p.

MBONJI EDJENGUELE, *Santé, maladies et médecine africaine. Plaidoyer pour l'autre tradipratique,* Les Puy, Yaoundé, 2009, 302 p.

MISTRETTA Patrick, *Droit pénal médical*, CUJAS, Paris, 2013, 454 p.

MONTEILLET Nicolas, *Le pluralisme thérapeutique au Cameroun. Crise hospitalière et nouvelle pratique populaires*, Karthala, Paris, 2005, 262 p.

MOUETTE Claire et CALVEZ Catherine, *La participation de l'usager de santé*, 8e édition, Collection *Que sais-je ?* PUF, Paris, 2017, 128 p.

MURPHY Therese, *Health and Human Rights*, Hart Publishing, Oxford and Portland, 2013, 234 p.

NIEWIADOMSKI Christophe et AIACH Pierre, *Lutter contre les inégalités sociales de santé, politiques publiques et pratiques professionnelles*, Presses de l'EHSP, Rennes, 2008, 271 p.

NKOUM Benjamin Alexandre, *Santé Plurielle en Afrique. Perspective pluridisciplinaire*, L'harmattan, Paris, 2011, 372 p.

OHOUOCHI Clotilde, *L'assurance maladie universelle (AMU) en Côte d'Ivoire. Enjeux, pertinence et stratégie de mise en œuvre*, L'Harmattan, Paris, 2015, 176 p.

PALLIER Bruno, *La réforme des systèmes de santé,* 8e édition, Collection Que sais-je ? Presses Universitaires de France/ Humensis, Paris, 2017, 128 p.

PODA Baimanai Angelain, *La mise sur le marché et la distribution du médicament en Afrique noire francophone. Réflexions à partir des exemples du Burkina Faso et du Sénégal,* Série Droit et Santé, L'Harmattan, Paris, 2015, 781 p.

POUSSET Jean-Louis, *Plantes médicinales africaines. Utilisation pratique*, Ellipses, Paris, 1998, 160 p.

Réseaux des chercheurs de l'AUF « Droit de la santé », *La santé et le droit en Afrique*, Actes du Colloque international de Dakar, 29 mars au 1er avril 2005, AUF et *al.* Dakar, 2008, 214 p.

ROUSSEAU François et FOUCHER Karine (dir.), *Les réponses du droit aux crises sanitaires*, actes du colloque de Nantes des 8 et 9 octobre 2015, L'harmattan, Paris, 2016, 300 p.

TABUTEAU Didier, *Démocratie sanitaire. Les nouveaux défis de la politique de santé*, Odile Jacob, Paris, 2013, 290 p.

TOBIN John, *The Right to Health in International Law*, Oxford University Press, Oxford, 2012, 416 p.

TOEBES Brigite et *al.* (dir.), *The Right to Health. À Multi-Country Study of Law, Policy and Practice*, T.M.C. Asser Press, 2014, 456 p.

TRUCHET Didier, *Droit de la santé publique*, 9e édition, Les mémentos, Dalloz, Paris, 2017, 317 p.

VIVIANA Salomé et WINCKLER Martin, *Les droits du patient*, Fleurus, Paris, 2007, 396 p.

ZRIBI Gérard et CECCOTTO Raymond (dir.), *Le droit à la santé des personnes handicapées mentales et psychiques*, 2e édition, Presses de l'EHESP, Rennes, 2016, 266 p.

III- THÈSES, MÉMOIRES ET ÉTUDES

A- THÈSES

LÖHRER Dimitri, *La protection non juridictionnelle des droits fondamentaux en droit constitutionnel comparé : l'exemple de l'ombudsman spécialisé portugais, espagnol et français*, Thèse de doctorat en Droit, Université de Pau et des Pays de l'Adour, 5 juin 2013, 820 p.

MENDO ME MFOU Elvire Mireille Inès, *Les micro-unités de santé informelles au Cameroun : quelle réponse aux besoins des populations les plus vulnérables ?* Thèse de Doctorat, Université de Lille 1, 2013, 372 p.

MOUBE Moubé, *Des principes de responsabilité et de solidarité pour un accès financier équitable aux soins de santé : le cas des travailleurs de l'informel urbain du Cameroun en situation de vulnérabilité*, Thèse de doctorat, Université de Montréal, septembre 2015, 367 p.

NGA ESSOMBA Hélène Chantal, *Culture, croyances et prise de risque chez les jeunes usagers vulnérables de la route français et camerounais,* Thèse de doctorat en Psychologie, Université de Yaoundé I, IFSTTAR et Université de Paris 8, 28 juin 2017, 160 p.

NKWENKEU Sylvain F., *Évaluation des politiques publiques de santé : une analyse économique appliquée au Cameroun*, Thèse de Doctorat, Université de Grenoble, 2014, 489 p.

B- MÉMOIRES

ASSOUMOU René Serges Maran, *La responsabilité pénale du médecin traitant dans le système pénal camerounais*, Mémoire de DEA,

Université de Douala, 2006, disponible sur www.memoireonline.com [consulté le 2 octobre 2017].

DIME LI NLEP Zbigniew Paul, *La garantie des droits fondamentaux au Cameroun*, Mémoire de DEA, Université Abomey-Calavi, Bénin, disponible sur www.memoireonline.com [consulté le 20 juillet 2017].

FAYE Ibrahima, *La notion de faute médicale en droit de la responsabilité,* Mémoire de Master 2 en Droit de la santé, Université Cheikh Anta Diop de Dakar, 2011, disponible sur www.memoireonline.com [consulté le 29 octobre 2017].

FOE NDI, Christophe, *L'évaluation de la coopération Nations unies-Cameroun dans le secteur des droits de l'homme : le cas de l'interdiction et de la prévention contre la torture*, Mémoire de Master Droits de l'homme et Action Humanitaire, Université Catholique d'Afrique Centrale, 2008-2009, 90 p.

LEMERCIER Caroline, *La santé environnement. Concept, enjeux et appropriation par les acteurs*, Mémoire de Master, Université de Montpellier III - Paul Valery, septembre 2013, 156 p.

MAHTAM ENDALE NJOH-LEA Annick, *L'effectivité en droit privé camerounais des droits proclamés en faveur de l'enfant par la convention relative aux droits de l'enfant*, Mémoire de Master, Université de Douala, 2006, disponible sur www.memoireonline.com [consulté le 27 juillet 2017].

MOUTO NSIA Charlotte, *Contribution du contrôle de gestion à la performance des hôpitaux publics au Cameroun*, Mémoire, Université Catholique d'Afrique Centrale, 2011, disponible sur www.memoireonline.com [consulté le 14 août 2017].

SAMBARE YAMEOGO Adèle P., *Collaboration entre médecine traditionnelle et médecine moderne au Burkina Faso : entre discours et pratiques*, Mémoire de Master en Sociologie, Université de Ouagadougou, juillet 2011, 63 p.

SCHOUEL Siméon Arris, *La nécessaire réforme du droit budgétaire camerounais*, Mémoire de Master, disponible sur www.lc-doc.com [consulté le 16 janvier 2018].

C- ÉTUDES

Secrétariat International des Infirmières et Infirmiers de l'Espace Francophone (SIDIIEF), *La qualité des soins et la sécurité des patients : une priorité mondiale, Mémoire*, SIDIIEF, Montréal, 2015, disponible sur www.sidiief.org [consulté le 21 août 2017].

IV. ARTICLES

IV.1. Articles généraux

AKAM AKAM André, « L'émergence de l'action collective en droit camerounais », *in Bulletin de droit économique*, n° 2/2017, Université de Laval, disponible sur www.droit-economique.org [consulté le 28 juin 2018].

ANABA MBO Alexandre, « La responsabilité sans faute de la puissance publique », disponible sur www.barreaucameroun.org [consulté le 28 juin 2018].

BREDIMAS Antonis, « Les organisations économiques internationales et les droits de l'homme » *in* YOTOPOULOS-MARANGOPOULOS Alice (dir.), *La pauvreté, un défi pour les droits de l'homme,* Éditions A. Pedone, Paris, 2009, pp. 147-158.

CHAMPEIL-DESPLATS Véronique, « Effectivité et droits de l'homme : approche théorique » *in* CHAMPEIL-DESPLATS Véronique et LOCHAK Danièle (dir.), *A la recherche de l'effectivité des droits de l'homme,* Presses universitaires de Paris 10, Paris, 2008, pp. 11-26.

CHAMPEIL-DESPLATS Véronique, « Les droits sociaux éléments de définition », *in* ROMAN Diane (dir.), *La justiciabilité des droits sociaux : vecteurs et* résistances, Actes du colloque tenu au Ciollège de France les 25 et 26 mai 2011, A. Pedone, Paris, 2011, pp.15-27.

CLARA-MAUD Philippe, « Entre effectivité et validité du droit : L'exemple du droit du Public à l'information », *in* CHAMPEIL-DESPLATS Véronique et LOCHAK Danièle (dir.), *A la recherche de l'effectivité des droits de l'homme, Presses universitaires de Paris 10, Paris, 2008,* pp. 59-71.

ENNUYER Bernard, « Quelques réflexions autour de la notion d'inégalité sociale », *in* HERVE Christian, STANTON-JEAN Michèle et *al. (dir.), Les inégalités sociales et la santé. Enjeux juridiques, médicaux et éthiques,* Dalloz, Paris, 2015, p. 21-34

HERRERA Carlos Miguel, « La justiciabilité des droits sociaux : Concept juridique et évolution jurisprudentielle » *in* DIANE Roman (dir.), *La justiciabilité des droits sociaux : vecteurs et résistances, Actes du colloque tenu au Ciollège de France les 25 et 26 mai 2011, A. Pedone, Paris, 2011,* pp. 103-117.

LASCOUMES P., « Conclusion. L'effectivité indicateur de la place du droit dans les rapports sociaux », *in* CHAMPEIL-DESPLATS Véronique et LOCHAK Danièle (dir.), *A la recherche de l'effectivité des droits de l'homme, Presses universitaires de Paris 10, Paris, 2008,* pp. 263-266.

LOUWETTE Arnaud, « Le Fonds mondial de lutte contre le sida, la tuberculose et le paludisme : les droits de l'homme comme bonne pratique », *in* HOC Arnaud, WATTIER Stéphanie and WILLEMS Geoffrey (dir.), *Human Rights as a Basis for Reevaluating and Reconstructing the Law,* Acts of the 4th ACCA Conference held in Louvain-La-Neuve on May 29th, 2015, Bruylant, Bruxelles, 2016, pp. 457-474.

MASMOUDI Tasnim et ZEMNI Majed, « L'obligation d'information dans la jurisprudence Tunisienne », *in* DUGUET Anne-Marie (dir.), *Évolution récente des actions en responsabilité médicale en France. Comparaison avec l'étranger,* Séminaire d'actualité de droit médical, Les Études Hospitalières, Bordeaux, 2008, pp. 147-150.

MILLARD Eric, « Effectivité des droits de l'homme », in Rial S. et al. (dir.), *Dictionnaire des droits de l'homme*, Paris, PUF, 2008, pp. 349-352.

OLINGA Alain Didier, « Considérations sur l'effectivité du droit international humanitaire aujourd'hui », *in Juridis périodique* n° 79, pp. 102 et s.

OLINGA Alain Didier, « Droit à l'égalité et réalisation des droits économiques, sociaux et culturels dans le cadre de la Charte africaine des droits de l'homme et des peuples », *in* collectif, *Droits économiques et sociaux au Cameroun*, n° 10, PUCAC, Yaoundé, avril 2004, pp. 14-35.

OLINGA Alain Didier, « L'effectivité de la Charte africaine des droits de l'homme et des peuples », in Revue Afrique 2000 n° 27-28, Paris, avril-octobre 1997, pp. 171-185.

OLINGA Alain-Didier, « L'aménagement de droits et libertés dans la Constitution camerounaise révisée », *in* Revue Universelle des Droits de l'Homme, 1996, vol. 8, n° 4-7, pp. 116-126.

OUMBA Parfait, « Les mécanismes de contrôle et de garantie des droits de l'homme », disponible sur www.hal.archives-ouvertes.fr [consulté le 25 avril 2018].

PRISO-ESSAWE Samuel-Jacques, « Pratiques traditionnelles et intégrité physique en Afrique subsaharienne. Droit international, Législations nationales et protection des femmes et enfants » *in* Cahiers de l'IDEDH, n° 7, Université de Montpellier I, AUF, 1999, pp. 78-93.

IV.2. Articles spécialisés

ABONDO-NGONO Rose et *al.,* « Cartographie des acteurs de la médecine traditionnelle au Cameroun : cas de la région du centre » *in Ethnopharmacologia*, n° 53, Août 2015, pp. 58-63.

Alain LEGOUX, « Indemnisation des accidents sériels de santé publique : l'exemple du *Médiator* », *in Gazette du Palais,* n° 29, 30 août 2016, disponible sur www.gazette-du-palais.fr [consulté le 28 juin 2018].

ANDIA Tatiana, "Pharmaceutical Intellectual Property Rights Protection and Access to Medicines in Ecuador: State Sovereignty and Transnational Advocacy Networks", *in* COOPER DREYFUSS Rochelle and RODRIGUEZ-GARAVITO César (dir.), *Balancing Wealth and Health. The Battle over Intellectual Property and Access to Medicine in Latin America,* Oxford University Press, Oxford, 2014, pp. 195-224.

BADJI Mamadou, « Le droit au médicament et son application en Afrique », *in* Mamadou BADJI et Alice DESCLAUX, *Nouveaux enjeux éthiques autour du médicament en Afrique. Analyses en anthropologie, droit et santé publique,* L'Harmattan-Sénégal, Dakar, 2015, pp. 37-55.

BÉLANGER Michel, « Existe-t-il un droit africain de la santé ? » *in* DARBON Dominique et De GAUDUSSON Jean du Bois (dir.), *La création du droit en Afrique, La création du droit en Afrique,* Khartala, Paris, 1997, pp. 361-369.

BENEDUCE Roberto, « Soigner l'incertitude au Cameroun. Le théâtre épique du nganga face aux économies du miracle » *in* LADO Ludovic (dir.), *Le pluralisme médical en Afrique,* PUCAC-Khartala, Yaoundé et Paris, 2010, pp. 101-131.

BENOIST Jean, « Médecine traditionnelle et médecine moderne en République populaire du Bénin » *in Revue Écologie Humaine,* volume VII, n° 1, pp. 84-89.

BRECHAT, Pierre-Henri, « Prévention et promotion de la santé : pierre angulaire de la loi », *in* Revue droit et santé, *Loi de modernisation de notre système de santé : Apports, enjeux et perspectives*, Hors-série, LEH édition, Bordeaux, 2016, pp. 23-31.

BREDIMAS Antonis, « Droit à la santé et extrême pauvreté : Problèmes et perspectives d'un droit d'une effectivité douteuse » *in* DECAUX Emmanuel et YOTOPOULOS-MARANGOPOULOS Alice (dir.), *La pauvreté, un défi pour les droits de l'homme,* Éditions A. Pedone, Paris, 2009, pp. 125-170.

BROSSET Estelle, « L'anticipation des crises sanitaires dans l'Union européenne », *in* ROUSSEAU François et FOUCHER Karine, *Les réponses du droit aux crises sanitaires,* Actes du colloque de Nantes des 8 et 9 octobre 2015, L'Harmattan, Paris, 2016, pp. 113-136.

CHAMPEIL-DESPLATS Véronique, « Les droits fondamentaux et l'identité des ordres juridiques : l'approche publiciste », *in* DUBOUT Edouard et TOUZE Sébastien (dir.), *Les droits fondamentaux : charnières entre ordres et systèmes juridiques*, Paris, A. Pedone, 2010, pp. 149-163.

CHAPMAN Christopher S., KEM Anja, LAGUECIR Aziza and WILM Quentin, "Management accounting and efficiency in health services: the foundational role of costs analysis" *in* CYLUS Jonathan, PAPANICOLAS Irene and SMITH Peter C. (dir.), *Health System Efficiency. How to make Measurement Matter for Policy and Management,* Health Policy Series, European Observatory on Health Systems and Policies, London, 2016, pp. 75-98.

DIALLO Drissa et *al.*, « Recherche sur la médecine traditionnelle africaine : hypertension » *in Revue The African Health Monitor*, Special Issue 14, African Traditional Medecine day, 31 août 2010, pp. 58-63.

DJOUDA FEUDJIO Yves Bertrand, « Blindage, autopsie traditionnelle et santé chez les *Ngyemba* de l'Ouest-Cameroun » *in* MENGUE Marie Thérèse (dir.), *Développement et changement social en Afrique*, PUCAC, Yaoundé, 2012, pp. 263-278.

DOS SANTOS ALMEIDA Claire Pinto, « Comment développer des synergies efficaces et équitables entre les médecines traditionnelles ancestrales et la biomédecine contemporaine ? », AG4 – Forum sur la santé, MFGNU, disponible sur www.mfgnu.files.wordpress.com [consulté le 14 mai 2018].

ESPESSON-VERGEAT Béatrice, « Les produits de santé et le juge européen : un monde en mutation ? » *in* Revue générale de droit médical, *« Panorama de droit pharmaceutique – 2015 »*, LEH Édition, Bordeaux, janvier 2016, pp. 131-160.

FAURE Jacqueline, « Une collaboration entre médecine africaine et médecine moderne dans un hôpital parisien » *in* LADO Ludovic (dir.), *Le pluralisme médical en Afrique,* PUCAC-Khartala, Yaoundé et Paris, 2010, pp. 261-279.

FILAKOTA Richard, « Le marabout thérapeute dans le contexte du pluralisme médical » *in* LADO Ludovic (dir.), *Le pluralisme médical en Afrique, PUCAC-Khartala, Yaoundé et Paris, 2010,* pp. 85-99.

FOUCHER Karine, « L'anticipation des crises sanitaires par les autorités nationales », *in* François ROUSSEAU et Karine FOUCHER (dir.), *Les réponses du droit aux crises sanitaires,* Actes du colloque de Nantes des 8 et 9 octobre 2015, L'Harmattan, Paris, 2016, pp. 93-112.

FOUDA Hermine, ASHUNTANTANG Gloria et *al.*, « La survie en hémodialyse chronique au Cameroun » *in The Pan African Medical Journal*, 2017, disponible sur www.ncbi.nlm.nih.gov [consulté le 27 septembre 2017].

FRANK Alexis, « Les réponses du droit de la responsabilité administrative aux crises sanitaires » *in* François ROUSSEAU et Karine FOUCHER, *Les réponses du droit aux crises sanitaires, Actes du colloque de Nantes des 8 et 9 octobre 2015, L'Harmattan, Paris, 2016,* p. 183-200.

GOLLOCK Aboubakry, « Le régime canadien d'accès aux médicaments, un dispositif favorable aux pays du Sud : analyse d'un échec », *in* BADJI Mamadou et DESCLAUX Alice (dir.), *Nouveaux enjeux éthiques autour du médicament en Afrique. Analyses en anthropologie, droit et santé publique*, L'Harmattan Sénégal, Dakar, 2015, pp. 111-128.

GROMB Sophie, « La formation des experts en responsabilité médicale » *in* DUGUET Anne-Marie (dir.), *Évolution récente des actions en responsabilité médicale en France. Comparaison avec l'étranger,* séminaire d'actualité de droit médical, Les Études Hospitalières, Bordeaux, 2008, pp. 41-47.

GRUNDER Tatiana, « Effectivité, Efficacité, Efficience. L'Exemple du droit à la santé », *in* CHAMPEIL-DESPLATS Véronique et LOCHAK Danièle (Dir.), *A La recherche de l'effectivité des droits de l'homme*, Presses universitaires de Paris 10, Paris, 2008, pp. 31-40.

GUEMATCHA Emmanuel, « La justiciabilité du droit à la santé en Afrique : les décisions de la Commission africaine des droits de l'homme et des peuples », *in Revue Droits fondamentaux*, 2018, disponible sur www.droits-fondamentaux.u-paris2.fr [consulté le 3 mai 2018].

GUERRIAUD Mathieu, « Pharmacovigilance européenne, un système aux multiples visages » *in Revue générale de droit médical,* « Panorama de droit pharmaceutique – 2015 », LEH Édition, Bordeaux, janvier 2016, pp. 181-202.

HERMITTE Marie-Angèle, « Introduction générale », *in* ROUSSEAU François et FOUCHER Karine (dir.), *Les réponses du droit aux crises sanitaires*, L'Harmattan, Paris, 2016, pp. 11-38.

ILIOPOULOU Anastasia et JAUREGUIBERRY Arnaud, « Protocole facultatif au Pacte international relatif aux droits économiques, sociaux et culturels instituant un mécanisme de plainte », Entretien avec Catarina de Albuquerque, *in Revue Droits fondamentaux*, n° 7, janvier 2008 – décembre 2009, disponible sur www.droits-fondamentaux.org [consulté le 2 mai 2018].

KAMGHO TEZANOU Bruno Magloire, « L'accès à l'eau potable et à l'assainissement au Cameroun : situation actuelle, contraintes, enjeux et défis pour l'atteinte de l'OMD 7 », disponible sur fseg2.univ-tlemcen.dz [consulté le 21 août 2017].

KEROUEDAN Dominique et DAUBY Pierre, « Questions autour de la démocratie sanitaire en Afrique », *in Médecine Tropicale*, n° 64-6, 2004, p. 609-612.

LANG Huanlin, "Mobilising public participation as a requirement of the right to health in the context of China's air pollution", *in* HESSELMAN Marlies, HALLO DE WOLF Antenor and TOEBES Brigit (dir.), *The Right to Health. A Multi-Country Study of Law, Policy and Practice*, T.M.C. Asser Press, 2014, pp. 222-240.

Le CAM Yann, « Le rôle des associations dans le respect et l'observation des droits individuels et collectifs » *in Revue Actualité et dossier en santé publique*, n° 36, septembre 2001, pp. 30-32.

MEDARD Jean-François, « Décentralisation du système de santé publique et ressources humaines au Cameroun » *in Bulletin de l'APAD,* n° 21, 2001, disponible sur www.apad.revues.org [consulté le 13 juin 2018].

MOREAU Alain et *al., «* L'efficacité thérapeutique de "l'effet médecin" en soins primaires » disponible sur hal.archives-ouvertes.fr [consulté le 11 mai 2018].

MORIN Michel, « Du bon usage des campagnes de prévention », *in* HALPERN Catherine (dir.), *La santé : un enjeu de société*, Sciences Humaines Éditions, Auxerre, 2010, pp. 206-216.

MOSISSA Getahun A., "Ensuring the Realization of the Right to Health through the African Union (AU) System: A Review of Its Normative, Policy and Institutional Frameworks", *in* TOEBES Brigite et *al.* (dir.), *The Right to Health. A Multi-Country Study of Law, Policy and Practice*, T.M.C. Asser Press, 2014, pp. 43-93.

MOZOULOUA Dieudonné, « Traitement traditionnels de 150 maladies à base de plantes. Expérience de Lokondo » *in Pharmacopée et Médecine traditionnelle africaine*, vol. 13, Yaoundé, 2004, p. 111-116.

MPONDO MPONDO Emmanuel et *al.*, « État actuel de la médecine traditionnelle dans le système de santé des populations rurales et urbaines de Douala (Cameroun) », *in Journal of Applied Biosciences*, n° 55, juillet 2012, pp. 4036-4045.

NDZANA Ignace Bertrand, « La loase comme maladie clinique et culturelle au Cameroun » *in* NKOUM Benjamin Alexandre (dir.), *Santé plurielle en Afrique. Perspective pluridisciplinaire,* L'Harmattan, Paris, 2011, pp. 205-223.

NTSAMA ESSOMBA Claudine et *al.*, « Identification des questions de recherche prioritaires en matière de politique d'accès et d'usage des médicaments dans des pays francophones d'Afrique Centrale, à revenus faibles ou intermédiaires. Cameroun », disponible sur www.who.int [consulté le 8 août 2017].

OCDE, « Chapitre 12. Mesurer les droits économiques et sociaux pour en demander compte aux gouvernements », *in Revue de l'OCDE sur le développement 2008/2 (n° 9)*, disponible sur www.cairn.info [consulté le 5 août 2017].

ONGUENE ONANA, « Dysfonctionnement du système de santé public et effets sur le droit à la santé », *in* Collectif, *Droits économiques et sociaux au Cameroun, Cahier africain des droits de l'homme,* n° 10, Presses de l'UCAC, avril 2004, pp. 38-72.

OTYE ELOM Paul Ulrich, « Ethno-nutrition et ethno-diététique en négroculture » *in* Benjamin Alexandre NKOUM (dir.), *Santé plurielle en Afrique. Perspective pluridisciplinaire,* L'Harmattan, Paris, 2011, pp. 273-284.

POKAM Hilaire de Prince, « La médecine chinoise au Cameroun » *in Perspectives chinoises*, n° 2011/3, 2011, disponible sur www.openedition.org [consulté le 27 juin 2018].

ROUGE-MAILLART Clotilde, « L'évolution de la faute chirurgicale en France » *in* DUGUET Anne-Marie (dir.), *Evolution récente des actions en responsabilité médicale en France. Comparaison avec l'étranger,* séminaire d'actualité de droit médical, Les Études Hospitalières, Bordeaux, 2008, pp. 17-26.

SAINHOUNDE KOUKPO Rachel, « Le droit de la santé au Bénin : état des lieux » *in* Réseaux des chercheurs de l'AUF « Droit de la santé », disponible sur http://rds.refer.sn [consulté le 12 octobre 2017].

SANCHEZ Samuel, « Éclairage historique/ la crise de 1821 et ses conséquences sur le système sanitaire en France », *in* François ROUSSEAU et Karine FOUCHER (dir.), *Les réponses du droit aux crises sanitaires*, Actes du colloque de Nantes des 8 et 9 octobre 2015, L'Harmattan, Paris, 2016, pp. 73-92.

SHU ATANGA Joseph et *al., « La façon dont le « Performance-Based Financing » responsabilise la communauté et améliore l'accès aux services de qualité dans les régions de l'Est et du Nord-Ouest du*

Cameroun », disponible sur www.rbfhealth.org [consulté le 4 octobre 2017].

SIELEUNOU Isidore, « Financement du système de santé au Cameroun : où en est-on ? Analyse des tendances et regards sur les principaux défis », mars 2010, disponible sur www.r4dinternational.org [consulté le 4 octobre 2017].

STROHL Hélène, « La lutte contre les inégalités de santé, un leurre social ? » *in* HERVE Christian, STANTON-JEAN Michèle et *al. (dir.)*, *Les inégalités sociales et la santé. Enjeux juridiques, médicaux et éthiques*, Dalloz, Paris, 2015, pp. 35-46.

TSABANG NOLE et *al.*, « Production des médicaments traditionnels améliorés au Cameroun : cas d'un hypoglycémiant oral » *in Revue Health Sciences and Diseases*, vol. 13, n° 3, septembre 2012, disponible sur www.hsd-fmsb.org [consulté le 10 janvier 2018].

WEIL-DUBUC Paul-Loup, « Les inégalités sociales de santé : un problème de redistribution ou de reconnaissance ? » *in* HERVE Christian, STANTON-JEAN Michèle et *al.* (dir.), *Les inégalités sociales et la santé. Enjeux juridiques, médicaux et éthiques*, Dalloz, Paris, 2015, pp. 57-72.

YOUNG Katharine G. and LEMAITRE Julieta, « The Comparative Fortunes of the Right to Health: Two Tales of Justiciability in Colombia and South Africa », *in Harvard Human Rights Journal*, Vol. 26, 2013, pp. 179-216.

ZHANG Yi, "The media's role in ensuring social accountability for the right to health in China", *in* HESSELMAN Marlies, HALLO DE WOLF Antenor and TOEBES Brigit (dir.), *The Right to Health. A Multi-Country Study of Law, Policy and Practice,* T.M.C. Asser Press, 2014, pp. 275-296.

V. DOCUMENTS

A- TEXTES OFFICIELS

1- Textes juridiques internationaux

Acte constitutif de l'Union africaine, 11 juillet 2000.

Charte africaine des droits de l'homme et des Peuples, 26 juin 1981.

Charte africaine des droits et du bien-être de l'enfant, 11 juillet 1990.

Charte des Nations Unies, 26 juin 1945.

Code international de commercialisation des substituts du lait maternel, adopté en 1981.

Constitution de l'OMS, 22 juillet 1946.

Convention africaine sur la conservation de la nature et des ressources naturelles, 11 juillet 2003.

Convention de Bamako sur l'interdiction d'importer en Afrique des déchets dangereux, 31 juillet 1991.

Convention des Nations unies sur la protection des droits des travailleurs migrants et des membres de leur famille, 18 décembre 1990.

Convention internationale sur les droits de l'enfant (CIDE), novembre 1989.

Convention sur l'élimination de toutes les formes de discriminations contre les femmes (CEDEF), 18 décembre 1979.

Convention sur l'élimination de toutes les formes de discrimination raciale (CERD), 21 décembre 1965.

Convention-cadre de l'OMS pour la lutte antitabac, 21 mai 2003.

Déclaration d'Alma Ata adoptée par l'Assemblée Mondiale de la santé en 1978.

Déclaration d'Ethekwini adopté le 20 février 2008 en matière d'hygiène et assainissement.

Déclaration de Johannesburg sur le développement durable, 4 septembre 2002.

Déclaration de l'OMS adoptée à l'occasion de la troisième Conférence ministérielle « Santé et environnement », juin 1999.

Déclaration de Libreville sur la santé et l'environnement en Afrique, 29 août 2008.

Déclaration de Lilongwe sur l'accès à l'assistance juridique dans le système pénal en Afrique, novembre 2004.

Déclaration de Ouagadougou sur les soins de santé primaires et les systèmes de santé, avril 2008.

Déclaration universelle des droits de l'homme (DUDH), 10 décembre 1948.

Déclaration universelle sur la bioéthique et les droits de l'homme, octobre 2005.

Directives de Maastricht relatives aux violations des droits économiques, sociaux et culturels, septembre 2011.

Pacte international relatif aux droits civils et politiques, 16 décembre 1966.

Pacte international relatif aux droits économiques, sociaux et culturels, 16 décembre 1966.

Plan d'action global pour la santé mentale 2013-2020, adopté par l'Assemblée mondiale de la santé le 27 mai 2013.

Protocole à la Charte africaine des droits de l'homme et des peuples relatif aux droits des femmes en Afrique, 11 juillet 2003.

Protocole à la Charte africaine des droits de l'homme et des peuples portant création de la Cour africaine des droits de l'homme et des peuples, 11 juillet 2003.

Règlement intérieur de la CoADHP, 18 août 2010.

Règlement n° 06/2010/CM/UEMOA relatif aux procédures d'homologation des produits pharmaceutiques à usage humain dans les États membres de l'UEMOA, octobre 2010.

Résolution 231 de la CADH sur le droit à un logement décent et la protection contre les expulsions forcées, 22 octobre 2012.

Résolution 70/175 de l'Assemblée générale des Nations Unies fixant l'Ensemble de règles minima des Nations Unies pour le traitement des détenus, 17 décembre 2015.

Résolution de la CoADHP sur la pandémie du VIH/Sida, 23 avril au 7 mai 2001.

Résolution sur les Lignes directrices et mesures d'interdiction et de prévention de la torture et des peines ou traitements cruels, inhumains ou dégradants en Afrique, CADHP, APT, HCDH, 2e édition, Addis-Abeba, avril 2008.

2- Textes juridiques étrangers

Directive 2010/84/CE du Parlement européen et du Conseil de l'Europe du 15 décembre 2010.

Loi française n° 2005-102 du 11 février 2005 pour l'égalité des droits et des chances, la participation et la citoyenneté des personnes handicapées.

Loi française n° 2002-303 du 4 mars 2002 relative aux droits des malades et à la qualité du système de santé.

Constitution de la République française de 1946.

3- Textes Juridiques camerounais

Arrêté n° D26/L/MSP/SG/DSC/SDSSP/SSCMT/BFE du 11 septembre 1996.

Arrêté n° 0060/M/MSP/CAB du 27 mars 2002 fixant les modalités de création, de répartition et d'attribution des sites d'officine de pharmacie.

Arrêté n° 095/CAB/PM du 11 novembre 2013 portant création du Programme National Multisectoriel de Lutte contre la Mortalité maternelle, néonatale.

Arrêté n° 118-I-A-MSP-SG-DMPHP-SHPA du 13 janvier 1988 interdisant la consommation de l'huile végétale décolorée et désodorisée.

Arrêté n° 158-CAB-PM du 25 mai 1999 fixant la règlementation applicable au contrôle sanitaire aux frontières en matière de certificats de vaccination internationaux.

Arrêté n° 5992/A/MINSANTE du 28 décembre 2010 portant définition des prestations et des actes effectués par les postes de santé aux frontières du Cameroun.

Arrêté n° 234-A-MSP-SG-DMPHP portant interdiction de l'utilisation de l'insecticide fumigène dénommée « Cock Brand ».

Arrêté n° 967/MINSANTE/MINCOMMERCE du 25 juin 2007 portant marquage sanitaire des emballages des produits à base de tabac.

Décision n° 0004/MSP/CAB du 15 janvier 2004 portant création et mise en œuvre du SAMU-Cameroun.

Décision n° 0009/C/MSP/CAB du 14 avril 2005 complétant les dispositions de la décision n° 468 BIS/MSP/CAB du 24 septembre 2004 fixant la nouvelle tarification des protocoles de première ligne de prise en charge des personnes vivant avec le VIH/Sida (PVVS) par les antirétroviraux (ARV) et des examens de suivi biologique au Cameroun.

Décision n° 0096/D/MSP/CAB du 16 avril 2004 portant tarification des moustiquaires imprégnées et des imprégnations dans les centres provinciaux d'imprégnation et les unités d'imprégnation communautaires.

Décision n° 0540/D/MINSANTE/CAB du 12 juin 2009 fixant dans le secteur public les prix des différentes présentations de la combinaison fixe d'artesunate-amodiaquine utilisée dans la prise en charge du paludisme non compliqué.

Décision n° 0606/D/MINSANTE/CAB du 29 juin 2010 fixant dans la sous-secteur privé les prix des différentes présentations de la combinaison fixe d'artesunate-amodiaquine utilisée dans la prise en charge du paludisme non compliqué.

Décision n° 0817/MINSANTE/CAB/S/DLM/DAJC du 11 juin 2012 portant création, organisation et fonctionnement des centres régionaux de prévention et de lutte contre les épidémies.

Décret n° 2000/692/PM du 13 septembre 2000 portant sur les modalités d'exercice du droit à la santé du fonctionnaire.

Décret n° 2005/252 du 30 juin 2005 portant création, organisation et fonctionnement de la Centrale nationale d'approvisionnement en médicaments et consommables médicaux essentiels.

Décret n° 2011/3252/PM du 22 septembre 2011 portant création et fonctionnement des morgues privées au Cameroun.

Décret n° 2011/408 du 9 décembre 2011 portant organisation du gouvernement.

Décret n° 2012/382 du 14 septembre 2012 portant organisation du MINEPIA.

Décret n° 2012/543 portant organisation et fonctionnement de l'hôpital de la police de Yaoundé.

Décret n° 2013/093 du 3 avril 2013 portant organisation du ministère de la Santé publique.

Décret n° 2014/2217/PM du 24 juillet 2014 portant revalorisation du Salaire Minimum Interprofessionnel Garanti (SMIG).

Décret n° 74/199 du 14 mars 1974 portant réglementation des opérations d'inhumation, d'exhumation et de transfert de corps.

Décret n° 78-547 du 28 décembre 1978 fixant les modalités de prise en charge des prestations en nature aux victimes d'accidents du travail ou de maladies professionnelles.

Décret n° 82//412 du 9 septembre 1982 fixant les modalités d'octroi des secours de l'État aux indigents et aux nécessiteux.

Décret n° 83-166 du 12 avril 1983 portant Code de déontologie des médecins.

Décret n° 83-661 du 27 décembre 1983 réglementant les substances vénéneuses.

Décret n° 89-354 du 3 mars 1989 portant Code de déontologie des professions d'infirmier, de sage-femme et de technicien médico-sanitaire.

Décret n° 91-329 du 9 juillet 1991 fixant les modalités de prise en charge par l'État de la couverture sanitaire de certains personnels civils et militaires.

Décret n° 92/456/PM du 24 novembre 1992 portant création et organisation du comité national de lutte contre la drogue.

Décret n° 94/436/PM du 23 août 1995 fixant les modalités d'application des régimes des forêts.

Décret n° 95/013 du 17 février 1995 portant organisation des services de santé de base.

Décret n° 98/405/PM du 22 octobre 1998 fixant les modalités d'homologation et de mise sur le marché des produits pharmaceutiques.

Décret n°2010/2952 du 1er novembre 2010 portant création, organisation et fonctionnement de l'ONSP.

Loi n° 001-2001 du 16 avril 2001 portant Code minier.

Loi n° 2001-6 en date du 16 avril 2001 portant nomenclature et règlement zoosanitaire des maladies du bétail réputées légalement contagieuses et à déclaration obligatoire.

Loi n° 2003/003 du 21 avril 2003 portant protection phytosanitaire.

Loi n° 2003/2006 du 21 avril 2003 portant régime de sécurité en matière de biotechnologie moderne au Cameroun.

Loi n° 2003/2006 du 22 décembre 2003 régissant la transfusion sanguine.

Loi n° 2004/004 du 21 avril 2004 portant organisation et fonctionnement du Conseil constitutionnel.

Loi n° 2004/016 du 22 juillet 2004 portant création, organisation et fonctionnement de la Commission nationale des droits de l'homme et des libertés.

Loi n° 2004/017 du 22 juillet 2004 portant orientation de la décentralisation.

Loi n° 2004/018 du 22 juillet 2004 fixant les règles applicables aux communes.

Loi n° 2004/019 du 22 juillet 2004 fixant les règles applicables aux régions.

Loi n° 2005/015 du 29 décembre 2005 relative à la lutte contre le trafic et la traite des enfants.

Loi n° 2006/022 du 29 décembre 2006 fixant l'organisation et le fonctionnement des tribunaux administratifs.

Loi n° 2007/006 du 26 décembre 2007 portant régime financier de l'État.

Loi n° 2010/002 du 13 avril 2010 portant protection et promotion des personnes handicapées.

Loi n° 2011/024 du 14 décembre 2011 relative à la lutte contre le trafic des personnes.

Loi N° 2016/007 du 12 juillet 2016 portant Code pénal.

Loi n° 84-010 du 5 décembre 1984 fixant l'organisation de l'ordre des professions médico-sanitaires : infirmier, sage-femme et technicien médico-sanitaire.

Loi n° 89-27 du 29 décembre 1989 portant sur les déchets toxiques et dangereux.

Loi n° 90/34 du 10 août 1990 relative à l'exercice de la profession de chirurgien-dentiste.

Loi n° 90-035 du 10 août 1990 portant exercice et organisation de la profession de pharmacien.

Loi n° 90-36 du 10 août 1990 relative à l'exercice et à l'organisation de la profession de médecin.

Loi n° 94/01 du 20 janvier 1994 portant régime des forêts, de la faune et de la pêche.

Loi n° 95/08 du 30 janvier 1995 portant sur la radioprotection.

Loi n° 96/03 du 4 janvier 1996 portant loi-cadre dans le domaine de la santé.

Loi n° 96/06 du 18 janvier 1996 portant révision de la Constitution du Cameroun.

Loi n° 96/12 du 5 août 1996 portant loi-cadre relative à la gestion de l'environnement.

Loi n° 97-19 du 7 août 1997 relative au contrôle des stupéfiants, des substances psychotropes et des précurseurs et à l'extradition et à l'entraide judiciaire en matière de trafic des stupéfiants, des substances psychotropes et des précurseurs.

Loi N° 98-005 du 14 avril 1998 portant régime de l'eau.

Loi-cadre n° 2011/012 du 6 mai 2011 portant protection du consommateur au Cameroun.

Loi n° 2018/020 du 11 décembre 2018 portant loi-cadre sur la sécurité sanitaire des aliments.

Projet de décret définissant les modalités d'exercice et de contrôle de la profession de tradipraticien au Cameroun, inédit.

Projet de loi portant organisation et exercice de la médecine traditionnelle au Cameroun, inédit.

Règlement intérieur de l'Assemblée nationale du Cameroun.

B- JURISPRUDENCES

Affaire *Procureur général c/ Ghestem*, Bull. crim. n° 202, D. 1949. 347.

C.I.J. *Licéité de la menace ou de l'emploi d'armes nucléaires, Avis consultatif*, C.I.J. Recueil 1996.

CDH, communication n° 11/1977, affaires *Grille Motta c/ Uruguay* ; communications n° 124/82, 194/85 et 366/89, affaires *Muteba c/ Zaïre, Miango Muiyo c/ Zaïre et Kanana c/ Zaïre.*

CDH, communication n° 440/1990, affaire *Mohammed-Bashi El Megreisi c/ Libye.*

CDH, communication n° 458/1991du 21 juillet 1994, *Albert Womah Mukong c/ Cameroun.*

CEDH, requête n° 37186/03, 14 septembre 2010, *affaire Floréa c/ Roumanie.*

Ch. adm., affaire n° 112/82-83, *Nkondock Emile-Valentin c/ État du Cameroun (Minsanté)*, jugement n° 72/82-83 du 26 mai 1983.

Ch. jud., section pénale, arrêt n° 17/P du 27 mai 2010, n° 391 du 26 avril 2002.

Chambre des Lords, 14 octobre 2004, *Chester c/ Ashfar.*

CJCE, C-319/05 *Commission c/ RFA*, 15 novembre 2007.

CJUE, *C-531/06 Commission contre Italie ; C-171/07 et C-172/07* Apothekerkammer *des Saarlandes e.a. contre Saarland,* arrêts du 19 mai 2009.

CoADH, communication n° 155/96 du 27 octobre 2001, *Affaire Social and Economic Rights Action Center (SERAC) and Center for Economic and Social Rights (CESR) c/ Nigeria.*

CoADHP, communication n° 147/95 et 149/96 du 11 mai 2000, affaire *Sir Dawda K. Jawara c/ Gambie.*

CoADHP, communication n° 241/01 du 29 mai 2003, affaire *Purohit et Moore c/ Gambie*

CoADHP, communication n° 25/89, 4/90, 56/91 et 100/93 du 4 avril 1996, affaire *Free Legal Assistance Group, Lawyers' Committee for Human Rights, Union Interafricaine des Droits de l'Homme, les Témoins de Jehovah / République Démocratique du Congo.*

CoADHP, communication n° 334/06 du 1 mars 2011, affaire *Egyptian Initiative for Personal Rights and Interights c/ Égypte.*

CoADHP, communication n° 39/90_10AR du 24 avril 1997, affaire *Annette Pagnoulle (pour le compte de Abdoulaye Mazou) c/ Cameroun.*

CoADHP, communication n° 65/92 du 24 avril 1997, *Ligue camerounaise des droits de l'homme c/ Cameroun.*

CoADHP, communications n° 233/99-234/99 du 29 May 2003, affaires *Interights (pour le compte de Pan African Movement et Citizens for Peace in Eritrea) c/ Éthiopie ; Interights (pour le compte de Pan African Movement Inter Africa Group) c/ Erythrée.*

CoADHP, communications n° 279/03-296/05 du 27 mai 2009, affaire *Sudan Human Rights and Centre on Housing Rights and Evictions (COHERE) c/ Soudan.*

CoADHP, communications n° 54/91, 61/91, 98/93, 164-196/97 et 201/98 du 11 mai 2000, *Malawi African Association et autres c/ Mauritanie.*

Conseil constitutionnel, Arrêt n° 94-343/344 DC. du 27 juillet 1994, *affaire relative à la sauvegarde de la dignité de la personne humaine contre toute forme d'asservissement et de dégradation.*

Conseil d'État français, CE Ass., 26 octobre 2001, n° 198546, affaire *Senanayaké.*

Conseil d'État français, Arrêt n° 220437 du 9 juillet 2003, *AP-HP c/ Marzouk.*

Conseil d'État français, CE Ass., 9 avril 1993, n° 138653, *M. D., affaire du sang contaminé.*

Conseil d'État français, CE, 1er juin 1994, n° 150870, *affaire du Centre hospitalier spécialisé Le Valmont.*

Cour d'appel de l'Ouest-Cameroun, arrêt n° 687/COR du 23 avril 2002, affaire *Njionhou Elie c/ MP et Ndoungtio Kitio Vincent et Petrella Laura.*

Cour d'appel du Littoral – Cameroun, arrêt n° 35/Crim du 15 juin 2011, *affaire MP et Nkoumo Charles Séraphin, Ordre national des médecins c/ Ndeumeni Noubevam Charles Dechateau et Minsanté.*

Cour de Cassation française, arrêt « tabagisme » n° 03-44.41) du 29 juin 2005.

Cour de cassation française, civ. 1re, 9 juillet 2009, n° 08-11073, affaire *Société Sanofi Pasteur MSD* et l'affaire du Médiator.

Cour de cassation française, civ., 29 novembre 1920, affaire *Delherm c/ Calou.*

Cour de cassation, civ. 1re, 11 mars 2010, n° 09-11.270, affaire *Sconomiglio c/ Oniam.*

Cour de cassation, civ. 1re, 18 mars 1997, n° 95-12576, arrêt *Audat.*

Cour de cassation, civ. 1re, 25 février 1997, n° 94-19685, arrêt *Hédreul.*

Cour de cassation, civ. 1re, 28 janvier 2010, n° 09-10.992, Mme Mimoun c/ CPAM de l'Indre.

Cour de cassation, civ. 1re, 3 juin 2010, n° 09-13.591, *Seurt c/ Piechaud.*

Cour de cassation, civ. 1re, 7 février 1990, n° 88-14.797, arrêt Jugnet.

Cour de cassation, civ. 1re, 7 octobre 1998, affaire *Castagnet c/ CPAM de la Vienne et autres.*

Cour de cassation, civ. 1re, 9 novembre 1999, n° 98-10.010, affaire *Morisot c/ Delsart.*

Cour de cassation, civ., 6 mars 1945, affaire *Consorts Micheli c/ Société Clinique Sainte-Croix,*

Cour de cassation, Crim., 19 décembre 1885, DP 1886-I, 347, arrêt *Watelet.*

Cour fédérale de justice, Assemblée plénière, arrêt n° 20 du 20 mars 1968, affaire *Ngongang Njanke Martin c/ État du Cameroun.*

Cour Suprême du Cameroun, arrêt n° 81/CC du 29 avril 1982, Affaire *Mbonu Obi Innocent c/ Ebongue Hubert.*

Cour Suprême du Cameroun, CFE/AP n° 14 du 4/11/1965, 26 mai 1995, *affaire Société industrielle et commerciale africaine (SINCOA) c/ État du Cameroun.*

Cour suprême, arrêt n° 13/CC du 7 octobre 1982, affaire *Tekezou Paul c/ Periot Jean.*

Cour Suprême, arrêt n° 134/CC du 9 juin 1983, *affaire Osse Banga Robert contre Bikoy Pierre.*

Cour suprême, *arrêt n° 134/CC du 9 juin 1983, affaire Osse Banga Robert contre Bikoy Pierre.*

Cour suprême, arrêt n° 20/CC du 28 octobre 1982, affaires *Ngandjong Jean-Pierre c/ Splangounias Stamatios et Compagnie d'Assurances GFA.*

Cour suprême, arrêt n° 50/CC du 18 juin 1987, affaire *Sonel contre dame veuve Ndjilo, née Kwisse Denise.*

Cour suprême, *arrêt n° 80/CC du 2 mai 1991affaire Tchabe Alexis, Mission Catholique de Poango et Chanas Privat contre Nguatta René.*

Cour suprême, Ch. adm., jugement n° 72/82-83 du 26 mai 1983, Affaire *Nkondock Emile-Valentin c/ État du Cameroun (MINSANTE).*

Cour Suprême d'Inde, *Affaire M.C. MEHTA v Union of India et vellore Citizens Welfare Forum*, 28 Août 1996, (Kuldip Singh, Faizan Uddin, K. Venkataswami JJ).

Req., 28 janvier 1942, *Parcelier c/ Teyssier.*

TPI de Douala, jugement n° 1462/CD/COR du 27 mars 2006, affaire *ministère public et Ayants droit du Lt Colonel Koumou roger Michel c/ Etoke Richard et Nkwenti Marcus.*

C- RAPPORTS

AFD, *Le C2D Santé dans l'Extrême-Nord et le Nord*, 2012, disponible sur www.ambafrance.org [consulté le 27 juin 2018].

ARS/Professionnels de santé, *Pacte national de lutte contre les déserts médicaux*, disponible sur www.solidarites-sante.gouv.fr [consulté le 3 août 2017].

Assemblée mondiale de la santé, *Accès aux médicaments essentiels*, 67e session, 24 mai 2014, 5 p.

Banque mondiale, *Faire reculer les maladies tropicales négligées en Afrique*, 17 novembre 2012, disponible sur www.banquemondiale.org [consulté le 27 juin 2018].

BIT, *Profil national du travail décent – Cameroun,* OIT, 2012, disponible sur www.ilo.org [consulté le 24 août 2017].

CADH, *Observations générales N° 2 sur l'article 14.1 (a), (b), (c) et (f) et article 14.2 (a) et (c) du Protocole à la Charte africaine des droits de l'homme et des peuples relatif aux droits des femmes en Afrique*, 22 p.

CDH, *Observations finales concernant le cinquième rapport périodique du Cameroun,* 30 novembre 2017, disponible sur www.ohchr.org [consulté le 30 avril 2018].

CEDEF, *Recommandations générales n° 19 sur la violence à l'égard des femmes.* Voir aussi les *Recommandations générales n° 24 sur les femmes et la santé.*

CNDHL, *Rapport sur l'état des droits de l'homme au Cameroun en 2016*, CNDHL, 2017, 202 p.

CNLS, *Plan stratégique national de lutte contre le VIH, le SIDA et les IST 2014-2017*, disponible sur www.childrenandaids.org [consulté le 12 juin 2018].

CNLS, *Plan stratégique national de lutte contre le VIH/Sida 2006-2010*, disponible sur www.ilo.org [consulté le 12 juin 2018].

CoADHP, *34e Rapport d'activités de la Commission africaine des droits de l'homme et des peuples*, Banjul, disponible sur www.achpr.org [consulté le 25 avril 2018].

CoADHP, *35e Rapport d'activités de la Commission africaine des droits de l'homme et des peuples*, Banjul, disponible sur www.achpr.org [consulté le 25 avril 2018].

CoADHP, *Observations finales relatives au 3e Rapport périodique de la République du Cameroun*, 15e Session extraordinaire, Banjul, 7 au 14 mars 2014, 13 p.

CoADHP, *Procédure d'examen des rapports des États*, disponible sur www.achpr.org [consulté le 25 avril 2018].

CODESC, *Observation générale n° 13 sur le droit à l'éducation*, 21e session, 15 – 3 décembre 1999, 33 p.

CODESC, *Observation générale n° 16 portant sur le droit égal de l'homme et des femmes au bénéfice de tous les DESC (article 3 du PIDESC)*, 31e session, Genève 25 avril-13 mai 2005, p.

CODESC, *Observation générale n° 17 portant sur le droit à la santé*, 22e session Genève, 25 avril-12 mai 2000, 20 p.

CODESC, *Observation générale n° 21 sur le droit de chacun de participer à la vie culturelle*, 43e session, Genève, 2 – 20 novembre 2009, 19 p.

CODESC, *Observation générale n° 5 portant sur la situation des personnes handicapées*, 1994, p.

CODESC, *Observation générale n° 12 : le droit à une nourriture suffisante (article 11 du PIDESC)*, adoptée à la 20e session, Genève, 26 avril - 14 mai 1999, 10 p.

CODESC, *Observation générale n° 14, Question de fond concernant la mise en œuvre du PIDESC*, 22esession, Genève, 25 avril – 12 mai 2000, 23 p.

CODESC, *Observation générale n° 3, La nature des obligations des États parties (article 2(1) du Pacte)*, 5 p.

Comité ad hoc de prévention et de lutte contre la grippe aviaire, *Plan National Intégré de prévention et de lutte contre la grippe aviaire au Cameroun*, mars 2006, disponible sur www.un-influenza.org [consulté le 21 août 2017].

Comité international de bioéthique (CIB), *Rapport du CIB sur les systèmes de la médecine traditionnelle et leurs implications éthiques*, UNESCO, Paris, 8 février 2013, 27 p.

Comité pour l'élimination de la discrimination à l'égard des femmes, Examen des rapports présentés par les États parties en application de l'article 18 de la Convention (*suite*). Rapport unique valant deuxième et troisième rapports périodiques du Cameroun, Compte rendu analytique de la 876e séance, Tenue au Palais des Nations, à Genève, le mercredi 28 janvier 2009, 11 p.

Commission des droits de l'homme du Barreau du Cameroun, *Rapport sur l'état des droits de l'homme au Cameroun*, 2e édition, Yaoundé, 2016, 109 p.

Conseil d'État français, *Droit au logement, droit du logement*, Rapport public 2009, La Documentation française, Paris, 2009, 459 p.

Conseil d'État, *Droits et débats. Santé et justice : quelles responsabilités ? Dix ans après la loi du 4 mars 2002*, Actes du colloque organisé par le Conseil d'État et la Cour de cassation les 20 et 21 octobre 2011, Conseil d'État, Cour de cassation, La documentation française, Paris, 2013, 129 p.

Cour des comptes françaises, « L'indemnisation amiable des victimes d'accidents médicaux : une mise en œuvre dévoyée, une remise en ordre impérative », *in Rapport public annuel 2017*, février 2017, disponible sur www.ccomptes.fr [consulté le 28 juin 2018].

Etienne CANIARD, *La place des usagers dans le système de santé*, Secrétariat d'État à la santé et aux handicapés/La documentation française, 2000, Paris, 63 p.

EuropUSA, *Généralités sur la Loi Obama Care*, disponible sur www.europusa.com [consulté le 10 octobre 2017].

GAVI Alliance, *Protéger la santé des enfants par la vaccination dans les pays d'Afrique, des caraïbes et du Pacifique*, disponible sur www.gavialliance.org [consulté le 26 juin 2018].

GIZ, *Feuillet de présentation du Projet d'appui à la santé de la reproduction II* (PASaR II), disponible sur www.health.bmz.de [consulté le 27 juin 2018].

Groupe Technique National-CSU, *Panier de soins pour la CSU du Cameroun. Liste des conditions de santé à prendre en charge*, MINSANTE, 2017, 73 p.

GTC/CNLS, *L'impact du VIH et du Sida au Cameroun à l'horizon 2020*, GTC/CNLS, septembre 2020, 42 p.

GTC/CNLS, *Rapport 2015. Estimations et projections sur le VIH et le Sida au Cameroun. Période : 2010-2020,* MINSANTE et ONUSIDA, juillet 2015, 59 p.

GTC/CNLS, *Rapport annuel 2010 des activités du Programme national de lutte contre le Sida*, MINSANTE et ONUSIDA, 2011, 38 p.

GTC/CNLS, *Rapport annuel 2012 des activités de lutte contre le VIH/Sida et les IST au Cameroun*, MINSANTE, Mars 2013, p.

GTC/PEV, *Plan d'action 2014. Programme élargi de vaccination – Cameroun*, Minsanté, janvier 2014, 59 p.

Habiba GARGA et Pierre ONGOLO-ZOGO, *Améliorer l'accueil et la prise en charge dans les services d'accueil des urgences des hôpitaux nationaux et régionaux au Cameroun*, disponible sur www.who.int [consulté le 4 août 2017]

Haut Conseil pour l'avenir de l'assurance maladie, *Document n° 5 : La place du citoyen et du patient dans le processus d'innovation en santé*, HCAAM, décembre 2014, 26 p.

IGAS, *Les inégalités sociales de santé dans l'enfance. Santé physique, santé morale, conditions de vie et développement de l'enfant*, Rapport n° RM2011-065P, mai 2011, disponible sur www.ladocumentationfrançaise.fr [consulté le 3 septembre 2017].

IGAS, *Les inégalités sociales de santé : Déterminants sociaux et modèles d'action*, Rapport n° RM2011-061P, mai 2011, disponible sur www.espt.asso.fr [consulté le 3 septembre 2017].

Institut National de la statistique (INS) et ICF International, *Enquête démographique et de santé et à indicateurs multiples du Cameroun 2011*, INS et ICF, Calverton, Maryland, USA, 2012, 576 p.

MINEPAT, *Journal des projets des 10 régions du Cameroun BIP 2016*, MINEPAT, 2016, 749 p.

Ministère de la Santé publique du Cameroun, *Mise en œuvre du projet de la réforme hospitalière. Point en mai 2016*, ministère de la Santé publique, 12 mai 2016, disponible sur www.minsante.cm [consulté le 16 août 2017].

Ministère de la Santé publique du Cameroun, *Profil pharmaceutique du pays*, Minsanté/OMS, Yaoundé, 2011, 223 p.

Ministère de la Santé publique, *Plan national de développement sanitaire (PNDS) 2011-2015*, disponible sur www.uhc2030.org [consulté le 12 juin 2018].

Ministère de la Santé publique, *Plan stratégique national de lutte contre le paludisme au Cameroun 2007-2010*, disponible sur www.africanchildforum.org [consulté le 12 juin 2018].

Ministère de la Santé publique, *Politique nationale de la technologie sanitaire*, GIZ et BAD, Yaoundé, mars 2009, 24 p.

Ministère de la Santé publique, *Rapport d'étude et d'évaluation du secteur pharmaceutique national du Cameroun*, OMS/UE, 2003, disponible sur www.who.int [consulté le 13 août 2017].

Ministère de la Santé publique/Direction de la pharmacie et du médicament, *Rapport d'étude d'évaluation du secteur pharmaceutique national du Cameroun*, disponible sur www.who.int [consulté le 14 juin 2018].

Ministère français du travail, de l'emploi et de la santé, *Conférence nationale de santé. Rapport 2012 sur le droit des usagers*, avril 2012, 26 p.

MINSANTE, *Évaluation organisationnelle et institutionnelle pour l'amélioration et le renforcement du financement de la santé vers la couverture universelle au Cameroun. Rapport OASIS*, Minsanté et *al.*, juillet 2016, 68 p.

MINSANTE, *Revue des performances du Programme national de lutte contre le paludisme du Cameroun*, Minsanté, septembre 2013, 127 p.

MUSANGO Laurent et INOUA Aboubacar, *Assurance maladie obligatoire au Gabon : un atout pour le bien-être de la population*, Background Paper 16, World Health Report (2010), OMS, 2010, 47 p.

OMS, « Le Cameroun et l'Organisation mondiale de la santé ont validé le vendredi 2 juin 2017 la stratégie de coopération 2017-2020 », disponible sur www.afro.who.int [consulté le 25 juin 2018].

OMS, « Programme national de transfusion sanguine », disponible sur www.afro.who.int [consulté le 12 juin 2018].

OMS, « Projet de renforcement de la surveillance épidémiologique en Afrique centrale », disponible sur www.afro.who.int [consulté le 25 juin 2018].

OMS, *Application du Règlement sanitaire international (2005). Rapport du Comité d'examen sur le rôle du Règlement sanitaire international (2005) dans le cadre de l'épidémie de maladie à virus Ebola et de la riposte*, 13 mai 2016, disponible sur www.who.int [consulté le 18 septembre 2017].

OMS, *Approvisionnement en médicaments*, disponible sur www.who.int [consulté le 8 septembre 2017].

OMS, *Chapitre 2. La santé en milieu urbain*, disponible sur www.who.int [consulté le 7 août 2017].

OMS, *Classification internationale du fonctionnement, du handicap et de la santé*, disponible sur www.who.int [consulté le 10 août 2017].

OMS, *Documents fondamentaux*, 39e édition, Genève, 31 octobre 1992, 196 p.

OMS, *Évaluation de la transparence dans le secteur pharmaceutique. Cameroun*, Bureau régional de l'OMS pour l'Afrique, 2012, disponible sur www.who.int [consulté le 15 août 2017].

OMS, *Financement de la santé et couverture universelle*, disponible sur www.who.int [consulté le 8 août 2017].

OMS, *Flambées épidémiques*, disponible sur www.who.int [consulté le 26 septembre 2017].

OMS, *L'insalubrité de l'environnement provoque 12,6 millions de décès par an*, disponible sur www.who.int [consulte le 31 août 2017].

OMS, *Liste mondiale de référence des 100 indicateurs sanitaires de base*, version de travail 5, Genève, 17 novembre 2014, disponible sur www.who.int [consulté le 20 août 2017].

OMS, *Lutte contre la malnutrition au Cameroun*, disponible sur www.afro.who.int [consulté le 4 septembre 2017].

OMS, *Lutte contre les maladies non transmissibles*, Conseil exécutif, 130e session, EB130/6, 8 décembre 2011, 21 p.

OMS, *Médecine traditionnelle*, Rapport du Secrétariat, 56e Assemblée mondiale de la santé, 31 mars 2003, disponible sur www.who.int [consulté le 22 août 2017].

OMS, *Normes recommandées par l'OMS pour la surveillance*, WHO/CDS/CSR/ISR/99.2, 2e édition, juin 2010, disponible sur www.who.int [consulté le 30 août 2017].

OMS, *Plaidoyer pour la couverture sanitaire universelle*, OMS, Genève, 2013, disponible sur www.who.int [consulté le 6 août 2017].

OMS, *Prévenir la maladie grâce à un environnement sain*, disponible sur www.who.int [consulté le 21 août 2017].

OMS, *Prévention des infections nosocomiales,* Guide pratique, 2e édition, OMS, Genève, 2008, disponible sur www.who.int [consulté le 20 août 2017].

OMS, *Qu'est-ce que la couverture universelle ?* disponible sur www.who.int [consulté le 2 octobre 2017].

OMS, *Qualité des soins : sécurité des patients*, Rapport du Secrétariat, 55e Assemblée mondiale de la santé, 22 mars 2002, disponible sur www.who.int [consulté le 14 août 2017].

OMS, *Rapport de situation sur la décennie de la médecine traditionnelle dans la région africaine*, Bureau régional de l'Afrique, Yamoussoukro, 29 août – 2 septembre 2011, disponible sur www.who.int [consulté le 19 août 2017].

OMS, *Rapport sur la santé dans le monde, 2000 – Pour un système de santé plus performant*, disponible sur www.who.int [consulté le 9 août 2017].

OMS, *Rapport sur la situation mondiale des maladies non transmissibles 2014 : « Atteindre les neuf cibles mondiales : une responsabilité partagée*, WHO/NMH/NVI/15.1, OMS, Genève, 2014, disponible sur www.who.int [consulté le 17 août 2017].

OMS, *Rapport sur santé dans le monde 2013 : la recherche pour la couverture sanitaire universelle,* OMS, Luxembourg, 2013, p. xi., disponible sur www.who.int [consulté le 2 novembre 2017].

OMS, *Renforcement de la surveillance et de la riposte aux maladies à potentiel épidémique évitables par la vaccination dans quelques pays d'Afrique et de Méditerranée orientale*, disponible sur www.who.int [consulté le 26 septembre 2017].

OMS, *Stratégie de l'OMS pour la médecine traditionnelle pour 2002-2005*, OMS, Genève, 2002, disponible sur www.who.int [consulté le 10 septembre 2017].

OMS, *Stratégie de l'OMS pour la médecine traditionnelle pour 2014-2023*, OMS, Hong Kong, 2013, disponible sur www.who.int [consulté le 13 septembre 2017].

OMS-Bureau régional de l'Afrique et ministère de la Santé publique du Cameroun, *Stratégie de coopération de l'OMS avec les pays 2010-2015 – Cameroun*, disponible sur www.afro.who.int [consulté le 25 juin 2018].

OMS-Cameroun, *Rapport annuel 2017,* disponible sur www.afro.who.int [consulté le 25 juin 2018].

OMS-Cameroun, *Rapport annuel sur le Cameroun 2016,* disponible sur www.afro.who.int [consulté le 25 juin 2018].

ONMC, *Rapport de la commission d'enquête du Conseil de l'Ordre national des médecins du Cameroun sur l'affaire Monique Koumateke*, mars 2016, disponible sur www.onmc.cm [consulté le 5 janvier 2018].

ONMC, *Rapport de la commission d'enquête du Conseil de l'Ordre national des médecins du Cameroun sur l'affaire Ngo Kana*, février 2016, disponible sur www.onmc.cm [consulté le 5 janvier 2018].

ONU, *Harmful traditional practices affecting the health of women and children*, Fiche d'information n° 23, pp. 3-4.

ONU, *ONUSIDA : Programme commun des Nations unies sur le VIH/Sida*, disponible sur www.cm.one.un.org [consulté le 26 juin 2018].

ONU, Programme mondial de lutte antipaludique, disponible sur www.who.int [consulté le 26 juin 2018].

ONUSIDA, *Conseil de coordination du Programme de l'ONUSIDA*, 34e réunion, Genève, 2014, disponible sur www.unaids.org [consulté le 26 juin 2018].

Organisation Panaméricaine de la Santé/OMS, *Stratégie pour l'accès universel à la santé et la couverture sanitaire universelle*, OPS/OMS, 53e Conseil directeur, 66e session du Comité régional de l'OMS pour les Amériques, Washington, 02 octobre 2014.

Plan national de développement sanitaire (PNDS) 2011-2015 disponible sur www.internationalhealthpartnership.net [consulté le 24 juillet 2017]

PNUD, *L'impact socio-économique de la maladie à virus Ebola en Guinée, au Libéria et en Sierra Leone*, Notes d'orientation n° 1 à 5, volume 1, 2 décembre 2014, 48 p.

Raphaël OKALLA et Alain Le VIGOUROUX, *Cameroun : de la réorientation des soins de santé primaires au plan national de développement sanitaire*, Bulletin de l'APAD, disponible sur www.apad.revues.org [consulté le 10 août 2017].

Rapport du groupe de travail chargé d'examiner les options en ce qui concerne l'élaboration d'un protocole facultatif se rapportant au PIDESC, Genève, 23 février – 5 mars 2004, 40 p.

République du Cameroun, *Examen national 2015 de l'éducation pour tous : Cameroun*, disponible sur www.unesdoc.unesco.org [consulté le 24 août 2017].

Secrétariat Permanent-PNLP, *Rapport d'activités 2013 du Programme National de Lutte contre le Paludisme*, MINSANTE/Roll Back Malaria, 2014, p. 45.

UA, *Plan d'action de la décennie de la médecine traditionnelle (2001-2010)*, disponible sur www.africa-union.org [consulté le 4 mai 2018].

UNICEF, *Maladies non transmissibles liées à la nutrition*, disponible sur www.unicef.org [consulté le 27 septembre 2017].

Union africaine, *Projet de note d'orientation pour la Conférence internationale sur la santé maternelle, néonatale et infantile en Afrique. Johannesburg (Afrique du Sud), 1er-3 août 2013*, disponible sur www.who.int [consulté le 7 août 2017].

D- ARTICLES DE PRESSE, BLOG, SITES WEB CONSULTÉS ET AUTRES SOURCES

ADENOT Isabelle, « Pourquoi une institution ordinale ? » disponible sur www.ordre.pharmacien.fr [consulté le 4 janvier 2018].

Amnesty International, *Questions et réponses : Le Protocole facultatif se rapportant au Pacte international relatif aux droits économiques, sociaux et culturels*, disponible sur www.amnesty.org [consulté le 2 mai 2018].

BIHEL Blanchard, « Décès de Monique Koumatekel : l'affaire qui ébranla la République », disponible sur www.camer.be [consulté le 23 mars 2017].

BONNET Pascal, *Le concept d'accessibilité et d'accès aux soins*, Dossier de DEA GEOS, Université Paul Valery Montpellier III, 2002, disponible sur http://epe.cirad.fr/fr2/doc/accessibilite_soins.pdf [consulté le 25 juillet 2017]

BOWA Nadège Christelle, « Cameroun – Hépatites virales : vaccin gratuit pour les enfants de 0 à 5 ans », disponible sur www.cameroon-info.net [consulté le 21 septembre 2017].

Camernews, « Cameroun – Santé : Hémodialyse, voici ce qui fait problème », disponible sur www.camernews.com [consulté le 27 septembre 2017].

Camnews24, *Opération épervier : l'affaire Urbain Olanguena Awono renvoyée au 5 février 2013*, disponible sur www.camnews24.com [consulté le 21 novembre 2017].

Christophe GOLAY et Melik ÖZDEN, *Le droit à l'alimentation. Un droit fondamental stipulé par l'ONU et reconnu par des traités régionaux et de nombreuses constitutions nationales*, Programme Droits Humains du Centre Europe – Tiers Monde (CETIM), disponible sur www.eoi.at [consulté le 11 juillet 2017].

CICR, « Union africaine : un séminaire sur la protection des services de santé », 23 octobre 2014, disponible sur www.icrc.org [consulté le 26 juin 2018].

Claire DEBOURG, *La faute contractuelle*, Fiche de niveau 3, Droit des contrats/ Responsabilité contractuelle, 13 novembre 2007, disponible sur www.france-jus.ru [consulté le 2 novembre 2017].

COMMEYRAS Christophe et NDO Jean Rolin, *Étude de l'accessibilité et des déterminants de recours aux soins et aux médicaments pour les populations du Cameroun*, disponible sur www.cerdi.org [consulté le 4 août 2017]

Commission de l'Union africaine, *Agenda 2063. L'Afrique que nous voulons*, avril 2015, disponible sur www.au.int [consulté le 26 juin 2018].

Loi n° 2018/020 du 11 décembre 2018 portant loi-cadre sur la sécurité sanitaire des aliments, articles 1 et 3.

De La HERONNIERE Lucie, « Complément alimentaire : ce qu'il faut savoir avant d'en prendre », publié le 8 janvier 2016, disponible sur www.lexpress.fr [consulté le 28 janvier 2019].

DIBA Rita, « Cameroun – Mission humanitaire Mercy Ships : le Gouvernement dit « Merci » ! », Cameroon Tribune, 20 avril 2018, disponible sur www.camer.be [consulté le 14 juin 2018].

Département OMS Santé publique et environnement, *Santé publique, environnement et déterminants sociaux de la santé*, disponible sur www.who.int/phe/about_us/fr/ [Consulté le 20 juin 2017].

Direction de l'information légale et administrative, « Qu'est-ce qu'une commission d'enquête parlementaire ? », 2 janvier 2014, disponible sur www.vie-publique.fr [consulté le 15 janvier 2018].

EKWO BILE, « Urbanisation sauvage : Les immeubles poussent partout, même dans les cimetières », 31 mars 2012, disponible sur www.cameroon-info.net [consulté le 19 septembre 2017].

ETOA Marguerite Estelle, « Tradipraticiens : la médecine traditionnelle se met en règle » *in Cameroon Tribune*, 4 avril 2007, disponible sur www.cameroon-info.net [consulté le 4 mai 2018].

Feuillet d'information sur le Centre africain de prévention et de lutte contre les maladies, disponible sur www.africacdc.org [consulté le 26 juin 2018].

FIFEN ALASSA, *L'observatoire national de santé publique (ONSP) du Cameroun*, Brazzaville, 28-30 avril 2014, disponible sur www.aho.afro.who.int [consulté le 12 juin 2018].

FOTSO Henri, « La tuberculose perdure malgré la gratuité du traitement », disponible sur www.agenceaic.net [consulté le 26 septembre 2017].

France24, « Africa Mercy : le « navire de l'espoir » en mission au Cameroun », 15 décembre 2017, disponible sur www.france24.com [consulté le 14 juin 2018].

Groupe Pasteur Mutualité, *Guide de la responsabilité professionnelle médicale*, disponible sur www.gpm.fr [consulte le 24 novembre 2017].

GUEBEDIANG à BESSONG Sorèle, « Couverture santé universelle : 185 maladies ciblées », disponible sur www.cameroon-tribune.cm [posté et consulté le 1er octobre 2017].

GUEYE Marème, « Avantages et limites de la médecine traditionnelle », 18 novembre 2013, disponible sur www.seneplus.com [consulté le 14 mai 2018].

KOLYANG Lazare, « L'Ordre des médecins punit des membres » *in Mutations*, 20 novembre 2017.

Investir au Cameroun, « L'Allemagne débloque un nouveau financement de 15 millions d'euros dans la lutte contre la malnutrition au Cameroun », 28 février 2018, disponible sur www.investiraucameroun.com [consulté le 27 juin 2018].

Investir au Cameroun, « La Banque mondiale injecte 73 milliards de F CFA dans le système de santé camerounais », 27 septembre 2016, disponible sur www.investiraucameroun.com [consulté le 27 juin 2018].

« La Fondation Chantal BIYA (FCB) », disponible sur www.prc.cm [consulté le 14 juin 2018].

« Le Comité des droits de l'enfant examine le rapport du Cameroun », 31 mai 2017, disponible sur www.reliefweb.int [consulté le 30 avril 2018].

« Le Comité des droits économiques, sociaux et culturels examine le rapport du Cameroun », 22 novembre 2011, disponible sur www.reliefweb.int [consulté le 30 avril 2018].

Les Observateurs, « Santé/République démocratique du Congo. Les tradipraticiens, entre médecine traditionnelle et charlatanisme », 3 juin 2010, France24, disponible sur www.observers.frace24.com [consulté le 14 mai 2018].

Média Terre, « Le coût du traitement de l'hépatite virale revu à la baisse au Cameroun », disponible sur www.mediaterre.org [consulté le 21 septembre 2017].

Médiaterre, *Nouveau programme triennal de lutte contre le sida, le paludisme et la tuberculose au Cameroun*, disponible sur www.mediaterre.org [consulté le 26 juin 2018].

Ministère de la Santé publique, « CHRACERH : La fécondité in vitro (FIV) : une possibilité effective au Cameroun », disponible sur www.minsante.cm [consulté le 12 juin 2018].

MUBIALA Mutoy, « Le rôle des organisations régionales africaines dans la lutte contre les pandémies », *in Bulletin d'information A Posteriori*, n° 6, mai 2018, disponible sur www.centrederechercheapriori.com [consulté le 26 juin 2018].

NDANGUE Josiane Rose, « Cameroun – Santé oculaire : 78 médecins camerounais vont se perfectionner à bord de l'hôpital Flying Eye Hospital, attendu ce jour à l'aéroport de Yaoundé-Nsimalen », 5 octobre 2017, disponible sur www.cameroon-info.net [consulté le 14 juin 2018].

NDOMBONG Hervé, « Santé : le Drepanovax, la solution à promouvoir pour les drépanocytaires », disponible sur www.leco.com [consulté le 24 mai 2018].

NDOUMBE Dorothée, « Cameroun : les médicaments traditionnels ont le vent en poupe », disponible sur www.afrik.com [consulté le 24 mai 2018].

N'GUESSAN Kouame, *Les moyens parlementaires de contrôle de l'action gouvernementale dont les moyens d'interpellation dans l'espace francophone*, Assemblée parlementaire de la Francophonie, Berne, 8 juillet 2015, 44 p.

NGO KAM Judith Cécile, « Cameroun : un onzième vaccin dans le programme élargi de vaccination », disponible sur www.agenceaic.net [consulté le 27 septembre 2017].

NGON Otric, « Cameroun – Santé oculaire : l'avion-hôpital Orbis a déjà opéré 113 malades », 26 octobre 2017, disponible sur www.cameroon-info.net [consulté le 14 juin 2018].

NGUIAMBA Ericien Pascal, « Cameroun : l'Ordre des pharmaciens du Cameroun en guerre contre les faux médicaments », 12 octobre 2012, disponible sur www.yaoundeinfos.com [consulté le 12 janvier 2018].

NKOA François Colin et ONGOLO-ZOGO Pierre, « Promouvoir l'adhésion universelle aux mécanismes d'assurance maladie au Cameroun », Centre pour le Développement des Bonnes Pratiques en Santé – SURE/EVIPNet, septembre 2012, disponible sur www.who.int [consulté 30 novembre 2017].

NTAP Emmanuel Jules, « Affaire du riz en plastique : le gouvernement clarifie la polémique », publié le 7 janvier 2019, disponible sur www.voaafrique.com [consulté le 28 janvier 2019].

OCEAC, Lettre d'information « Point de l'OCEAC sur l'épidémie de la maladie à virus Ebola », n° 17, 15 mai 2018, disponible sur www.oceac.org [consulté le 26 juin 2018].

OMS, *La santé et les objectifs du Millénaire pour le développement*, OMS, 2005, disponible sur www.who.int [consulté le 2 novembre 2017].

PEYOU NDI Marlyse, *L'OCEAC et les Objectifs du Millénaire pour le Développement*, 6e réunion régionale de l'Assemblée parlementaire paritaire ACP-UE, Yaoundé, 28-29 avril 2011, disponible sur www.europarl.europa.eu [consulté le 12 juin 2018].

Procès-verbaux et rapports des commissions, WHA58/2005/REC/3.

« Santé publique : Selon le président de l'Ordre national des pharmaciens du Cameroun, il y a nécessité de réformer leurs textes », disponible sur actucameroun.com, 1er mai 2017, [consulté le 12 janvier 2018].

TCHOPA Théodore, « Cameroun : Alerte : 70 médecins pour 4 millions de travailleurs », disponible sur www.camer.be [consulté le 24 août 2017].

TCHIENEHOM Jean Vincent, « Présentation de la Fondation camerounaise du cœur et de ses membres », disponible sur www.camerhf.skyrock.com [consulté le 14 juin 2018].

UNICEF, *Fiche d'information*, disponible sur www.unicef.org [consulté le 13 juillet 2017].

Vision africaine de l'eau pour 2025 : exploitation équitable et durable de l'eau aux fins de développement socio-économique, disponible sur www.ac-grenoble.fr [consulté le 18 juillet 2017].

www.agroecologyinaction.be [consulté le 13 mai 2018].

www.campack-cm.com/minresi [consulté le 7 juillet 2017].

www.cholera-network.org [consulté le 11 octobre 2017].

www.circb.cm [consulté le 12 juin 2018] ;

www.cnps.cm [consulté le 16 octobre 2017].

www.fondationadlucem-cm.org [consulté le 14 juin 2018].

www.oceac.org [consulté le 26 juin 2018].

www.populationdata.net/pays/cameroun/ [consulté le 22 août 2017].

www.synergiesafricaines.org [consulté le 26 juin 2018].

www.vocabulairemedical.fr [consulté le 8 septembre 2017].

ANNEXES

Annexe I

LOI N°96/03 DU 4 JANVIER 1996 PORTANT LOI CADRE DANS LE DOMAINE DE LA SANTE

L'Assemblée nationale a délibéré et adopté, le Président de la République promulgue la loi dont la teneur suit :

Article 1er : La présente loi fixe le cadre général de l'action de l'Etat dans le domaine de la santé, notamment à travers la politique nationale de santé.

Article 2 : La politique nationale de santé a pour objectif l'amélioration de l'état de santé des populations grâce à l'accroissement de l'accessibilité aux soins intégrés et de qualité pour l'ensemble de la population et avec la pleine participation des communautés à la gestion et au financement des activités de santé.

Article 3 : La politique nationale de santé vise en particulier :

- L'intégration des soins à tous les nouveaux du système et la prise en compte des programmes prioritaires et des actions spécifiques dans toutes les formations sanitaires ;
- La rationalisation de la gestion des infrastructures, des équipements et du personnel par la mise en place des systèmes d'information performants permettant une réelle planification qui tienne compte des acquis, des besoins et des objectifs du service de santé ;
- La mise sur pied d'une politique pharmaceutique rendant le médicament essentiel accessible en permanence à toutes les couches sociales ;
- La contribution à la mise en place d'un système de solidarité nationale pour la santé ;
- La promotion de la gestion centralisée des services de santé afin d'impliquer davantage les communautés et les professionnels de la santé au financement et à la gestion de ces services.

Article 4 : La politique nationale de santé s'appuie sur les grands principes suivants :

- L'accessibilité universelle aux soins essentiels et de qualité à travers le développement des Districts de santé ainsi que d'un système « santé de référence contre référence » ;
- La rationalisation des infrastructures sanitaires et des équipements techniques ainsi que leur régionalisation ;
- La protection et la promotion de la santé des groupes vulnérables et défavorisés, notamment les femmes, les enfants, les adolescents, les personnes du troisième âge, les indigents et les handicapés.
- La promotion de l'utilisation des médicaments essentiels accessibles et de qualité dans toutes les formations sanitaires à travers le développement d'un système national d'approvisionnement décentralisé, associant les secteurs public et privé ;
- La conduite d'un programme de santé prioritaire de lutte contre les grandes endémies, notamment le Syndrome Immuno- Déficitaire Acquis (SIDA). La tuberculose et le paludisme ;
- La mise en œuvre d'une politique de médecine préventive par la promotion de l'hygiène, l'assainissement de l'environnement, l'éducation sanitaire et la vaccination ;
- La gratuité du principe de continuité de fonctionnement des services de santé ;
- La promotion de la collaboration entre les secteurs publics, privé et traditionnel afin d'assurer la production des soins et des médicaments de qualité ;

- La rationalisation du système de gestion sanitaire et du financement du secteur, notamment par le développement de la gestion décentralisée des ressources humaines, financières et matérielles affectées au secteur santé, à travers le développement du partenariat entre les pouvoirs publics, les communautés bénéficiaires et tous les autres intervenants en matière de santé ; le renforcement et l'appui à la recherche opérationnelle du secteur santé ; la mobilisation des ressources supplémentaires et la maîtrise des dépenses de santé.

Article 5 : Des décrets d'application de la présente loi en précisent, en tant que de besoin, les modalités.

Article 6 : La présente loi sera enregistrée, publiée suivant la procédure d'urgence puis insérée au ***journal Officiel*** en français et en anglais.

Annexe II

REPUBLIQUE DU CAMEROUN **PAIX – TRAVAIL – PATRIE**

LOI N° 2018/020 DU 11 DEC 2018

PORTANT LOI-CADRE SUR LA SECURITE SANITAIRE DES ALIMENTS

Le Parlement a délibéré et adopté, le Président de la République promulgue la loi dont la teneur suit :

CHAPITRE I
DISPOSITIONS GENERALES

SECTION I
DE L'OBJET ET DU CHAMP D'APPLICATION

ARTICLE 1er.- La présente loi fixe les principes et les bases réglementaires relatives aux denrées alimentaires, aux aliments pour animaux destinés à la consommation humaine et aux additifs et compléments alimentaires, en vue d'assurer un niveau élevé de protection de la vie et de la santé des consommateurs et de respect de l'environnement.

ARTICLE 2.-Les dispositions de cette loi s'appliquent aux activités de production, de fabrication, de préparation, de manipulation, d'emballage, de stockage, de transport, de conditionnement, de conservation, d'importation, d'exportation, de distribution, de vente d'aliments, ou de toute autre activité y relative.

ARTICLE 3.-La présente loi vise à :

- garantir aux consommateurs l'innocuité des aliments ;
- prévenir et maîtriser les maladies d'origine alimentaire ;
- rendre obligatoire la déclaration des toxi-infections alimentaires ;
- promouvoir le commerce national et international des aliments par l'établissement d'un système d'innocuité efficace, basé sur les principes scientifiques ;
- contribuer à l'établissement de standards spécifiques pour les aliments consommés et commercialisés dans le pays et veiller à leur application dans des plans de contrôle et de surveillance ;
- améliorer la qualité des aliments produits sur le territoire national, à travers la mise en œuvre de bonnes pratiques de production, de fabrication et d'hygiène, d'un système de maîtrise des risques sanitaires et phytosanitaires ;
- faciliter la gestion intégrée de l'innocuité des aliments, aux différentes étapes de la chaîne alimentaire ;
- promouvoir les mécanismes de coordination entre les différentes autorités compétentes dans le domaine alimentaire et les préparer graduellement à l'intégration de leurs activités dans les organismes régionaux ou internationaux notamment le Codex Alimentarius (CODEX), l'Organisation Mondiale de la Santé Animale (OIE), la Convention Internationale pour la Protection des Végétaux (CIPV), l'International Food Safety Authorities Network (INFOSAN) ;

- développer un système officiel d'inspection et de contrôle efficace, fondé sur les normes, les règlements techniques et le cas échéant les données scientifiques ;
- appuyer et stimuler le développement de l'industrie alimentaire et encourager la compétitivité sur le marché national et international ;
- promouvoir la participation des consommateurs et des différents acteurs impliqués dans la chaîne alimentaire en matière de consommation, de transformation et de commercialisation des aliments, ainsi que dans l'application et l'exécution de la politique nationale en matière de sécurité sanitaire des aliments ;
- établir un cadre qui facilite la mise en œuvre des exigences nationales et internationales dans le domaine alimentaire ;
- renforcer la responsabilité de tout producteur, transformateur ou distributeur dans la protection de la santé des consommateurs, par la mise en place des systèmes d'autocontrôle et des autorisations de mise en consommation ;
- assurer la communication sur les risques, en liaison avec les réseaux de surveillance épidémiologique et les systèmes d'alerte rapide ou de veille sanitaire ;
- mettre en place un système national des autorisations de mise en consommation des denrées alimentaires, des aliments pour animaux, des additifs et des compléments alimentaires.

SECTION II
DES DEFINITIONS

ARTICLE 4.- Au sens de la présente loi et des textes pris pour son interprétation et son application, on entend par :

Additif alimentaire : toute substance qui n'est pas normalement consommée en tant que denrée alimentaire en soi et n'est pas normalement utilisée comme ingrédient caractéristique d'une denrée alimentaire, qu'elle ait ou non une valeur nutritive, et dont l'addition intentionnelle à une denrée alimentaire, dans un but technologique ou organoleptique, à une quelconque étape de la fabrication, de la transformation, de la préparation, du traitement, du conditionnement, de l'emballage, du transport ou du stockage de ladite denrée, entraîne ou peut entraîner, directement ou indirectement, son incorporation ou celle de ses dérivés dans la denrée, ou peut affecter d'une autre façon les caractéristiques de ladite denrée. L'expression ne s'applique ni aux contaminants, ni aux substances ajoutées aux denrées alimentaires dans le but d'en maintenir ou d'en améliorer les propriétés nutritives ;

Aliment ou denrée alimentaire : toute substance partiellement traitée ou brute, destinée à l'alimentation humaine, englobant les boissons, la gomme à mâcher et toutes les substances utilisées dans la fabrication, la préparation et le traitement des aliments, à l'exclusion des substances employées uniquement sous forme de médicaments, de cosmétiques ou de tabac ;

Aliment frelaté: tout aliment auquel une substance quelconque est ajoutée, retranchée ou substituée pour modifier sa composition, son poids, son volume, à des fins frauduleuses ou pour dissimuler ou corriger toute défectuosité dans sa qualité ou ses propriétés ;

Aliment impropre à la consommation humaine : tout produit primaire ou tout aliment qui, sans être corrompu ou toxique, ne possède pas toutes les garanties requises au plan hygiénique, compte tenu de certains éléments indésirables qu'il contient, soit par contamination, soit par dégradation de sa qualité microbiologique et/ou chimique ;

Aliments pour animaux: toute substance ou produit, y compris les additifs alimentaires, transformés ou non, destinés à l'alimentation des animaux par voir orale ;

Aliment traité : tout aliment coloré, teint, pulvérisé, poli, enduit, mélangé, mis en conserve, aromatisé, dilué ou épaissi avec toute substance ;

Allergène: toute substance capable de sensibiliser l'organisme de certains individus et de déterminer, lors de sa réintroduction, des manifestations pathologiques ;

Analyse des risques : processus qui consiste en l'évaluation des risques, la gestion des risques et la communication sur les risques :

> **Evaluation des risques** : processus à base scientifique comprenant les étapes suivantes : indentification des dangers, caractérisation des dangers, évaluation de l'exposition et caractérisation des risques ;
>
> **Gestion des risques**: processus distinct de l'évaluation des risques, consistant à mettre en balance les différentes politiques possibles en consultation avec toutes les parties intéressées, en tenant compte de l'évaluation des risques et d'autres facteurs ayant une importance pour la protection de la santé des consommateurs et la promotion de pratiques commerciales loyales et, au besoin, à choisir les mesures de prévention et de contrôle appropriées ;
>
> **Communication sur les risques**: échange interactif, tout au long du processus d'analyse des risques, d'informations et d'opinions sur les risques, les facteurs liés aux risques et les perceptions des risques, entre les responsables de leur évaluation et de leur gestion, les consommateurs, l'industrie, les milieux universitaires et les autres parties intéressées, et notamment l'explication des résultats de l'évaluation des risques et des fondements des décisions prises en matière de gestion des risques ;

Analyse des risques phytosanitaires : processus consistant à évaluer les preuves biologiques et autres données scientifiques ou économiques pour déterminer si un organisme nuisible doit être règlementé et la sévérité des mesures phytosanitaires éventuelles à prendre à son égard ;

Autocontrôle : ensemble des mesures prises par les exploitants, qu'elles soient réalisées par eux-mêmes ou par un tiers, pour s'assurer de ce que les produits qu'ils gèrent à tous les stades de la production, de la transformation et de la distribution, répondent aux prescriptions légales en matière de sécurité alimentaire, de qualité des produits et de traçabilité, ainsi qu'à la surveillance du respect effectif de ces prescriptions ;

Auxiliaire technologique : toute substance ou matière, à l'exclusion des appareils ou instruments, non consommée comme ingrédient alimentaire en soi et volontairement utilisée dans la transformation des matières premières, des denrées alimentaires ou de leurs ingrédients, pour répondre à un certain objectif technologique pendant le traitement ou la transformation et pouvant avoir pour résultat la présence non intentionnelle mais inévitable de résidus ou de dérivés dans le produit fini ;

Chaîne alimentaire : toutes les étapes allant de la production primaire des aliments à la consommation, en passant par la manipulation, le transport, la transformation, le conditionnement, la distribution et le stockage ;

Complément alimentaire : denrée alimentaire qui constitue une source concentrée de nutriments, de substances ayant un effet nutritionnel ou physiologique, de plantes ou extraits de plantes qui ont pour but de pallier les carences du régime alimentaire régulier d'une personne. Ces suppléments peuvent se présenter sous différentes formes notamment : gélules, pastilles, comprimés, pilules, sachets de poudre, ampoule de liquide, flacons munis d'un compte-goutte, solution ;

Contaminant : toute substance qui n'est pas intentionnellement ajoutée à la denrée alimentaire, y compris les traitements appliqués aux cultures, au bétail et dans la pratique de la médecine vétérinaire, mais qui est cependant présente dans celle-ci comme un résidu de la production, de la fabrication, de la transformation, de la préparation, du traitement, du conditionnement, de l'emballage, du transport ou du stockage de ladite denrée, ou à la suite de la contamination par l'environnement. L'expression ne s'applique pas aux débris d'insectes, de poils de rongeurs et d'autres substances étrangères ;

Contrôle officiel : toute forme de contrôle que l'autorité compétente entreprend pour la vérification du respect de la règlementation ;

Emballage : objet qui, quelque soit la nature des matériaux dont il est constitué, est destiné à contenir et protéger les aliments, à permettre leur manutention et leur acheminement, ainsi qu'à assurer leur présentation ;

Etiquette : toute indication, marque, signe, dessin ou autre description écrite, imprimée, peinte, marquée, gravée ou estampée, sur l'emballage de l'aliment ou tout autre élément associé à l'emballage ;

HACCP (Analyse des dangers et points critiques pour leur maîtrise) : système qui définit, évalue et maîtrise les dangers qui menacent la salubrité des aliments ;

5

Hygiène alimentaire : ensemble des conditions et mesures nécessaires pour assurer la sécurité et la salubrité des aliments à toutes les étapes de la chaîne alimentaire ;

Ingrédient : toute substance, y compris un additif alimentaire, utilisée pour la fabrication ou la préparation d'un aliment et qui est présente dans le produit final, même sous une forme modifiée ;

Innocuité des aliments : garantie que les aliments ne causent pas de dommage au consommateur quand ils sont préparés et/ou consommés selon l'usage auquel ils sont destinés ;

Inspection :examen officiel des établissements, des aliments et de leur traitement, des entreprises du secteur alimentaire et de leurs système de gestion et de production, y compris des documents, des tests sur les produits finis et des pratiques d'aliments, de l'origine et de la destination des entrées et sorties de produits, afin d'en vérifier la conformité avec les normes légales ;

Laboratoire officiel : laboratoire agréé en tant que tel conformément à la présente loi ;

Mesures phytosanitaires : toute législation, règlementation ou méthode officielle ayant pour objet de prévenir l'introduction et/ou la dissémination d'organismes de quarantaine, ou de limiter l'incidence économique d'organismes règlementés non de quarantaine ;

Mesure sanitaire : toute mesure appliquée pour protéger, sur le territoire national, la vie ou la santé humaine vis-à-vis des risques découlant des additifs, des contaminants, des toxines ou des organismes pathogènes présents dans les denrées alimentaires ou les aliments pour animaux, ou de risques provenant de maladies véhiculées par les aliments d'origine animale, végétale ou les produits dérivés, ou de risques provenant de tout danger présent dans les aliments ;

Norme alimentaire : document approuvé par un organisme reconnu, qui prévoit pour un usage commun et répété, des règles, des lignes directrices ou des caractéristiques pour les produits ou les procédés et les méthodes de production connexes et dont l'observation n'est pas obligatoire. Les prescriptions en matière de terminologie, de symbole, d'emballage, de marque, de marquage et d'étiquetage relatives à un produit, les procédés ou méthodes de production peuvent également traiter seulement de ces services ;

Nutriments : acides gras, acides aminés, protéines, glucides simples, probiotiques, vitamines et sels minéraux ;

Opérateur économique: toute personne physique ou morale exerçant une activité de production, de fabrication, de préparation, de manipulation, de traitement, d'emballage, de transport, de conditionnement, de conservation, d'importation, d'exportation, de distribution, de vente d'aliments, ou de toute autre activité connexe ;

Points d'entrées et de sorties : aéroports, ports fluviaux ou maritimes, centre de colis postaux ou points de frontières terrestres officiellement désignés ;

6

Préemballage : conditionnement d'un produit dans un emballage à l'insu de l'acheteur, de sorte que la quantité de produit contenue ait une valeur choisie à l'avance et ne puisse être modifiée sans que l'emballage subisse une ouverture ou une modification décelable ;

Production : culture, récolte, capture, traitement ou transformation des aliments, y compris l'obtention, le traitement et l'élevage des animaux de ferme avant l'abattage, jusqu'à la mise en consommation ;

Qualité : ensemble des propriétés et caractéristiques d'un produit, qui lui confèrent son aptitude à satisfaire les besoins exprimés ou implicites de tous les utilisateurs. La qualité alimentaire comprend quatre composantes : hygiénique, nutritionnelle, organoleptique et d'usage ;

Risque : fonction de la probabilité d'un effet adverse pour la santé et de sa gravité, du fait de la présence d'un danger dans un aliment ;

Surveillance : observation prévue ou évaluation d'un paramètre, à un point ou à une heure établie, qui est ensuite comparée à une référence ;

Traçabilité : capacité de retracer à travers toutes les étapes de la production, de la transformation et de la distribution, le cheminement d'une denrée alimentaire, d'un aliment pour animaux, d'un animal producteur de denrées alimentaires ou d'une substance destinée à être incorporée ou susceptible d'être incorporée dans une denrée alimentaire ou un aliment pour animaux ;

Ustensile : tout ou partie d'un outil, instrument, machine, appareil ou autre objet utilisé ou qui peut être utilisé, pour la production, la fabrication, la préparation, la manipulation, l'emballage, le transport, le conditionnement, la conservation, l'importation, l'exportation la distribution, la vente, le service ou l'entreposage de tout aliment.

CHAPITRE II
PRINCIPES GENERAUX DE LA SECURITE SANITAIRE DES ALIMENTS

ARTICLE 5.- Conformément au principe d'innocuité des aliments, les aliments et les objets au contact des aliments, y compris les ingrédients, les emballages et les ustensiles utilisés pour leur production, leur fabrication et leur préparation, ne doivent pas constituer un risque pour la santé humaine.

ARTICLE 6.-(1) La législation applicable et l'intervention des autorités compétentes et opérateurs économiques en matière alimentaire sont basées sur le principe d'analyse des risques.

(2) L'évaluation des risques doit obéir aux critères scientifiques et est effectuée de manière indépendante et transparente.

(3) La gestion des risques et la communication sur les risques sont basées sur l'évaluation des risques.

ARTICLE 7.-(1) Les mesures sanitaires adoptées sont basées sur les preuves scientifiques disponibles.

(2) Elles ne doivent pas être appliquées de manière à constituer un moyen de discrimination arbitraire ou injustifiée, ou une restriction déguisée au commerce, conformément au principe de libre-échange.

ARTICLE 8.- La législation alimentaire a pour objectif de protéger les intérêts des consommateurs et à leur offrir les conditions essentielles pour choisir en connaissance de cause les aliments à consommer.

A ce titre, elle est chargée de prévenir :

- les pratiques frauduleuses ou trompeuses ;
- la mise sur le marché d'aliments défectueux et/ou frelatés ;
- toute pratique qui peut conduire à tromper le consommateur.

ARTICLE 9.- (1) L'application du principe de précaution permet aux décideurs d'agir dans les cas où les données scientifiques sont insuffisantes, peu concluantes ou incertaines, mais où, selon des indications découlant d'une évaluation scientifique objective et préliminaire, il y a des motifs raisonnables de s'inquiéter des effets potentiellement dangereux pour la santé découlant d'un phénomène, d'un produit ou d'un procédé.

(2) Son application peut être nécessaire pour maintenir le niveau de protection choisi en matière de santé.

ARTICLE 10.- L'ensemble des activités alimentaires est exécuté en conformité avec les dispositions, les normes, les directives et les autres recommandations nationales et internationales, issues des traités internationaux régulièrement ratifiés qui régissent la matière, notamment celles du Codex Alimentarius, de l'Organisation Mondiale du Commerce (OMC), de la Convention Internationale pour la Protection des Végétaux (CIPV), de l'Organisation Mondiale de la Santé Animale (OEI), de l'Organisation Internationale des Consommateurs (OIC), ainsi que celles établies par le Protocole de Carthagène sur la prévention des risques biotechnologiques.

ARTICLE 11.- (1) Les opérateurs économiques du secteur alimentaire assurent la conformité de leurs activités aux dispositions de la législation alimentaire.

(2) Ils sont responsables de la protection de la santé des consommateurs, en relation avec les produits qu'ils mettent en consommation.

ARTICLE 12.- Dans le cadre des procédures d'inspection sanitaire, les opérateurs économiques bénéficient des garanties de transparence, d'impartialité et de proportionnalité reconnues aux personnes faisant l'objet d'une mesure d'inspection.

ARTICLE 13.-Sur proposition des structures chargées de la sécurité sanitaire des aliments, l'autorité compétente :

- met en place les moyens appropriés pour garantir la participation des acteurs concernés, au processus de prise de décision en matière de sécurité sanitaire des aliments ;
- prend, en fonction de la nature, de la gravité et de l'ampleur des risques pour la sécurité sanitaire des aliments, des mesures appropriées pour informer les acteurs concernés de la nature de ces risques et des mesures qui sont prises pour prévenir, réduire ou éliminer ces risques. A cette fin, les opérateurs économiques, ainsi que les administrations concernées, chacune dans leur domaine de compétence tel qu'établi pour l'application de la présente loi, sont tenus de fournir mensuellement les données nécessaires au suivi ;
- assure l'accès aux informations qu'elle détient, relatives à la sécurité sanitaire y compris les informations concernant les substances et activités dangereuses.

CHAPITRE III
DE L'ORGANISATION ET DU FONCTIONNEMENT DU SYSTEME DE SECURITE SANITAIRE DES ALIMENTS

SECTION I
DE L'ORGANISATION

ARTICLE 14.-Un document de politique et de stratégie en matière de sécurité sanitaire des aliments définit la vision du Gouvernement en la matière et décrit les attributions et interventions de chaque partie prenante.

ARTICLE 15.- Des textes particuliers fixent les modalités d'organisation du système de sécurité sanitaire des aliments.

SECTION II
DU FONCTIONNEMENT

ARTICLE 16.-La procédure du contrôle alimentaire tient compte des éléments suivants :

- contrôle visuel et documentaire ;

- inspection de la chaîne alimentaire ;
- inspection de l'environnement de production ;
- prélèvement des échantillons ;
- analyses microbiologiques et physico-chimiques ;
- interprétation des résultats d'analyses des échantillons prélevés.

ARTICLE 17.- Les opérations de contrôle s'effectuent dans le respect des principes suivants :

- transparence entre l'opérateur économique et la ou les administrations ;
- impartialité, honnêteté et confidentialité de la part des agents habilités ;
- complémentarité et efficacité de l'action de chaque autorité compétente ;
- utilisation des référentiels nationaux et internationaux reconnus.

ARTICLE 18.- (1) Les laboratoires accrédités et/ou agréés par l'autorité compétente sont chargés d'accompagner les structures responsables de la sécurité sanitaire des aliments.

(2) Un texte particulier définit les modalités d'accréditation et/ou d'agrément des laboratoires.

ARTICLE 19.- (1) Toute substance ajoutée à un aliment doit avoir fait l'objet d'une autorisation préalable de l'autorité compétente, ou être autorisée par une norme nationale ou internationale.

(2) Des textes particuliers fixent la liste des substances alimentaires autorisées et les modalités de leur utilisation.

ARTICLE 20.-En cas d'urgence ou de force majeure, l'autorité compétente peut, par un acte dûment motivé :

- interdire totalement la production, la fabrication, la préparation et la vente de tout aliment ;
- imposer les conditions de production, de fabrication, de préparation et de vente d'aliment ;
- demander des analyses et des examens de tout aliment ;
- requérir que tout aliment soit maintenu ou isolé dans un lieu et en interdire l'utilisation durant une période de temps considérée nécessaire ;
- demander la destruction ou l'élimination de tout aliment ;
- ordonner toute mesure nécessaire ;
- demander le traitement de tout aliment ;
- refouler les aliments le cas échéant.

ARTICLE 21.- (1) Tout opérateur économique exerçant au Cameroun dans le domaine de la production, de la conservation, de la transformation, du transport, de l'emballage, du conditionnement, de l'importation, de l'exportation, de la distribution et de la vente des denrées alimentaires doit au préalable, être enregistré par l'autorité compétente.

(2) L'autorité compétente procède à l'enregistrement, si l'opérateur économique respecte la législation nationale et internationale en vigueur dans son domaine d'activité.

ARTICLE 22.- L'autocontrôle d'un établissement de production ou de distribution doit être basé sur un guide dûment validé par l'autorité compétente, pour s'assurer de la conformité de son produit avant son offre à la consommation.

ARTICLE 23.- Le principe de la traçabilité s'impose à toutes les activités relatives à l'alimentation humaine et à l'alimentation des animaux destinés à l'alimentation humaine.

ARTICLE 24.- (1)Les opérateurs économiques, ainsi que les entreprises alimentaires et leur personnel doivent respecter toutes les règles d'hygiène prévues pour l'application de la présente loi, à la lumière des normes du Codex Alimentarius ou de toute autre directive des organisations internationales impliquées dans la sécurité sanitaire des aliments.

(2) L'autorité compétente et en son nom, ses services officiels de contrôle et de surveillance alimentaire, veillent au respect des règles et pratiques d'hygiène.

ARTICLE 25.- Tout opérateur économique qui produit, traite ou distribue des aliments, doit élaborer et instaurer un système d'analyse des risques pour la maîtrise des points critiques (HACCP) ou autre système reconnu, selon les termes définis par les standards internationaux.

ARTICLE 26.- Toute denrée alimentaire préemballée doit porter une étiquette conforme à la législation en vigueur.

ARTICLE 27.- Les actions de sensibilisation du public et de promotion des activités de sécurité sanitaire des aliments sont organisées par les structures responsables de la sécurité sanitaire des aliments.

SECTION III
DE LA DEMANDE D'AUTORISATION DE MISE EN CONSOMMATION DES DENREES ALIMENTAIRES, ALIMENTS POUR ANIMAUX, ADDITIFS ALIMENTAIRES ET COMPLEMENTS ALIMENTAIRES

ARTICLE 28.- (1)L'Autorisation de Mise en Consommation (AMC) est délivrée par l'autorité compétente.

(2) Elle porte sur les éléments suivants :

- le rapport du contrôle sanitaire du site de production, au travers des évaluations des BPF/BPH, HACCP ou autre système qualité ;
- le système d'autocontrôle ;
- les résultats d'analyses réalisées par les laboratoires accrédités ou agréés ;
- les avis des experts sur les produits concernés ;
- l'état des connaissances et de maîtrise actuelle des risques liés à ces denrées ;
- l'intérêt général.

ARTICLE 29.- Sont soumis à l'AMC :

- les denrées alimentaires produites au niveau national ;
- les denrées alimentaires importées ;
- les aliments diététiques ;
- les aliments pour animaux destinés à la consommation humaine ;
- les additifs alimentaires et auxiliaires technologiques ;
- les compléments alimentaires.

ARTICLE 30.-La durée de validité de l'autorisation de mise en consommation des denrées alimentaires et des aliments pour animaux est limitée à trois (03) ans renouvelables.

CHAPITRE IV
INSPECTIONS ALIMENTAIRES

ARTICLE 31.-Les inspections réalisées en vertu de la présente loi concernent :

- les denrées alimentaires importées, exportées et commercialisées localement ;
- les entreprises agroalimentaires et leur environnement, ainsi que les moyens de transport, les équipements et les matériaux utilisés ou intervenant aux différentes étapes de la chaîne alimentaire ;

- le personnel employé dans les entreprises alimentaires ;
- les différents procédés et méthodes utilisés.

ARTICLE 32.-L'organisation générale de l'inspection alimentaire au Cameroun est définie dans un texte particulier.

CHAPITRE V
DU FINANCEMENT DES ACTIVITES DE SECURITE SANITAIRE DES ALIMENTS

ARTICLE 33.- Le financement des activités de sécurité sanitaire des aliments peut s'effectuer par :

- les subventions de l'Etat ;
- les appuis éventuels des partenaires au développement ;
- toute autre forme de financement conforme à la législation en vigueur.

ARTICLE 34.- Les modalités de collecte, de mobilisation et d'utilisation des fonds de financement des activités de sécurité sanitaire des aliments sont définies dans un texte particulier.

CHAPITRE VI
DES SANCTIONS ADMINISTRATIVES ET PENALES

ARTICLE 35.- Sans préjudice des poursuites pénales, l'autorité compétente peut, en cas de manquement des entreprises à leurs obligations au titre de la présente loi, ou lorsqu'un danger grave ou immédiat est constaté, prononcer l'une des sanctions suivantes :

- suspension ou révocation de l'enregistrement des entreprises ;
- saisie ou destruction de tout aliment, ustensile, matériel, substance ou autre objet en rapport avec une infraction commise ou ayant servi à la commission d'une infraction ;
- suspension de l'agrément de tout laboratoire, de tout équipement ou de tout professionnel habilité selon la présente loi ;
- fermeture temporaire de l'entreprise ;
- interdiction temporaire ou permanente de l'usage d'un équipement de l'entreprise ou de certains lieux de l'entreprise ;
- interdiction temporaire ou permanente de la participation du responsable dans la gestion de l'entreprise alimentaire au sein de laquelle une infraction a été commise au sein de toute autre entreprise alimentaire.

ARTICLE 36.- Sans préjudice de la répression des infractions déjà prévues en matière d'atteinte à la santé publique, est puni d'un emprisonnement de trois (03) mois à trois (03) ans et d'une amende de cent mille (100 000) à deux millions (2 000 000) de francs CFA :

- celui qui met à disposition des aliments frelatés et/ou impropres à la consommation humaine et/ou animale ;
- l'agent assermenté qui confisque des aliments pour des motifs autre que ceux exposés dans la présente loi ;
- l'agent assermenté qui divulgue, sans autorisation, des informations qui ont été collectées au cours de l'exercice de ses fonctions conférées par la présente loi.

CHAPITRE VII
DISPOSITIONS DIVERSES, TRANSITOIRES ET FINALES

ARTICLE 37.- Des textes d'application complètent, en tant que de besoin, les dispositions de la présente loi.

ARTICLE 38.- Sont abrogées, toutes les dispositions antérieures contraires à la présente loi.

ARTICLE 39.- La présente loi sera enregistrée, publiée suivant la procédure d'urgence, puis insérée au Journal Officiel en français et en anglais./-

YAOUNDE, le 11 DEC 2018

LE PRESIDENT DE LA REPUBLIQUE

PAUL BIYA

INDEX

O

P

Q

R

S

T

V

TABLE DES MATIÈRES

DROIT
AUX ÉDITIONS L'HARMATTAN

Dernières parutions

REPÈRES DE FISCALITÉ DES PROFESSIONNELS ET DES PARTICULIERS

Rock Dieudonné Landze Mbere

La fiscalité est un système de collecte et de redistribution de richesses fondée sur la contribution des ménages, des professionnels et des entreprises. Pour mieux jouer leur partition et s'orienter dans les affaires, le citoyen et le manager ont besoin des repères de fiscalité. Car, en raison de la contrainte financière, le contentieux fiscal au Congo va progressivement s'intensifier.

(320 p., 33 euros)

ISBN : 978-2-343-18620-7, EAN EBOOK : 9782140131783

LA DÉCENTRALISATION DANS LES PAYS FRANCOPHONES D'AFRIQUE DE L'OUEST

Jean-Luc Pissaloux

Cet ouvrage, constitué de contributions écrites par des universitaires, des experts et/ou des hauts fonctionnaires, démontre parfaitement combien la décentralisation est encore une sorte d'idéal-type à atteindre, et qu'elle est loin d'être une pratique effective, efficiente et efficace dans les pays francophones d'Afrique de l'ouest.

(Coll. Droits Publics, 390 p., 38,5 euros)

ISBN : 978-2-343-18272-8, EAN EBOOK : 9782140131653

L'APPLICATION DU DROIT D'AUTEUR AUX HYPERLIENS

Analyse de droit français et de droit américain

Mickaël Le Borloch

Cet ouvrage propose un travail de fond sur les droits français et américain concernant une problématique peu traitée malgré son importance pour le développement de l'internet et la protection des auteurs : l'application du droit d'auteur aux hyperliens.

(Coll. Le Droit aujourd'hui, 632 p., 49 euros)

ISBN : 978-2-343-16341-3, EAN EBOOK : 9782140131660

LES DYNAMIQUES D'INTÉGRATION EN ZONE FRANC EN LIEN AVEC LA ZONE EURO TOME II

Les nouvelles régulations économiques et/ou l'économie de l'intégration

Thimoté Dongotou

Ce deuxième tome fait des propositions sur les nouvelles dynamiques d'intégration en Afrique. Ainsi la prise en compte des partenariats public-privé (PPP) et des dimensions institutionnelles, sociales et anthropologiques est considérée comme de nouvelles régulations économiques et monétaires en Zone Franc Africaine et en zone euro. L'auteur aborde entre autres les grandes familles institutionnelles en économie ou la macroéconomie historique du courant européen contemporain

(Coll. Études africaines, 348 p., 36 euros)

ISBN : 978-2-343-13844-2, EAN EBOOK : 9782140130915

LE CONSTITUTIONNALISME EN EUROPE DE L'EST ET DANS LE MONDE ARABE

Mohamed Ibrahim Hassan

Préface du Dr Lauréline Fontaine

Bien qu'éloignés dans le temps et l'espace, les mouvements révolutionnaires est-européens de la fin des années 80 et du monde arabe des années 2010 ont en commun le constitutionnalisme qui a été le moyen immédiat de sortir du chaos révolutionnaire. S'il a été le dénominateur commun que les peuples ont utilisé pour instaurer les nouveaux régimes politiques qu'ils souhaitaient démocratiques, la singularité de chaque région et de chaque pays s'est imposée lors de la transition et de l'adoption des nouvelles Constitutions. Mais la démocratie ne se décrète pas. A l'instar de la Pologne ou de la Roumanie, les Etats arabes sont confrontés aux mêmes défis sur le chemin de la démocratisation.

(Coll. Droit comparé, 422 p., 40 euros)

ISBN : 978-2-343-17996-4, EAN EBOOK : 9782140131554

EXPÉRIENCES JURIDIQUES SUR LES DROITS HUMAINS

Marco Alberto Quiroz Vitale, Bassin Sandrine Marie-Thérèse Diringbin

Cet ouvrage collectif offre une contribution au débat sur les droits humains à la lumière des théories et de la méthodologie propres à la sociologie juridique. Parmi les questions analysées : les pratiques traditionnelles violant les droits des filles ; les violations de l'interdiction de torture dans la guerre contre la terreur ; les effets sociojuridiques de la globalisation sur le trafic humain...

(Coll. Harmattan Italia, 184 p., 28 euros)

ISBN : 978-2-336-31872-1, EAN EBOOK : 9782140131776

LA CRIMINALITÉ PHARMACEUTIQUE EN RÉPUBLIQUE DÉMOCRATIQUE DU CONGO

Une véritable menace au droit à la santé

Starmans Bofoe Lokangu
Préface de Mwayila Tshiyembe

Pendant que l'humanité assiste passivement à la criminalité pharmaceutique qui englobe la contrefaçon pharmaceutique, la fabrication et le commerce des médicaments falsifiés, gâtés, périmés, illicites ou de qualité douteuse, les patients mettent leur santé en danger. Comme instrument d'interpellation des autorités politiques et sanitaires, des professionnels de droit et de santé, l'ouvrage démontre qu'il est utopique de croire en l'exercice du droit à la santé en présence d'une criminalité pharmaceutique consacrée et institutionnalisée qui constitue une véritable menace pour lui. L'assainissement du secteur pharmaceutique et la répression dissuasive de pharmacriminels restent des mécanismes correctifs pour juguler ce fléau en RDC.

(Coll. Géopolitique mondiale, 238 p., 25,5 euros)

ISBN : 978-2-343-17537-9, EAN EBOOK : 9782140131448

LES DYNAMIQUES D'INTÉGRATION EN ZONE FRANC EN LIEN AVEC LA ZONE EURO TOME I

Les problèmes et scénarios

Thimoté Dongotou

Dans ce premier tome, Thimoté Dongotou étudie, en relation avec les crises économiques, les dynamiques d'intégration en zone franc à l'heure de l'euro. L'ensemble de l'ouvrage est construit autour de trois parties : la zone franc comme projet d'intégration et de développement économique (approches historiques et évolutives) ; les approches d'intégration par la fiscalité et les règles qui s'y appliquent ; la création monétaire en Zone Franc Africaine (ZFA).

(Coll. Études africaines, 498 p., 45 euros)

ISBN : 978-2-343-13843-5, EAN EBOOK : 9782140130908

COLLECTIVITÉS TERRITORIALES ET CINÉMA

Le droit public local du cinéma

David Chappat
Préface d'Olivier Henrard

À partir des années 1940, l'État a pris en charge la réglementation du cinéma en France pour aboutir à la création du Centre National du Cinéma. Depuis quelques dizaines d'années, c'est au niveau local que se poursuit cet effort. L'aide au cinéma permet de développer une politique culturelle, mais également de soutenir une politique sociale, éducative et surtout économique. Pour cela, une répartition des rôles s'est élaborée entre les différents niveaux de collectivités territoriales et de nombreux dispositifs ont été créés afin de couvrir toutes les activités cinématographiques. Mais la validité de certains mécanismes d'aide a été remise en cause, notamment vis-à-vis du droit européen et national de la concurrence.

(Coll. Droit des collectivités territoriales, 128 p., 14,5 euros)

ISBN : 978-2-343-18334-3, EAN EBOOK : 9782140130885

LA PROTECTION DES DROITS DES MIGRANTS

Interactions entre la protection des droits de l'hommes et la protection diplomatique et consulaire

Arafat Abi

Préface de Khadija Elmadmad

En 2018, respectivement le 10 décembre à Marrakech et le 17 décembre à New York, le Pacte mondial pour des migrations sûres, ordonnées et régulières et le Pacte mondial sur les réfugiés ont été adoptés. Premiers accords du genre, ils remplacent la question des migrations au coeur des défis. En effet, à l'heure de la mondialisation, une évidence est d'actualité : l'augmentation des flux migratoires. Et si les Etats tentent souverainement de gérer ces flux, on ne peut oublier que les droits de l'homme sont au-dessus de toutes considérations. La gestion harmonieuse et efficace des migrations doit donc être globale et prendre en compte à la fois les synergies de développement et la protection des droits des personnes migrantes.

(Coll. Le Droit aujourd'hui, 244 p., 25,5 euros)

ISBN : 978-2-343-18037-3, EAN EBOOK : 9782140130427

LES MUTATIONS CONSTITUTIONNELLES EN AFRIQUE NOIRE FRANCOPHONE

à partir des exemples du Congo, du Bénin et du Sénégal

Aimé Ange Wilfrid Bininga

Préface de Frédéric Joël Aïvo - Avant-propos de Babacar Gueye

Ce livre traite des mutations constitutionnelles dans les États d'Afrique noire francophone depuis le renouveau démocratique des années 1990. Ces mutations se manifestent au moyen de la révision constitutionnelle, des lois et règlements infra-constitutionnels, de l'interprétation des normes, de la pratique des acteurs de la vie politique et institutionnelle, de la suspension et de l'abrogation des constitutions. D'une part, elles favorisent le reflux des promesses démocratiques du début des années 1990 et d'autre part, à contresens de cette tendance, les mutations constitutionnelles participent à l'affirmation de l'irréversibilité de la dynamique démocratique.

(Coll. Harmattan Congo-Brazzaville, 360 p., 37 euros)

ISBN : 978-2-343-18410-4, EAN EBOOK : 9782140129926

SÉCURITÉ INTÉRIEURE : PROXIMITÉ ET GLOBALITÉ

Sous la direction de Franck Durand

Il est devenu nécessaire d'envisager la sécurité intérieure en termes de proximité et de globalité. Ainsi en est-il de la réforme emblématique de la nouvelle majorité : la police de sécurité du quotidien, entre présence au plus proche des citoyens et restauration de l'autorité de l'État sur le terrain. Dans le cadre de cette réforme, l'avenir du garde-champêtre, acteur traditionnel de la sécurité rurale, fait l'objet d'incertitudes. Les risques sociaux et sociétaux, les nouvelles menaces, s'inscrivent eux aussi dans plusieurs dimensions. Les rapports entre les acteurs de la sécurité reposent sur une nécessaire complémentarité. Enfin, la révolution numérique a créé un nouvel espace offrant aux prédateurs un nouveau terrain de chasse : cybercriminalité, cyberconflictualité et cyberguerre.

(Coll. Droit de la sécurité et de la défense, 186 p., 19,5 euros)

ISBN : 978-2-343-18095-3, EAN EBOOK : 9782140129100

DÉFIANCE, DOUTE, INCERTITUDE

Quelle place pour la notion de confiance dans les sociétés modernes ?

Sous la direction de Julie Tribolo

Héritières des Lumières, les sociétés modernes se caractérisent par un niveau de développement scientifique et technique toujours plus poussé. L'on pourrait s'attendre à ce que cette domination sans partage du scientifique rende les sociétés plus résilientes, mieux armées face à l'incertain, mais elle a plutôt abouti au contraire à les rendre intolérantes au doute et allergiques au risque. Dans un contexte de judiciarisation croissante des rapports sociaux, et en l'absence le plus souvent de toute certitude, comment le juge peut-il alors susciter l'adhésion des parties à ses décisions ? La confiance apparaît comme un antidote à l'incertitude.

(Coll. Droit privé et sciences criminelles, 90 p., 13 euros)

ISBN : 978-2-343-18231-5, EAN EBOOK : 9782140128677

AMNISTIE ET DROITS DES VICTIMES EN RÉPUBLIQUE CENTRAFRICAINE

Fleury Fulgence Banale

En début d'année 2019, la République Centrafricaine a amorcé une nouvelle page de son histoire par la signature d'un huitième accord entre « le Gouvernement et les Groupes armés ». Cet accord n'a pas fait mention explicite de l'amnistie car le peuple centrafricain ne veut pas en entendre parler et avait réclamé au forum de Bangui « zéro impunité ». Toutefois, parce que l'amnistie, dans le passé n'a pas fonctionné, faut-il l'exclure des solutions politiques possibles à la crise centrafricaine ? Comment garantir les droits des victimes au regard des expériences antérieures d'amnistie ?

(126 p., 14 euros)

ISBN : 978-2-343-18163-9, EAN EBOOK : 9782140128264

LE DROIT DOUANIER À L'ÉPREUVE DE LA CRIMINALITÉ TRANSNATIONALE ORGANISÉE DANS L'ESPACE CEDEAO

Ndiaga Soumaré

Le droit douanier comporte des mécanismes de lutte contre la fraude qui lui ont permis, jusque-là, de faire face au phénomène de la Criminalité transnationale organisée (CTO) tout en gardant sa spécificité et son autonomie. Mais très vite, les douanes vont se rendre compte que la lutte contre la CTO va devoir impliquer l'intégration d'autres mécanismes juridiques extra-douaniers. Il est devenu primordial de neutraliser l'action des organisations criminelles à travers le renforcement de la surveillance des frontières et la sécurisation du contrôle des opérations commerciales. La finalité, pour les douanes, étant de concilier la protection de la chaîne logistique internationale et la facilitation des échanges commerciaux.

(Coll. Harmattan Sénégal, 406 p., 40 euros)

ISBN : 978-2-343-17842-4, EAN EBOOK : 9782140128714

SELON (QUE) LA JURISPRUDENCE

Kambamutu Matadiwamba

Ce livre procède d'un souci d'équilibre, en livrant au public de quoi juger le travail des magistrats congolais. L'auteur affirme qu'il existe de bonnes et de mauvaises décisions judiciaires, sans oublier des décisions critiquables. Le tout est de savoir s'y retrouver. Hélas, depuis deux décennies, rien ni personne n'arrête la montée de la fièvre, la saturation des jugements acquis moyennant des influences de tout genre.

Academia (Coll. Bibliothèque de droit africain, 292 p., 30 euros)

ISBN : 978-2-8061-0461-8, EAN EBOOK : 9782806110282

NOUVEAU DROIT DE LA RESPONSABILITÉ DE PROTÉGER

Droit international public et régional

Jean-Nazaire Tama

Préface de Christophe Euzet

« Si l'intervention humanitaire constitue effectivement une atteinte inadmissible à la souveraineté, comment devons-nous réagir face à des situations comme celles dont nous avons été témoins au Rwanda ou à Srebrenica, durant des violations flagrantes, massives et systématiques des droits de l'Homme, qui vont à l'encontre de tous les principes sur lesquels est fondée notre condition d'êtres humains ? », s'est interrogé Kofi Annan dans son rapport du Millénaire. L'utilisation intéressée du principe de la responsabilité de protéger par les États l'a dévoyé de son esprit humanitaire. Cet ouvrage révèle et analyse le système international de mise en oeuvre dudit principe sous l'empire de la Charte des Nations Unies, et celui régional établi par l'Union Africaine et la Communauté économique des États de l'Afrique de l'Ouest (CEDEAO).

(Coll. Logiques Juridiques, 362 p., 37 euros)

ISBN : 978-2-343-17098-5, EAN EBOOK : 9782140127830

Structures éditoriales du groupe L'Harmattan

L'Harmattan Italie
Via degli Artisti, 15
10124 Torino
harmattan.italia@gmail.com

L'Harmattan Hongrie
Kossuth l. u. 14-16.
1053 Budapest
harmattan@harmattan.hu

L'Harmattan Sénégal
10 VDN en face Mermoz
BP 45034 Dakar-Fann
senharmattan@gmail.com

L'Harmattan Cameroun
TSINGA/FECAFOOT
BP 11486 Yaoundé
inkoukam@gmail.com

L'Harmattan Burkina Faso
Achille Somé – tengnule@hotmail.fr

L'Harmattan Guinée
Almamya, rue KA 028 OKB Agency
BP 3470 Conakry
harmattanguinee@yahoo.fr

L'Harmattan RDC
185, avenue Nyangwe
Commune de Lingwala – Kinshasa
matangilamusadila@yahoo.fr

L'Harmattan Congo
67, boulevard Denis-Sassou-N'Guesso
BP 2874 Brazzaville
harmattan.congo@yahoo.fr

L'Harmattan Mali
Sirakoro-Meguetana V31
Bamako
syllaka@yahoo.fr

L'Harmattan Togo
Djidjole – Lomé
Maison Amela
face EPP BATOME
ddamela@aol.com

L'Harmattan Côte d'Ivoire
Résidence Karl – Cité des Arts
Abidjan-Cocody
03 BP 1588 Abidjan
espace_harmattan.ci@hotmail.fr

L'Harmattan Algérie
22, rue Moulay-Mohamed
31000 Oran
info2@harmattan-algerie.com

L'Harmattan Maroc
5, rue Ferrane-Kouicha, Talaâ-Elkbira
Chrableyine, Fès-Médine
30000 Fès
harmattan.maroc@gmail.com

Nos librairies en France

Librairie internationale
16, rue des Écoles – 75005 Paris
librairie.internationale@harmattan.fr
01 40 46 79 11
www.librairieharmattan.com

Librairie l'Espace Harmattan
21 bis, rue des Écoles – 75005 Paris
librairie.espace@harmattan.fr
01 43 29 49 42

Lib. sciences humaines & histoire
21, rue des Écoles – 75005 Paris
librairie.sh@harmattan.fr
01 46 34 13 71
www.librairieharmattansh.com

Lib. Méditerranée & Moyen-Orient
7, rue des Carmes – 75005 Paris
librairie.mediterranee@harmattan.fr
01 43 29 71 15

Librairie Le Lucernaire
53, rue Notre-Dame-des-Champs – 75006 Paris
librairie@lucernaire.fr
01 42 22 67 13

www.ingramcontent.com/pod-product-compliance
Lightning Source LLC
LaVergne TN
LVHW021143061026
849535LV00002B/334